评价公司质量，促进健康成长
把握运行脉搏，精准防范风险
瞄准发展之魂，有效提升价值

——中国上市公司质量/ESG指数：资本市场健康发展的晴雨表

中国公司治理50人论坛图书

中国上市公司质量/ESG指数报告 NO.3 2023

Report on the Quality/ESG Index of Chinese Listed Companies No.3，2023

高明华　邵梦影　蔡慧莹　◎著

ESG

中国纺织出版社有限公司

内 容 提 要

《中国上市公司质量/ESG指数报告No.3，2023》是第三方评价机构——北京师范大学公司治理与企业发展研究中心开发的第三部全样本、全方位、多角度评价中国上市公司质量/ESG的指数研究报告。

本报告基于《国务院关于进一步提高上市公司质量的意见》的基本精神，以及ESG信息披露全球发展趋势，从公司治理、社会责任和环境保护三个维度，使用132个具体指标，利用各种公开渠道，采集基础数据和指标数据近120万，在此基础上，运用科学的方法，计算出了2022年4687家上市公司（剔除截至2023年3月31日因上市不足一年而导致信息披露不完整以及截至本报告撰写时退市和暂停上市的公司）的质量/ESG指数，并进行了总体排名，以及地区、省份、行业、所有制、最终控制人、上市板块、沪深300/非沪深300等多角度的比较。全部被评价上市公司的质量/ESG指数数据（包括总排名，以及按地区、省份、行业、所有制、最终控制人和上市板块的排名）可以通过北京师范大学公司治理与企业发展研究中心获取。

本报告计算的中国上市公司质量/ESG指数是一种相对值，是不同上市公司质量/ESG比较的结果，即“我公司的质量比你公司的质量高”，或“你公司的质量比我公司的质量低”。

本报告有助于推动ESG信息披露工作；有助于监管机构充分了解上市公司质量/ESG存在的缺陷和不足，使监管更加有的放矢；有助于帮助投资者降低信息不对称程度，精准进行ESG投资，有效避免投资风险，提升投资收益；有助于帮助公司了解自身与其他公司存在的差距，提升公司竞争力，增强对投资者的吸引力；有助于引导股票价格客观反映公司真实绩效，避免股市崩盘风险；有助于帮助欲进行混改的企业寻找高质量的合作股东，助推混改取得成功；有助于为上市公司研究提供大数据支持，保证研究结论的客观性和实践性。

图书在版编目（CIP）数据

中国上市公司质量/ESG指数报告. No.3，2023 / 高明华，邵梦影，蔡慧莹著. --北京：中国纺织出版社有限公司，2023. 11

ISBN 978-7-5229-1189-2

Ⅰ. ①中… Ⅱ. ①高… ②邵… ③蔡… Ⅲ. ①上市公司－企业管理－质量管理－研究报告－中国－2023 Ⅳ. ①F279.246

中国国家版本馆CIP数据核字（2023）第213888号

责任编辑：史 岩　　责任校对：高 涵　　责任印制：储志伟

中国纺织出版社有限公司出版发行

地址：北京市朝阳区百子湾东里A407号楼　邮政编码：100124

销售电话：010—67004422　传真：010—87155801

http://www.c-textilep.com

中国纺织出版社天猫旗舰店

官方微博 http://weibo.com/2119887771

北京虎彩文化传播有限公司印刷　各地新华书店经销

2023年11月第1版第1次印刷

开本：889×1194　1/16　印张：26

字数：600千字　定价：288.00元

高明华教授简介

高明华：北京师范大学公司治理与企业发展研究中心主任，经济与工商管理学院教授（二级），博士生导师，中国公司治理50人论坛学术委员会执行主任兼秘书长。经济学博士（南开大学），经济学博士后（北京大学）。曾任国家社科基金重大项目首席专家，兼任教育部工商管理类专业教学指导委员会委员，国务院国资委－中国社科院国有经济研究智库学术委员，中国上市公司协会学术顾问委员会委员，清华大学中国现代国有企业研究院学术委员，四川省公司治理研究会名誉会长，深圳市公司治理研究会学术顾问，中国财政学会国有资产治理专业委员会顾问，中国行为法学会企业治理分会副会长，中国产权协会董事分会主要发起人和理事，中国经济体制改革研究会理事，上海证券交易所首届信息披露咨询委员会委员，中国贸促会全国企业合规委员会专家委员，凤凰财经研究院特邀经济学家，海南仲裁委员会仲裁员，ISO 环境、社会、治理协调委员会（ISO/ESG CC）中国专家组成员，多家学术机构的学术委员或研究员，多个政府机构和企业的咨询专家，多家主流媒体的特约专家，参与多项国家政策的制定和讨论。先后就职于南开大学、北京大学和中国银行总行。

2001 年初，高明华创立北京师范大学公司治理与企业发展研究中心，这是最早的公司治理专门研究机构之一。早在 20 世纪 90 年代初期，作为最早研究中国公司治理问题的学者之一，高明华就提出了国有资产三级运营体系的设想，对国企公司治理进行了较深入的探索。其关于国有资产三级运营体系、国企分类改革和分类治理、国企负责人分类和分层、董事会治理、企业负责人自我约束等观点均为国家及有关政府机构所采纳。30 多年来，作为中国公司治理理论的探索者和先行者，高明华及其研究团队取得了丰硕的成果，奠定了其在学术界的领先地位。2007 年，在国内外率先提出“中国公司治理分类指数”概念，并创立“中国公司治理分类指数数据库”，推出“中国公司治理分类指数系列报告”，目前已出版 6 类 22 部指数报告，出版指数报告类型和数量均居国内首位，并建成了国内最大规模的公司治理分类指数专业性数据库。中国公司治理分类指数系列被国内外专家认为是“可以列入公司治理评级史册的重要研究成果”。2021 年，又首次成功开发“中国上市公司质量 /ESG 指数”。2014 年 10 月，发起成立“中国公司治理论坛”。2020 年与其他专家共同发起成立“中国公司治理 50 人论坛”。

高明华主持及参与的国内外各类重要课题有 40 余项，独立、合作出版著译作 62 部，发表论文和研究报告 400 余篇。相关成果（包括合作）曾获第十届和第十一届孙冶方经济科学奖等各种奖励，其代表性著述主要有：《关于建立国有资产运营体系的构想》（1994）、《权利配置与企业效率》（1999）、《公司治理：理论演进与实证分析》（2001）、《公司治理学》（2009）、《中国国有企业公司治理分类指引》（2016）、《政府规制与国有垄断企业公司治理》（2016）、《公司治理与国有企业改革》（2017）、《深入推进国有经济战略性调整研究——基于国有企业分类改革的视角》（2020）、《发展混合所有制经济研究——基于公司治理的视角》（2021）、“中国上市公司质量 /ESG 指数报告系列”（2021 ～ 2023，3 部）、“中国上市公司治理分类指数报告系列”（2009 ～ 2023）（包括高管薪酬、自愿性信息披露、财务治理、企业家能力、董事会治理和中小投资者权益保护等 6 类 22 部），主编《治理译丛》（4 部）和《公司治理与国企改革丛书》（8 部）。

研究方向：公司治理、资本市场、国资监管与国企改革、民营企业发展等。

中国公司治理50人论坛

《中国上市公司质量/ESG指数报告. No.3，2023》
课 题 组

课 题 组 组 长： 高明华

课题组副组长： 邵梦影　蔡慧莹　李　扬　陈柯谚

撰稿与图表制作： 高明华

数据采集和录入： 吴俊慧　赵璐瑶　李艳芳　韩　莹　朱浩璇　王留洋　张宇浩　邵梦影　梁　爽　李文静　衡秋汝　赵智勇　李　扬　王　楠　郑欣圆　吴　极　陈思羽　戴汶秀　罗佳羽　王梦婕　王欣悦　高秋宜　汪传杰　李梓欣　吴　雪　谢　颖　徐子怡　李清源　崔思璇　陈红存　卢　旭　沈佳叶　李　芸　尚宝兴　罗　强　蔡慧莹　梁璐雪　路赛彪　徐殊琬　何灏辰　李玉珍　刘婧彤　穆雅楠　任素琪　唐天翔　童　瑶　王翀翀　王明月　文　歆　吴乐倩　夏　晗　熊雅婷　杨　洁　杨天宇　张婧怡　郑洁翔　郑贤鑫　钟艳玲　周子健　米　啦　杨晓茵　王小山　蒋珊琪　陈柯谚　李浩然　顾　柠　关晓莹　黄　琳　刘思瑶　薛佳安　谭祖坤

数 据 核 实： 谭祖坤　吴　雪　李　扬　陈柯谚　薛佳安　蔡慧莹　刘思瑶　邵梦影　赵智勇　王小山

数据库开发和维护： 胡存琛　张中一　何习文　陆徐行

目录
CONTENTS

第1章 导 论

2020年10月，国务院发布《关于进一步提高上市公司质量的意见》(国发〔2020〕14号)(以下简称《意见》)，据此，我们在2021年开发了“中国上市公司质量指数”，并形成《中国上市公司质量指数报告No.1，2021》在2021年底出版。

随着全球加速进入绿色转型轨道，国际组织和各国政府高度重视ESG（环境保护、社会责任和公司治理）信息披露和风险管理。2023年6月，国际可持续发展准则理事会（ISSB）发布ESG报告准则。中国尽管尚未出台专门的ESG报告规则，但已在2018年新版《上市公司治理准则》和定期报告内容与格式准则中，涉及到了ESG的部分内容。国有企业发布社会责任报告更是已有十年以上。由于ESG能够决定一个企业是否能够融入国际体系，也会影响自身竞争力的强弱，因此，不久的将来，国有企业和上市公司发布ESG报告或社会责任报告，践行ESG准则，将成为企业必然的选择。

基于此，我们在2021年“中国上市公司质量指数”的基础上，进行扩充和完善，在2022年编制并出版《中国上市公司质量/ESG指数报告No.2，2022》。本年度进一步对个别指标进行微调，形成了本年度的《中国上市公司质量/ESG指数报告No.3，2023》。

1.1 ESG概念辨析与公司质量

ESG是近年来国际经济领域兴起的一个概念，是Environment（环境）、Social（社会）和Governance（治理）三个英文字母的缩写。准确地说，ESG中的“E”是指环境保护（Environment protection），“S”是指社会责任（Social responsibility），“G”是指公司治理（Corporate governance）。

从理论上说，将E、S、G并列是不严谨的。这是因为，一方面，环境保护是内含于社会责任中的；另一方面，公司治理的“利益相关者价值观”又内含着社会责任。也就是说，公司治理包括社会责任，社会责任包括环境保护，三者之间是包含关系，而不是并列关系。从这个意义上说，公司治理水平提高了，也就是ESG水平提高了，此时讲的公司治理，是广义的公司治理。

但是，ESG一词的创造还是有很重要的现实意义的。因为不管是广义的公司治理，还是狭义的公司治理（“股东利益至上”），研究的内容都是制度构造和制度作用问题，基本不涉及这些制度产生的经济成果，即公司绩效。但在ESG语境下，“G”中的公司治理又回归狭义的公司治理，而“S”和“E”的重要性却凸显出来，并且，“S”和“E”的范围也扩大了。

在现实实践中，不少机构和个人都简单地把ESG等同于环境保护和社会责任，很多公司发布的ESG报告也基本上是社会责任（包括环境保护）报告，一些机构发布的ESG评价也基本上是对环境和社会责任的评价，一些基金公司开发的ESG基金产品也基本上是环境保护基金或社会责任基金。也就是说，ESG变成了“ES”，“E”和“S”被极其夸大，而“G”却大多被忽略或扭曲了，或者用少数几个财务指标来代替，或者压低“G”的权重，或者把“G”简单理解为对ESG的管理，用很多管理指标代替公司治理。这些显然都是完全错误的理解，更给企业带来很大的负担。

有的国际机构发布的ESG报告指引也容易产生对ESG的误解。如ISSB发布的ESG报告准则只有两项，分别为IFRS S1——《可持续发展相关财务信息披露的一般要求》（*General Requirements for Disclosure of Sustainability-related Financial Information*）和IFRS S2——《气候相关信息披露》（*Climate-related Disclosures*），也就是只包括“E”和“S”，基本不包括“G”，即公司治理，这无疑不是真正的ESG信息披露准则。

其实，ISSB是不可能再专门发布一个“G”准则的，因为早已存在一个《G20/OECD公司治理准则》，其在世界上的认同度和影响力远高于ISSB发布的IFRS S1和IFRS S2。因此，ISSB发布的两个准则只有和《G20/OECD公司治理准则》结合在一起，才构成真正的ESG报告准则。

目前关于ESG的争议也基本上源于对“E”和“S”的夸大，从而加大了企业负担。某家大型公司的首席可持续发展官在2022年的一场论坛上公开抱怨：“在我们填报各种ESG问卷的时候，地球已经毁灭了。”埃隆·马斯克等技术新贵也对ESG进行了猛烈抨击，一些传统的支持者也越来越对ESG敬而远之。在美国，共和党曾牵头搞了一个反ESG法案。当然，这个法案最终被拜登首次动用总统否决权否决了。

对ESG的争议其实不是要不要ESG的问题，而是ESG信息披露和评价指标体系太过复杂了，远离了企业实际，这里主要就是针对“E”和“S”。对于“E”（环境保护），不同行业之间的差异非常大，甚至同一行业的不同企业也存在很大的差异。有的行业，比如很多服务行业（如金融业）和一些高科技企业（如互联网企业），环境保护甚至可以忽略不计，此时其环境保护如何评价？对于“S”（社会责任），至今理论界、政策制定者和企业实践者都没有形成统一的认识。比如，企业是否做过公益、员工的工作环境如何等。但试想，如果企业自身都“吃不饱”，它还有“闲钱”来做公益吗？还能为员工提供舒适的工作环境吗？此时企业没有做公益，不能提供与“有钱”企业同样的员工工作环境（假如都能保证安全的前提下），能认为它缺乏社会责任感吗？而且，不同行业差异很大。比如金融业和石化行业，其员工工作环境能根据同样的指标和标准进行评价吗？

相对于“E”和“S”，公司治理则不论什么行业什么企业，基本上都有一致的标准，比如《G20/OECD公司治理准则》就适合于所有企业。当然，通常来说，对于上市公司和非上市公司，从监管要求看，标准似乎不同，但这并不是说非上市公司（针对混合所有制企业）不可以做到像上市公司那样的标准，而是上市公司是公众公司，而非上市公司不是。对于独资公司和混合所有制公司，也仅仅在股东会设置上存在不同，而在其他方面则可以做到没有多大差异。

公司治理是基于企业可持续发展而进行的企业顶层制度构成和制度作用的问题，因此，它构成了“E”和“S”的基础，是“E”“S”“G”中最不可忽视的方面。但在实践中，“E”“S”却被极度放大，指标体系非常复杂而不切实际，加重了企业的负担，使企业对ESG产生反感。因此，必须正本清源，回归真正的ESG，明确三个方面的关系，在高度重视“G”的同时，对“E”和“S”的信息披露范围界定和评价要符合企业实际，尤其不能把ESG简单地等同于“E”和“S”。

关于ESG和公司质量的关系，二者基本上可视为等同。在2020年10月国务院发布的《意见》中，强调提升“公司质量”，但总览全文，该《意见》强调比较多的是公司治理内容（如投资者权益保护；股东大会、董事会、监事会、经理层的合规运作；信息披露；激励与约束；风险控制等），同时也特别指出要切实履行社会责任。尽管没有专门提到环境保护，但无疑就像上文所说的，环境保护是涵盖在社会责任中的，另外，《意见》还特别提出要支持科技型、创新型企业。根据该《意见》，我们于2021年从公司治理、社会责任、企业创新、绩效与价值四个维度构建了中国上市公司质量指数指标体系，共计122个具体指标（2022年度扩充到132个指标）。其实，这个指标体系也可以说是更严格的ESG指标体系。这是因为，我们认为，社会责任应该包括经济责任、创新责任、对利益相关者的责任、社会责任合规及信息披露责任。绩效与价值就是企业的经济责任，好的经济绩效是任何上市公司都追求的，也是企业履行其他很多社会责任的基础；创新包括制度创新和技术创新，均具有明显的外溢效应，因此企业应该履行创新责任，以唤起企业的创新意识并付诸行动；利益相关者对企业贡献了专用性资产，因此，企业要对其利益相关者尽责，即要保护所有利益相关者的权益；企业应该在法规框架下行事，要接受利益相关者的监督，因此，企业应该履行社会责任合规和信息披露的责任。在我们构建的上市公司质量指标体系中，对利益相关者的责任，以及社会责任合规及信息披露责任是涵盖在公司治理中的，环境保护则是涵盖在社会责任中的，这样，在我们构建的上市公司质量指数指标体系中，把对利益相关者的责任以及合规和社会责任信息披露责任的内容独立出来，与原来独立的经济责任和创新责任内容重新组合为新的社会责任指标体系，同时把原来社会责任中的环境保护内容独立出来，形成环境保护指标体系，剩余的公司治理内容形成新的公司治理指标体系，这就形成了上市公司 ESG 指标体系。也就是说，我们构建的上市公司质量指数指标体系也就是 ESG 指标体系，二者是统一的。于是，自 2022 年起，原来的《中国上市公司质量指数报告》就改成了《中国上市公司质量 / ESG 指数报告》。

1.2 如何提高上市公司质量/ESG水平

ESG 概念的提出，涉及三个问题：一是 ESG 评价，二是 ESG 信息披露，三是 ESG 价值投资。没有科学的 ESG 评价体系，就不可能有更好的 ESG 信息披露（因为不知道披露什么）。当然，有了 ESG 信息披露，ESG 评价就会有数据支撑，但不能因此就说 ESG 信息披露才是基础，因为 ESG 评价需要科学设计，其对 ESG 信息披露具有导向作用。进一步来说，没有科学的 ESG 评价，以此为依据的 ESG 投资也就不可能成功。目前全国有接近 500 只 ESG 基金，做得好的不多，就是因为没有科学的 ESG 评价体系，过于偏重于“E”和“S”，因此，ESG 的核心工作是 ESG 评价。

既然上市公司质量和 ESG 二者的指标体系是统一的，就可以从“E”“S”和“G”三个方面来提高上市公司质量。如前所述，三个方面中，“G”是最重要的，是“E”和“S”的基础；其次是社会责任；最后是环境保护。之所以把环境保护的重要性置于最后，是因为不是所有企业都有环境保护问题，即使都存在环境保护问题的企业，环境保护应达到的最大程度也有很大差异。因此，我们按照“E”“S”和“G”三个方面的重要性来阐述如何提高上市公司质量水平。

一是强化公司治理。《意见》从“提高上市公司治理水平”“推动上市公司做优做强”“健全上市公司退出机制”“解决上市公司突出问题”“提高上市公司及相关主体违法违规成本”和“形成提高上市公司质量的工作合力”六个方面提出了提高上市公司质量的具体举措。该《意见》中，提高公司治理水平是排在第一位的内容，其中提及的方面是公司治理的核心内容，如切实保障投资者的合法权益；股东大会、董事会、监事会、经理层要依法合规运作；董事、监事和高级管理人员要忠实勤勉履职；严格执行内控制度，提升内控有效性等。

然而，不能认为公司治理只是《意见》中“提高上市公司治理水平”中涉及的方面，其实其他几个方面的不少内容也是公司治理的应有之义，如“推动上市公司做优做强”中的健全激励约束机制，“健全上市公司退出机制”中的防止财务造假、利益输送、操纵市场，“解决上市公司突出问题”中的控股股东和实际控制人对上市公司的资金占用，“提高上市公司及相关主体违法违规成本”中的增加制度供给（尤其是法律制度供给），“形成提高上市公司质量的工作合力”中的控股股东、实际控制人、董事、监事和高级管理人员要各尽其责，公平对待所有股东，等等。可以说，在很大程度上，提高上市公司质量，最根本的就是要提高上市公司治理的质量。这同样也意味着，提高 ESG 水平，关键是提高公司治理水平。

公司治理包括很多维度，最重要的维度包括投资者权益保护、董事会治理、企业家能力及激励和财务治理。对于上市公司来说，投资者是最核心的利益相关者。随着股权的多元化，来自中小投资者的投资越来越成为上市公司资金的主要来源，而来自控股股东的资金占比却不断下降（尽管他们仍然对公司拥有控制力量），因此，保护投资者尤其是保护中小投资者的权益有利于保证上市公司的稳定发展。董事会经常被视为公司的核心治理主体，由于董事会负责公司的战略决策，并监督经理层落实战略决策，对经理层也有咨询职能，因此，董事会治理的有效性直接关系着公司发展的正确方向。企业家是一个公司的活力源，其中总经理（西方国家通常称为 CEO）是企业家的核心。总经理作为公司的最高行政长官，由于发达市场经济体的公司董事会基本由独立董事构成，包括绝大部分的董事长都是独立董事，因此，总经理就成为企业高质量发展的灵魂。中国企业的总经理尽管大多没有被赋予 CEO 的权力，但总经理成为真正意义的 CEO，享有独立的企业经营控制权并独立承担责任是必然的发展趋势，因此，如何培育和发挥总经理的最大能力是企业高质量发展必须要重视的因素。财务治理关系着公司财务的稳健性和安全性，以及内部控制的有效性，较高的财务治理质量不仅能够合理配置各财务主体的权责利，有力控制各个财务环节，有效监督财务行为，还能适当激励财务主体，因此也是公司高质量发展的重要保障。

二是强化社会责任。《意见》提出，上市公司要诚实守信、规范运作，切实履行社会责任。可见，社会责任是企业高质量发展的不可忽视的重要方面。

从 20 世纪 90 年代以来已经形成共识的广义公司治理理论来看，社会责任是公司治理的重要组成部分。把社会责任纳入公司治理中，这本身就意味着，社会责任对企业发展尤其对企业可持续发展的极其重要性。2019 年 8 月 19 日，美国“商业圆桌会议”（Business Roundtable）发表《公司的目的》的宣言，强调企业要更重视履行对社会的责任，不能独尊股东利益。这项宣言已经获得美国 188 位顶尖企业 CEO 的联合签署，足见重视社会责任已成全球共识。

中国当前产品安全、环境污染、员工和消费者权益受侵害等问题频发，比如，长生生物疫苗造假事件轰动全国、蚂蚁集团的资本无序扩张严重侵蚀消费者利益、部分网络公司泄露客户私人信息或直接利用客户私人信息谋取私利等，这表明企业的生存发展不能仅仅以企业利益最大化为第一考量，也不能为了赚钱而突破道德底线和法律红线，更不能以牺牲公众和客户的生命财产安全为代价。企业在发展过程中之所以会产生企业利益和社会利益之间的冲突，一个很重要的方面是企业社会责任意识的缺失。长期以来，法规不到位和执法不力，使得不少公司看重“热钱”“快钱”，过度追求短期利润，而不惜牺牲其他利益相关者的利益。

长期以来，包括不少企业家在内的很多人都对履行社会责任存在一种错误的认识，只简单地把盈利、纳税和吸收劳动力就业等少数几个方面，看作是企业履行社会责任的重要标准，认为比其他企业盈利多、纳税多、吸收劳动力多，就是比其他企业履行了更多的社会责任。这种观点是比较狭隘的。企业的社会责任可以分为两种情况：一是义务性质的社会责任，如提供高质量的、安全的产品和服务，照章纳税等；二是非义务性质的社会责任，如赈灾捐款捐物、资助教育事业等。前者是强制性的，后者是自愿性的（也可以称为狭义的社会责任）。[1]然而，问题在于，由于法律空白较多，或者弹性较大，处罚较轻，以及信息不对称，使得一些本属于义务性质的社会责任，在一些企业眼中却成为自愿性的社会责任。如产品质量、员工工作环境等，缺乏清晰的判断合法与否的界限，一些企业甚至聘用专门人员寻找法律空白地带，这是这些年产品质量低劣、员工工作环境恶劣等问题频出的重要原因。

当然，企业把盈利、纳税作为社会责任的一个方面也并无问题，只是企业盈利一定要以合规为前提。这其实属于企业的经济责任范畴，而盈利是企业经济责任的重要方面。对上市公司来说，企业的经济责任可以从会计绩效和市场绩效两个方面来衡量。会计绩效是包括盈利在内的财务表现，是企业创造的直接收益；市场绩效是市场对企业创造价值和发展前景的认可度。前者是企业价值的基础，后者是企业价值体现在市场中的价格。企业既要保证会计绩效的真实性，也要保证市场价值与其真实会计绩效的吻合度，这两个方面共同构成了企业发展的资金支撑。如果会计绩效长期低迷，或者出现造假和欺瞒，就会失去更多的投资者，企业发展就会遭遇资金瓶颈，甚至走向崩溃的边缘或破产。把会计绩效与市场价值作为企业的经济责任，既是因为它们作为企业经济发展的成果，也是企业履行纳税、吸收更多劳动力、进行社会捐赠等社会责任的基础。换言之，企业的经济责任应该纳入企业社会责任中。

《意见》还指出，要大力培育科技型、创新型企业，支持制造业单项冠军、专精特新“小巨人”等企业发展壮大。企业的发展需要创新，创新越活跃，企业发展就越充满生机和活力。这意味着，企业创新也应该纳入社会责任范畴，原因在于企业创新具有很强的外溢效应，即创新可以加剧市场竞争，提高社会生产力，为社会创造更多的财富。

谈到创新，人们第一直觉可能就是技术创新。其实，技术创新仅是创新的一个方面。熊彼特把创新分为技术创新、产品创新、市场创新、原材料供应或生产方式的创新，以及组织创新等五个方面，其中组织创新也可以称为制度创新。这五种创新是彼此联系而不是彼此独立的，尤其随着技术的发展，五种创新越来越紧密地联系在一起。其中，制度创新和技术创新是最为关键的，没有制度保障，其他方面的创新就可能只是昙花一现，难以为继。

相对制度创新，技术创新相对容易衡量，也是经常被拿来作为评价一个企业持续发展能力的重要指标。截至 2022 年 12 月 31 日，4687 家上市公司样本中，研发投入强度平均只有 2.08%，比上年下降 3.40 个百分点（这种下降应该与疫情有很大关系），而发达国家，尤其是日本和美国，公司研发投入强度超过 20% 是比较普遍的现象，有的甚至高达 40% 以上。因此，鼓励技术创新，加大技术创新投入力度，应该提升到一个企业的战略高度。

企业技术创新水平的提升，除了自身因素外，更重要的因素还有两个方面：第一个方面是竞争压力，没有足够大的竞争压力，就难以产生技术创新的动力。但竞争压力未必一定会导致技术创新，也可以通过移植别人的技术来缓解。然而，在越来越强化知识产权保护的国际环境下，移植别人技术的空间越来越狭小，而且不可能完全依赖于别人的技术而立于不败之地。这就要求有第二个方面，即国家和企业要有足以激发人们进行技术创新欲望的制度安排。那么如何激发创新欲望呢？一是需要活跃的、自由的创新氛围，允许“试错”，甚至允许可能带来的损失；二是需要建立起一套鼓励技术创新的知识产权保护制度，要使技术创新的收益远高于由此付出的成本；三是需要鼓励合作创新，因为合作

---

[1] 高明华．国企不能为“表率”不顾程序、法规［J］．董事会，2017（8）．

创新可以缩短创新时间，提高创新速度，降低创新成本和创新风险，为此应当改革目前的研究成果评价制度，要承认创新人才对创新收益具有平等的所有权，[1]从而为企业技术创新提供持续的动力。

履行社会责任值得表彰，但不合规的社会责任却是应该严格禁止的。比如企业捐赠，如果超过公司章程规定的额度而未经股东大会审议通过，或者直接由个人决定，就是不合规的。为保证社会责任的合规性，加强社会责任信息披露，接受公众监督就是不可或缺的。

概括地说，企业的经济责任、创新责任、对企业利益相关者的责任、社会责任合规及信息披露责任构成社会责任的全部内容。履行社会责任是企业可持续发展的重要方面，应该成为一个成熟企业秉持的基本理念。

三是强化环境保护。如前所述，从严格的理论意义上，环境保护属于社会责任范畴，出于ESG评价的考虑，人们把它独立出来，这样有利于企业树立环境保护的意识，也顺应了实现碳中和与碳达峰目标的要求。

但是，评价企业环境保护的水平，理论上很简单，但实际做起来，相比上述的公司治理和社会责任都更加困难。道理很简单，就是不同行业甚至同一行业的不同企业，环境保护的差异性很大。目前上市公司涉及19个行业，每个行业对环境保护的要求都不同，要建立一个统一的评价标准非常困难，而没有统一的评价标准，就难以具有可比性，而可比性是不同公司环境保护评价的重要目的。比如金融业很少有环境保护的问题，如果硬往上靠的话，恐怕只能从是否支持绿色产业发展以及支持力度上来评估，但从严格意义上说，它不属于企业自身的环境保护问题。当然，金融业也会涉及温室气体排放效应问题，但相对于其他行业，这种效应无疑小很多，有的金融企业甚至可以忽略不计，但不能由此认为其环境保护相对于其他企业更差。由此，尽管环境保护可以找出很多指标，但不能过度扩大，要基于数据的可得性和可比性原则来选择合适的指标，在目前情况下，可供选择的具有可比性的环境保护指标并不多。当然，随着环境保护的意识不断增强，将来会有越来越多的上市公司披露环境保护的相关信息，届时环境保护的指标体系可以进一步完善。

1.3 上市公司质量/ESG指数的相对性

中国上市公司质量/ESG评价是通过计算指数来进行的。从前述提高上市公司质量/ESG的三个方面看，我们进行上市公司质量评价有天然的优势，这就是我们已坚持17年之久的“中国上市公司治理分类指数”。由于我们的“中国上市公司治理分类指数”是基于广义的公司治理理论，因此，在我们的既有公司治理评价中，前面所列三个方面，即公司治理、社会责任（包含在公司治理中）和环境

---

[1] 高明华．创新能力与创新欲望——“钱学森之问”的思考［J］．经济学家茶座，2009（6）．

保护（包含在社会责任中）实际上都已经进行了多年的评价，这就为我们进行“中国上市公司质量 / ESG 评价”打下了坚实的基础，而不是从头开始。

但二者又有不同。“中国上市公司治理分类指数”基本上是一种绝对差距评价，即评价标准是国际上先进的公司治理规范，如《G20/OECD 公司治理准则》以及公司治理相关法律（如《中华人民共和国公司法》《中华人民共和国证券法》等），即“我公司的治理水平距离规范的公司治理还有多大差距”。尽管这些规范也在不断改进中，我们评价的标准也会随之调整，但总体上相对稳定。

而“中国上市公司质量 /ESG 指数”则有所不同。尽管其中的公司治理有相对稳定的、先进的国际规范，但社会责任（本报告在“中国上市公司治理分类指数”基础上对社会责任指标体系有所扩充）和环境保护并没有一致认同的、各行业都适用的所谓先进标准，恐怕永远也不会有共识的先进标准。因此，本报告计算的中国上市公司质量 /ESG 指数是一种相对值，即“我公司的质量或 ESG 水平比你公司的质量或 ESG 水平高”，但“我公司的质量或 ESG 不是最佳标准”。

相对值计算主要体现在具体指标（本报告标注的四级指标）与公司质量 /ESG 最终指数值之间各层维度上（公司治理、社会责任和环境保护三个方面有不尽相同的层次划分）。即在计算出来的各维度初始值的基础上，把各维度初始值最高的那家公司的分值分别设为 100 分，然后对其他公司的各维度分值重新计算分值，形成公司治理、社会责任和环境保护三个方面的相对分值，最后通过加权，得到中国上市公司质量 /ESG 指数。这个公司质量 /ESG 指数是最终值，不再把最高值设为 100 分后重新计算各公司分值。

1.4 评价上市公司质量/ESG有何意义

上市公司是资本市场发展的基石。提高上市公司质量或 ESG 水平是提高资本市场投资价值的源泉，对于增强资本市场的吸引力和活力，充分发挥资本市场优化资源配置功能，保护投资者特别是中小投资者的合法权益，促进我国资本市场健康稳定发展，具有十分重要的意义。

《意见》指出，国发〔2005〕34 号文件，即 2005 年 10 月国务院批转中国证监会《关于提高上市公司质量的意见》印发以来，我国上市公司数量显著增长、质量持续提升，在促进国民经济发展中的作用日益凸显。但也要看到，上市公司经营和治理不规范、发展质量不高等问题仍较突出，与建设现代化经济体系、推动经济高质量发展的要求还存在差距。同时，面对严峻的国际形势以及国内经济下行压力，上市公司生产经营和高质量发展面临新的考验。

寻找差距就需要评价，以便找到上市公司质量不高的“缺口”，及时弥补，这就是开发“中国上市公司质量 /ESG 指数”的意义所在。具体来说，包括如下七个方面：

（1）帮助监管机构充分了解上市公司质量 /ESG 存在的缺陷和不足，促使监管机构加强上市公司

质量 /ESG 的立法和执法工作，使监管更加有的放矢，防范风险于未然。

（2）帮助投资者降低信息不对称程度，有效规避投资风险，发现有长期价值的投资对象，提高投资收益，提升投资信心，增强社会稳定性。

（3）帮助公司了解自身与其他公司存在的差距，及时采取整改措施，提升自己的竞争力，增强对投资者的吸引力，避免公司股价过度波动。

（4）防止股市炒作，避免股市崩盘风险，促使资本市场真实反映公司信息，引导股票价格客观反映公司真实绩效，推动资本市场实现稳定发展并走向成熟。

（5）帮助欲进行混合所有制改革的企业寻找符合自身实际的、高质量的、有可持续发展能力的合作股东，助推混合所有制改革取得成功。

（6）帮助公司融入国际资本市场体系，从而有助于中国产品的出口和吸引海外投资。

（7）为上市公司研究提供数据支持，保证研究结论的客观性和实践性。

第2章 中国上市公司质量/ESG指数指标体系、评价方法和评价范围

本研究力求全面、客观、真实地评价中国上市公司发展的质量或ESG水平，籍此为进一步提高中国上市公司质量，建立完善的ESG信息披露制度提供政策依据和努力方向，这就需要一套科学、可行、可比、可持续的评价指标体系，以及对应的评价方法，并在将来能够延续这一评价。可以说，指标体系和评价方法是中国上市公司质量/ESG评价研究的基础性工程。

2.1 中国上市公司质量/ESG指数指标体系选择的基本依据

早在 2005 年 10 月，国务院批转中国证券监督管理委员会（以下简称“中国证监会”）《关于提高上市公司质量的意见》，就提高上市公司质量有关问题提出“提高认识，高度重视提高上市公司质量工作；完善公司治理，提高上市公司经营管理和规范运作水平；注重标本兼治，着力解决影响上市公司质量的突出问题；采取有效措施，支持上市公司做优做强；完善上市公司监督管理机制，强化监管协作；加强组织领导，营造促进上市公司健康发展的良好环境”等若干意见。该意见印发以来，我国上市公司数量显著增长、质量持续提升，在促进国民经济发展中的作用日益凸显。

2018 年新版《上市公司治理准则》第三条指出：“上市公司应当贯彻落实创新、协调、绿色、开放、共享的发展理念，弘扬优秀企业家精神，积极履行社会责任，形成良好的公司治理实践。”总体上，近几年我国上市公司的治理水平不断提高，ESG 理念也正在上市公司中不断得到强化。

但同时，上市公司治理不规范、社会责任观念淡薄、发展质量不高等问题仍较突出，与建设现代化经济体系、推动经济高质量发展的要求还存在差距。为此，2020 年 10 月，国务院印发《关于进一步提高上市公司质量的意见》，提出“提高上市公司治理水平，推动上市公司做优做强，健全上市公司退出机制，解决上市公司突出问题，提高上市公司及相关主体违法违规成本，形成提高上市公司质量的工作合力，共同营造支持上市公司高质量发展的良好环境”六个方面 17 项重点举措。

基于《关于提高上市公司质量的意见》《关于进一步提高上市公司质量的意见》以及《上市公司治理准则》（2018 年修订版）等相关政策和规则，充分考虑全球化趋势以及我国上市公司质量 /ESG 发展的现状和未来目标，结合数据的科学性、可行性（可获得性）、可比性、可连续性，从公司治理、社会责任、环境保护三个维度出发，我们制定了一套科学有效的上市公司质量 /ESG 评价指标体系，以期对中国上市公司质量或 ESG 水平做出客观评价，为进一步提高上市公司质量或 ESG 水平提供政策依据。

需要指出的是，对全部上市公司的质量 /ESG 进行评价不同于单独对某个具体公司的质量 /ESG 进行评价。对全部上市公司的质量 /ESG 评价的目的是进行比较，包括横向比较和纵向比较。横向比较是为了找出同一年度不同公司的质量 /ESG 的差距，而纵向比较是为了发现某一公司的质量 /ESG 在不同年度是否有所改进以及不同公司的质量 /ESG 改进程度的差异。而单独对某个具体公司的质量 / ESG 评价的目的只是呈现本公司的质量 /ESG 的当期状况以及不同年度的变化，由于不同公司的差异性很大，所以各公司单独的质量 /ESG 评价难以进行横向比较。

因此，在设计指标体系时，不同于单独对某个具体公司的质量 /ESG 的评价，对全部上市公司的质量 /ESG 评价的指标体系设计必须本着科学、可行、可比和可持续的原则。科学即要准确反映公司质量 /ESG 的本质和核心；可行即公司质量 /ESG 指标数据在所有或大部分公司能够可得；可比即不同公司的质量 /ESG 可以横向比较，而数据可得是可比的前提；可持续即同一公司的质量 /ESG 能够纵向可比，否则就难以观察公司的质量 /ESG 是否有所改进或退步，这就需要指标体系的相对稳定。而在对某个具体公司的质量 /ESG 进行评价时，则可以根据公司所在行业和企业本身的特点，在上述评价指标的基础上可以有所扩充，以全面反映该公司的质量 /ESG 的状况。

2.2　中国上市公司质量/ESG指数指标体系

中国上市公司质量 /ESG 指数指标体系包括三个维度，即公司治理（*CG*）、社会责任（*SR*）、环境保护（*EP*）。其中，公司治理维度指标体系是在我们历年开发的“中国上市公司治理分类指数”指标体系基础上，把其中的社会责任（含环境保护）内容独立出去，并进一步优化、压缩、重新组合而成，而在得分上又使用了相对值（见后文关于相对分的计算），因此，本报告的“公司治理”得分与“中国上市公司治理分类指数”的得分并不等同，但总体得分趋势是一致的；社会责任维度指标体系是把“中国上市公司治理分类指数”中的社会责任内容独立出来后，再把其中的环境保护内容独立出去，并进一步扩充和完善而成；环境保护维度指标体系是把“中国上市公司治理分类指数”的社会责任内容独立出来，再把其中的环境保护内容独立出来，并进一步扩充和完善而成。

另外，仍然需要说明的是，从 20 世纪 90 年代以来得到普遍共识的广义公司治理角度，公司治理包括社会责任，社会责任又包括环境保护，由于社会责任和环境保护在公司高质量发展中日渐突出的重要地位，本报告把这两个方面独立出来，与公司治理并列。这与我们历年中国上市公司治理分类指数评价中，把社会责任（含环境保护）作为公司治理的重要构成部分是不同的。

经过调整和扩充，最终形成公司治理、社会责任、环境保护三个维度，132 个具体指标。

2.2.1　公司治理维度（*CLCQI/ESGI-CG*）指标体系

公司治理维度（*CG*）（一级指标）包括投资者权益保护（*MII*）、董事会治理（*BG*）、总经理能力及激励（*EAI*）、财务治理（*FG*）四个二级指标，共计 81 个具体指标（由于各维度划分层次不同，具体指标统一都作为四级指标）。

2.2.1.1 投资者权益保护（*MII*）

本报告以中国《上市公司治理准则》（2018）为基准，同时基于国际通行的投资者权益保护规范，从知情权（*MIK*）以及决策与监督权（*MIE*）两个三级指标，21 个四级指标来评价投资者权益保护质量。其中，知情权三级指标包括 10 个四级指标；决策与监督权三级指标包括 11 个四级指标（参见表 2-1）。

表2-1　投资者权益保护指标体系

二级指标	三级指标	四级指标	评分标准
投资者权益保护（*MII*）	知情权（*MIK*）	1. 是否按时披露公司定期报告	包括一季度报、半年报、三季度报和年报，每项分值 0.25 分
		2. 年报预披露时间与实际披露时间是否一致	A. 基本一致（延后在 10 天之内，包括提前，1 分）； B. 差距较大（延后在 10 ～ 30 天，0.5 分）； C. 差距很大（延后在 30 天以上，0 分）
		3. 预告业绩与实际业绩是否一致	A. 实际的数据落入预测区间（1 分）； B. 没有落入预测区间（0 分）
		4. 上市公司是否开通微信 / 微博 / 网站 / 投资者咨询电话或在线互动平台	重点关注网站、微信或微博、投资者咨询电话或在线互动平台三项，每一项分别赋分为 0.34 分、0.33 分、0.33 分；任何一项都没有，得 0 分
		5. 分析师关注度	用会计年度内分析师发布研究报告的次数衡量，标准化处理为 0 ～ 1 区间数值
		6. 是否详细披露独立董事过去 3 年的任职经历	A. 详细披露（1 分）； B. 笼统披露（0.5 分）； C. 未披露（0 分）
		7. 是否披露可预见的财务风险因素	A. 是（1 分）；B. 否（0 分）
		8. 是否披露存在重大内部控制缺陷	A. 重大缺陷（-1 分）； B. 重要缺陷（-0.7 分）； C. 一般缺陷（-0.35 分）； D. 无缺陷（0 分）
		9. 股东大会（包括临时股东大会）投票机制的说明	A. 完全披露（1 分）； B. 未完全披露（0.5 分）； C. 未披露（0 分）
		10. 是否存在股价异动	A. 否（0 分）；B. 是（-1 分）
	决策与监督权（*MIE*）	11. 是否采用网络投票制	A. 是（1 分）；B. 否（0 分）
		12. 是否实行累积投票制	A. 是（1 分）；B. 否（0 分）
		13. 是否采用中小投资者表决单独计票	A. 是（1 分）；B. 否（0 分）
		14. 独立董事比例	A. 独立董事比例≥ 2/3（1 分）； B.1/2 ≤独立董事比例 <2/3（0.7 分）； C.1/3 ≤独立董事比例 <1/2（0.35 分）； D. 独立董事比例 <1/3（0 分）

续表

二级指标	三级指标	四级指标	评分标准
投资者权益保护（*MII*）	决策与监督权（*MIE*）	15. 独立董事是否担任本公司董事长	A. 是（1分）；B. 否（0分）
		16. 有无单独或者合计持有公司 10% 以上股份的股东提出召开临时股东大会	A. 是（1分）；B. 否（0分）
		17. 有无单独或者合并持有公司 3% 以上股份的股东提出议案	A. 是（1分）；B. 否（0分）
		18. 三个委员会是否设立（审计、提名、薪酬）	A.0 个（0分）； B.1 个（0.35 分）； C.2 个（0.7 分）； D.3 个（1分）
		19. 独立董事的董事会实际出席率	公司所有独立董事实际出席董事会次数的总和 / 公司所有独立董事应出席董事会次数的总和
		20. 董事长是否来自大股东单位	A. 否（1分）；B. 是（0分）
		21. 是否有中小股东收益权的制度安排（分红权）	A. 是（1分）；B. 否（0分）

对于投资者权益保护指标体系，简要解释如下：

（1）知情权

知情权主要考察投资者对于公司经营决策关键信息的知情权，包括第 1 ～ 10 个指标。其中，指标 1 ～ 3 从定期报告角度，评价投资者对公司经营定期报告知情权的掌握情况；指标 4 ～ 7 从投资者参与决策所需要的其他重要信息来评价投资者的知情权；指标 8 从内部控制角度反映投资者对公司风险的知情权；指标 9 考察公司股东大会投票机制（包括法定投票、累积投票、网络投票、举手表决、代理投票等）方面的信息披露情况；指标 10 从股价波动角度反映投资者的知情权。

（2）决策与监督权

决策与监督权主要考察投资者行使权利和监督代理人的情况，包括第 11 ～ 21 个指标。其中，指标 11、12 和 13 直接反映投资者行使权利和监督代理人的情况；指标 14 ～ 21 间接反映投资者行使权利和监督代理人的情况。

2.2.1.2 董事会治理（*BG*）

本报告以董事会治理质量评价为核心，以中国《上市公司治理准则》（2018）为基准，综合考虑《中华人民共和国公司法》《中华人民共和国证券法》《关于上市公司独立董事制度改革的指导意见》《上市公司独立董事管理办法》等国内有关上市公司董事会治理的法律法规，以及《G20/OECD 公司治理准则》（2015）和标准普尔公司治理评级系统等国际组织和机构有关公司治理的准则指引，借鉴国内外已有的董事会评价指标体系，从董事会结构及独立董事设置（*BSI*）、董事会行为及激励与约束（*BBIR*）两个三级指标，28 个四级指标对董事会治理质量进行评价。其中董事会结构及独立董事设置三级指标包括 15 个四级指标；董事会行为及激励与约束三级指标包括 13 个四级指标（参见表 2-2）。

表2-2 董事会治理指标体系

二级指标	三级指标	四级指标	评分标准
董事会治理（*BG*）	董事会结构及独立董事设置（*BSI*）	1. 外部董事比例	A. 独立董事比例≥ 2/3（1分）； B. 独立董事比例 <2/3，外部董事（含独立董事）比例≥ 1/2（0.7分）； C.1/3 ≤外部董事（含独立董事）比例 <1/2（0.35分）； D. 外部董事（含独立董事）比例 <1/3（0分）
		2. 有无外部非独立董事	A. 有（1分）；B. 无（0分）
		3. 董事长和总经理两职是否分离	A. 是（1分）；B. 否（0分）
		4. 有无职工董事	A. 有职工董事且披露职工董事姓名（1分）； B. 有职工董事但没有标明具体姓名（0.5分）； C. 没有职工董事（0分）
		5. 董事学历	A. 硕士及以上（1分）； B. 本科（0.7分）； C. 专科（0.35分）； D. 高中及以下（0分）； E. 未披露（0分） 取全部董事学历得分的平均值
		6. 年龄超过60岁（包括60岁）的董事比例	A. 比例≥ 1/3（0分）；B. 比例 <1/3（1分）
		7. 审计委员会设置情况	A. 设置且独立董事比例为 100%（1分）； B. 设置且独立董事比例达到 50%（0.7分）； C. 设置但独董比例低于 50% 或未披露独董比例（0.35分）； D. 未设置或未披露（0分）
		8. 薪酬委员会设置情况	A. 设置且独立董事比例为 100%（1分）； B. 设置且独立董事比例达到 50%（0.7分）； C. 设置但独董比例低于 50% 或未披露独董比例（0.35分）； D. 未设置或未披露（0分）
		9. 提名委员会设置情况	A. 设置且独立董事比例为 100%（1分）； B. 设置且独立董事比例达到 50%（0.7分）； C. 设置但独董比例低于 50% 或未披露独董比例（0.35分）； D. 未设置或未披露（0分）
		10. 合规委员会设置情况	A. 在董事会下设置（1分）； B. 在经营层下设置（0.5分）； C. 未设置或未披露（0分）
		11. 审计委员会主席是否由独立董事担任	A. 是（1分）； B. 否（0分）； C. 未披露（0分）
		12. 独立董事中有无财务专家	A. 有（1分）；B. 无（0分）
		13. 独立董事中有无法律专家	A. 有（1分）；B. 无（0分）
		14. 独立董事中有无其他企业高管	A. 有（1分）；B. 无（0分）
		15. 在多家公司担任独立董事情况（包括本公司）	A. 只有1家（1分）； B. 2～3家（0.5分）； C. 4家及以上（0分）

续表

二级指标	三级指标	四级指标	评分标准
董事会治理（*BG*）	董事会行为及激励与约束（*BBIR*）	16. 内部董事与外部董事是否有明确的沟通制度	A. 是（1分）；B. 否（0分）
		17. 投资者关系建设情况	A. 详细披露投资者关系沟通细节或接待措施（1分）； B. 只说明有《投资者关系管理制度》，但没有具体内容（0.5分）； C. 关于投资者关系建设没有任何说明或者笼统说明（0分）
		18. 是否存在董事会提交的决议事项或草案被股东大会撤销或者否决的情况	A. 否（1分）；B. 是（0分）
		19.《董事会议事规则》的说明	A. 详细介绍议事规则（1分）； B. 只作一般性说明（0.5分）； C. 未披露任何信息（0分）
		20. 董事会是否有明确的高管考评和激励制度	A. 是（1分）；B. 否（0分）
		21. 股东大会（包括临时股东大会）股东出席率	A. 完全披露（1分）； B. 未完全披露（0.5分）； C. 未披露（0分）
		22. 是否有明确的董事考评和激励制度	A. 是（1分）；B. 否（0分）
		23. 是否公布董事考评 / 考核结果	A. 是（1分）；B. 否（0分）
		24. 是否披露董事薪酬情况	A. 逐一披露（1分）； B. 笼统披露（0.5分）； C. 未披露（0分）
		25. 是否有董事会备忘录	A. 是（1分）；B. 否（0分）
		26. 是否有董事行为准则相关的规章制度	A. 是（1分）；B. 否（0分）
		27. 所有董事是否明确保证年报内容的真实性、准确性和完整性或不存在异议	A. 是（1分）；B. 否（0分）
		28. 独立董事津贴是否超过10万元（税前，不包括10万元）	A. 是（0分）；B. 否（1分）

对于董事会治理指标体系，简要解释如下：

（1）董事会结构及独立董事设置

董事会结构及独立董事设置三级指标衡量董事会成员构成和机构设置，以及独立董事专业素质和履职情况，侧重从形式上评价董事会结构的有效性和独立董事的独立性，包括第1～15个四级指标。其中，指标1和2衡量董事会构成中独立董事和外部董事情况；指标3衡量董事长的独立性；指标4衡量董事会中有无职工利益的代表；指标5和6衡量董事成员的学历和年龄构成；指标7～10衡量董事会下设专门委员会情况，主要包括审计、薪酬、提名和合规四个委员会；指标11“审计委员会主席是否由独立董事担任”之所以单独提出来，是因为审计委员会的设置主要是为了提高公司财务信息的可靠性和诚信度，提高审计师的独立性，防范舞弊或其他违规和错误等，对于审计委员会来说，它的独立性可以说是确保审计委员会有效性的前提，审计委员会的主席由独立董事来担任相对其他专门委员会来说更重要；指标 12 ～ 14 反映独立董事的背景及来源；指标 15 反映独立董事的时间、精力投入程度，同时在多家公司担任独立董事可能会限制独立董事时间和精力的分配。

（2）董事会行为及激励与约束

董事会行为及激励与约束三级指标侧重考察董事行为以及董事激励和约束相关制度的建立和执行情况，主要从实质上来衡量董事会的实际履职及其保障机制，包括第 16 ～ 28 个四级指标。其中，指标 16 衡量外部董事信息获取及其与内部董事沟通制度的建设情况；指标 17 考察董事会作为投资人的代理人对投资者关系的重视和维护情况；指标 18 评价董事会的决策质量和违反股东意志的情况；指标 19 衡量董事会运作的规范性；指标 20 反映董事会关于高管考评制度的建立情况，因为对高管的考评是董事会的重要职能；指标 21 评价董事会作为股东大会的召集人，对股东大会召开效果的披露情况。指标 22、23 和 24 考察董事考评和薪酬制度的建立和执行情况。《G20/OECD 公司治理准则》（2015）、《标准普尔公司治理评价系统》，以及中国的《上市公司治理准则》对于董事薪酬制度都有相关规定。中国《上市公司治理准则》第五十七条规定："董事会、监事会应当向股东大会报告董事、监事履行职责的情况、绩效评价结果及其薪酬情况，并由上市公司予以披露。"指标 25 考察董事会的履职程序是否完备，董事会备忘录一旦经董事会通过，便对董事具有法律约束力。中国《上市公司治理准则》第三十二条规定："董事会会议记录应当真实、准确、完整，出席会议的董事、董事会秘书和记录人员应当在会议记录上签名。董事会会议记录应当妥善保存。"指标 26 考察董事行为准则等制度的完备和执行，《G20/OECD 公司治理准则》（2015）中指出："董事会应当适用严格的职业道德标准，应当考虑利益相关者的利益。"指标 27 考察董事对年报真实性的承诺和责任担当。《G20/OECD 公司治理准则》（2015）明确指出："董事会应当对公司风险管理系统的监督以及确保报告系统的完整性承担最终责任。"指标 28 从报酬上反映独立董事独立于公司的情况，独立董事要保证其独立性，就不应该以从公司领取报酬为目的，津贴只是对独立董事履职的一种象征性鼓励，与公司规模或利润无关。10 万元津贴标准的制定参考了纽约证券交易所对独立董事 10 万美元津贴的相关规定。

2.2.1.3 总经理能力及激励（*EAI*）

在市场经济发达国家，总经理（CEO）是企业发展的灵魂和核心（董事长作为董事会的一员，经常由独立董事担任，并非企业的核心）。经理层决策与董事会决策的显著不同在于，前者是总经理负责制，决策由总经理最终决定；而后者是一人一票制。因此，本报告不是对经理层的整体能力进行评价，而基本上是对总经理的个人能力进行评价。当然，总经理的能力离不开经理层其他成员的贡献，有的指标本身就包括其他成员的贡献。

总经理能力及激励不再进行三级指标划分。在我们历年的"中国上市公司治理分类指数"评价中，企业家能力指数是作为一个单独的指数类型，评价对象也是总经理，包括总经理的人力资本能力、关系网络能力、社会责任能力，以及战略领导能力。在本报告中，我们将其中的社会责任能力放到了单独的、与公司治理维度并列的社会责任维度中，并进行指标的适当扩充和完善。其他三个维度通过整合、优化、补充形成本报告中公司治理维度的"总经理能力及激励"二级指标。其中，人力资本是总经理能力的基础，可以通过其受教育程度、相关工作经验、在位工作时间等来测量；总经理的战略领导能力对企业发展具有关键作用，尤其是在当今企业内外部环境瞬息万变的时代，总经理是否具有战略领导能力成为企业能否获得持续发展的决定性因素；关系网络能力也是总经理能力的一个重要方面，一个企业的成败往往与总经理是否拥有广泛的社会交往和联系紧密相关，许多研究发现，公司高管的社会背景作为公司的一个特征性质会对公司价值产生影响；对总经理的激励则是能力发挥的促进和保障因素。总经理能力及激励指标体系具体由 13 个四级指标组成（参见表 2-3）。

表2-3　总经理能力及激励指标体系

二级指标	四级指标	评价标准
总经理能力及激励（*EAI*）	1. 总经理最高学历	A. 硕士及以上（1 分）； B. 本科（0.7 分）； C. 专科（0.35 分）； D. 高中及以下（0 分）； E. 未披露（0 分）
	2. 总经理工作年限	A. 0~10 年（0 分）； B. 10~20 年（0.35 分）； C. 20~30 年（0.7 分）； D. 30 年及以上（1 分）
	3. 总经理工作经历的变更	A. 3 家及以上（1 分）； B. 1 ～ 2 家（0.5 分）； C. 0 家（0 分）
	4. 总经理是否担任其他公司的独立董事	A. 是（1 分）；B. 否或未披露（0 分）
	5. 总经理是否有海外留学经历（半年以上）	A. 是（1 分）；B. 否或未披露（0 分）
	6. 总经理是否有海外工作经历（半年以上）	A. 是（1 分）；B. 否或未披露（0 分）
	7. 总经理选聘路径	A. 外部选聘（1 分）； B. 内部提拔（0 分）； C. 未披露（0 分）
	8. 总经理是否获得过相关荣誉称号	A. 全国及省级（1 分）； B. 地市及以下（0.5 分）； C. 否或未披露（0 分）
	9. 总经理是否在行业协会任职	A. 全国及省级（1 分）； B. 地市及以下（0.5 分）； C. 否或未披露（0 分）
	10. 总经理贡献	实际企业业绩与估计企业业绩的差值。标准化处理为 0 ～ 1 区间数值
	11. 国际化程度	海外收入 / 总收入，标准化处理为 0 ～ 1 区间数值
	12. 高管薪酬支付是否合理	根据作者同期“高管薪酬指数”①中“激励区间”进行判断，如激励适中，则得 1 分；过度或不足，则得 0 分
	13. 公司是否采用股票期权激励政策	A. 是（1 分）；B. 否（0 分）

注：①作者同期完成的“中国上市公司高管薪酬指数”以调整后的高管薪酬与营业总收入的比值作为高管薪酬合理性评价标准，并按照四分之一分位数法将所有上市公司分为激励不足、激励适中和激励过度三类。

对于总经理能力与激励指标体系，简要解释如下：

总经理能力与激励二级指标包括 13 个四级指标（不再划分三级指标），可以通过总经理的受教育程度、相关工作经验、在位工作时间、是否有完善的社会关系、贡献情况、薪酬支付情况以及是否设置股权激励政策等来测量。其中，指标 1 和 5 从受教育角度评价总经理能力；指标 2 从工作年限角度评价总经理能力；指标 3、4、6 和 7 从总经理个人工作经历角度评价其能力，这里需要补充说明的是，指标 7 中，集团内或企业内的选聘、大股东派出并任命的总经理均视为内部任命；指标 8 和 9 评价总经理在行业中的关系网络能力；指标 11 评价总经理在任期间公司的国际化水平；指标 12 和 13 评价对总经理的激励，这是总经理能力发挥的重要促进因素；指标 10 “总经理贡献” 指的是剔除企业资产规模、负债比率、增长机会、第一大股东持股比例、政府补贴和行业等影响因素后，总经理对企业业绩的实际贡献，反映了总经理努力的实际结果，该指标利用企业业绩回归的残差（即实际企业业绩与估计企业业绩的差值）代表总经理贡献，由于残差有正有负，因此我们将残差形式的总经理贡献指标进一步标准化，将其转化为位于 [0,1] 区间的数字。

2.2.1.4 财务治理（*FG*）

本报告基于国际财务报告准则和通行的财务治理规范，同时参考中国既有法律和规定，从财务监督（*FS*）和财务控制（*FC*）两个三级指标，19 个四级指标来评价财务治理的质量。其中，财务监督三级指标包括 10 个四级指标，财务控制三级指标包括 9 个四级指标（见表 2-4）。

表2-4　财务治理指标体系

二级指标	三级指标	四级指标	评分标准
财务治理（*FG*）	财务监督（*FS*）	1. 关联交易是否提交（临时）股东大会讨论通过	A. 是（1 分）；B. 否（0 分）
		2. 独立董事薪酬和高管股票期权是否通过（临时）股东大会	A. 两项都通过股东大会（如果没有高管股票期权，则只计独立董事薪酬一项）（1 分）； B. 独立董事报酬和股票期权其中任一项通过股东大会（0.5 分）； C. 两项都没有通过股东大会（0 分）
		3. 两权分离度[①]	现金流权 / 控制权（两权分离度是所有权与控制权的比值。其中，控制权又称投票权，用控制链条上最弱的一环表示；所有权又称现金流权，用控制链条上各所有权比例的乘积表示）
		4. 董事会是否提出清晰的财务目标	A. 是（1 分）；B. 否（0 分）
		5.CFO 或财务总监或总会计师是否具有财会类高级职称或相关资格认证	A. 是（1 分）；B. 否或未披露（0 分）
		6. 公司网站是否及时披露当年财务报告	A. 是（1 分）；B. 否（0 分）
		7. 公司网站是否披露过去连续三年财务报告	A. 是（1 分）；B. 否（0 分）
		8. 公司是否披露公司发展前景的相关信息	A. 是（1 分）；B. 否（0 分）
		9. 当公司会计政策发生变化时，是否做出解释	A. 未变更（1 分）； B. 变更并做出解释（0.5 分）； C. 变更但未做解释（0 分）
		10. 公司是否因违规而被证监会、证交所等监管部门公开批评、谴责或行政处罚	A. 否（0 分）； B. 是（-1 分）

续表

二级指标	三级指标	四级指标	评分标准
财务治理（FG）	财务控制（FC）	11. 董事会或股东大会是否定期评估内部控制	A. 有《报告》且有出处或全文（1分）； B. 有《报告》但无出处或全文（0.5分）； C. 没有《报告》（0分）
		12. 各专门委员会是否在内部控制中起作用	A. 是（1分）；B. 否（0分）
		13. 董事会或股东大会是否披露具体内部控制措施	A. 详细说明（1分）； B. 笼统说明（0.5分）； C. 无说明（0分）
		14. 风险控制委员会设置情况	A. 设置且独董比例不低于2/3（1分）； B. 设置但独董比例低于2/3（0.7分）； C. 设置但未披露独董比例（0.35分）； D. 未设置或未披露（0分）
		15. 公司财务弹性②	采用"经营活动产生的现金流量净额 / 总资产"表示财务弹性。标准化处理为0～1区间数值
		16. 公司对外部资金依赖程度③	采用"（投资产生的现金流出 – 经营活动产生的现金流出）/ 投资产生的现金流出"表示外部资金依赖程度。标准化处理为0～1区间数值
		17. 是否ST	A. 否（0分）；B. 是（-1分）
		18. 外部审计是否出具标准无保留意见	A. 是（1分）；B. 否（0分）
		19. 公司是否披露关联方交易状况	A. 是（1分）；B. 否（0分）

注：①本报告采用与拉·波塔、洛佩兹·德·西拉内斯和施莱弗（La Porta, Lopez-de-Silanes & Shleifer, 1999）类似的方法[1]，通过层层追溯上市公司股权控制链（Control Chain）的方式来找出最终控制人。两权分离度是所有权与控制权的比值。其中，控制权又称投票权，用控制链条上最弱的一环表示；所有权又称现金流权，用控制链条上各所有权比例的乘积表示。②本报告采用"经营活动产生的现金流量净额 / 总资产"表示财务弹性。③本报告采用"（投资产生的现金流出 – 经营活动产生的现金流出）/ 投资产生的现金流出"表示外部资金依赖度。

对于财务治理指标体系，简要解释如下：

（1）财务监督

财务监督三级指标主要考察上市公司各利益相关主体的财务决策权落实情况，包括第1～10个四个指标。其中，指标1、2和3评价股东是否有效执行了财务决策权；指标4评价董事会是否有效执行了财务决策权；指标5评价CFO或财务总监或总会计师是否有效执行了财务决策权；指标6、7、8、9和10评价上市公司财务信息披露质量。这里需要说明的是"指标9：当公司会计政策发生变化时，是否做出解释"，我们认为，严格意义上讲，在法律、法规以及国家会计制度既定的情况下，会计政策是不允许随意变更的。上市公司会计政策变更本身就是财务治理质量较差的表现，如果上市公司变更了会计政策且未做出任何解释，情况就更加严重了。

（2）财务控制维度

财务控制三级指标主要考察上市公司是否有一个健全的内部控制体系和风险控制体系，包括第

[1] La Porta, Lopez-de-Silanes and Shleifer, 1999. Corporate ownership around the world", The Journal of Finance, Vol. 54, No. 2. pp. 471-517.

11～19个四级指标。其中，指标11、12和13评价上市公司内部控制制度及其运行的有效性；指标14评价上市公司风险控制委员会的建立和健全情况；指标15、16和17评价上市公司的财务风险状况；指标18评价上市公司外部审计监督机制运行状况；指标19评价上市公司关联方交易控制情况。

2.2.2 社会责任维度（*CLCQI/ESGI-SR*）指标体系

2022年，我们对历年开发的“中国上市公司治理分类指数”和2021年开发的“中国上市公司质量指数”中的社会责任（含环境保护）维度、绩效与价值维度、企业创新维度进行整合，把其中的环境保护内容独立出来，然后进行扩充和完善，形成了企业的经济责任（*EER*）、创新责任（*EIR*）、对利益相关者的责任（*SHR*）、合规及信息披露责任（*SCR*）四个二级指标（不再划分三级指标），44个四级指标构成的新的社会责任指标体系。如《导论》所述，把会计绩效与市场价值作为企业的经济责任，是因为它们作为企业经济发展的成果，是企业履行纳税、吸收更多劳动力、进行社会捐赠等社会责任的基础。而把企业创新也纳入社会责任范畴，是因为企业创新具有很强的外溢效应，即创新可以加剧市场竞争，提高社会生产力，为社会创造更多的财富。

本年度（2023年度）继续采用2022年度指标体系，但对个别指标的评分标准进行了微调（从0/1或0/−1变量变成程度变量）。4个二级指标中，经济责任包括9个四级指标，创新责任包括12个四级指标，对利益相关者的责任包括12个四级指标，合规及信息披露责任包括11个四级指标（见表2-5）。

表2-5　企业社会责任指标体系

二级指标	四级指标	评价标准
经济责任（*EER*）	1. 盈利能力	使用总资产净利率来衡量，进行行业调整及标准化处理为0～1区间数值
	2. 发展能力	使用本年度营业总收入增长率减去上一年度营业总收入增长率来衡量，进行行业调整及标准化处理为0～1区间数值
	3. 营运能力	使用应收账款周转率来衡量，进行行业调整及标准化处理为0～1区间数值
	4. 净利润	行业调整及标准化处理为0～1区间数值，如有负值，记为0
	5. 净资产	行业调整及标准化处理为0～1区间数值，如有负值，记为0
	6. 相对价值	使用托宾*Q*值来衡量，其中托宾*Q*值等于公司市值（每个季度最后一天的平均值）除以资产总计，进行行业调整及标准化处理为0～1区间数值
	7. 每股价值	由每股收益来衡量，每股收益等于净利润本期值除以实收资本本期期末值，进行行业调整及标准化处理为0～1区间数值
	8. 股票年度回报	由考虑现金红利再投资的个股年度回报率来衡量，进行行业调整及标准化处理为0～1区间数值
	9. 公司市值	使用每个季度最后一天市值的平均值，进行行业调整及标准化处理为0～1区间数值。如有负值情况，记为0

续表

二级指标	四级指标	评价标准
创新责任（*EIR*）	10. 研发投入强度	使用研发投入金额与营业总收入的比例来衡量，进行行业调整及标准化处理为 0 ～ 1 区间数值
	11. 研发人员占比	研发人员数量占公司员工总数的比例，进行行业调整及标准化处理为 0 ～ 1 区间数值
	12. 研发投入	行业调整及标准化处理为 0 ～ 1 区间数值
	13. 研发人员	行业调整及标准化处理为 0 ～ 1 区间数值
	14. 专利申请数量	本年度独立 / 联合申请的发明数量、实用新型数量、外观设计数量的总和，进行行业调整及标准化处理为 0 ～ 1 区间数值
	15. 有效专利数量占比	本年度累计授权专利数量占累计申请专利数量的比例，进行标准化处理为 0 ～ 1 区间数值
	16. 创新产出强度	使用专利申请数除以营业总收入的比值加 1 再取对数来衡量，进行行业调整及标准化处理为 0 ～ 1 区间数值
	17. 是否设置总工程师 / 首席技术官	A. 是（1 分）；B. 否（0 分）
	18. 是否有对科技人员的激励制度	A. 是（1 分）；B. 否（0 分）
	19. 企业管理效率	使用营业总收入与管理费用的比率来衡量，进行行业调整及标准化处理为 0 ～ 1 区间数值
	20. 企业运营效率	使用企业总资产周转率来衡量，进行行业调整及标准化处理为 0 ～ 1 区间数值
	21. 市场营销效率	使用营业总收入与销售费用的比率来衡量，进行行业调整及标准化处理为 0 ～ 1 区间数值
对利益相关者的责任（*SHR*）	22. 税收占营业总收入的比重	行业调整及标准化处理为 0 ～ 1 区间数值
	23. 现金分红总额	行业调整及标准化处理为 0 ～ 1 区间数值
	24. 现金分红比	最近三年现金分红累计分配利润与最近三年实现的可分配利润的比例。标准化处理为 0 ～ 1 区间数值
	25. 员工报酬增长率是否不低于公司营业收入增长率	A. 是（1 分）；B. 否（0 分）
	26. 员工福利	期末员工福利费除以期末员工数量后做行业调整及标准化处理为 0 ～ 1 区间数值
	27. 企业有无安全管理体系或系统	A. 有（1 分）；B. 无或未披露（0 分）
	28. 产品是否通过产品质量认证	A. 有（1 分）；B. 无或未披露（0 分）
	29. 偿债能力	使用资产负债率的倒数来衡量，进行行业调整及标准化处理为 0 ～ 1 区间数值
	30. 企业是否在本年度捐赠慈善事业	A. 是（1 分）；B. 否或未披露（0 分）
	31. 慈善捐款占营业总收入的比重	行业调整及标准化处理为 0 ～ 1 区间数值
	32. 是否设立专门的社会责任或 ESG 管理部门	A. 是（1 分）；B. 否或未披露（0 分）
	33. 董事和高管是否在公益机构兼职（如理事等）	A. 是（1 分）；B. 否或未披露（0 分）

续表

二级指标	四级指标	评价标准
合规及信息披露责任（*SCR*）	34. 本年度董事和高管是否被证监会谴责	A. 否（0分）；B. 是（−1分）
	35. 本年度是否有关于产品质量的重大投诉或因此被处罚事件	A. 否（0分）； B. 存在未决诉讼（−0.5分）； C. 是（−1分）
	36. 本年度是否有关于生产安全的重大投诉或因此被处罚事件	A. 否（0分）； B. 存在未决诉讼（−0.5分）； C. 是（−1分）
	37. 本年度是否有逃漏税行为或因此被处罚事件	A. 否（0分）；B. 是（−1分）
	38. 有无债权人（如贷款）诉讼	A. 没有（0分）； B. 存在未决诉讼（−0.5分）； C. 有（−1分）
	39. 股东诉讼及赔偿情况	A. 无股东诉讼（0分）； B. 有股东诉讼无赔偿或存在未决诉讼（−0.5分）； C. 有股东诉讼且有赔偿（−1分）
	40. 是否披露社会责任报告或ESG报告或可持续发展报告	A. 披露社会责任报告或可持续发展报告或ESG报告（1分）； B. 只披露参与社会公益或环保情况（0.5分）； C. 未披露任何信息（0分）
	41. 债权人情况	A. 披露（1分）； B. 部分披露（0.5分）； C. 未披露（0分）
	42. 债务人情况	A. 披露（1分）； B. 部分披露（0.5分）； C. 未披露（0分）
	43. 供应商情况	A. 披露（1分）； B. 部分披露（0.5分）； C. 未披露（0分）
	44. 客户情况	A. 披露（1分）； B. 部分披露（0.5分）； C. 未披露（0分）

对于社会责任指标体系，简要解释如下：

（1）经济责任

经济责任二级指标主要考察上市公司的会计和市场表现，是一个上市公司为社会创造价值的财务基础，包括第1～9个四级指标。

其中，指标1～5考察上市公司的会计表现或绩效。具体而言，指标1通过总资产净利率来评价上市公司本年度的盈利能力；指标2通过总收入相较于上一年的变化来评价上市公司本年度的发展能力；指标3通过应收账款周转率来评价上市公司本年度的营运能力；指标4和5反映上市公司的绩效水平。前三个指标是评价公司的相对会计绩效，而后两个指标则是评价上市公司的绝对会计绩效。

指标6～9考察上市公司的市场价值表现。具体而言，指标6通过托宾Q值来评价上市公司的相对价值；指标7通过每股收益来评价上市公司的每股价值；指标8通过考虑现金红利再投资的个股年度回报率来评价上市公司的股票年度回报；指标 9 是上市公司的绝对市场价值。前三个指标是评价上市公司的相对市场绩效，而最后一个指标则是评价上市公司的绝对市场绩效。

无论是会计表现还是市场表现，都既考虑相对指标或效率指标，也考虑绝对指标，目的是考虑企业规模的差异性，以期能够综合反映企业的经济责任。

（2）创新责任

创新责任主要考察企业在制度和技术方面的创新程度，以反映其对社会生产力发展的现实和潜在能力，包括第 10 ～ 21 个四级指标。

其中，指标 10 ～ 13 考察上市公司对于企业创新性活动的投入程度。具体而言，指标 10 和 12 评价上市公司研发费用的投入力度，包括相对力度和绝对力度；指标 11 和 13 评价上市公司研发人员的投入力度，也包括相对力度和绝对力度。同时包括相对力度和绝对力度，是为了考虑不同规模企业评价的客观性。如果仅有相对力度指标而没有绝对力度指标，则对于规模较大的企业可能不太公平，因为研发投入的成果具有溢出效应。

指标 14 ～ 16 考察上市公司技术创新活动的效果。具体而言，指标 14 评价上市公司的专利申请数量，反映企业创新活动的直接成果，这属于绝对产出；指标 15 评价上市公司最终获得的有效专利数量，反映企业创新活动的有效成果；指标 16 评价上市公司创新活动的产出强度。

指标 17、18 考察上市公司关于创新相关制度的设置情况。具体而言，指标 17 评价上市公司内部是否设置专门主管技术研发的总工程师或首席技术官；指标 18 评价上市公司内部对于创新研发人员是否有相应的激励制度。

指标 19 ～ 21 考察上市公司管理创新的效果。具体而言，指标 19、21 分别评价上市公司的企业管理效率和市场营销效率；指标 20 评价上市公司整体的运营效率。需要特别指出的是，所有金融业上市公司都没有指标 19（企业管理效率）和 21（市场营销效率）的数据，所以，在计算金融业上市公司创新责任分值时，都做剔除处理。

（3）对利益相关者的责任

对利益相关者的责任主要考察企业对各个利益相关者是否承担了社会责任以及承担的程度，包括第 22 ～ 33 个四级指标。其中，指标 22 考察企业对国家的责任；指标 23、24 考察企业对股东的责任；指标 25 ～ 27 考察企业对员工的责任；指标 28 考察企业对顾客的责任；指标 29 考察企业对供应商的责任；指标 30 ～ 33 考察企业的公益责任。

（4）合规及信息披露责任

合规及信息披露责任主要考察企业的社会责任行为是否合乎国家相关法规，以及是否披露了社会责任行为，包括第 34 ～ 44 个四级指标。其中，指标 34 ～ 39 考察企业的董事和高管的行为，以及企业在产品质量、生产安全、纳税义务、对债权人和股东的权益保护方面的合规或因违规而被处罚的情况；指标 40 ～ 44 考察企业在社会责任或 ESG 报告、债权人、债务人、供应商和客户方面的信息披露情况。

2.2.3　环境保护维度（*CLCQI/ESGI-EP*）指标体系

2022 年，我们把历年开发的“中国上市公司治理分类指数”和 2021 年开发的“中国上市公司质量指数”中的环境保护内容从社会责任维度中独立出来，并进行扩充和完善，便形成了本报告的环境保护维度指标体系。

由于不同行业环境保护的差异很大，因此对于不同的行业，企业环境保护的内容和评价指标体系应该有所区别，而具体到企业，则可以根据企业实际进行调整。评价是为了比较，从而只能选择具有可比性的指标。

起初，我们参考国际相关规则和国内外既有的研究成果，设计了如表 2-6 所示的环境保护指标体系。该指标体系包括环境保护目标、环境保护绩效、环境保护投入和产出、环境保护法律责任和环境保护信息披露五个维度，共有 23 个具体指标。

表2-6　企业环境保护指标体系

评价维度	具体指标	评价标准
环境保护目标	1. 企业是否有明确的碳达峰目标	A. 是（1分）；B. 否（0分）
	2. 企业是否有明确的碳中和目标	A. 是（1分）；B. 否（0分）
	3. 企业是否有明确的降低能耗目标	A. 是（1分）；B. 否（0分）
	4. 企业是否有明确的降低污染物排放目标	A. 是（1分）；B. 否（0分）
环境保护绩效	5. 企业是否通过环境认证	A. 是（1分）；B. 否（0分）
	6. 周边居民对企业环境满意度	按实际调查
	7. 员工对企业环境满意度	按实际调查
	8. 监管机构对企业环境的评价	按实际评价
环境保护投入和产出	9. 绿色业务收入在营业收入中的比例	行业调整及标准化处理为 0 ～ 1 区间数值
	10. 绿色业务投资额	行业调整及标准化处理为 0 ～ 1 区间数值
	11. 绿色技术研发投入	行业调整及标准化处理为 0 ～ 1 区间数值
	12. 绿色技术研发专利（产出）	行业调整及标准化处理为 0 ～ 1 区间数值
	13. 绿色投资在本年度总投资中的比例	行业调整及标准化处理为 0 ～ 1 区间数值
	14. 绿色投资额	行业调整及标准化处理为 0 ～ 1 区间数值
环境保护法律责任	15. 本年度是否有环境保护的重大投诉或因此被处罚事件	A. 否（0分）； B. 是（-1分）
	16. 员工中是否发生环境职业病（如尘肺病等）	A. 无（1分）；B. 有（-1分）
	17. 万元产值能源消费是否小于国家标准	A. 是（1分）；B. 否（0分）
	18. 万元产值污染物排放是否小于国家标准	A. 是（1分）；B. 否（0分）
	19. 万元产值温室气体排放是否小于国家标准	A. 是（1分）；B. 否（0分）
环境保护信息披露	20. 是否披露生产过程中的污染物排放与处置情况	A. 是（1分）；B. 否（0分）
	21. 是否披露生产过程中的能源和资源消耗情况	A. 是（1分）；B. 否（0分）
	22. 是否披露温室气体排放的详细情况	A. 是（1分）；B. 否（0分）
	23. 是否披露绿色投资领域及金额	A. 是（1分）；B. 否（0分）

然而，在实际采集上市公司数据时，发现由于各个行业环境保护的差异非常大，表 2-6 中的很多

指标不具有可比性，或者缺失很严重，有的行业甚至基本不存在环境保护问题或者可以忽略不计。基于此，本着数据的可行性（可得性）、可比性和可持续性原则，我们仅从中挑选了7个四级指标（不再划分二级指标和三级指标），构成了环境保护的指标体系（见表2-7）。当然，随着环境保护的意识不断增强，将来会有越来越多的上市公司披露环境保护的相关信息，届时环境保护的指标体系可以进一步扩充和完善。

表2-7　环境保护指标体系

一级指标	四级指标	评价标准
环境保护（*EP*）	1. 企业是否有明确的降低能耗和污染物排放的目标	A. 是（1分）；B. 否（0分）
	2. 企业是否通过ISO 14001环境认证	A. 是（1分）；B. 否（0分）
	3. 是否有绿色（含环境保护）业务或投资	A. 是（1分）；B. 否（0分）
	4. 本年度是否有环境保护的重大投诉或因此被处罚事件	A. 否（0分）； B. 是（-1分）
	5. 是否披露生产过程中的污染物排放与处置情况	A. 是（1分）；B. 否（0分）
	6. 是否披露生产过程中的能源和资源消耗情况	A. 是（1分）；B. 否（0分）
	7. 是否披露温室气体排放的详细情况	A. 是（1分）；B. 否（0分）

对于环境保护指标体系，简要解释如下：

指标1考察企业环境保护的目标；指标2考察企业环境保护的绩效；指标3考察企业环境保护的投入；指标4考察企业环境保护的法律责任；指标5～7考察企业环境保护的信息披露。

2.3　中国上市公司质量/ESG指数计算方法

2.3.1　公司治理维度（*CLCQI/ESGI-CG*）计算方法

2.3.1.1　投资者权益保护（*MII*）

首先考虑计分方法。按计分方法分类，投资者权益保护指标体系中的21个四级指标可以分为三类：一是0/1（或-1/0）变量，使用该种计分方法的四级指标有11个，包括指标3、7、10、11、12、13、

15、16、17、20 和 21；二是程度变量，按照某个指标的质量高低对指标进行分层，使用该种计分方法的四级指标有 8 个，包括指标 1、2、4、6、8、9、14 和 18；三是连续变量，有的比例指标数据本身就是连续数据，在 [0,1] 区间，可以直接采用原始数据，这类指标有 1 个，即指标 19；有的指标数据尽管是连续数据，但超越 [0,1] 区间，通过标准化[1] 折算到 [0,1] 区间，这类指标有 1 个，即指标 5。

接着考虑权重的确定。我们认为，本报告所选择的投资者权益保护的两个三级指标和 21 个四级指标并无孰轻孰重的区分，因此，为了避免主观性偏差，在计算投资者权益保护各层指标分值时，都采用算术平均值（即等权重）处理方法来设定指标权重，即首先针对某个三级指标内的所有四级指标进行等权重计算，然后对两个三级指标进行等权重计算，以此得出投资者权益保护二级指标分值。具体计算方法如下：

（1）四级指标赋值：根据表 2-1 对每个四级指标 M_i（i=1，2，…，21）进行打分和计算，使每个四级指标的取值均位于 0 ～ 1 的数值区间。

（2）计算两个三级指标分值：对隶属于同一个三级指标的四级指标的得分进行简单平均，并转化为百分制，得到两个三级指标，即投资者知情权、投资者决策与监督权的分值。具体计算公式如下：

$$MIK = \frac{1}{10}\left(\sum_{i=1}^{10} M_i + 2\right) \times 100$$

$$MIE = \frac{1}{11}\sum_{i=11}^{21} M_i \times 100$$

其中 MIK 代表知情权三级指标，MIE 代表决策与监督权三级指标。

需要特别说明的是，由于知情权三级指标中有 2 个四级指标（指标 8、10）是负分取值，为了保证该三级指标分值位于 [0,100] 区间，在对该三级指标计算分值时，对负值进行简单调整，即对负分指标加上一个相应的正值，具体就是在 MIK 加上正值 2，从而使该三级指标分值落在 [0,100] 区间。

但是，这种方法对于获得负分（即应处罚或谴责）的企业，无异于是一种“奖励”。因此，为保证真实性和客观性，在知情权三级指标计算出分值后，需要对这些企业扣减与负分相对应的分值。对于每个负分项，扣减的分值是：$1/n \times 100$，式中，n 是负分项所在三级指标中所包含的指标数，此处 n=10。

具体而言，在知情权三级指标（MIK）中，有 10 个四级指标，其中有 2 个负分指标（四级指标 8、10），对得负分的企业，需要在该三级指标分值中扣减 $1/10 \times 100$ 分。需要注意的是，指标 8 是程度指标，企业有 -1、-0.7、-0.35 和 0 四个不同得分，对于得分 -0.7 的企业，扣减 $0.7/10 \times 100$ 分；对于得分 -0.35 的企业，则扣减 $0.35/10 \times 100$ 分。如果扣减后该三级指标分值出现负分情况，则该三级指标分值最低设为 0 分。

在导论中，我们认为中国上市公司质量 /ESG 指数评价是一种相对值评价，具体做法是，在对三级指标进行负分调整之后，对每个三级指标以样本公司中该三级指标分值最大值为基础，计算其余样本公司的相对分值。具体计算方法为：（每个公司的三级指标分值 / 该三级指标分值的最大值）× 100。

（3）计算二级指标分值：将两个三级指标相对分值进行加总并进行简单平均，便得到投资者权益保护二级指标分值，其计算公式为：

---

[1] 标准化的方法为：标准化数值 =（指标得分 - 样本最小值）/（样本最大值 - 样本最小值）。

$$MII = \frac{1}{2}\left(MIK + MIE\right)$$

公式中，MII 代表投资者权益保护二级指标。

得出投资者权益保护二级指标分值后，再次计算相对分值，即以样本公司中投资者权益保护二级指标分值最大值为基础，计算其余样本公司的相对分值。具体计算方法为：（每个公司的投资者权益保护二级指标分值 / 该二级指标分值最大值）×100。

2.3.1.2　董事会治理（BG）

首先是计分方法。董事会治理二级指标中的 28 个四级指标，按赋值方法可以分为两类。第一类是 0/1（或 -1/0）变量，使用该种赋值方法的四级指标有 16 个，包括指标 2、3、6、11、12、13、14、16、18、20、22、23、25、26、27、28，这类指标以董事会治理有效性作为判断依据，有利于董事会治理有效性得 1 分，否则 0 分，例如指标“3. 董事长和总经理两职是否分离”，董事长和总经理两职分离有利于董事长和总经理各自独立性的发挥，本指标如果选“是”则赋值 1 分，否则赋值 0 分。需要说明的是，有些指标，如“11. 审计委员会主席是否由独立董事担任”，对于董事会的独立性非常重要，应该向其委托人（即全体股东）披露，对于未披露者，要赋值 0 分，以促使公司向全体股东披露这些信息。第二类是程度变量，按照某个指标的质量高低对指标分层赋值，使用该种赋值方法的四级指标有 12 个，包括指标 1、4、5、7、8、9、10、15、17、19、21、24。另外需要说明的是，指标 1 考虑了外部非独立董事，这是中国很多公司的一种制度设置，即外部董事包括独立董事和外部非独立董事，尽管外部非独立董事不具有独立性，但相比内部执行董事，其具有更好的中立性。

其次是权重确定。我们认为，本报告所选择的董事会治理两个三级指标和 28 个四级指标并无孰轻孰重的区分。因此，为了避免主观性偏差，在计算董事会治理各层指标分值时，都采用算术平均值（即等权重）处理方法来设定指标权重，即首先针对某个三级指标内的所有四级指标进行等权重计算，然后对所有三级指标进行等权重计算，以此得出董事会治理二级指标分值。具体计算方法如下：

（1）四级指标赋值：根据表 2-2 对每个上市公司的四级指标 B_i（i=1，2，…，28）进行打分和计算，使每个四级指标的取值均位于 0 ～ 1 的数值区间。

（2）计算两个三级指标分值：对隶属于同一个三级指标的四级指标的得分进行简单平均，并转化为百分制，得到两个三级指标，即董事会结构及独立董事设置、董事会行为及激励与约束的分值。具体计算公式如下：

$$BSI = \frac{1}{15}\sum_{i=1}^{15} B_i \times 100$$

$$BBIR = \frac{1}{13}\sum_{i=16}^{28} B_i \times 100$$

其中，BSI 代表董事会结构及独立董事设置三级指标，$BBIR$ 代表董事会行为及激励与约束三级指标。

在对三级指标分值计算之后，同样对每个三级指标以样本公司中该三级指标分值最大值为基础，计算其余样本公司的相对分值。具体计算方法为：（每个公司的三级指标分值 / 该三级指标分值的最大值）×100。

（3）计算二级指标分值：对两个三级指标（董事会结构及独立董事设置、董事会行为及激励与约束）的相对分值简单平均，得到董事会治理二级指标分值。

$$BG = \frac{1}{2}\left(BSI + BBIR\right)$$

公式中，BG 代表董事会治理二级指标。

得出董事会治理二级指标分值后，再次计算相对分值，即以样本公司中董事会治理二级指标分值最大值为基础，计算其余样本公司的相对分值。具体计算方法为：（每个公司的董事会治理二级指标分值 / 该二级指标分值的最大值）×100。

2.3.1.3　总经理能力及激励（EAI）

首先是计分方法。总经理能力及激励二级指标有 13 个四级指标（总经理能力及激励不设三级指标）可以分为四类：第一类是 0/1 变量，使用该种计分方法的四级指标有 6 个，包括指标 4、5、6、7、12 和 13。第二类是程度变量，按照某个指标的质量高低对指标进行分层，使用该种计分方法的四级指标有 5 个，包括指标 1、2、3、8 和 9。第三类变量是连续变量，为便于分析，我们将其标准化为 [0,1] 区间，使用该种计分方法的四级指标只有 1 个，为指标 10。第四类变量是比值，使用该变量的四级指标只有 1 个，为指标 11。考虑到该指标过小，为便于分析，也进行了标准化。

本报告总经理能力与激励二级指标分值的具体计算方法如下：

（1）四级指标赋值：根据表 2-3 对每个上市公司的 13 个四级指标 E_i（i=1，2，…，13）进行打分和计算，使各个四级指标的取值均位于 0 ～ 1 的数值区间。

（2）计算对应的二级指标分值：将四级指标得分进行相加，然后将该四级指标的得分转化成百分制，得到总经理能力与激励二级指标的分值。具体计算公式如下：

$$EAI = \frac{1}{13}\sum_{i=1}^{13} E_i \times 100$$

其中，EAI 代表总经理能力与激励二级指标。

得出总经理能力与激励二级指标分值后，同样计算相对分值，即以样本公司中总经理能力与激励二级指标分值最大值为基础，计算其余样本公司的相对分值。具体计算方法为：（每个公司的总经理能力与激励二级指标分值 / 该二级指标分值的最大值）×100。

2.3.1.4　财务治理（FG）

首先是计分方法。财务治理二级指标有 19 个四级指标，可以分为四类：一是 0/1（或 -1/0）变量，使用该种计分方法的四级指标有 11 个，包括指标 1、4、5、6、7、8、10、12、17、18、19。二是程度变量，按照某个指标的质量高低对指标进行分层，使用该种计分方法的四级指标有 5 个，包括指标 2、9、11、13、14。三是连续变量，为便于分析，我们将其标准化，使用该种计分方法的二级指标有 2 个，包括指标 15 和 16。四是实际值变量，即实际值就是得分，这类指标只有 1 个，即指标 3。

然后是权重确定。我们认为，本报告所选择的财务治理两个三级指标和 19 个四级指标并无孰轻孰重的区分，因此，为了避免主观性偏差，在计算财务治理各层指标分值时，都采用算术平均值（即等权重）处理方法来设定指标权重，即首先针对某个三级指标内的所有四级指标进行等权重计算，然后对所有三级指标进行等权重计算，以此得出财务治理二级指标分值。具体计算方法如下：

（1）四级指标赋值：根据表 2-4 对各个四级指标 F_i（i=1，2，⋯，19）进行打分和计算，使各个四级指标的取值均位于 0 ～ 1 的数值区间。

（2）计算两个三级指标分值：对隶属于同一个三级指标的四级指标的得分进行简单平均，并转化为百分制，得到两个二级指标，即财务监督和财务控制的分值。具体计算公式如下：

$$FS = \frac{1}{10}\left(\sum_{i=1}^{10} F_i + 1\right) \times 100$$

$$FC = \frac{1}{9}\left(\sum_{i=11}^{19} F_i + 1\right) \times 100$$

其中，FS 代表财务监督三级指标，FC 代表财务控制三级指标。

需要特别说明的是，在财务监督和财务控制两个三级指标中，各有一个四级指标有负分取值（即指标 10 和 17），为了保证每个三级指标分值都位于 [0,100] 区间，在对每个三级指标分值进行计算时，对负值进行简单调整，即对每个负分指标各加上一个相应的正值 1，从而使每个三级指标分值都落在 [0,100] 区间。

但是，这种方法对于获得负分（即应处罚或谴责）的企业，无异于是一种"奖励"。因此，为保证真实性和客观性，在财务监督和财务控制两个三级指标分值计算出来后，需要对这些企业扣减与负分相对应的分值 $1/n \times 100$，式中，n 是财务监督和财务控制两个三级指标各自的指标数目，此处 n 分别为 10 和 9。如果扣减后该三级指标分值出现负分情况，则该三级指标分值最低为 0 分。

在对三级指标进行负分调整之后，再计算相对分值，即对每个三级指标以样本公司中该指标分值最大值为基础，计算其余样本公司的相对分值。具体计算方法为：（每个公司的三级指标分值 / 该三级指标分值的最大值）× 100。

（3）计算二级指标分值：将两个三级指标（财务监督、财务控制）的相对分值简单平均，得到财务治理二级指标分值：

$$FG = \frac{1}{2}\left(FS + FC\right)$$

式中，FG 代表财务治理二级指标。

得出财务治理二级指标得分后，同样计算相对分值，即以样本公司中财务治理二级指标分值最大值为基础，计算其余样本公司的相对分值。具体计算方法为：（每个公司的财务治理二级指标分值 / 该二级指标分值的最大值）× 100。

2.3.1.5 公司治理维度分值计算方法（CG）

在得出投资者权益保护（MII）、董事会治理（BG）、总经理能力及激励（EAI）和财务治理（FG）四个二级指标的相对分值之后，运用主成分分析法，又结合专家打分（因主成分分析法适用性较低），分别赋予投资者权益保护（*MII*）、董事会治理（*BG*）、总经理能力及激励（*EAI*）、财务治理（*FG*）30%、30%、20%、20% 的权重，得出公司治理维度（一级指标）（*CG*）的分值。具体计算公式如下：

$$CG=0.3\times MII+0.3\times BG+0.2\times EAI+0.2\times FG$$

得出公司治理维度分值后，再计算相对分值，即以样本公司中公司治理维度分值最大值为基础，计算其余样本公司的相对分值。具体计算方法为：（每个公司的公司治理维度分值 / 公司治理维度分值的最大值）×100，此即为公司治理分项指数或类指数。

2.3.2 社会责任维度（*CLCQI/ESGI-SR*）计算方法

首先是计分方法。社会责任维度（一级指标）指标体系中的 44 个四级指标可以分为三类：一是 0/1(或 -1/0）变量，使用该种计分方法的四级指标有 10 个，包括指标 17、18、25、27、28、30、32、33、34、37。二是程度变量，按照某个指标的质量高低对指标进行分层，使用该种计分方法的四级指标有 9 个，包括指标 35、36、38、39、40、41、42、43、44。三是连续变量，为便于分析，我们将其标准化，使用该种计分方法的四级指标有 25 个，包括指标 1 ～ 16、19 ～ 24、26、29、31。

然后是权重确定。我们认为，四个二级指标及各自对应的四级指标（本类指标不划分三级指标）难以区分孰重孰轻，即使区分，也难免有主观性，于是我们将四个二级指标确定为等权重。具体方法如下：

（1）四级指标赋值：根据表 2-5 对各个四级指标 S_i（i=1，2，3，…，44）进行打分和计算，使各个四级指标的取值均位于 0 ～ 1 的数值区间。

（2）计算四个二级指标分值：对隶属于同一个二级指标的四级指标的得分进行简单平均，并转化为百分制，得到四个二级指标，即经济责任、创新责任、对利益相关者的责任、合规及信息披露责任的分值。具体计算公式如下：

$$EER=\frac{1}{9}\left(\sum_{i=1}^{9}S_i\right)\times 100$$

$$EIR=\frac{1}{12}\left(\sum_{i=10}^{21}S_i\right)\times 100$$

$$SHR=\frac{1}{12}\left(\sum_{i=22}^{33}S_i\right)\times 100$$

$$SCR=\frac{1}{11}\left(\sum_{i=34}^{44}S_i+6\right)\times 100$$

其中 *EER* 代表经济责任二级指标，*EIR* 代表创新责任二级指标，*SHR* 代表对利益相关者的责任二级指标，*SCR* 代表合规及信息披露责任二级指标。

需要特别说明的是，由于合规及信息披露责任二级指标中有 6 个四级指标（指标 34 ～ 39）是负分取值，为了保证该二级指标分值位于 [0,100] 区间，在对该二级指标计算分值时，对负值进行简单调整，即对负分指标加上一个相应的正值，具体就是在 SCR 加上正值 6，从而使该二级指标分值落在 [0,100] 区间。

但是，这种方法对于获得负分（即应处罚或谴责）的企业，无异于是一种“奖励”。因此，为保证真实性和客观性，在合规及信息披露责任二级指标计算出分值后，需要对这些企业扣减与负分相对应的分值。对于每个负分项，扣减的分值是：$1/n \times 100$，式中，n 是负分项所在二级指标中所包含的指标数，此处 $n=11$。

具体而言，在合规及信息披露责任二级指标（SCR）中，有 11 个四级指标，对于四级指标 34 ～ 39 中得负分的企业，需要在该二级指标中扣减 $1/11 \times 100$ 分。需要注意的是，四级指标 35、36、38 和 39 是程度指标，企业有 -1、-0.5 和 0 三个不同得分，对于得分 -0.5 的企业，扣减 $0.5/11 \times 100$ 分。如果扣减后该二级指标分值出现负分情况，则该二级指标分值最低设为 0 分。

得出社会责任维度四个二级指标分值后，再计算相对分值，即以样本公司中社会责任维度四个二级指标的分值最大值为基础，计算其余样本公司的相对分值。具体计算方法为：（每个公司社会责任维度二级指标分值 / 该二级指标分值的最大值）× 100。

（3）计算社会责任维度分值：对于构成社会责任维度的四个方面，我们认为经济责任是最重要的方面，因为经济责任是其他三方面责任的基础，或者说，没有经济责任，其他责任都是难以履行的，尤其对上市公司而言更是如此，因为上市公司是股权多元化的企业，其中的社会资本对会计绩效和市场表现的追求都是摆在首位的。因此，我们给予经济责任 40% 的权重，而对其他三方面责任给予相同的 20% 的权重，由此得到社会责任维度分值：

$$SR = 0.40 \times EER + 0.20 \times EIR + 0.20 \times SHR + 0.20 \times SCR$$

得出社会责任维度分值后，再计算相对分值，即以样本公司中社会责任维度分值最大值为基础，计算其余样本公司的相对分值。具体计算方法为：（每个公司的社会责任维度分值 / 社会责任维度分值的最大值）× 100，此即为社会责任分项指数或类指数。

2.3.3　环境保护维度（*CLCQI*/*ESGI-EP*）计算方法

首先是计分方法。环境保护维度（一级指标）指标体系中，7 个四级指标全部是 0/1（或 0/-1）变量。

然后是权重确定。我们认为，7 个四级指标（本类指标不划分二级指标和三级指标）难以区分孰重孰轻，即使区分，也难免有主观性，于是我们将 7 个四级指标确定为等权重。具体方法如下：

（1）四级指标赋值：根据表 2-7 对各个四级指标 E_i（i=1，2，3，…，7）进行打分和计算，使各个四级指标的取值均位于 0 ～ 1 的数值区间。

（2）计算环境保护维度分值：将环境保护维度（EP）7 个四级指标的分值加总并简单平均，得到环境保护维度分值：

$$EP = \frac{1}{7}\left(\sum_{i=1}^{7} E_i + 1\right) \times 100$$

需要特别说明的是，在环境保护维度 7 个四级指标中，有一个是负分取值（即指标 4），为了保证环境保护维度分值位于 [0,100] 区间，在对环境保护维度分值进行计算时，对负值进行了简单调整，即对负分指标加上一个相应的正值 1。

但是，这种方法对于获得负分（即应处罚或谴责）的企业，无异于是一种“奖励”。因此，为保证真实性和客观性，在环境保护维度分值计算出来后，需要对这些企业扣减与负分相对应的分值 $1/n\times 100$，式中，n 是环境保护维度四级指标的数目，此处 $n=7$。如果扣减后环境保护维度分值出现负分情况，则取最低为 0 分。

得出环境保护维度分值后，再计算相对分值，即以样本公司中环境保护维度分值最大值为基础，计算其余样本公司的相对分值。具体计算方法为：（每个公司的环境保护维度分值 / 环境保护维度分值的最大值）×100，此即为环境保护分项指数或类指数。

2.3.4 中国上市公司质量/ESG指数（*CLCQI*/*ESGI*）计算方法

以上计算出公司治理、社会责任和环境保护三个分项指数（相对值）后，就涉及到如何计算中国上市公司质量 /ESG 指数的问题，唯一的问题是三个分项指数的权重如何确定。

我们尝试使用主成分分析法获取公司治理、社会责任和环境保护三个分项指数的权重。采用 KMO 和 Bartlett 两种方法检验主成分分析法的适用程度，结果表明主成分分析法对样本数据的适用程度不高。

尽管主成分方法对于确定三个分项指数的权重不太合适，但也得出了三个分项指数的大体权重，在此基础上，我们又结合专家打分法，最终确定了三个分项指数的权重，分别是：公司治理分项指数 55%，社会责任分项指数 35%，环境保护分项指数 10%。

中国上市公司质量 /ESG 指数公式为：

$$CLCQI/ESGI = 0.55\times CG + 0.35\times SR + 0.10\times EP$$

式中，$CLCQI/ESGI$ 代表中国上市公司质量 /ESG 指数。

由于各层指标已经进行了相对分值计算，上述公式计算所得分值不再进一步计算相对值，为最终指数值。

特别需要说明的是，2022 年度报告在 2021 年度报告基础上，把社会责任、企业创新、绩效与价值三个分项指数的指标体系进行了调整，形成社会责任和环境保护两个分项指数，而公司治理分项指数保持不变，由此计算出了 2022 年度上市公司质量 /ESG 指数。为便于与 2021 年度进行比较，也同步把 2021 年度上市公司质量指数指标体系做了对应调整，进而重新计算了 2021 年度上市公司质量 / ESG 指数。而本年度（2023 年度）指标体系没有变化，只是对个别指标的评分标准进行了微调（从 0/1 或 0/−1 变量变成程度变量），因此，可以直接与前两个年度进行比较。

2.4　中国上市公司质量/ESG指数评价范围及相关概念

2.4.1　评价范围

本报告的数据截至 2022 年 12 月 31 日，评价样本也是截至这个日期的沪深北全部 A 股上市公司。截至2022年12月31日，沪深北三市A股上市公司有5068家。考虑到年报的完整性，剔除截至2023年3月31日上市不足1年的342家公司，同时剔除截至2023年7月31日本报告开始撰写日前终止上市及暂停上市的公司38家，以及未发布年报的上市公司1家，得到最终样本4687家。最终样本占沪深北全部A股上市公司的92.48%，可以说，基本等同于全样本评价。4687家A股上市公司中，深市主板1456家，深市创业板1109家，沪市主板1634家，沪市科创板402家，北交所86家。金融业124家，非金融业4563家。

2.4.2　相关概念

中国上市公司质量 /ESG 指数评价，可能因控股类型、地区、行业，以及是否沪深 300 公司等方面的不同而有所差异，因此，需要对数据统计和指数计算中涉及的相关概念做出界定。

（1）控股或所有制类型

本报告将所有公司按控股情况分为国有绝对控股公司、国有强相对控股公司、国有弱相对控股公司、国有参股公司和无国有股份公司五种类型。参照《股份有限公司国有股股东行使股权行为规范意见》第五条规定，并结合本报告研究的实际情况，我们对这五种所有制类型的界定是：

A. 国有绝对控股公司：国有股东为第一股东，前十大股东中国有股持股比例下限为 50%（不含 50%）；

B. 国有强相对控股公司：国有股股东为第一股东，前十大股东中国有股持股比例上限为 50%（含 50%），下限为 30%（不含 30%）；

C. 国有弱相对控股公司：国有股股东为第一大股东，前十大股东中国有股持股比例小于 30%（含 30%）；

D. 国有参股公司：有国有股东，但国有股比例不符合上述三条标准；

E. 无国有股份公司：上述四种情形以外的公司。

在上述五类公司中，最后两类其实就是典型的民有或民营控股上市公司，或称非国有控股上市公司。

（2）实际控制人或最终控制人

本报告把实际控制人或最终控制人分为六类：中央企业（含监管机构）、地方国有企业（含监管机构）、集体企业、民营企业、境外企业、自然人。对于年报中没有标注实际控制人或最终控制人，或者标注“无实际控制人”的公司，通过企查查，对第一大股东（含一致行动人）进行层层追溯来认定其实际控制人或最终控制人。

（3）地区

按照中华人民共和国行政区域划分，中国内地有 31 个省、直辖市和自治区（不包括台湾、香港和澳门）。这些行政区域又可以划分为东部、中部、西部和东北四个地区，其中，东部地区包括北京、福建、广东、海南、河北、江苏、山东、上海、天津、浙江 10 个行政区域；中部地区包括安徽、河南、湖北、湖南、江西、山西 6 个行政区域；西部地区包括重庆、甘肃、广西、贵州、内蒙古、宁夏、青海、陕西、四川、西藏、新疆、云南12个行政区域；东北地区包括黑龙江、吉林、辽宁3个行政区域。

（4）行业

中国证监会 2012 年修订的《上市公司行业分类指引》将上市公司行业分为 19 个门类，具体分类结构与代码如下：A. 农、林、牧、渔业；B. 采矿业；C. 制造业；D. 电力、热力、燃气及水生产和供应业；E. 建筑业；F. 批发和零售业；G. 交通运输、仓储和邮政业；H. 住宿和餐饮业；I. 信息传输、软件和信息技术服务业；J. 金融业；K. 房地产业；L. 租赁和商务服务业；M. 科学研究和技术服务业；N. 水利、环境和公共设施管理业；O. 居民服务、修理和其他服务业；P. 教育；Q. 卫生和社会工作；R. 文化、体育和娱乐业；S. 综合。在本报告的 4687 家样本上市公司中，19 个行业均有上市公司。

在 19 个大类行业中，制造业是上市公司最多的行业。本报告 4687 家公司样本中，制造业企业共 3069 家。按照中国证监会 2012 年修订的《上市公司行业分类指引》，制造业还可以细分为 31 个小类，分别是 C13. 农副食品加工业；C14. 食品制造业；C15. 酒、饮料和精制茶制造业；C16. 烟草制品业；C17. 纺织业；C18. 纺织服装、服饰业；C19. 皮革、毛皮、羽毛及其制品和制鞋业；C20. 木材加工和木、竹、藤、棕、草制品业；C21. 家具制造业；C22. 造纸和纸制品业；C23. 印刷和记录媒介复制业；C24. 文教、工美、体育和娱乐用品制造业；C25. 石油加工、炼焦和核燃料加工业；C26. 化学原料和化学制品制造业；C27. 医药制造业；C28. 化学纤维制造业；C29. 橡胶和塑料制品业；C30. 非金属矿物制品业；C31. 黑色金属冶炼和压延加工业；C32. 有色金属冶炼和压延加工业；C33. 金属制品业；C34. 通用设备制造业；C35. 专用设备制造业；C36. 汽车制造业；C37. 铁路、船舶、航空航天和其他运输设备制造业；C38. 电气机械和器材制造业；C39. 计算机、通信和其他电子设备制造业；C40. 仪器仪表制造业；C41. 其他制造业；C42. 废弃资源综合利用业；C43. 金属制品、机械和设备修理业。当前样本中，制造业上市公司涉及 29 个小类，尚没有 C16（烟草制品业）和 C43（金属制品、机械和设备修理业）上市公司。因篇幅所限，本报告没有对制造业细分类行业进行进一步统计，但背后作为本报告支撑的数据库有明确的细分。

（5）沪深 300

“沪深 300”全称是“沪深 300 成分股指数”，于 2005 年 4 月 8 日正式发布。

选择成分股公司的方法是：一是规模大、流动性好；二是上市交易时间超过一个季度；三是非

ST、*ST 股票，非暂停上市股票；四是公司经营状况良好，最近一年无重大违法违规事件、财务报告无重大问题；五是股票价格无明显异常波动或市场操纵；六是剔除其他经专家认定不能进入指数的股票。

从计算方法看，公司绩效、公司市值是进入沪深 300 成分股指数公司的重要参数，被认为是机构投资者乃至整个市场的投资取向标杆。

沪深 300 成分股指数公司每半年更新一次，分别是 1 月初和 7 月初。本报告的沪深 300 是 2023 年 6 月最新更新的沪深 300 家成分股公司（https://www.csindex.com.cn/zh-CN#/indices/family/detail?indexCode=000300）。其中，非金融业 252 家，金融业 48 家。

2.4.3　特别说明

本年度的环境保护分项指数各指标数据采集于公司发布的年报、社会责任报告或 ESG 报告等各种公开信息，而 2020 年和 2021 年两个年度的环境保护分项指数的各指标数据则主要采集于公司发布的社会责任报告或 ESG 报告。由于本年度数据源扩大了，而且发布社会责任报告或 ESG 报告的公司也较大幅度增加，因此，本年度的环境保护分项指数与前两个年度的可比性不强。

从评价结果看，本年度环境保护分项指数均值比前两年大幅提高（有 40 分之多），主要就是由数据源的大幅扩大导致的，对此应该引起特别注意。同时，更多的公司发布社会责任报告或 ESG 报告，主要与国际社会和国内监管机构越来越重视 ESG 信息披露有紧密关系，这也会推动社会责任分项指数的提高（在非金融业整体上，2022 年比 2021 年和 2020 年有较大幅度的提高），从而也会在一定程度上影响总体的上市公司质量 /ESG 指数。

预期在未来一段时间内，上市公司发布社会责任报告或 ESG 报告的数量会持续增加。由于对社会责任的认识难以统一，环境保护更是存在行业间的巨大差异，因此难以形成统一的社会责任报告或 ESG 报告信息披露标准，从而导致 ESG 指数评价中，社会责任（S）和环境保护（E）两个分项指数具有较大的波动性和跳跃性，尤其是环境保护（E）分项指数更甚，因而也会在一定程度上影响 ESG 指数的变化。

第3章
中国上市公司质量/ESG指数总体水平

由于金融业和非金融业在社会责任和环境保护方面的差异性非常大，因此，本报告把金融业与非金融业分开进行分析比较。

3.1 非金融业上市公司质量/ESG指数总体水平

2020～2022年，中国非金融业上市公司质量/ESG指数总体水平（均值）比较参见表3-1。

表3-1 2020～2022年非金融业上市公司质量/ESG指数均值比较

年份	公司质量/ESG指数	公司治理分项指数	社会责任分项指数	环境保护分项指数
2020	62.6395	77.2130	51.9717	19.8218
2021	60.4796	81.2713	39.0056	21.2842
2022	68.6904	82.0777	49.6618	61.6606

资料来源：北京师范大学公司治理与企业发展研究中心（高明华教授主持）“中国上市公司质量/ESG指数数据库”。

图3-1显示了2020～2022年非金融业上市公司质量/ESG指数及三个分项指数的均值比较情况。

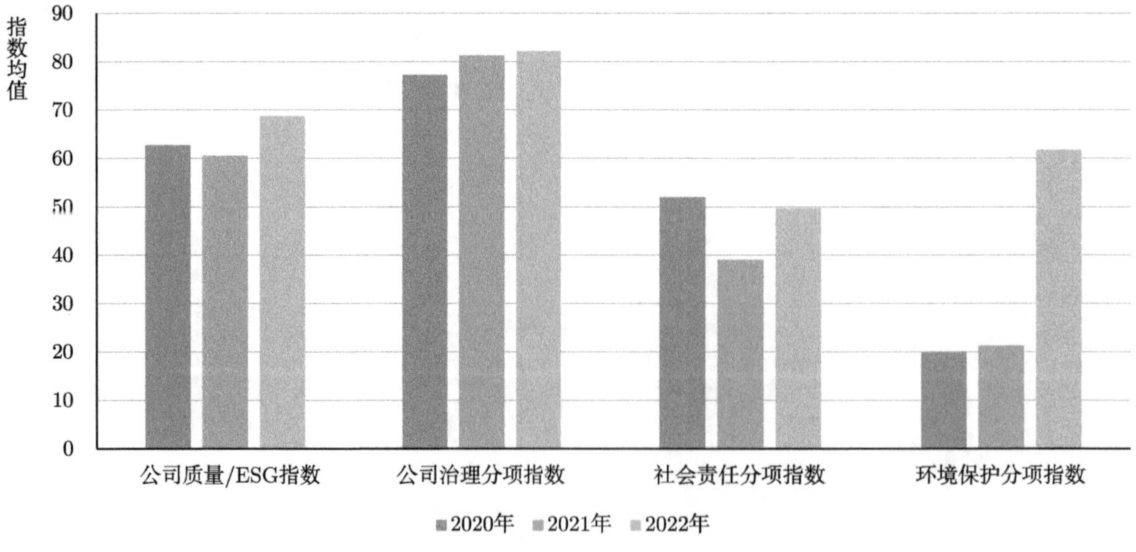

图3-1 2020～2022年非金融业上市公司质量/ESG指数总体水平

由表3-1和图3-1可知，从非金融业上市公司质量/ESG指数看，2021年出现下降，2022年又较大幅度回升。相比2020年和2021年，2022年非金融业上市公司质量/ESG指数均值分别提高6.0509分和 8.2108 分。

从公司治理分项指数看，2020 ～ 2022 年连续上升。相比 2020 年和 2021 年，2022 年公司治理分项指数分别提高 4.8647 分和 0.8064 分。

从社会责任分项指数看，2021 年下降，2022 年又回升。相比 2020 年，2022 年社会责任分项指数均值下降 2.3099 分；相比 2021 年，2022 年社会责任分项指数均值提高 10.6562 分。

从环境保护分项指数看，2020 ～ 2022 年连续上升。相比 2020 年和 2021 年，2022 年分别提高 41.8388 分和 40.3764 分。

环境保护分项指数均值的大幅变化，原因已在第 1 章说明，即指标数据源从前两年的社会责任报告或 ESG 报告，扩大到年报、社会责任报告或 ESG 报告等更多的数据源，加之发布社会责任报告或 ESG 报告的公司数量较大幅度增加，使得 2022 年与前两年的可比性大大减弱了，但科学性和准确性大大提高了。当然，这在一定程度上也会提升总体的公司质量 /ESG 指数，但由于环境保护分项指数的权重只有 10%，对总体的公司质量 /ESG 指数的影响不会太大，因此，公司质量 /ESG 指数与前两年仍然具有很强的可比性。至于社会责任分项指数均值的提高，主要与国际社会和国内监管机构越来越重视 ESG 信息披露，更多的公司发布了社会责任报告或 ESG 报告有紧密关系。

3.2　金融业上市公司质量/ESG指数总体水平

2022 年，中国金融业上市公司质量 /ESG 指数总体水平（均值）参见表 3-2。由于金融业上市公司 2020 年与 2021 年和 2022 年两年相比较，在社会责任和环境保护方面的评价体系，以及样本量差异很大，因此，仅比较 2022 年和 2021 年两个年度。

表3-2　2021～2022年金融业上市公司质量/ESG指数均值比较

年份	公司质量/ESG指数	公司治理分项指数	社会责任分项指数	环境保护分项指数
2021	71.0785	85.8895	57.0238	38.8095
2022	70.5561	84.1149	49.9218	68.2028

资料来源：北京师范大学公司治理与企业发展研究中心（高明华教授主持）“中国上市公司质量 /ESG 指数数据库”。

图 3-2 显示了 2021 ～ 2022 年金融业上市公司质量 /ESG 指数及三个分项指数的均值比较情况。

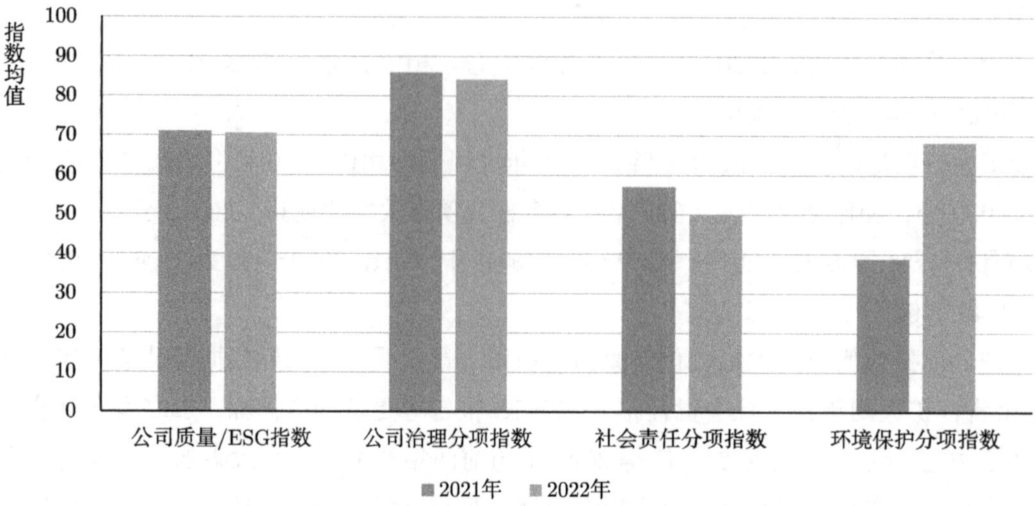

图3-2　2021～2022年金融业上市公司质量/ESG指数总体水平

由表3-2和图3-2可知，相比2021年，2022年金融业上市公司质量/ESG指数均值下降0.5224分。其中公司治理和社会责任两个分项指数分别下降1.7746分和7.1020分；环境保护分项指数均值则大幅提高29.3933分，原因与上述非金融业相同。相比2021年，2022年金融业上市公司社会责任分项指数的下降，与非金融业社会责任分项指数的较大幅度上升形成鲜明对比，这可能意味着金融业在履行社会责任、发布社会责任报告或ESG报告方面确实不如非金融业。

第4章
中国非金融业上市公司质量/ESG指数-地区排名及比较

本章对 2020 ～ 2022 年非金融业四个地区、31 个省份的上市公司质量 /ESG 指数及三个分项指数分别进行排名和比较，排名仅针对 2022 年非金融业上市公司质量 /ESG 指数及三个分项指数的均值。

4.1 公司质量/ESG指数的地区排名及比较

2020 ～ 2022 年，非金融业四个地区上市公司质量 /ESG 指数排名及比较参见表 4-1。

表4-1　2020～2022年非金融业四个地区上市公司质量/ESG指数均值比较

年份	东部	中部	西部	东北
2020	62.8561	62.3762	62.3485	60.5964
2021	60.7295	60.1120	60.1890	57.9200
2022	68.8445	68.4707	68.5207	66.1627

资料来源：北京师范大学公司治理与企业发展研究中心（高明华教授主持）“中国上市公司质量 /ESG 指数数据库”。

图 4-1 显示了 2022 年非金融业四个地区上市公司质量 /ESG 指数均值的排名和比较。

注：条形图左边的数字是 2022 年排名，右边是得分。

图4-1　2022年非金融业四个地区上市公司质量/ESG指数均值排名及比较

由图表 4-1 和图 4-1 可知，2022 年，非金融业四个地区上市公司质量 /ESG 指数均值从高到低依次为东部、西部、中部和东北。与 2020 年相比，2022 年非金融业四个地区上市公司质量 /ESG 指数均值全部上升，升幅相差不大，都在 6 分左右。升幅最大的地区是西部，上升 6.1722 分；升幅最小的地区是东北，上升 5.5663 分。相比 2021 年，2022 年非金融业四个地区上市公司质量 /ESG 指数均值也全部上升，升幅也相差不大，都是略超 8 分。升幅最大的地区是中部，上升 8.3587 分；升幅最小的地区是东部，上升 8.1150 分。

进一步比较 2020 ～ 2022 年非金融业各省份上市公司质量 /ESG 指数均值的变化，参见表 4-2。

表4-2　2020～2022年非金融业不同省份上市公司质量/ESG指数均值比较

省份	2020年	2021年	2022年	2022年排名
青海	62.9092	58.2512	69.8907	1
安徽	63.3048	61.3916	69.6476	2
贵州	62.5147	59.6377	69.5889	3
宁夏	61.5311	58.4041	69.4904	4
山东	62.6256	60.8525	69.4819	5
河南	62.3190	60.4628	69.4558	6
内蒙古	61.9782	60.9346	69.3640	7
福建	63.1352	61.3607	69.3163	8
天津	64.3864	61.3535	69.2405	9
四川	62.2710	61.0286	69.2346	10
上海	62.6041	61.4210	69.1917	11
云南	63.9264	60.9860	69.1908	12
河北	61.4522	60.6268	69.1330	13
浙江	62.2297	60.1837	68.9680	14
陕西	62.6144	60.3222	68.9124	15
北京	63.9476	61.5127	68.7523	16
海南	59.7946	58.6475	68.7477	17
广东	63.7010	60.7216	68.7105	18
江苏	61.8595	60.0911	68.4704	19
山西	61.6658	59.5106	68.2789	20
江西	62.1635	60.1075	68.2131	21
湖南	62.0869	59.7454	68.1140	22
重庆	63.4381	60.7358	67.9625	23
新疆	61.6697	59.3607	67.5494	24
黑龙江	60.8251	58.3581	67.4409	25
西藏	61.5939	59.3673	67.4137	26
广西	61.5888	59.7997	66.9428	27
湖北	62.1009	58.9714	66.8930	28
甘肃	61.3380	58.3641	66.2993	29
吉林	60.9590	58.0393	65.8876	30
辽宁	60.2960	57.6435	65.6195	31

资料来源：北京师范大学公司治理与企业发展研究中心（高明华教授主持）“中国上市公司质量 /ESG 指数数据库”。

由表 4-2 可知，2022 年，非金融业上市公司质量 /ESG 指数均值排在前三位的省份是青海、安徽和贵州，青海最高，均值为 69.8907 分；排在最后三位的省份是辽宁、吉林和甘肃，辽宁最低，均值为 65.6195 分。相比 2020 年，2022 年非金融业各省份上市公司质量 /ESG 指数均值都出现上升。升幅最大的省份是海南，上升 8.9531 分；升幅最小的省份是重庆，上升 4.5244 分。相比 2021 年，2022 年非金融业各省份上市公司质量 /ESG 指数均值也都是上升的。升幅最大的省份是青海，上升 11.6395 分；升幅最小的省份是广西，上升 7.1431 分。

4.2 公司治理分项指数的地区排名及比较

2020 ～ 2022 年，非金融业四个地区上市公司治理分项指数排名及比较参见表 4-3。

表4-3 2020～2022年非金融业四个地区上市公司治理分项指数均值比较

年份	东部	中部	西部	东北
2020	77.6204	76.7273	76.3491	74.3676
2021	81.6776	80.4597	80.5936	78.5672
2022	82.3088	81.5952	81.6491	79.9082

资料来源：北京师范大学公司治理与企业发展研究中心（高明华教授主持）“中国上市公司质量 /ESG 指数数据库”。

图 4-2 显示了 2022 年非金融业四个地区上市公司治理分项指数均值的排名和比较。

注：条形图左边的数字是 2022 年排名，右边是得分。

图4-2 2022年非金融业四个地区上市公司治理分项数均值排名及比较

由表 4-3 和图 4-2 可知，2022 年，非金融业四个地区上市公司治理分项指数均值从高到低依次为东部、西部、中部和东北。相比 2020 年，2022 年非金融业四个地区上市公司治理分项指数均值全部上升，升幅都在 5 分左右。升幅最大的地区是东北，上升 5.5406 分；升幅最小的地区是东部，上升 4.6884 分。相比 2021 年，2022 年非金融业四个地区上市公司治理分项指数均值也全部上升，升幅都在 1 分左右。升幅最大的地区是东北，上升 1.3410 分；升幅最小的地区 0.6312 分。

进一步比较 2020 ～ 2022 年非金融业各省份上市公司治理分项指数均值的变化，参见表 4-4。

表4-4 2020～2022年非金融业不同省份上市公司治理分项指数均值比较

省份	2020年	2021年	2022年	2022年排名
天津	79.0073	81.9538	83.2349	1
广东	79.2009	82.3916	83.1108	2
福建	77.7774	82.2391	82.9460	3
内蒙古	77.0591	80.9306	82.6198	4
上海	76.8290	82.2159	82.4148	5
安徽	77.7070	81.8109	82.4102	6
北京	78.4580	82.2389	82.3931	7
重庆	77.6431	82.4466	82.1817	8
浙江	76.9196	80.9212	82.1496	9
四川	77.0894	80.7757	82.0910	10
山东	77.4795	81.9346	82.0838	11
云南	77.4609	80.2410	81.9927	12
黑龙江	75.8393	79.3815	81.9288	13
湖南	77.1484	80.6621	81.7490	14
山西	75.7939	79.7463	81.6232	15
河南	75.9697	79.0186	81.6209	16
陕西	75.8899	80.3481	81.6071	17
江苏	76.3535	80.7665	81.5544	18
宁夏	75.0332	78.5015	81.4575	19
贵州	75.6300	80.0336	81.3604	20
河北	75.6748	80.6569	81.2026	21
海南	73.5414	77.5545	81.1760	22
甘肃	75.9458	80.1986	81.1406	23
江西	76.5023	80.5595	81.0629	24
西藏	74.5103	80.6975	80.9684	25
广西	76.5550	81.8938	80.8825	26
湖北	76.2903	79.9817	80.7355	27
新疆	74.4024	79.3655	80.7174	28
青海	74.9629	77.2683	80.4821	29
吉林	74.2520	78.7041	79.2761	30
辽宁	73.7453	78.1027	79.0495	31

资料来源：北京师范大学公司治理与企业发展研究中心（高明华教授主持）“中国上市公司质量 /ESG 指数数据库”。

由表 4-4 可知，2022 年，非金融业上市公司治理分项指数均值排在前三位的省份是天津、广东和福建，天津最高，均值为 83.2349 分；排在最后三位的省份是辽宁、吉林和青海，辽宁最低，均值为 79.0495 分。相比 2020 年，2022 年非金融业各省份上市公司治理分项指数均值都出现上升。升幅最大的省份是海南，上升 7.6346 分；升幅最小的省份是广东，上升 3.9099 分。相比 2021 年，2022 年非金融业各省份上市公司治理分项指数均值除广西和重庆分别下降 1.0114 分和 0.2649 分外，其他省份都是上升。升幅最大的省份仍是海南，上升 3.6215 分；升幅最小的省份是山东，上升 0.1492 分

4.3 社会责任分项指数的地区排名及比较

2020 ～ 2022 年，非金融业四个地区上市公司社会责任分项指数均值排名及比较参见表 4-5。

表4-5 2020～2022年非金融业四个地区上市公司社会责任分项指数均值比较

年份	东部	中部	西部	东北
2020	51.9427	52.0301	52.3478	51.0781
2021	39.0057	39.5006	39.1131	36.8657
2022	49.7019	49.9139	49.7528	46.7458

资料来源：北京师范大学公司治理与企业发展研究中心（高明华教授主持）“中国上市公司质量 /ESG 指数数据库”。

图 4-3 显示了 2022 年非金融业四个地区上市公司社会责任分项指数均值的排名和比较。

注：条形图左边的数字是 2022 年排名，右边是得分。

图4-3 2022年非金融业四个地区上市公司社会责任分项指数均值排名及比较

由表 4-5 和图 4-3 可知，2022 年，非金融业四个地区上市公司社会责任分项指数均值从高到低依次为中部、西部、东部和东北。与 2020 年相比，2022 年非金融业四个地区上市公司社会责任分项指数均值全部下降，降幅在 2.11 ～ 4.34 分，降幅最大的地区是东北，下降 4.3323 分；降幅最小的地区是中部，下降 2.1161 分。相比 2021 年，2022 年非金融业四个地区上市公司社会责任分项指数均值全部上升，升幅在 9.88 ～ 10.70 分。升幅最大的地区是东部，上升 10.6962 分；升幅最小的地区是东北，上升 9.8801 分。2022 年四个地区上市公司社会责任分项指数均值比 2021 年上升幅度都较大，这与 2023 年有较多的公司发布 2022 年度社会责任报告或 ESG 报告有关。

进一步比较 2020 ～ 2022 年非金融业各省份上市公司社会责任分项指数均值的变化，参见表 4-6。

表4-6　2020～2022年非金融业不同省份上市公司社会责任分项指数均值比较

省份	2020年	2021年	2022年	2022年排名
四川	51.1570	40.6517	51.3317	1
宁夏	49.9818	38.1717	51.2195	2
青海	55.0846	39.4445	51.1749	3
贵州	53.8405	39.2280	50.9478	4
河南	53.4785	41.5466	50.8728	5
河北	52.5044	39.9423	50.7474	6
安徽	53.1007	40.8518	50.6768	7
内蒙古	51.5722	40.5081	50.6646	8
山东	51.5750	39.2325	50.4833	9
陕西	54.5114	40.0409	50.4768	10
北京	53.9544	40.2870	50.4707	11
湖南	50.6100	38.8265	50.3962	12
上海	52.7510	39.2696	50.2003	13
云南	54.3920	39.5360	50.1991	14
福建	52.0272	38.8663	49.7334	15
江苏	51.4391	39.4665	49.6680	16
江西	50.9484	39.3599	49.3759	17
浙江	50.9823	38.5288	49.2259	18
广东	51.5148	38.0415	49.2170	19
新疆	53.4523	39.5471	49.2139	20
天津	53.8769	39.7764	49.0211	21
山西	52.3488	38.6996	48.9872	22
海南	50.5147	38.9873	48.9052	23
吉林	52.2236	36.9979	48.7076	24
西藏	51.9108	36.5808	48.4356	25
湖北	51.6607	37.4611	48.3613	26

续表

省份	2020年	2021年	2022年	2022年排名
重庆	52.7268	37.6308	47.8252	27
广西	50.2892	36.7237	46.9552	28
辽宁	51.1574	36.4072	46.9371	29
黑龙江	49.5883	37.6733	46.2958	30
甘肃	50.7467	36.0465	46.0734	31

资料来源：北京师范大学公司治理与企业发展研究中心（高明华教授主持）"中国上市公司质量 /ESG 指数数据库"。

由表 4-6 可知，2022 年，非金融业上市公司社会责任分项指数均值排在前三位的省份是四川、宁夏和青海，四川最高，均值为 51.3317 分；排在最后三位的省份是甘肃、黑龙江和辽宁，甘肃最低，均值为 46.0734 分。相比 2020 年，2022 年非金融业各省份上市公司社会责任分项指数均值除宁夏和四川分别上升 1.2377 分和 0.1747 分外，其他省份都出现下降。降幅最大的省份是重庆，下降 4.9016 分；降幅最小的省份是湖南，下降 0.2139 分。相比 2021 年，2022 年非金融业各省份上市公司社会责任分项指数均值全部上升。升幅最大的省份是宁夏，上升 13.0478 分；升幅最小的省份是黑龙江，上升 8.6225 分。2022 年所有行业上市公司社会责任分项指数均值比 2021 年上升幅度都较大，原因正如上所述，与 2023 年有较多的公司发布 2022 年度社会责任报告或 ESG 报告有关。

4.4 环境保护分项指数的地区排名及比较

2020 ～ 2022 年，非金融业四个地区上市公司环境保护分项指数排名及比较参见表 4 7。由于 2022 年环境保护分项指数指标数据源扩大，导致 2022 年该分项指数与 2020 年和 2021 年可比性比较弱（具体原因参见第 1 章说明），所以本表数据仅供参考。

表4-7 2020～2022年非金融业四个地区上市公司环境保护分项指数均值比较

年份	东部	中部	西部	东北
2020	19.8494	19.6567	20.3478	18.1690
2021	21.5477	20.3390	21.7292	18.0502
2022	61.7898	61.2347	62.0021	58.5213

资料来源：北京师范大学公司治理与企业发展研究中心（高明华教授主持）"中国上市公司质量 /ESG 指数数据库"。

图4-4显示了2022年非金融业四个地区上市公司环境保护分项指数均值的排名和比较。可以看到，2022年，非金融业上市公司环境保护分项指数均值从高到低依次为西部、东部、中部和东北。西部最高，均值为62.0021分；东北最低，均值为58.5213分。

注：条形图左边的数字是2022年排名，右边是得分。

图4-4　2022年非金融业四个地区上市公司环境保护分项指数均值排名及比较

2020～2022年非金融业各省份上市公司社会责任分项指数均值的变化参见表4-8。与四个地区比较一样，由于2022年环境保护分项指数指标数据源扩大，导致该分项指数与2020年和2021年可比性比较弱（具体原因参见第1章说明），所以本表数据仅供参考。

表4-8　2020～2022年非金融业不同省份上市公司环境保护分项指数均值比较

省份	2020年	2021年	2022年	2022年排名
青海	24.0000	19.4805	77.1429	1
贵州	20.7407	18.8940	70.0893	2
海南	16.6667	23.4694	69.8413	3
宁夏	27.6923	18.6813	67.6190	4
河南	18.1818	24.6127	67.5883	5
河北	14.5455	22.8571	67.0996	6
山东	19.6059	20.5714	66.6667	7
安徽	19.8077	20.9751	65.8513	8
浙江	20.8018	21.9193	65.5659	9
云南	22.8571	30.1587	65.2510	10
陕西	17.9592	21.1640	63.6161	11
江西	22.5532	20.2381	63.4694	12
天津	20.7547	23.5714	63.0385	13
上海	18.8530	24.5785	62.9344	14

续表

省份	2020年	2021年	2022年	2022年排名
福建	21.4815	25.2602	62.8931	15
山西	16.5714	21.0526	62.4060	16
江苏	18.6139	18.5625	62.3170	17
内蒙古	15.4545	22.4490	61.9048	18
黑龙江	17.5758	15.1261	61.7647	19
四川	19.6694	23.7395	61.1842	20
重庆	22.8000	22.1939	60.2381	21
广西	18.8235	19.0476	60.2317	22
新疆	20.4000	18.6813	59.2992	23
西藏	24.4444	21.8045	59.2857	24
广东	21.1037	20.9168	57.7357	25
北京	19.1167	21.8087	57.7129	26
辽宁	18.3099	19.4444	57.1429	27
湖北	20.6000	18.7013	55.6206	28
甘肃	18.0645	16.3866	55.4622	29
湖南	19.4175	17.9198	55.1339	30
吉林	18.4211	18.0272	52.3810	31

资料来源：北京师范大学公司治理与企业发展研究中心（高明华教授主持）“中国上市公司质量 /ESG 指数数据库”。

由表 4-8 可知，2022 年，非金融业上市公司环境保护分项指数均值排在前三位的省份是青海、贵州和海南，青海最高，均值为 77.1429 分；排在最后三位的省份是吉林、湖南和甘肃，吉林最低，均值为 52.3810 分。

第5章
中国非金融业上市公司质量/ESG指数-行业排名及比较

本章对 2020 ～ 2022 年非金融业 17 个行业上市公司质量 /ESG 指数及三个分项指数分别进行排名和比较，排名仅针对 2022 年非金融业上市公司质量 /ESG 指数及三个分项指数的均值。

5.1 公司质量/ESG指数的行业排名及比较

2020 ～ 2022 年，非金融业 17 个行业上市公司质量 /ESG 指数排名及比较参见表 5-1。

表5-1 2020～2022年非金融业不同行业上市公司质量/ESG指数均值比较

行业名称	2022年	2021年	2020年	2022年排名
采矿业（B）	70.5130	61.2850	63.6017	1
电力、热力、燃气及水生产和供应业（D）	69.5390	60.6620	63.0058	2
制造业（C）	69.4319	60.8253	62.7134	3
科学研究和技术服务业（M）	69.3815	62.2379	64.9190	4
交通运输、仓储和邮政业（G）	69.1778	61.2647	63.8801	5
住宿和餐饮业（H）	68.2658	60.3122	63.0442	6
建筑业（E）	67.7725	60.2832	63.0541	7
水利、环境和公共设施管理业（N）	67.6598	59.4615	62.8849	8
卫生和社会工作（Q）	67.6005	58.6552	62.5717	9
信息传输、软件和信息技术服务业（I）	66.7515	60.3847	62.7722	10
农、林、牧、渔业（A）	66.0601	58.6125	62.3352	11
房地产业（K）	65.6205	58.6256	61.4888	12
批发和零售业（F）	65.4363	58.5301	60.8756	13
教育（P）	64.8890	56.3106	62.1039	14
租赁和商务服务业（L）	64.7930	58.0684	61.3078	15
文化、体育和娱乐业（R）	63.9614	57.5140	62.1330	16
综合（S）	63.9157	55.6774	59.4196	17

注：居民服务、修理和其他服务业（O）只有 1 家上市公司，难以代表该行业整体水平，故排名时剔除。
资料来源：北京师范大学公司治理与企业发展研究中心（高明华教授主持）“中国上市公司质量 /ESG 指数数据库”。

图 5-1 显示了 2022 年非金融业不同行业上市公司质量 /ESG 指数均值的排名和比较。

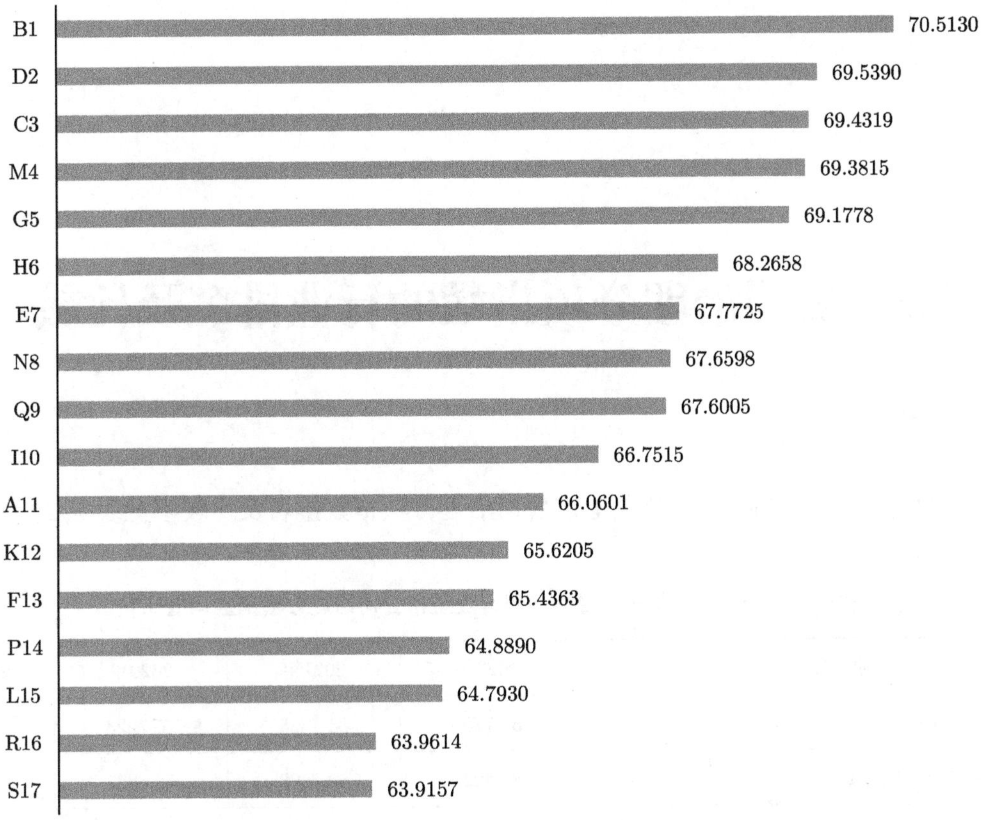

注：①条形图左边的数字是2022年排名，右边是得分；②居民服务、修理和其他服务业（O）只有1家上市公司，难以代表该行业整体水平，故排名时剔除。

注：条形图左边的数字是 2022 年排名，右边是得分。

图5-1　2022年非金融业不同行业上市公司质量/ESG指数均值排名及比较

由表 5-1 和图 5-1 可知，2022 年，非金融业上市公司质量 /ESG 指数均值排在前三位的行业是采矿业（B）、电力、热力、燃气及水生产和供应业（D），以及制造业（C），采矿业（B）最高，均值为 70.5130 分；排在最后三位的行业是综合（S）、文化、体育和娱乐业（R），以及租赁和商务服务业（L），综合（S）最低，均值为 63.9157 分。相比 2020 年，2022 年非金融业 17 个行业上市公司质量 /ESG 指数均值都上升，升幅最大的行业是采矿业（B），上升 6.9113 分；升幅最小的行业是文化、体育和娱乐业（R），上升 1.8284 分。相比 2021 年，2022 年非金融业 17 个行业上市公司质量 /ESG 指数均值也都上升。升幅最大的行业是采矿业（B），上升 9.2280 分；升幅最小的行业是信息传输、软件和信息技术服务业（I），上升 6.3668 分。

5.2 公司治理分项指数的行业排名及比较

2020 ～ 2022 年，非金融业 17 个行业上市公司治理分项指数排名及比较参见表 5-2。

表5-2　2020～2022年非金融业不同行业上市公司治理分项指数均值比较

行业名称	2022年	2021年	2020年	2022年排名
住宿和餐饮业（H）	84.7780	85.7725	75.7223	1
交通运输、仓储和邮政业（G）	83.4231	82.7592	78.8889	2
教育（P）	83.3309	78.6589	74.6601	3
科学研究和技术服务业（M）	83.1685	83.4462	79.5129	4
采矿业（B）	82.3825	80.4421	77.0493	5
制造业（C）	82.3180	81.4201	77.3112	6
卫生和社会工作（Q）	82.2802	78.6778	77.3708	7
电力、热力、燃气及水生产和供应业（D）	82.1929	80.6012	77.3253	8
信息传输、软件和信息技术服务业（I）	81.9977	81.6218	77.6917	9
租赁和商务服务业（L）	81.2082	80.7786	75.8188	10
水利、环境和公共设施管理业（N）	81.0905	80.9946	77.3744	11
建筑业（E）	80.7443	80.8551	77.9481	12
批发和零售业（F）	80.6345	80.5744	75.7497	13
文化、体育和娱乐业（R）	80.4472	79.7619	76.3102	14
农、林、牧、渔业（A）	80.4451	79.3329	76.5471	15
房地产业（K）	79.6922	79.6310	75.1745	16
综合（S）	78.0735	75.5022	74.1256	17

注：居民服务、修理和其他服务业（O）只有 1 家上市公司，难以代表该行业整体水平，故排名时剔除。
资料来源：北京师范大学公司治理与企业发展研究中心（高明华教授主持）“中国上市公司质量 /ESG 指数数据库”。

图 5-2 显示了 2022 年非金融业不同行业上市公司治理分项指数均值的排名和比较。

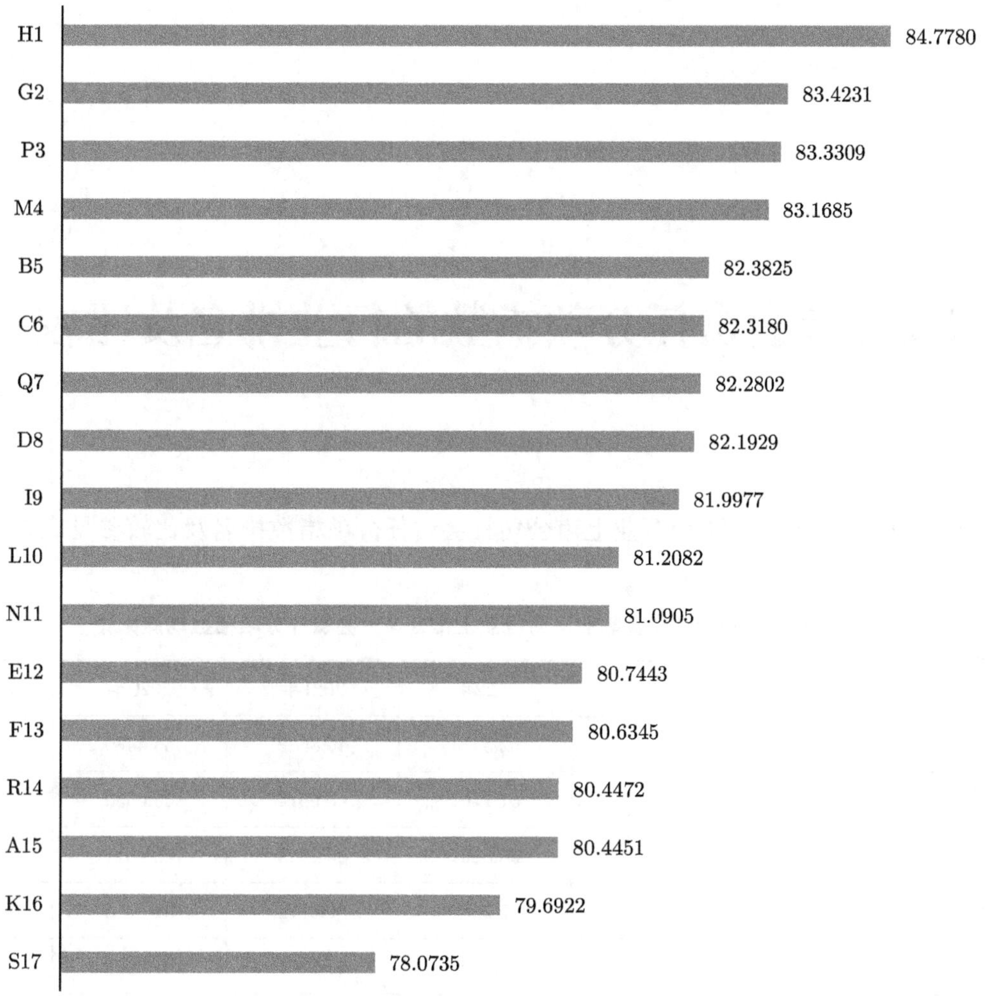

注：①条形图左边的数字是2022年排名，右边是得分；②居民服务、修理和其他服务业（O）只有1家上市公司，难以代表该行业整体水平，故排名时剔除。

注：条形图左边的数字是 2022 年排名，右边是得分。

图5-2　2022年非金融业不同行业上市公司治理分项指数均值排名及比较

由表 5-2 和图 5-2 可知，2022 年，非金融业上市公司治理分项指数均值排在前三位的行业是住宿和餐饮业（H）、交通运输、仓储和邮政业（G），以及教育（P），住宿和餐饮业（H）最高，均值为 84.7780 分；排在最后三位的行业是综合（S）、房地产业（K），以及农、林、牧、渔业（A），综合（S）最低，均值为 78.0735 分。相比 2020 年，2022 年非金融业 17 个行业上市公司治理分项指数均值都上升，升幅最大的行业是住宿和餐饮业（H），上升 9.0557 分；升幅最小的行业是建筑业（E），上升 2.7962 分。相比 2021 年，2022 年非金融业上市公司治理分项指数的均值，在 17 个行业中，住宿和餐饮业（H）、科学研究和技术服务业（M）、建筑业（E）分别下降 0.9945 分、0.2777 分和 0.1108 分。其他 14 个行业都上升。升幅最大的行业是教育（P），上升 4.6720 分；升幅最小的行业是批发和零售业（F），上升 0.0601 分。

5.3 社会责任分项指数的行业排名及比较

2020 ～ 2022 年，非金融业 17 个行业上市公司社会责任分项指数排名及比较参见表 5-3。

表5-3 2020～2022年非金融业不同行业上市公司社会责任分项指数均值比较

行业名称	2022年	2021年	2020年	2022年排名
采矿业（B）	52.5414	40.8542	56.4930	1
科学研究和技术服务业（M）	51.1261	40.9914	55.0530	2
建筑业（E）	50.5397	40.2323	53.4611	3
制造业（C）	50.2252	39.6772	51.8716	4
信息传输、软件和信息技术服务业（I）	49.5128	38.8861	51.2678	5
电力、热力、燃气及水生产和供应业（D）	49.1146	38.5665	53.1483	6
水利、环境和公共设施管理业（N）	49.1058	38.0144	52.5689	7
卫生和社会工作（Q）	49.0901	36.1267	48.8421	8
农、林、牧、渔业（A）	48.0873	38.0365	51.9619	9
交通运输、仓储和邮政业（G）	48.0589	36.9473	52.8321	10
住宿和餐饮业（H）	46.5163	34.0368	56.2363	11
房地产业（K）	46.5076	35.7345	51.9370	12
批发和零售业（F）	46.2874	35.2251	50.2743	13
综合（S）	45.8007	35.4084	49.0015	14
租赁和商务服务业（L）	45.3288	34.4887	50.4056	15
文化、体育和娱乐业（R）	43.9512	33.8835	52.4836	16
教育（P）	42.2037	33.1991	54.9740	17

注：居民服务、修理和其他服务业（O）只有 1 家上市公司，难以代表该行业整体水平，故排名时剔除。

资料来源：北京师范大学公司治理与企业发展研究中心（高明华教授主持）“中国上市公司质量 /ESG 指数数据库”。

图 5-3 显示了 2022 年非金融业不同行业上市公司社会责任分项指数均值的排名和比较。

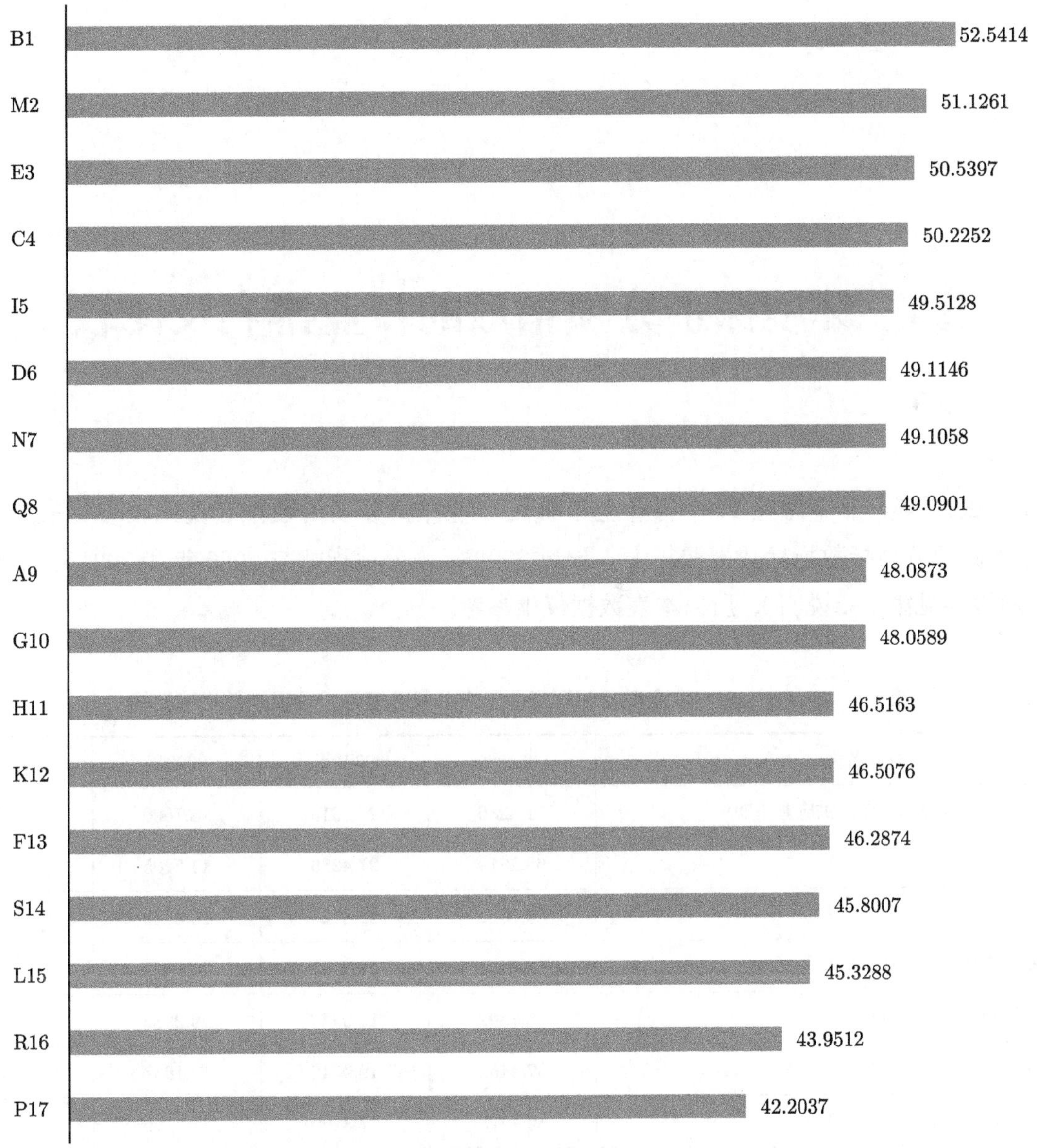

注：条形图左边的数字是 2022 年排名，右边是得分。

图5-3　2022年非金融业不同行业上市公司社会责任分项指数均值排名及比较

由表 5-3 和图 5-3 可知，2022 年，非金融业上市公司社会责任分项指数均值排在前三位的行业是采矿业（B）、科学研究和技术服务业（M），以及建筑业（E），采矿业（B）最高，均值为 52.5414 分；排在最后三位的行业是教育（P）、文化、体育和娱乐业（R），以及租赁和商务服务业（L），教育（P）最低，均值为 42.2037 分。相比 2020 年，2022 年非金融业只有卫生和社会工作（Q）上市公司社会责任分项指数均值上升 0.2480 分，其他 16 个行业上市公司社会责任分项指数均值都下降，降幅最大的行业是教育（P），下降 12.7703 分，这应该与“双减”政策有关；降幅最小的行业是制造业（C），下降 1.6464 分。相比 2021 年，2022 年非金融业 17 个行业上市公司社会责任分项指数均值全部上升。升幅最高的行业是卫生和社会工作（Q），上升 12.9634 分，这应该与新冠疫情有关；升幅最小的行业是教育（P），上升 9.0046 分。2022 年所有行业上市公司社会责任分项指数均值比 2021 年上升幅度都大，这与 2023 年有较多的公司发布 2022 年度社会责任报告或 ESG 报告有关。

5.4 环境保护分项指数的行业排名及比较

2020～2022年，非金融业17个行业上市公司环境保护分项指数排名及比较参见表5-4。由于2022年环境保护分项指数指标数据源扩大，导致2022年该分项指数与2020年和2021年可比性比较弱（具体原因参见第1章说明），所以本表数据仅供参考。

表5-4 2020～2022年非金融业不同行业上市公司环境保护分项指数均值比较

行业名称	2022年	2021年	2020年	2022年排名
电力、热力、燃气及水生产和供应业（D）	71.4286	28.3313	18.7500	1
采矿业（B）	68.1319	27.4286	14.5205	2
制造业（C）	65.7822	21.5721	20.3719	3
交通运输、仓储和邮政业（G）	64.7444	28.1553	20.0000	4
水利、环境和公共设施管理业（N）	58.7302	16.0940	19.2982	5
科学研究和技术服务业（M）	57.4468	19.9546	19.1837	6
建筑业（E）	56.7423	17.3160	14.7126	7
房地产业（K）	55.1213	23.2143	19.6491	8
住宿和餐饮业（H）	53.5714	12.2449	17.1429	9
卫生和社会工作（Q）	51.6484	27.3810	29.2308	10
农、林、牧、渔业（A）	49.8480	16.6667	20.4762	11
综合（S）	49.4505	17.5824	15.0000	12
批发和零售业（F）	48.8681	18.8538	16.1728	13
文化、体育和娱乐业（R）	43.3255	17.8571	17.9310	14
信息传输、软件和信息技术服务业（I）	43.2331	18.8255	20.9804	15
教育（P）	42.8571	14.2857	18.0000	16
租赁和商务服务业（L）	42.6339	15.6909	19.6552	17

注：居民服务、修理和其他服务业（O）只有1家上市公司，难以代表该行业整体水平，故排名时剔除。

资料来源：北京师范大学公司治理与企业发展研究中心（高明华教授主持）“中国上市公司质量/ESG指数数据库”。

图 5-4 显示了 2022 年非金融业 17 个行业上市公司环境保护分项指数均值的排名和比较。可以看到，2022 年，非金融业上市公司环境保护分项指数均值最高的三个行业分别是电力、热力、燃气及水生产和供应业（D）、采矿业（B），以及制造业（C），最高的行业是电力、热力、燃气及水生产和供应业（D），均值是 71.4286 分；非金融业上市公司环境保护分项指数均值最低的三个行业分别是租赁和商务服务业（L）、教育（P），以及信息传输、软件和信息技术服务业（I），最低的行业是租赁和商务服务业（L），均值是 42.6339 分。

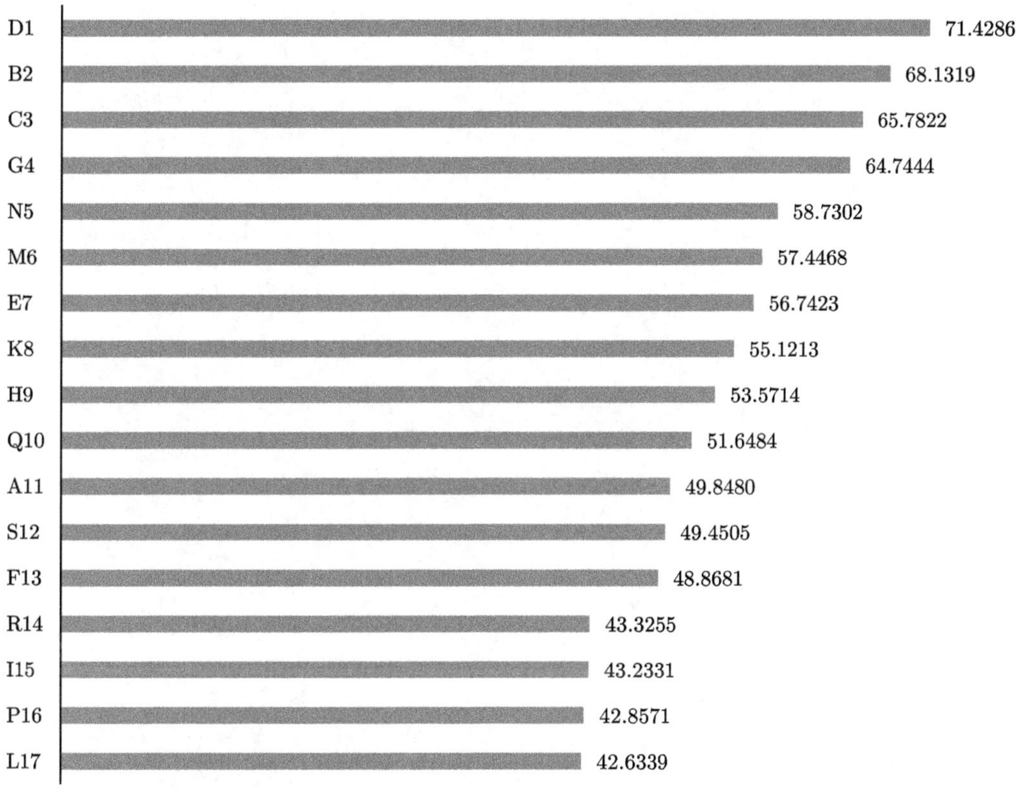

注：条形图左边的数字是 2022 年排名，右边是得分。

图5-4　2022年非金融业不同行业上市公司环境保护分项指数均值排名及比较

第6章
中国非金融业上市公司质量/ESG指数-所有制排名及比较

本章对 2020 ～ 2022 年非金融业不同所有制上公司质量 /ESG 指数及三个分项指数分别进行排名和比较，排名仅针对 2022 年非金融业上市公司质量 /ESG 指数及三个分项指数的均值。

6.1 公司质量/ESG指数的所有制排名及比较

2020～2022年，非金融业五类所有制上市公司质量/ESG指数排名及比较参见表6-1。

表6-1 2020～2022年非金融业五类所有制上市公司质量/ESG指数均值比较

所有制类型	2022年	2021年	2020年	2022年排名
国有绝对控股公司	70.9385	62.0269	63.5954	1
国有强相对控股公司	70.2755	60.9933	63.0257	2
国有弱相对控股公司	68.9232	59.9819	62.5200	3
无国有股份公司	68.2236	60.2223	62.2360	4
国有参股公司	67.8962	60.1749	62.8257	5

资料来源：北京师范大学公司治理与企业发展研究中心（高明华教授主持）“中国上市公司质量/ESG指数数据库”。

图6-1显示了2022年非金融业五类所有制上市公司质量/ESG指数均值的排名和比较。

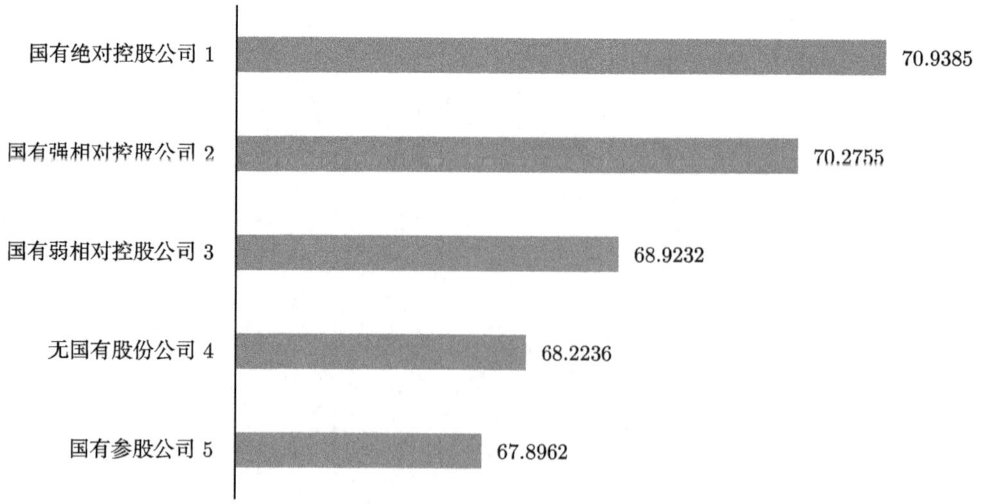

注：条形图左边的数字是2022年排名，右边是得分。

图6-1 2022年非金融业五类所有制上市公司质量/ESG指数均值排名及比较

由表6-1和图6-1可知，2022年，从所有制角度，非金融业上市公司质量/ESG指数均值从高到低依次为国有绝对控股公司、国有强相对控股公司、国有弱相对控股公司、无国有股份公司和国有参股公司。与 2020 年相比，2022 年非金融业五类所有制上市公司质量 /ESG 指数均值全部上升，国有绝对控股公司升幅最大，上升 7.3431 分；国有参股公司升幅最小，上升 5.0705 分。相比 2021 年，2022 年非金融业五类所有制上市公司质量 /ESG 指数均值也全部上升，国有强相对控股公司升幅最大，上升 9.2822 分；国有参股公司升幅最小，上升 7.7213 分。

将国有绝对控股公司、国有强相对控股公司和国有弱相对控股公司归类为国有控股公司，将国有参股公司和无国有股份公司归类为非国有控股公司，进一步分析非金融业两类所有制上市公司质量 /ESG 指数均值的变化，参见表 6-2 和图 6-2。

表6-2　2020～2022年非金融业两类所有制上市公司质量/ESG指数均值比较

所有制类型	2022年	2021年	2020年	2022年排名
国有控股公司	70.2197	61.1578	63.1500	1
非国有控股公司	68.1273	60.2093	62.4293	2

资料来源：北京师范大学公司治理与企业发展研究中心（高明华教授主持）“中国上市公司质量 /ESG 指数数据库”。

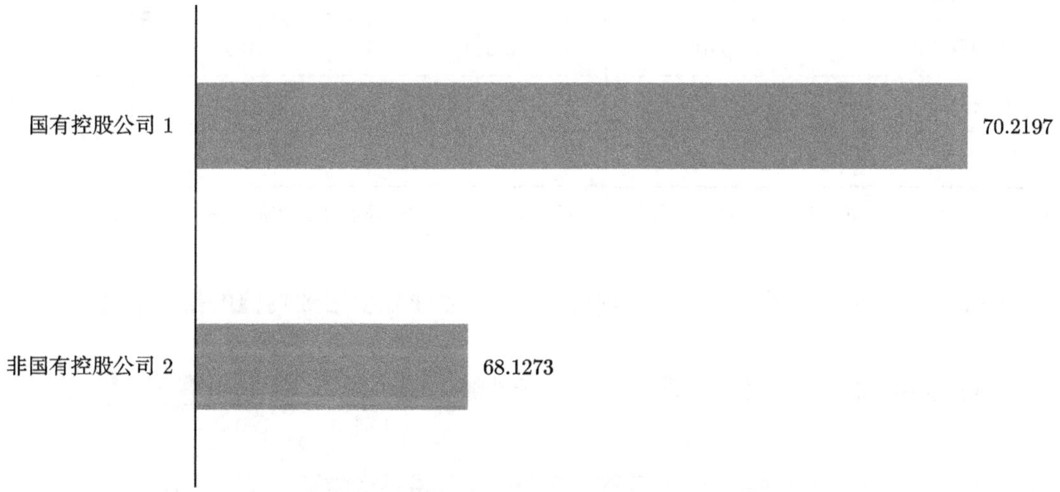

注：条形图左边的数字是 2022 年排名，右边是得分。

图6-2　2022年非金融业两类所有制上市公司质量/ESG指数均值排名及比较

由表 6-2 和图 6-2 可知，2020 ～ 2022 年，非金融业中，皆是国有控股公司质量 /ESG 指数均值高于非国有控股公司。相比 2020 年，2022 年非金融业国有控股公司和非国有控股公司的质量 /ESG 指数均值分别上升 7.0697 分和 5.6980 分。相比 2021 年，2022 年非金融业国有控股公司和非国有控股公司的质量 /ESG 指数均值分别上升 9.0619 分和 7.9180 分。

6.2 公司治理分项指数的所有制排名及比较

2020～2022年，非金融业五类所有制上市公司治理分项指数排名及比较参见表6-3。

表6-3　2020～2022年非金融业五类所有制上市公司治理分项指数均值比较

所有制类型	2022年	2021年	2020年	2022年排名
国有绝对控股公司	83.6219	82.1971	78.0125	1
国有强相对控股公司	82.9163	81.6540	77.2047	2
国有弱相对控股公司	82.6570	81.3131	77.1507	3
无国有股份公司	81.7968	81.0176	76.8330	4
国有参股公司	81.4334	81.1936	77.6082	5

资料来源：北京师范大学公司治理与企业发展研究中心（高明华教授主持）"中国上市公司质量/ESG指数数据库"。

图6-3显示了2022年非金融业五类所有制上市公司治理分项指数均值的排名和比较。

注：条形图左边的数字是2022年排名，右边是得分。

图6-3　2022年非金融业五类所有制上市公司治理分项指数均值排名及比较

由表6-3和图6-3可知，2022年，从所有制角度来看，非金融业上市公司治理分项指数均值从高到低依次为国有绝对控股公司、国有强相对控股公司、国有弱相对控股公司、无国有股份公司和国有参股公司。与 2020 年相比，2022 年非金融业五类所有制上市公司治理分项指数均值全部上升，国有强相对控股公司升幅最大，上升 5.7116 分；国有参股公司升幅最小，上升 3.8252 分。相比 2021 年，2022 年非金融业五类所有制上市公司治理分项指数均值也全部上升，国有绝对控股公司升幅最大，上升 1.4248 分；国有参股公司升幅最小，上升 0.2398 分。

将国有绝对控股公司、国有强相对控股公司和国有弱相对控股公司归类为国有控股公司，将国有参股公司和无国有股份公司归类为非国有控股公司，进一步分析非金融业两类所有制上市公司治理分项指数均值的变化，参见表 6-4 和图 6-4。

表6-4　2020～2022年非金融业两类所有制上市公司治理分项指数均值比较

所有制类型	2022年	2021年	2020年	2022年排名
国有控股公司	83.1307	81.7861	77.5190	1
非国有控股公司	81.6899	81.0661	77.0871	2

资料来源：北京师范大学公司治理与企业发展研究中心（高明华教授主持）“中国上市公司质量 /ESG 指数数据库”。

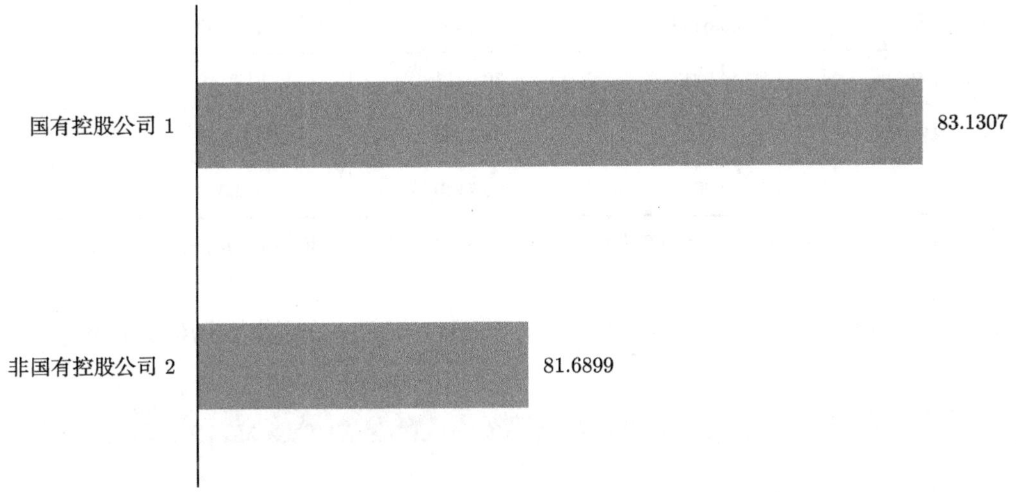

注：条形图左边的数字是 2022 年排名，右边是得分。

图6-4　2022年非金融业两类所有制上市公司治理分项指数均值排名及比较

由表 6-4 和图 6-4 可知，2020 ～ 2022 年，非金融业中，皆是国有控股公司治理分项指数均值高于非国有控股公司。相比 2020 年，2022 年非金融业国有控股公司和非国有控股公司的治理分项指数均值分别上升 5.6117 分和 4.6028 分。相比 2021 年，2022 年非金融业国有控股公司和非国有控股公司的治理分项指数均值分别上升 1.3446 分和 0.6238 分。

6.3　社会责任分项指数的所有制排名及比较

2020 ～ 2022 年，非金融业五类所有制上市公司社会责任分项指数排名及比较参见表 6-5。

表6-5　2020～2022年非金融业五类所有制上市公司社会责任分项指数均值比较

所有制类型	2022年	2021年	2020年	2022年排名
国有绝对控股公司	50.9102	40.0600	53.9239	1
国有强相对控股公司	50.6439	38.8391	52.8269	2
无国有股份公司	49.5243	39.0311	51.3119	3
国有弱相对控股公司	49.1463	38.1766	52.0183	4
国有参股公司	49.0675	38.7140	51.9073	5

资料来源：北京师范大学公司治理与企业发展研究中心（高明华教授主持）“中国上市公司质量 /ESG 指数数据库”。

图 6-5 显示了 2022 年非金融业五类所有制上市公司社会责任分项指数均值的排名和比较。

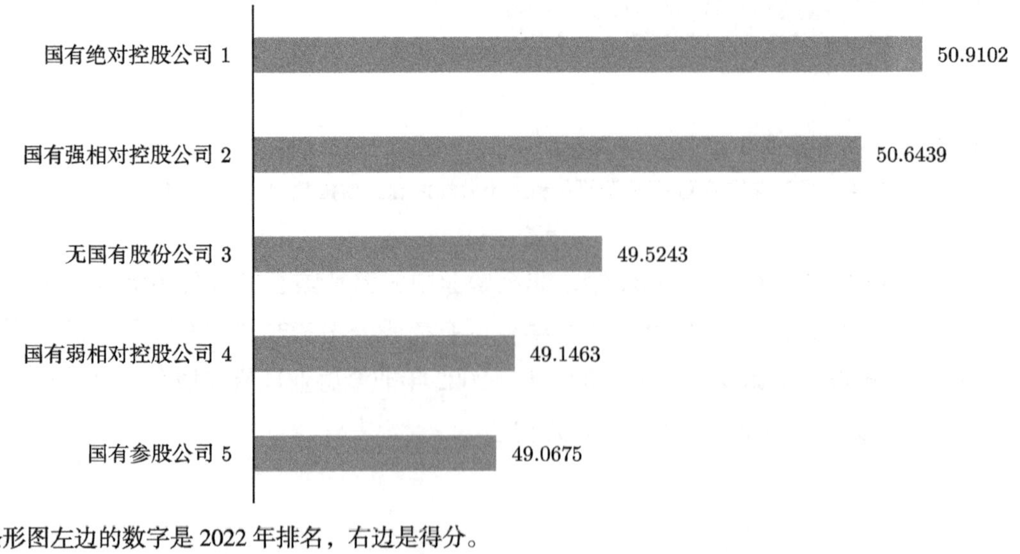

注：条形图左边的数字是 2022 年排名，右边是得分。

图6-5　2022年非金融业五类所有制上市公司社会责任分项指数均值排名及比较

由表 6-5 和图 6-5 可知，2022 年，从所有制角度来看，非金融业上市公司社会责任分项指数均值从高到低依次为国有绝对控股公司、国有强相对控股公司、无国有股份公司、国有弱相对控股公司和国有参股公司。与 2020 年相比，2022 年非金融业五类所有制上市公司社会责任分项指数均值全部下降，国有绝对控股公司降幅最大，下降 3.0137 分；无国有股份公司降幅最小，下降 1.7876 分。相比 2021 年，2022 年非金融业五类所有制上市公司社会责任分项指数均值全部上升，国有强相对控股公司升幅最大，上升 11.8048 分；国有参股公司升幅最小，上升 10.3535 分。2022 年五类所有制上市公司社会责任分项指数均值比 2021 年上升幅度都较大，这与 2023 年有较多的公司发布 2022 年度社会责任报告或 ESG 报告有关。

将国有绝对控股公司、国有强相对控股公司和国有弱相对控股公司归类为国有控股公司，将国有参股公司和无国有股份公司归类为非国有控股公司，进一步分析非金融业两类所有制上市公司社会责任分项指数均值的变化，参见表 6-6 和图 6-6。

表6-6　2020～2022年非金融业两类所有制上市公司社会责任分项指数均值比较

所有制类型	2022年	2021年	2020年	2022年排名
国有控股公司	50.4000	39.1609	53.1007	1
非国有控股公司	49.3900	38.9437	51.5071	2

资料来源：北京师范大学公司治理与企业发展研究中心（高明华教授主持）“中国上市公司质量 /ESG 指数数据库”。

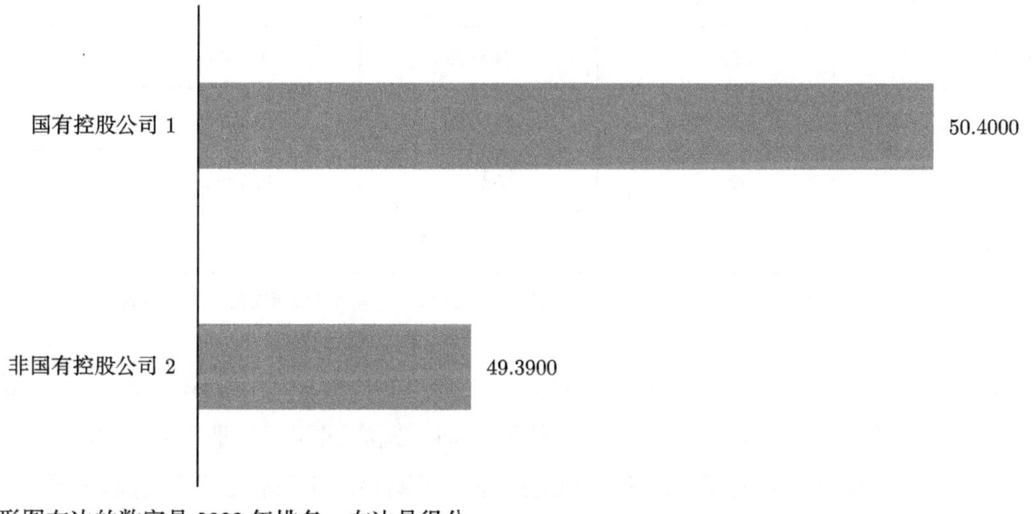

注：条形图左边的数字是 2022 年排名，右边是得分。

图6-6　2022年非金融业两类所有制上市公司社会责任分项指数均值排名及比较

由表 6-6 和图 6-6 可知，2020 ～ 2022 年，非金融业中，皆是国有控股公司社会责任分项指数均值高于非国有控股公司。相比 2020 年，2022 年非金融业国有控股公司和非国有控股公司的社会责任分项指数均值分别下降 2.7007 分和 2.1171 分。相比 2021 年，2022 年非金融业国有控股公司和非国有控股公司的社会责任分项指数均值分别上升 11.2391 分和 10.4463 分。2022 年两类所有制上市公司社会责任分项指数均值比 2021 年上升幅度都较大，原因正如上所述，与 2023 年有较多的公司发布 2022 年度社会责任报告或 ESG 报告有关。

6.4 环境保护分项指数的所有制排名及比较

2020 ～ 2022 年，非金融业五类所有制上市公司环境保护分项指数排名及比较参见表 6-7。由于 2022 年环境保护分项指数指标数据源扩大，导致 2022 年该分项指数与 2020 年和 2021 年可比性比较弱（具体原因参见第 1 章说明），所以本表数据仅供参考。

表6-7 2020～2022年非金融业五类所有制上市公司环境保护分项指数均值比较

所有制类型	2022年	2021年	2020年	2022年排名
国有绝对控股公司	71.2791	27.9749	18.1517	1
国有强相对控股公司	69.4624	24.8989	20.7371	2
国有弱相对控股公司	62.6065	18.9789	18.8073	3
国有参股公司	59.3418	19.6853	19.7362	4
无国有股份公司	59.0181	20.0177	20.1871	5

资料来源：北京师范大学公司治理与企业发展研究中心（高明华教授主持）“中国上市公司质量 /ESG 指数数据库”。

由表 6-7 和图 6-7 可知，2022 年，从所有制角度来看，非金融业上市公司环境保护分项指数均值从高到低依次为国有绝对控股公司、国有强相对控股公司、国有弱相对控股公司、国有参股公司和无国有股份公司，且国有绝对控股公司和国有强相对控股公司明显高于其他三类所有制公司。

将国有绝对控股公司、国有强相对控股公司和国有弱相对控股公司归类为国有控股公司，将国有参股公司和无国有股份公司归类为非国有控股公司，进一步比较非金融业这两类所有制上市公司环境保护分项指数均值的变化，参见表 6-8 和图 6-8。

注：条形图左边的数字是 2022 年排名，右边是得分。

图6-7 2022年非金融业五类所有制上市公司环境保护分项指数均值排名及比较

表6-8 2020～2022年非金融业两类所有制上市公司环境保护分项指数均值比较

所有制类型	2022年	2021年	2020年	2022年排名
国有控股公司	68.5784	24.6911	19.2932	1
非国有控股公司	59.1133	19.9261	20.0393	2

资料来源：北京师范大学公司治理与企业发展研究中心（高明华教授主持）“中国上市公司质量 /ESG 指数数据库”。

注：条形图左边的数字是 2022 年排名，右边是得分。

图6-8 2022年非金融业两类所有制上市公司环境保护分项指数均值排名及比较

由表 6-8 和图 6-8 可知，2020 ～ 2022 年，非金融业中，除了 2020 年外，2021 年和 2022 年皆是国有控股公司环境保护分项指数均值高于非国有控股公司，而且二者差距较大。

第7章
中国非金融业上市公司质量/ESG指数-实际控制人排名及比较

本章对 2020 ～ 2022 年非金融业不同实际控制人上公司质量 /ESG 指数及三个分项指数分别进行排名和比较，排名仅针对 2022 年非金融业上市公司质量 /ESG 指数及三个分项指数的均值。

7.1 公司质量/ESG指数的实际控制人排名及比较

2020～2022年，非金融业不同实际控制人上市公司质量/ESG指数排名及比较参见表7-1。

表7-1　2020～2022年非金融业不同实际控制人上市公司质量/ESG指数均值比较

实际控制人	2022年	2021年	2020年	2022年排名
境外企业	72.9748	62.1982	65.7031	1
中央企业（或监管机构）	72.3019	62.2974	64.0980	2
地方国企（或监管机构）	69.0833	60.4000	62.5306	3
自然人	68.1085	60.1534	62.4222	4
民营企业	68.0275	60.0340	63.3410	5
集体企业	67.6013	58.9961	60.1909	6

资料来源：北京师范大学公司治理与企业发展研究中心（高明华教授主持）"中国上市公司质量/ESG指数数据库"。

图7-1显示了2022年非金融业不同实际控制人上市公司质量/ESG指数均值的排名和比较。

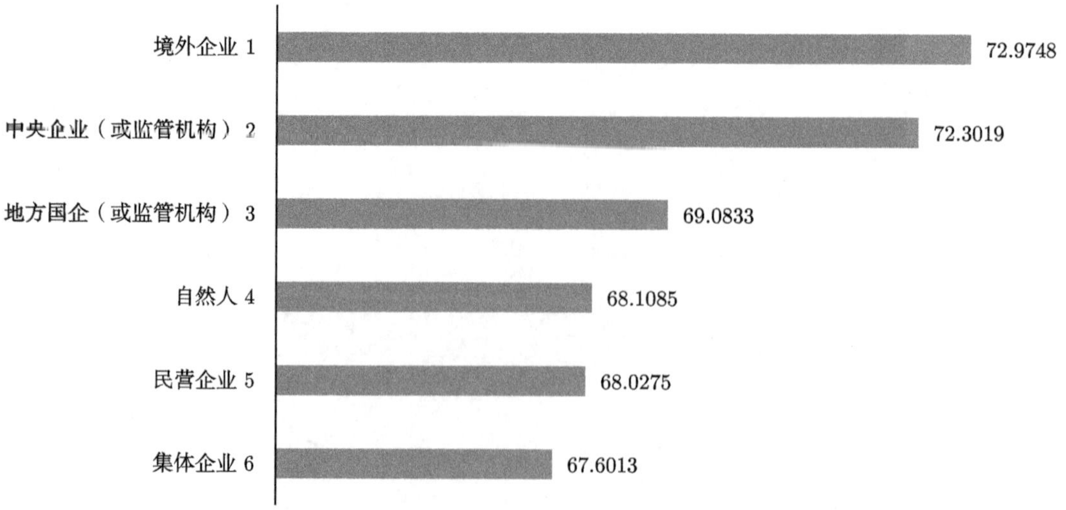

注：条形图左边的数字是2022年排名，右边是得分。

图7-1　2022年非金融业不同实际控制人上市公司质量/ESG指数均值排名及比较

由表 7-1 和图 7-1 可知，2022 年，从实际控制人角度来看，非金融业上市公司质量 /ESG 指数均值从高到低依次为境外企业、中央企业（或监管机构）、地方国企（或监管机构）、自然人、民营企业和集体企业实际控制的上市公司。与 2020 年相比，2022 年非金融业六类实际控制人上市公司质量 /ESG 指数均值全部上升。中央企业（或监管机构）实际控制的上市公司升幅最大，上升 8.2039 分；民营企业实际控制的上市公司升幅最小，上升 4.6865 分。相比 2021 年，2022 年非金融业六类实际控制人上市公司质量 /ESG 指数均值也全部上升。境外企业实际控制的上市公司升幅最大，上升 10.7766 分；自然人实际控制的上市公司升幅最小，上升 7.9551 分。

7.2　公司治理分项指数的实际控制人排名及比较

2020 ～ 2022 年，非金融业不同实际控制人上市公司治理分项指数排名及比较参见表 7-2。

表7-2　2020～2022年非金融业不同实际控制人上市公司治理分项指数均值比较

实际控制人	2022年	2021年	2020年	2022年排名
中央企业（或监管机构）	84.3275	82.2019	78.6797	1
境外企业	84.2036	82.3482	80.4489	2
地方国企（或监管机构）	82.5061	81.5119	76.9065	3
民营企业	81.7241	81.3450	78.6761	4
自然人	81.6682	80.9964	77.0305	5
集体企业	80.9315	79.5820	73.9777	6

资料来源：北京师范大学公司治理与企业发展研究中心（高明华教授主持）“中国上市公司质量 /ESG 指数数据库”。

图 7-2 显示了 2022 年非金融业不同实际控制人上市公司治理分项指数均值的排名和比较。

由表 7-2 和图 7-2 可知，2022 年，从实际控制人角度来看，非金融业上市公司治理分项指数均值从高到低依次为中央企业（或监管机构）、境外企业、地方国企（或监管机构）、民营企业、自然人和集体企业实际控制的上市公司。与 2020 年相比，2022 年非金融业六类实际控制人上市公司治理分项指数均值全部上升。集体企业实际控制的上市公司升幅最大，上升 6.9538 分；民营企业实际控制的上市公司升幅最小，上升 3.0480 分。相比 2021 年，2022 年非金融业六类实际控制人上市公司治理分项指数均值也全部上升。中央企业（或监管机构）实际控制的上市公司升幅最大，上升 2.1256 分；民营企业实际控制的上市公司升幅最小，上升 0.3791 分。

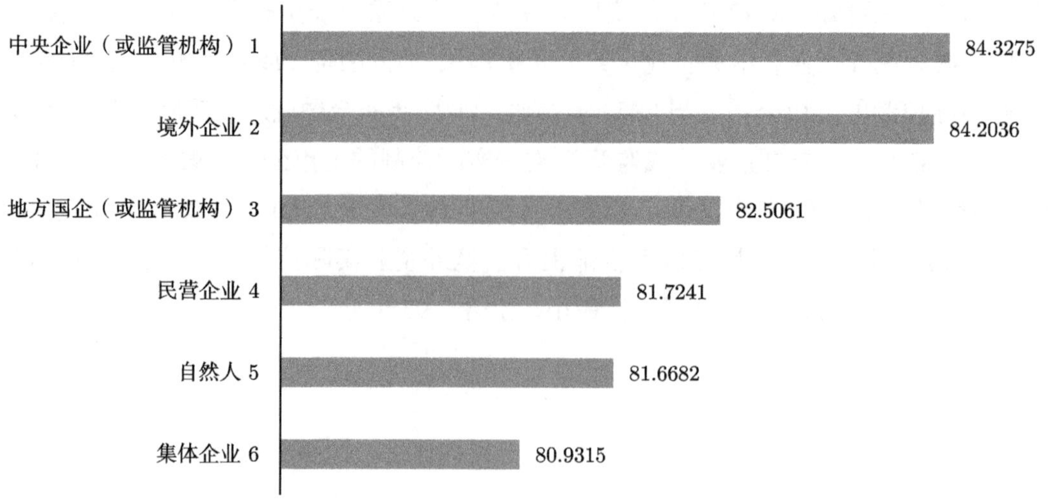

注：条形图左边的数字是 2022 年排名，右边是得分。

图7-2　2022年非金融业不同实际控制人上市公司治理分项指数均值排名及比较

7.3　社会责任分项指数的实际控制人排名及比较

2020 ～ 2022 年，非金融业不同实际控制人上市公司社会责任分项指数排名及比较参见表 7-3。

表7-3　2020～2022年非金融业不同实际控制人上市公司社会责任分项指数均值比较

实际控制人	2022年	2021年	2020年	2022年排名
境外企业	53.3593	40.2920	54.9168	1
中央企业（或监管机构）	52.5151	40.5280	53.5186	2
自然人	49.4452	39.0457	51.5625	3
地方国企（或监管机构）	49.2289	38.1272	52.5812	4
民营企业	48.5282	37.8938	51.5223	5
集体企业	47.8122	36.9722	50.0091	6

资料来源：北京师范大学公司治理与企业发展研究中心（高明华教授主持）“中国上市公司质量 /ESG 指数数据库”。

图 7-3 显示了 2022 年非金融业不同实际控制人上市公司社会责任分项指数均值的排名和比较。

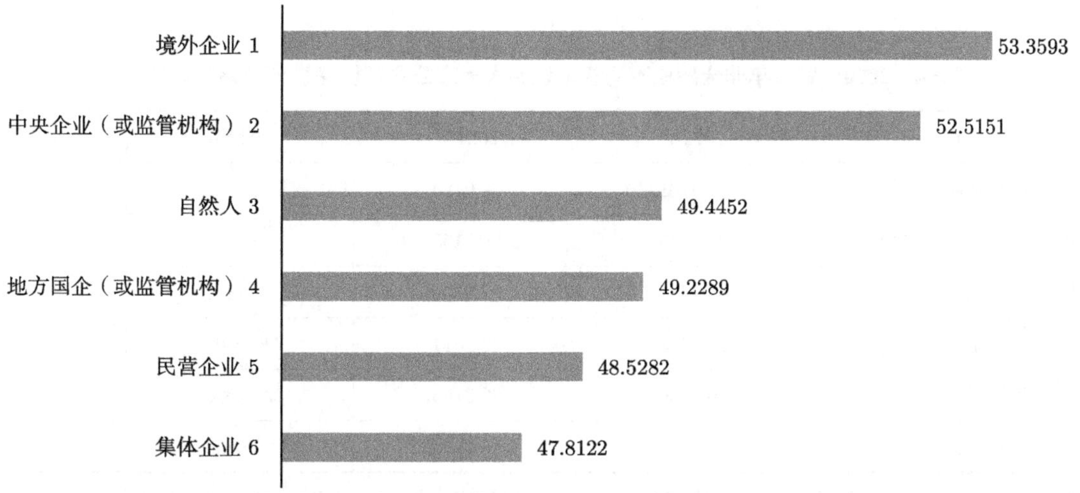

注：条形图左边的数字是 2022 年排名，右边是得分。

图7-3 2022年非金融业不同实际控制人上市公司社会责任分项指数均值排名及比较

由表 7-3 和图 7-3 可知，2022 年，从实际控制人角度来看，非金融业上市公司社会责任分项指数均值从高到低依次为境外企业、中央企业（或监管机构）、自然人、地方国企（或监管机构）、民营企业和集体企业实际控制的上市公司。与 2020 年相比，2022 年非金融业六类实际控制人上市公司社会责任分项指数均值全部下降。地方国企（或监管机构）实际控制的上市公司降幅最大，下降 3.3523 分；中央企业（或监管机构）实际控制的上市公司降幅最小，下降 1.0035 分。相比 2021 年，2022 年非金融业六类实际控制人上市公司社会责任分项指数均值全部上升。境外企业实际控制的上市公司升幅最大，上升 13.0673 分；自然人实际控制的上市公司升幅最小，上升 10.3995 分。2022 年六类实际控制人控制的上市公司社会责任分项指数均值比 2021 年上升幅度都较大，这与 2023 年有较多的公司发布 2022 年度社会责任报告或 ESG 报告有关。

7.4 环境保护分项指数的实际控制人排名及比较

2020 ～ 2022 年，非金融业五类所有制上市公司环境保护分项指数排名及比较参见表 7-4。由于 2022 年环境保护分项指数指标数据源扩大，导致 2022 年该分项指数与 2020 年和 2021 年可比性比较弱（具体原因参见第 1 章说明），所以本表数据仅供参考。

表7-4　2020～2022年非金融业不同实际控制人上市公司环境保护分项指数均值比较

实际控制人	2022年	2021年	2020年	2022年排名
境外企业	79.8701	28.0456	22.3529	1
中央企业（或监管机构）	75.4145	29.0155	20.9264	2
地方国企（或监管机构）	64.7481	22.2395	18.2857	3
集体企业	63.5468	22.8571	20.0000	4
民营企业	60.9436	20.3145	20.3636	5
自然人	58.8514	19.3938	20.0858	6

资料来源：北京师范大学公司治理与企业发展研究中心（高明华教授主持）“中国上市公司质量/ESG指数数据库”。

图7-4显示了2022年非金融业不同实际控制人上市公司环境保护分项指数均值的排名和比较。

注：条形图左边的数字是2022年排名，右边是得分。

图7-4　2022年非金融业不同实际控制人上市公司环境保护分项指数均值排名及比较

由表7-4和图7-4可知，2022年，从不同实际控制人角度来看，非金融业上市公司环境保护分项指数均值从高到低依次为境外企业、中央企业（或监管机构）、地方国企（或监管机构）、集体企业、民营企业和自然人实际控制的上市公司，且境外企业和中央企业（或监管机构）实际控制的上市公司环境保护分项指数均值明显高于其他四类实际控制人控制的上市公司环境保护分项指数均值。

第8章
中国非金融业上市公司质量/ESG指数-上市板块排名及比较

本章对 2020 ～ 2022 年非金融业五个板块上公司质量 /ESG 指数及三个分项指数分别进行排名和比较，排名仅针对 2022 年非金融业上市公司质量 /ESG 指数及三个分项指数的均值。在进行年度比较时，因北交所是 2021 年 11 月开市，本年度是首次评价，暂无法比较。

8.1 公司质量/ESG指数的上市板块排名及比较

2020～2022年，非金融业五个板块上市公司质量/ESG指数排名及比较参见表8-1。

表8-1 2020～2022年非金融业五个板块上市公司质量/ESG指数均值比较

上市板块	2022年	2021年	2020年	2022年排名
沪市科创板	72.7953	64.1181	65.0768	1
沪市主板	69.1740	60.5321	61.6732	2
深市创业板	68.1309	60.5653	63.6159	3
深市主板	67.9398	59.7178	62.8864	4
北交所	60.3810	—	—	5

资料来源：北京师范大学公司治理与企业发展研究中心（高明华教授主持）"中国上市公司质量/ESG指数数据库"。

图8-1显示了2022年非金融业五个板块上市公司质量/ESG指数均值的排名和比较。

注：条形图左边的数字是2022年排名，右边是得分。

图8-1 2022年非金融业五个板块上市公司质量/ESG指数均值排名及比较

由表8-1和图8-1可知，2022年，从上市板块角度来看，非金融业上市公司质量/ESG指数均值从高到低依次为沪市科创板、沪市主板、深市创业板、深市主板和北交所。与2020年相比，2022年非金融业四个板块上市公司质量 /ESG 指数均值全部上升。沪市科创板上市公司升幅最大，上升 7.7185 分；深市创业板上市公司升幅最小，上升 4.5150 分。相比 2021 年，2022 年非金融业四个板块上市公司质量 /ESG 指数均值也全部上升。沪市科创板上市公司升幅最大，上升 8.6772 分；深市创业板上市公司升幅最小，上升 7.5656 分。

8.2　公司治理分项指数的上市板块排名及比较

2020 ～ 2022 年，非金融业五个板块上市公司治理分项指数排名及比较参见表 8-2。

表8-2　2020～2022年非金融业五个板块上市公司治理分项指数均值比较

上市板块	2022年	2021年	2020年	2022年排名
沪市科创板	84.1114	82.9651	79.6445	1
深市创业板	83.2598	82.3855	78.9273	2
沪市主板	82.0424	80.8552	75.3493	3
深市主板	81.2699	80.6860	77.9453	4
北交所	71.3400	—	—	5

资料来源：北京师范大学公司治理与企业发展研究中心（高明华教授主持）“中国上市公司质量 /ESG 指数数据库”。

图 8-2 显示了 2022 年非金融业五个板块上市公司治理分项指数均值的排名和比较。

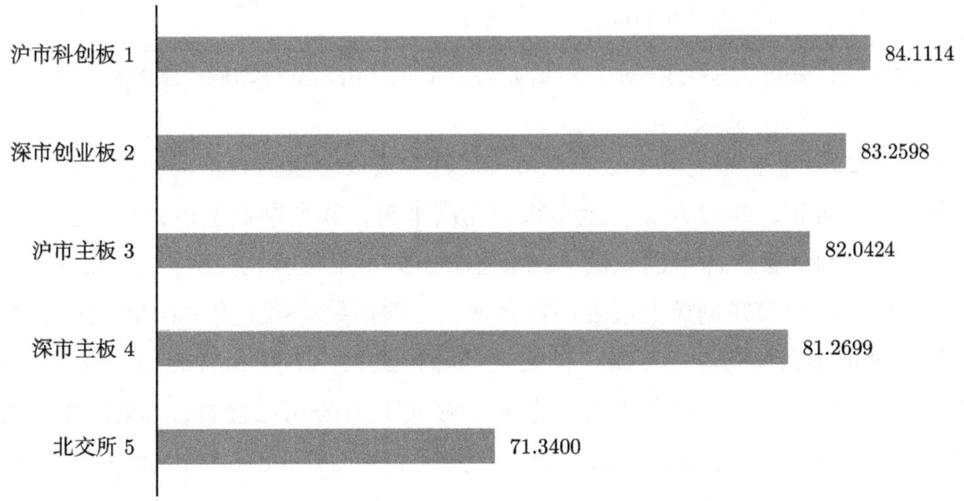

注：条形图左边的数字是 2022 年排名，右边是得分。

图8-2　2022年非金融业五个板块上市公司治理分项指数均值排名及比较

由表 8-2 和图 8-2 可知，2022 年，从上市板块角度来看，非金融业上市公司治理分项指数均值从高到低依次为沪市科创板、深市创业板、沪市主板、深市主板和北交所。与 2020 年相比，2022 年非金融业四个板块上市公司治理分项指数均值全部上升。沪市主板上市公司升幅最大，上升 6.6931 分；深市主板上市公司升幅最小，上升 3.3246 分。相比 2021 年，2022 年非金融业四个板块上市公司治理分项指数均值也全部上升。沪市主板上市公司升幅最大，上升 1.1872 分；深市主板上市公司升幅最小，上升 0.5839 分。

8.3 社会责任分项指数的上市板块排名及比较

2020 ～ 2022 年，非金融业五个板块上市公司社会责任分项指数排名及比较参见表 8-3。

表8-3 2020～2022年非金融业五个板块上市公司社会责任分项指数均值比较

上市板块	2022年	2021年	2020年	2022年排名
沪市科创板	55.0174	46.2024	55.0018	1
深市创业板	49.4117	38.7516	51.7780	2
深市主板	49.3069	38.1349	51.4841	3
沪市主板	48.8430	38.7691	52.3553	4
北交所	48.4513	—	—	5

资料来源：北京师范大学公司治理与企业发展研究中心（高明华教授主持）“中国上市公司质量 /ESG 指数数据库”。

图 8-3 显示了 2022 年非金融业五个板块上市公司社会责任分项指数均值的排名和比较。

由表 8-3 和图 8-3 可知，2022 年，从上市板块角度来看，非金融业上市公司社会责任分项指数均值从高到低依次为沪市科创板、深市创业板、深市主板、沪市主板和北交所。与 2020 年相比，2022 年非金融业四个板块中，除沪市科创板上市公司社会责任分项指数均值上升 0.0156 分外，其他三个板块上市公司社会责任分项指数均值全部下降。沪市主板降幅最大，下降 3.5123 分；深市主板降幅最小，下降 2.1772 分。相比 2021 年，2022 年非金融业四个板块上市公司社会责任分项指数均值全部上升。深市主板升幅最大，上升 11.1720 分；沪市科创板升幅最小，上升 8.8150 分。2022 年四个板块社会责任分项指数均值比 2021 年上升幅度都较大，这与 2023 年有较多的公司发布 2022 年度社会责任报告或 ESG 报告有关。

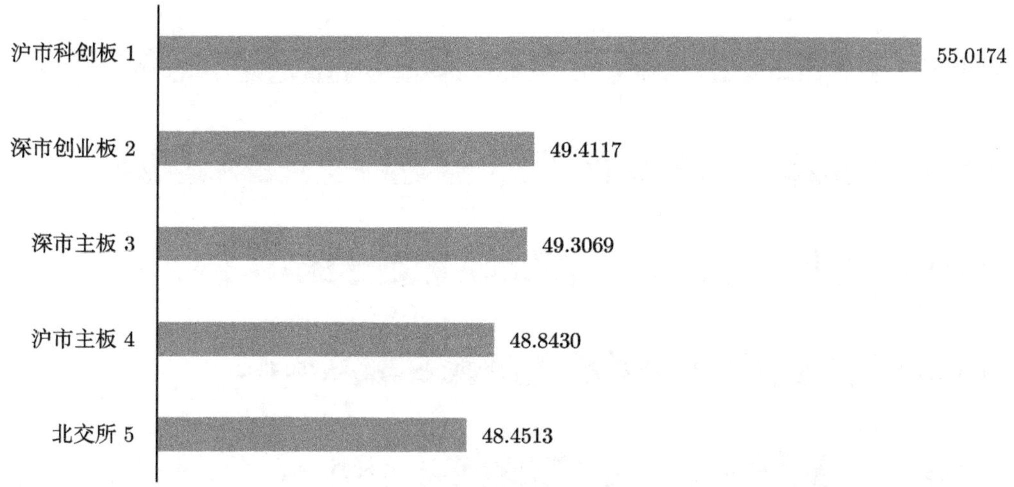

注：条形图左边的数字是 2022 年排名，右边是得分。

图8-3　2022年非金融业五个板块上市公司社会责任分项指数均值排名及比较

8.4　环境保护分项指数的上市板块排名及比较

2020 ～ 2022 年，非金融业五个板块上市公司环境保护分项指数排名及比较参见表 8-4。由于 2022 年环境保护分项指数指标数据源扩大，导致 2022 年该分项指数与 2020 年和 2021 年可比性比较弱（具体原因参见第 1 章说明），所以本表数据仅供参考。

表8-4　2020～2022年非金融业五个板块上市公司环境保护分项指数均值比较

上市板块	2022年	2021年	2020年	2022年排名
沪市科创板	72.7790	23.1645	20.2174	1
沪市主板	69.5564	24.9256	19.0671	2
深市主板	59.8390	19.9328	19.9701	3
深市创业板	50.4392	16.9016	20.8354	4
北交所	41.8605	—	—	5

资料来源：北京师范大学公司治理与企业发展研究中心（高明华教授主持）“中国上市公司质量 /ESG 指数数据库”。

图 8-4 显示了 2022 年非金融业五个板块上市公司环境保护分项指数均值的排名和比较。

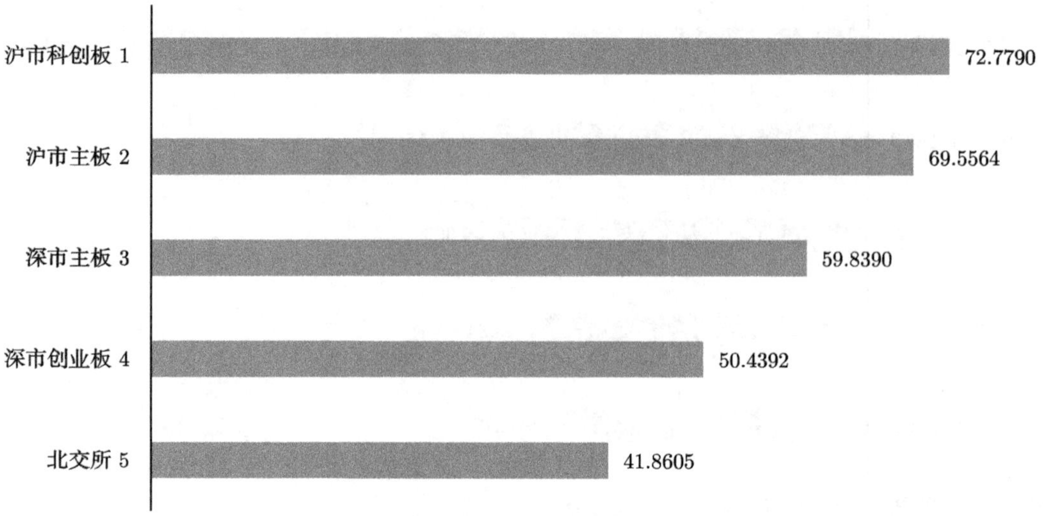

注：条形图左边的数字是 2022 年排名，右边是得分。

图8-4　2022年非金融业五个板块上市公司环境保护分项指数均值排名及比较

由表 8-4 和图 8-4 可知，2022 年，从上市板块角度来看，非金融业上市公司环境保护分项指数均值从高到低依次为沪市科创板、沪市主板、深市主板、深市创业板和北交所，且五个板块上市公司环境保护分项指数均值之间的差距较大，这反映了不同板块上市公司所处行业的巨大差异。

第9章
中国金融业上市公司质量/ESG指数排名及比较

本章从地区、所有制、实际控制人、细分行业四个方面，对金融业上市公司质量/ESG 指数及三个分项指数分别进行排名和比较。由于金融业与非金融业之间的差异很大，二者的可比性不强，因此，对金融业与非金融业不做比较。本年度评价（2022 年数据）和上年度评价（2021 年数据）与 2021 年评价（2020 年数据）在金融业评价指标体系和样本量上有很多不同，因此，本章仅比较 2022 年和 2021 年两个年度金融业上市公司质量/ESG 指数及三个分项指数的变化。

9.1 公司质量/ESG指数比较

9.1.1 地区比较

2021 ～ 2022 年，金融业四个地区上市公司质量 /ESG 指数均值比较参见表 9-1 和图 9-1。

表9-1 2021～2022年金融业四个地区上市公司质量/ESG指数均值比较

年份	东部	中部	西部	东北
2021	72.1088	67.8442	70.3598	64.6262
2022	71.8446	65.0038	69.0971	70.6398

资料来源：北京师范大学公司治理与企业发展研究中心（高明华教授主持）“中国上市公司质量 /ESG 指数数据库”。

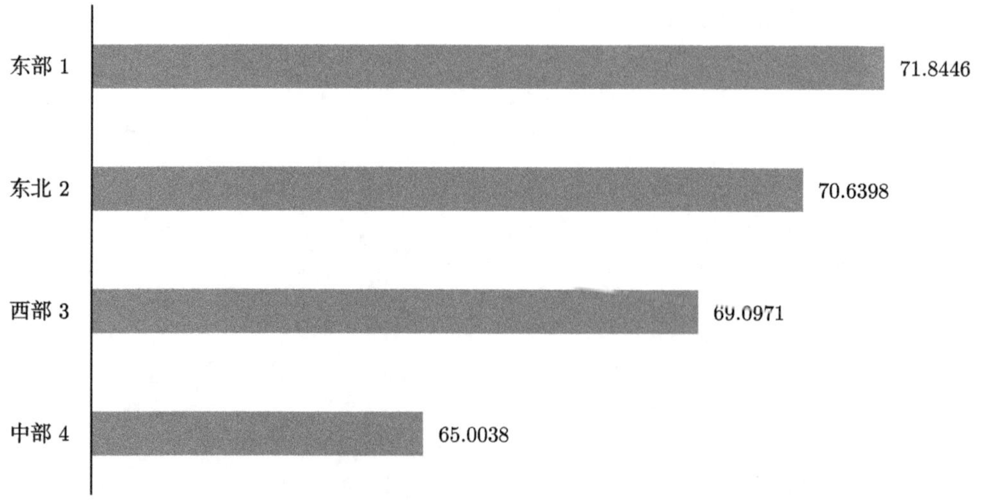

注：条形图左边的数字是 2022 年排名，右边是得分。

图9-1 2022年金融业四个地区上市公司质量/ESG指数均值排名及比较

由表 9-1 和图 9-1 可知，2022 年，从四个地区比较，金融业上市公司质量 /ESG 指数均值从高到低依次为东部、东北、西部和中部，但东北金融业只有 3 家样本上市公司，可能存在可比性不强的问题。相比 2021 年，2022 年金融业上市公司质量 /ESG 指数均值除了东北较大幅度提高 6.0136 分外，其他三个地区全部下降，中部降幅最大，下降 2.8404 分；东部降幅最小，下降 0.2642 分。

9.1.2 所有制比较

按照所有制，把上市公司划分为国有控股上市公司和非国有控股上市公司。2021 ～ 2022 年，金融业两类所有制上市公司质量 /ESG 指数均值比较参见表 9-2 和图 9-2。

表9-2 2021～2022年金融业两类所有制上市公司质量/ESG指数均值比较

年份	国有控股公司	非国有控股公司
2021	72.6802	67.4856
2022	71.6660	67.8430

资料来源：北京师范大学公司治理与企业发展研究中心（高明华教授主持）“中国上市公司质量 /ESG 指数数据库”。

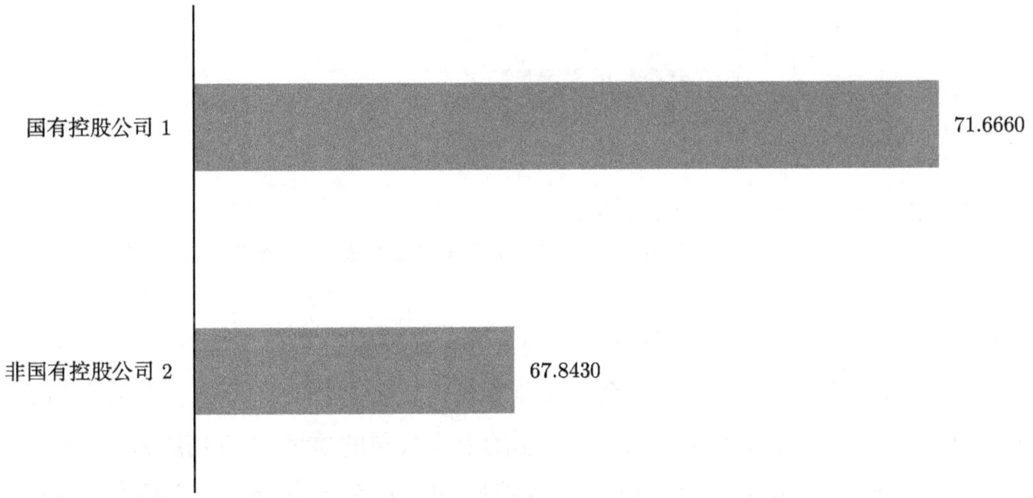

注：条形图左边的数字是 2022 年排名，右边是得分。

图9-2 2022年金融业两类所有制上市公司质量/ESG指数均值排名及比较

由表 9-2 和图 9-2 可知，2022 年，金融业国有控股公司质量 /ESG 指数均值高于非国有控股公司，这与 2021 年两类所有制的排序相同。相比 2021 年，2022 年金融业国有控股公司质量 /ESG 指数均值下降 1.0142 分，而非国有控股公司质量 /ESG 指数均值则上升 0.3574 分。

9.1.3 实际控制人比较

按照实际控制人，把上市公司划分为中央企业（或监管机构）、地方国企（或监管机构）和非国有企业或自然人控制的上市公司三类。2021 ～ 2022 年，金融业三类实际控制人控制的上市公司的质量 /ESG 指数均值比较参见表 9-3 和图 9-3。

表9-3　2021～2022年金融业三类实际控制人上市公司质量/ESG指数均值比较

年份	中央企业（或监管机构）	地方国企（或监管机构）	非国有企业或自然人
2021	72.8436	72.5358	67.4045
2022	73.8707	70.9452	66.5118

资料来源：北京师范大学公司治理与企业发展研究中心（高明华教授主持）“中国上市公司质量 /ESG 指数数据库”。

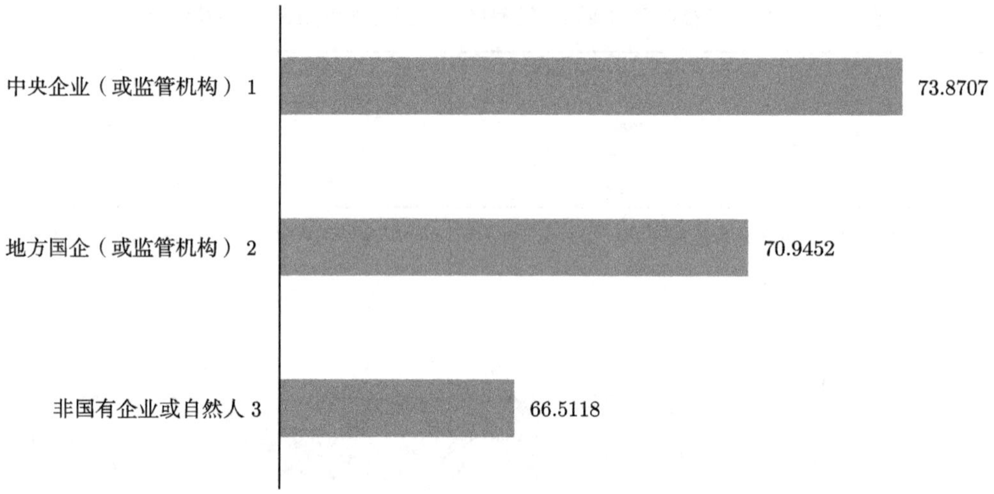

注：条形图左边的数字是 2022 年排名，右边是得分。

图9-3　2022年金融业三类实际控制人上市公司质量/ESG指数均值排名及比较

由表 9-3 和图 9-3 可知，2022 年，从实际控制人看，金融业上市公司质量 /ESG 指数均值从高到低依次是中央企业（或监管机构）、地方国企（或监管机构）和非国有企业或自然人控制的上市公司。相比 2021 年，2022 年中央企业（或监管机构）控制的上市公司的质量 /ESG 指数均值上升 1.0271 分，地方国企（或监管机构）和非国有企业或自然人控股的上市公司的质量 /ESG 指数均值分别下降 1.5906 分和 0.8927 分。

9.1.4　细分行业比较

2021 ～ 2022 年，金融业四个细分行业上市公司质量 /ESG 指数均值比较参见表 9-4 和图 9-4。

表9-4　2021～2022年金融业细分行业上市公司质量/ESG指数均值比较

年份	货币金融服务	资本市场服务	保险业	其他金融业
2021	73.9951	70.2576	78.5979	65.2062
2022	72.2068	70.1024	79.6144	65.5371

资料来源：北京师范大学公司治理与企业发展研究中心（高明华教授主持）“中国上市公司质量 /ESG 指数数据库”。

注：条形图左边的数字是2022年排名，右边是得分。

图9-4　2022年金融业细分行业上市公司质量/ESG指数均值排名及比较

由表9-4和图9-4可知，2022年，从金融业四个细分行业看，上市公司质量/ESG指数均值从高到低依次是保险业、货币金融服务、资本市场服务和其他金融业。但由于保险业只有5家上市公司，与其他三个细分行业的可比性可能不够强。相比2021年，2022年货币金融服务和资本市场服务两个细分行业上市公司质量/ESG指数均值分别下降1.7883分和0.1552分；而保险业和其他金融业两个细分行业的上市公司质量/ESG指数均值则分别上升1.0165分和0.3309分。

9.2　公司治理分项指数比较

9.2.1　地区比较

2021～2022年，金融业四个地区上市公司治理分项指数均值比较参见表9-5和图9-5。

表9-5　2021～2022年金融业四个地区上市公司治理分项指数均值比较

年份	东部	中部	西部	东北
2021	86.3906	83.2135	86.3689	83.3653
2022	85.0105	79.5952	83.3513	86.2752

资料来源：北京师范大学公司治理与企业发展研究中心（高明华教授主持）“中国上市公司质量/ESG指数数据库”。

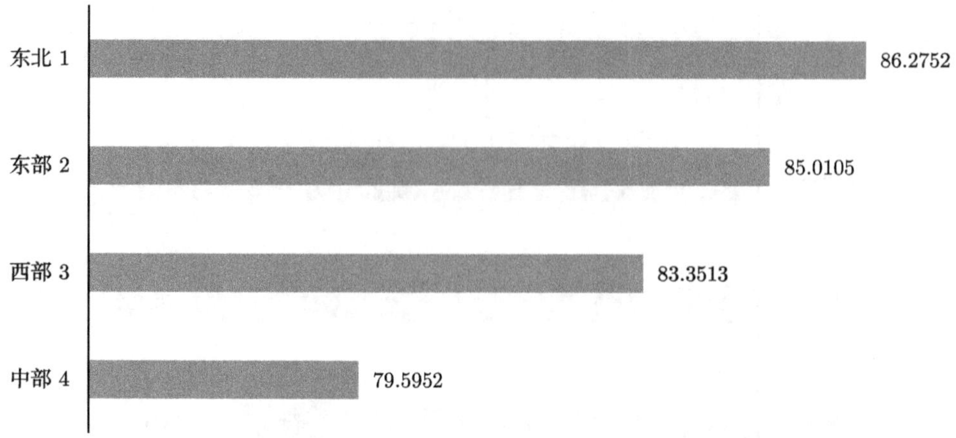

注：条形图左边的数字是 2022 年排名，右边是得分。

图9-5　2022年金融业四个地区上市公司治理分项指数均值排名及比较

由表 9-5 和图 9-5 可知，2022 年，从四个地区比较，金融业上市公司治理分项指数均值从高到低依次为东北、东部、西部和中部，但东北金融业只有 3 家样本上市公司，可能存在可比性不强的问题。相比 2021 年，2022 年金融业上市公司治理分项指数均值除了东北上升 2.9099 分外，其他三个地区全部下降，中部降幅最大，下降 3.6183 分；东部降幅最小，下降 1.3801 分。

9.2.2　所有制比较

2021 ～ 2022 年，金融业两类所有制上市公司治理分项指数均值比较参见表 9-6 和图 9-6。

表9-6　2021～2022年金融业两类所有制上市公司治理分项指数均值比较

年份	国有控股公司	非国有控股公司
2021	86.9045	83.6126
2022	84.5374	83.0819

资料来源：北京师范大学公司治理与企业发展研究中心（高明华教授主持）“中国上市公司质量 /ESG 指数数据库”。

注：条形图左边的数字是 2022 年排名，右边是得分。

图9-6　2022年金融业两类所有制上市公司治理分项指数均值排名及比较

由表 9-6 和图 9-6 可知，2022 年，金融业国有控股公司治理分项指数均值高于非国有控股公司，这与 2021 年两类所有制的排序相同。相比 2021 年，2022 年金融业国有控股公司和非国有控股公司的公司治理分项均值分别下降 2.3671 分和 0.5307 分。

9.2.3　实际控制人比较

2021 ～ 2022 年，金融业三类实际控制人控制的上市公司的公司治理分项指数均值比较参见表 9-7 和图 9-7。

表9-7　2021～2022年金融业三类实际控制人上市公司治理分项指数均值比较

年份	中央企业（或监管机构）	地方国企（或监管机构）	非国有企业或自然人
2021	86.5731	87.0520	83.6027
2022	84.1939	85.1056	82.1782

资料来源：北京师范大学公司治理与企业发展研究中心（高明华教授主持）“中国上市公司质量 /ESG 指数数据库”。

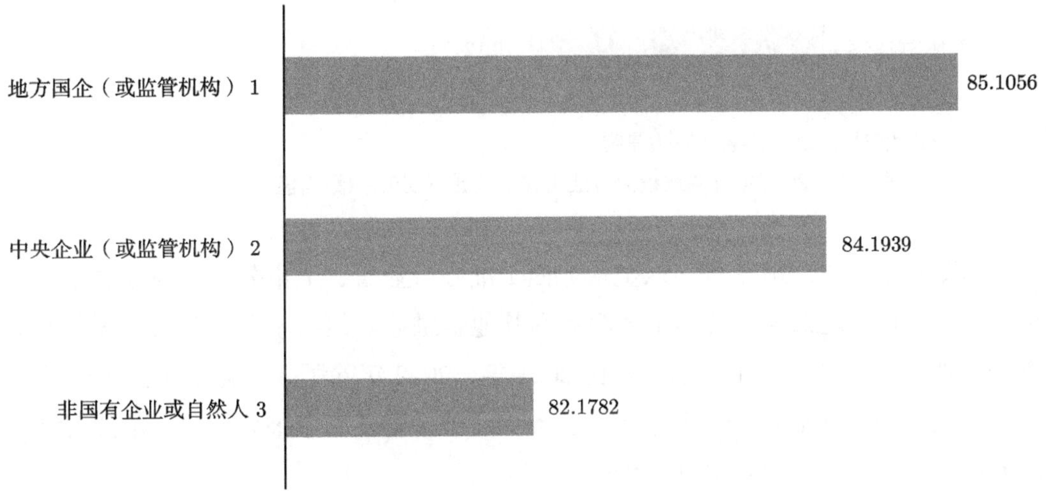

注：条形图左边的数字是 2022 年排名，右边是得分。

图9-7　2022年金融业三类实际控制人上市公司治理分项指数均值排名及比较

由表 9-7 和图 9-7 可知，2022 年，从实际控制人看，金融业上市公司治理分项指数均值从高到低依次是地方国企（或监管机构）、中央企业（或监管机构）和非国有企业或自然人控制的上市公司。相比 2021 年，2022 年中央企业（或监管机构）、地方国企（或监管机构）和非国有企业或自然人控股的上市公司治理分项指数均值全部下降，分别下降 2.3792 分、1.9464 分和 1.4245 分。

9.2.4　细分行业比较

2021 ～ 2022 年，金融业四个细分行业上市公司治理分项指数均值比较参见表 9-8 和图 9-8。

表9-8　2021～2022年金融业细分行业上市公司治理分项指数均值比较

年份	货币金融服务	资本市场服务	保险业	其他金融业
2021	88.1344	86.0625	87.5163	80.4446
2022	84.7412	84.6928	90.9642	79.1240

资料来源：北京师范大学公司治理与企业发展研究中心（高明华教授主持）“中国上市公司质量 /ESG 指数数据库”。

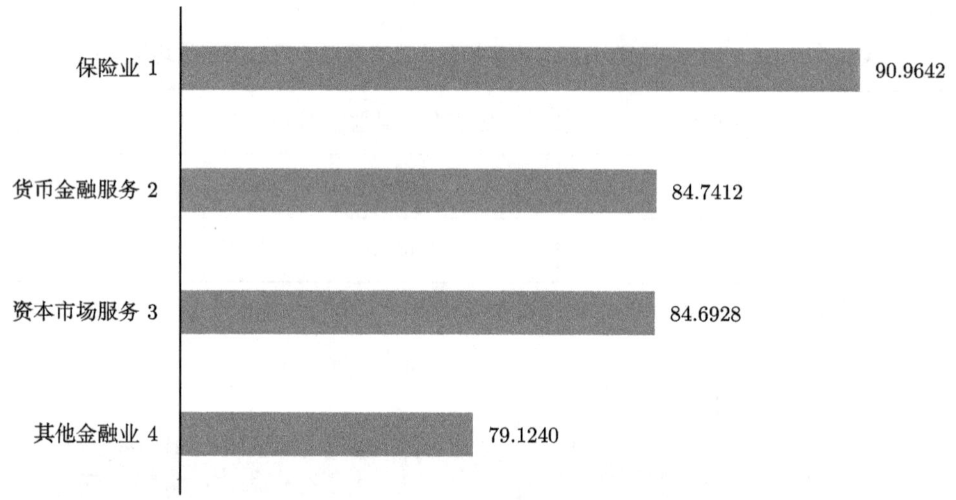

注：条形图左边的数字是 2022 年排名，右边是得分。

图9-8　2022年金融业细分行业上市公司治理分项指数均值排名及比较

由表 9-8 和图 9-8 可知，2022 年，从金融业四个细分行业看，上市公司治理分项指数均值从高到低依次是保险业、货币金融服务、资本市场服务和其他金融业。但由于保险业只有 5 家上市公司，与其他三个细分行业的可比性可能不够强。相比 2021 年，2022 年除了保险业上市公司治理分项指数均值上升 3.4479 分外，货币金融服务、资本市场服务和其他金融业三个细分行业上市公司治理分项指数均值则分别下降 3.3932 分、1.3697 分和 1.3206 分。

9.3 社会责任分项指数比较

9.3.1 地区比较

2021 ～ 2022 年，金融业四个地区上市公司社会责任分项指数均值比较参见表 9-9 和图 9-9。

表9-9　2021～2022年金融业四个地区上市公司社会责任分项指数均值比较

年份	东部	中部	西部	东北
2021	58.3637	53.8248	54.9815	49.5619
2022	51.3206	44.8308	48.1923	45.8444

资料来源：北京师范大学公司治理与企业发展研究中心（高明华教授主持）“中国上市公司质量 /ESG 指数数据库”。

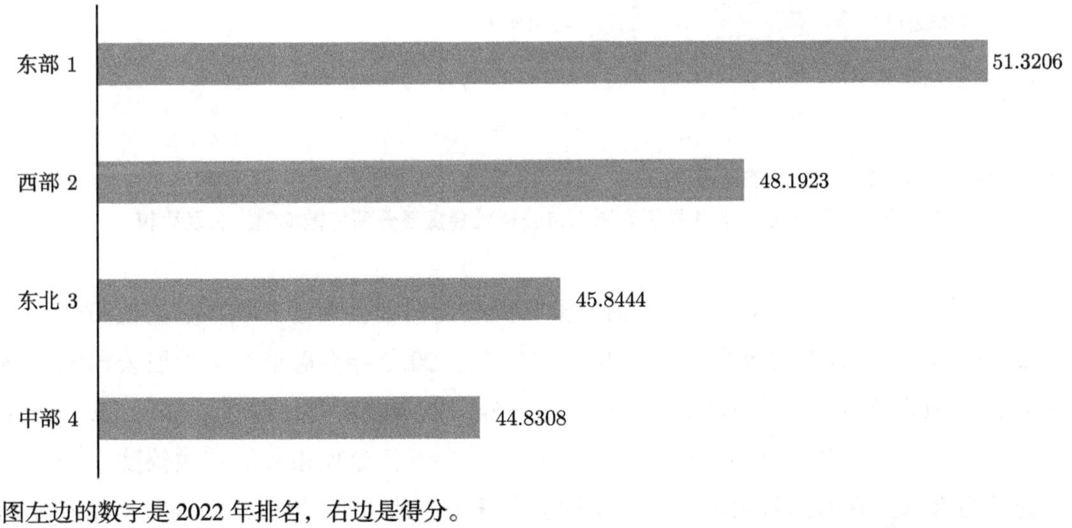

注：条形图左边的数字是 2022 年排名，右边是得分。

图9-9　2022年金融业四个地区上市公司社会责任分项指数均值排名及比较

由表 9-9 和图 9-9 可知，2022 年，从四个地区比较，金融业上市公司社会责任分项指数均值从高到低依次为东部、西部、东北和中部，但东北金融业只有 3 家样本上市公司，可能存在可比性不强的问题。相比 2021 年，2022 年四个地区金融业上市公司社会责任分项指数均值全部下降，中部降幅最大，下降 8.9940 分；东北降幅最小，下降 3.7175 分。金融业四个地区社会责任分项指数的下降，与非金融业四个地区社会责任分项指数的较大幅度上升形成鲜明对比，这可能意味着金融业在履行社会责任、发布社会责任报告或 ESG 报告方面确实不如非金融业。

9.3.2 所有制比较

2021 ～ 2022 年，金融业两类所有制上市公司社会责任分项指数均值比较参见表 9-10 和图 9-10。

表9-10 2021～2022年金融业两类所有制上市公司社会责任分项指数均值比较

年份	国有控股公司	非国有控股公司
2021	58.6026	53.4820
2022	50.5797	48.3138

资料来源：北京师范大学公司治理与企业发展研究中心（高明华教授主持）“中国上市公司质量 /ESG 指数数据库”。

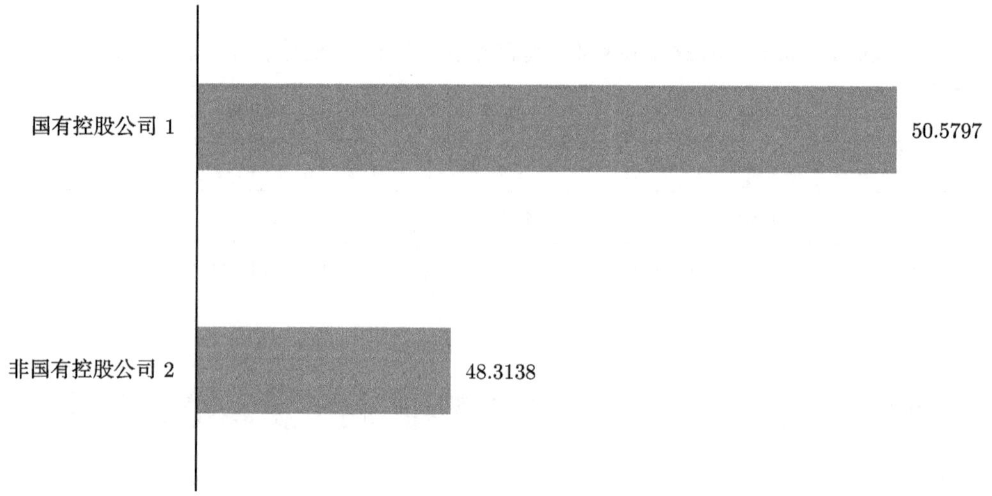

注：条形图左边的数字是 2022 年排名，右边是得分。

图9-10 2022年金融业两类所有制上市公司社会责任分项指数均值排名及比较

由表 9-10 和图 9-10 可知，2022 年，金融业国有控股公司社会责任分项指数均值高于非国有控股公司，这与 2021 年两类所有制的排序相同。相比 2021 年，2022 年金融业国有控股公司和非国有控股公司的社会责任分项均值分别下降 8.0229 分和 5.1682 分，下降幅度都比较大。如同地区比较时所述，金融业上市公司社会责任分项指数的下降，与非金融业社会责任分项指数的较大幅度上升形成鲜明对比，这可能意味着金融业在履行社会责任、发布社会责任报告或 ESG 报告方面确实不如非金融业。

9.3.3 实际控制人比较

2021 ～ 2022 年，金融业三类实际控制人控制的上市公司的社会责任分项指数均值比较参见表 9-11 和图 9-11。

表9-11　2021～2022年金融业三类实际控制人上市公司社会责任分项指数均值比较

年份	中央企业（或监管机构）	地方国企（或监管机构）	非国有企业或自然人
2021	60.2189	57.5763	53.3856
2022	56.1780	48.0109	47.2486

资料来源：北京师范大学公司治理与企业发展研究中心（高明华教授主持）"中国上市公司质量 /ESG 指数数据库"。

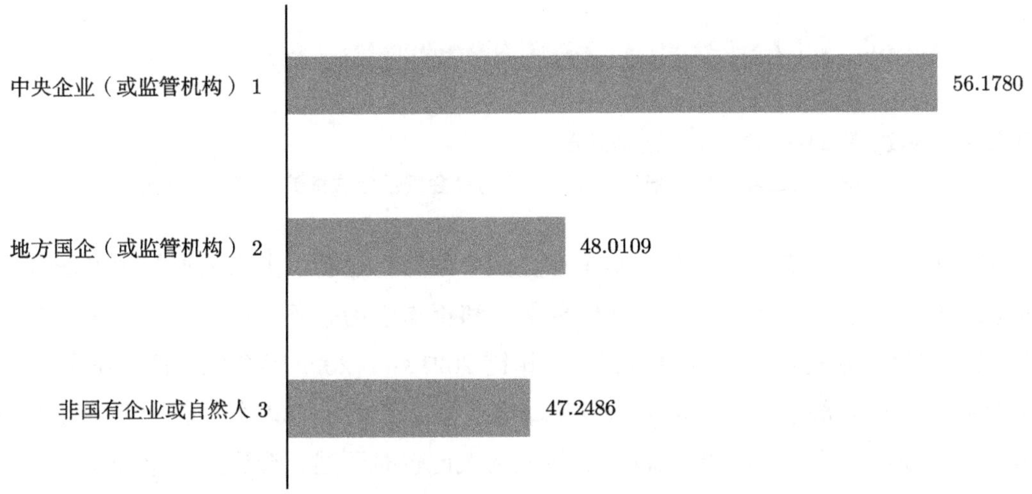

注：条形图左边的数字是 2022 年排名，右边是得分。

图9-11　2022年金融业三类实际控制人上市公司社会责任分项指数均值排名及比较

由表 9-11 和图 9-11 可知，2022 年，从实际控制人看，金融业上市公司社会责任分项指数均值从高到低依次是中央企业（或监管机构）、地方国企（或监管机构）和非国有企业或自然人控制的上市公司。相比 2021 年，2022 年中央企业（或监管机构）、地方国企（或监管机构）和非国有企业或自然人控股的上市公司的社会责任分项指数均值全部下降，分别下降 4.0409 分、9.5654 分和 6.1370 分，下降幅度都比较大。如同地区比较和所有制比较时所述，金融业上市公司社会责任分项指数的下降，与非金融业社会责任分项指数的较大幅度上升形成鲜明对比，这可能意味着金融业在履行社会责任、发布社会责任报告或 ESG 报告方面确实不如非金融业。

9.3.4　细分行业比较

2021～2022 年，金融业四个细分行业上市公司社会责任分项指数均值比较参见表 9-12 和图 9-12。

表9-12　2021～2022年金融业细分行业上市公司社会责任分项指数均值比较

年份	货币金融服务	资本市场服务	保险业	其他金融业
2021	58.8359	56.1977	67.9921	52.3394
2022	52.0677	47.2411	62.7574	48.8295

资料来源：北京师范大学公司治理与企业发展研究中心（高明华教授主持）"中国上市公司质量 /ESG 指数数据库"。

注：条形图左边的数字是 2022 年排名，右边是得分。

图9-12　2022年金融业细分行业上市公司社会责任分项指数均值排名及比较

由表 9-12 和图 9-12 可知，2022 年，从金融业四个细分行业看，上市公司社会责任分项指数均值从高到低依次是保险业、货币金融服务、其他金融业和资本市场服务。但由于保险业只有 5 家上市公司，与其他三个细分行业的可比性可能不够强。相比 2021 年，2022 年金融业四个细分行业上市公司社会责任分项指数均值全部下降。资本市场服务降幅最大，下降 8.9566 分；其他金融业降幅最小，下降 3.5099 分。如同地区比较、所有制比较和实际控制人比较时所述，金融业上市公司社会责任分项指数的下降，与非金融业社会责任分项指数的较大幅度上升形成鲜明对比，这可能意味着金融业在履行社会责任、发布社会责任报告或 ESG 报告方面确实不如非金融业。

9.4　环境保护分项指数比较

9.4.1　地区比较

2021 ～ 2022 年，金融业四个地区上市公司环境保护分项指数均值比较参见表 9-13 和图 9-13。

表9-13　2021～2022年金融业四个地区上市公司环境保护分项指数均值比较

年份	东部	中部	西部	东北
2021	58.3637	53.8248	54.9815	49.5619
2022	71.2662	55.3571	63.8655	71.4286

资料来源：北京师范大学公司治理与企业发展研究中心（高明华教授主持）“中国上市公司质量 /ESG 指数数据库”。

注：条形图左边的数字是 2022 年排名，右边是得分。

图9-13　2022年金融业四个地区上市公司环境保护分项指数均值排名及比较

由表 9-13 和图 9-13 可知，2022 年，从四个地区比较，金融业上市公司环境保护分项指数均值从高到低依次为东北、东部、西部和中部，但东北金融业只有 3 家样本上市公司，可能存在可比性不强的问题。由于 2022 年环境保护分项指数指标数据源扩大，导致 2022 年该分项指数与 2020 年和 2021 年可比性比较弱（具体原因参见第 1 章说明），所以表 9-13 数据仅供参考。

9.4.2　所有制比较

2021 ～ 2022 年，金融业两类所有制上市公司环境保护分项指数均值比较参见表 9-14 和图 9-14。

表9-14　2021～2022年金融业两类所有制上市公司环境保护分项指数均值比较

年份	国有控股公司	非国有控股公司
2021	43.7177	27.7992
2022	74.6753	52.3810

资料来源：北京师范大学公司治理与企业发展研究中心（高明华教授主持）“中国上市公司质量 /ESG 指数数据库”。

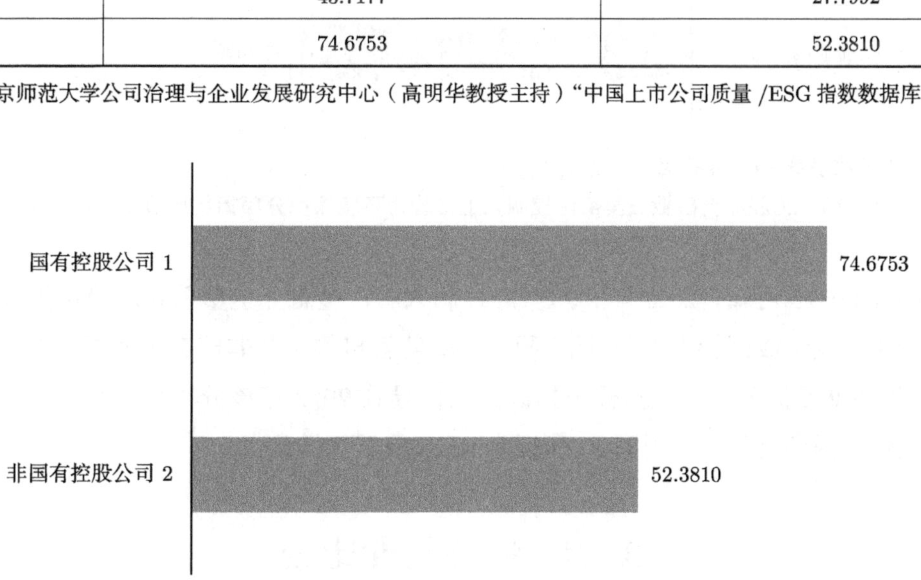

注：条形图左边的数字是 2022 年排名，右边是得分。

图9-14　2022年金融业两类所有制上市公司环境保护分项指数均值排名及比较

由表 9-14 和图 9-14 可知，2022 年，金融业国有控股公司环境保护分项指数均值远高于非国有控股公司，这与 2021 年两类所有制的排序相同。由于 2022 年环境保护分项指数指标数据源扩大，导致 2022 年该分项指数与 2020 年和 2021 年可比性比较弱（具体原因参见第 1 章说明），所以表 9-14 数据仅供参考。

9.4.3 实际控制人比较

2021 ～ 2022 年，金融业三类实际控制人控制的上市公司的环境保护分项指数均值比较参见表 9-15 和图 9-15。

表9-15 2021～2022年金融业三类实际控制人上市公司环境保护分项指数均值比较

年份	中央企业（或监管机构）	地方国企（或监管机构）	非国有企业或自然人
2021	41.5179	45.0549	27.3810
2022	79.0179	73.3333	47.7679

资料来源：北京师范大学公司治理与企业发展研究中心（高明华教授主持）“中国上市公司质量 /ESG 指数数据库”。

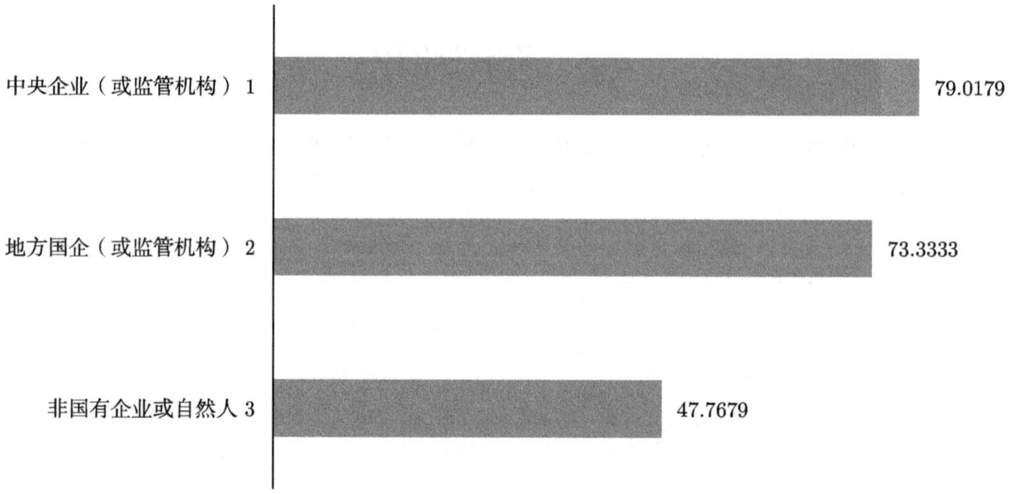

注：条形图左边的数字是 2022 年排名，右边是得分。

图9-15 2022年金融业三类实际控制人上市公司环境保护分项指数均值排名及比较

由表 9-15 和图 9-15 可知，2022 年，从实际控制人看，金融业上市公司环境保护分项指数均值从高到低依次是中央企业（或监管机构）、地方国企（或监管机构）和非国有企业或自然人控制的上市公司。由于 2022 年环境保护分项指数指标数据源扩大，导致 2022 年该分项指数与 2020 年和 2021 年可比性比较弱（具体原因参见第 1 章说明），所以表 9-15 数据仅供参考。

9.4.4 细分行业比较

2021 ～ 2022 年，金融业四个细分行业上市公司环境保护分项指数均值比较参见表 9-16 和图 9-16。

表9-16　2021～2022年金融业细分行业上市公司环境保护分项指数均值比较

年份	货币金融服务	资本市场服务	保险业	其他金融业
2021	49.2857	32.5397	66.6667	26.4286
2022	73.7542	69.8701	76.1905	49.2857

资料来源：北京师范大学公司治理与企业发展研究中心（高明华教授主持）“中国上市公司质量 /ESG 指数数据库”。

注：条形图左边的数字是 2022 年排名，右边是得分。

图9-16　2022年金融业细分行业上市公司环境保护分项指数均值排名及比较

由表 9-16 和图 9-16 可知，2022 年，从金融业四个细分行业看，上市公司环境保护分项指数均值从高到低依次是保险业、货币金融服务、资本市场服务和其他金融业。但由于保险业只有 5 家上市公司，与其他三个细分行业的可比性可能不够强。由于 2022 年环境保护分项指数指标数据源扩大，导致 2022 年该分项指数与 2020 年和 2021 年可比性比较弱（具体原因参见第 1 章说明），所以表 9-16 数据仅供参考。

第10章
中国沪深300与非沪深300上市公司质量/ESG指数比较

本章对沪深 300 与非沪深 300 上市公司质量 /ESG 指数及三个分项指数进行比较。由于金融业与非金融业可比性比较差，所以仅对金融业与非金融业各自内部的沪深 300 与非沪深 300 进行比较，而不对金融业与非金融业两者的沪深 300 和非沪深 300 进行比较。由于 2021 年评价（针对 2020 年数据）没有对沪深 300 公司进行统计分析，所以，本章仅比较 2021 年和 2022 年的指数数据。

10.1 非金融业沪深300与非沪深300上市公司质量/ESG指数比较

10.1.1 公司质量/ESG指数比较

2021～2022年非金融业沪深300成分股上市公司质量/ESG指数均值比较参见表10-1。

表10-1 2021～2022年非金融业沪深300与非沪深300公司质量/ESG指数均值比较

年份	沪深300公司	非沪深300公司
2021	66.5177	60.0931
2022	75.1711	68.3116

资料来源：北京师范大学公司治理与企业发展研究中心（高明华教授主持）"中国上市公司质量/ESG指数数据库"。

由表10-1可知，2022年，非金融业沪深300成分股上市公司质量/ESG指数均值高于非沪深300成分股公司，这与2021年两类公司的排序相同，前者高于后者6.8595分。相比2021年，2022年非金融业沪深300成分股和非沪深300成分股的公司质量/ESG指数均值分别上升8.6534分和8.2185分，升幅都较大。

10.1.2 公司治理分项指数比较

2021～2022年非金融业沪深300成分股上市公司治理分项均值比较参见表10-2。

表10-2 2021～2022年非金融业沪深300与非沪深300公司治理分项指数均值比较

年份	沪深300公司	非沪深300公司
2021	84.4055	81.0707
2022	86.1784	81.8380

资料来源：北京师范大学公司治理与企业发展研究中心（高明华教授主持）"中国上市公司质量/ESG指数数据库"。

由表 10-2 可知，2022 年，非金融业沪深 300 成分股上市公司治理分项指数均值高于非沪深 300 成分股公司，这与 2021 年两类公司的排序相同，前者高于后者 4.3404 分。相比 2021 年，2022 年非金融业沪深 300 成分股和非沪深 300 成分股的公司治理分项指数均值分别上升 1.7729 分和 0.7673 分，升幅都不大。

10.1.3　社会责任分项指数比较

2021 ～ 2022 年非金融业沪深 300 成分股上市公司社会责任分项均值比较参见表 10-3。

表10-3　2021～2022年非金融业沪深300与非沪深300社会责任分项指数均值比较

年份	沪深300公司	非沪深300公司
2021	44.0979	38.6797
2022	55.8659	49.2991

资料来源：北京师范大学公司治理与企业发展研究中心（高明华教授主持）“中国上市公司质量 /ESG 指数数据库”。

由表 10-3 可知，2022 年，非金融业沪深 300 成分股上市公司社会责任分项指数均值高于非沪深 300 成分股公司，这与 2021 年两类公司的排序相同，前者高于后者 6.5668 分。相比 2021 年，2022 年非金融业沪深 300 成分股和非沪深 300 成分股的社会责任分项指数均值分别上升 11.7680 分和 10.6194 分，升幅都较大，这与 2023 年有较多的公司发布 2022 年度社会责任报告或 ESG 报告有关。

10.1.4　环境保护分项指数比较

2021 ～ 2022 年非金融业沪深 300 成分股上市公司环境保护分项均值比较参见表 10-4。

表10-4　2021～2022年非金融业沪深300与非沪深300环境保护分项指数均值比较

年份	沪深300公司	非沪深300公司
2021	46.6042	19.6635
2022	82.1995	60.4600

资料来源：北京师范大学公司治理与企业发展研究中心（高明华教授主持）“中国上市公司质量 /ESG 指数数据库”。

由表 10-4 可知，2022 年，非金融业沪深 300 成分股上市公司环境保护分项指数均值高于非沪深 300 成分股公司，这与 2021 年两类公司的排序相同，前者高于后者高达 21.7395 分，这表明非金融业沪深 300 成分股公司更重视环境保护，或者非金融业沪深 300 成分股公司中有更多的公司发布 ESG 报告。由于 2022 年环境保护分项指数指标数据源扩大，导致 2022 年该分项指数与 2020 年和 2021 年可比性比较弱（具体原因参见第 1 章说明），所以表 10-4 数据仅供参考。

10.2 金融业沪深300与非沪深300上市公司质量/ESG指数比较

10.2.1 公司质量/ESG指数比较

2021 ～ 2022 年金融业沪深 300 成分股上市公司质量 /ESG 指数均值比较参见表 10-5。

表10-5 2021～2022年金融业沪深300与非沪深300公司质量/ESG指数均值比较

年份	沪深300公司	非沪深300公司
2021	75.6107	68.0570
2022	74.8249	67.8600

资料来源：北京师范大学公司治理与企业发展研究中心（高明华教授主持）“中国上市公司质量 /ESG 指数数据库”。

由表 10-5 可知，2022 年，金融业沪深 300 成分股上市公司质量 /ESG 指数均值高于非沪深 300 成分股公司，这与 2021 年两类公司的排序相同，前者高于后者 6.9649 分。相比 2021 年，2022 年金融业沪深 300 成分股和非沪深 300 成分股的公司质量 /ESG 指数均值分别下降 0.7858 分和 0.1970 分，降幅都很小。

10.2.2 公司治理分项指数比较

2021 ～ 2022 年金融业沪深 300 成分股上市公司治理分项均值比较参见表 10-6。

表10-6 2021～2022年金融业沪深300与非沪深300公司治理分项指数均值比较

年份	沪深300公司	非沪深300公司
2021	88.2802	84.2957
2022	86.2293	82.7794

资料来源：北京师范大学公司治理与企业发展研究中心（高明华教授主持）“中国上市公司质量 /ESG 指数数据库”。

由表 10-6 可知，2022 年，金融业沪深 300 成分股上市公司治理分项指数均值高于非沪深 300 成分股公司，这与 2021 年两类公司的排序相同，前者高于后者 3.4499 分。相比 2021 年，2022 年金融业沪深 300 成分股和非沪深 300 成分股的公司治理分项指数均值分别下降 2.0509 分和 1.5163 分，降幅都不大。

10.2.3　社会责任分项指数比较

2021 ～ 2022 年金融业沪深 300 成分股上市公司社会责任分项均值比较参见表 10-7。

表10-7　2021～2022年金融业沪深300与非沪深300社会责任分项指数均值比较

年份	沪深300公司	非沪深300公司
2021	62.9339	53.0837
2022	56.0883	46.0272

资料来源：北京师范大学公司治理与企业发展研究中心（高明华教授主持）“中国上市公司质量 /ESG 指数数据库”。

由表 10-7 可知，2022 年，金融业沪深 300 成分股上市公司社会责任分项指数均值高于非沪深 300 成分股公司，这与 2021 年两类公司的排序相同，前者高于后者 10.0611 分。相比 2021 年，2022 年金融业沪深 300 成分股和非沪深 300 成分股的社会责任分项指数均值分别下降 6.8456 分和 7.0565 分，降幅都较大。金融业社会责任分项指数的下降与非金融业社会责任分项指数的较大幅度上升形成鲜明对比，这可能意味着金融业在履行社会责任、发布社会责任报告或 ESG 报告方面确实不如非金融业。

10.2.4　环境保护分项指数比较

2021 ～ 2022 年金融业沪深 300 成分股上市公司环境保护分项均值比较参见表 10-8。

表10-8　2021～2022年金融业沪深300与非沪深300环境保护分项指数均值比较

年份	沪深300公司	非沪深300公司
2021	50.2976	31.1508
2022	77.6786	62.2180

资料来源：北京师范大学公司治理与企业发展研究中心（高明华教授主持）“中国上市公司质量 /ESG 指数数据库”。

由表 10-8 可知，2022 年，金融业沪深 300 成分股上市公司环境保护分项指数均值高于非沪深 300 成分股公司，这与 2021 年两类公司的排序相同，前者高于后者高达 15.4606 分，这表明金融业沪深 300 成分股公司与非金融业沪深 300 一样，更重视环境保护，或者沪深 300 成分股公司中有更多的公司发布 ESG 报告。由于 2022 年环境保护分项指数指标数据源扩大，导致 2022 年该分项指数与 2020 年和 2021 年可比性比较弱（具体原因参见第 1 章说明），所以表 10-8 数据仅供参考。

第11章
中国非金融业上市公司质量/ESG指数-前100名及分布

本章对2022年中国非金融业上市公司质量/ESG指数前100名及其在地区、省份、行业、所有制、实际控制人、上市板块、沪深300中的分布进行比较。

11.1 非金融业上市公司质量/ESG指数-前100排名

非金融业上市公司质量 /ESG 指数 - 前 100 排名参见 11-1。

表11-1 非金融业上市公司质量/ESG指数-前100排名

股票代码	公司简称	省份	地区	行业代码	控股类型	环境保护（*EP*）	社会责任（*SR*）	公司治理（*CG*）	上市公司质量/ESG指数（*CLCQI/ESGI*）	*CLCQI/ESGI*排名
601857	中国石油	北京	东部	B	国有绝对控股公司	71.4286	100.0000	84.8684	88.8205	1
688589	力合微	广东	东部	I	国有弱相对控股公司	100.0000	68.3120	97.0589	87.2916	2
601390	中国中铁	北京	东部	E	国有绝对控股公司	71.4286	78.3356	92.6591	85.5228	3
600519	贵州茅台	贵州	西部	C	国有绝对控股公司	100.0000	74.5135	88.7512	84.8929	4
300759	康龙化成	北京	东部	M	无国有股份公司	100.0000	59.2699	98.0541	84.6742	5
688190	云路股份	山东	东部	C	国有弱相对控股公司	100.0000	61.4510	96.2142	84.4257	6
002821	凯莱英	天津	东部	C	无国有股份公司	100.0000	62.3112	95.5467	84.3596	7
002594	比亚迪	广东	东部	C	国有参股公司	85.7143	71.4253	92.1756	84.2669	8
601598	中国外运	北京	东部	G	国有绝对控股公司	100.0000	61.2216	95.8548	84.1477	9
600028	中国石化	北京	东部	B	国有绝对控股公司	71.4286	73.9272	92.6103	83.9531	10
601808	中海油服	天津	东部	B	国有绝对控股公司	100.0000	66.7616	91.9001	83.9116	11
688350	富淼科技	江苏	东部	C	国有参股公司	100.0000	67.1149	91.4283	83.7758	12
300218	安利股份	安徽	中部	C	国有参股公司	100.0000	59.8237	96.0164	83.7473	13
688012	中微公司	上海	东部	C	国有强相对控股公司	100.0000	59.9356	95.6619	83.5915	14
000513	丽珠集团	广东	东部	C	国有参股公司	100.0000	65.9133	91.8360	83.5795	15
300107	建新股份	河北	东部	C	无国有股份公司	100.0000	63.4289	93.1352	83.4245	16
600941	中国移动	北京	东部	I	国有绝对控股公司	85.7143	72.4094	90.0045	83.4172	17
688248	南网科技	广东	东部	M	国有绝对控股公司	100.0000	72.0295	87.6041	83.3926	18
603986	兆易创新	北京	东部	C	国有参股公司	100.0000	58.8170	96.0021	83.3871	19
000338	潍柴动力	山东	东部	C	国有弱相对控股公司	100.0000	69.7980	88.8712	83.3085	20
000568	泸州老窖	四川	西部	C	国有绝对控股公司	100.0000	56.8377	96.7260	83.0925	21
002812	恩捷股份	云南	西部	C	无国有股份公司	100.0000	58.4528	95.6942	83.0903	22

续表

股票代码	公司简称	省份	地区	行业代码	控股类型	环境保护（EP）	社会责任（SR）	公司治理（CG）	上市公司质量/ESG指数（CLCQI/ESGI）	CLCQI/ESGI排名
000962	东方钽业	宁夏	西部	C	国有强相对控股公司	100.0000	63.2344	92.6282	83.0775	23
603678	火炬电子	福建	东部	C	无国有股份公司	100.0000	64.9765	91.5136	83.0743	24
600104	上汽集团	上海	东部	C	国有绝对控股公司	100.0000	65.4182	90.9150	82.8996	25
688139	海尔生物	山东	东部	C	国有参股公司	100.0000	69.3640	88.1022	82.7336	26
688331	荣昌生物	山东	东部	C	国有参股公司	100.0000	66.1097	90.0741	82.6791	27
603501	韦尔股份	上海	东部	C	无国有股份公司	100.0000	54.2058	97.5933	82.6483	28
002422	科伦药业	四川	西部	C	国有参股公司	100.0000	67.0912	89.2856	82.5890	29
002466	天齐锂业	四川	西部	C	无国有股份公司	85.7143	62.2421	94.5554	82.3617	30
600380	健康元	广东	东部	C	无国有股份公司	100.0000	64.1065	90.7151	82.3306	31
300750	宁德时代	福建	东部	C	无国有股份公司	100.0000	55.4735	96.1017	82.2717	32
603060	国检集团	北京	东部	M	国有绝对控股公司	100.0000	57.8082	94.5490	82.2348	33
300188	美亚柏科	福建	东部	I	国有弱相对控股公司	85.7143	62.5143	94.1185	82.2166	34
002126	银轮股份	浙江	东部	C	无国有股份公司	85.7143	58.2860	96.6354	82.1210	35
601965	中国汽研	重庆	西部	M	国有绝对控股公司	85.7143	57.4350	97.0851	82.0705	36
688116	天奈科技	江苏	东部	C	无国有股份公司	100.0000	62.8068	91.0014	82.0331	37
600629	华建集团	上海	东部	M	国有绝对控股公司	100.0000	65.6731	89.1635	82.0255	38
600196	复星医药	上海	东部	C	无国有股份公司	100.0000	64.6894	89.6763	81.9633	39
002557	洽洽食品	安徽	中部	C	无国有股份公司	100.0000	52.5156	97.3826	81.9409	40
002352	顺丰控股	广东	东部	G	国有参股公司	100.0000	58.0824	93.7045	81.8663	41
002063	远光软件	广东	东部	I	国有弱相对控股公司	100.0000	60.5688	92.0915	81.8494	42
300298	三诺生物	湖南	中部	C	无国有股份公司	71.4286	63.9881	94.9686	81.7714	43
688390	固德威	江苏	东部	C	无国有股份公司	100.0000	58.3090	93.3692	81.7612	44
300185	通裕重工	山东	东部	C	国有弱相对控股公司	100.0000	64.8120	89.2214	81.7560	45
601238	广汽集团	广东	东部	C	国有绝对控股公司	85.7143	58.2281	95.7857	81.6334	46
688187	时代电气	湖南	中部	C	国有强相对控股公司	100.0000	62.2163	90.6096	81.6110	47
002910	庄园牧场	甘肃	西部	C	国有强相对控股公司	85.7143	59.9787	94.5454	81.5639	48
002405	四维图新	北京	东部	I	国有弱相对控股公司	85.7143	66.0195	90.6648	81.5439	49
601177	杭齿前进	浙江	东部	C	国有绝对控股公司	85.7143	63.5510	92.2200	81.5353	50
689009	九号公司	北京	东部	C	无国有股份公司	100.0000	63.8632	89.2942	81.4640	51
688356	键凯科技	北京	东部	C	无国有股份公司	85.7143	63.4864	92.0140	81.3994	52
688173	希荻微	广东	东部	I	无国有股份公司	85.7143	67.9769	89.0877	81.3616	53

续表

股票代码	公司简称	省份	地区	行业代码	控股类型	环境保护（*EP*）	社会责任（*SR*）	公司治理（*CG*）	上市公司质量/ESG指数（*CLCQI/ESGI*）	*CLCQI/ESGI*排名
002096	易普力	湖南	中部	C	国有绝对控股公司	71.4286	57.6883	98.0237	81.2468	54
603687	大胜达	浙江	东部	C	无国有股份公司	100.0000	61.8096	90.1934	81.2397	55
600690	海尔智家	山东	东部	C	无国有股份公司	100.0000	60.0147	91.2659	81.2014	56
688779	长远锂科	湖南	中部	C	国有强相对控股公司	100.0000	60.7954	90.6882	81.1569	57
600584	长电科技	江苏	东部	C	国有弱相对控股公司	85.7143	52.6318	98.4667	81.1493	58
300661	圣邦股份	北京	东部	C	无国有股份公司	100.0000	64.5697	88.1935	81.1058	59
300244	迪安诊断	浙江	东部	Q	无国有股份公司	100.0000	60.3959	90.7679	81.0609	60
688559	海目星	广东	东部	C	无国有股份公司	71.4286	59.3477	96.5207	81.0009	61
001965	招商公路	天津	东部	G	国有绝对控股公司	100.0000	56.5474	93.0353	80.9610	62
601919	中远海控	天津	东部	G	国有强相对控股公司	100.0000	62.3165	89.2914	80.9210	63
603626	科森科技	江苏	东部	C	国有参股公司	100.0000	56.3862	92.9881	80.8786	64
300296	利亚德	北京	东部	C	无国有股份公司	100.0000	56.6552	92.7865	80.8619	65
002938	鹏鼎控股	广东	东部	C	无国有股份公司	100.0000	57.4305	92.2630	80.8454	66
002386	天原股份	四川	西部	C	国有弱相对控股公司	100.0000	58.8751	91.2817	80.8112	67
688131	皓元医药	上海	东部	M	无国有股份公司	85.7143	64.9894	89.8751	80.7491	68
603993	洛阳钼业	河南	中部	B	国有参股公司	100.0000	61.7537	89.2988	80.7281	69
300172	中电环保	江苏	东部	N	无国有股份公司	85.7143	61.1636	92.1991	80.6882	70
600990	四创电子	安徽	中部	C	国有强相对控股公司	100.0000	55.6132	93.1109	80.6756	71
002916	深南电路	广东	东部	C	国有绝对控股公司	100.0000	57.7651	91.7199	80.6638	72
300463	迈克生物	四川	西部	C	无国有股份公司	100.0000	68.2990	85.0139	80.6623	73
600779	水井坊	四川	西部	C	无国有股份公司	100.0000	57.1966	92.0034	80.6207	74
600775	南京熊猫	江苏	东部	C	国有参股公司	100.0000	58.8694	90.8506	80.5721	75
000408	藏格矿业	青海	西部	C	无国有股份公司	85.7143	64.8976	89.6070	80.5695	76
600704	物产中大	浙江	东部	F	国有强相对控股公司	100.0000	56.3098	92.4502	80.5560	77
002281	光迅科技	湖北	中部	C	国有强相对控股公司	100.0000	55.3193	92.9395	80.4785	78
300142	沃森生物	云南	西部	C	无国有股份公司	85.7143	58.0612	93.6773	80.4154	79
002891	中宠股份	山东	东部	C	无国有股份公司	100.0000	49.2004	96.5495	80.3224	80
000999	华润三九	广东	东部	C	国有绝对控股公司	100.0000	54.8559	92.9399	80.3165	81
002401	中远海科	上海	东部	I	国有强相对控股公司	85.7143	60.5850	91.7945	80.2631	82
600808	马钢股份	安徽	中部	C	国有强相对控股公司	100.0000	58.0070	90.8020	80.2435	83
300174	元力股份	福建	东部	C	无国有股份公司	85.7143	59.4753	92.4623	80.2420	84

续表

股票代码	公司简称	省份	地区	行业代码	控股类型	环境保护（*EP*）	社会责任（*SR*）	公司治理（*CG*）	上市公司质量/ESG指数（*CLCQI*/*ESGI*）	*CLCQI*/*ESGI*排名
603186	华正新材	浙江	东部	C	无国有股份公司	100.0000	56.4468	91.7578	80.2232	85
002206	海利得	浙江	东部	C	无国有股份公司	100.0000	60.9570	88.8875	80.2230	86
688015	交控科技	北京	东部	C	国有弱相对控股公司	85.7143	60.4146	91.6997	80.1514	87
002920	德赛西威	广东	东部	C	国有弱相对控股公司	100.0000	52.7402	93.9731	80.1443	88
688707	振华新材	贵州	西部	C	国有强相对控股公司	100.0000	62.1790	87.8545	80.0826	89
601728	中国电信	北京	东部	I	国有绝对控股公司	100.0000	62.3947	87.6538	80.0477	90
600019	宝钢股份	上海	东部	C	国有绝对控股公司	85.7143	61.3742	90.8746	80.0334	91
002156	通富微电	江苏	东部	C	国有参股公司	85.7143	51.3323	97.2527	80.0268	92
000063	中兴通讯	广东	东部	C	国有参股公司	85.7143	56.2490	94.1202	80.0247	93
688621	阳光诺和	北京	东部	M	无国有股份公司	100.0000	63.2128	87.0832	80.0202	94
600867	通化东宝	吉林	东部	C	无国有股份公司	100.0000	54.8675	92.3174	79.9782	95
300957	贝泰妮	云南	西部	C	无国有股份公司	100.0000	54.6657	92.3732	79.9382	96
002249	大洋电机	广东	东部	C	无国有股份公司	71.4286	56.9450	96.1039	79.9308	97
688556	高测股份	山东	东部	C	无国有股份公司	85.7143	66.8647	87.1479	79.9054	98
000920	沃顿科技	贵州	西部	C	国有绝对控股公司	85.7143	67.5694	86.6972	79.9042	99
688077	大地熊	安徽	中部	C	无国有股份公司	100.0000	60.7467	88.4080	79.8857	100

11.2 非金融业上市公司质量/ESG指数前100名-地区分布

2022 年非金融业上市公司质量 /ESG 指数前 100 名在四个地区的分布参见图 11-1。

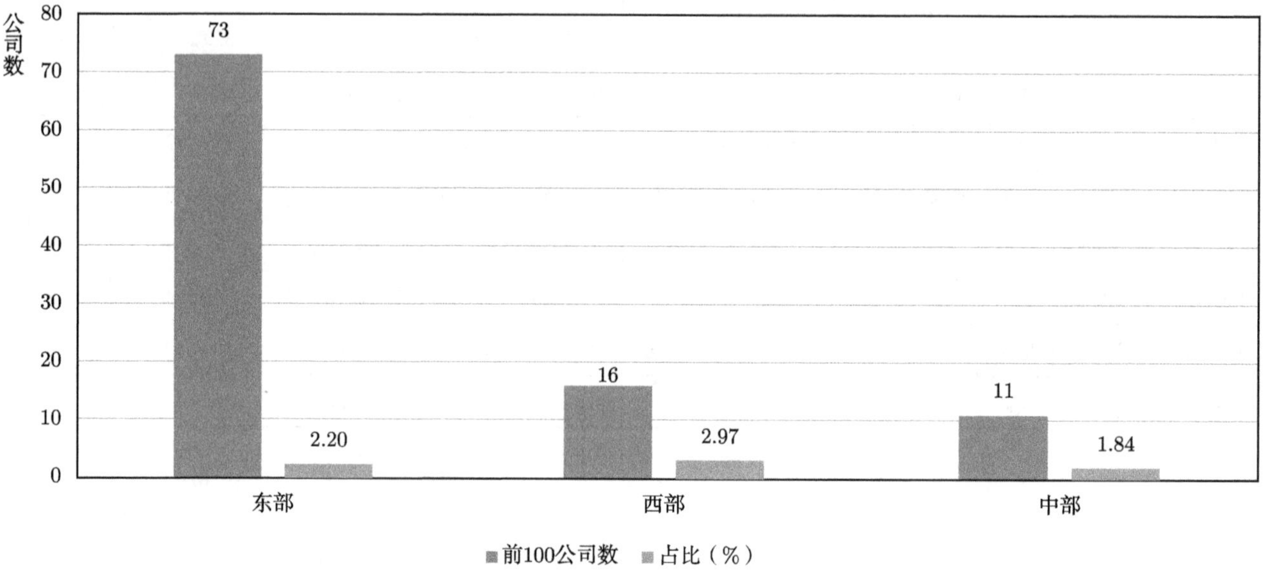

注：图中占比是指在非金融业所属地区样本公司中的占比。

图11-1 2022年非金融业上市公司质量/ESG指数前100名-地区分布

由图 11-1 可知，从四个地区比较，2022 年非金融业上市公司质量 /ESC 指数前 100 名中，东部公司最多，有 73 家，占东部非金融业上市公司样本总数的 2.20%；西部尽管只有 16 家公司进入前 100，但占比却比东部高，为 2.97%；东北地区没有公司进入前 100。

11.3　非金融业上市公司质量/ESG指数前100名-省份分布

2022 年非金融业上市公司质量 /ESG 指数前 100 名在各省份的分布参见图 11-2。

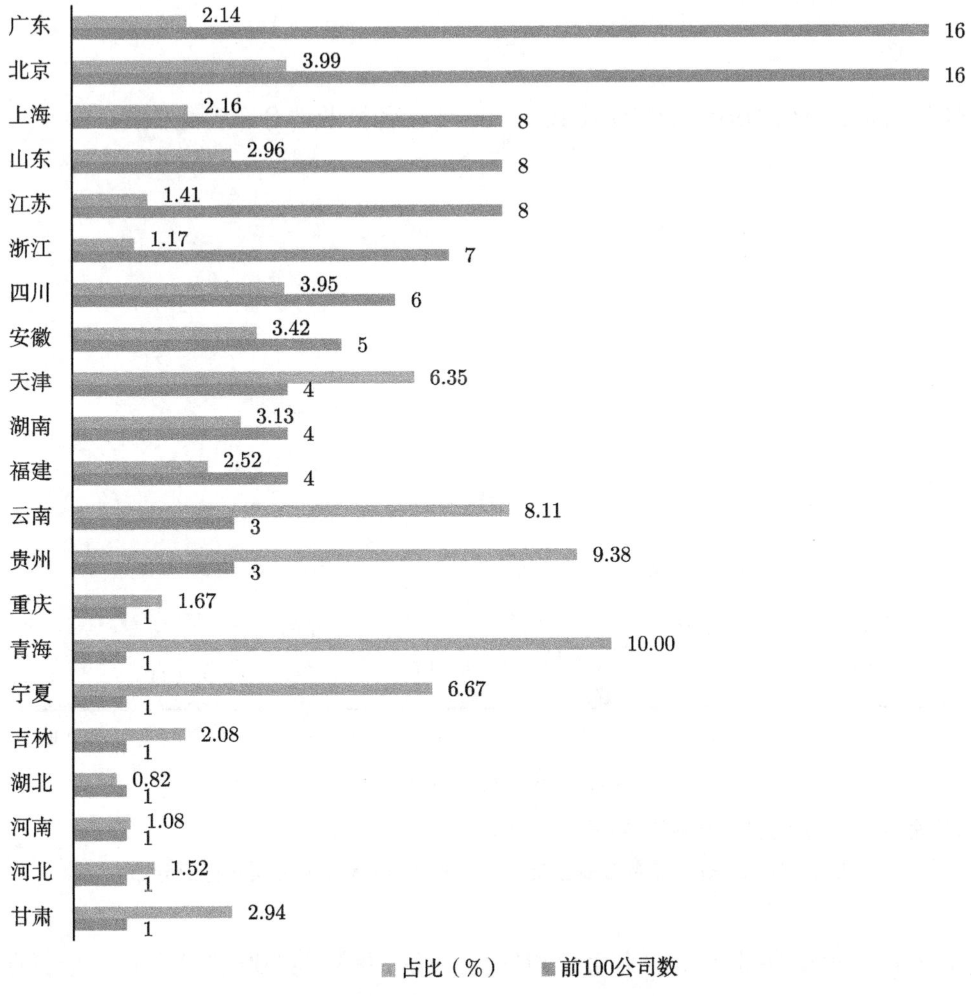

注：图中占比是指在非金融业所属省份样本公司中的占比。

图11-2　2022年非金融业上市公司质量/ESG指数前100名-省份分布

由图 11-2 可知，2022 年非金融业上市公司质量 /ESG 指数前 100 名分布在 21 个省份，数量最多的前三个省份（因并列，实际有 5 个）是广东、北京、上海、山东和江苏，广东和北京都是 16 家，上海、山东和江苏都是 8 家；占比最高的前三个省份是青海、贵州和云南，分别为 10.00%、9.38% 和 8.11%，主要是因为这三个省份的样本上市公司总数都较少。有 10 个省份没有公司进入前 100，包括广西、海南、黑龙江、江西、辽宁、内蒙古、山西、陕西、西藏和新疆，

11.4 非金融业上市公司质量/ESG指数前100名-行业分布

2022 年非金融业上市公司质量 /ESG 指数前 100 名在各行业的分布参见图 11-3。

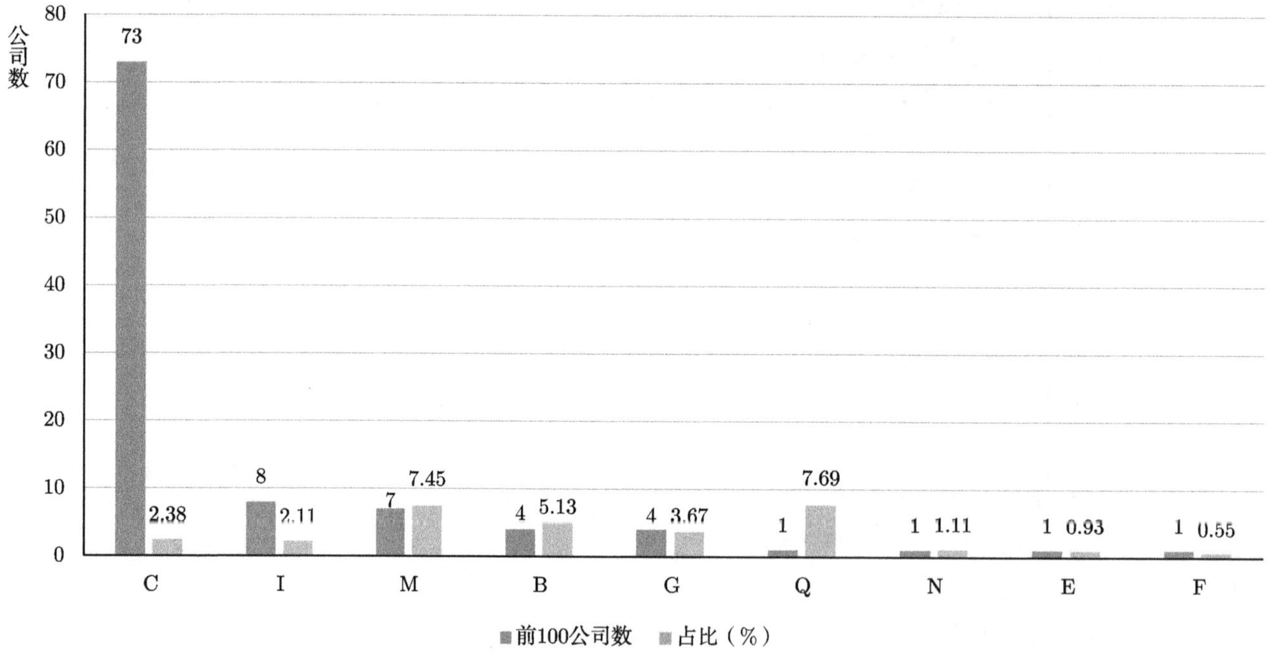

注：图中占比是指在非金融业所属行业样本公司中的占比。

图11-3 2022年非金融业上市公司质量/ESG指数前100名-行业分布

由图 11-3 可知，2022 年非金融业上市公司质量 /ESG 指数前 100 名分布在 9 个行业，数量最多的前两个行业是制造业（C）、信息传输、软件和信息技术服务业（I），分别有 73 家和 8 家；占比最高的前两个行业是卫生和社会工作（Q）、科学研究和技术服务业（M），分别为 7.69% 和 7.45%。还有 9 个行业没有上市公司进入前 100。

11.5　非金融业上市公司质量/ESG指数前100名-所有制分布

2022 年非金融业上市公司质量 /ESG 指数前 100 名在五类所有制公司的分布参见图 11-4。

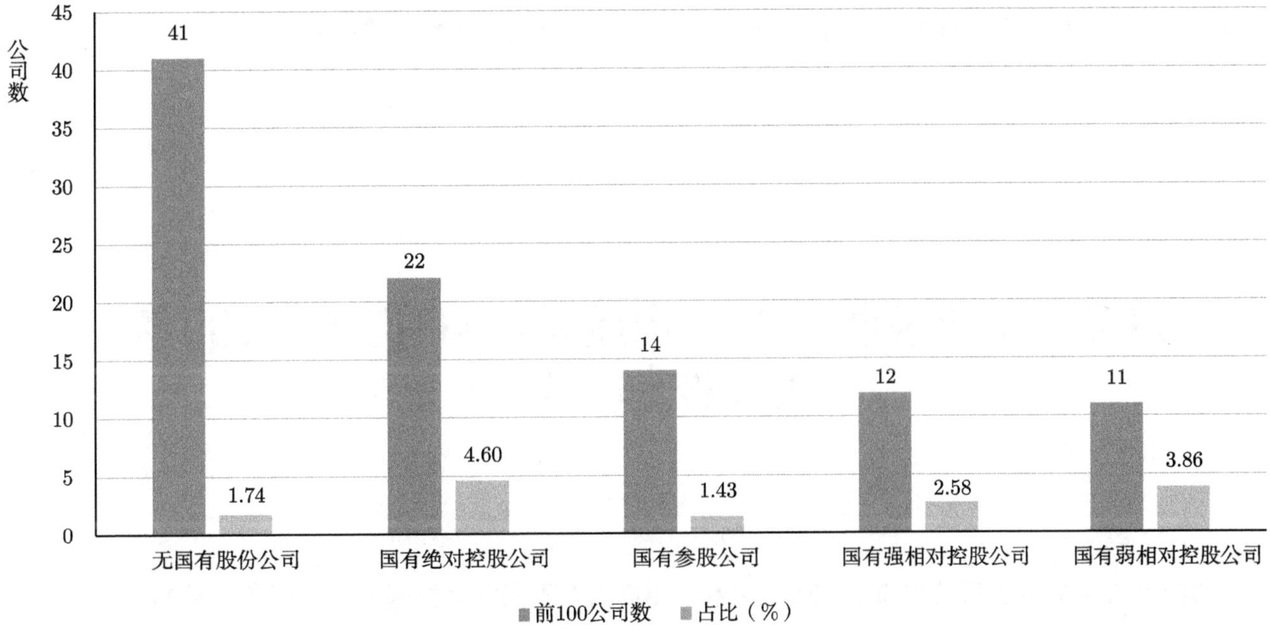

注：图中占比是指在非金融业所属所有制样本公司中的占比。

图11-4　2022年非金融业上市公司质量/ESG指数前100名-五类所有制分布

由图 11-4 可知，从五类所有制比较，2022 年非金融业上市公司质量 /ESG 指数前 100 名中，无国有股份公司数量最多，有 41 家；但占比最高的是国有绝对控股公司，为 4.60%。

进一步把国有绝对控股公司、国有强相对控股公司和国有弱相对控股公司归类为国有控股公司，把国有参股公司和无国有股份公司归类为非国有控股公司，2022 年非金融业上市公司质量 /ESG 指数前 100 名在两类所有制上市公司中的分布参见图 11-5。

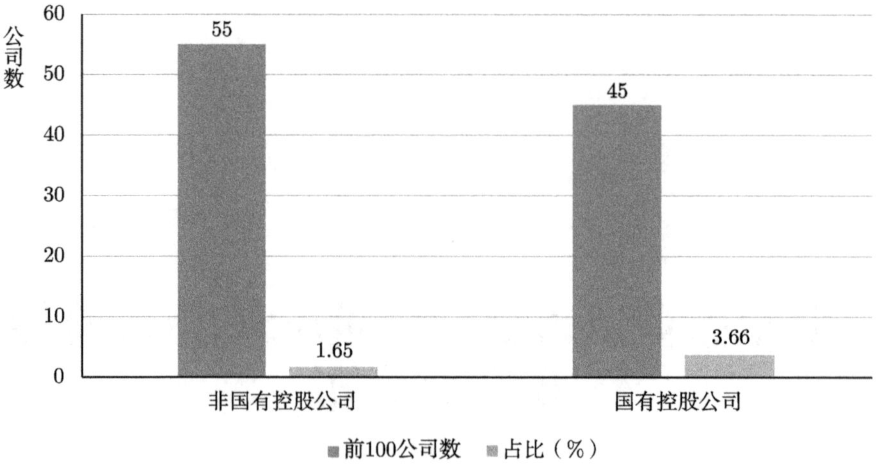

注：图中占比是指在非金融业所属所有制样本公司中的占比。

图11-5　2022年非金融业上市公司质量/ESG指数前100名-两类所有制分布

由图 11-5 可知，从两类所有制比较，2022 年非金融业上市公司质量 /ESG 指数前 100 名中，非国有控股公司数量多于国有控股公司，但国有控股公司占比高于非国有控股公司。

11.6　非金融业上市公司质量/ESG指数前100名-实际控制人分布

2022 年非金融业上市公司质量 /ESG 指数前 100 名在不同实际控制人的分布参见图 11-6。

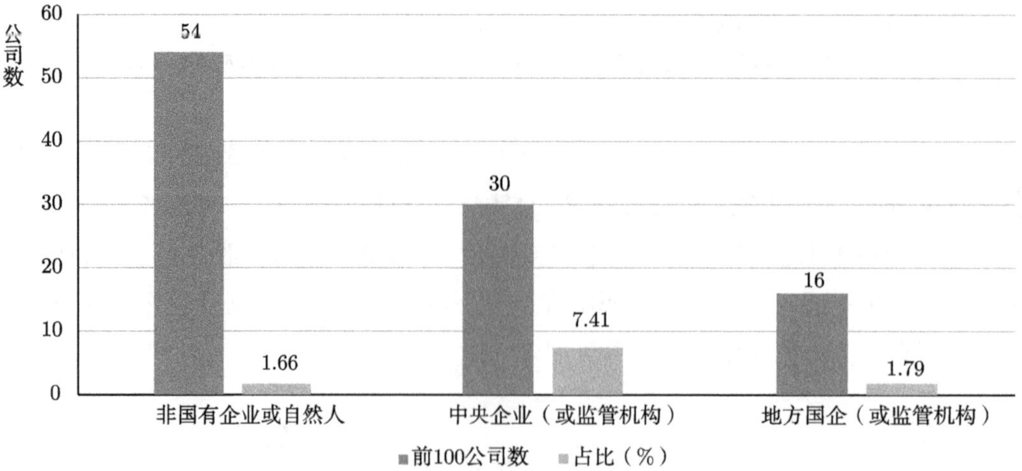

注：图中占比是指在非金融业所属实际控制人中的占比。

图11-6　2022年非金融业上市公司质量/ESG指数前100名-实际控制人分布

由图 11-6 可知，从三类实际控制人比较，2022 年非金融业上市公司质量 /ESG 指数前 100 名中，实际控制人是非国有企业或自然人的上市公司最多，有 54 家；但占比最高的是实际控制人为中央企业（或监管机构）的上市公司，为 7.41%，且占比远高于其他两类实际控制人。

11.7　非金融业上市公司质量/ESG指数前100名-上市板块分布

2022 年非金融业上市公司质量 /ESG 指数前 100 名在不同上市板块的分布参见图 11-7。

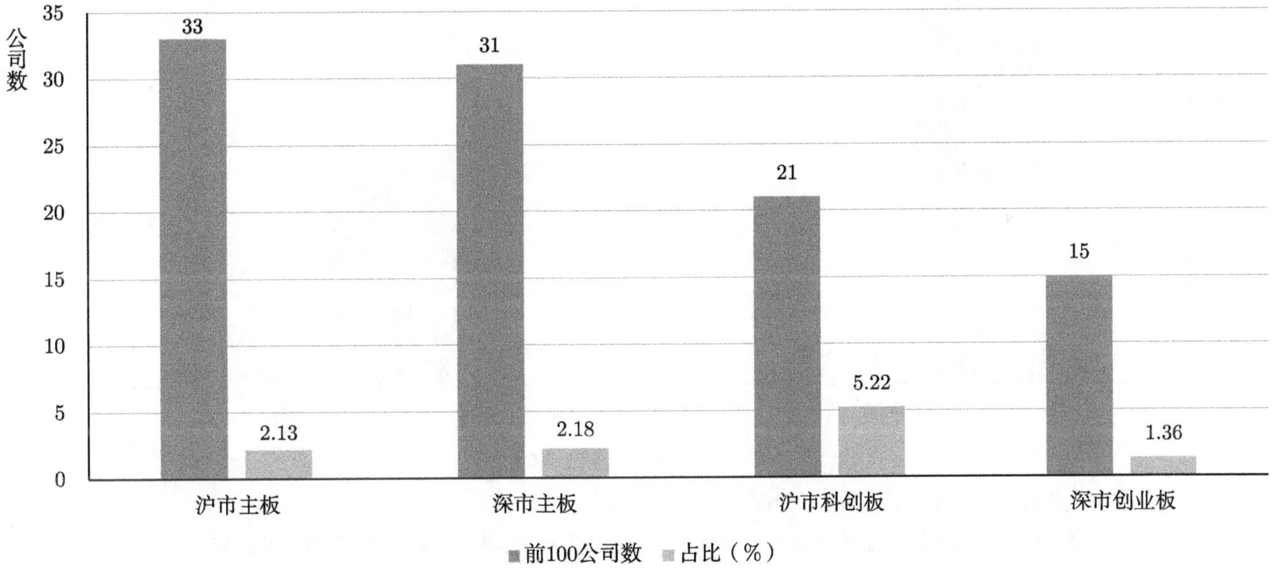

注：图中占比是指在非金融业所属上市板块中的占比。

图11-7　2022年非金融业上市公司质量/ESG指数前100名-上市板块分布

由图 11-7 可知，从上市板块比较，2022 年非金融业上市公司质量 /ESG 指数前 100 名中，沪市主板上市公司最多，有 33 家；但占比最高的是沪市科创板上市公司，为 5.22%，占比远高于其他三个上市板块。北交所没有上市公司进入前 100。

11.8 非金融业上市公司质量/ESG指数前100名-沪深300/非沪深300分布

2022 年非金融业上市公司质量 /ESG 指数前 100 名在沪深 300/ 非沪深 300 的分布参见图 11-8。

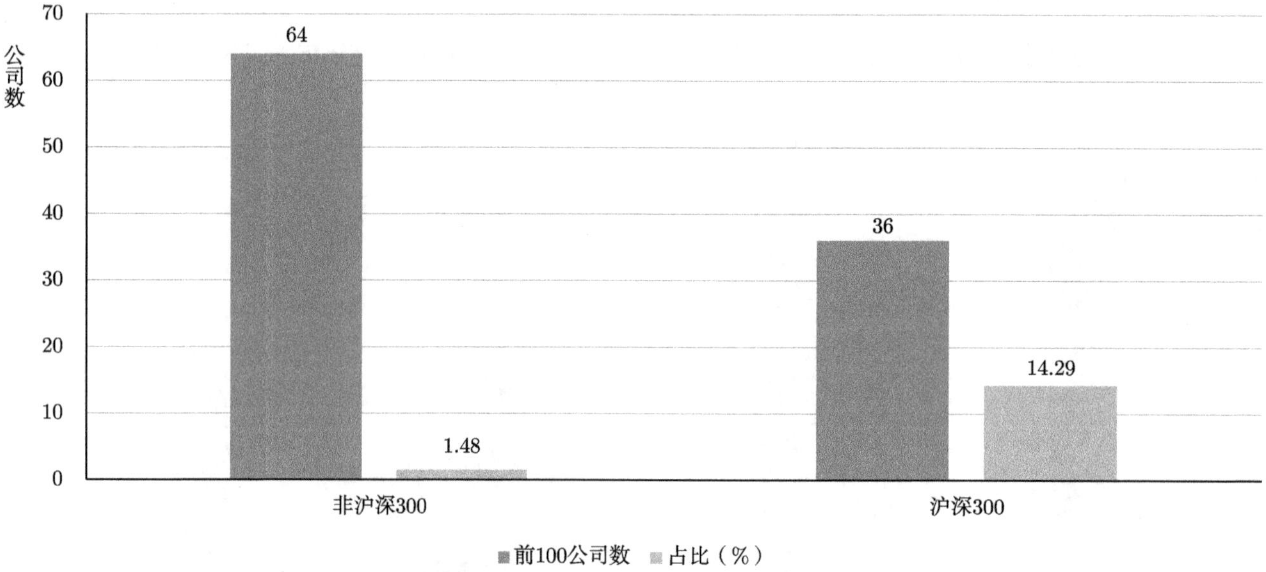

注：图中占比是指在非金融业沪深 300/ 非沪深 300 中的占比。

图11-8 2022年非金融业上市公司质量/ESG指数前100名-沪深300/非沪深300分布

由图 11-8 可知，从是否沪深 300 比较，2022 年非金融业上市公司质量 /ESG 指数前 100 名中，非沪深 300 公司多于沪深 300 公司，二者分别为 64 家和 36 家；但前 100 名中沪深 300 公司的占比远高于非沪深 300 公司，二者分别为 14.29% 和 1.48%。

第12章
中国金融业上市公司质量/ESG指数-前30名及分布

本章对 2022 年中国金融业上市公司质量 /ESG 指数前 30 名及其在地区、所有制、实际控制人、沪深 300 中的分布进行比较。

12.1 金融业上市公司质量/ESG指数-前30排名

金融业上市公司质量 /ESG 指数 - 前 30 排名参见表 12-1。

表12-1 金融业上市公司质量/ESG指数-前30排名

股票代码	公司简称	省份	地区	控股类型	环境保护（*EP*）	社会责任（*SR*）	公司治理（*CG*）	上市公司质量/ESG指数（*CLCQI/ESGI*）	*CLCQI/ESGI*排名
601398	工商银行	北京	东部	国有绝对控股公司	85.7143	100.0000	82.1828	88.7720	1
601939	建设银行	北京	东部	国有绝对控股公司	85.7143	77.3274	94.6978	87.7198	2
601988	中国银行	北京	东部	国有绝对控股公司	71.4286	84.3822	90.0226	86.1891	3
601318	中国平安	广东	东部	国有弱相对控股公司	85.7143	78.8819	90.5924	86.0059	4
601288	农业银行	北京	东部	国有绝对控股公司	85.7143	77.2899	88.6788	84.3962	5
601319	中国人保	北京	东部	国有绝对控股公司	85.7143	63.9471	96.1506	83.8358	6
601166	兴业银行	福建	东部	国有强相对控股公司	85.7143	65.4480	93.5499	82.9307	7
300033	同花顺	浙江	东部	无国有股份公司	42.8571	81.4394	90.6851	82.6663	8
601336	新华保险	北京	东部	国有强相对控股公司	85.7143	63.6395	93.5564	82.3013	9
601108	财通证券	浙江	东部	国有强相对控股公司	85.7143	50.8154	100.0000	81.3568	10
601628	中国人寿	北京	东部	国有绝对控股公司	85.7143	53.3899	97.2846	80.7645	11
601601	中国太保	上海	东部	国有强相对控股公司	85.7143	62.0582	90.1539	80.0865	12
600016	民生银行	北京	东部	无国有股份公司	85.7143	56.8182	92.1157	79.1214	13
601688	华泰证券	江苏	东部	国有弱相对控股公司	85.7143	53.4270	93.7890	78.8549	14
000987	越秀资本	广东	东部	国有绝对控股公司	85.7143	55.4316	91.5554	78.3280	15
000617	中油资本	新疆	西部	国有绝对控股公司	85.7143	64.2941	84.7900	77.7089	16
600030	中信证券	广东	东部	国有弱相对控股公司	100.0000	62.5058	82.9805	77.5163	17
600958	东方证券	上海	东部	国有强相对控股公司	85.7143	56.0597	89.5548	77.4475	18
601328	交通银行	上海	东部	国有弱相对控股公司	85.7143	57.7591	87.9332	77.1504	19
601998	中信银行	北京	东部	国有绝对控股公司	85.7143	60.2024	86.0355	76.9618	20
600837	海通证券	上海	东部	国有弱相对控股公司	85.7143	52.5387	90.7327	76.8630	21
600369	西南证券	重庆	西部	国有绝对控股公司	85.7143	47.9186	92.3063	76.1114	22

续表

股票代码	公司简称	省份	地区	控股类型	环境保护（*EP*）	社会责任（*SR*）	公司治理（*CG*）	上市公司质量/ESG指数（*CLCQI/ESGI*）	*CLCQI/ESGI*排名
601658	邮储银行	北京	东部	国有绝对控股公司	85.7143	68.5840	79.0966	76.0789	23
002966	苏州银行	江苏	东部	国有弱相对控股公司	85.7143	53.3747	88.4616	75.9065	24
601377	兴业证券	福建	东部	国有强相对控股公司	85.7143	55.2981	87.1643	75.8661	25
300059	东方财富	上海	东部	国有参股公司	57.1429	66.1576	85.2725	75.7693	26
601211	国泰君安	上海	东部	国有强相对控股公司	85.7143	45.6577	93.0304	75.7183	27
000001	平安银行	广东	东部	国有参股公司	85.7143	56.0292	84.9477	74.9029	28
600517	国网英大	上海	东部	国有绝对控股公司	100.0000	56.2298	82.2175	74.9001	29
002736	国信证券	广东	东部	国有绝对控股公司	85.7143	43.2864	92.9299	74.8331	30

12.2　金融业上市公司质量/ESG指数前30名-地区分布

2022 年金融业上市公司质量 /ESG 指数前 30 名在四个地区的分布参见图 12-1。

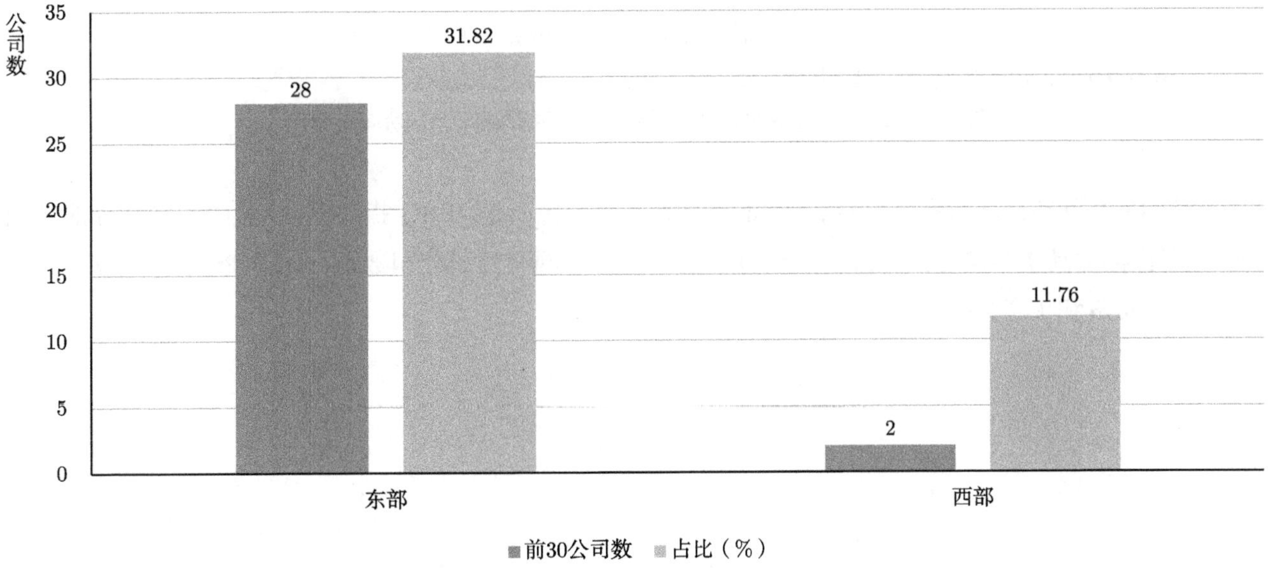

注：图中占比是指在金融业所属地区样本公司中的占比。

图12-1　2022年金融业上市公司质量/ESG指数前30名-地区分布

由图 12-1 可知，从四个地区比较，2022 年金融业上市公司质量 /ESG 指数前 30 名中，东部公司数量和占比都是最多的，分别是 28 家和 31.82%，西部只有 2 家上市公司进入前 30。中部和东北两个地区没有公司进入前 30 名中。

12.3 金融业上市公司质量/ESG指数前30名-所有制分布

2022 年金融业上市公司质量 /ESG 指数前 30 名在两类所有制上市公司的分布参见图 12-2。

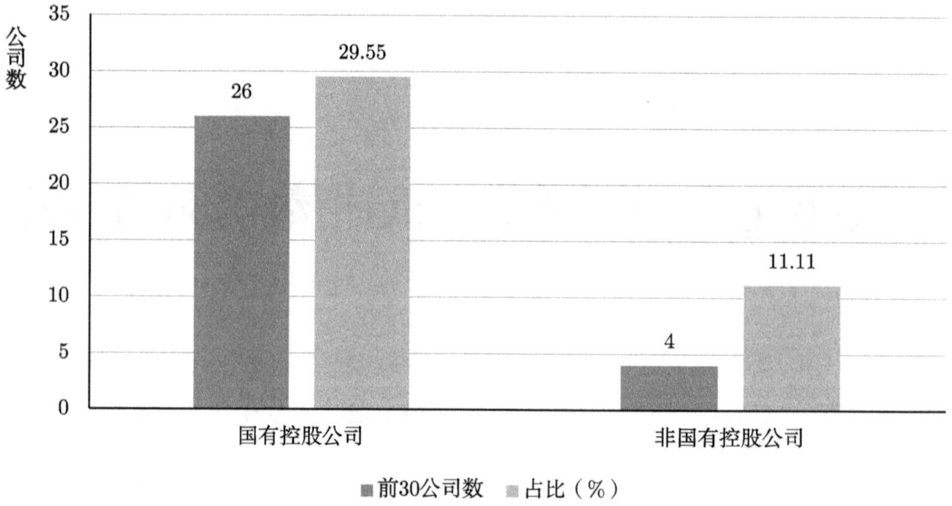

注：图中占比是指在金融业所属所有制样本公司中的占比。

图12-2 2022年金融业上市公司质量/ESG指数前30名-所有制分布

由图 12-2 可知，从所有制比较，2022 金融业上市公司质量 /ESG 指数前 30 名中，国有控股公司数量和占比都远高于非国有控股公司。国有控股公司和非国有控股公司数量分别是 26 家和 4 家，占比分别是 29.55% 和 11.11%。

12.4　金融业上市公司质量/ESG指数前30名-实际控制人分布

2022 年金融业上市公司质量 /ESG 指数前 30 名在不同实际控制人的分布参见图 12-3。

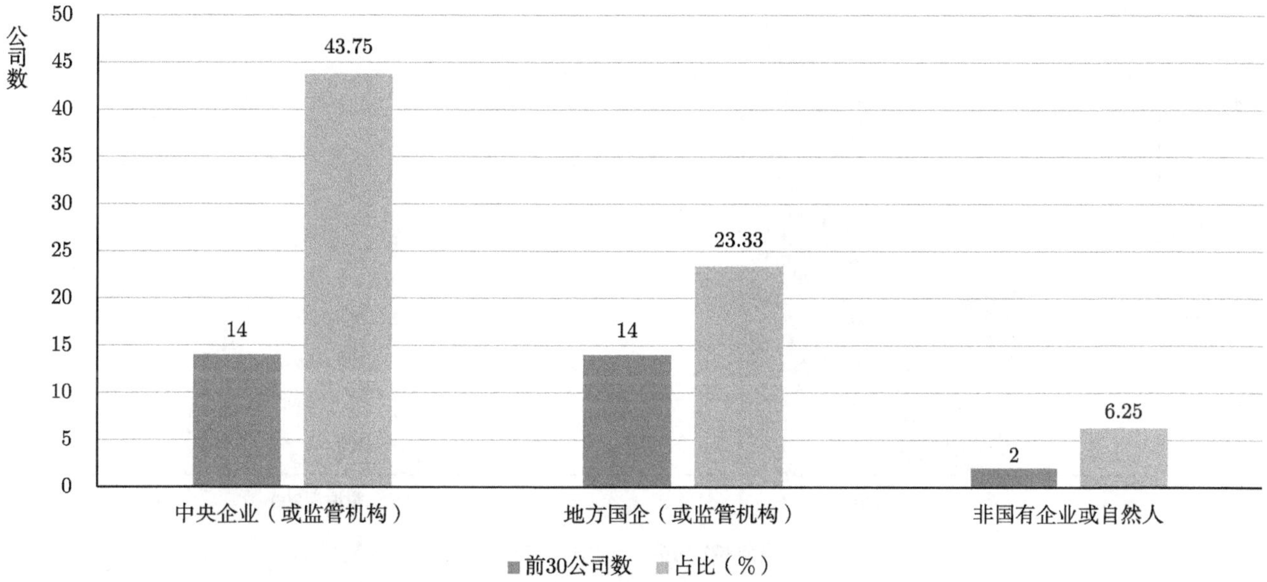

注：图中占比是指在金融业所属实际控制人中的占比。

图12-3　2022年金融业上市公司质量/ESG指数前30名-实际控制人分布

由图 12-3 可知，从三类实际控制人比较，2022 年金融业上市公司质量 /ESG 指数前 30 名中，实际控制人是中央企业（或监管机构）和地方国有企业（或监管机构）的上市公司都各有 14 家；但占比最高的是实际控制人为中央企业（或监管机构）的上市公司，为 43.75%，且占比远高于其他两类实际控制人。

12.5 金融业上市公司质量/ESG指数前30名-沪深300/非沪深300分布

2022 年金融业上市公司质量 /ESG 指数前 30 名在沪深 300/ 非沪深 300 的分布参见图 12-4。

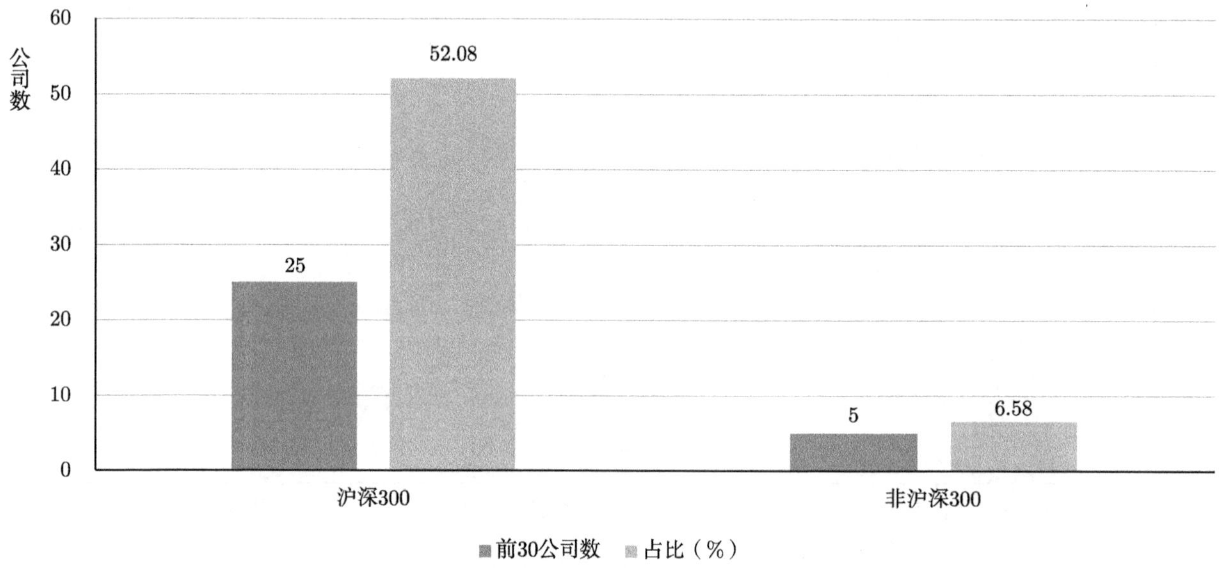

注：图中占比是指在金融业中沪深 300/ 非沪深 300 中的占比。

图12-4 2022年金融业上市公司质量/ESG指数前30名-沪深300/非沪深300分布

由图 12-4 可知，从是否沪深 300 比较，2022 年金融业上市公司质量 /ESG 指数前 30 名中，无论是公司数量还是占比，沪深 300 公司都远高于非沪深 300 公司，沪深 300 公司数量和占比分别是 25 家和 52.08%。

第13章
中国上市公司质量/ESG指数排名

13.1 2022年中国非金融业上市公司质量/ESG指数总排名

2022 年中国非金融业上市公司质量 /ESG 指数总排名参见表 13-1。

表13-1 2022年中国非金融业上市公司质量/ESG指数总排名

（按股票代码从低到高排列）

股票代码	公司简称	省份	地区	行业代码	控股类型	环境保护（*EP*）	社会责任（*SR*）	公司治理（*CG*）	上市公司质量/ESG指数（*CLCQI/ESGI*）	*CLCQI/ESGI*排名
000002	万科A	广东	东部	K	国有强相对控股公司	57.1429	61.3779	85.0120	73.9531	889
000004	国华网安	广东	东部	I	无国有股份公司	14.2857	42.5605	83.1359	62.0495	3907
000005	ST星源	广东	东部	N	无国有股份公司	42.8571	36.2823	66.3962	53.5025	4504
000006	深振业A	广东	东部	K	国有强相对控股公司	85.7143	49.4571	81.0530	70.4606	1855
000007	*ST全新	广东	东部	K	无国有股份公司	14.2857	43.7938	67.7480	54.0178	4498
000008	神州高铁	北京	东部	C	国有强相对控股公司	71.4286	47.0113	84.9309	70.3088	1907
000009	中国宝安	广东	东部	S	国有弱相对控股公司	28.5714	43.5439	76.9053	60.3954	4149
000010	美丽生态	广东	东部	E	国有参股公司	28.5714	44.4371	75.5013	59.9358	4201
000011	深物业A	广东	东部	K	国有绝对控股公司	85.7143	51.8197	78.7196	70.0041	2009
000012	南玻A	广东	东部	C	无国有股份公司	85.7143	44.6880	85.2419	71.0953	1644
000014	沙河股份	广东	东部	K	国有强相对控股公司	71.4286	53.2795	80.5317	70.0831	1979
000016	深康佳A	广东	东部	C	国有弱相对控股公司	100.0000	42.5362	78.2644	67.9331	2646
000017	深中华A	广东	东部	C	无国有股份公司	14.2857	41.1073	76.4272	57.8511	4373
000019	深粮控股	广东	东部	F	国有绝对控股公司	28.5714	43.0167	83.7144	63.9559	3568
000020	深华发A	广东	东部	C	无国有股份公司	14.2857	37.4088	75.3399	55.9586	4457
000021	深科技	广东	东部	C	国有强相对控股公司	85.7143	54.8495	91.6326	78.1667	229
000023	ST深天	广东	东部	C	国有参股公司	42.8571	42.7479	61.9618	53.3265	4512
000025	特力A	广东	东部	F	国有强相对控股公司	42.8571	44.6147	71.4647	59.2065	4265
000026	飞亚达	广东	东部	F	国有强相对控股公司	28.5714	47.1254	86.1992	66.7606	2911
000027	深圳能源	广东	东部	D	国有绝对控股公司	85.7143	46.3020	91.8734	75.3075	609
000028	国药一致	广东	东部	F	国有绝对控股公司	42.8571	54.0010	90.9627	73.2156	1082
000029	深深房A	广东	东部	K	国有绝对控股公司	85.7143	53.3655	82.9862	72.8917	1157
000030	富奥股份	吉林	东部	C	国有绝对控股公司	71.4286	47.5980	82.0265	68.9167	2349
000031	大悦城	广东	东部	K	国有参股公司	85.7143	58.2273	78.3449	72.0407	1374

续表

股票代码	公司简称	省份	地区	行业代码	控股类型	环境保护（EP）	社会责任（SR）	公司治理（CG）	上市公司质量/ESG指数（CLCQI/ESGI）	CLCQI/ESGI排名
000032	深桑达A	广东	东部	E	国有强相对控股公司	100.0000	53.1530	79.7151	72.4468	1266
000034	神州数码	广东	东部	F	国有参股公司	42.8571	57.1434	83.5615	70.2447	1920
000035	中国天楹	江苏	东部	N	无国有股份公司	71.4286	63.7778	82.2133	74.6824	729
000036	华联控股	广东	东部	K	无国有股份公司	14.2857	50.4423	85.4575	66.0850	3088
000037	深南电A	广东	东部	D	国有弱相对控股公司	57.1429	44.2484	76.2002	63.1113	3727
000039	中集集团	广东	东部	C	国有弱相对控股公司	71.4286	54.6609	91.0261	76.3385	442
000040	东旭蓝天	广东	东部	D	无国有股份公司	100.0000	50.2077	73.5936	68.0492	2605
000042	中洲控股	广东	东部	K	国有参股公司	14.2857	45.8995	78.3506	60.5863	4122
000045	深纺织A	广东	东部	C	国有强相对控股公司	71.4286	48.8982	78.6071	67.4911	2752
000048	京基智农	广东	东部	C	无国有股份公司	57.1429	49.9309	85.6550	70.3003	1909
000049	德赛电池	广东	东部	C	国有弱相对控股公司	85.7143	46.7242	71.2217	64.0969	3541
000050	深天马A	广东	东部	C	国有绝对控股公司	85.7143	56.6182	85.7935	75.5742	551
000055	方大集团	广东	东部	C	无国有股份公司	57.1429	49.2302	79.0927	66.4458	2985
000056	皇庭国际	广东	东部	L	无国有股份公司	14.2857	43.9317	80.2782	60.9577	4071
000058	深赛格	广东	东部	L	国有绝对控股公司	85.7143	52.9107	80.4147	71.3182	1577
000059	华锦股份	辽宁	东北	C	国有强相对控股公司	100.0000	48.7464	70.6836	65.9372	3125
000060	中金岭南	广东	东部	C	国有强相对控股公司	85.7143	47.6843	83.5531	71.2151	1604
000061	农产品	广东	东部	L	国有强相对控股公司	71.4286	44.7171	83.2473	68.5798	2444
000062	深圳华强	广东	东部	F	国有参股公司	42.8571	44.8342	83.5203	65.9139	3131
000063	中兴通讯	广东	东部	C	国有参股公司	85.7143	56.2490	94.1202	80.0247	93
000065	北方国际	北京	东部	E	国有绝对控股公司	100.0000	53.7637	78.9312	72.2295	1315
000066	中国长城	广东	东部	C	国有强相对控股公司	71.4286	45.4687	87.1855	71.0089	1675
000068	华控赛格	广东	东部	M	国有强相对控股公司	28.5714	41.5765	70.8593	56.3815	4444
000069	华侨城A	广东	东部	K	国有绝对控股公司	100.0000	54.7944	85.0734	75.9684	494
000070	特发信息	广东	东部	C	国有强相对控股公司	71.4286	50.1530	76.9258	67.0056	2860
000078	海王生物	广东	东部	F	无国有股份公司	57.1429	44.2435	85.5182	68.2345	2558
000088	盐田港	广东	东部	G	国有绝对控股公司	85.7143	50.2745	80.7352	70.5719	1814
000089	深圳机场	广东	东部	G	国有绝对控股公司	85.7143	50.0890	87.3929	74.1687	838
000090	天健集团	广东	东部	E	国有强相对控股公司	57.1429	50.2155	83.2041	69.0519	2310
000096	广聚能源	广东	东部	F	国有绝对控股公司	57.1429	43.5072	84.8469	67.6076	2723
000099	中信海直	广东	东部	G	国有强相对控股公司	42.8571	51.0986	84.2653	68.5162	2467
000100	TCL科技	广东	东部	C	国有参股公司	100.0000	57.8075	79.3419	73.8707	908
000151	中成股份	北京	东部	F	国有绝对控股公司	57.1429	49.1137	83.1688	68.6470	2424
000153	丰原药业	安徽	中部	C	国有弱相对控股公司	57.1429	57.7549	70.9473	64.9495	3352
000155	川能动力	四川	西部	D	国有绝对控股公司	100.0000	51.8376	78.2571	71.1846	1612

续表

股票代码	公司简称	省份	地区	行业代码	控股类型	环境保护（*EP*）	社会责任（*SR*）	公司治理（*CG*）	上市公司质量/ESG指数（*CLCQI/ESGI*）	*CLCQI/ESGI*排名
000156	华数传媒	浙江	东部	R	国有强相对控股公司	100.0000	50.2635	83.4408	73.4847	1010
000157	中联重科	湖南	中部	C	国有参股公司	85.7143	55.8030	82.9875	73.7456	936
000158	常山北明	河北	东部	I	国有弱相对控股公司	85.7143	52.8927	72.3161	66.8578	2891
000159	国际实业	新疆	西部	F	无国有股份公司	57.1429	43.8963	77.8613	63.9017	3586
000301	东方盛虹	江苏	东部	C	国有参股公司	85.7143	46.9444	82.2734	70.2523	1917
000333	美的集团	广东	东部	C	国有参股公司	100.0000	67.3187	83.3694	79.4147	132
000338	潍柴动力	山东	东部	C	国有弱相对控股公司	100.0000	69.7980	88.8712	83.3085	20
000400	许继电气	河南	中部	C	国有强相对控股公司	100.0000	62.5639	75.8913	73.6376	971
000401	冀东水泥	河北	东部	C	国有参股公司	42.8571	39.0968	85.7539	65.1342	3314
000402	金融街	北京	东部	K	国有强相对控股公司	85.7143	50.6046	81.8134	71.2804	1585
000403	派林生物	山西	中部	C	无国有股份公司	85.7143	50.2846	84.1303	72.4427	1267
000404	长虹华意	江西	中部	C	国有强相对控股公司	71.4286	63.5696	79.9089	73.3421	1052
000407	胜利股份	山东	东部	D	无国有股份公司	42.8571	43.1797	72.5761	59.3155	4259
000408	藏格矿业	青海	西部	C	无国有股份公司	85.7143	64.8976	89.6070	80.5695	76
000409	云鼎科技	山东	东部	I	国有强相对控股公司	28.5714	48.2293	85.8418	66.9504	2871
000410	沈阳机床	辽宁	东北	C	国有强相对控股公司	85.7143	43.7730	84.9807	70.6314	1797
000411	英特集团	浙江	东部	F	国有绝对控股公司	57.1429	38.5913	75.3311	60.6533	4111
000413	东旭光电	河北	东部	C	国有参股公司	85.7143	46.1735	74.4100	65.6576	3182
000415	渤海租赁	新疆	西部	L	国有参股公司	71.4286	41.7968	78.2920	64.8323	3374
000417	合肥百货	安徽	中部	F	国有强相对控股公司	28.5714	49.0467	87.9930	68.4196	2493
000419	通程控股	湖南	中部	F	国有参股公司	14.2857	45.6008	80.2505	61.5266	3990
000420	吉林化纤	吉林	东部	C	国有弱相对控股公司	71.4286	45.3389	77.2504	65.4992	3221
000421	南京公用	江苏	东部	D	国有绝对控股公司	42.8571	44.3764	79.2004	63.3777	3686
000422	湖北宜化	湖北	中部	C	国有弱相对控股公司	57.1429	49.3323	78.9954	66.4281	2988
000423	东阿阿胶	山东	东部	C	国有强相对控股公司	100.0000	54.7495	81.4632	73.9671	880
000425	徐工机械	江苏	东部	C	国有弱相对控股公司	85.7143	51.9074	92.0080	77.3434	314
000426	兴业银锡	内蒙古	西部	B	国有参股公司	71.4286	45.6030	82.9697	68.7372	2396
000428	华天酒店	湖南	中部	H	国有强相对控股公司	57.1429	40.1537	79.3100	63.3886	3683
000429	粤高速A	广东	东部	G	国有绝对控股公司	85.7143	45.3357	86.7186	72.1341	1350
000430	张家界	湖南	中部	N	国有强相对控股公司	14.2857	56.7600	79.9218	65.2516	3279
000488	晨鸣纸业	山东	东部	C	国有弱相对控股公司	57.1429	47.3277	78.8078	65.6233	3189
000498	山东路桥	山东	东部	E	国有绝对控股公司	42.8571	54.9600	83.9021	69.6679	2113
000501	武商集团	湖北	中部	F	国有弱相对控股公司	14.2857	41.1878	80.5839	60.1654	4177
000503	国新健康	山东	东部	I	国有弱相对控股公司	100.0000	47.0821	79.3836	70.1397	1959
000504	南华生物	湖南	中部	M	国有弱相对控股公司	28.5714	48.8506	75.1165	61.2689	4026

续表

股票代码	公司简称	省份	地区	行业代码	控股类型	环境保护（EP）	社会责任（SR）	公司治理（CG）	上市公司质量/ESG指数（CLCQI/ESGI）	CLCQI/ESGI排名
000505	京粮控股	海南	东部	C	国有强相对控股公司	85.7143	56.0836	77.4772	70.8132	1744
000506	中润资源	山东	东部	B	国有参股公司	42.8571	44.7323	74.7026	61.0284	4062
000507	珠海港	广东	东部	G	国有强相对控股公司	71.4286	56.5378	87.1237	74.8491	690
000509	华塑控股	四川	西部	Q	国有弱相对控股公司	14.2857	41.9853	76.9421	58.4416	4338
000510	新金路	四川	西部	C	国有参股公司	42.8571	46.0066	78.3923	63.5038	3659
000513	丽珠集团	广东	东部	C	国有参股公司	100.0000	65.9133	91.8360	83.5795	15
000514	渝开发	重庆	西部	K	国有绝对控股公司	14.2857	38.8926	84.4430	61.4846	3995
000516	国际医学	陕西	西部	Q	无国有股份公司	71.4286	47.2137	75.2718	65.0671	3334
000517	荣安地产	浙江	东部	K	国有参股公司	28.5714	47.9915	72.9953	59.8016	4215
000518	四环生物	江苏	东部	C	国有参股公司	14.2857	39.7605	75.2049	56.7075	4435
000519	中兵红箭	湖南	中部	C	国有强相对控股公司	85.7143	50.6062	83.5043	72.2109	1320
000520	长航凤凰	湖北	中部	G	国有参股公司	71.4286	46.8324	79.8069	67.4280	2770
000521	长虹美菱	安徽	中部	C	国有弱相对控股公司	57.1429	57.3226	81.3000	70.4922	1843
000523	广州浪奇	广东	东部	C	国有参股公司	100.0000	51.9906	82.4263	73.5312	999
000524	岭南控股	广东	东部	L	国有绝对控股公司	42.8571	51.5242	86.0471	69.6451	2119
000525	ST红太阳	江苏	东部	C	国有参股公司	85.7143	37.1639	66.9794	58.4175	4340
000526	学大教育	福建	东部	P	无国有股份公司	14.2857	50.2540	82.0178	64.1273	3529
000528	柳工	广西	西部	C	国有强相对控股公司	57.1429	49.2242	92.1520	73.6264	976
000529	广弘控股	广东	东部	C	国有绝对控股公司	28.5714	48.7142	75.3539	61.3518	4015
000530	冰山冷热	辽宁	东北	C	无国有股份公司	57.1429	49.4961	77.1280	65.4583	3226
000531	穗恒运A	广东	东部	D	国有绝对控股公司	71.4286	51.5903	80.1575	69.2861	2230
000532	华金资本	广东	东部	S	国有绝对控股公司	100.0000	45.5142	77.7220	68.6770	2417
000533	顺钠股份	广东	东部	C	无国有股份公司	57.1429	42.8721	75.5836	62.2905	3870
000534	万泽股份	广东	东部	C	国有参股公司	28.5714	42.3383	86.4958	65.2482	3283
000536	华映科技	福建	东部	C	国有强相对控股公司	85.7143	52.2862	94.9697	79.1049	143
000537	广宇发展	天津	东部	K	国有绝对控股公司	71.4286	48.2715	87.1074	71.9469	1393
000538	云南白药	云南	西部	C	国有强相对控股公司	85.7143	56.0932	92.0997	78.8589	160
000539	粤电力A	广东	东部	D	国有绝对控股公司	85.7143	49.7026	86.9757	73.8039	919
000541	佛山照明	广东	东部	C	国有参股公司	85.7143	50.2878	82.9766	71.8093	1437
000543	皖能电力	安徽	中部	D	国有绝对控股公司	42.8571	53.7673	84.5763	69.6212	2127
000544	中原环保	河南	中部	D	国有绝对控股公司	71.4286	57.7266	81.7864	72.3297	1290
000545	金浦钛业	吉林	东部	C	国有参股公司	57.1429	50.0511	76.8146	65.4802	3224
000546	ST金圆	吉林	东部	N	国有参股公司	57.1429	46.2181	75.8106	63.5865	3651
000547	航天发展	福建	东部	C	国有弱相对控股公司	57.1429	52.9765	76.4721	66.3157	3021
000548	湖南投资	湖南	中部	G	国有强相对控股公司	71.4286	47.8448	83.1951	69.6459	2118

续表

股票代码	公司简称	省份	地区	行业代码	控股类型	环境保护（*EP*）	社会责任（*SR*）	公司治理（*CG*）	上市公司质量/ESG指数（*CLCQI/ESGI*）	*CLCQI/ESGI*排名
000550	江铃汽车	江西	中部	C	国有强相对控股公司	100.0000	53.5167	81.9282	73.7914	926
000551	创元科技	江苏	东部	S	国有强相对控股公司	71.4286	58.3292	87.2967	75.5713	553
000552	甘肃能化	甘肃	西部	B	国有强相对控股公司	57.1429	48.0713	82.9976	68.1879	2570
000553	安道麦A	湖北	中部	C	国有绝对控股公司	57.1429	41.9474	82.4702	65.7545	3162
000554	泰山石油	山东	东部	F	国有弱相对控股公司	42.8571	53.1210	75.4646	64.3836	3476
000555	神州信息	广东	东部	I	国有参股公司	57.1429	50.4345	87.4043	71.4387	1533
000557	西部创业	宁夏	西部	G	国有绝对控股公司	85.7143	45.7426	84.3188	70.9566	1691
000558	莱茵体育	浙江	东部	K	国有弱相对控股公司	28.5714	35.4390	81.1098	59.8712	4204
000559	万向钱潮	浙江	东部	C	国有参股公司	85.7143	48.8057	77.5423	68.3017	2531
000560	我爱我家	云南	西部	K	无国有股份公司	71.4286	39.4657	83.4938	66.8774	2884
000561	烽火电子	陕西	西部	C	国有强相对控股公司	57.1429	56.0189	80.4426	69.5643	2147
000564	ST大集	陕西	西部	F	国有参股公司	57.1429	42.9345	70.7842	59.6727	4228
000565	渝三峡A	重庆	西部	C	国有强相对控股公司	100.0000	60.7882	84.9126	77.9778	246
000566	海南海药	海南	东部	C	国有弱相对控股公司	85.7143	55.9518	84.2368	74.4848	776
000568	泸州老窖	四川	西部	C	国有绝对控股公司	100.0000	56.8377	96.7260	83.0925	21
000570	苏常柴A	江苏	东部	C	国有强相对控股公司	85.7143	47.6326	81.6970	70.1762	1942
000571	新大洲A	海南	东部	S	无国有股份公司	57.1429	29.0497	75.3102	57.3023	4406
000572	海马汽车	海南	东部	C	无国有股份公司	57.1429	34.6942	83.4928	63.7783	3607
000573	粤宏远A	广东	东部	K	国有参股公司	42.8571	43.0638	74.1438	60.1371	4182
000576	甘化科工	广东	东部	C	无国有股份公司	42.8571	46.5655	77.5185	63.2188	3711
000581	威孚高科	江苏	东部	C	国有弱相对控股公司	71.4286	55.8039	80.3589	70.8716	1719
000582	北部湾港	广西	西部	G	国有绝对控股公司	85.7143	51.9140	79.9453	70.7112	1776
000584	ST工智	江苏	东部	C	无国有股份公司	28.5714	47.8099	81.0121	64.1472	3524
000586	汇源通信	四川	西部	C	无国有股份公司	42.8571	59.0736	79.9460	68.9318	2342
000589	贵州轮胎	贵州	西部	C	国有弱相对控股公司	71.4286	57.6387	90.0906	76.8662	376
000590	启迪药业	湖南	中部	C	国有参股公司	42.8571	42.1998	77.0993	61.4602	3997
000591	太阳能	重庆	西部	D	国有强相对控股公司	71.4286	52.3222	89.3079	74.5750	760
000592	平潭发展	福建	东部	A	无国有股份公司	28.5714	45.8065	79.0480	62.3658	3853
000593	德龙汇能	四川	西部	D	国有参股公司	71.4286	47.8917	81.8839	68.9411	2339
000595	宝塔实业	宁夏	西部	C	国有参股公司	42.8571	50.5490	77.0099	64.3333	3484
000596	古井贡酒	安徽	中部	C	国有绝对控股公司	85.7143	53.7381	88.4201	76.0108	492
000597	东北制药	辽宁	东北	C	国有参股公司	85.7143	52.7689	68.6696	64.8088	3381
000598	兴蓉环境	四川	西部	D	国有绝对控股公司	71.4286	53.5107	87.3364	73.9067	899
000599	青岛双星	山东	东部	C	国有强相对控股公司	71.4286	52.1971	82.8018	70.9529	1693
000600	建投能源	河北	东部	D	国有绝对控股公司	42.8571	47.3521	72.3728	60.6640	4110

续表

股票代码	公司简称	省份	地区	行业代码	控股类型	环境保护（EP）	社会责任（SR）	公司治理（CG）	上市公司质量/ESG指数（CLCQI/ESGI）	CLCQI/ESGI排名
000601	韶能股份	广东	东部	D	国有弱相对控股公司	85.7143	42.3303	75.9044	65.1344	3313
000603	盛达资源	北京	东部	B	国有参股公司	71.4286	42.2295	87.5413	70.0709	1982
000605	渤海股份	北京	东部	D	国有强相对控股公司	57.1429	38.1801	85.4685	66.0850	3087
000607	华媒控股	浙江	东部	R	国有绝对控股公司	57.1429	53.6061	81.1957	69.1341	2282
000608	阳光股份	广西	西部	K	国有参股公司	28.5714	41.7540	81.3514	62.2143	3880
000609	中迪投资	北京	东部	S	国有参股公司	14.2857	41.9579	66.6186	52.7541	4527
000610	西安旅游	陕西	西部	N	国有弱相对控股公司	14.2857	45.9877	79.9776	61.5120	3991
000612	焦作万方	河南	中部	C	国有参股公司	57.1429	52.3900	91.3244	74.2792	811
000615	*ST美谷	湖北	中部	K	无国有股份公司	85.7143	40.6435	71.7735	62.2721	3872
000616	*ST海投	辽宁	东北	K	无国有股份公司	57.1429	32.6800	63.7275	52.2024	4536
000619	海螺新材	安徽	中部	C	国有强相对控股公司	42.8571	43.9705	78.4042	62.7977	3779
000620	*ST新联	北京	东部	K	无国有股份公司	14.2857	39.2815	69.4907	53.3970	4508
000622	恒立实业	湖南	中部	C	国有参股公司	14.2857	49.9328	80.1563	62.9911	3746
000623	吉林敖东	吉林	东部	C	国有参股公司	42.8571	46.4143	87.6874	68.7588	2390
000625	长安汽车	重庆	西部	C	国有强相对控股公司	85.7143	55.9132	84.7443	74.7504	714
000626	远大控股	江苏	东部	F	国有参股公司	71.4286	56.5414	81.3690	71.6853	1471
000628	高新发展	四川	西部	E	国有强相对控股公司	14.2857	50.3253	75.4749	60.5536	4126
000629	钒钛股份	四川	西部	C	国有绝对控股公司	85.7143	51.2845	80.2237	70.6441	1792
000630	铜陵有色	安徽	中部	C	国有强相对控股公司	57.1429	61.1722	88.0607	75.5580	557
000631	顺发恒业	浙江	东部	K	国有参股公司	28.5714	38.8122	74.4022	57.3626	4402
000632	三木集团	福建	东部	F	国有弱相对控股公司	14.2857	43.2569	75.9411	58.3361	4347
000633	合金投资	新疆	西部	C	无国有股份公司	28.5714	49.1373	70.5125	58.8371	4303
000635	英力特	宁夏	西部	C	国有绝对控股公司	85.7143	57.4628	84.9586	75.4107	586
000636	风华高科	广东	东部	C	国有弱相对控股公司	100.0000	51.2244	86.5274	75.5186	566
000637	ST实华	广东	东部	C	国有参股公司	85.7143	56.5641	76.8333	70.6272	1800
000638	万方发展	吉林	东部	I	无国有股份公司	28.5714	46.7021	61.5164	53.0369	4520
000639	西王食品	山东	东部	C	国有参股公司	28.5714	45.6415	75.7306	60.4835	4137
000650	仁和药业	江西	中部	C	无国有股份公司	85.7143	48.9533	88.0455	74.1301	846
000651	格力电器	广东	东部	C	国有参股公司	85.7143	69.4142	79.4920	76.5870	411
000652	泰达股份	天津	东部	F	国有强相对控股公司	85.7143	46.6681	74.9877	66.1485	3071
000655	金岭矿业	山东	东部	B	国有绝对控股公司	57.1429	48.4498	83.4628	68.5763	2448
000656	金科股份	重庆	西部	K	无国有股份公司	28.5714	41.7444	73.3461	57.8080	4374
000657	中钨高新	海南	东部	C	国有绝对控股公司	100.0000	52.9840	88.7568	77.3607	312
000659	珠海中富	广东	东部	C	无国有股份公司	28.5714	47.7572	88.7725	68.3970	2497
000661	长春高新	吉林	东部	C	国有弱相对控股公司	85.7143	60.3871	80.3663	73.9084	898

续表

股票代码	公司简称	省份	地区	行业代码	控股类型	环境保护（*EP*）	社会责任（*SR*）	公司治理（*CG*）	上市公司质量/ESG指数（*CLCQI*/*ESGI*）	*CLCQI*/*ESGI*排名
000663	永安林业	福建	东部	C	国有弱相对控股公司	57.1429	42.7069	75.2934	62.0731	3904
000665	湖北广电	湖北	中部	R	国有强相对控股公司	14.2857	40.3803	73.8615	56.1855	4453
000668	荣丰控股	山东	东部	K	无国有股份公司	14.2857	42.7982	70.1022	54.9642	4482
000669	ST金鸿	吉林	东部	D	无国有股份公司	28.5714	39.5059	62.1646	50.8747	4546
000670	盈方微	湖北	中部	C	国有参股公司	14.2857	44.7168	82.8930	62.6706	3801
000671	ST阳光城	福建	东部	K	无国有股份公司	57.1429	40.1142	60.1601	52.8423	4526
000672	上峰水泥	甘肃	西部	C	国有参股公司	71.4286	47.0152	74.3376	64.4838	3457
000676	智度股份	广东	东部	I	无国有股份公司	71.4286	41.7962	85.7440	68.9307	2343
000677	恒天海龙	山东	东部	C	国有参股公司	57.1429	49.0697	79.8515	66.8070	2903
000678	襄阳轴承	湖北	中部	C	国有参股公司	42.8571	46.1569	70.0630	58.9752	4285
000679	大连友谊	辽宁	东北	F	无国有股份公司	14.2857	43.2193	75.2295	57.9315	4369
000680	山推股份	山东	东部	C	国有强相对控股公司	71.4286	56.4176	82.2166	72.1081	1356
000681	视觉中国	江苏	东部	R	国有参股公司	57.1429	53.9760	80.8444	69.0703	2306
000682	东方电子	山东	东部	I	国有弱相对控股公司	71.4286	53.4275	80.3702	70.0461	1989
000683	远兴能源	内蒙古	西部	C	国有参股公司	42.8571	55.7973	80.9796	68.3536	2513
000685	中山公用	广东	东部	D	国有绝对控股公司	100.0000	55.3130	88.2246	77.8831	255
000688	国城矿业	四川	西部	B	国有参股公司	71.4286	60.7588	72.2651	68.1543	2582
000690	宝新能源	广东	东部	D	无国有股份公司	85.7143	52.3463	79.8420	70.8058	1747
000691	亚太实业	甘肃	西部	C	国有参股公司	42.8571	42.6219	83.5929	65.1795	3299
000692	*ST惠天	辽宁	东北	D	国有弱相对控股公司	42.8571	44.2501	80.2333	63.9016	3587
000695	滨海能源	天津	东部	C	国有参股公司	85.7143	42.7903	71.5665	62.9096	3760
000697	*ST炼石	陕西	西部	C	国有参股公司	71.4286	43.3662	75.9687	64.1038	3537
000698	沈阳化工	辽宁	东北	C	国有强相对控股公司	85.7143	65.1479	70.4108	70.0991	1971
000700	模塑科技	江苏	东部	C	国有参股公司	42.8571	48.6815	77.1806	63.7736	3608
000701	厦门信达	福建	东部	F	国有强相对控股公司	100.0000	46.4415	78.4747	69.4156	2189
000702	正虹科技	湖南	中部	C	国有弱相对控股公司	42.8571	42.9021	78.2899	62.3609	3855
000703	恒逸石化	广西	西部	C	无国有股份公司	85.7143	48.2121	81.1979	70.1045	1969
000705	浙江震元	浙江	东部	F	国有弱相对控股公司	57.1429	49.3622	81.8230	67.9937	2629
000707	双环科技	湖北	中部	C	国有弱相对控股公司	71.4286	44.3791	71.5591	62.0330	3912
000708	中信特钢	湖北	中部	C	国有参股公司	100.0000	50.1496	87.7895	75.8366	513
000709	河钢股份	河北	东部	C	国有绝对控股公司	57.1429	51.1438	75.6271	65.2095	3291
000710	贝瑞基因	四川	西部	M	无国有股份公司	28.5714	48.2106	72.4625	59.5852	4235
000711	*ST京蓝	黑龙江	东北	E	无国有股份公司	42.8571	41.2136	68.4056	56.3335	4446
000713	丰乐种业	安徽	中部	A	国有弱相对控股公司	42.8571	48.4974	82.3665	66.5614	2956
000715	中兴商业	辽宁	东北	F	国有参股公司	57.1429	41.6278	83.5836	66.2550	3042

续表

股票代码	公司简称	省份	地区	行业代码	控股类型	环境保护（*EP*）	社会责任（*SR*）	公司治理（*CG*）	上市公司质量/ESG指数（*CLCQI*/*ESGI*）	*CLCQI*/*ESGI*排名
000716	黑芝麻	广西	西部	C	国有参股公司	57.1429	55.2162	80.7487	69.4517	2175
000717	中南股份	广东	东部	C	国有绝对控股公司	85.7143	50.4158	86.0120	73.5235	1002
000718	苏宁环球	吉林	东部	K	国有参股公司	42.8571	44.2058	73.8871	60.3956	4148
000719	中原传媒	河南	中部	R	国有绝对控股公司	28.5714	49.0430	87.8627	68.3467	2516
000720	新能泰山	山东	东部	K	国有强相对控股公司	100.0000	45.1014	77.3121	68.3071	2529
000721	西安饮食	陕西	西部	H	国有强相对控股公司	28.5714	53.4918	83.6104	67.5650	2733
000722	湖南发展	湖南	中部	D	国有绝对控股公司	14.2857	48.4386	82.9251	63.9909	3558
000723	美锦能源	山西	中部	C	无国有股份公司	28.5714	54.1585	68.6256	59.5567	4240
000725	京东方A	北京	东部	C	国有弱相对控股公司	85.7143	51.8681	84.7738	73.3509	1049
000726	鲁泰A	山东	东部	C	国有参股公司	100.0000	57.3311	78.9046	73.4634	1018
000727	冠捷科技	江苏	东部	C	国有强相对控股公司	85.7143	50.5910	87.0576	74.1599	839
000729	燕京啤酒	北京	东部	C	国有绝对控股公司	42.8571	59.4967	85.8370	72.3199	1291
000731	四川美丰	四川	西部	C	国有弱相对控股公司	71.4286	62.2832	90.9624	78.9713	150
000732	ST泰禾	福建	东部	K	国有参股公司	57.1429	39.9702	73.2413	59.9865	4194
000733	振华科技	贵州	西部	C	国有强相对控股公司	28.5714	50.4226	86.9459	68.3253	2521
000735	罗牛山	海南	东部	A	无国有股份公司	85.7143	49.2577	80.2982	69.9756	2018
000736	中交地产	重庆	西部	K	国有绝对控股公司	14.2857	42.4663	84.9494	63.0140	3742
000737	北方铜业	山西	中部	C	国有绝对控股公司	42.8571	35.4962	85.6045	63.7918	3606
000738	航发控制	江苏	东部	C	国有绝对控股公司	28.5714	53.6829	90.3825	71.3565	1560
000739	普洛药业	浙江	东部	C	无国有股份公司	57.1429	50.1226	79.3755	66.9137	2879
000751	锌业股份	辽宁	东北	C	无国有股份公司	57.1429	51.7601	74.5780	64.8482	3370
000752	*ST西发	西藏	西部	C	国有参股公司	42.8571	37.0111	64.9281	52.9501	4522
000753	漳州发展	福建	东部	F	国有强相对控股公司	57.1429	46.0594	84.7199	68.4310	2490
000755	山西路桥	山西	中部	G	国有绝对控股公司	42.8571	37.4083	82.3514	62.6719	3800
000756	新华制药	山东	东部	C	国有强相对控股公司	71.4286	63.8718	85.9579	76.7748	394
000757	浩物股份	四川	西部	F	国有强相对控股公司	42.8571	50.7130	85.3494	68.9774	2331
000758	中色股份	北京	东部	B	国有强相对控股公司	100.0000	51.1529	83.3884	73.7671	931
000759	中百集团	湖北	中部	F	国有强相对控股公司	42.8571	42.6568	80.4069	63.4394	3670
000761	本钢板材	辽宁	东北	C	国有绝对控股公司	28.5714	49.2989	78.3394	63.1985	3714
000762	西藏矿业	西藏	西部	B	国有弱相对控股公司	100.0000	54.5061	79.3259	72.7064	1207
000766	通化金马	吉林	东部	C	国有参股公司	42.8571	49.4990	89.2715	70.7097	1777
000767	晋控电力	山西	中部	D	国有强相对控股公司	71.4286	56.4732	74.5905	67.9333	2645
000768	中航西飞	陕西	西部	C	国有绝对控股公司	57.1429	54.2346	81.1620	69.3355	2217
000777	中核科技	江苏	东部	C	国有弱相对控股公司	71.4286	58.7292	83.2211	73.4697	1014
000778	新兴铸管	河北	东部	C	国有强相对控股公司	100.0000	50.7880	78.3099	70.8462	1730

续表

股票代码	公司简称	省份	地区	行业代码	控股类型	环境保护（*EP*）	社会责任（*SR*）	公司治理（*CG*）	上市公司质量/ESG指数（*CLCQI/ESGI*）	*CLCQI/ESGI*排名
000779	甘咨询	甘肃	西部	M	国有绝对控股公司	71.4286	41.3786	88.8488	70.4922	1844
000782	美达股份	广东	东部	C	无国有股份公司	57.1429	44.7939	83.0467	67.0678	2846
000785	居然之家	湖北	中部	L	国有参股公司	42.8571	42.6253	81.6461	64.1099	3536
000786	北新建材	北京	东部	C	国有强相对控股公司	100.0000	47.2469	90.0374	76.0570	483
000788	北大医药	重庆	西部	C	无国有股份公司	28.5714	50.8710	83.0203	66.3232	3016
000789	万年青	江西	中部	C	国有强相对控股公司	85.7143	51.9645	86.1596	74.1468	841
000790	华神科技	四川	西部	C	国有参股公司	71.4286	47.4699	80.5744	68.0733	2602
000791	甘肃能源	甘肃	西部	D	国有绝对控股公司	28.5714	45.3565	78.6277	61.9772	3920
000792	盐湖股份	青海	西部	C	国有强相对控股公司	71.4286	63.5908	85.4107	76.3755	436
000793	华闻集团	海南	东部	R	国有弱相对控股公司	71.4286	40.8330	80.8198	65.8853	3141
000795	英洛华	浙江	东部	C	无国有股份公司	57.1429	43.1087	76.2910	62.7624	3784
000796	*ST凯撒	海南	东部	L	无国有股份公司	42.8571	45.5080	68.0681	57.6510	4385
000797	中国武夷	福建	东部	K	国有绝对控股公司	85.7143	54.1941	82.3668	72.8411	1167
000798	中水渔业	北京	东部	A	国有绝对控股公司	14.2857	45.4018	84.5656	63.8303	3598
000799	酒鬼酒	湖南	中部	C	国有强相对控股公司	100.0000	56.2222	74.7550	70.7930	1750
000800	一汽解放	吉林	东部	C	国有绝对控股公司	71.4286	60.6272	73.5232	68.8001	2383
000801	四川九洲	四川	西部	C	国有绝对控股公司	42.8571	50.3752	74.5600	62.9250	3756
000802	北京文化	北京	东部	R	国有参股公司	42.8571	40.7413	76.3056	60.5133	4132
000803	山高环能	四川	西部	N	国有参股公司	42.8571	41.2767	93.5741	70.1983	1937
000807	云铝股份	云南	西部	C	国有强相对控股公司	71.4286	52.6205	84.2119	71.8766	1415
000809	铁岭新城	辽宁	东北	N	国有强相对控股公司	42.8571	40.4244	68.8794	56.3179	4448
000810	创维数字	四川	西部	C	国有参股公司	85.7143	62.6267	87.1002	78.3959	202
000811	冰轮环境	山东	东部	C	国有弱相对控股公司	71.4286	49.3885	83.4287	70.3146	1905
000812	陕西金叶	陕西	西部	C	国有参股公司	57.1429	46.6052	75.2745	63.4271	3672
000813	德展健康	新疆	西部	C	国有参股公司	71.4286	43.4981	77.8153	65.1656	3304
000815	美利云	宁夏	西部	C	国有强相对控股公司	71.4286	46.7266	78.3811	66.6067	2942
000816	智慧农业	江苏	东部	C	无国有股份公司	28.5714	53.1090	89.4240	70.6285	1799
000818	航锦科技	辽宁	东北	C	国有弱相对控股公司	71.4286	40.9649	91.7270	71.9304	1400
000819	岳阳兴长	湖南	中部	C	国有弱相对控股公司	71.4286	52.9457	73.7522	66.2375	3046
000820	神雾节能	江西	中部	C	国有参股公司	28.5714	31.9831	74.4764	55.0133	4480
000821	京山轻机	湖北	中部	C	无国有股份公司	28.5714	46.9508	76.0012	61.0906	4052
000822	山东海化	山东	东部	C	国有强相对控股公司	100.0000	50.4175	79.4330	71.3343	1573
000823	超声电子	广东	东部	C	国有强相对控股公司	85.7143	54.6870	78.9794	71.1506	1628
000825	太钢不锈	山西	中部	C	国有绝对控股公司	71.4286	54.9307	79.2496	69.9559	2027
000826	启迪环境	湖北	中部	N	国有参股公司	57.1429	40.4328	77.2255	62.3398	3860

续表

股票代码	公司简称	省份	地区	行业代码	控股类型	环境保护（*EP*）	社会责任（*SR*）	公司治理（*CG*）	上市公司质量/ESG指数（*CLCQI*/*ESGI*）	*CLCQI*/*ESGI*排名
000828	东莞控股	广东	东部	G	国有绝对控股公司	14.2857	49.3727	79.7028	62.5456	3825
000829	天音控股	江西	中部	F	国有弱相对控股公司	28.5714	50.3644	71.3128	59.7067	4227
000830	鲁西化工	山东	东部	C	国有强相对控股公司	71.4286	53.5292	79.6896	69.7074	2099
000831	中国稀土	江西	中部	C	国有强相对控股公司	100.0000	54.9595	83.0980	74.9397	676
000833	粤桂股份	广西	西部	S	国有绝对控股公司	100.0000	54.0975	84.2076	75.2483	623
000836	富通信息	天津	东部	C	无国有股份公司	57.1429	49.1547	80.9857	67.4606	2763
000837	秦川机床	陕西	西部	C	国有强相对控股公司	71.4286	49.2081	74.4751	65.3270	3254
000838	财信发展	重庆	西部	K	无国有股份公司	28.5714	43.4906	84.0446	64.3034	3489
000839	ST国安	北京	东部	I	无国有股份公司	71.4286	33.4292	71.2865	58.0507	4364
000848	承德露露	河北	东部	C	无国有股份公司	28.5714	50.9349	83.7656	66.7554	2913
000850	华茂股份	安徽	中部	C	国有强相对控股公司	28.5714	45.0091	78.2734	61.6607	3972
000851	高鸿股份	贵州	西部	F	国有弱相对控股公司	14.2857	48.8466	78.4911	61.6950	3966
000852	石化机械	湖北	中部	C	国有绝对控股公司	85.7143	59.1829	75.4883	70.8040	1748
000856	冀东装备	河北	东部	C	国有弱相对控股公司	28.5714	48.4401	74.4764	60.7732	4095
000858	五粮液	四川	西部	C	国有绝对控股公司	100.0000	59.3745	78.7595	74.0988	854
000859	国风新材	安徽	中部	C	国有弱相对控股公司	85.7143	44.4434	88.8913	73.0168	1135
000860	顺鑫农业	北京	东部	C	国有强相对控股公司	71.4286	45.5400	83.7111	69.1230	2284
000861	海印股份	广东	东部	L	无国有股份公司	42.8571	44.1512	75.1968	61.0969	4051
000862	银星能源	宁夏	西部	D	国有强相对控股公司	85.7143	64.2822	85.0591	77.8527	261
000863	三湘印象	上海	东部	K	国有参股公司	42.8571	42.4981	70.6597	58.0229	4367
000868	安凯客车	安徽	中部	C	国有强相对控股公司	71.4286	37.9783	69.2261	58.5096	4332
000869	张裕A	山东	东部	C	无国有股份公司	85.7143	50.0920	80.3948	70.3207	1901
000875	吉电股份	吉林	东部	D	国有强相对控股公司	85.7143	50.3018	83.9620	72.3561	1283
000876	新希望	四川	西部	C	无国有股份公司	100.0000	55.7268	77.1116	71.9157	1404
000877	天山股份	新疆	西部	C	国有绝对控股公司	71.4286	57.1082	90.5206	76.9171	367
000878	云南铜业	云南	西部	C	国有强相对控股公司	57.1429	57.9672	87.3682	74.0553	862
000880	潍柴重机	山东	东部	C	国有绝对控股公司	100.0000	48.9762	74.7816	68.2716	2542
000881	中广核技	辽宁	东北	C	国有弱相对控股公司	85.7143	51.9192	78.0711	69.6823	2110
000882	华联股份	北京	东部	L	无国有股份公司	57.1429	50.7019	78.8451	66.8247	2899
000883	湖北能源	湖北	中部	D	国有绝对控股公司	85.7143	48.1175	81.0086	69.9673	2022
000885	城发环境	河南	中部	G	国有绝对控股公司	85.7143	41.3958	82.6925	68.5408	2460
000886	海南高速	海南	东部	K	国有弱相对控股公司	71.4286	49.4755	86.6180	72.0992	1362
000887	中鼎股份	安徽	中部	C	无国有股份公司	100.0000	58.9517	83.2006	76.3934	433
000888	峨眉山A	四川	西部	N	国有强相对控股公司	85.7143	50.4410	86.2658	73.6720	960
000889	ST中嘉	河北	东部	I	国有参股公司	42.8571	44.7499	81.4657	64.7543	3394

续表

股票代码	公司简称	省份	地区	行业代码	控股类型	环境保护（*EP*）	社会责任（*SR*）	公司治理（*CG*）	上市公司质量/ESG指数（*CLCQI/ESGI*）	*CLCQI/ESGI*排名
000890	法尔胜	江苏	东部	C	无国有股份公司	42.8571	37.0177	69.5214	55.4787	4469
000892	欢瑞世纪	重庆	西部	R	无国有股份公司	57.1429	29.3170	65.5489	52.0272	4540
000893	亚钾国际	广东	东部	C	无国有股份公司	28.5714	39.7569	83.7971	62.8605	3766
000895	双汇发展	河南	中部	C	国有参股公司	100.0000	62.3655	84.2729	78.1780	228
000897	津滨发展	天津	东部	K	国有弱相对控股公司	14.2857	46.7553	77.3121	60.3146	4158
000898	鞍钢股份	辽宁	东北	C	国有绝对控股公司	85.7143	57.9077	87.2230	76.8118	386
000899	赣能股份	江西	中部	D	国有绝对控股公司	42.8571	56.5032	81.8888	69.1006	2296
000900	现代投资	湖南	中部	G	国有强相对控股公司	42.8571	50.1917	81.1167	66.4670	2981
000901	航天科技	黑龙江	东北	C	国有强相对控股公司	28.5714	46.3110	86.5821	66.6862	2920
000902	新洋丰	湖北	中部	C	无国有股份公司	57.1429	58.0894	89.6644	75.3610	600
000903	云内动力	云南	西部	C	国有强相对控股公司	42.8571	44.9762	77.4006	62.5977	3812
000905	厦门港务	福建	东部	G	国有绝对控股公司	85.7143	48.9311	81.2226	70.3697	1884
000906	浙商中拓	浙江	东部	F	国有强相对控股公司	100.0000	53.0297	81.8637	73.5854	989
000908	景峰医药	湖南	中部	C	国有参股公司	42.8571	44.3844	77.1235	62.2382	3877
000909	ST数源	浙江	东部	K	国有强相对控股公司	42.8571	52.7924	72.7149	62.7562	3787
000910	大亚圣象	江苏	东部	C	无国有股份公司	14.2857	43.3954	79.1336	60.1404	4180
000911	南宁糖业	广西	西部	C	国有绝对控股公司	42.8571	48.6531	80.8871	65.8022	3158
000912	泸天化	四川	西部	C	国有强相对控股公司	71.4286	54.3715	81.5417	71.0208	1668
000913	钱江摩托	浙江	东部	C	国有参股公司	100.0000	54.6637	74.4183	70.0623	1985
000915	华特达因	山东	东部	C	国有弱相对控股公司	57.1429	47.8695	81.6347	67.3677	2781
000917	电广传媒	湖南	中部	I	国有弱相对控股公司	42.8571	41.8619	78.1603	61.9256	3928
000919	金陵药业	江苏	东部	C	国有绝对控股公司	57.1429	56.5523	83.6787	71.5309	1510
000920	沃顿科技	贵州	西部	C	国有绝对控股公司	85.7143	67.5694	86.6972	79.9042	99
000921	海信家电	广东	东部	C	无国有股份公司	100.0000	49.1700	83.6444	73.2139	1084
000922	佳电股份	黑龙江	东北	C	国有强相对控股公司	71.4286	35.1532	82.1114	64.6078	3429
000923	河钢资源	河北	东部	B	国有强相对控股公司	100.0000	55.4274	84.4049	75.8223	516
000925	众合科技	浙江	东部	C	国有参股公司	71.4286	53.3951	88.3601	74.4292	780
000926	福星股份	湖北	中部	K	无国有股份公司	71.4286	48.5114	78.7500	67.4344	2769
000927	中国铁物	天津	东部	F	国有绝对控股公司	100.0000	52.2309	77.0782	70.6738	1783
000928	中钢国际	吉林	东部	E	国有绝对控股公司	85.7143	65.6139	82.7139	77.0289	348
000929	兰州黄河	甘肃	西部	C	国有参股公司	71.4286	43.7442	72.8106	62.4992	3829
000930	中粮科技	安徽	中部	C	无国有股份公司	71.4286	56.8007	74.6565	68.0842	2599
000931	中关村	北京	东部	C	国有参股公司	57.1429	43.5890	89.8541	70.3902	1878
000932	华菱钢铁	湖南	中部	C	国有强相对控股公司	71.4286	50.8331	81.5040	69.7616	2081
000933	神火股份	河南	中部	C	国有弱相对控股公司	71.4286	54.0479	88.1227	74.5271	766

续表

股票代码	公司简称	省份	地区	行业代码	控股类型	环境保护（EP）	社会责任（SR）	公司治理（CG）	上市公司质量/ESG指数（CLCQI/ESGI）	CLCQI/ESGI排名
000935	四川双马	四川	西部	C	无国有股份公司	85.7143	51.0681	82.2413	71.6780	1474
000936	华西股份	江苏	东部	C	国有参股公司	57.1429	39.7884	80.0203	63.6514	3639
000937	冀中能源	河北	东部	B	国有绝对控股公司	71.4286	54.2106	85.1319	72.9391	1145
000938	紫光股份	北京	东部	C	国有参股公司	71.4286	46.9222	84.3246	69.9442	2029
000948	南天信息	云南	西部	I	国有强相对控股公司	85.7143	53.4473	84.4045	73.7004	952
000949	新乡化纤	河南	中部	C	国有强相对控股公司	71.4286	47.0531	81.9949	68.7086	2405
000950	重药控股	重庆	西部	F	国有绝对控股公司	57.1429	52.4037	73.4270	64.4404	3465
000951	中国重汽	山东	东部	C	国有绝对控股公司	57.1429	50.3393	86.3362	70.8180	1740
000952	广济药业	湖北	中部	C	国有弱相对控股公司	57.1429	47.3479	77.8121	65.0827	3331
000953	河化股份	广西	西部	C	国有参股公司	57.1429	41.6242	78.9064	63.6813	3632
000955	欣龙控股	海南	东部	C	国有参股公司	85.7143	50.4008	77.5305	68.8535	2368
000957	中通客车	山东	东部	C	国有强相对控股公司	85.7143	50.2992	66.8194	62.9268	3755
000959	首钢股份	北京	东部	C	国有绝对控股公司	85.7143	54.7674	85.5694	74.8032	702
000960	锡业股份	云南	西部	C	国有强相对控股公司	100.0000	51.5386	82.3003	73.3036	1062
000961	中南建设	江苏	东部	K	国有参股公司	57.1429	53.5295	72.0287	64.0654	3543
000962	东方钽业	宁夏	西部	C	国有强相对控股公司	100.0000	63.2344	92.6282	83.0775	23
000963	华东医药	浙江	东部	F	国有参股公司	57.1429	60.8392	83.4535	72.9074	1153
000965	天保基建	天津	东部	K	国有绝对控股公司	14.2857	45.7888	77.8524	60.2735	4166
000966	长源电力	湖北	中部	D	国有绝对控股公司	71.4286	48.6616	88.6832	72.9502	1144
000967	盈峰环境	浙江	东部	N	国有参股公司	57.1429	48.2031	87.2123	70.5521	1821
000968	蓝焰控股	山西	中部	B	国有绝对控股公司	57.1429	48.4690	83.7515	68.7418	2393
000969	安泰科技	北京	东部	C	国有强相对控股公司	71.4286	45.8588	77.7893	65.9775	3114
000970	中科三环	北京	东部	C	国有弱相对控股公司	100.0000	54.6464	77.0865	71.5238	1512
000971	ST高升	湖北	中部	I	无国有股份公司	57.1429	31.6384	68.3339	54.3714	4495
000972	中基健康	新疆	西部	C	国有强相对控股公司	71.4286	39.2026	71.7665	60.3353	4154
000973	佛塑科技	广东	东部	C	国有弱相对控股公司	71.4286	47.0010	94.0139	75.3008	613
000975	银泰黄金	内蒙古	西部	B	无国有股份公司	42.8571	48.5076	75.7214	62.9102	3759
000976	ST华铁	广东	东部	C	无国有股份公司	85.7143	51.8290	70.8161	65.6604	3181
000977	浪潮信息	山东	东部	C	国有强相对控股公司	100.0000	59.6270	77.8528	73.6885	955
000978	桂林旅游	广西	西部	N	国有强相对控股公司	57.1429	48.4166	71.9989	62.2595	3875
000980	众泰汽车	浙江	东部	C	无国有股份公司	42.8571	41.5364	70.7574	57.7400	4379
000981	山子股份	甘肃	西部	C	国有参股公司	14.2857	44.5878	73.5291	57.4753	4395
000982	中银绒业	宁夏	西部	C	国有参股公司	14.2857	45.7812	79.4342	61.1408	4043
000983	山西焦煤	山西	中部	B	国有绝对控股公司	57.1429	56.7516	77.9567	68.4536	2480
000985	大庆华科	黑龙江	东北	C	国有绝对控股公司	71.4286	53.1914	78.4772	68.9223	2348

续表

股票代码	公司简称	省份	地区	行业代码	控股类型	环境保护（*EP*）	社会责任（*SR*）	公司治理（*CG*）	上市公司质量/ESG指数（*CLCQI*/*ESGI*）	*CLCQI*/*ESGI*排名
000988	华工科技	湖北	中部	C	国有参股公司	100.0000	50.7514	82.5859	73.1852	1092
000989	九芝堂	湖南	中部	C	国有参股公司	85.7143	45.3898	83.9684	70.6405	1795
000990	诚志股份	江西	中部	C	国有强相对控股公司	57.1429	48.3869	84.8542	69.3195	2223
000993	闽东电力	福建	东部	D	国有绝对控股公司	85.7143	43.1433	75.6117	65.2580	3276
000995	*ST皇台	甘肃	西部	C	国有弱相对控股公司	42.8571	48.2595	71.9789	60.7650	4096
000996	*ST中期	北京	东部	F	无国有股份公司	42.8571	47.7722	62.6756	55.4776	4470
000997	新大陆	福建	东部	I	国有参股公司	57.1429	51.1755	75.9415	65.3935	3240
000998	隆平高科	湖南	中部	A	国有弱相对控股公司	42.8571	61.2823	85.5774	72.8021	1176
000999	华润三九	广东	东部	C	国有绝对控股公司	100.0000	54.8559	92.9399	80.3165	81
001201	东瑞股份	广东	东部	A	无国有股份公司	57.1429	41.4732	86.2777	67.6826	2707
001202	炬申股份	广东	东部	G	国有参股公司	28.5714	37.1238	76.9900	58.1950	4357
001203	大中矿业	内蒙古	西部	B	无国有股份公司	85.7143	54.4662	75.4716	69.1440	2281
001205	盛航股份	江苏	东部	G	无国有股份公司	42.8571	46.5750	83.7597	66.6548	2927
001206	依依股份	天津	东部	C	无国有股份公司	28.5714	46.1057	82.1198	64.1600	3522
001207	联科科技	山东	东部	C	无国有股份公司	100.0000	51.8125	85.3286	75.0651	655
001208	华菱线缆	湖南	中部	C	国有绝对控股公司	85.7143	60.6548	82.6525	75.2595	619
001209	洪兴股份	广东	东部	C	无国有股份公司	28.5714	40.0388	76.3776	58.8784	4295
001210	金房能源	北京	东部	D	无国有股份公司	71.4286	52.7593	72.5480	65.5100	3220
001211	双枪科技	浙江	东部	C	无国有股份公司	42.8571	53.6790	80.1059	67.1316	2833
001212	中旗新材	广东	东部	C	无国有股份公司	42.8571	54.8905	81.5102	68.3280	2519
001213	中铁特货	北京	东部	G	国有绝对控股公司	28.5714	44.9759	88.2040	67.1109	2835
001215	千味央厨	河南	中部	C	无国有股份公司	14.2857	50.5501	82.9444	64.7405	3396
001216	华瓷股份	湖南	中部	C	无国有股份公司	71.4286	49.4669	81.3778	69.2141	2254
001217	华尔泰	安徽	中部	C	无国有股份公司	71.4286	54.4967	80.1447	70.2963	1910
001218	丽臣实业	湖南	中部	C	无国有股份公司	71.4286	40.7610	85.5457	68.4593	2478
001219	青岛食品	山东	东部	C	国有强相对控股公司	28.5714	46.2737	74.3763	59.9599	4197
001234	泰慕士	江苏	东部	C	无国有股份公司	42.8571	46.7665	81.6773	65.5765	3199
001266	宏英智能	上海	东部	C	无国有股份公司	28.5714	39.3649	73.8278	57.2402	4411
001267	汇绿生态	湖北	中部	E	国有参股公司	28.5714	47.9838	77.3890	62.2155	3879
001288	运机集团	四川	西部	C	无国有股份公司	28.5714	48.6922	76.5931	62.0256	3913
001289	龙源电力	北京	东部	D	国有绝对控股公司	85.7143	60.0972	83.5691	75.5685	554
001296	长江材料	重庆	西部	C	无国有股份公司	28.5714	45.7835	73.8763	59.5133	4245
001308	康冠科技	广东	东部	C	无国有股份公司	71.4286	46.6906	90.2233	73.1074	1116
001313	粤海饲料	广东	东部	C	无国有股份公司	57.1429	47.8406	88.5009	71.1340	1633
001317	三羊马	重庆	西部	G	无国有股份公司	14.2857	47.0907	89.2032	66.9721	2867

续表

股票代码	公司简称	省份	地区	行业代码	控股类型	环境保护（*EP*）	社会责任（*SR*）	公司治理（*CG*）	上市公司质量/ESG指数（*CLCQI/ESGI*）	*CLCQI/ESGI*排名
001696	宗申动力	重庆	西部	C	无国有股份公司	71.4286	45.9631	77.4327	65.8179	3154
001872	招商港口	广东	东部	G	国有参股公司	85.7143	46.2236	91.1881	74.9031	681
001896	豫能控股	河南	中部	D	国有绝对控股公司	85.7143	43.8436	82.1863	69.1192	2286
001914	招商积余	广东	东部	K	国有绝对控股公司	71.4286	44.2652	92.6681	73.6031	987
001965	招商公路	天津	东部	G	国有绝对控股公司	100.0000	56.5474	93.0353	80.9610	62
001979	招商蛇口	广东	东部	K	国有绝对控股公司	85.7143	44.2487	89.3548	73.2036	1089
002001	新和成	浙江	东部	C	无国有股份公司	85.7143	44.7178	83.3215	70.0495	1988
002002	鸿达兴业	江苏	东部	C	国有参股公司	57.1429	47.6661	72.5649	62.3082	3867
002003	伟星股份	浙江	东部	C	无国有股份公司	57.1429	40.2706	89.8817	69.2439	2245
002004	华邦健康	重庆	西部	C	国有参股公司	57.1429	44.9824	79.7255	65.3072	3260
002005	ST德豪	安徽	中部	C	国有参股公司	57.1429	35.3781	75.1332	59.4199	4252
002006	精工科技	浙江	东部	C	国有参股公司	85.7143	49.1171	87.1153	73.6758	959
002007	华兰生物	河南	中部	C	无国有股份公司	57.1429	44.8345	83.4313	67.2936	2801
002008	大族激光	广东	东部	C	无国有股份公司	100.0000	57.9056	83.7026	76.3034	448
002009	天奇股份	江苏	东部	C	无国有股份公司	71.4286	45.9536	84.0341	69.4454	2178
002010	传化智联	浙江	东部	L	国有参股公司	100.0000	51.0733	81.1789	72.5240	1246
002011	盾安环境	浙江	东部	C	国有参股公司	71.4286	51.5376	81.8023	70.1723	1944
002012	凯恩股份	浙江	东部	C	国有参股公司	85.7143	61.2656	89.5582	79.2714	137
002014	永新股份	安徽	中部	C	无国有股份公司	71.4286	55.7916	80.9147	71.1730	1617
002015	协鑫能科	江苏	东部	D	国有参股公司	57.1429	52.5275	86.0465	71.4245	1539
002016	世荣兆业	广东	东部	K	国有参股公司	14.2857	42.7869	78.4817	59.5689	4239
002017	东信和平	广东	东部	C	国有强相对控股公司	85.7143	56.5748	83.3703	74.2263	822
002019	亿帆医药	浙江	东部	C	无国有股份公司	85.7143	53.8734	87.2253	75.4010	588
002020	京新药业	浙江	东部	C	国有参股公司	85.7143	44.7067	80.4936	68.4902	2470
002021	*ST中捷	浙江	东部	C	无国有股份公司	28.5714	35.6859	81.1380	59.9731	4196
002022	科华生物	上海	东部	C	无国有股份公司	14.2857	48.5090	87.7031	66.6434	2933
002023	海特高新	四川	西部	C	国有参股公司	57.1429	50.9385	91.2645	73.7382	940
002024	ST易购	江苏	东部	F	无国有股份公司	57.1429	48.0562	72.7801	62.5630	3820
002025	航天电器	贵州	西部	C	国有强相对控股公司	57.1429	49.2478	86.7793	70.6796	1782
002026	山东威达	山东	东部	C	无国有股份公司	28.5714	46.9980	91.6713	69.7256	2095
002027	分众传媒	广东	东部	L	无国有股份公司	57.1429	49.1192	83.8038	68.9981	2327
002028	思源电气	上海	东部	C	无国有股份公司	100.0000	48.3477	86.8503	74.6893	727
002029	七匹狼	福建	东部	C	国有参股公司	57.1429	41.0566	86.5430	67.6828	2706
002030	达安基因	广东	东部	C	国有强相对控股公司	85.7143	58.6041	90.0694	78.6210	177
002031	巨轮智能	广东	东部	C	无国有股份公司	85.7143	49.9429	84.4610	72.5050	1252

续表

股票代码	公司简称	省份	地区	行业代码	控股类型	环境保护（EP）	社会责任（SR）	公司治理（CG）	上市公司质量/ESG指数（CLCQI/ESGI）	CLCQI/ESGI排名
002032	苏泊尔	浙江	东部	C	无国有股份公司	100.0000	48.4388	85.9848	74.2452	817
002033	丽江股份	云南	西部	N	国有强相对控股公司	85.7143	54.1724	74.5636	68.5418	2458
002034	旺能环境	浙江	东部	N	无国有股份公司	57.1429	40.1787	84.2343	66.1057	3083
002035	华帝股份	广东	东部	C	无国有股份公司	85.7143	48.6930	76.0613	67.4477	2764
002036	联创电子	江西	中部	C	国有参股公司	14.2857	45.6475	80.3080	61.5746	3982
002037	保利联合	贵州	西部	C	国有强相对控股公司	57.1429	49.4260	71.4611	62.3170	3864
002038	双鹭药业	北京	东部	C	国有参股公司	71.4286	58.5928	81.2499	72.3378	1289
002039	黔源电力	贵州	西部	D	国有强相对控股公司	71.4286	41.5408	90.0305	71.1989	1607
002040	南京港	江苏	东部	G	国有绝对控股公司	85.7143	40.2616	84.0087	68.8678	2361
002041	登海种业	山东	东部	A	无国有股份公司	71.4286	43.6214	82.9408	68.0278	2614
002042	华孚时尚	安徽	中部	C	国有参股公司	71.4286	57.8790	79.5509	71.1535	1627
002043	兔宝宝	浙江	东部	C	无国有股份公司	100.0000	47.6590	72.9135	66.7831	2907
002044	美年健康	江苏	东部	Q	无国有股份公司	14.2857	45.5523	89.0541	66.3516	3006
002045	国光电器	广东	东部	C	无国有股份公司	100.0000	54.3317	78.4001	72.1361	1348
002046	国机精工	河南	中部	C	国有绝对控股公司	85.7143	50.8922	85.5516	73.4371	1028
002047	宝鹰股份	广东	东部	E	国有强相对控股公司	71.4286	52.7231	98.0734	79.5363	122
002048	宁波华翔	浙江	东部	C	无国有股份公司	71.4286	51.8187	78.8784	68.6626	2422
002049	紫光国微	河北	东部	C	无国有股份公司	71.4286	54.5365	79.8154	70.1291	1963
002050	三花智控	浙江	东部	C	无国有股份公司	71.4286	62.6704	74.3900	69.9920	2014
002051	中工国际	北京	东部	E	国有绝对控股公司	100.0000	54.4380	77.7785	71.8315	1429
002052	ST同洲	广东	东部	C	无国有股份公司	42.8571	38.5789	81.4019	62.5593	3821
002053	云南能投	云南	西部	C	国有绝对控股公司	100.0000	54.6444	87.5457	77.2757	319
002054	德美化工	广东	东部	C	国有参股公司	57.1429	53.0025	81.7105	69.2059	2258
002055	得润电子	广东	东部	C	无国有股份公司	85.7143	51.9659	78.9863	70.2019	1934
002056	横店东磁	浙江	东部	C	无国有股份公司	100.0000	55.4752	81.7461	74.3767	793
002057	中钢天源	安徽	中部	C	国有强相对控股公司	85.7143	61.2812	74.8342	71.1786	1614
002058	威尔泰	上海	东部	C	无国有股份公司	14.2857	43.8152	75.9150	58.5171	4331
002059	云南旅游	云南	西部	N	国有绝对控股公司	42.8571	45.5141	81.1428	64.8442	3371
002060	粤水电	广东	东部	E	国有强相对控股公司	85.7143	57.5130	79.7239	72.5491	1241
002061	浙江交科	浙江	东部	E	国有绝对控股公司	57.1429	58.3248	86.4400	73.6700	962
002062	宏润建设	浙江	东部	E	无国有股份公司	57.1429	55.2671	73.3128	65.3798	3243
002063	远光软件	广东	东部	I	国有弱相对控股公司	100.0000	60.5688	92.0915	81.8494	42
002064	华峰化学	浙江	东部	C	无国有股份公司	85.7143	54.2389	87.2080	75.5194	565
002065	东华软件	北京	东部	I	无国有股份公司	85.7143	53.8773	79.3595	71.0762	1648
002066	瑞泰科技	北京	东部	C	国有强相对控股公司	85.7143	45.9878	87.2011	72.6277	1219

续表

股票代码	公司简称	省份	地区	行业代码	控股类型	环境保护（*EP*）	社会责任（*SR*）	公司治理（*CG*）	上市公司质量/ESG指数（*CLCQI*/*ESGI*）	*CLCQI*/*ESGI*排名
002067	景兴纸业	浙江	东部	C	无国有股份公司	100.0000	47.9917	78.6865	70.0747	1981
002068	黑猫股份	江西	中部	C	国有强相对控股公司	71.4286	49.9334	81.9297	69.6809	2111
002069	獐子岛	辽宁	东北	A	国有弱相对控股公司	57.1429	45.3743	85.5229	68.6329	2429
002072	凯瑞德	湖北	中部	I	国有参股公司	14.2857	43.6702	70.9497	55.7355	4465
002073	软控股份	山东	东部	C	国有参股公司	57.1429	57.1131	78.2023	68.7151	2404
002074	国轩高科	安徽	中部	C	国有参股公司	100.0000	42.4685	83.5556	70.8195	1739
002075	沙钢股份	江苏	东部	C	国有参股公司	57.1429	46.1907	83.2648	67.6767	2709
002076	星光股份	广东	东部	C	国有参股公司	42.8571	44.6433	81.7096	64.8511	3368
002077	大港股份	江苏	东部	C	国有强相对控股公司	57.1429	46.4655	81.2256	66.6513	2928
002078	太阳纸业	山东	东部	C	无国有股份公司	100.0000	64.8369	83.7994	78.7826	164
002079	苏州固锝	江苏	东部	C	无国有股份公司	71.4286	60.5122	90.4206	78.0535	239
002080	中材科技	江苏	东部	C	国有绝对控股公司	100.0000	45.4747	88.7212	74.7128	721
002081	金螳螂	江苏	东部	E	无国有股份公司	85.7143	57.3659	79.5435	72.3984	1276
002082	万邦德	浙江	东部	C	无国有股份公司	71.4286	45.2747	82.5983	68.4181	2494
002083	孚日股份	山东	东部	C	国有弱相对控股公司	71.4286	40.4722	87.0980	69.2120	2255
002084	海鸥住工	广东	东部	C	无国有股份公司	57.1429	50.3961	78.0051	66.2557	3041
002085	万丰奥威	浙江	东部	C	无国有股份公司	100.0000	47.7250	79.1177	70.2185	1929
002086	*ST东洋	山东	东部	A	无国有股份公司	57.1429	40.2845	61.0014	53.3646	4510
002087	*ST新纺	河南	中部	C	国有弱相对控股公司	71.4286	46.5453	66.8999	60.2287	4169
002088	鲁阳节能	山东	东部	C	无国有股份公司	57.1429	49.5019	85.5588	70.0973	1972
002089	*ST新海	江苏	东部	C	国有参股公司	14.2857	38.7778	60.1827	48.1013	4559
002090	金智科技	江苏	东部	C	无国有股份公司	100.0000	54.0255	82.9679	74.5413	763
002091	江苏国泰	江苏	东部	F	国有强相对控股公司	42.8571	51.0102	81.1094	66.7495	2915
002092	中泰化学	新疆	西部	C	国有弱相对控股公司	85.7143	51.6527	85.1479	73.4812	1013
002093	国脉科技	福建	东部	I	国有参股公司	57.1429	46.9839	87.0405	70.0309	1997
002094	青岛金王	山东	东部	C	无国有股份公司	28.5714	43.6696	71.0578	57.2233	4412
002095	生意宝	浙江	东部	I	无国有股份公司	14.2857	44.5177	82.4632	62.3645	3854
002096	易普力	湖南	中部	C	国有绝对控股公司	71.4286	57.6883	98.0237	81.2468	54
002097	山河智能	湖南	中部	C	国有弱相对控股公司	100.0000	61.3062	86.3561	78.9530	151
002098	浔兴股份	福建	东部	C	无国有股份公司	28.5714	43.9135	82.7774	63.7544	3618
002099	海翔药业	浙江	东部	C	无国有股份公司	42.8571	47.3574	88.2190	69.3813	2200
002100	天康生物	新疆	西部	C	国有弱相对控股公司	14.2857	47.4803	82.2775	63.2993	3700
002101	广东鸿图	广东	东部	C	国有绝对控股公司	85.7143	52.1686	81.5952	71.7078	1467
002102	冠福股份	福建	东部	C	国有弱相对控股公司	71.4286	50.7975	78.7587	68.2393	2555
002103	广博股份	浙江	东部	L	国有参股公司	42.8571	43.0849	84.5636	65.8754	3143

续表

股票代码	公司简称	省份	地区	行业代码	控股类型	环境保护（*EP*）	社会责任（*SR*）	公司治理（*CG*）	上市公司质量/ESG指数（*CLCQI/ESGI*）	*CLCQI/ESGI*排名
002104	恒宝股份	江苏	东部	C	无国有股份公司	57.1429	49.4920	83.3621	68.8856	2358
002105	信隆健康	广东	东部	C	无国有股份公司	71.4286	58.2265	84.7073	74.1112	849
002106	莱宝高科	广东	东部	C	国有弱相对控股公司	85.7143	50.9603	91.2930	76.6186	408
002107	沃华医药	山东	东部	C	国有参股公司	28.5714	53.8244	77.4352	64.2851	3492
002108	沧州明珠	河北	东部	C	无国有股份公司	100.0000	44.8032	84.0229	71.8937	1412
002109	兴化股份	陕西	西部	C	国有绝对控股公司	100.0000	51.9980	78.4320	71.3369	1568
002110	三钢闽光	福建	东部	C	国有绝对控股公司	100.0000	59.3576	85.2705	77.6740	276
002111	威海广泰	山东	东部	C	国有参股公司	57.1429	53.8302	74.8907	65.7447	3165
002112	三变科技	浙江	东部	C	国有弱相对控股公司	71.4286	54.8960	82.0720	71.4961	1519
002113	*ST天润	湖南	中部	I	国有参股公司	14.2857	28.6708	66.6381	48.1143	4558
002114	罗平锌电	云南	西部	C	国有弱相对控股公司	85.7143	46.5008	78.3231	67.9244	2650
002115	三维通信	浙江	东部	L	国有参股公司	57.1429	49.8933	78.3199	66.2529	3043
002116	中国海诚	上海	东部	E	国有绝对控股公司	100.0000	60.5282	76.0617	73.0188	1133
002117	东港股份	山东	东部	C	国有参股公司	71.4286	44.9593	81.7957	67.8663	2662
002118	*ST紫鑫	吉林	东部	C	国有参股公司	14.2857	44.1067	72.9828	57.0065	4422
002119	康强电子	浙江	东部	C	无国有股份公司	71.4286	48.8092	87.0167	72.0853	1364
002120	韵达股份	浙江	东部	G	无国有股份公司	71.4286	49.1971	77.2499	66.8493	2896
002121	科陆电子	广东	东部	C	国有弱相对控股公司	57.1429	58.7977	86.0213	73.6052	985
002122	汇洲智能	浙江	东部	C	国有参股公司	28.5714	39.3593	79.5718	60.3974	4147
002123	梦网科技	辽宁	东北	I	无国有股份公司	14.2857	50.3571	80.9661	63.5849	3652
002124	天邦食品	浙江	东部	A	无国有股份公司	71.4286	54.2444	80.2464	70.2640	1916
002125	湘潭电化	湖南	中部	C	国有强相对控股公司	85.7143	55.3074	81.0057	72.4822	1256
002126	银轮股份	浙江	东部	C	无国有股份公司	85.7143	58.2860	96.6354	82.1210	35
002127	南极电商	江苏	东部	L	无国有股份公司	42.8571	49.7384	89.4735	70.9046	1709
002128	电投能源	内蒙古	西部	B	国有绝对控股公司	71.4286	56.0241	84.6962	73.3342	1054
002129	TCL中环	天津	东部	C	国有参股公司	100.0000	46.3881	79.1177	69.7506	2084
002130	沃尔核材	广东	东部	C	无国有股份公司	85.7143	49.4389	84.8445	72.5395	1242
002131	利欧股份	浙江	东部	I	国有参股公司	71.4286	41.3353	74.0777	62.3529	3857
002132	恒星科技	河南	中部	C	无国有股份公司	71.4286	39.5192	82.2588	66.2169	3054
002133	广宇集团	浙江	东部	K	国有参股公司	28.5714	42.3288	77.6450	60.3770	4152
002134	天津普林	天津	东部	C	国有参股公司	85.7143	47.7574	80.9500	69.8090	2066
002135	东南网架	浙江	东部	C	无国有股份公司	85.7143	56.5887	86.2675	75.8246	515
002136	安纳达	安徽	中部	C	国有参股公司	85.7143	63.9193	79.0334	74.4115	785
002137	实益达	广东	东部	C	无国有股份公司	28.5714	41.4226	80.0367	61.3752	4011
002138	顺络电子	广东	东部	C	国有弱相对控股公司	57.1429	51.4945	86.8105	71.4832	1522

续表

股票代码	公司简称	省份	地区	行业代码	控股类型	环境保护（EP）	社会责任（SR）	公司治理（CG）	上市公司质量/ESG指数（CLCQI/ESGI）	CLCQI/ESGI排名
002139	拓邦股份	广东	东部	C	国有弱相对控股公司	85.7143	49.3987	85.7469	73.0218	1132
002140	东华科技	安徽	中部	E	国有绝对控股公司	85.7143	47.7138	78.0483	68.1978	2568
002141	贤丰控股	广东	东部	C	无国有股份公司	57.1429	47.1623	79.6546	66.0311	3103
002144	宏达高科	浙江	东部	C	国有参股公司	71.4286	50.2347	72.4725	64.5849	3433
002145	中核钛白	甘肃	西部	C	国有参股公司	85.7143	59.9283	84.0355	75.7659	522
002146	荣盛发展	河北	东部	K	无国有股份公司	71.4286	50.8771	78.4925	68.1207	2589
002148	北纬科技	北京	东部	I	无国有股份公司	57.1429	42.9668	73.4810	61.1672	4040
002149	西部材料	陕西	西部	C	国有强相对控股公司	42.8571	53.0754	84.3759	69.2688	2236
002150	通润装备	江苏	东部	C	国有参股公司	57.1429	55.1703	74.8594	66.1966	3058
002151	北斗星通	北京	东部	C	国有参股公司	14.2857	44.4659	88.9316	65.9040	3134
002152	广电运通	广东	东部	C	国有绝对控股公司	71.4286	53.7204	89.8908	75.3849	592
002153	石基信息	北京	东部	I	国有参股公司	28.5714	54.1119	81.4142	66.5741	2949
002154	报喜鸟	浙江	东部	C	国有参股公司	85.7143	46.4101	83.7676	70.8872	1714
002155	湖南黄金	湖南	中部	B	国有强相对控股公司	71.4286	55.3899	86.7464	74.2398	818
002156	通富微电	江苏	东部	C	国有参股公司	85.7143	51.3323	97.2527	80.0268	92
002157	*ST正邦	江西	中部	A	国有参股公司	42.8571	39.8056	60.3025	51.3841	4545
002158	汉钟精机	上海	东部	C	无国有股份公司	57.1429	47.0546	88.8493	71.0505	1656
002159	三特索道	湖北	中部	N	国有参股公司	28.5714	54.1236	76.8169	64.0497	3548
002160	常铝股份	江苏	东部	C	国有参股公司	28.5714	40.1159	83.0303	62.5644	3818
002161	远望谷	广东	东部	C	无国有股份公司	85.7143	53.9534	82.6350	72.9044	1155
002162	悦心健康	上海	东部	C	无国有股份公司	100.0000	50.3621	86.2617	75.0707	654
002163	海南发展	广东	东部	E	国有强相对控股公司	71.4286	47.4160	84.5642	70.2488	1919
002164	宁波东力	浙江	东部	C	国有参股公司	42.8571	39.4607	71.6366	57.4971	4394
002165	红宝丽	江苏	东部	C	国有参股公司	85.7143	53.9836	84.5346	73.9597	883
002166	莱茵生物	广西	西部	C	无国有股份公司	85.7143	59.6506	80.1494	73.5313	998
002167	东方锆业	广东	东部	C	无国有股份公司	71.4286	59.7155	78.6264	71.2878	1583
002168	惠程科技	广东	东部	I	国有弱相对控股公司	42.8571	40.6487	80.4312	62.7499	3788
002169	智光电气	广东	东部	C	无国有股份公司	100.0000	55.8702	81.8605	74.5779	757
002170	芭田股份	广东	东部	C	无国有股份公司	57.1429	50.4406	96.0036	76.1705	463
002171	楚江新材	安徽	中部	C	国有参股公司	71.4286	44.5866	81.7943	67.7351	2692
002172	澳洋健康	江苏	东部	C	无国有股份公司	14.2857	41.6718	72.5550	55.9190	4460
002173	创新医疗	浙江	东部	Q	无国有股份公司	57.1429	33.4279	79.0055	60.8671	4080
002174	游族网络	福建	东部	I	无国有股份公司	14.2857	54.3704	88.6562	69.2191	2251
002175	东方智造	广西	西部	C	国有参股公司	14.2857	45.5521	77.1853	59.8237	4214
002176	江特电机	江西	中部	C	国有参股公司	57.1429	47.7020	85.6182	69.5000	2166

续表

股票代码	公司简称	省份	地区	行业代码	控股类型	环境保护（*EP*）	社会责任（*SR*）	公司治理（*CG*）	上市公司质量/ESG指数（*CLCQI/ESGI*）	*CLCQI/ESGI*排名
002177	御银股份	广东	东部	C	无国有股份公司	28.5714	41.9435	81.3839	62.2985	3869
002178	延华智能	上海	东部	M	无国有股份公司	57.1429	45.4331	69.5475	59.8670	4207
002179	中航光电	河南	中部	C	国有强相对控股公司	85.7143	61.5508	88.4873	78.7823	165
002180	纳思达	广东	东部	C	无国有股份公司	85.7143	52.9969	88.1556	75.6059	545
002181	粤传媒	广东	东部	L	国有绝对控股公司	71.4286	43.8055	82.7101	67.9654	2633
002182	云海金属	江苏	东部	C	国有参股公司	42.8571	46.8555	75.0225	61.9476	3925
002183	怡亚通	广东	东部	L	国有弱相对控股公司	14.2857	39.6099	84.7101	61.8826	3936
002184	海得控制	上海	东部	C	无国有股份公司	57.1429	52.3062	80.8104	68.4672	2475
002185	华天科技	甘肃	西部	C	国有参股公司	85.7143	50.7742	85.8173	73.5419	997
002186	全聚德	北京	东部	H	国有强相对控股公司	14.2857	52.9054	86.5656	67.5565	2735
002187	广百股份	广东	东部	F	国有绝对控股公司	100.0000	51.1870	74.1499	68.6979	2409
002188	中天服务	浙江	东部	L	无国有股份公司	71.4286	43.1122	75.8878	63.9705	3563
002189	中光学	河南	中部	C	国有强相对控股公司	100.0000	52.8689	79.3268	72.1338	1351
002190	成飞集成	四川	西部	C	国有绝对控股公司	100.0000	54.8066	88.0492	77.6094	282
002191	劲嘉股份	广东	东部	C	无国有股份公司	28.5714	39.8168	76.1605	58.6813	4315
002192	融捷股份	广东	东部	B	无国有股份公司	57.1429	54.0843	75.6096	66.2291	3050
002193	如意集团	山东	东部	C	国有参股公司	71.4286	54.2718	78.9859	69.5803	2141
002194	武汉凡谷	湖北	中部	C	国有弱相对控股公司	57.1429	47.0169	86.7685	69.8929	2040
002195	二三四五	上海	东部	I	无国有股份公司	14.2857	50.5342	79.6454	62.9205	3758
002196	方正电机	浙江	东部	C	无国有股份公司	28.5714	59.1393	89.6535	72.8654	1164
002197	证通电子	广东	东部	I	无国有股份公司	57.1429	55.4746	75.5241	66.6686	2923
002198	嘉应制药	广东	东部	C	国有参股公司	28.5714	39.6795	84.6481	63.3014	3699
002199	东晶电子	浙江	东部	C	无国有股份公司	42.8571	49.0498	86.7764	69.1802	2269
002200	ST交投	云南	西部	A	国有弱相对控股公司	57.1429	43.3702	72.5824	60.8141	4090
002201	正威新材	江苏	东部	C	无国有股份公司	71.4286	50.4872	85.5044	71.8408	1427
002202	金风科技	新疆	西部	C	国有参股公司	71.4286	59.2246	89.9264	77.3310	315
002203	海亮股份	浙江	东部	C	无国有股份公司	85.7143	48.1881	87.3265	73.4668	1017
002204	大连重工	辽宁	东北	C	国有绝对控股公司	85.7143	51.5509	95.0364	78.8842	155
002205	国统股份	新疆	西部	C	国有强相对控股公司	57.1429	56.4520	89.6766	74.7946	704
002206	海利得	浙江	东部	C	无国有股份公司	100.0000	60.9570	88.8875	80.2230	86
002207	准油股份	新疆	西部	B	无国有股份公司	14.2857	55.5915	88.5554	69.5911	2140
002208	合肥城建	安徽	中部	K	国有绝对控股公司	14.2857	58.4997	72.3261	61.6828	3968
002209	达意隆	广东	东部	C	国有参股公司	71.4286	45.3313	78.2489	66.0457	3097
002210	飞马国际	广东	东部	L	国有参股公司	57.1429	42.6138	70.9180	59.6340	4232
002211	宏达新材	上海	东部	C	无国有股份公司	42.8571	41.4602	74.5207	59.7832	4220

续表

股票代码	公司简称	省份	地区	行业代码	控股类型	环境保护（*EP*）	社会责任（*SR*）	公司治理（*CG*）	上市公司质量/ESG指数（*CLCQI*/*ESGI*）	*CLCQI*/*ESGI*排名
002212	天融信	广东	东部	I	国有弱相对控股公司	28.5714	43.2533	91.9691	68.5788	2445
002213	大为股份	广东	东部	C	无国有股份公司	14.2857	47.3119	84.6414	64.5405	3444
002214	大立科技	浙江	东部	C	国有参股公司	14.2857	41.0243	67.8778	53.1199	4519
002215	诺普信	广东	东部	C	无国有股份公司	57.1429	45.3115	77.7081	64.3128	3488
002216	三全食品	河南	中部	C	无国有股份公司	42.8571	41.2560	83.3542	64.5702	3437
002217	合力泰	福建	东部	C	国有弱相对控股公司	85.7143	50.5483	83.0075	71.9174	1403
002218	拓日新能	广东	东部	C	国有参股公司	42.8571	53.1717	85.9517	70.1692	1946
002219	新里程	甘肃	西部	Q	国有参股公司	14.2857	49.2050	76.5994	60.7800	4094
002221	东华能源	江苏	东部	F	无国有股份公司	57.1429	50.4476	84.2302	69.6976	2103
002222	福晶科技	福建	东部	C	国有弱相对控股公司	100.0000	60.8364	87.4049	79.3654	135
002223	鱼跃医疗	江苏	东部	C	无国有股份公司	42.8571	53.8907	77.9897	66.0418	3099
002224	三力士	浙江	东部	C	无国有股份公司	57.1429	43.1383	78.4170	63.9420	3570
002225	濮耐股份	河南	中部	C	国有参股公司	57.1429	49.0984	79.9196	66.8545	2894
002226	江南化工	安徽	中部	C	国有强相对控股公司	85.7143	46.3143	82.3871	70.0943	1974
002227	奥特迅	广东	东部	C	无国有股份公司	71.4286	61.7851	79.6918	72.5981	1228
002228	合兴包装	福建	东部	C	无国有股份公司	0.0000	43.1415	73.8583	55.7216	4466
002229	鸿博股份	福建	东部	C	国有参股公司	42.8571	42.4821	78.4760	62.3163	3865
002230	科大讯飞	安徽	中部	I	国有弱相对控股公司	71.4286	54.2364	85.8386	73.3368	1053
002231	奥维通信	辽宁	东北	C	无国有股份公司	28.5714	45.7488	75.5447	60.4188	4144
002232	启明信息	吉林	东部	I	国有绝对控股公司	14.2857	52.4357	79.2684	63.3787	3685
002233	塔牌集团	广东	东部	C	无国有股份公司	71.4286	49.7332	84.5894	71.0736	1649
002234	民和股份	山东	东部	A	国有参股公司	57.1429	42.3049	77.7732	63.2963	3702
002235	安妮股份	福建	东部	I	无国有股份公司	57.1429	48.5351	71.2650	61.8973	3933
002236	大华股份	浙江	东部	C	国有参股公司	100.0000	55.2318	84.7027	75.9176	501
002237	恒邦股份	山东	东部	C	国有强相对控股公司	71.4286	58.0197	89.6048	76.7324	400
002238	天威视讯	广东	东部	I	国有绝对控股公司	71.4286	56.3618	80.2846	71.0260	1665
002239	奥特佳	江苏	东部	C	无国有股份公司	100.0000	44.7122	80.0300	69.6658	2114
002240	盛新锂能	四川	西部	C	国有参股公司	100.0000	53.3758	90.3387	78.3678	207
002241	歌尔股份	山东	东部	C	国有参股公司	100.0000	61.1105	85.0839	78.1848	227
002242	九阳股份	山东	东部	C	国有参股公司	85.7143	57.5576	89.0570	77.6980	274
002243	力合科创	广东	东部	C	国有绝对控股公司	14.2857	31.5440	86.1778	59.8668	4208
002244	滨江集团	浙江	东部	K	无国有股份公司	71.4286	52.4633	80.3826	69.7154	2098
002245	蔚蓝锂芯	江苏	东部	C	国有参股公司	100.0000	39.4632	87.0085	71.6668	1475
002246	北化股份	四川	西部	C	国有强相对控股公司	100.0000	64.2936	81.9502	77.5753	286
002247	聚力文化	浙江	东部	I	无国有股份公司	71.4286	46.3462	78.7319	66.6666	2924

续表

股票代码	公司简称	省份	地区	行业代码	控股类型	环境保护（*EP*）	社会责任（*SR*）	公司治理（*CG*）	上市公司质量/ESG指数（*CLCQI/ESGI*）	*CLCQI/ESGI*排名
002248	华东数控	山东	东部	C	无国有股份公司	71.4286	56.6943	76.1393	68.8625	2364
002249	大洋电机	广东	东部	C	无国有股份公司	71.4286	56.9450	96.1039	79.9308	97
002250	联化科技	浙江	东部	C	国有参股公司	57.1429	50.3728	87.1385	71.2709	1590
002251	步步高	湖南	中部	F	无国有股份公司	14.2857	46.7128	72.2723	57.5278	4389
002252	上海莱士	上海	东部	C	国有参股公司	71.4286	46.2575	89.4321	72.5206	1249
002253	川大智胜	四川	西部	I	国有参股公司	28.5714	47.1117	71.5966	58.7244	4311
002254	泰和新材	山东	东部	C	国有弱相对控股公司	85.7143	50.4317	89.5942	75.4993	570
002255	海陆重工	江苏	东部	C	无国有股份公司	85.7143	44.5685	84.2584	70.5125	1836
002256	兆新股份	广东	东部	D	国有参股公司	57.1429	46.4700	89.0975	70.9824	1684
002258	利尔化学	四川	西部	C	国有强相对控股公司	71.4286	47.9964	84.0544	70.1715	1945
002259	ST升达	四川	西部	D	无国有股份公司	28.5714	45.0820	73.2111	58.9020	4293
002261	拓维信息	湖南	中部	I	无国有股份公司	14.2857	46.7365	88.7008	66.5718	2951
002262	恩华药业	江苏	东部	C	无国有股份公司	71.4286	51.9579	87.4410	73.4207	1034
002263	大东南	浙江	东部	C	国有弱相对控股公司	85.7143	42.6049	79.5901	67.2577	2809
002264	新华都	福建	东部	I	无国有股份公司	57.1429	38.1776	88.9179	67.9813	2631
002265	建设工业	云南	西部	C	国有绝对控股公司	28.5714	51.8595	72.6713	60.9772	4067
002266	浙富控股	浙江	东部	N	无国有股份公司	85.7143	50.6847	79.9625	70.2904	1913
002267	陕天然气	陕西	西部	D	国有绝对控股公司	85.7143	54.2460	84.9840	74.2987	809
002268	电科网安	四川	西部	I	国有强相对控股公司	14.2857	43.1808	65.2685	52.4395	4531
002269	美邦服饰	上海	东部	C	无国有股份公司	28.5714	47.4577	78.3960	62.5852	3813
002270	华明装备	山东	东部	C	无国有股份公司	0.0000	49.3960	82.1512	62.4718	3835
002271	东方雨虹	北京	东部	C	无国有股份公司	85.7143	48.5202	89.9960	75.0513	658
002272	川润股份	四川	西部	C	无国有股份公司	57.1429	52.4463	86.4783	71.6336	1489
002273	水晶光电	浙江	东部	C	国有参股公司	42.8571	46.3966	90.7481	70.4360	1868
002274	华昌化工	江苏	东部	C	国有参股公司	85.7143	47.7529	82.9260	70.8942	1712
002275	桂林三金	广西	西部	C	无国有股份公司	57.1429	49.6972	82.0994	68.2630	2547
002276	万马股份	浙江	东部	C	国有弱相对控股公司	85.7143	49.9348	86.6701	73.7172	947
002277	友阿股份	湖南	中部	F	国有参股公司	14.2857	40.1178	84.1463	61.7502	3958
002278	神开股份	上海	东部	C	国有弱相对控股公司	28.5714	55.5488	78.6705	65.5680	3202
002279	久其软件	北京	东部	I	无国有股份公司	14.2857	48.8252	83.9644	64.6978	3406
002280	联络互动	浙江	东部	F	无国有股份公司	14.2857	34.6644	71.4635	52.8660	4524
002281	光迅科技	湖北	中部	C	国有强相对控股公司	100.0000	55.3193	92.9395	80.4785	78
002282	博深股份	河北	东部	C	无国有股份公司	85.7143	57.7559	90.6172	78.6255	176
002283	天润工业	山东	东部	C	无国有股份公司	71.4286	65.6671	87.4121	78.2030	224
002284	亚太股份	浙江	东部	C	无国有股份公司	71.4286	41.8802	84.1721	68.0956	2595

续表

股票代码	公司简称	省份	地区	行业代码	控股类型	环境保护（*EP*）	社会责任（*SR*）	公司治理（*CG*）	上市公司质量/ESG指数（*CLCQI/ESGI*）	*CLCQI/ESGI*排名
002285	世联行	广东	东部	K	国有参股公司	100.0000	48.2185	87.0617	74.7604	712
002286	保龄宝	山东	东部	C	无国有股份公司	85.7143	47.2765	90.7962	75.0561	657
002287	奇正藏药	西藏	西部	C	无国有股份公司	85.7143	52.4453	83.0308	72.5942	1230
002288	超华科技	广东	东部	C	无国有股份公司	71.4286	25.7652	83.2840	61.9669	3921
002289	ST宇顺	广东	东部	C	无国有股份公司	28.5714	40.9637	75.1601	58.5325	4329
002290	禾盛新材	江苏	东部	C	无国有股份公司	71.4286	48.3540	69.8799	62.5007	3828
002291	遥望科技	广东	东部	C	无国有股份公司	28.5714	36.2245	79.7690	59.4087	4254
002292	奥飞娱乐	广东	东部	C	无国有股份公司	28.5714	43.1180	80.5414	62.2462	3876
002293	罗莱生活	江苏	东部	C	无国有股份公司	71.4286	45.4703	85.8040	70.2497	1918
002294	信立泰	广东	东部	C	国有参股公司	42.8571	48.1885	84.5574	67.6583	2711
002295	精艺股份	广东	东部	C	无国有股份公司	42.8571	47.3584	81.9844	65.9526	3122
002296	辉煌科技	河南	中部	C	无国有股份公司	57.1429	58.8221	75.4568	67.8033	2677
002297	博云新材	湖南	中部	C	国有强相对控股公司	14.2857	47.5411	84.2321	64.3956	3475
002298	中电兴发	安徽	中部	I	国有参股公司	57.1429	53.8532	87.5282	72.7035	1210
002299	圣农发展	福建	东部	A	无国有股份公司	71.4286	49.4888	89.3734	73.6193	979
002300	太阳电缆	福建	东部	C	国有参股公司	71.4286	66.2926	79.7367	74.2005	830
002301	齐心集团	广东	东部	C	国有参股公司	85.7143	43.6968	75.6127	65.4523	3227
002302	西部建设	新疆	西部	C	国有绝对控股公司	57.1429	53.0400	91.6472	74.6843	728
002303	美盈森	广东	东部	C	国有参股公司	85.7143	41.0593	89.6049	72.2249	1316
002304	洋河股份	江苏	东部	C	国有强相对控股公司	85.7143	46.3771	87.1961	72.7613	1193
002305	南国置业	湖北	中部	K	国有强相对控股公司	14.2857	45.4647	75.4501	58.8388	4302
002306	中科云网	北京	东部	I	无国有股份公司	28.5714	43.4047	76.4420	60.0919	4183
002307	北新路桥	新疆	西部	E	国有强相对控股公司	28.5714	49.6333	76.2820	62.1839	3883
002308	威创股份	广东	东部	C	国有参股公司	14.2857	40.2914	75.8736	57.2610	4410
002309	ST中利	江苏	东部	C	国有参股公司	57.1429	30.5557	67.3851	53.4706	4505
002310	东方园林	北京	东部	N	国有参股公司	100.0000	46.1482	81.6610	71.0654	1651
002311	海大集团	广东	东部	C	无国有股份公司	42.8571	63.1461	96.1157	79.2505	139
002312	川发龙蟒	四川	西部	C	国有弱相对控股公司	71.4286	54.7458	86.5301	73.8954	901
002313	*ST日海	广东	东部	C	国有参股公司	28.5714	43.6424	65.9025	54.3783	4494
002314	南山控股	广东	东部	K	国有绝对控股公司	57.1429	46.7306	90.1693	71.6631	1477
002315	焦点科技	江苏	东部	I	无国有股份公司	42.8571	51.3616	83.0478	67.9386	2644
002316	亚联发展	吉林	东部	I	无国有股份公司	14.2857	47.6959	80.5594	62.4298	3845
002317	众生药业	广东	东部	C	无国有股份公司	57.1429	45.4264	84.9027	68.3100	2524
002318	久立特材	浙江	东部	C	无国有股份公司	85.7143	52.1249	82.0199	71.9261	1402
002319	乐通股份	广东	东部	C	无国有股份公司	85.7143	50.1924	77.7236	68.8868	2357

续表

股票代码	公司简称	省份	地区	行业代码	控股类型	环境保护（*EP*）	社会责任（*SR*）	公司治理（*CG*）	上市公司质量/ESG指数（*CLCQI/ESGI*）	*CLCQI/ESGI*排名
002320	海峡股份	海南	东部	G	国有绝对控股公司	57.1429	49.1957	88.0658	71.3690	1551
002321	华英农业	河南	中部	A	国有参股公司	42.8571	41.2058	78.3881	61.8212	3947
002322	理工能科	浙江	东部	I	无国有股份公司	57.1429	52.7467	87.0498	72.0530	1372
002323	雅博股份	山东	东部	E	国有弱相对控股公司	100.0000	52.0769	85.9563	75.5029	568
002324	普利特	上海	东部	C	无国有股份公司	85.7143	51.6919	87.5501	74.8162	697
002325	洪涛股份	广东	东部	E	国有参股公司	42.8571	47.6229	86.2104	68.3695	2508
002326	永太科技	浙江	东部	C	国有参股公司	85.7143	48.2720	89.3863	74.6291	742
002327	富安娜	广东	东部	C	国有参股公司	71.4286	51.7930	81.9654	70.3513	1890
002328	新朋股份	上海	东部	C	无国有股份公司	71.4286	49.7734	80.5266	68.8532	2369
002329	皇氏集团	广西	西部	C	国有参股公司	71.4286	48.4314	74.0411	64.8165	3378
002330	得利斯	山东	东部	C	国有参股公司	71.4286	49.5011	85.7876	71.6514	1480
002331	皖通科技	安徽	中部	I	无国有股份公司	71.4286	50.8634	77.3725	67.4999	2750
002332	仙琚制药	浙江	东部	C	国有弱相对控股公司	100.0000	56.2537	88.4614	78.3426	210
002333	罗普斯金	江苏	东部	C	无国有股份公司	85.7143	50.8474	72.7400	66.3750	3002
002334	英威腾	广东	东部	C	无国有股份公司	28.5714	44.0069	83.8164	64.3586	3482
002335	科华数据	福建	东部	C	无国有股份公司	28.5714	58.3052	84.4640	69.7192	2097
002336	人人乐	广东	东部	F	国有参股公司	57.1429	51.0378	78.6913	66.8577	2892
002337	赛象科技	天津	东部	C	无国有股份公司	42.8571	56.8547	68.0652	61.6207	3976
002338	奥普光电	吉林	东部	C	国有强相对控股公司	42.8571	47.8457	82.6181	66.4717	2979
002339	积成电子	山东	东部	C	国有弱相对控股公司	42.8571	66.0357	86.6001	75.0282	660
002340	格林美	广东	东部	C	国有参股公司	71.4286	59.3661	83.1307	73.6429	967
002341	新纶新材	广东	东部	C	无国有股份公司	57.1429	33.1564	80.2210	61.4406	3999
002342	巨力索具	河北	东部	C	国有参股公司	42.8571	44.9012	86.5045	67.5786	2731
002343	慈文传媒	江西	中部	R	国有弱相对控股公司	42.8571	44.2647	82.1872	64.9813	3348
002344	海宁皮城	浙江	东部	L	国有绝对控股公司	42.8571	51.2797	83.1281	67.9540	2638
002345	潮宏基	广东	东部	C	无国有股份公司	85.7143	43.3537	86.6420	71.3983	1545
002346	柘中股份	上海	东部	C	无国有股份公司	42.8571	51.2067	73.1456	62.4382	3841
002347	泰尔股份	安徽	中部	C	国有参股公司	28.5714	52.7571	81.8748	66.3533	3005
002348	高乐股份	广东	东部	C	国有参股公司	28.5714	47.5146	74.7764	60.6143	4114
002349	精华制药	江苏	东部	C	国有强相对控股公司	100.0000	51.1318	80.0333	71.9145	1405
002350	北京科锐	北京	东部	C	国有参股公司	100.0000	51.6713	82.7635	73.6049	986
002351	漫步者	广东	东部	C	无国有股份公司	42.8571	51.8888	87.9163	70.8007	1749
002352	顺丰控股	广东	东部	G	国有参股公司	100.0000	58.0824	93.7045	81.8663	41
002353	杰瑞股份	山东	东部	C	无国有股份公司	71.4286	52.2704	86.9914	73.2827	1069
002354	天娱数科	辽宁	东北	I	国有参股公司	14.2857	38.4621	83.0793	60.5839	4123

续表

股票代码	公司简称	省份	地区	行业代码	控股类型	环境保护（*EP*）	社会责任（*SR*）	公司治理（*CG*）	上市公司质量/ESG指数（*CLCQI/ESGI*）	*CLCQI/ESGI*排名
002355	兴民智通	山东	东部	C	无国有股份公司	57.1429	45.3431	80.2404	65.7166	3168
002356	赫美集团	广东	东部	F	无国有股份公司	14.2857	40.4997	71.9127	55.1554	4478
002357	富临运业	四川	西部	G	国有参股公司	71.4286	50.7829	82.2081	70.1313	1962
002358	森源电气	河南	中部	C	无国有股份公司	85.7143	54.1234	72.8905	67.6044	2724
002360	同德化工	山西	中部	C	无国有股份公司	28.5714	50.4564	82.1767	65.7141	3169
002361	神剑股份	安徽	中部	C	无国有股份公司	85.7143	45.3924	79.4894	68.1779	2573
002362	汉王科技	北京	东部	C	国有参股公司	42.8571	44.4705	82.3356	65.1350	3312
002363	隆基机械	山东	东部	C	无国有股份公司	100.0000	47.7803	85.9506	73.9959	873
002364	中恒电气	浙江	东部	C	国有参股公司	42.8571	44.5159	77.8118	62.6628	3803
002365	永安药业	湖北	中部	C	国有参股公司	85.7143	56.0718	70.2984	66.8607	2888
002366	融发核电	四川	西部	C	国有弱相对控股公司	28.5714	41.8802	63.2539	52.3048	4534
002367	康力电梯	江苏	东部	C	无国有股份公司	100.0000	53.6396	82.2316	74.0012	871
002368	太极股份	北京	东部	I	国有强相对控股公司	71.4286	51.6482	78.8241	68.5730	2449
002369	卓翼科技	广东	东部	C	国有参股公司	71.4286	49.8588	83.1877	70.3467	1892
002370	亚太药业	浙江	东部	C	国有参股公司	85.7143	28.0962	78.1531	61.3893	4007
002371	北方华创	北京	东部	C	国有绝对控股公司	100.0000	55.9285	91.3740	79.8307	101
002372	伟星新材	浙江	东部	C	无国有股份公司	71.4286	49.4182	79.7207	68.2856	2537
002373	千方科技	北京	东部	I	国有参股公司	42.8571	51.4574	80.1926	66.4017	2996
002374	中锐股份	山东	东部	C	无国有股份公司	57.1429	48.7764	83.7723	68.8608	2365
002375	亚厦股份	浙江	东部	E	无国有股份公司	42.8571	48.4096	72.3470	61.0199	4063
002376	新北洋	山东	东部	C	国有弱相对控股公司	42.8571	51.5330	91.3264	72.5518	1239
002377	国创高新	湖北	中部	K	无国有股份公司	57.1429	46.0300	78.8463	65.1903	3296
002378	章源钨业	江西	中部	C	无国有股份公司	85.7143	51.4158	79.6149	70.3551	1889
002379	宏创控股	山东	东部	C	无国有股份公司	100.0000	53.0212	78.5810	71.7770	1444
002380	科远智慧	江苏	东部	I	无国有股份公司	42.8571	53.0105	75.0159	64.0981	3540
002381	双箭股份	浙江	东部	C	国有参股公司	85.7143	48.7496	85.0380	72.4047	1275
002382	蓝帆医疗	山东	东部	C	无国有股份公司	85.7143	52.2421	83.5468	72.8069	1171
002383	合众思壮	北京	东部	C	国有参股公司	28.5714	42.8927	77.8177	60.6693	4108
002384	东山精密	江苏	东部	C	国有参股公司	57.1429	56.6418	87.5686	73.7017	951
002385	大北农	北京	东部	C	无国有股份公司	57.1429	54.1474	74.6784	65.7390	3166
002386	天原股份	四川	西部	C	国有弱相对控股公司	100.0000	58.8751	91.2817	80.8112	67
002387	维信诺	江苏	东部	C	国有弱相对控股公司	42.8571	38.7620	86.8688	65.6303	3187
002388	新亚制程	浙江	东部	C	国有参股公司	28.5714	44.9609	78.6703	61.8622	3941
002389	航天彩虹	浙江	东部	C	国有强相对控股公司	100.0000	60.5117	87.6465	79.3847	134
002390	信邦制药	贵州	西部	C	国有参股公司	85.7143	40.6676	85.1631	69.6448	2120

续表

股票代码	公司简称	省份	地区	行业代码	控股类型	环境保护（*EP*）	社会责任（*SR*）	公司治理（*CG*）	上市公司质量/ESG指数（*CLCQI*/*ESGI*）	*CLCQI*/*ESGI*排名
002391	长青股份	江苏	东部	C	无国有股份公司	71.4286	55.8708	80.0774	70.7402	1767
002392	北京利尔	北京	东部	C	无国有股份公司	85.7143	50.8696	85.2996	73.2906	1066
002393	力生制药	天津	东部	C	国有绝对控股公司	71.4286	53.3886	90.5074	75.6079	544
002394	联发股份	江苏	东部	C	无国有股份公司	100.0000	53.0950	84.8549	75.2534	621
002395	双象股份	江苏	东部	C	无国有股份公司	57.1429	53.9642	82.1923	69.8076	2067
002396	星网锐捷	福建	东部	C	国有强相对控股公司	71.4286	54.2110	90.3448	75.8063	520
002397	梦洁股份	湖南	中部	C	无国有股份公司	28.5714	37.3504	66.7106	52.6206	4528
002398	垒知集团	福建	东部	C	无国有股份公司	71.4286	44.1999	85.1116	69.4242	2185
002399	海普瑞	广东	东部	C	无国有股份公司	71.4286	45.8364	90.3705	72.8894	1160
002400	省广集团	广东	东部	L	国有弱相对控股公司	14.2857	39.0042	70.1227	53.6475	4502
002401	中远海科	上海	东部	I	国有强相对控股公司	85.7143	60.5850	91.7945	80.2631	82
002402	和而泰	广东	东部	C	无国有股份公司	57.1429	49.6860	90.8461	73.0697	1121
002403	爱仕达	浙江	东部	C	无国有股份公司	100.0000	52.7170	86.6494	76.1081	476
002404	嘉欣丝绸	浙江	东部	C	国有参股公司	71.4286	46.0466	92.6565	74.2202	823
002405	四维图新	北京	东部	I	国有弱相对控股公司	85.7143	66.0195	90.6648	81.5439	49
002406	远东传动	河南	中部	C	无国有股份公司	57.1429	51.5100	80.6928	68.1238	2587
002407	多氟多	河南	中部	C	无国有股份公司	42.8571	61.1457	86.8760	73.4685	1015
002408	齐翔腾达	山东	东部	C	国有参股公司	57.1429	43.7880	74.2804	61.8943	3934
002409	雅克科技	江苏	东部	C	国有参股公司	71.4286	50.7163	82.0326	70.0115	2004
002410	广联达	北京	东部	I	无国有股份公司	85.7143	49.8362	88.4523	74.6629	733
002412	汉森制药	湖南	中部	C	无国有股份公司	71.4286	35.7333	71.9387	59.2158	4263
002413	雷科防务	江苏	东部	C	国有参股公司	28.5714	46.0373	85.5062	65.9986	3108
002414	高德红外	湖北	中部	C	国有参股公司	85.7143	61.3690	82.8878	75.6389	538
002415	海康威视	浙江	东部	C	国有强相对控股公司	71.4286	63.5976	85.1759	76.2488	454
002416	爱施德	广东	东部	F	无国有股份公司	14.2857	47.9146	94.7429	70.3073	1908
002418	康盛股份	浙江	东部	C	无国有股份公司	85.7143	44.4317	88.5450	72.8223	1168
002419	天虹股份	广东	东部	F	国有强相对控股公司	71.4286	48.1912	83.9743	70.1957	1940
002420	毅昌科技	广东	东部	C	国有参股公司	85.7143	44.2990	74.6589	65.1385	3310
002421	达实智能	广东	东部	I	国有参股公司	71.4286	48.3113	86.6634	71.7167	1464
002422	科伦药业	四川	西部	C	国有参股公司	100.0000	67.0912	89.2856	82.5890	29
002424	贵州百灵	贵州	西部	C	国有参股公司	71.4286	50.7378	71.3241	64.1294	3528
002425	凯撒文化	广东	东部	I	无国有股份公司	14.2857	41.7078	85.1654	62.8672	3765
002426	胜利精密	江苏	东部	C	无国有股份公司	42.8571	32.9521	70.4449	54.5636	4491
002427	尤夫股份	浙江	东部	C	国有参股公司	57.1429	38.4708	73.1391	59.4056	4255
002428	云南锗业	云南	西部	C	国有参股公司	57.1429	51.2155	75.9720	65.4243	3233

续表

股票代码	公司简称	省份	地区	行业代码	控股类型	环境保护（*EP*）	社会责任（*SR*）	公司治理（*CG*）	上市公司质量/ESG指数（*CLCQI/ESGI*）	*CLCQI/ESGI*排名
002429	兆驰股份	广东	东部	C	国有参股公司	28.5714	41.6762	78.4626	60.5982	4118
002430	杭氧股份	浙江	东部	C	国有绝对控股公司	71.4286	58.3151	85.7382	74.7091	723
002431	棕榈股份	河南	中部	E	无国有股份公司	42.8571	38.9691	74.8642	59.1002	4273
002432	九安医疗	天津	东部	C	国有参股公司	42.8571	53.5215	86.3140	70.4909	1846
002433	*ST太安	广东	东部	C	无国有股份公司	57.1429	38.3671	55.0573	49.4243	4552
002434	万里扬	浙江	东部	C	无国有股份公司	85.7143	55.6826	74.2584	68.9025	2351
002435	长江健康	江苏	东部	C	无国有股份公司	57.1429	48.6077	80.4312	66.9642	2869
002436	兴森科技	广东	东部	C	无国有股份公司	71.4286	51.2952	78.2957	68.1588	2580
002437	誉衡药业	黑龙江	东北	C	国有参股公司	42.8571	45.2338	93.2519	71.4061	1544
002438	江苏神通	江苏	东部	C	无国有股份公司	42.8571	58.3864	85.4704	71.7297	1460
002439	启明星辰	北京	东部	I	无国有股份公司	14.2857	49.0335	78.8594	61.9629	3922
002440	闰土股份	浙江	东部	C	无国有股份公司	14.2857	38.9603	80.8224	59.5170	4243
002441	众业达	广东	东部	F	无国有股份公司	14.2857	44.9186	77.9981	60.0490	4189
002442	龙星化工	河北	东部	C	无国有股份公司	85.7143	49.5771	73.2122	66.1901	3060
002443	金洲管道	浙江	东部	C	无国有股份公司	85.7143	58.3856	84.2368	75.3366	604
002444	巨星科技	浙江	东部	C	无国有股份公司	71.4286	38.9735	73.8927	61.4246	4002
002445	中南文化	江苏	东部	R	国有参股公司	14.2857	41.2587	78.2929	58.9302	4290
002446	盛路通信	广东	东部	C	无国有股份公司	42.8571	43.1945	78.8974	62.7974	3780
002448	中原内配	河南	中部	C	无国有股份公司	71.4286	66.1150	81.3223	75.0104	665
002449	国星光电	广东	东部	C	国有弱相对控股公司	100.0000	43.2531	88.7848	73.9702	878
002451	摩恩电气	上海	东部	C	无国有股份公司	42.8571	45.3336	71.5125	59.4844	4248
002452	长高电新	湖南	中部	C	无国有股份公司	85.7143	38.5032	80.7166	66.4417	2986
002453	华软科技	江苏	东部	I	无国有股份公司	71.4286	53.2363	86.2584	73.2177	1080
002454	松芝股份	上海	东部	C	国有参股公司	85.7143	50.0638	69.1841	64.1450	3525
002455	百川股份	江苏	东部	C	无国有股份公司	71.4286	50.0792	80.0942	68.7224	2401
002456	欧菲光	广东	东部	C	国有参股公司	85.7143	46.9170	77.3520	67.5360	2742
002457	青龙管业	宁夏	西部	C	无国有股份公司	71.4286	42.3927	76.8883	64.2689	3496
002458	益生股份	山东	东部	A	国有参股公司	42.8571	52.1645	80.8467	67.0090	2859
002459	晶澳科技	河北	东部	C	无国有股份公司	100.0000	53.6321	84.4212	75.2029	629
002460	赣锋锂业	江西	中部	C	无国有股份公司	85.7143	56.9340	87.8245	76.8018	389
002461	珠江啤酒	广东	东部	C	国有绝对控股公司	85.7143	55.6564	84.9850	74.7929	705
002462	嘉事堂	北京	东部	F	国有强相对控股公司	57.1429	45.3797	77.2143	64.0651	3544
002463	沪电股份	江苏	东部	C	无国有股份公司	100.0000	46.7440	92.7508	77.3734	309
002465	海格通信	广东	东部	C	国有弱相对控股公司	71.4286	49.9136	88.0640	73.0478	1126
002466	天齐锂业	四川	西部	C	无国有股份公司	85.7143	62.2421	94.5554	82.3617	30

续表

股票代码	公司简称	省份	地区	行业代码	控股类型	环境保护（*EP*）	社会责任（*SR*）	公司治理（*CG*）	上市公司质量/ESG指数（*CLCQI/ESGI*）	*CLCQI/ESGI*排名
002467	二六三	北京	东部	I	无国有股份公司	14.2857	46.3672	76.5084	59.7367	4224
002468	申通快递	浙江	东部	G	无国有股份公司	71.4286	49.3857	80.4456	68.6729	2419
002469	三维化学	山东	东部	C	无国有股份公司	100.0000	61.0051	79.3409	74.9893	668
002470	金正大	山东	东部	C	国有参股公司	71.4286	33.3924	71.7021	58.2664	4351
002471	中超控股	江苏	东部	C	国有弱相对控股公司	14.2857	56.1882	70.6979	59.9783	4195
002472	双环传动	浙江	东部	C	无国有股份公司	71.4286	46.4354	90.9469	73.4160	1036
002474	榕基软件	福建	东部	I	无国有股份公司	71.4286	51.8485	80.9192	69.7954	2069
002475	立讯精密	广东	东部	C	国有参股公司	100.0000	57.7643	83.3755	76.0740	480
002476	宝莫股份	山东	东部	C	无国有股份公司	57.1429	53.1227	72.5497	64.2096	3510
002478	常宝股份	江苏	东部	C	无国有股份公司	85.7143	50.3272	78.5937	69.4125	2191
002479	富春环保	浙江	东部	D	国有弱相对控股公司	100.0000	42.8747	83.4962	70.9290	1700
002480	新筑股份	四川	西部	C	国有强相对控股公司	57.1429	40.3170	93.8426	71.4386	1534
002481	双塔食品	山东	东部	C	无国有股份公司	71.4286	52.3742	73.1333	65.6971	3171
002482	*ST广田	广东	东部	E	无国有股份公司	71.4286	53.2446	82.3127	71.0505	1657
002483	润邦股份	江苏	东部	C	国有弱相对控股公司	71.4286	55.7634	93.3829	78.0206	244
002484	江海股份	江苏	东部	C	无国有股份公司	100.0000	60.0933	86.1986	78.4419	196
002485	*ST雪发	山东	东部	N	无国有股份公司	28.5714	34.5464	67.3716	52.0027	4541
002486	嘉麟杰	上海	东部	C	国有参股公司	100.0000	54.4814	85.2170	75.9378	499
002487	大金重工	辽宁	东北	C	国有参股公司	57.1429	54.6985	80.9067	69.3574	2209
002488	金固股份	浙江	东部	C	无国有股份公司	71.4286	48.4411	85.0345	70.8662	1722
002489	浙江永强	浙江	东部	C	国有参股公司	0.0000	44.9719	83.3620	61.5893	3981
002490	山东墨龙	山东	东部	C	国有弱相对控股公司	85.7143	48.5205	82.5784	70.9717	1688
002491	通鼎互联	江苏	东部	C	无国有股份公司	42.8571	51.5937	76.4810	64.4081	3471
002492	恒基达鑫	广东	东部	G	国有参股公司	42.8571	55.3982	80.2881	67.8336	2667
002493	荣盛石化	浙江	东部	C	无国有股份公司	100.0000	57.2512	82.6708	75.5068	567
002494	华斯股份	河北	东部	C	国有参股公司	57.1429	46.4949	86.8480	69.7539	2082
002495	佳隆股份	广东	东部	C	无国有股份公司	71.4286	50.5687	75.7032	66.4786	2972
002496	辉丰股份	江苏	东部	C	无国有股份公司	14.2857	50.3252	73.1283	59.2630	4260
002497	雅化集团	四川	西部	C	无国有股份公司	100.0000	61.1898	82.6739	76.8871	373
002498	汉缆股份	山东	东部	C	无国有股份公司	57.1429	54.6850	75.8110	66.5501	2960
002501	利源股份	吉林	东部	C	国有参股公司	42.8571	36.5315	79.6175	60.8614	4081
002502	ST鼎龙	广东	东部	R	无国有股份公司	28.5714	37.4616	73.7819	56.5487	4442
002503	*ST搜特	广东	东部	C	国有参股公司	14.2857	39.9330	73.3856	55.7672	4464
002504	*ST弘高	北京	东部	E	国有弱相对控股公司	28.5714	36.1161	66.1516	51.8811	4542
002505	鹏都农牧	湖南	中部	F	国有参股公司	71.4286	50.1601	79.2111	68.2650	2545

续表

股票代码	公司简称	省份	地区	行业代码	控股类型	环境保护（EP）	社会责任（SR）	公司治理（CG）	上市公司质量/ESG指数（CLCQI/ESGI）	CLCQI/ESGI排名
002506	协鑫集成	上海	东部	C	国有参股公司	42.8571	38.7603	94.2732	69.7021	2101
002507	涪陵榨菜	重庆	西部	C	国有强相对控股公司	57.1429	48.4862	94.7985	74.8236	693
002508	老板电器	浙江	东部	C	无国有股份公司	71.4286	60.7788	74.1265	69.1850	2266
002510	天汽模	天津	东部	C	无国有股份公司	57.1429	48.0645	77.7091	65.2769	3270
002511	中顺洁柔	广东	东部	C	无国有股份公司	85.7143	46.3165	93.9525	76.4560	427
002512	达华智能	福建	东部	C	无国有股份公司	28.5714	49.8490	81.6170	65.1936	3295
002513	蓝丰生化	江苏	东部	C	国有参股公司	71.4286	42.2150	78.3184	64.9932	3346
002514	宝馨科技	江苏	东部	C	无国有股份公司	42.8571	57.8631	76.0375	66.3584	3003
002515	金字火腿	浙江	东部	C	国有参股公司	42.8571	59.2454	81.4687	69.8294	2062
002516	旷达科技	江苏	东部	C	国有参股公司	57.1429	52.4537	75.3616	65.5220	3217
002517	恺英网络	福建	东部	I	无国有股份公司	57.1429	41.2624	86.3287	67.6369	2715
002518	科士达	广东	东部	C	国有参股公司	42.8571	46.4890	82.7285	66.0575	3094
002519	银河电子	江苏	东部	C	无国有股份公司	42.8571	50.3122	82.4827	67.2605	2807
002520	日发精机	浙江	东部	C	无国有股份公司	71.4286	49.0972	87.4163	72.4059	1274
002521	齐峰新材	山东	东部	C	无国有股份公司	57.1429	43.8854	74.1856	61.8762	3938
002522	浙江众成	浙江	东部	C	国有弱相对控股公司	71.4286	50.9638	86.7581	72.6971	1211
002523	天桥起重	湖南	中部	C	国有强相对控股公司	57.1429	60.7463	84.9894	73.7196	946
002524	光正眼科	新疆	西部	Q	无国有股份公司	42.8571	51.2339	70.0616	60.7515	4098
002526	山东矿机	山东	东部	C	无国有股份公司	28.5714	45.7199	81.6323	63.7569	3616
002527	新时达	上海	东部	C	国有弱相对控股公司	71.4286	49.3592	88.9845	73.3601	1045
002528	英飞拓	广东	东部	C	国有弱相对控股公司	42.8571	48.4340	80.4460	65.4829	3223
002529	海源复材	江西	中部	C	无国有股份公司	71.4286	42.2402	78.7935	65.2634	3273
002530	金财互联	江苏	东部	I	国有参股公司	71.4286	47.4525	76.8990	66.0457	3098
002531	天顺风能	江苏	东部	C	无国有股份公司	100.0000	46.2733	78.4683	69.3532	2212
002532	天山铝业	浙江	东部	C	无国有股份公司	100.0000	48.9629	71.5326	66.4800	2971
002533	金杯电工	湖南	中部	C	国有参股公司	57.1429	62.0132	78.0206	70.3302	1896
002534	西子洁能	浙江	东部	C	国有参股公司	85.7143	50.7457	75.5191	67.8679	2661
002535	林州重机	河南	中部	C	无国有股份公司	28.5714	35.9175	71.9082	54.9778	4481
002536	飞龙股份	河南	中部	C	无国有股份公司	85.7143	53.3927	81.1650	71.8996	1410
002537	海联金汇	山东	东部	C	无国有股份公司	14.2857	44.6489	79.3350	60.6900	4102
002538	司尔特	安徽	中部	C	无国有股份公司	57.1429	45.9535	75.5173	63.3325	3693
002539	云图控股	四川	西部	C	无国有股份公司	85.7143	47.6167	81.9749	70.3235	1900
002540	亚太科技	江苏	东部	C	无国有股份公司	28.5714	47.1391	84.7181	65.9508	3123
002541	鸿路钢构	安徽	中部	C	无国有股份公司	85.7143	45.9911	78.1827	67.6688	2710
002542	中化岩土	北京	东部	E	国有弱相对控股公司	14.2857	50.0817	76.8999	61.2521	4030

续表

股票代码	公司简称	省份	地区	行业代码	控股类型	环境保护（EP）	社会责任（SR）	公司治理（CG）	上市公司质量/ESG指数（CLCQI/ESGI）	CLCQI/ESGI排名
002543	万和电气	广东	东部	C	国有参股公司	57.1429	51.4296	76.4859	65.7819	3160
002544	普天科技	广东	东部	I	国有强相对控股公司	100.0000	56.7067	75.1448	71.1770	1615
002545	东方铁塔	山东	东部	C	国有参股公司	85.7143	49.9321	80.7036	70.4347	1869
002546	新联电子	江苏	东部	C	无国有股份公司	57.1429	48.9146	84.9615	69.5632	2148
002547	春兴精工	江苏	东部	C	无国有股份公司	71.4286	45.5725	73.3352	63.4276	3671
002548	金新农	广东	东部	C	国有参股公司	28.5714	42.4959	84.4184	64.1608	3520
002549	凯美特气	湖南	中部	N	国有参股公司	42.8571	52.9397	88.1212	71.2813	1584
002550	千红制药	江苏	东部	C	无国有股份公司	57.1429	56.4802	78.1282	68.4529	2481
002551	尚荣医疗	广东	东部	C	无国有股份公司	14.2857	49.3634	70.6998	57.5906	4387
002552	宝鼎科技	浙江	东部	C	国有强相对控股公司	42.8571	43.0937	80.8749	63.8497	3595
002553	南方精工	江苏	东部	C	无国有股份公司	71.4286	55.2676	81.2432	71.1702	1620
002554	惠博普	湖南	中部	B	国有强相对控股公司	85.7143	56.7866	81.2613	73.1405	1103
002555	三七互娱	安徽	中部	I	无国有股份公司	85.7143	57.5704	89.1802	77.7702	268
002556	辉隆股份	安徽	中部	F	国有参股公司	100.0000	54.0383	81.9417	73.9813	876
002557	洽洽食品	安徽	中部	C	无国有股份公司	100.0000	52.5156	97.3826	81.9409	40
002558	巨人网络	重庆	西部	I	无国有股份公司	57.1429	50.1307	85.8911	70.5001	1841
002559	亚威股份	江苏	东部	C	无国有股份公司	71.4286	47.1590	80.2799	67.8024	2678
002560	通达股份	河南	中部	C	国有参股公司	42.8571	53.4804	76.9683	65.3365	3251
002561	徐家汇	上海	东部	F	国有强相对控股公司	42.8571	48.7046	77.6075	64.0164	3552
002562	兄弟科技	浙江	东部	C	无国有股份公司	71.4286	52.1483	82.2099	70.6102	1804
002563	森马服饰	浙江	东部	C	无国有股份公司	100.0000	47.1148	80.1246	70.5587	1818
002564	*ST天沃	江苏	东部	E	国有弱相对控股公司	14.2857	49.0649	72.9566	58.7274	4310
002565	顺灏股份	上海	东部	C	国有参股公司	100.0000	54.4897	82.7566	74.5875	756
002566	益盛药业	吉林	东部	C	国有参股公司	42.8571	52.3726	77.8354	65.4256	3232
002567	唐人神	湖南	中部	C	国有参股公司	57.1429	49.2145	86.9990	70.7888	1751
002568	百润股份	上海	东部	C	无国有股份公司	85.7143	55.0547	76.7316	70.0430	1992
002569	ST步森	浙江	东部	C	无国有股份公司	14.2857	29.3503	57.5988	43.3805	4563
002570	贝因美	浙江	东部	C	国有参股公司	42.8571	45.5722	79.4726	63.9459	3569
002571	德力股份	安徽	中部	C	无国有股份公司	42.8571	39.6803	82.4571	63.5252	3657
002572	索菲亚	广东	东部	C	无国有股份公司	100.0000	52.1464	82.8965	73.8443	911
002573	清新环境	北京	东部	N	国有强相对控股公司	85.7143	42.8835	85.7828	70.7612	1760
002574	明牌珠宝	浙江	东部	C	无国有股份公司	14.2857	47.8605	65.6244	54.2732	4496
002575	群兴玩具	广东	东部	C	无国有股份公司	14.2857	41.6900	69.8848	54.4567	4492
002576	通达动力	江苏	东部	C	国有参股公司	57.1429	50.7435	78.4921	66.6452	2930
002577	雷柏科技	广东	东部	C	无国有股份公司	28.5714	47.8402	81.6152	64.4896	3454

续表

股票代码	公司简称	省份	地区	行业代码	控股类型	环境保护（EP）	社会责任（SR）	公司治理（CG）	上市公司质量/ESG指数（CLCQI/ESGI）	CLCQI/ESGI排名
002578	闽发铝业	福建	东部	C	国有强相对控股公司	71.4286	49.3373	84.6680	70.9783	1685
002579	中京电子	广东	东部	C	国有弱相对控股公司	71.4286	45.6884	72.7554	63.1493	3723
002580	圣阳股份	山东	东部	C	国有弱相对控股公司	85.7143	53.3418	82.6592	72.7036	1209
002581	未名医药	山东	东部	C	国有参股公司	57.1429	35.1222	82.6232	63.4498	3669
002582	好想你	河南	中部	C	无国有股份公司	85.7143	52.5803	80.3555	71.1700	1621
002583	海能达	广东	东部	C	无国有股份公司	100.0000	50.2740	94.6160	79.6347	111
002584	西陇科学	广东	东部	C	无国有股份公司	85.7143	34.9959	71.6190	60.2104	4172
002585	双星新材	江苏	东部	C	国有参股公司	57.1429	45.9890	78.0443	64.7348	3398
002586	*ST围海	浙江	东部	E	国有参股公司	14.2857	50.3642	62.0142	53.1639	4517
002587	奥拓电子	广东	东部	C	国有参股公司	57.1429	45.8128	86.9491	69.5708	2144
002588	史丹利	山东	东部	C	无国有股份公司	85.7143	56.9990	85.6416	75.6240	541
002589	瑞康医药	山东	东部	F	国有参股公司	71.4286	42.0363	74.5279	62.8459	3770
002590	万安科技	浙江	东部	C	无国有股份公司	57.1429	52.4114	76.8432	66.3220	3018
002591	恒大高新	江西	中部	C	无国有股份公司	57.1429	53.0599	84.4676	70.7424	1766
002592	ST八菱	广西	西部	C	无国有股份公司	57.1429	38.1930	68.7648	56.9025	4427
002593	日上集团	福建	东部	C	无国有股份公司	100.0000	43.3160	77.5154	67.7940	2682
002594	比亚迪	广东	东部	C	国有参股公司	85.7143	71.4253	92.1756	84.2669	8
002595	豪迈科技	山东	东部	C	无国有股份公司	100.0000	47.0031	89.8806	75.8854	507
002596	海南瑞泽	海南	东部	C	国有参股公司	42.8571	46.5365	81.7558	65.5392	3208
002597	金禾实业	安徽	中部	C	无国有股份公司	71.4286	58.8214	84.9137	74.4329	779
002598	山东章鼓	山东	东部	C	国有弱相对控股公司	57.1429	65.4588	81.3394	73.3616	1044
002599	盛通股份	北京	东部	C	无国有股份公司	71.4286	41.8830	84.4443	68.2463	2551
002600	领益智造	广东	东部	C	无国有股份公司	85.7143	43.6137	91.4510	74.1342	845
002601	龙佰集团	河南	中部	C	无国有股份公司	100.0000	59.1458	82.3904	76.0158	490
002602	世纪华通	浙江	东部	I	国有参股公司	100.0000	45.5423	77.9489	68.8117	2381
002603	以岭药业	河北	东部	C	无国有股份公司	85.7143	64.8759	79.1352	74.8024	703
002605	姚记科技	上海	东部	I	无国有股份公司	42.8571	55.5325	84.0076	69.9263	2032
002606	大连电瓷	辽宁	东北	C	无国有股份公司	71.4286	48.3732	78.3664	67.1750	2822
002607	中公教育	安徽	中部	P	无国有股份公司	71.4286	38.8605	83.5304	66.6858	2921
002608	江苏国信	江苏	东部	D	国有绝对控股公司	85.7143	54.3982	84.9644	74.3412	800
002609	捷顺科技	广东	东部	I	无国有股份公司	42.8571	38.1475	90.2980	67.3012	2798
002610	爱康科技	江苏	东部	C	无国有股份公司	42.8571	53.9548	82.5133	68.5522	2455
002611	东方精工	广东	东部	C	国有参股公司	57.1429	54.5422	95.2362	77.1839	333
002612	朗姿股份	北京	东部	C	无国有股份公司	100.0000	58.4167	88.6005	79.1761	141
002613	北玻股份	河南	中部	C	无国有股份公司	42.8571	39.6795	78.5287	61.3644	4013

续表

股票代码	公司简称	省份	地区	行业代码	控股类型	环境保护（*EP*）	社会责任（*SR*）	公司治理（*CG*）	上市公司质量/ESG指数（*CLCQI*/*ESGI*）	*CLCQI*/*ESGI*排名
002614	奥佳华	福建	东部	C	无国有股份公司	14.2857	45.4890	72.6701	57.3183	4405
002615	哈尔斯	浙江	东部	C	国有参股公司	100.0000	53.3641	85.1217	75.4944	571
002616	长青集团	广东	东部	N	无国有股份公司	57.1429	50.5490	81.4555	68.2070	2566
002617	露笑科技	浙江	东部	C	国有参股公司	42.8571	46.7599	73.0439	60.8258	4086
002620	瑞和股份	广东	东部	E	无国有股份公司	57.1429	47.2065	79.3665	65.8882	3140
002621	美吉姆	辽宁	东北	P	无国有股份公司	57.1429	33.9365	86.8575	65.3637	3245
002622	皓宸医疗	吉林	东部	C	无国有股份公司	57.1429	44.2582	76.3811	63.2143	3713
002623	亚玛顿	江苏	东部	C	无国有股份公司	71.4286	49.3899	83.8140	70.5270	1831
002624	完美世界	浙江	东部	I	国有参股公司	71.4286	52.5235	87.8715	73.8554	910
002625	光启技术	广东	东部	C	国有参股公司	14.2857	39.7406	84.3250	61.7165	3964
002626	金达威	福建	东部	C	国有参股公司	57.1429	46.2050	83.4741	67.7968	2681
002627	三峡旅游	湖北	中部	G	国有强相对控股公司	28.5714	36.9064	89.7095	65.1146	3322
002628	成都路桥	四川	西部	E	无国有股份公司	71.4286	57.5451	90.8744	77.2646	320
002629	仁智股份	浙江	东部	B	无国有股份公司	14.2857	36.5393	77.5070	56.8462	4429
002630	华西能源	四川	西部	C	无国有股份公司	71.4286	52.2051	80.7662	69.8361	2059
002631	德尔未来	江苏	东部	C	无国有股份公司	71.4286	41.3370	85.8448	68.8254	2375
002632	道明光学	浙江	东部	C	无国有股份公司	71.4286	39.0725	82.3541	66.1130	3081
002633	申科股份	浙江	东部	C	无国有股份公司	42.8571	42.8057	65.5298	55.3091	4476
002634	棒杰股份	浙江	东部	C	无国有股份公司	71.4286	43.7602	85.1381	69.2849	2231
002635	安洁科技	江苏	东部	C	国有参股公司	71.4286	45.6790	81.8100	68.1260	2585
002636	金安国纪	上海	东部	C	无国有股份公司	85.7143	48.2593	79.0313	68.9294	2344
002637	赞宇科技	浙江	东部	C	无国有股份公司	100.0000	48.5956	85.8537	74.2280	821
002638	勤上股份	广东	东部	C	无国有股份公司	57.1429	38.5295	69.6753	57.5210	4390
002639	雪人股份	福建	东部	C	无国有股份公司	85.7143	57.9860	79.8259	72.7708	1188
002640	跨境通	山西	中部	F	国有参股公司	57.1429	37.6310	71.6298	58.2815	4350
002641	公元股份	浙江	东部	C	无国有股份公司	100.0000	58.6910	83.9925	76.7377	398
002642	荣联科技	北京	东部	I	国有参股公司	57.1429	45.0440	82.0051	66.5825	2946
002643	万润股份	山东	东部	C	国有弱相对控股公司	71.4286	49.1335	85.0492	71.1166	1635
002644	佛慈制药	甘肃	西部	C	国有绝对控股公司	71.4286	43.4016	74.3755	63.2399	3708
002645	华宏科技	江苏	东部	C	无国有股份公司	57.1429	52.9464	72.6039	64.1777	3516
002646	天佑德酒	青海	西部	C	国有参股公司	85.7143	55.4516	86.1006	75.3348	605
002648	卫星化学	浙江	东部	C	无国有股份公司	100.0000	56.4246	76.6899	71.9281	1401
002649	博彦科技	北京	东部	I	无国有股份公司	85.7143	45.5812	86.1069	71.8836	1414
002650	加加食品	湖南	中部	C	无国有股份公司	57.1429	52.0602	82.8601	69.5084	2161
002651	利君股份	四川	西部	C	无国有股份公司	28.5714	51.1426	80.1025	64.8135	3379

续表

股票代码	公司简称	省份	地区	行业代码	控股类型	环境保护（*EP*）	社会责任（*SR*）	公司治理（*CG*）	上市公司质量/ESG指数（*CLCQI*/*ESGI*）	*CLCQI*/*ESGI*排名
002652	扬子新材	江苏	东部	C	国有参股公司	85.7143	42.3030	78.4154	66.5060	2967
002653	海思科	西藏	西部	C	无国有股份公司	57.1429	50.3930	85.0748	70.1430	1955
002654	万润科技	广东	东部	L	国有弱相对控股公司	28.5714	43.2857	83.2865	63.8147	3602
002655	共达电声	山东	东部	C	无国有股份公司	14.2857	45.4183	88.0436	65.7490	3164
002656	ST摩登	广东	东部	C	无国有股份公司	14.2857	41.8072	56.1547	46.9462	4560
002657	中科金财	北京	东部	I	无国有股份公司	28.5714	53.9994	78.6476	65.0131	3343
002658	雪迪龙	北京	东部	C	无国有股份公司	85.7143	52.0777	78.2760	69.8504	2055
002659	凯文教育	北京	东部	P	国有强相对控股公司	14.2857	40.0681	78.4586	58.6046	4324
002660	茂硕电源	广东	东部	C	国有强相对控股公司	71.4286	47.1581	86.8528	71.4172	1541
002661	克明食品	湖南	中部	C	国有参股公司	42.8571	57.6110	86.0997	71.8044	1438
002662	京威股份	北京	东部	C	无国有股份公司	71.4286	49.0999	79.6166	68.1169	2591
002663	普邦股份	广东	东部	E	国有参股公司	57.1429	48.5761	83.1524	68.4497	2484
002664	信质集团	浙江	东部	C	无国有股份公司	71.4286	47.7413	83.4279	69.7377	2092
002665	首航高科	甘肃	西部	C	国有参股公司	28.5714	45.1799	63.5064	53.5986	4503
002666	德联集团	广东	东部	C	无国有股份公司	57.1429	52.5227	80.9852	68.6391	2427
002667	威领股份	辽宁	东北	C	无国有股份公司	71.4286	43.1943	77.3554	64.8063	3382
002668	奥马电器	广东	东部	C	无国有股份公司	71.4286	42.2135	73.9945	62.6146	3808
002669	康达新材	上海	东部	C	国有弱相对控股公司	85.7143	57.7995	92.0678	79.4386	131
002671	龙泉股份	山东	东部	C	无国有股份公司	42.8571	48.0056	84.4491	67.5347	2743
002672	东江环保	广东	东部	C	国有强相对控股公司	100.0000	56.0479	85.9488	76.8886	372
002674	兴业科技	福建	东部	C	无国有股份公司	71.4286	39.6924	85.6622	68.1494	2584
002675	东诚药业	山东	东部	C	无国有股份公司	71.4286	49.9460	85.0890	71.4229	1540
002676	顺威股份	广东	东部	C	国有弱相对控股公司	85.7143	46.6648	83.4068	70.7779	1754
002677	浙江美大	浙江	东部	C	无国有股份公司	57.1429	44.3465	88.3921	69.8512	2054
002678	珠江钢琴	广东	东部	C	国有绝对控股公司	71.4286	48.4683	95.8406	76.8191	385
002679	福建金森	福建	东部	A	国有绝对控股公司	28.5714	49.6945	77.8181	63.0502	3734
002681	奋达科技	广东	东部	C	无国有股份公司	42.8571	48.8403	90.7235	71.2778	1586
002682	龙洲股份	福建	东部	G	国有弱相对控股公司	14.2857	46.3463	80.7210	62.0463	3908
002683	广东宏大	广东	东部	B	国有弱相对控股公司	42.8571	50.4815	74.6496	63.0115	3743
002685	华东重机	江苏	东部	C	无国有股份公司	14.2857	46.0975	77.7228	60.3102	4159
002686	亿利达	浙江	东部	C	国有强相对控股公司	71.4286	38.7961	71.4102	59.9971	4193
002687	乔治白	浙江	东部	C	无国有股份公司	42.8571	54.7413	81.4501	68.2427	2552
002688	金河生物	内蒙古	西部	C	国有参股公司	42.8571	47.0681	84.1046	67.0171	2854
002689	远大智能	辽宁	东北	C	无国有股份公司	71.4286	46.9639	74.7647	64.7008	3404
002690	美亚光电	安徽	中部	C	无国有股份公司	42.8571	47.1651	78.1073	63.7525	3619

续表

股票代码	公司简称	省份	地区	行业代码	控股类型	环境保护（*EP*）	社会责任（*SR*）	公司治理（*CG*）	上市公司质量/ESG指数（*CLCQI/ESGI*）	*CLCQI/ESGI*排名
002691	冀凯股份	河北	东部	C	无国有股份公司	28.5714	56.6924	73.0477	62.8757	3764
002692	ST远程	江苏	东部	C	国有弱相对控股公司	85.7143	46.5224	81.2477	69.5405	2154
002693	双成药业	海南	东部	C	国有参股公司	57.1429	57.3199	85.1168	72.5905	1231
002694	顾地科技	湖北	中部	C	无国有股份公司	42.8571	49.1238	71.6027	60.8605	4082
002695	煌上煌	江西	中部	C	无国有股份公司	57.1429	61.1566	88.9725	76.0540	484
002696	百洋股份	广西	西部	A	无国有股份公司	42.8571	49.7780	77.8808	64.5425	3443
002697	红旗连锁	四川	西部	F	无国有股份公司	14.2857	46.4075	80.4439	61.9154	3930
002698	博实股份	黑龙江	东北	C	国有参股公司	42.8571	61.7631	87.0109	73.7588	935
002699	*ST美盛	浙江	东部	R	无国有股份公司	42.8571	42.5689	60.6661	52.5512	4530
002700	ST浩源	新疆	西部	D	无国有股份公司	28.5714	47.7094	78.9537	62.9800	3749
002701	奥瑞金	北京	东部	C	国有参股公司	28.5714	47.4946	80.8902	63.9699	3564
002702	海欣食品	福建	东部	C	国有参股公司	28.5714	55.8657	74.4456	63.3552	3688
002703	浙江世宝	浙江	东部	C	无国有股份公司	100.0000	50.5781	75.8775	69.4349	2182
002705	新宝股份	广东	东部	C	无国有股份公司	85.7143	46.6546	91.5438	75.2496	622
002706	良信股份	上海	东部	C	无国有股份公司	85.7143	46.9387	82.7523	70.5137	1835
002707	众信旅游	北京	东部	L	无国有股份公司	42.8571	40.8365	80.3394	62.7651	3783
002708	光洋股份	江苏	东部	C	无国有股份公司	57.1429	44.2556	71.7655	60.6748	4106
002709	天赐材料	广东	东部	C	无国有股份公司	100.0000	59.3192	86.2370	78.1921	225
002712	思美传媒	浙江	东部	L	国有强相对控股公司	57.1429	49.6618	79.9295	67.0571	2848
002713	东易日盛	北京	东部	E	无国有股份公司	85.7143	57.4607	77.8945	71.5246	1511
002714	牧原股份	河南	中部	A	国有参股公司	71.4286	57.0248	76.2232	69.0243	2315
002715	登云股份	广东	东部	C	无国有股份公司	57.1429	58.4333	80.7171	70.5604	1817
002716	金贵银业	湖南	中部	C	国有弱相对控股公司	42.8571	50.5996	63.8583	57.1177	4417
002717	岭南股份	广东	东部	N	无国有股份公司	42.8571	46.5528	83.7827	66.6597	2926
002718	友邦吊顶	浙江	东部	C	无国有股份公司	28.5714	45.1689	82.0783	63.8093	3603
002719	麦趣尔	新疆	西部	C	国有参股公司	85.7143	47.6830	75.7561	66.9263	2878
002721	*ST金一	北京	东部	C	国有弱相对控股公司	14.2857	43.5972	78.1545	59.6725	4229
002722	物产金轮	江苏	东部	C	国有参股公司	57.1429	49.0711	92.7904	73.9239	895
002723	小崧股份	广东	东部	C	无国有股份公司	28.5714	52.6215	74.1515	62.0580	3905
002724	海洋王	广东	东部	C	无国有股份公司	14.2857	41.7786	80.7742	60.4769	4138
002725	跃岭股份	浙江	东部	C	无国有股份公司	42.8571	42.0450	77.3449	61.5411	3986
002726	龙大美食	山东	东部	C	无国有股份公司	85.7143	49.6182	86.4185	73.4680	1016
002727	一心堂	云南	西部	F	国有参股公司	14.2857	45.9939	80.8490	61.9934	3919
002728	特一药业	广东	东部	C	国有参股公司	71.4286	40.6396	87.4113	69.4429	2180
002729	好利科技	福建	东部	C	无国有股份公司	57.1429	56.3020	89.4328	74.6081	753

续表

股票代码	公司简称	省份	地区	行业代码	控股类型	环境保护（EP）	社会责任（SR）	公司治理（CG）	上市公司质量/ESG指数（CLCQI/ESGI）	CLCQI/ESGI排名
002730	电光科技	浙江	东部	C	无国有股份公司	57.1429	44.5672	85.4254	68.2968	2533
002731	萃华珠宝	辽宁	东北	C	无国有股份公司	28.5714	48.0399	75.4980	61.1950	4036
002732	燕塘乳业	广东	东部	C	国有绝对控股公司	85.7143	52.2030	92.1737	77.5380	290
002733	雄韬股份	广东	东部	C	国有参股公司	71.4286	53.4975	87.6487	74.0738	861
002734	利民股份	江苏	东部	C	无国有股份公司	100.0000	63.7383	84.2683	78.6560	171
002735	王子新材	广东	东部	C	无国有股份公司	14.2857	47.4996	78.5246	61.2419	4031
002737	葵花药业	黑龙江	东北	C	无国有股份公司	71.4286	50.6204	80.9364	69.3750	2204
002738	中矿资源	北京	东部	C	无国有股份公司	71.4286	61.6080	79.8030	72.5973	1229
002739	万达电影	北京	东部	R	国有参股公司	57.1429	44.5885	77.5872	63.9932	3557
002740	*ST爱迪	福建	东部	C	国有参股公司	14.2857	27.6516	59.9420	44.0747	4562
002741	光华科技	广东	东部	C	无国有股份公司	42.8571	46.6615	89.9100	70.0677	1983
002742	ST三圣	重庆	西部	C	无国有股份公司	57.1429	37.2826	68.7890	56.5972	4440
002743	富煌钢构	安徽	中部	C	无国有股份公司	71.4286	45.5713	77.8349	65.9020	3135
002745	木林森	广东	东部	C	国有弱相对控股公司	57.1429	41.2820	85.7692	67.3360	2792
002746	仙坛股份	山东	东部	C	国有弱相对控股公司	71.4286	49.2758	81.9026	69.4358	2181
002747	埃斯顿	江苏	东部	C	无国有股份公司	100.0000	51.4755	83.2439	73.8006	920
002748	世龙实业	江西	中部	C	无国有股份公司	85.7143	49.7796	86.6575	73.6559	963
002749	国光股份	四川	西部	C	无国有股份公司	71.4286	56.6944	88.0031	75.3876	591
002750	龙津药业	云南	西部	C	国有参股公司	57.1429	44.2245	77.6599	63.9058	3584
002752	昇兴股份	福建	东部	C	国有参股公司	100.0000	43.1509	78.0646	68.0384	2611
002753	永东股份	山西	中部	C	无国有股份公司	100.0000	47.8432	91.2374	76.9257	365
002755	奥赛康	北京	东部	C	无国有股份公司	57.1429	57.7687	90.5926	75.7593	523
002756	永兴材料	浙江	东部	C	无国有股份公司	71.4286	62.5889	86.9286	76.8597	378
002757	南兴股份	广东	东部	C	无国有股份公司	71.4286	50.8572	84.1910	71.2479	1595
002758	浙农股份	浙江	东部	F	无国有股份公司	14.2857	48.9386	83.1389	64.2835	3493
002759	天际股份	广东	东部	C	无国有股份公司	42.8571	54.1816	78.0539	66.1789	3062
002760	凤形股份	江西	中部	C	无国有股份公司	42.8571	39.0451	83.0203	63.6126	3647
002761	浙江建投	浙江	东部	E	国有绝对控股公司	42.8571	58.5629	89.9142	74.2356	820
002762	金发拉比	广东	东部	C	国有参股公司	42.8571	46.0559	80.2166	64.5244	3448
002763	汇洁股份	广东	东部	C	无国有股份公司	28.5714	48.8927	77.7054	62.7075	3795
002765	蓝黛科技	重庆	西部	C	无国有股份公司	57.1429	50.6293	90.2518	73.0730	1119
002766	索菱股份	广东	东部	C	国有参股公司	28.5714	40.2710	80.7164	61.3460	4017
002767	先锋电子	浙江	东部	C	无国有股份公司	28.5714	43.1990	82.9390	63.5932	3650
002768	国恩股份	山东	东部	C	无国有股份公司	71.4286	49.7549	82.6894	70.0362	1994
002769	普路通	广东	东部	L	国有参股公司	28.5714	40.8363	74.7312	58.2520	4353

续表

股票代码	公司简称	省份	地区	行业代码	控股类型	环境保护（*EP*）	社会责任（*SR*）	公司治理（*CG*）	上市公司质量/ESG指数（*CLCQI/ESGI*）	*CLCQI/ESGI*排名
002771	真视通	北京	东部	I	无国有股份公司	42.8571	47.6828	79.8200	64.8757	3362
002772	众兴菌业	甘肃	西部	A	国有参股公司	71.4286	46.6136	83.5753	69.4240	2186
002773	康弘药业	四川	西部	C	无国有股份公司	100.0000	61.0663	84.0376	77.5939	284
002774	快意电梯	广东	东部	C	国有参股公司	71.4286	52.6164	88.4659	74.2148	826
002775	文科园林	广东	东部	E	国有弱相对控股公司	0.0000	57.7787	82.3994	65.5422	3206
002776	*ST柏龙	广东	东部	M	无国有股份公司	14.2857	36.3776	62.8700	48.7392	4555
002777	久远银海	四川	西部	I	国有强相对控股公司	14.2857	52.1820	84.1916	65.9976	3109
002778	中晟高科	江苏	东部	C	国有参股公司	42.8571	41.3128	75.9762	60.5321	4130
002779	中坚科技	浙江	东部	C	无国有股份公司	28.5714	50.0805	78.4912	63.5555	3655
002780	三夫户外	北京	东部	F	国有参股公司	28.5714	53.5511	73.2955	61.9126	3931
002782	可立克	广东	东部	C	无国有股份公司	57.1429	44.5610	81.6049	66.1933	3059
002783	凯龙股份	湖北	中部	C	国有弱相对控股公司	71.4286	52.7442	82.3844	70.9148	1704
002785	万里石	福建	东部	C	无国有股份公司	57.1429	46.0416	94.8787	74.0122	868
002786	银宝山新	广东	东部	C	国有弱相对控股公司	57.1429	38.8303	82.2569	64.5462	3442
002787	华源控股	江苏	东部	C	无国有股份公司	85.7143	52.5228	86.2976	74.4181	784
002788	鹭燕医药	福建	东部	F	无国有股份公司	14.2857	39.3109	80.3163	59.3613	4257
002789	建艺集团	广东	东部	E	国有弱相对控股公司	28.5714	49.1042	78.9591	63.4711	3665
002790	瑞尔特	福建	东部	C	无国有股份公司	71.4286	44.6324	87.7092	71.0043	1679
002791	坚朗五金	广东	东部	C	无国有股份公司	57.1429	52.6212	88.7262	72.9311	1146
002792	通宇通讯	广东	东部	C	国有参股公司	14.2857	40.5723	80.2771	59.7813	4221
002793	罗欣药业	山东	东部	C	无国有股份公司	57.1429	45.8438	87.2454	69.7446	2089
002795	永和智控	浙江	东部	C	无国有股份公司	14.2857	54.3833	80.0496	64.4900	3453
002796	世嘉科技	江苏	东部	C	无国有股份公司	28.5714	53.2841	79.2723	65.1063	3326
002798	帝欧家居	四川	西部	C	国有参股公司	42.8571	37.3617	68.6666	55.1290	4479
002799	环球印务	陕西	西部	C	国有强相对控股公司	28.5714	59.1053	70.4358	62.2837	3871
002800	ST天顺	新疆	西部	G	无国有股份公司	14.2857	54.3338	87.5443	68.5948	2437
002801	微光股份	浙江	东部	C	无国有股份公司	71.4286	54.4189	84.8814	72.8743	1162
002802	洪汇新材	江苏	东部	C	无国有股份公司	42.8571	52.3719	80.2857	66.7730	2909
002803	吉宏股份	福建	东部	I	国有参股公司	57.1429	48.9672	83.6389	68.8542	2366
002805	丰元股份	山东	东部	C	国有参股公司	85.7143	49.7843	81.4881	70.8144	1742
002806	华锋股份	广东	东部	C	国有参股公司	57.1429	44.7306	78.6812	64.6446	3421
002808	ST恒久	江苏	东部	C	无国有股份公司	42.8571	52.8966	69.8669	61.2263	4033
002809	红墙股份	广东	东部	C	国有参股公司	85.7143	59.3218	82.6504	74.7918	706
002810	山东赫达	山东	东部	C	无国有股份公司	42.8571	52.9983	87.4582	70.9371	1699
002811	郑中设计	广东	东部	E	无国有股份公司	42.8571	42.2537	74.1433	59.8533	4210

续表

股票代码	公司简称	省份	地区	行业代码	控股类型	环境保护（EP）	社会责任（SR）	公司治理（CG）	上市公司质量/ESG指数（CLCQI/ESGI）	CLCQI/ESGI排名
002812	恩捷股份	云南	西部	C	无国有股份公司	100.0000	58.4528	95.6942	83.0903	22
002813	路畅科技	广东	东部	C	国有弱相对控股公司	57.1429	38.6777	74.3719	60.1560	4179
002815	崇达技术	广东	东部	C	无国有股份公司	85.7143	55.2946	89.1772	76.9720	360
002816	*ST和科	广东	东部	C	无国有股份公司	28.5714	34.7379	79.8254	58.9194	4291
002817	黄山胶囊	安徽	中部	C	国有弱相对控股公司	57.1429	56.7492	81.2765	70.2786	1915
002818	富森美	四川	西部	L	无国有股份公司	57.1429	50.4570	80.1901	67.4788	2757
002819	东方中科	北京	东部	F	国有弱相对控股公司	14.2857	59.2725	82.1356	67.3485	2787
002820	桂发祥	天津	东部	C	国有强相对控股公司	28.5714	53.0072	81.5450	66.2594	3037
002821	凯莱英	天津	东部	C	无国有股份公司	100.0000	62.3112	95.5467	84.3596	7
002822	中装建设	广东	东部	E	国有参股公司	14.2857	53.1192	76.1475	61.9014	3932
002823	凯中精密	广东	东部	C	无国有股份公司	57.1429	40.7563	75.9029	61.7256	3962
002824	和胜股份	广东	东部	C	无国有股份公司	85.7143	59.4226	82.3844	74.6807	730
002825	纳尔股份	上海	东部	C	无国有股份公司	71.4286	44.7409	80.6743	67.1730	2823
002826	易明医药	西藏	西部	C	国有参股公司	57.1429	46.7514	80.2995	66.2420	3045
002827	高争民爆	西藏	西部	C	国有绝对控股公司	28.5714	44.0797	76.8102	60.5306	4131
002828	贝肯能源	新疆	西部	B	无国有股份公司	57.1429	53.5733	72.3002	64.2301	3506
002829	星网宇达	北京	东部	C	无国有股份公司	14.2857	43.2236	80.9844	61.0982	4050
002830	名雕股份	广东	东部	E	无国有股份公司	57.1429	44.2663	82.8625	66.7819	2908
002831	裕同科技	广东	东部	C	无国有股份公司	100.0000	54.3079	84.5349	75.5020	569
002832	比音勒芬	广东	东部	C	无国有股份公司	14.2857	43.3044	87.8753	64.9165	3357
002833	弘亚数控	广东	东部	C	无国有股份公司	28.5714	47.5460	88.3267	68.0779	2601
002835	同为股份	广东	东部	C	无国有股份公司	14.2857	41.3616	77.1268	58.3248	4348
002836	新宏泽	广东	东部	C	国有参股公司	85.7143	48.0253	84.5316	71.8726	1418
002837	英维克	广东	东部	C	无国有股份公司	42.8571	46.2316	92.0678	71.1041	1642
002838	道恩股份	山东	东部	C	无国有股份公司	71.4286	50.8237	90.9797	74.9700	670
002840	华统股份	浙江	东部	C	无国有股份公司	14.2857	54.0056	76.8233	62.5833	3814
002841	视源股份	广东	东部	C	无国有股份公司	71.4286	63.2782	82.4433	74.6340	741
002842	翔鹭钨业	广东	东部	C	无国有股份公司	85.7143	43.1015	74.6194	64.6976	3407
002843	泰嘉股份	湖南	中部	C	无国有股份公司	71.4286	53.4832	84.2352	72.1914	1329
002845	同兴达	广东	东部	C	无国有股份公司	71.4286	49.6125	78.0714	67.4465	2765
002846	英联股份	广东	东部	C	国有参股公司	42.8571	40.1140	81.4504	63.1233	3724
002847	盐津铺子	湖南	中部	C	无国有股份公司	100.0000	57.7958	86.3324	77.7113	273
002848	高斯贝尔	湖南	中部	C	国有弱相对控股公司	14.2857	46.8162	75.7358	59.4690	4250
002849	威星智能	浙江	东部	C	无国有股份公司	28.5714	54.3225	87.9000	70.2150	1930
002850	科达利	广东	东部	C	无国有股份公司	14.2857	46.8835	83.7983	63.9269	3577

续表

股票代码	公司简称	省份	地区	行业代码	控股类型	环境保护（*EP*）	社会责任（*SR*）	公司治理（*CG*）	上市公司质量/ESG指数（*CLCQI*/*ESGI*）	*CLCQI*/*ESGI*排名
002851	麦格米特	广东	东部	C	无国有股份公司	100.0000	61.6841	83.7206	77.6358	279
002852	道道全	湖南	中部	C	国有参股公司	42.8571	42.0148	78.4371	62.1313	3894
002853	皮阿诺	广东	东部	C	无国有股份公司	42.8571	46.4679	78.7047	63.8370	3597
002855	捷荣技术	广东	东部	C	国有参股公司	71.4286	48.4181	86.8375	71.8498	1421
002856	美芝股份	广东	东部	E	国有弱相对控股公司	28.5714	44.5383	83.2603	64.2387	3503
002857	三晖电气	河南	中部	C	无国有股份公司	28.5714	50.0541	78.6536	63.6355	3646
002858	力盛体育	上海	东部	R	无国有股份公司	14.2857	44.3201	75.4711	58.4497	4336
002859	洁美科技	浙江	东部	C	无国有股份公司	85.7143	45.2905	87.3528	72.4671	1258
002860	星帅尔	浙江	东部	C	无国有股份公司	57.1429	45.0123	85.4507	68.4665	2476
002861	瀛通通讯	湖北	中部	C	无国有股份公司	42.8571	55.9946	79.7281	67.7343	2693
002862	实丰文化	广东	东部	C	国有参股公司	14.2857	49.0436	77.8660	61.4201	4003
002863	今飞凯达	浙江	东部	C	无国有股份公司	42.8571	45.4946	73.3974	60.5774	4124
002864	盘龙药业	陕西	西部	C	国有参股公司	28.5714	45.5438	83.6069	64.7813	3388
002865	钧达股份	海南	东部	C	国有参股公司	57.1429	58.8243	78.0398	69.2247	2249
002866	传艺科技	江苏	东部	C	无国有股份公司	14.2857	48.7616	72.9858	58.6373	4321
002867	周大生	广东	东部	C	无国有股份公司	14.2857	48.1990	80.3601	62.4962	3832
002868	绿康生化	福建	东部	C	无国有股份公司	100.0000	53.5667	76.5629	70.8579	1725
002869	金溢科技	广东	东部	C	无国有股份公司	42.8571	45.1687	81.9582	65.1718	3300
002870	香山股份	广东	东部	C	无国有股份公司	42.8571	48.4063	89.8206	70.6292	1798
002871	伟隆股份	山东	东部	C	无国有股份公司	57.1429	49.6036	75.9955	64.8731	3364
002872	ST天圣	重庆	西部	F	国有参股公司	85.7143	46.7714	75.1222	66.2586	3039
002873	新天药业	贵州	西部	C	无国有股份公司	42.8571	46.5993	83.9320	66.7581	2912
002875	安奈儿	广东	东部	C	无国有股份公司	14.2857	46.0852	77.5660	60.2197	4170
002876	三利谱	广东	东部	C	无国有股份公司	42.8571	47.2621	80.5444	65.1269	3318
002877	智能自控	江苏	东部	C	无国有股份公司	28.5714	44.0169	72.7277	58.2633	4352
002878	元隆雅图	北京	东部	L	无国有股份公司	28.5714	40.1647	74.1895	57.7190	4381
002879	长缆科技	湖南	中部	C	无国有股份公司	71.4286	54.0505	80.0850	70.1073	1968
002880	卫光生物	广东	东部	C	国有绝对控股公司	71.4286	48.3948	85.7737	71.2566	1594
002881	美格智能	广东	东部	C	无国有股份公司	14.2857	49.7957	83.3017	64.6730	3414
002882	金龙羽	广东	东部	C	无国有股份公司	42.8571	60.8433	81.4925	70.4017	1873
002883	中设股份	江苏	东部	M	国有参股公司	57.1429	53.7562	89.8328	73.9370	891
002884	凌霄泵业	广东	东部	C	无国有股份公司	28.5714	56.2541	84.1273	68.8161	2376
002885	京泉华	广东	东部	C	无国有股份公司	71.4286	52.6223	82.7239	71.0588	1652
002886	沃特股份	广东	东部	C	无国有股份公司	85.7143	58.4361	86.4371	76.5644	413
002887	绿茵生态	天津	东部	N	无国有股份公司	57.1429	47.9222	75.7040	64.1243	3530

续表

股票代码	公司简称	省份	地区	行业代码	控股类型	环境保护（*EP*）	社会责任（*SR*）	公司治理（*CG*）	上市公司质量/ESG指数（*CLCQI/ESGI*）	*CLCQI/ESGI*排名
002888	惠威科技	广东	东部	C	无国有股份公司	14.2857	47.4864	83.2874	63.8569	3591
002889	东方嘉盛	广东	东部	L	无国有股份公司	14.2857	47.4748	80.1712	62.1389	3891
002890	弘宇股份	山东	东部	C	无国有股份公司	71.4286	56.2988	74.7531	67.9617	2634
002891	中宠股份	山东	东部	C	无国有股份公司	100.0000	49.2004	96.5495	80.3224	80
002892	科力尔	湖南	中部	C	无国有股份公司	42.8571	56.4662	90.1346	73.6229	978
002893	京能热力	北京	东部	D	国有参股公司	100.0000	46.9600	90.7967	76.3742	437
002895	川恒股份	贵州	西部	C	无国有股份公司	42.8571	47.6335	78.5070	64.1363	3526
002896	中大力德	浙江	东部	C	无国有股份公司	28.5714	45.0300	81.9135	63.6701	3634
002897	意华股份	浙江	东部	C	无国有股份公司	71.4286	42.5353	78.1603	65.0183	3340
002898	赛隆药业	广东	东部	C	国有参股公司	42.8571	48.6983	74.7656	62.4512	3837
002899	英派斯	山东	东部	C	国有参股公司	28.5714	54.5500	91.8228	72.4522	1263
002900	哈三联	黑龙江	东北	C	无国有股份公司	42.8571	48.9335	89.8838	70.8485	1729
002901	大博医疗	福建	东部	C	国有参股公司	57.1429	51.7995	80.2549	67.9843	2630
002902	铭普光磁	广东	东部	C	无国有股份公司	71.4286	50.3858	82.9185	70.3831	1882
002903	宇环数控	湖南	中部	C	无国有股份公司	42.8571	52.2341	77.7892	65.3517	3249
002905	金逸影视	广东	东部	R	国有参股公司	28.5714	43.8924	82.8883	63.8081	3604
002906	华阳集团	广东	东部	C	国有参股公司	42.8571	45.6952	88.0412	68.7017	2407
002907	华森制药	重庆	西部	C	国有参股公司	57.1429	54.1820	77.9695	67.5612	2734
002908	德生科技	广东	东部	I	无国有股份公司	42.8571	43.1050	78.8498	62.7399	3790
002909	集泰股份	广东	东部	C	无国有股份公司	100.0000	66.4926	80.6863	77.6499	277
002910	庄园牧场	甘肃	西部	C	国有强相对控股公司	85.7143	59.9787	94.5454	81.5639	48
002911	佛燃能源	广东	东部	D	国有强相对控股公司	85.7143	54.7291	89.6354	77.0261	350
002912	中新赛克	广东	东部	I	国有弱相对控股公司	57.1429	54.9624	85.7245	72.0996	1361
002913	奥士康	湖南	中部	C	无国有股份公司	71.4286	53.3454	83.5614	71.7725	1447
002915	中欣氟材	浙江	东部	C	无国有股份公司	57.1429	54.4097	82.9274	70.3678	1885
002916	深南电路	广东	东部	C	国有绝对控股公司	100.0000	57.7651	91.7199	80.6638	72
002917	金奥博	广东	东部	C	无国有股份公司	42.8571	52.8163	79.6558	66.5821	2948
002918	蒙娜丽莎	广东	东部	C	无国有股份公司	71.4286	42.2598	81.1299	66.5552	2958
002919	名臣健康	广东	东部	C	无国有股份公司	14.2857	52.9811	77.4274	62.5571	3822
002920	德赛西威	广东	东部	C	国有弱相对控股公司	100.0000	52.7402	93.9731	80.1443	88
002921	联诚精密	山东	东部	C	无国有股份公司	57.1429	48.6006	86.3169	70.1988	1936
002922	伊戈尔	广东	东部	C	无国有股份公司	71.4286	45.2977	88.0758	71.4387	1532
002923	润都股份	广东	东部	C	无国有股份公司	100.0000	57.3703	82.7160	75.5734	552
002925	盈趣科技	福建	东部	C	无国有股份公司	71.4286	62.0231	89.7676	78.2231	222
002927	泰永长征	贵州	西部	C	无国有股份公司	57.1429	49.4333	78.3971	66.1343	3075

续表

股票代码	公司简称	省份	地区	行业代码	控股类型	环境保护（*EP*）	社会责任（*SR*）	公司治理（*CG*）	上市公司质量/ESG指数（*CLCQI/ESGI*）	*CLCQI/ESGI*排名
002928	华夏航空	贵州	西部	G	无国有股份公司	71.4286	52.0673	83.4063	71.2399	1598
002929	润建股份	广西	西部	I	无国有股份公司	100.0000	50.2574	92.7716	78.6145	178
002930	宏川智慧	广东	东部	G	无国有股份公司	85.7143	56.8046	90.7996	78.3928	203
002931	锋龙股份	浙江	东部	C	无国有股份公司	85.7143	57.9162	83.0321	74.5098	770
002932	明德生物	湖北	中部	C	无国有股份公司	14.2857	56.9906	80.0133	65.3826	3242
002933	新兴装备	北京	东部	C	国有参股公司	28.5714	57.6043	77.1519	65.4522	3228
002935	天奥电子	四川	西部	C	国有强相对控股公司	42.8571	55.0391	78.8357	66.9090	2880
002937	兴瑞科技	浙江	东部	C	无国有股份公司	85.7143	58.3413	85.0030	75.7425	526
002938	鹏鼎控股	广东	东部	C	无国有股份公司	100.0000	57.4305	92.2630	80.8454	66
002940	昂利康	浙江	东部	C	无国有股份公司	71.4286	53.2897	86.0623	73.1285	1109
002941	新疆交建	新疆	西部	E	国有强相对控股公司	71.4286	53.9287	81.3451	70.7577	1761
002942	新农股份	浙江	东部	C	无国有股份公司	100.0000	46.3441	85.4452	73.2153	1083
002943	宇晶股份	湖南	中部	C	国有参股公司	42.8571	47.4551	88.5799	69.6139	2130
002946	新乳业	四川	西部	C	无国有股份公司	57.1429	55.2242	91.6619	75.4568	576
002947	恒铭达	江苏	东部	C	无国有股份公司	28.5714	54.7870	83.6472	68.0386	2610
002949	华阳国际	广东	东部	M	国有参股公司	42.8571	47.0744	80.7878	65.1950	3294
002950	奥美医疗	湖北	中部	C	无国有股份公司	57.1429	45.8660	73.8405	62.3797	3848
002951	ST金时	四川	西部	C	国有参股公司	57.1429	51.4425	71.4043	62.9915	3745
002952	亚世光电	辽宁	东北	C	国有参股公司	28.5714	44.9257	80.9822	63.1214	3725
002953	日丰股份	广东	东部	C	无国有股份公司	28.5714	42.8780	79.5191	61.6000	3978
002955	鸿合科技	广东	东部	C	无国有股份公司	14.2857	45.0890	86.4068	64.7335	3399
002956	西麦食品	广西	西部	C	无国有股份公司	42.8571	46.9904	69.1836	58.7833	4307
002957	科瑞技术	广东	东部	C	无国有股份公司	14.2857	37.4894	87.4662	62.6563	3806
002959	小熊电器	广东	东部	C	无国有股份公司	14.2857	56.1003	89.7014	70.3994	1874
002960	青鸟消防	河北	东部	C	无国有股份公司	28.5714	54.5917	95.7173	74.6087	752
002962	五方光电	湖北	中部	C	无国有股份公司	57.1429	49.5846	78.9156	66.4725	2978
002963	豪尔赛	北京	东部	E	国有参股公司	57.1429	52.4681	82.8118	69.6246	2125
002965	祥鑫科技	广东	东部	C	无国有股份公司	57.1429	54.7643	85.6208	71.9732	1386
002967	广电计量	广东	东部	M	国有强相对控股公司	57.1429	44.6652	83.9691	67.5301	2745
002968	新大正	重庆	西部	K	国有参股公司	71.4286	51.6441	93.2167	76.4875	422
002969	嘉美包装	安徽	中部	C	无国有股份公司	14.2857	46.2568	80.3264	61.7979	3953
002970	锐明技术	广东	东部	I	无国有股份公司	57.1429	46.0541	78.4548	64.9833	3347
002971	和远气体	湖北	中部	C	无国有股份公司	71.4286	48.6936	75.9774	65.9732	3117
002972	科安达	广东	东部	C	无国有股份公司	57.1429	58.2831	77.1532	68.5476	2457
002973	侨银股份	广东	东部	N	无国有股份公司	42.8571	49.3430	81.9174	66.6104	2940

续表

股票代码	公司简称	省份	地区	行业代码	控股类型	环境保护（*EP*）	社会责任（*SR*）	公司治理（*CG*）	上市公司质量/ESG指数（*CLCQI/ESGI*）	*CLCQI/ESGI*排名
002975	博杰股份	广东	东部	C	无国有股份公司	57.1429	53.5047	82.9145	70.0439	1991
002976	瑞玛精密	江苏	东部	C	无国有股份公司	85.7143	52.7933	82.1157	72.2127	1319
002977	天箭科技	四川	西部	C	无国有股份公司	14.2857	36.3488	81.8853	59.1875	4269
002978	安宁股份	四川	西部	B	无国有股份公司	28.5714	53.2880	79.3019	65.1240	3320
002979	雷赛智能	广东	东部	C	无国有股份公司	28.5714	47.9572	82.7343	65.1460	3308
002980	华盛昌	广东	东部	C	国有参股公司	28.5714	51.3323	84.9960	67.5712	2732
002981	朝阳科技	广东	东部	C	无国有股份公司	28.5714	52.5804	94.3885	73.1739	1095
002982	湘佳股份	湖南	中部	A	无国有股份公司	57.1429	57.7589	83.7223	71.9771	1384
002983	芯瑞达	安徽	中部	C	无国有股份公司	14.2857	49.5154	78.2085	61.7736	3956
002984	森麒麟	山东	东部	C	无国有股份公司	71.4286	52.2491	84.6717	71.9995	1381
002985	北摩高科	北京	东部	C	无国有股份公司	14.2857	49.6426	75.4534	60.3029	4162
002986	宇新股份	湖南	中部	C	无国有股份公司	42.8571	43.7474	86.7279	67.2976	2799
002987	京北方	北京	东部	I	无国有股份公司	14.2857	47.8422	84.1973	64.4819	3458
002988	豪美新材	广东	东部	C	无国有股份公司	85.7143	52.3598	72.2660	66.6436	2932
002989	中天精装	广东	东部	E	无国有股份公司	28.5714	51.3899	86.2205	68.2649	2546
002990	盛视科技	广东	东部	I	无国有股份公司	14.2857	47.0780	80.4377	62.1466	3890
002991	甘源食品	江西	中部	C	无国有股份公司	14.2857	46.4265	79.0080	61.1323	4044
002992	宝明科技	广东	东部	C	无国有股份公司	28.5714	47.1124	76.2912	61.3067	4021
002993	奥海科技	广东	东部	C	无国有股份公司	71.4286	52.2065	85.7182	72.5601	1235
002995	天地在线	北京	东部	I	无国有股份公司	14.2857	41.0559	75.8426	57.5116	4391
002996	顺博合金	重庆	西部	C	无国有股份公司	85.7143	45.2066	79.1403	67.9209	2651
002997	瑞鹄模具	安徽	中部	C	无国有股份公司	57.1429	58.8315	82.4649	71.6610	1479
002998	优彩资源	江苏	东部	C	无国有股份公司	71.4286	45.8674	81.3526	67.9403	2643
002999	天禾股份	广东	东部	F	无国有股份公司	42.8571	40.3101	84.8779	65.0771	3332
003000	劲仔食品	湖南	中部	C	无国有股份公司	57.1429	49.3796	90.1960	72.6050	1226
003001	中岩大地	北京	东部	E	无国有股份公司	42.8571	51.2968	81.4085	67.0143	2855
003002	壶化股份	山西	中部	C	国有参股公司	28.5714	47.1195	73.7720	59.9236	4202
003003	天元股份	广东	东部	C	无国有股份公司	57.1429	49.1567	74.2579	63.7610	3613
003004	声迅股份	北京	东部	I	无国有股份公司	42.8571	48.2509	82.5022	66.5498	2961
003005	竞业达	北京	东部	I	无国有股份公司	14.2857	55.5347	75.4441	62.3600	3856
003006	百亚股份	重庆	西部	C	无国有股份公司	28.5714	45.7812	83.8592	65.0031	3345
003007	直真科技	北京	东部	I	无国有股份公司	42.8571	53.8088	73.8743	63.7497	3620
003008	开普检测	河南	中部	M	国有弱相对控股公司	42.8571	57.8310	82.3287	69.8074	2068
003009	中天火箭	陕西	西部	C	国有绝对控股公司	57.1429	51.4522	76.0668	65.5593	3203
003010	若羽臣	广东	东部	I	无国有股份公司	42.8571	45.2839	80.6515	64.4934	3452

续表

股票代码	公司简称	省份	地区	行业代码	控股类型	环境保护（*EP*）	社会责任（*SR*）	公司治理（*CG*）	上市公司质量/ESG指数（*CLCQI/ESGI*）	*CLCQI/ESGI*排名
003011	海象新材	浙江	东部	C	无国有股份公司	85.7143	51.5778	86.5039	74.2008	829
003012	东鹏控股	广东	东部	C	无国有股份公司	100.0000	52.6247	87.5542	76.5735	412
003013	地铁设计	广东	东部	M	国有绝对控股公司	100.0000	57.3189	81.9778	75.1494	641
003015	日久光电	江苏	东部	C	无国有股份公司	14.2857	40.8597	82.6784	61.2026	4035
003016	欣贺股份	福建	东部	C	国有参股公司	42.8571	44.8758	80.1986	64.1015	3538
003017	大洋生物	浙江	东部	C	无国有股份公司	100.0000	57.7554	83.4311	76.1015	477
003018	金富科技	广东	东部	C	无国有股份公司	14.2857	43.2088	81.3442	61.2910	4024
003019	宸展光电	福建	东部	C	无国有股份公司	42.8571	53.6876	86.2961	70.5392	1827
003020	立方制药	安徽	中部	F	国有参股公司	57.1429	44.9891	88.1438	69.9395	2030
003021	兆威机电	广东	东部	C	无国有股份公司	85.7143	54.2122	89.0801	76.5398	418
003022	联泓新科	山东	东部	C	国有参股公司	100.0000	50.6907	86.5117	75.3232	608
003023	彩虹集团	四川	西部	C	无国有股份公司	100.0000	59.3462	86.2793	78.2248	221
003025	思进智能	浙江	东部	C	无国有股份公司	28.5714	51.5906	80.6272	65.2588	3275
003026	中晶科技	浙江	东部	C	无国有股份公司	42.8571	57.6943	74.7699	65.6021	3190
003027	同兴环保	安徽	中部	N	无国有股份公司	71.4286	56.8658	83.1775	72.7935	1180
003028	振邦智能	广东	东部	C	无国有股份公司	57.1429	50.8869	85.3022	70.4409	1865
003029	吉大正元	吉林	东部	I	国有参股公司	28.5714	62.2297	84.3828	71.0481	1661
003030	祖名股份	浙江	东部	C	无国有股份公司	85.7143	49.2214	81.6362	70.6988	1778
003031	中瓷电子	河北	东部	C	国有绝对控股公司	57.1429	54.1473	82.8274	70.2209	1926
003032	传智教育	江苏	东部	P	无国有股份公司	57.1429	43.5470	82.3753	66.2621	3035
003033	征和工业	山东	东部	C	无国有股份公司	42.8571	54.2132	84.9281	69.9708	2021
003035	南网能源	广东	东部	M	国有绝对控股公司	85.7143	47.6602	88.9460	74.1728	837
003036	泰坦股份	浙江	东部	C	无国有股份公司	28.5714	44.9743	82.9472	64.2191	3509
003037	三和管桩	广东	东部	C	无国有股份公司	85.7143	48.6229	78.1262	68.5588	2453
003038	鑫铂股份	安徽	中部	C	国有参股公司	57.1429	47.3817	75.1708	63.6418	3645
003039	顺控发展	广东	东部	D	国有绝对控股公司	71.4286	54.2997	81.3318	70.8803	1716
003040	楚天龙	广东	东部	C	国有参股公司	57.1429	55.4610	74.7440	66.2348	3047
003041	真爱美家	浙江	东部	C	无国有股份公司	57.1429	45.1040	84.9341	68.2144	2565
003042	中农联合	山东	东部	C	无国有股份公司	85.7143	56.7144	88.5040	77.0986	339
003043	华亚智能	江苏	东部	C	无国有股份公司	71.4286	44.2277	73.8205	63.2238	3709
003816	中国广核	广东	东部	D	国有绝对控股公司	100.0000	62.5520	84.6881	78.4716	192
300001	特锐德	山东	东部	C	无国有股份公司	71.4286	48.8847	78.9995	67.7023	2703
300002	神州泰岳	北京	东部	I	无国有股份公司	14.2857	52.4086	90.9234	69.7794	2073
300003	乐普医疗	北京	东部	C	国有弱相对控股公司	71.4286	53.4734	86.4275	73.3937	1040
300004	南风股份	广东	东部	C	国有弱相对控股公司	57.1429	47.1133	85.2942	69.1158	2291

续表

股票代码	公司简称	省份	地区	行业代码	控股类型	环境保护（*EP*）	社会责任（*SR*）	公司治理（*CG*）	上市公司质量/ESG指数（*CLCQI*/*ESGI*）	*CLCQI*/*ESGI*排名
300005	探路者	北京	东部	C	无国有股份公司	57.1429	44.8578	88.3767	70.0217	2001
300006	莱美药业	重庆	西部	C	国有弱相对控股公司	85.7143	43.1227	79.1703	67.2080	2817
300007	汉威科技	河南	中部	C	无国有股份公司	71.4286	54.7728	86.6071	73.9472	890
300008	天海防务	上海	东部	E	国有参股公司	42.8571	50.0686	84.2985	68.1739	2575
300009	安科生物	安徽	中部	C	无国有股份公司	42.8571	51.7055	89.4495	71.5799	1503
300010	*ST豆神	北京	东部	I	无国有股份公司	14.2857	46.2493	63.5713	52.5800	4529
300011	鼎汉技术	北京	东部	C	国有参股公司	42.8571	48.0185	83.3606	66.9405	2875
300012	华测检测	广东	东部	M	无国有股份公司	85.7143	54.5665	92.2114	78.3860	205
300013	新宁物流	河南	中部	G	国有参股公司	14.2857	31.0889	84.6219	58.8518	4299
300014	亿纬锂能	广东	东部	C	无国有股份公司	100.0000	55.4560	84.6425	75.9630	495
300015	爱尔眼科	湖南	中部	Q	无国有股份公司	57.1429	55.2490	83.8637	71.1765	1616
300016	北陆药业	北京	东部	C	国有参股公司	57.1429	51.3132	79.4557	67.3745	2780
300017	网宿科技	上海	东部	I	无国有股份公司	28.5714	46.3141	96.0353	71.8865	1413
300018	中元股份	湖北	中部	C	无国有股份公司	14.2857	52.9567	86.7766	67.6906	2705
300019	硅宝科技	四川	西部	C	国有弱相对控股公司	85.7143	52.9759	86.3883	74.6265	744
300020	银江技术	浙江	东部	I	无国有股份公司	14.2857	42.2654	83.4462	62.1169	3896
300021	大禹节水	甘肃	西部	C	国有参股公司	85.7143	46.2284	91.0562	74.8323	692
300022	吉峰科技	四川	西部	F	无国有股份公司	28.5714	51.7613	75.2746	62.3746	3849
300024	机器人	辽宁	东北	C	国有弱相对控股公司	85.7143	59.3131	87.9968	77.7293	271
300025	华星创业	浙江	东部	I	无国有股份公司	42.8571	43.8475	91.3496	69.8746	2048
300026	红日药业	天津	东部	C	国有弱相对控股公司	71.4286	46.2514	82.3272	68.6108	2433
300027	华谊兄弟	浙江	东部	R	国有参股公司	42.8571	39.9160	69.4303	56.4430	4443
300029	ST天龙	江苏	东部	C	无国有股份公司	14.2857	43.8016	57.1807	48.2085	4556
300030	阳普医疗	广东	东部	C	国有参股公司	57.1429	46.8927	80.3557	66.3223	3017
300031	宝通科技	江苏	东部	I	无国有股份公司	85.7143	52.1304	88.1562	75.3030	610
300032	金龙机电	浙江	东部	C	国有参股公司	14.2857	34.1726	82.6906	58.8688	4297
300034	钢研高纳	北京	东部	C	国有强相对控股公司	57.1429	51.4204	84.8168	70.3607	1887
300035	中科电气	湖南	中部	C	国有参股公司	57.1429	42.5109	83.4596	66.4959	2968
300036	超图软件	北京	东部	I	国有参股公司	57.1429	50.8604	88.5268	72.2051	1322
300037	新宙邦	广东	东部	C	无国有股份公司	85.7143	56.5837	88.4229	77.0083	355
300039	上海凯宝	上海	东部	C	国有参股公司	71.4286	44.5608	82.3525	68.0330	2613
300040	九洲集团	黑龙江	东北	C	国有参股公司	71.4286	48.6605	84.2433	70.5079	1837
300041	回天新材	湖北	中部	C	无国有股份公司	100.0000	58.2965	81.7622	75.3730	598
300042	朗科科技	广东	东部	C	国有弱相对控股公司	71.4286	53.0004	94.3863	77.6055	283
300043	星辉娱乐	广东	东部	I	国有参股公司	42.8571	38.1833	77.5769	60.3172	4157

续表

股票代码	公司简称	省份	地区	行业代码	控股类型	环境保护（*EP*）	社会责任（*SR*）	公司治理（*CG*）	上市公司质量/ESG指数（*CLCQI/ESGI*）	*CLCQI/ESGI*排名
300044	赛为智能	广东	东部	I	国有参股公司	42.8571	49.9509	75.2845	63.1750	3719
300045	华力创通	北京	东部	C	无国有股份公司	42.8571	50.4141	82.7085	67.4203	2771
300046	台基股份	湖北	中部	C	无国有股份公司	57.1429	56.7723	81.5625	70.4440	1862
300047	天源迪科	广东	东部	I	无国有股份公司	57.1429	46.2862	86.6902	69.5941	2138
300048	合康新能	北京	东部	C	无国有股份公司	71.4286	44.0389	78.7291	65.8575	3151
300049	福瑞股份	内蒙古	西部	C	国有参股公司	14.2857	42.0009	80.5187	60.4142	4145
300050	世纪鼎利	广东	东部	I	无国有股份公司	42.8571	33.3749	81.7498	60.9293	4072
300051	三五互联	福建	东部	I	无国有股份公司	14.2857	43.0517	84.4128	62.9237	3757
300052	中青宝	广东	东部	I	无国有股份公司	28.5714	45.3041	87.5277	66.8538	2895
300053	航宇微	广东	东部	C	国有弱相对控股公司	57.1429	47.0945	79.5863	65.9698	3119
300054	鼎龙股份	湖北	中部	C	国有参股公司	57.1429	52.3436	86.0031	71.3363	1570
300055	万邦达	北京	东部	E	国有参股公司	71.4286	38.0219	77.7631	63.2202	3710
300056	中创环保	福建	东部	C	国有参股公司	14.2857	38.2734	80.2592	58.9668	4286
300057	万顺新材	广东	东部	C	无国有股份公司	71.4286	54.4763	88.7902	75.0442	659
300058	蓝色光标	北京	东部	L	无国有股份公司	28.5714	50.6100	85.7134	67.7130	2700
300061	旗天科技	上海	东部	L	无国有股份公司	28.5714	51.0955	90.6516	70.5990	1809
300062	中能电气	福建	东部	C	无国有股份公司	71.4286	52.4100	81.7416	70.4443	1861
300063	天龙集团	广东	东部	L	无国有股份公司	57.1429	42.4401	80.1835	64.6692	3415
300065	海兰信	北京	东部	C	国有参股公司	28.5714	52.5728	75.7766	62.9347	3754
300066	三川智慧	江西	中部	C	无国有股份公司	100.0000	57.3019	83.0172	75.7151	532
300067	安诺其	上海	东部	C	无国有股份公司	14.2857	47.3612	85.6166	65.0941	3328
300068	南都电源	浙江	东部	C	国有参股公司	85.7143	56.9627	83.9419	74.6764	731
300069	金利华电	山西	中部	C	无国有股份公司	85.7143	50.1579	80.1276	70.1969	1938
300070	碧水源	北京	东部	N	国有强相对控股公司	71.4286	46.4063	85.1311	70.2072	1931
300071	福石控股	北京	东部	L	国有参股公司	14.2857	35.5909	75.3709	55.3394	4475
300072	海新能科	北京	东部	C	国有强相对控股公司	71.4286	55.6235	91.0464	76.6866	406
300073	当升科技	北京	东部	C	国有弱相对控股公司	71.4286	48.9030	90.7760	74.1857	835
300074	华平股份	上海	东部	I	国有参股公司	42.8571	45.2257	77.7853	62.8966	3761
300075	数字政通	北京	东部	I	无国有股份公司	28.5714	45.7782	69.8534	57.2989	4407
300076	GQY视讯	浙江	东部	C	国有强相对控股公司	28.5714	41.0749	84.9559	63.9591	3566
300077	国民技术	广东	东部	C	无国有股份公司	28.5714	42.9505	72.9840	58.0310	4366
300078	思创医惠	浙江	东部	C	无国有股份公司	14.2857	36.2736	80.4152	58.3527	4344
300079	数码视讯	北京	东部	C	国有弱相对控股公司	42.8571	50.9508	87.3117	70.1399	1958
300080	易成新能	河南	中部	C	国有绝对控股公司	85.7143	51.9073	86.2820	74.1941	834
300081	恒信东方	北京	东部	M	国有参股公司	14.2857	43.4232	77.9418	59.4947	4247

续表

股票代码	公司简称	省份	地区	行业代码	控股类型	环境保护（*EP*）	社会责任（*SR*）	公司治理（*CG*）	上市公司质量/ESG指数（*CLCQI*/*ESGI*）	*CLCQI*/*ESGI*排名
300082	奥克股份	辽宁	东北	C	无国有股份公司	85.7143	53.4706	83.4202	73.1673	1096
300083	创世纪	广东	东部	C	国有参股公司	14.2857	50.1506	84.9294	65.6924	3172
300084	海默科技	甘肃	西部	B	国有参股公司	42.8571	33.7841	77.9851	59.0020	4278
300085	银之杰	广东	东部	I	无国有股份公司	28.5714	48.0774	76.9437	62.0033	3916
300086	康芝药业	海南	东部	C	国有参股公司	57.1429	52.3030	84.5827	70.5408	1826
300087	荃银高科	安徽	中部	A	国有弱相对控股公司	42.8571	49.8916	90.9324	71.7606	1448
300088	长信科技	安徽	中部	C	国有弱相对控股公司	42.8571	57.5294	85.2794	71.3247	1576
300091	金通灵	江苏	东部	C	国有弱相对控股公司	28.5714	50.3410	81.2098	65.1419	3309
300092	科新机电	四川	西部	C	无国有股份公司	28.5714	48.9687	82.8390	65.5577	3204
300093	金刚光伏	甘肃	西部	C	无国有股份公司	28.5714	38.3891	82.9708	61.9273	3927
300094	国联水产	广东	东部	C	无国有股份公司	28.5714	49.9827	70.5344	59.1450	4272
300095	华伍股份	江西	中部	C	国有参股公司	57.1429	50.3813	78.8428	66.7113	2918
300096	易联众	福建	东部	I	国有参股公司	28.5714	60.6379	89.9420	73.5485	995
300097	智云股份	辽宁	东北	C	无国有股份公司	14.2857	43.3845	79.7917	60.4986	4135
300098	高新兴	广东	东部	I	无国有股份公司	57.1429	46.5770	85.5182	69.0513	2311
300099	精准信息	山东	东部	C	国有参股公司	28.5714	45.1997	78.3418	61.7650	3957
300100	双林股份	浙江	东部	C	无国有股份公司	42.8571	40.3308	79.3420	62.0396	3910
300101	振芯科技	四川	西部	C	无国有股份公司	28.5714	46.1071	84.8704	65.6733	3177
300102	乾照光电	福建	东部	C	国有参股公司	57.1429	50.7555	86.3602	70.9768	1686
300103	达刚控股	陕西	西部	N	无国有股份公司	100.0000	60.2102	85.4391	78.0650	238
300105	龙源技术	山东	东部	C	国有强相对控股公司	100.0000	56.8553	79.2419	73.4824	1012
300106	西部牧业	新疆	西部	A	国有强相对控股公司	85.7143	56.8589	82.4380	73.8130	918
300107	建新股份	河北	东部	C	无国有股份公司	100.0000	63.4289	93.1352	83.4245	16
300108	*ST吉药	吉林	东部	C	无国有股份公司	14.2857	38.1602	80.5129	59.0667	4276
300109	新开源	河南	中部	C	国有参股公司	100.0000	51.8568	81.3887	72.9137	1150
300110	华仁药业	山东	东部	C	国有弱相对控股公司	57.1429	47.4703	85.5878	69.4022	2196
300111	向日葵	浙江	东部	C	无国有股份公司	28.5714	48.9689	80.0340	64.0149	3553
300112	万讯自控	广东	东部	C	无国有股份公司	28.5714	49.2347	81.0631	64.6740	3413
300113	顺网科技	浙江	东部	I	无国有股份公司	14.2857	35.7195	90.4860	63.6977	3628
300114	中航电测	陕西	西部	C	国有绝对控股公司	71.4286	63.4745	84.3089	75.7288	530
300115	长盈精密	广东	东部	C	无国有股份公司	71.4286	46.9200	86.0613	70.8986	1710
300116	保力新	陕西	西部	C	国有参股公司	57.1429	40.5311	73.9876	60.5933	4119
300117	嘉寓股份	北京	东部	E	国有参股公司	57.1429	44.1273	82.0531	66.2880	3030
300118	东方日升	浙江	东部	C	无国有股份公司	57.1429	44.2140	88.7633	70.0090	2006
300119	瑞普生物	天津	东部	C	无国有股份公司	85.7143	48.7858	93.8433	77.2603	322

续表

股票代码	公司简称	省份	地区	行业代码	控股类型	环境保护（*EP*）	社会责任（*SR*）	公司治理（*CG*）	上市公司质量/ESG指数（*CLCQI/ESGI*）	*CLCQI/ESGI*排名
300120	经纬辉开	天津	东部	C	无国有股份公司	42.8571	44.8461	88.5705	68.6956	2410
300121	阳谷华泰	山东	东部	C	无国有股份公司	85.7143	59.6674	83.1223	75.1723	636
300122	智飞生物	重庆	西部	C	无国有股份公司	100.0000	66.8295	79.0941	76.8920	371
300123	亚光科技	湖南	中部	C	无国有股份公司	0.0000	47.7454	76.8460	58.9762	4284
300124	汇川技术	广东	东部	C	无国有股份公司	100.0000	63.9163	83.5892	78.3448	209
300125	聆达股份	辽宁	东北	C	无国有股份公司	28.5714	47.3761	75.8649	61.1645	4041
300126	锐奇股份	上海	东部	C	无国有股份公司	71.4286	42.3329	84.5334	68.4527	2482
300127	银河磁体	四川	西部	C	无国有股份公司	85.7143	44.3291	87.4682	72.1941	1327
300128	锦富技术	江苏	东部	C	无国有股份公司	42.8571	45.5329	86.8640	67.9974	2627
300129	泰胜风能	上海	东部	C	国有弱相对控股公司	71.4286	50.7440	91.7324	75.3561	601
300130	新国都	广东	东部	C	无国有股份公司	85.7143	54.3144	84.8953	74.2739	812
300131	英唐智控	广东	东部	F	无国有股份公司	28.5714	46.7965	84.6295	65.7821	3159
300132	青松股份	福建	东部	C	无国有股份公司	85.7143	40.1471	85.6404	69.7251	2096
300133	华策影视	浙江	东部	R	国有参股公司	28.5714	43.3499	80.7647	62.4502	3838
300134	大富科技	安徽	中部	C	无国有股份公司	85.7143	50.7688	78.1649	69.3312	2220
300135	宝利国际	江苏	东部	C	国有参股公司	28.5714	47.7204	80.0909	63.6093	3648
300136	信维通信	广东	东部	C	无国有股份公司	85.7143	54.3891	81.0520	72.1862	1332
300137	先河环保	河北	东部	C	无国有股份公司	14.2857	39.5483	90.2814	64.9253	3355
300138	晨光生物	河北	东部	C	无国有股份公司	57.1429	54.4344	81.2350	69.4456	2177
300139	晓程科技	北京	东部	C	无国有股份公司	42.8571	50.5155	79.8678	65.8934	3138
300140	中环装备	陕西	西部	C	国有强相对控股公司	42.8571	43.7497	81.7921	64.5837	3434
300141	和顺电气	江苏	东部	C	无国有股份公司	14.2857	41.0379	73.6404	56.2941	4451
300142	沃森生物	云南	西部	C	无国有股份公司	85.7143	58.0612	93.6773	80.4154	79
300143	盈康生命	山东	东部	Q	国有参股公司	57.1429	45.9984	85.2897	68.7230	2400
300144	宋城演艺	浙江	东部	R	无国有股份公司	42.8571	48.5868	84.7337	67.8946	2654
300145	中金环境	浙江	东部	C	国有弱相对控股公司	42.8571	40.2165	81.5213	63.1982	3715
300146	汤臣倍健	广东	东部	C	无国有股份公司	42.8571	51.4698	88.8051	71.1430	1631
300147	香雪制药	广东	东部	C	国有参股公司	85.7143	52.8735	84.9279	73.7875	929
300148	天舟文化	湖南	中部	I	国有参股公司	14.2857	43.7204	83.8582	62.8527	3767
300149	睿智医药	广东	东部	M	无国有股份公司	42.8571	45.2182	82.2153	65.3305	3253
300150	世纪瑞尔	北京	东部	I	国有参股公司	71.4286	51.6266	84.3886	71.6259	1490
300151	昌红科技	广东	东部	C	无国有股份公司	57.1429	52.7320	83.9580	70.3474	1891
300152	新动力	河北	东部	N	无国有股份公司	42.8571	37.5567	74.3513	58.3238	4349
300153	科泰电源	上海	东部	C	无国有股份公司	28.5714	47.3767	85.2794	66.3426	3010
300154	瑞凌股份	广东	东部	C	无国有股份公司	57.1429	46.5670	87.4902	70.1324	1960

续表

股票代码	公司简称	省份	地区	行业代码	控股类型	环境保护（*EP*）	社会责任（*SR*）	公司治理（*CG*）	上市公司质量/ESG指数（*CLCQI/ESGI*）	*CLCQI/ESGI*排名
300155	安居宝	广东	东部	C	无国有股份公司	14.2857	42.3296	79.6678	60.0612	4187
300157	恒泰艾普	北京	东部	B	无国有股份公司	85.7143	40.8171	74.6901	63.9369	3574
300158	振东制药	山西	中部	C	国有参股公司	42.8571	43.8438	75.6974	61.2646	4027
300159	新研股份	新疆	西部	C	无国有股份公司	28.5714	47.0169	75.9443	61.0824	4054
300160	秀强股份	江苏	东部	C	国有弱相对控股公司	57.1429	48.6839	85.1153	69.5671	2146
300161	华中数控	湖北	中部	C	国有参股公司	42.8571	52.1565	89.6158	71.8292	1430
300162	雷曼光电	广东	东部	C	无国有股份公司	57.1429	49.3202	84.6778	69.5492	2151
300163	先锋新材	浙江	东部	C	国有参股公司	71.4286	45.7761	71.7851	62.6463	3807
300164	通源石油	陕西	西部	B	无国有股份公司	28.5714	41.7647	81.2320	62.1524	3887
300165	天瑞仪器	江苏	东部	C	无国有股份公司	28.5714	51.2743	64.5354	56.2976	4450
300166	东方国信	北京	东部	I	无国有股份公司	42.8571	52.7204	77.9971	65.6363	3185
300167	ST迪威迅	广东	东部	I	国有参股公司	28.5714	29.5496	63.5117	48.1309	4557
300168	万达信息	上海	东部	I	国有参股公司	28.5714	56.1674	88.1433	70.9945	1681
300169	天晟新材	江苏	东部	C	国有弱相对控股公司	57.1429	57.7321	82.3921	71.2362	1600
300170	汉得信息	上海	东部	I	无国有股份公司	14.2857	60.0937	91.8391	72.9729	1141
300171	东富龙	上海	东部	C	无国有股份公司	42.8571	51.0574	87.5629	70.3154	1903
300172	中电环保	江苏	东部	N	无国有股份公司	85.7143	61.1636	92.1991	80.6882	70
300173	福能东方	广东	东部	C	国有弱相对控股公司	42.8571	43.0786	81.4939	64.1849	3515
300174	元力股份	福建	东部	C	无国有股份公司	85.7143	59.4753	92.4623	80.2420	84
300175	朗源股份	山东	东部	C	无国有股份公司	28.5714	39.7423	75.6204	58.3581	4343
300176	派生科技	广东	东部	C	无国有股份公司	28.5714	45.2340	78.2072	61.7030	3965
300177	中海达	广东	东部	C	国有参股公司	14.2857	50.1453	88.4486	67.6262	2719
300179	四方达	河南	中部	C	无国有股份公司	85.7143	51.7615	80.2424	70.8213	1738
300180	华峰超纤	上海	东部	C	无国有股份公司	57.1429	49.4072	90.0893	72.5559	1237
300181	佐力药业	浙江	东部	C	国有参股公司	100.0000	50.5060	83.5737	73.6426	968
300182	捷成股份	北京	东部	R	无国有股份公司	28.5714	34.3757	85.3171	61.8131	3949
300183	东软载波	山东	东部	I	无国有股份公司	71.4286	50.9932	87.7051	73.2283	1077
300184	力源信息	湖北	中部	F	无国有股份公司	28.5714	56.5241	91.6884	73.0692	1123
300185	通裕重工	山东	东部	C	国有弱相对控股公司	100.0000	64.8120	89.2214	81.7560	45
300187	永清环保	湖南	中部	N	无国有股份公司	57.1429	49.3354	76.2467	64.9174	3356
300188	美亚柏科	福建	东部	I	国有弱相对控股公司	85.7143	62.5143	94.1185	82.2166	34
300189	神农科技	海南	东部	A	国有参股公司	42.8571	51.1346	82.6035	67.6148	2720
300190	维尔利	江苏	东部	N	国有参股公司	85.7143	41.6647	85.2376	70.0348	1996
300191	潜能恒信	北京	东部	B	无国有股份公司	42.8571	40.7338	76.3570	60.5389	4127
300192	科德教育	江苏	东部	P	国有参股公司	100.0000	39.8561	91.2349	74.1288	847

续表

股票代码	公司简称	省份	地区	行业代码	控股类型	环境保护（*EP*）	社会责任（*SR*）	公司治理（*CG*）	上市公司质量/ESG指数（*CLCQI/ESGI*）	*CLCQI/ESGI*排名
300193	佳士科技	广东	东部	C	无国有股份公司	71.4286	52.6290	89.6295	74.8592	689
300194	福安药业	重庆	西部	C	无国有股份公司	71.4286	51.7636	71.8952	64.8025	3384
300195	长荣股份	天津	东部	C	无国有股份公司	57.1429	57.2244	81.8304	70.7495	1762
300196	长海股份	江苏	东部	C	国有参股公司	85.7143	40.0280	86.5084	70.1608	1949
300197	节能铁汉	广东	东部	N	国有强相对控股公司	57.1429	60.0275	88.1982	75.2329	625
300198	纳川股份	福建	东部	C	国有参股公司	42.8571	51.8451	73.2882	62.7400	3789
300199	翰宇药业	广东	东部	C	无国有股份公司	57.1429	49.3781	76.3123	64.9684	3350
300200	高盟新材	北京	东部	C	无国有股份公司	57.1429	47.5262	84.4803	68.8126	2379
300201	海伦哲	江苏	东部	C	无国有股份公司	28.5714	35.2476	71.9761	54.7806	4486
300203	聚光科技	浙江	东部	C	无国有股份公司	28.5714	42.1275	83.9935	63.7982	3605
300204	舒泰神	北京	东部	C	无国有股份公司	57.1429	47.3920	78.1108	65.2624	3274
300205	天喻信息	湖北	中部	C	国有参股公司	28.5714	43.8422	67.5227	55.3394	4474
300206	理邦仪器	广东	东部	C	无国有股份公司	14.2857	47.1686	85.1564	64.7736	3392
300207	欣旺达	广东	东部	C	无国有股份公司	100.0000	52.3605	87.2489	76.3131	445
300208	青岛中程	山东	东部	C	国有弱相对控股公司	28.5714	44.8217	75.4598	60.0476	4190
300209	ST有棵树	湖南	中部	F	国有参股公司	14.2857	36.7217	68.9322	52.1939	4537
300210	森远股份	辽宁	东北	C	无国有股份公司	28.5714	49.7237	77.9823	63.1507	3722
300211	亿通科技	江苏	东部	C	无国有股份公司	42.8571	52.2566	91.8123	73.0723	1120
300212	易华录	北京	东部	I	国有强相对控股公司	42.8571	41.6936	79.8698	62.8069	3777
300213	佳讯飞鸿	北京	东部	C	国有参股公司	14.2857	55.1395	80.4125	64.9543	3351
300214	日科化学	山东	东部	C	国有参股公司	42.8571	46.3280	89.9526	69.9745	2019
300215	电科院	江苏	东部	M	国有弱相对控股公司	71.4286	51.3932	71.3214	64.3572	3483
300217	东方电热	江苏	东部	C	无国有股份公司	85.7143	46.0816	90.0199	74.2110	827
300218	安利股份	安徽	中部	C	国有参股公司	100.0000	59.8237	96.0164	83.7473	13
300219	鸿利智汇	广东	东部	C	国有强相对控股公司	57.1429	41.3066	85.3185	67.0967	2838
300220	ST金运	湖北	中部	C	无国有股份公司	14.2857	42.2744	73.4141	56.6024	4438
300221	银禧科技	广东	东部	C	国有参股公司	42.8571	61.1344	89.0128	74.6398	738
300222	科大智能	上海	东部	C	国有参股公司	85.7143	47.5634	87.1387	73.1449	1102
300223	北京君正	北京	东部	C	无国有股份公司	14.2857	53.3389	80.8205	64.5484	3441
300224	正海磁材	山东	东部	C	国有参股公司	71.4286	50.5340	86.5263	72.4192	1271
300225	金力泰	上海	东部	C	无国有股份公司	71.4286	39.5790	82.5375	66.3911	2998
300226	上海钢联	上海	东部	I	无国有股份公司	71.4286	44.5597	79.8160	66.6375	2935
300227	光韵达	广东	东部	C	无国有股份公司	28.5714	52.1001	77.9010	63.9377	3573
300228	富瑞特装	江苏	东部	C	国有参股公司	85.7143	49.7942	83.3023	71.8157	1434
300229	拓尔思	北京	东部	I	国有参股公司	28.5714	49.1934	87.6752	68.2962	2534

续表

股票代码	公司简称	省份	地区	行业代码	控股类型	环境保护（*EP*）	社会责任（*SR*）	公司治理（*CG*）	上市公司质量/ESG指数（*CLCQI/ESGI*）	*CLCQI/ESGI*排名
300230	永利股份	上海	东部	C	无国有股份公司	100.0000	53.2398	84.8491	75.3009	612
300231	银信科技	北京	东部	I	无国有股份公司	28.5714	47.4179	77.9527	62.3274	3861
300232	洲明科技	广东	东部	C	无国有股份公司	42.8571	49.7595	80.8873	66.1896	3061
300233	金城医药	山东	东部	C	无国有股份公司	71.4286	50.9051	82.6806	70.4339	1870
300234	开尔新材	浙江	东部	C	无国有股份公司	57.1429	41.9452	91.5069	70.7239	1772
300235	方直科技	广东	东部	I	国有参股公司	14.2857	54.8110	80.9215	65.1192	3321
300236	上海新阳	上海	东部	C	无国有股份公司	100.0000	61.1184	81.5440	76.2406	456
300237	美晨生态	山东	东部	E	国有弱相对控股公司	85.7143	40.5070	84.4368	69.1891	2264
300238	冠昊生物	广东	东部	C	无国有股份公司	14.2857	43.5909	83.4872	62.6033	3810
300239	东宝生物	内蒙古	西部	C	国有参股公司	57.1429	53.1769	80.6416	68.6791	2416
300240	飞力达	江苏	东部	G	国有参股公司	42.8571	53.3784	77.7838	65.7492	3163
300241	瑞丰光电	广东	东部	C	国有参股公司	28.5714	44.1543	85.9667	65.5928	3194
300242	佳云科技	广东	东部	I	国有参股公司	28.5714	40.5046	82.7818	62.5637	3819
300243	瑞丰高材	山东	东部	C	无国有股份公司	71.4286	50.6860	83.8714	71.0123	1672
300244	迪安诊断	浙江	东部	Q	无国有股份公司	100.0000	60.3959	90.7679	81.0609	60
300245	天玑科技	上海	东部	I	无国有股份公司	14.2857	47.5885	74.0432	58.8083	4305
300246	宝莱特	广东	东部	C	无国有股份公司	14.2857	52.6553	80.7953	64.2954	3491
300247	融捷健康	安徽	中部	C	国有参股公司	14.2857	34.2076	76.3748	55.4074	4472
300248	新开普	河南	中部	I	无国有股份公司	85.7143	50.7835	82.0552	71.4760	1525
300249	依米康	四川	西部	I	无国有股份公司	0.0000	57.8456	81.4155	65.0245	3338
300250	初灵信息	浙江	东部	I	无国有股份公司	28.5714	45.0956	76.2937	60.6021	4117
300251	光线传媒	北京	东部	R	无国有股份公司	57.1429	39.7690	77.2089	62.0983	3901
300252	金信诺	广东	东部	C	国有参股公司	42.8571	63.4887	86.5519	74.1103	850
300253	卫宁健康	上海	东部	I	无国有股份公司	42.8571	50.4759	93.8496	73.5695	991
300254	仟源医药	山西	中部	C	无国有股份公司	28.5714	50.6375	82.2971	65.8437	3152
300255	常山药业	河北	东部	C	国有参股公司	28.5714	46.8507	82.5159	64.6386	3422
300256	ST星星	江西	中部	C	无国有股份公司	57.1429	44.3673	75.9911	63.0379	3737
300257	开山股份	上海	东部	C	无国有股份公司	42.8571	45.2143	92.7240	71.1089	1640
300258	精锻科技	江苏	东部	C	无国有股份公司	28.5714	49.3838	87.6939	68.3731	2505
300259	新天科技	河南	中部	C	无国有股份公司	71.4286	52.8125	88.7171	74.4216	781
300260	新莱应材	江苏	东部	C	无国有股份公司	71.4286	52.5837	81.7402	70.5043	1840
300261	雅本化学	江苏	东部	C	无国有股份公司	57.1429	46.5401	80.5707	66.3172	3020
300262	巴安水务	上海	东部	N	国有参股公司	85.7143	49.6647	77.3959	68.5218	2464
300263	隆华科技	河南	中部	C	国有参股公司	42.8571	52.8876	84.7014	69.3822	2199
300264	佳创视讯	广东	东部	I	无国有股份公司	14.2857	45.6855	84.5809	63.9380	3571

续表

股票代码	公司简称	省份	地区	行业代码	控股类型	环境保护（*EP*）	社会责任（*SR*）	公司治理（*CG*）	上市公司质量/ESG指数（*CLCQI/ESGI*）	*CLCQI/ESGI*排名
300265	通光线缆	江苏	东部	C	无国有股份公司	57.1429	58.6759	80.8990	70.7453	1765
300266	兴源环境	浙江	东部	N	国有参股公司	100.0000	53.7173	79.9020	72.7472	1197
300267	尔康制药	湖南	中部	C	国有参股公司	71.4286	52.1403	75.3220	66.8190	2900
300268	*ST佳沃	湖南	中部	C	无国有股份公司	85.7143	54.5393	86.4556	75.2107	628
300269	联建光电	广东	东部	L	无国有股份公司	42.8571	42.2887	76.8432	61.3505	4016
300270	中威电子	浙江	东部	C	无国有股份公司	28.5714	42.4171	85.2270	64.5780	3436
300271	华宇软件	北京	东部	I	国有参股公司	28.5714	43.6108	84.8330	64.7791	3389
300272	开能健康	上海	东部	C	无国有股份公司	71.4286	59.5233	89.3232	77.1038	338
300274	阳光电源	安徽	中部	C	无国有股份公司	100.0000	58.3392	86.3596	77.9165	251
300275	梅安森	重庆	西部	I	无国有股份公司	57.1429	42.9427	87.3201	68.7703	2388
300276	三丰智能	湖北	中部	C	无国有股份公司	28.5714	48.4621	78.6248	63.0625	3733
300277	海联讯	广东	东部	I	国有弱相对控股公司	57.1429	45.4925	87.4755	69.7482	2086
300278	华昌达	湖北	中部	C	国有弱相对控股公司	42.8571	39.4699	90.5111	67.8813	2656
300279	和晶科技	江苏	东部	C	国有参股公司	42.8571	51.6999	87.5730	70.5459	1824
300280	紫天科技	福建	东部	L	无国有股份公司	14.2857	39.4585	76.7312	57.4412	4398
300281	金明精机	广东	东部	C	国有参股公司	85.7143	53.5055	85.3439	74.2375	819
300282	*ST三盛	北京	东部	C	无国有股份公司	0.0000	39.9578	64.2117	49.3017	4553
300283	温州宏丰	浙江	东部	C	无国有股份公司	85.7143	57.6299	89.5119	77.9735	248
300284	苏交科	江苏	东部	M	国有弱相对控股公司	100.0000	48.8980	83.0436	72.7883	1183
300285	国瓷材料	山东	东部	C	无国有股份公司	100.0000	62.0581	84.7397	78.3271	211
300286	安科瑞	上海	东部	C	无国有股份公司	57.1429	57.5979	82.4889	71.2424	1596
300287	飞利信	北京	东部	I	无国有股份公司	42.8571	49.9640	78.2816	64.8280	3375
300288	朗玛信息	贵州	西部	I	国有参股公司	14.2857	50.3723	70.6469	57.9147	4371
300289	利德曼	北京	东部	C	国有强相对控股公司	42.8571	43.9144	78.7533	62.9701	3751
300290	荣科科技	辽宁	东北	I	无国有股份公司	42.8571	43.5484	78.0696	62.4659	3836
300291	百纳千成	北京	东部	R	国有参股公司	14.2857	35.5293	81.4687	58.6716	4316
300292	吴通控股	江苏	东部	I	无国有股份公司	42.8571	43.9481	90.6711	69.5367	2155
300293	蓝英装备	辽宁	东北	C	无国有股份公司	14.2857	41.9143	73.8116	56.6950	4436
300294	博雅生物	江西	中部	C	国有弱相对控股公司	71.4286	57.6823	82.5993	72.7613	1194
300295	三六五网	江苏	东部	I	国有参股公司	14.2857	44.6009	76.0101	58.8445	4301
300296	利亚德	北京	东部	C	无国有股份公司	100.0000	56.6552	92.7865	80.8619	65
300298	三诺生物	湖南	中部	C	无国有股份公司	71.4286	63.9881	94.9686	81.7714	43
300299	富春股份	福建	东部	I	无国有股份公司	28.5714	40.7771	79.9115	61.0805	4055
300300	海峡创新	福建	东部	I	国有弱相对控股公司	28.5714	46.2775	81.6979	63.9881	3559
300301	*ST长方	广东	东部	C	国有参股公司	28.5714	42.4410	65.6391	53.8130	4500

续表

股票代码	公司简称	省份	地区	行业代码	控股类型	环境保护（*EP*）	社会责任（*SR*）	公司治理（*CG*）	上市公司质量/ESG指数（*CLCQI/ESGI*）	*CLCQI/ESGI*排名
300302	同有科技	北京	东部	I	无国有股份公司	42.8571	52.6766	82.2432	67.9563	2637
300303	聚飞光电	广东	东部	C	无国有股份公司	100.0000	43.9804	82.7671	70.9150	1703
300304	云意电气	江苏	东部	C	无国有股份公司	71.4286	51.3368	89.5170	74.3451	799
300305	裕兴股份	江苏	东部	C	无国有股份公司	71.4286	40.6865	84.6682	67.9507	2641
300306	远方信息	浙江	东部	C	无国有股份公司	14.2857	43.8011	84.0024	62.9603	3752
300307	慈星股份	浙江	东部	C	无国有股份公司	28.5714	43.5203	80.3128	62.2613	3874
300308	中际旭创	山东	东部	C	国有参股公司	100.0000	53.1546	92.6995	79.5888	116
300310	宜通世纪	广东	东部	I	无国有股份公司	42.8571	48.4474	86.2938	68.7039	2406
300311	任子行	广东	东部	I	国有参股公司	28.5714	54.8388	80.6252	66.3946	2997
300313	*ST天山	新疆	西部	A	国有参股公司	14.2857	37.8988	75.4206	56.1745	4454
300314	戴维医疗	浙江	东部	C	无国有股份公司	42.8571	55.4547	88.1859	72.1971	1325
300315	掌趣科技	北京	东部	I	国有参股公司	14.2857	44.8417	85.0288	63.8890	3588
300316	晶盛机电	浙江	东部	C	无国有股份公司	85.7143	60.8149	89.4177	79.0364	146
300317	珈伟新能	广东	东部	C	无国有股份公司	42.8571	46.9572	78.4257	63.8549	3593
300318	博晖创新	北京	东部	C	无国有股份公司	57.1429	51.5208	81.6569	68.6578	2423
300319	麦捷科技	广东	东部	C	国有参股公司	100.0000	54.8085	83.0982	74.8870	683
300320	海达股份	江苏	东部	C	无国有股份公司	85.7143	46.2027	79.1502	68.2750	2541
300321	同大股份	山东	东部	C	国有参股公司	57.1429	60.8195	86.5931	74.6273	743
300322	硕贝德	广东	东部	C	无国有股份公司	28.5714	45.0259	85.7413	65.7739	3161
300323	华灿光电	湖北	中部	C	国有弱相对控股公司	100.0000	60.2318	86.9125	78.8830	156
300324	旋极信息	北京	东部	I	无国有股份公司	28.5714	40.9438	87.2117	65.1539	3306
300326	凯利泰	上海	东部	C	无国有股份公司	14.2857	46.4289	86.0642	65.0140	3342
300327	中颖电子	上海	东部	C	无国有股份公司	42.8571	53.0529	87.2387	70.8355	1732
300328	宜安科技	广东	东部	C	国有弱相对控股公司	57.1429	56.4453	84.6301	72.0167	1378
300329	海伦钢琴	浙江	东部	C	国有参股公司	42.8571	49.0975	80.0779	65.5127	3218
300331	苏大维格	江苏	东部	C	国有参股公司	71.4286	40.0219	76.8152	63.3989	3680
300332	天壕能源	北京	东部	D	国有参股公司	57.1429	39.2012	83.1548	65.1699	3301
300333	兆日科技	广东	东部	I	国有参股公司	28.5714	44.2828	76.5720	60.4707	4140
300334	津膜科技	天津	东部	C	国有强相对控股公司	71.4286	53.4462	84.1001	72.1041	1358
300335	迪森股份	广东	东部	D	国有参股公司	42.8571	45.8893	83.3173	66.1715	3065
300337	银邦股份	江苏	东部	C	国有参股公司	100.0000	42.8722	75.6448	66.6099	2941
300338	ST开元	湖南	中部	P	无国有股份公司	28.5714	42.6707	75.9013	59.5376	4242
300339	润和软件	江苏	东部	I	国有参股公司	57.1429	53.9298	86.3018	72.0557	1370
300340	科恒股份	广东	东部	C	国有参股公司	14.2857	42.2331	87.7203	64.4563	3462
300341	麦克奥迪	福建	东部	C	国有弱相对控股公司	14.2857	41.4246	87.5629	64.0868	3542

续表

股票代码	公司简称	省份	地区	行业代码	控股类型	环境保护（*EP*）	社会责任（*SR*）	公司治理（*CG*）	上市公司质量/ESG指数（*CLCQI/ESGI*）	*CLCQI/ESGI*排名
300342	天银机电	江苏	东部	C	国有参股公司	28.5714	49.0167	85.5761	67.0799	2842
300343	联创股份	山东	东部	C	无国有股份公司	42.8571	56.3766	80.5279	68.3079	2527
300344	立方数科	安徽	中部	I	无国有股份公司	14.2857	51.7527	81.1440	64.1712	3519
300345	华民股份	湖南	中部	C	无国有股份公司	28.5714	44.1998	87.7186	66.5723	2950
300346	南大光电	江苏	东部	C	国有参股公司	71.4286	57.4158	91.8690	77.7664	269
300347	泰格医药	浙江	东部	M	无国有股份公司	85.7143	59.6648	91.0338	79.5227	123
300348	长亮科技	广东	东部	I	无国有股份公司	14.2857	44.0972	88.3323	65.4453	3229
300349	金卡智能	浙江	东部	I	国有参股公司	71.4286	55.3585	89.4240	75.7015	534
300350	华鹏飞	广东	东部	I	无国有股份公司	85.7143	46.9117	87.5666	73.1521	1100
300351	永贵电器	浙江	东部	C	无国有股份公司	71.4286	63.2551	79.5532	73.0364	1129
300352	北信源	北京	东部	I	无国有股份公司	42.8571	43.8345	81.1155	64.2413	3501
300353	东土科技	北京	东部	C	国有参股公司	14.2857	47.0449	79.5914	61.6695	3970
300354	东华测试	江苏	东部	C	无国有股份公司	42.8571	47.3145	79.1535	64.3802	3477
300355	蒙草生态	内蒙古	西部	N	无国有股份公司	28.5714	46.1312	83.9336	65.1666	3303
300357	我武生物	浙江	东部	C	无国有股份公司	85.7143	57.9317	87.6314	77.0448	346
300358	楚天科技	湖南	中部	C	国有参股公司	71.4286	57.6783	90.1298	76.9016	369
300359	全通教育	广东	东部	I	国有参股公司	14.2857	41.8613	70.4609	54.8335	4485
300360	炬华科技	浙江	东部	C	无国有股份公司	28.5714	60.5826	77.9599	66.9390	2876
300363	博腾股份	重庆	西部	C	国有弱相对控股公司	100.0000	48.2950	89.3248	76.0319	488
300364	中文在线	北京	东部	R	无国有股份公司	28.5714	45.7255	86.0659	66.1974	3057
300365	恒华科技	北京	东部	I	无国有股份公司	28.5714	43.6487	83.3508	63.9771	3562
300366	创意信息	四川	西部	I	国有参股公司	28.5714	39.8698	77.7536	59.5761	4237
300368	汇金股份	河北	东部	C	国有弱相对控股公司	28.5714	50.3739	88.6610	69.2516	2240
300369	绿盟科技	北京	东部	I	国有参股公司	14.2857	51.0910	91.3517	69.5539	2150
300370	安控科技	四川	西部	C	国有强相对控股公司	71.4286	52.5546	74.1412	66.3146	3022
300371	汇中股份	河北	东部	C	无国有股份公司	85.7143	50.8804	82.7602	71.8977	1411
300373	扬杰科技	江苏	东部	C	无国有股份公司	85.7143	44.2443	84.7901	70.6915	1779
300374	中铁装配	北京	东部	C	国有参股公司	57.1429	50.1818	80.4894	67.5471	2736
300375	鹏翎股份	天津	东部	C	无国有股份公司	71.4286	39.5084	88.2505	69.5086	2160
300376	易事特	广东	东部	C	无国有股份公司	100.0000	48.7678	80.5351	71.3631	1555
300377	赢时胜	广东	东部	I	无国有股份公司	14.2857	48.5950	84.4169	64.8661	3365
300378	鼎捷软件	上海	东部	I	国有参股公司	85.7143	42.9663	91.3238	73.8377	913
300379	东方通	北京	东部	I	无国有股份公司	14.2857	54.4273	85.1890	67.3321	2794
300380	安硕信息	上海	东部	I	国有参股公司	28.5714	42.8696	77.7810	60.6411	4112
300381	溢多利	广东	东部	C	无国有股份公司	42.8571	49.1904	81.3309	66.2343	3048

续表

股票代码	公司简称	省份	地区	行业代码	控股类型	环境保护（*EP*）	社会责任（*SR*）	公司治理（*CG*）	上市公司质量/ESG指数（*CLCQI/ESGI*）	*CLCQI/ESGI*排名
300382	斯莱克	江苏	东部	C	无国有股份公司	14.2857	43.8777	82.8786	62.3690	3852
300383	光环新网	北京	东部	I	国有参股公司	71.4286	58.0059	93.5147	78.8780	157
300384	三联虹普	北京	东部	M	无国有股份公司	71.4286	54.1949	76.6690	68.2790	2539
300385	雪浪环境	江苏	东部	C	国有弱相对控股公司	85.7143	43.8534	88.1357	72.3948	1277
300386	飞天诚信	北京	东部	I	无国有股份公司	14.2857	42.7092	80.0258	60.3910	4150
300387	富邦股份	湖北	中部	C	无国有股份公司	71.4286	53.4053	80.2582	69.9767	2017
300388	节能国祯	安徽	中部	N	国有参股公司	57.1429	55.9851	87.2425	73.2925	1065
300389	艾比森	广东	东部	C	无国有股份公司	85.7143	62.8644	81.9360	75.6388	539
300390	天华新能	江苏	东部	C	无国有股份公司	85.7143	57.7587	81.9221	73.8441	912
300391	长药控股	山东	东部	C	无国有股份公司	28.5714	49.8938	84.6192	66.8605	2889
300393	中来股份	江苏	东部	C	无国有股份公司	100.0000	59.4515	85.5941	77.8848	254
300394	天孚通信	江苏	东部	C	无国有股份公司	28.5714	49.9023	82.9954	65.9704	3118
300395	菲利华	湖北	中部	C	无国有股份公司	57.1429	57.9816	86.6041	73.6401	970
300396	迪瑞医疗	吉林	东部	C	国有参股公司	28.5714	54.5293	75.2823	63.3477	3689
300397	天和防务	陕西	西部	C	国有参股公司	0.0000	47.4099	90.1389	66.1699	3067
300398	飞凯材料	上海	东部	C	无国有股份公司	71.4286	61.9889	85.9030	76.0856	478
300399	天利科技	江西	中部	I	国有弱相对控股公司	14.2857	47.5271	77.4625	60.6674	4109
300400	劲拓股份	广东	东部	C	无国有股份公司	28.5714	44.7979	77.2866	61.0440	4058
300401	花园生物	浙江	东部	C	国有参股公司	57.1429	40.2130	83.1719	65.5334	3213
300402	宝色股份	江苏	东部	C	国有绝对控股公司	57.1429	61.5281	84.4555	73.6996	953
300403	汉宇集团	广东	东部	C	无国有股份公司	14.2857	43.0799	78.4586	59.6588	4230
300404	博济医药	广东	东部	M	无国有股份公司	28.5714	52.7417	88.1842	69.8181	2065
300405	科隆股份	辽宁	东北	C	无国有股份公司	42.8571	41.7528	75.2920	60.3098	4160
300406	九强生物	北京	东部	C	国有弱相对控股公司	42.8571	55.4452	83.9082	69.8411	2058
300407	凯发电气	天津	东部	C	国有参股公司	28.5714	47.8641	90.9245	69.6180	2128
300408	三环集团	广东	东部	C	国有参股公司	57.1429	54.7471	87.9088	73.2256	1078
300409	道氏技术	广东	东部	C	国有参股公司	85.7143	50.5449	83.2436	72.0461	1373
300410	正业科技	广东	东部	C	国有弱相对控股公司	42.8571	37.4878	84.9186	64.1117	3535
300411	金盾股份	浙江	东部	C	无国有股份公司	57.1429	54.4807	77.7388	67.5389	2741
300412	迦南科技	浙江	东部	C	无国有股份公司	42.8571	48.2334	80.4887	65.4362	3230
300413	芒果超媒	湖南	中部	R	国有绝对控股公司	57.1429	48.7069	88.5536	71.4662	1528
300414	中光防雷	四川	西部	C	无国有股份公司	28.5714	47.8096	81.5575	64.4471	3463
300415	伊之密	广东	东部	C	无国有股份公司	42.8571	47.8378	81.0361	65.5988	3193
300416	苏试试验	江苏	东部	M	无国有股份公司	14.2857	51.2411	82.3375	64.6486	3419
300417	南华仪器	广东	东部	C	无国有股份公司	57.1429	59.7243	82.0739	71.7584	1450

续表

股票代码	公司简称	省份	地区	行业代码	控股类型	环境保护（*EP*）	社会责任（*SR*）	公司治理（*CG*）	上市公司质量/ESG指数（*CLCQI*/*ESGI*）	*CLCQI*/*ESGI*排名
300418	昆仑万维	北京	东部	I	无国有股份公司	57.1429	50.3871	85.6059	70.4330	1871
300419	浩丰科技	北京	东部	I	无国有股份公司	28.5714	45.3476	90.6396	68.5806	2442
300420	五洋停车	江苏	东部	C	无国有股份公司	14.2857	41.4585	85.0507	62.7169	3792
300421	力星股份	江苏	东部	C	无国有股份公司	57.1429	59.4936	80.6094	70.8722	1718
300422	博世科	广西	西部	N	国有强相对控股公司	57.1429	52.4196	87.9381	72.4271	1270
300423	昇辉科技	山东	东部	C	无国有股份公司	57.1429	52.1630	86.1277	71.3416	1566
300424	航新科技	广东	东部	C	无国有股份公司	28.5714	47.6301	90.1529	69.1117	2294
300425	中建环能	四川	西部	C	国有弱相对控股公司	71.4286	48.4831	89.7102	73.4526	1024
300426	唐德影视	浙江	东部	R	国有参股公司	42.8571	47.0463	78.9485	64.1736	3518
300427	*ST红相	福建	东部	C	无国有股份公司	28.5714	43.7622	71.2891	57.3829	4401
300428	立中集团	河北	东部	C	国有参股公司	71.4286	56.4099	82.1250	72.0551	1371
300429	强力新材	江苏	东部	C	国有参股公司	85.7143	54.1266	85.9194	74.7714	711
300430	诚益通	北京	东部	C	无国有股份公司	57.1429	47.9115	84.2256	68.8074	2382
300432	富临精工	四川	西部	C	无国有股份公司	71.4286	57.6713	89.9203	76.7840	393
300433	蓝思科技	湖南	中部	C	国有参股公司	71.4286	66.1572	85.3413	77.2356	327
300434	金石亚药	四川	西部	C	无国有股份公司	14.2857	60.4460	79.6766	66.4068	2995
300435	中泰股份	浙江	东部	D	无国有股份公司	57.1429	52.6986	79.0474	67.6349	2717
300436	广生堂	福建	东部	C	无国有股份公司	71.4286	45.2429	81.8768	68.0101	2620
300437	清水源	河南	中部	C	无国有股份公司	85.7143	54.4957	82.1187	72.8102	1169
300438	鹏辉能源	广东	东部	C	无国有股份公司	57.1429	49.5069	84.2066	69.3553	2210
300439	美康生物	浙江	东部	C	无国有股份公司	71.4286	47.1775	84.0414	69.8777	2047
300440	运达科技	四川	西部	I	国有参股公司	28.5714	56.0492	81.0841	67.0706	2844
300441	鲍斯股份	浙江	东部	C	无国有股份公司	57.1429	54.1429	88.2077	73.1785	1093
300442	润泽科技	上海	东部	C	无国有股份公司	42.8571	45.2315	78.9118	63.5183	3658
300443	金雷股份	山东	东部	C	无国有股份公司	71.4286	57.8144	79.9361	71.3427	1565
300444	双杰电气	北京	东部	C	无国有股份公司	57.1429	38.1133	84.0827	65.2994	3265
300445	康斯特	北京	东部	C	无国有股份公司	85.7143	58.2756	82.4242	74.3012	808
300446	乐凯新材	河北	东部	C	国有强相对控股公司	85.7143	57.2272	79.6576	72.4126	1273
300447	全信股份	江苏	东部	C	无国有股份公司	42.8571	51.9665	79.3808	66.1335	3076
300448	浩云科技	广东	东部	I	无国有股份公司	71.4286	45.1289	78.9179	66.3428	3009
300449	汉邦高科	北京	东部	C	无国有股份公司	14.2857	37.9227	83.2815	60.5063	4134
300450	先导智能	江苏	东部	C	无国有股份公司	100.0000	57.1663	87.3085	78.0279	243
300451	创业慧康	浙江	东部	I	无国有股份公司	71.4286	58.8022	93.6981	79.2576	138
300452	山河药辅	安徽	中部	C	无国有股份公司	57.1429	55.9385	82.1039	70.4499	1859
300453	三鑫医疗	江西	中部	C	无国有股份公司	71.4286	45.0585	88.2254	71.4373	1535

续表

股票代码	公司简称	省份	地区	行业代码	控股类型	环境保护（EP）	社会责任（SR）	公司治理（CG）	上市公司质量/ESG指数（CLCQI/ESGI）	CLCQI/ESGI排名
300454	深信服	广东	东部	I	无国有股份公司	85.7143	56.6164	86.0320	75.7048	533
300455	航天智装	北京	东部	C	国有绝对控股公司	57.1429	42.5950	93.8755	72.2541	1307
300456	赛微电子	北京	东部	C	国有参股公司	71.4286	46.4940	87.6791	71.6392	1485
300457	赢合科技	广东	东部	C	国有弱相对控股公司	28.5714	38.8963	83.4733	62.3812	3847
300458	全志科技	广东	东部	C	无国有股份公司	14.2857	52.4503	80.8546	64.2562	3499
300459	汤姆猫	浙江	东部	I	无国有股份公司	57.1429	48.4483	76.4267	64.7059	3401
300460	惠伦晶体	广东	东部	C	无国有股份公司	57.1429	57.4787	87.2557	73.8224	915
300461	田中精机	浙江	东部	C	无国有股份公司	57.1429	51.0201	84.2120	69.8879	2042
300462	华铭智能	上海	东部	C	无国有股份公司	14.2857	44.0936	80.0483	60.8879	4077
300463	迈克生物	四川	西部	C	无国有股份公司	100.0000	68.2990	85.0139	80.6623	73
300464	星徽股份	广东	东部	F	无国有股份公司	28.5714	46.7657	82.5580	64.6320	3425
300465	高伟达	北京	东部	I	无国有股份公司	14.2857	47.1393	81.1911	62.5825	3815
300466	赛摩智能	江苏	东部	C	国有参股公司	57.1429	39.6362	83.6100	65.5725	3200
300467	迅游科技	四川	西部	I	国有参股公司	14.2857	48.9897	79.6279	62.3703	3851
300468	四方精创	广东	东部	I	无国有股份公司	14.2857	45.5406	80.4198	61.5987	3979
300469	信息发展	上海	东部	I	无国有股份公司	42.8571	48.9719	84.1613	67.7146	2699
300470	中密控股	四川	西部	C	国有弱相对控股公司	42.8571	47.9968	82.4396	66.4263	2989
300471	厚普股份	四川	西部	C	国有参股公司	85.7143	43.5267	89.0876	72.8040	1173
300472	新元科技	江西	中部	C	无国有股份公司	28.5714	53.0635	74.0419	62.1524	3886
300473	德尔股份	辽宁	东北	C	无国有股份公司	28.5714	53.1944	88.5836	70.1962	1939
300474	景嘉微	湖南	中部	C	国有参股公司	14.2857	49.8130	81.9346	63.9272	3576
300475	香农芯创	安徽	中部	F	无国有股份公司	42.8571	42.5598	82.0879	64.3300	3485
300476	胜宏科技	广东	东部	C	无国有股份公司	85.7143	41.7045	80.2889	67.3269	2795
300477	合纵科技	北京	东部	C	无国有股份公司	85.7143	40.8465	78.6140	66.1054	3084
300478	杭州高新	浙江	东部	C	无国有股份公司	42.8571	53.3468	72.9527	63.0811	3730
300479	神思电子	山东	东部	C	国有参股公司	28.5714	55.0669	81.3780	66.8884	2883
300480	光力科技	河南	中部	C	无国有股份公司	71.4286	49.0494	79.5826	68.0806	2600
300481	濮阳惠成	河南	中部	C	无国有股份公司	42.8571	52.9240	81.9347	67.8732	2658
300482	万孚生物	广东	东部	C	国有参股公司	14.2857	47.4212	73.4946	58.4480	4337
300483	首华燃气	上海	东部	B	无国有股份公司	71.4286	50.4779	80.7277	69.2104	2256
300484	蓝海华腾	广东	东部	C	无国有股份公司	14.2857	47.2038	80.3614	62.1487	3889
300485	赛升药业	北京	东部	C	国有参股公司	14.2857	52.5599	80.8044	64.2669	3497
300486	东杰智能	山西	中部	C	国有弱相对控股公司	57.1429	52.0202	87.3201	71.9474	1392
300487	蓝晓科技	陕西	西部	C	无国有股份公司	85.7143	57.8082	82.2543	74.0442	863
300488	恒锋工具	浙江	东部	C	无国有股份公司	14.2857	51.9355	82.7845	65.1375	3311

续表

股票代码	公司简称	省份	地区	行业代码	控股类型	环境保护（*EP*）	社会责任（*SR*）	公司治理（*CG*）	上市公司质量/ESG指数（*CLCQI/ESGI*）	*CLCQI/ESGI*排名
300489	光智科技	黑龙江	东北	C	国有参股公司	85.7143	41.9375	86.3619	70.7486	1764
300490	华自科技	湖南	中部	C	无国有股份公司	28.5714	50.7070	87.7427	68.8631	2363
300491	通合科技	河北	东部	C	无国有股份公司	85.7143	44.4357	81.1079	68.7333	2398
300492	华图山鼎	四川	西部	M	无国有股份公司	42.8571	44.6156	72.4129	59.7283	4226
300493	润欣科技	上海	东部	I	无国有股份公司	42.8571	41.4725	90.8827	68.7866	2384
300494	盛天网络	湖北	中部	I	无国有股份公司	28.5714	42.7057	83.5685	63.7668	3609
300495	*ST美尚	广东	东部	N	无国有股份公司	42.8571	42.5134	74.3077	60.0347	4191
300496	中科创达	北京	东部	I	无国有股份公司	57.1429	59.3988	90.7835	76.4348	430
300497	富祥药业	江西	中部	C	无国有股份公司	85.7143	45.1612	79.9060	68.3261	2520
300498	温氏股份	广东	东部	A	无国有股份公司	57.1429	60.2302	85.2502	73.6825	957
300499	高澜股份	广东	东部	C	无国有股份公司	85.7143	49.9510	84.1565	72.3404	1287
300500	启迪设计	江苏	东部	M	无国有股份公司	71.4286	55.5420	80.4258	70.8168	1741
300501	海顺新材	上海	东部	C	无国有股份公司	71.4286	57.5079	81.5896	72.1449	1343
300502	新易盛	四川	西部	C	无国有股份公司	71.4286	53.5301	86.1968	73.2866	1067
300503	昊志机电	广东	东部	C	无国有股份公司	71.4286	44.3230	78.9063	66.0544	3095
300504	天邑股份	四川	西部	C	无国有股份公司	14.2857	44.6585	75.6793	58.6826	4314
300505	川金诺	云南	西部	C	无国有股份公司	71.4286	44.9310	77.8895	65.7079	3170
300506	名家汇	广东	东部	E	国有参股公司	28.5714	42.5372	76.5701	59.8587	4209
300507	苏奥传感	江苏	东部	C	无国有股份公司	28.5714	48.4771	73.5645	60.2846	4165
300508	维宏股份	上海	东部	I	无国有股份公司	28.5714	40.4945	82.5563	62.4362	3843
300509	新美星	江苏	东部	C	无国有股份公司	71.4286	48.7379	78.4208	67.3326	2793
300510	金冠股份	吉林	东部	C	国有弱相对控股公司	57.1429	46.0030	87.3074	69.8344	2061
300511	雪榕生物	上海	东部	A	无国有股份公司	14.2857	48.6496	82.4808	63.8204	3601
300512	中亚股份	浙江	东部	C	无国有股份公司	57.1429	54.6938	82.6157	70.2958	1911
300513	恒实科技	北京	东部	I	国有参股公司	57.1429	38.3678	81.2909	63.8530	3594
300514	友讯达	广东	东部	C	无国有股份公司	28.5714	44.4135	77.0678	60.7892	4093
300515	三德科技	湖南	中部	C	无国有股份公司	71.4286	56.9562	81.5050	71.9053	1408
300516	久之洋	湖北	中部	C	国有绝对控股公司	14.2857	40.7569	84.8707	62.3724	3850
300517	海波重科	湖北	中部	E	无国有股份公司	71.4286	45.6907	77.3248	65.6632	3180
300518	盛讯达	广东	东部	I	无国有股份公司	14.2857	43.8300	83.7670	62.8409	3772
300519	新光药业	浙江	东部	C	无国有股份公司	57.1429	48.3524	69.9368	61.1029	4048
300520	科大国创	安徽	中部	I	国有参股公司	42.8571	53.1341	90.1240	72.4509	1264
300521	爱司凯	广东	东部	C	无国有股份公司	14.2857	43.8733	78.1049	59.7420	4223
300522	世名科技	江苏	东部	C	国有参股公司	85.7143	58.7497	84.0877	75.3821	593
300523	辰安科技	北京	东部	I	国有强相对控股公司	57.1429	48.5647	90.0781	72.2549	1306

续表

股票代码	公司简称	省份	地区	行业代码	控股类型	环境保护（*EP*）	社会责任（*SR*）	公司治理（*CG*）	上市公司质量/ESG指数（*CLCQI*/*ESGI*）	*CLCQI*/*ESGI*排名
300525	博思软件	福建	东部	I	国有参股公司	14.2857	49.6616	88.3798	67.4190	2773
300527	中船应急	湖北	中部	C	国有绝对控股公司	71.4286	46.7123	83.4210	69.3737	2205
300528	幸福蓝海	江苏	东部	R	国有绝对控股公司	14.2857	41.8241	82.1070	61.2258	4034
300529	健帆生物	广东	东部	C	无国有股份公司	57.1429	49.3938	83.9419	69.1702	2271
300530	领湃科技	湖南	中部	C	国有参股公司	0.0000	36.0210	87.7488	60.8692	4079
300531	优博讯	广东	东部	C	无国有股份公司	57.1429	54.6548	95.0296	77.1097	337
300532	今天国际	广东	东部	I	无国有股份公司	14.2857	41.2377	89.0017	64.8127	3380
300533	冰川网络	广东	东部	I	无国有股份公司	28.5714	38.4557	76.0765	58.1587	4362
300534	陇神戎发	甘肃	西部	C	国有强相对控股公司	28.5714	54.4326	88.4338	70.5472	1823
300535	达威股份	四川	西部	C	无国有股份公司	85.7143	50.1948	78.0012	69.0403	2313
300536	农尚环境	湖北	中部	E	无国有股份公司	42.8571	39.5654	78.9594	61.5613	3984
300537	广信材料	江苏	东部	C	国有参股公司	28.5714	50.2298	73.4141	60.8153	4089
300538	同益股份	广东	东部	F	无国有股份公司	14.2857	43.8995	91.5663	67.1549	2826
300539	横河精密	浙江	东部	C	无国有股份公司	14.2857	48.0196	72.6048	58.1681	4360
300540	蜀道装备	四川	西部	C	国有弱相对控股公司	28.5714	53.3774	85.2846	68.4458	2485
300541	先进数通	北京	东部	I	无国有股份公司	28.5714	53.7280	83.1468	67.3927	2776
300542	新晨科技	北京	东部	I	无国有股份公司	28.5714	51.2782	75.9021	62.5507	3824
300543	朗科智能	广东	东部	C	无国有股份公司	71.4286	49.0678	81.9920	69.4122	2192
300545	联得装备	广东	东部	C	国有参股公司	14.2857	45.1327	76.8581	59.4969	4246
300546	雄帝科技	广东	东部	C	国有参股公司	42.8571	55.4304	80.5780	68.0043	2624
300547	川环科技	四川	西部	C	无国有股份公司	85.7143	48.4134	83.8620	71.6402	1483
300548	博创科技	浙江	东部	C	国有参股公司	28.5714	49.2803	94.9321	72.3179	1292
300549	优德精密	江苏	东部	C	无国有股份公司	71.4286	42.1710	74.6791	62.9762	3750
300550	和仁科技	浙江	东部	I	无国有股份公司	14.2857	48.6723	80.5549	62.7691	3782
300551	古鳌科技	上海	东部	C	无国有股份公司	14.2857	33.3124	75.0939	54.3896	4493
300552	万集科技	北京	东部	I	无国有股份公司	42.8571	54.4607	87.9357	71.7116	1466
300553	集智股份	浙江	东部	C	无国有股份公司	14.2857	41.6218	72.3367	55.7814	4463
300554	三超新材	江苏	东部	C	国有参股公司	42.8571	50.3188	75.6025	63.4787	3664
300555	ST路通	江苏	东部	C	无国有股份公司	14.2857	48.4857	79.1970	61.9569	3924
300556	丝路视觉	广东	东部	I	无国有股份公司	28.5714	41.3618	79.1359	60.8585	4083
300557	理工光科	湖北	中部	C	国有强相对控股公司	14.2857	46.7688	83.9800	63.9867	3560
300558	贝达药业	浙江	东部	C	无国有股份公司	57.1429	55.6248	87.8646	73.5085	1005
300559	佳发教育	四川	西部	I	无国有股份公司	42.8571	52.3578	86.1633	70.0008	2011
300560	中富通	福建	东部	I	无国有股份公司	71.4286	55.4900	80.7334	70.9677	1689
300561	汇金科技	广东	东部	I	无国有股份公司	28.5714	53.5309	78.2868	64.6507	3418

续表

股票代码	公司简称	省份	地区	行业代码	控股类型	环境保护（*EP*）	社会责任（*SR*）	公司治理（*CG*）	上市公司质量/ESG指数（*CLCQI/ESGI*）	*CLCQI/ESGI*排名
300562	乐心医疗	广东	东部	C	无国有股份公司	71.4286	49.6683	85.0496	71.3041	1580
300563	神宇股份	江苏	东部	C	无国有股份公司	14.2857	54.6248	89.9812	70.0369	1993
300564	筑博设计	西藏	西部	M	国有参股公司	42.8571	47.7899	83.0068	66.6659	2925
300565	科信技术	广东	东部	C	国有参股公司	42.8571	44.0500	84.4476	66.1494	3070
300566	激智科技	浙江	东部	C	无国有股份公司	28.5714	46.7142	90.9043	69.2044	2259
300567	精测电子	湖北	中部	C	无国有股份公司	14.2857	47.7515	81.1282	62.7621	3785
300568	星源材质	广东	东部	C	无国有股份公司	14.2857	56.9955	85.6968	68.5102	2468
300569	天能重工	山东	东部	C	国有弱相对控股公司	85.7143	47.9378	80.5560	69.6555	2117
300570	太辰光	广东	东部	C	无国有股份公司	28.5714	54.6979	85.4344	68.9903	2328
300571	平治信息	浙江	东部	I	国有参股公司	14.2857	45.1857	83.6740	63.2643	3704
300572	安车检测	广东	东部	C	无国有股份公司	14.2857	48.1121	90.0221	67.7800	2685
300573	兴齐眼药	辽宁	东北	C	无国有股份公司	85.7143	61.4555	75.7553	71.7463	1452
300575	中旗股份	江苏	东部	C	无国有股份公司	14.2857	57.2455	74.3206	62.3409	3859
300576	容大感光	广东	东部	C	无国有股份公司	42.8571	49.9277	78.1658	64.7516	3395
300577	开润股份	安徽	中部	C	无国有股份公司	100.0000	49.3391	82.4646	72.6242	1224
300578	会畅通讯	上海	东部	I	无国有股份公司	28.5714	50.1635	75.6083	61.9990	3918
300579	数字认证	北京	东部	I	国有绝对控股公司	28.5714	52.3390	90.6013	71.0065	1677
300580	贝斯特	江苏	东部	C	无国有股份公司	28.5714	51.3421	78.0543	63.7567	3617
300581	晨曦航空	陕西	西部	C	无国有股份公司	14.2857	49.9612	77.6755	61.6365	3974
300582	英飞特	浙江	东部	C	无国有股份公司	28.5714	57.8572	89.3850	72.2689	1304
300583	赛托生物	山东	东部	C	无国有股份公司	85.7143	48.5605	80.3122	69.7393	2091
300584	海辰药业	江苏	东部	C	无国有股份公司	14.2857	48.6478	84.7396	65.0621	3335
300585	奥联电子	江苏	东部	C	无国有股份公司	14.2857	44.3823	88.9260	65.8717	3145
300586	美联新材	广东	东部	C	无国有股份公司	85.7143	52.2142	78.2841	69.9026	2038
300587	天铁股份	浙江	东部	C	无国有股份公司	85.7143	54.3739	81.5502	72.4549	1262
300588	熙菱信息	新疆	西部	I	国有参股公司	28.5714	39.5764	80.3333	60.8922	4076
300589	江龙船艇	广东	东部	C	无国有股份公司	85.7143	52.8196	90.5880	76.8817	374
300590	移为通信	上海	东部	C	无国有股份公司	14.2857	42.1095	82.6198	61.6078	3977
300591	万里马	广东	东部	C	无国有股份公司	57.1429	45.5532	83.9598	67.8358	2666
300592	华凯易佰	湖南	中部	F	无国有股份公司	14.2857	44.9739	84.9821	63.9096	3581
300593	新雷能	北京	东部	C	无国有股份公司	57.1429	65.3313	84.0584	74.8124	698
300594	朗进科技	山东	东部	C	国有参股公司	57.1429	51.6051	82.3923	69.0918	2301
300595	欧普康视	安徽	中部	C	无国有股份公司	14.2857	48.6382	87.2224	66.4243	2991
300596	利安隆	天津	东部	C	无国有股份公司	57.1429	48.7780	89.8520	72.2052	1321
300597	吉大通信	吉林	东部	I	国有弱相对控股公司	85.7143	47.2559	82.5381	70.5069	1838

续表

股票代码	公司简称	省份	地区	行业代码	控股类型	环境保护（EP）	社会责任（SR）	公司治理（CG）	上市公司质量/ESG指数（CLCQI/ESGI）	CLCQI/ESGI排名
300598	诚迈科技	江苏	东部	I	无国有股份公司	14.2857	56.6131	85.9532	68.5174	2466
300599	雄塑科技	广东	东部	C	无国有股份公司	85.7143	52.3677	90.4658	76.6563	407
300600	国瑞科技	江苏	东部	C	国有强相对控股公司	14.2857	53.0616	84.4281	66.4356	2987
300601	康泰生物	广东	东部	C	无国有股份公司	85.7143	48.9007	82.4080	71.0111	1673
300602	飞荣达	广东	东部	C	国有参股公司	57.1429	45.0825	83.4800	67.4072	2774
300603	立昂技术	新疆	西部	I	无国有股份公司	14.2857	48.7116	84.7634	65.0975	3327
300604	长川科技	浙江	东部	C	国有参股公司	14.2857	48.9209	75.3907	60.0158	4192
300605	恒锋信息	福建	东部	I	国有参股公司	28.5714	46.1721	88.5171	67.7018	2704
300606	金太阳	广东	东部	C	无国有股份公司	57.1429	46.1890	84.5338	68.3740	2504
300607	拓斯达	广东	东部	C	无国有股份公司	57.1429	46.1205	83.0592	67.5391	2740
300608	思特奇	北京	东部	I	国有参股公司	57.1429	56.4218	80.7635	69.8818	2044
300609	汇纳科技	上海	东部	I	无国有股份公司	14.2857	43.6737	81.9339	61.7780	3954
300610	晨化股份	江苏	东部	C	无国有股份公司	71.4286	52.5630	89.1594	74.5775	758
300611	美力科技	浙江	东部	C	无国有股份公司	14.2857	45.0802	83.8182	63.3067	3697
300612	宣亚国际	北京	东部	L	无国有股份公司	14.2857	50.1866	82.0111	64.1000	3539
300613	富瀚微	上海	东部	I	无国有股份公司	14.2857	42.8246	94.3498	68.3096	2526
300614	百川畅银	河南	中部	N	无国有股份公司	42.8571	51.0605	89.1772	71.2043	1606
300615	欣天科技	广东	东部	C	无国有股份公司	42.8571	46.3610	81.3452	65.2520	3277
300616	尚品宅配	广东	东部	C	无国有股份公司	42.8571	38.6293	88.3973	66.4245	2990
300617	安靠智电	江苏	东部	C	国有参股公司	57.1429	52.7948	80.6576	68.5541	2454
300618	寒锐钴业	江苏	东部	C	国有参股公司	57.1429	45.7710	89.8351	71.1434	1630
300619	金银河	广东	东部	C	无国有股份公司	42.8571	39.6878	85.4787	65.1897	3297
300620	光库科技	广东	东部	C	国有弱相对控股公司	85.7143	57.9147	88.2947	77.4037	304
300621	维业股份	广东	东部	E	国有弱相对控股公司	85.7143	53.3662	87.7926	75.5356	561
300622	博士眼镜	广东	东部	F	无国有股份公司	28.5714	43.7314	91.4385	68.4543	2479
300623	捷捷微电	江苏	东部	C	无国有股份公司	71.4286	53.7610	73.4001	66.3293	3015
300624	万兴科技	西藏	西部	I	无国有股份公司	42.8571	38.1403	90.5481	67.4363	2768
300625	三雄极光	广东	东部	C	无国有股份公司	85.7143	45.8477	100.0000	79.6181	113
300626	华瑞股份	浙江	东部	C	国有参股公司	100.0000	51.4249	78.9054	71.3967	1546
300627	华测导航	上海	东部	C	无国有股份公司	14.2857	53.2592	85.6042	67.1516	2827
300628	亿联网络	福建	东部	C	无国有股份公司	85.7143	54.5189	89.4620	76.8571	379
300629	新劲刚	广东	东部	C	无国有股份公司	42.8571	45.5430	73.1284	60.4464	4143
300630	普利制药	海南	东部	C	无国有股份公司	57.1429	45.8043	79.1889	65.2997	3264
300631	久吾高科	江苏	东部	C	国有参股公司	57.1429	44.2078	81.4347	65.9761	3115
300632	光莆股份	福建	东部	C	无国有股份公司	42.8571	50.9698	83.9718	68.3097	2525

续表

股票代码	公司简称	省份	地区	行业代码	控股类型	环境保护（*EP*）	社会责任（*SR*）	公司治理（*CG*）	上市公司质量/ESG指数（*CLCQI/ESGI*）	*CLCQI/ESGI*排名
300633	开立医疗	广东	东部	C	无国有股份公司	14.2857	45.7583	89.4145	66.6220	2939
300634	彩讯股份	广东	东部	I	无国有股份公司	28.5714	50.2186	87.7308	68.6856	2415
300635	中达安	广东	东部	M	无国有股份公司	71.4286	51.8099	82.4171	70.6058	1806
300636	同和药业	江西	中部	C	无国有股份公司	85.7143	44.2410	76.3163	66.0298	3104
300637	扬帆新材	浙江	东部	C	无国有股份公司	57.1429	43.7641	85.1746	67.8777	2657
300638	广和通	广东	东部	C	无国有股份公司	28.5714	60.4756	93.3668	75.3754	597
300639	凯普生物	广东	东部	C	无国有股份公司	71.4286	57.9023	90.0195	76.9194	366
300640	德艺文创	福建	东部	C	无国有股份公司	28.5714	45.0983	93.4287	70.0273	1999
300641	正丹股份	江苏	东部	C	无国有股份公司	42.8571	42.1098	81.9949	64.1214	3531
300642	透景生命	上海	东部	C	国有参股公司	71.4286	54.1383	80.6546	70.4513	1857
300643	万通智控	浙江	东部	C	国有参股公司	14.2857	39.9458	82.6845	60.8861	4078
300644	南京聚隆	江苏	东部	C	国有参股公司	0.0000	54.7495	87.8345	67.4713	2760
300645	正元智慧	浙江	东部	I	无国有股份公司	42.8571	51.6283	83.4203	68.2368	2557
300647	超频三	广东	东部	C	无国有股份公司	85.7143	49.6005	82.9994	71.5813	1502
300648	星云股份	福建	东部	C	无国有股份公司	85.7143	44.6539	87.0938	72.1019	1359
300649	杭州园林	浙江	东部	E	无国有股份公司	14.2857	52.1503	78.0483	62.6078	3809
300650	太龙股份	福建	东部	F	无国有股份公司	71.4286	46.5152	88.5872	72.1462	1342
300651	金陵体育	江苏	东部	C	无国有股份公司	85.7143	63.1247	78.2589	73.7074	949
300652	雷迪克	浙江	东部	C	无国有股份公司	42.8571	46.2196	75.6039	62.0447	3909
300653	正海生物	山东	东部	C	无国有股份公司	42.8571	47.7722	87.1986	68.9652	2333
300654	世纪天鸿	山东	东部	R	无国有股份公司	14.2857	45.7201	85.4133	64.4079	3472
300655	晶瑞电材	江苏	东部	C	无国有股份公司	42.8571	57.2909	85.9501	71.6101	1493
300656	民德电子	广东	东部	C	无国有股份公司	28.5714	46.2778	85.6713	66.1736	3064
300657	弘信电子	福建	东部	C	无国有股份公司	71.4286	51.7031	82.9386	70.8552	1728
300658	延江股份	福建	东部	C	无国有股份公司	42.8571	43.4130	74.1982	60.2893	4164
300659	中孚信息	山东	东部	I	无国有股份公司	14.2857	59.3503	80.3180	66.3760	3001
300660	江苏雷利	江苏	东部	C	无国有股份公司	14.2857	54.7042	88.7093	69.3651	2208
300661	圣邦股份	北京	东部	C	无国有股份公司	100.0000	64.5697	88.1935	81.1058	59
300662	科锐国际	北京	东部	L	无国有股份公司	14.2857	55.4643	88.7688	69.6639	2115
300663	科蓝软件	北京	东部	I	无国有股份公司	42.8571	46.3300	89.0157	69.4599	2173
300664	鹏鹞环保	江苏	东部	N	无国有股份公司	28.5714	43.7058	87.6924	66.3850	3000
300665	飞鹿股份	湖南	中部	C	无国有股份公司	57.1429	55.8940	81.1440	69.9064	2037
300666	江丰电子	浙江	东部	C	无国有股份公司	28.5714	49.4652	85.5824	67.2403	2812
300667	必创科技	北京	东部	C	无国有股份公司	28.5714	43.0899	84.8993	64.6332	3424
300668	杰恩设计	广东	东部	M	无国有股份公司	28.5714	50.2439	86.0906	67.7924	2684

续表

股票代码	公司简称	省份	地区	行业代码	控股类型	环境保护（EP）	社会责任（SR）	公司治理（CG）	上市公司质量/ESG指数（CLCQI/ESGI）	CLCQI/ESGI排名
300669	沪宁股份	浙江	东部	C	无国有股份公司	57.1429	53.5384	81.6369	69.3530	2213
300670	大烨智能	江苏	东部	C	无国有股份公司	85.7143	55.1971	79.0585	71.3725	1549
300671	富满微	广东	东部	I	国有参股公司	14.2857	46.5120	81.7846	62.6893	3797
300672	国科微	湖南	中部	C	国有参股公司	14.2857	49.3373	70.9012	57.6923	4384
300673	佩蒂股份	浙江	东部	C	无国有股份公司	71.4286	52.2424	85.8163	72.6267	1221
300674	宇信科技	北京	东部	I	无国有股份公司	28.5714	53.7856	87.8514	70.0004	2012
300675	建科院	广东	东部	M	国有强相对控股公司	42.8571	54.5795	89.8206	72.7899	1182
300676	华大基因	广东	东部	M	无国有股份公司	42.8571	48.2027	86.7451	68.8664	2362
300677	英科医疗	山东	东部	C	国有弱相对控股公司	85.7143	49.4164	86.0547	73.1973	1090
300678	中科信息	四川	西部	I	国有强相对控股公司	85.7143	52.8357	84.6566	73.6251	977
300679	电连技术	广东	东部	C	无国有股份公司	57.1429	58.5562	82.7058	71.6971	1469
300680	隆盛科技	江苏	东部	C	无国有股份公司	28.5714	47.1995	81.8801	64.4110	3469
300681	英搏尔	广东	东部	C	无国有股份公司	85.7143	52.3508	80.5216	71.1811	1613
300682	朗新科技	江苏	东部	I	无国有股份公司	71.4286	63.6902	85.3871	76.3973	432
300683	海特生物	湖北	中部	C	无国有股份公司	28.5714	54.0770	77.1648	64.2247	3507
300684	中石科技	北京	东部	C	无国有股份公司	100.0000	41.9699	87.5916	72.8649	1165
300685	艾德生物	福建	东部	C	无国有股份公司	28.5714	48.4463	83.6346	65.8124	3156
300686	智动力	广东	东部	C	国有参股公司	14.2857	42.0813	73.6595	56.6697	4437
300687	赛意信息	广东	东部	I	无国有股份公司	14.2857	55.3537	86.3191	68.2779	2540
300688	创业黑马	北京	东部	L	无国有股份公司	14.2857	42.4262	79.1123	59.7895	4218
300689	澄天伟业	广东	东部	C	无国有股份公司	28.5714	40.4285	82.5902	62.4317	3844
300690	双一科技	山东	东部	C	无国有股份公司	71.4286	47.3667	69.2517	61.8096	3951
300691	联合光电	广东	东部	C	无国有股份公司	57.1429	49.4604	86.0818	70.3704	1883
300692	中环环保	安徽	中部	N	无国有股份公司	57.1429	46.2179	81.5638	66.7506	2914
300693	盛弘股份	广东	东部	C	无国有股份公司	28.5714	44.6758	86.4338	66.0322	3101
300694	蠡湖股份	江苏	东部	C	无国有股份公司	57.1429	43.2240	86.7906	68.5775	2446
300695	兆丰股份	浙江	东部	C	无国有股份公司	85.7143	54.6607	88.8232	76.5555	415
300696	爱乐达	四川	西部	C	国有参股公司	28.5714	53.8129	73.0407	61.8641	3940
300697	电工合金	江苏	东部	C	无国有股份公司	85.7143	55.1868	85.6983	75.0209	662
300698	万马科技	浙江	东部	C	无国有股份公司	42.8571	51.9331	69.9157	60.9159	4073
300699	光威复材	山东	东部	C	无国有股份公司	85.7143	61.4408	88.9300	78.9872	149
300700	岱勒新材	湖南	中部	C	国有参股公司	42.8571	52.1231	85.4245	69.5122	2158
300701	森霸传感	河南	中部	C	无国有股份公司	71.4286	51.4137	80.6367	69.4878	2169
300702	天宇股份	浙江	东部	C	无国有股份公司	14.2857	48.6208	85.6169	65.5351	3209
300703	创源股份	浙江	东部	C	国有强相对控股公司	57.1429	45.8363	89.6388	71.0583	1653

续表

股票代码	公司简称	省份	地区	行业代码	控股类型	环境保护（*EP*）	社会责任（*SR*）	公司治理（*CG*）	上市公司质量/ESG指数（*CLCQI/ESGI*）	*CLCQI/ESGI*排名
300705	九典制药	湖南	中部	C	无国有股份公司	57.1429	42.6843	85.7278	67.8041	2676
300706	阿石创	福建	东部	C	国有参股公司	28.5714	51.9405	85.4912	68.0565	2604
300707	威唐工业	江苏	东部	C	无国有股份公司	14.2857	51.0293	76.4368	61.3290	4018
300708	聚灿光电	江苏	东部	C	无国有股份公司	85.7143	50.6776	81.2871	71.0165	1669
300709	精研科技	江苏	东部	C	国有参股公司	100.0000	53.9139	84.9707	75.6038	546
300710	万隆光电	浙江	东部	C	无国有股份公司	28.5714	48.7059	92.2909	70.6642	1789
300711	广哈通信	广东	东部	C	国有绝对控股公司	71.4286	60.0731	82.3075	73.4376	1027
300712	永福股份	福建	东部	E	无国有股份公司	28.5714	57.1080	86.6045	70.4774	1850
300713	英可瑞	广东	东部	C	无国有股份公司	28.5714	48.8706	84.7154	66.5553	2957
300715	凯伦股份	江苏	东部	C	无国有股份公司	100.0000	49.2675	87.9542	75.6185	542
300716	泉为科技	广东	东部	C	无国有股份公司	57.1429	52.9867	88.2666	72.8063	1172
300717	华信新材	江苏	东部	C	无国有股份公司	57.1429	59.7228	89.6869	75.9451	498
300718	长盛轴承	浙江	东部	C	无国有股份公司	71.4286	63.5495	80.4117	73.6116	982
300719	安达维尔	北京	东部	C	无国有股份公司	57.1429	51.6543	84.8192	70.4438	1863
300720	海川智能	广东	东部	C	无国有股份公司	42.8571	54.2246	87.9036	71.6113	1492
300721	怡达股份	江苏	东部	C	国有参股公司	42.8571	50.2590	75.6007	63.4568	3668
300722	新余国科	江西	中部	C	国有绝对控股公司	57.1429	63.5970	74.5233	68.9611	2334
300723	一品红	广东	东部	C	无国有股份公司	71.4286	56.6358	94.3248	78.8440	161
300724	捷佳伟创	广东	东部	C	无国有股份公司	28.5714	53.5882	86.7605	69.3313	2219
300725	药石科技	江苏	东部	C	无国有股份公司	100.0000	66.8297	83.9471	79.5613	119
300726	宏达电子	湖南	中部	C	国有参股公司	42.8571	46.5244	80.8161	65.0181	3341
300727	润禾材料	浙江	东部	C	无国有股份公司	71.4286	47.3339	79.5765	67.4768	2758
300729	乐歌股份	浙江	东部	C	无国有股份公司	85.7143	50.3739	91.3933	76.4686	425
300730	科创信息	湖南	中部	I	国有弱相对控股公司	14.2857	56.7851	85.5918	68.3789	2502
300731	科创新源	广东	东部	C	无国有股份公司	57.1429	52.5514	82.3788	69.4156	2190
300732	设研院	河南	中部	M	国有参股公司	42.8571	59.5955	76.0921	66.9948	2862
300733	西菱动力	四川	西部	C	无国有股份公司	42.8571	38.5150	78.1346	60.7400	4099
300735	光弘科技	广东	东部	C	国有参股公司	28.5714	52.7401	83.0035	66.9681	2868
300736	百邦科技	北京	东部	O	无国有股份公司	14.2857	39.6314	80.2077	59.4138	4253
300737	科顺股份	广东	东部	C	无国有股份公司	71.4286	42.9473	81.8476	67.1906	2819
300738	奥飞数据	广东	东部	I	无国有股份公司	42.8571	42.5420	80.8781	63.6584	3637
300739	明阳电路	广东	东部	C	无国有股份公司	85.7143	60.9474	87.5091	78.0330	241
300740	水羊股份	湖南	中部	C	无国有股份公司	0.0000	42.6693	82.7529	60.4484	4142
300741	华宝股份	西藏	西部	C	无国有股份公司	71.4286	46.3321	88.7271	72.1590	1338
300742	*ST越博	江苏	东部	C	无国有股份公司	14.2857	39.5642	72.1170	54.9404	4484

续表

股票代码	公司简称	省份	地区	行业代码	控股类型	环境保护（*EP*）	社会责任（*SR*）	公司治理（*CG*）	上市公司质量/ESG指数（*CLCQI*/*ESGI*）	*CLCQI*/*ESGI*排名
300743	天地数码	浙江	东部	C	无国有股份公司	28.5714	48.1968	85.8538	66.9456	2874
300745	欣锐科技	广东	东部	C	无国有股份公司	42.8571	48.1554	88.8703	70.0188	2003
300746	汉嘉设计	浙江	东部	M	国有参股公司	57.1429	58.1164	86.6815	73.7298	943
300747	锐科激光	湖北	中部	C	国有强相对控股公司	28.5714	56.5049	82.1188	67.7992	2679
300748	金力永磁	江西	中部	C	国有参股公司	71.4286	51.8311	83.1380	71.0096	1674
300749	顶固集创	广东	东部	C	无国有股份公司	85.7143	56.6758	85.1411	75.2356	624
300750	宁德时代	福建	东部	C	无国有股份公司	100.0000	55.4735	96.1017	82.2717	32
300751	迈为股份	江苏	东部	C	国有参股公司	100.0000	52.2954	90.1123	77.8652	260
300752	隆利科技	广东	东部	C	无国有股份公司	100.0000	48.1232	82.9586	72.4703	1257
300753	爱朋医疗	江苏	东部	C	无国有股份公司	14.2857	54.4795	83.5994	66.4761	2975
300755	华致酒行	云南	西部	F	无国有股份公司	14.2857	40.0169	88.8155	64.2830	3494
300756	金马游乐	广东	东部	C	无国有股份公司	28.5714	43.8620	78.2148	61.2270	4032
300757	罗博特科	江苏	东部	C	无国有股份公司	71.4286	55.0091	80.9329	70.9091	1707
300758	七彩化学	辽宁	东北	C	无国有股份公司	85.7143	50.6828	81.0415	70.8832	1715
300759	康龙化成	北京	东部	M	无国有股份公司	100.0000	59.2699	98.0541	84.6742	5
300760	迈瑞医疗	广东	东部	C	无国有股份公司	85.7143	53.2566	84.3154	73.5847	990
300761	立华股份	江苏	东部	A	无国有股份公司	71.4286	56.3006	84.1110	73.1091	1115
300762	上海瀚讯	上海	东部	C	国有参股公司	14.2857	57.6945	87.9789	70.0100	2005
300763	锦浪科技	浙江	东部	C	无国有股份公司	57.1429	54.8236	89.2090	73.9675	879
300765	新诺威	河北	东部	C	国有参股公司	85.7143	54.9385	83.6311	73.7970	922
300766	每日互动	浙江	东部	I	无国有股份公司	28.5714	61.1558	90.2118	73.8782	904
300767	震安科技	云南	西部	C	无国有股份公司	57.1429	46.7086	90.3313	71.7445	1454
300768	迪普科技	浙江	东部	I	无国有股份公司	71.4286	48.5147	82.1065	69.2816	2232
300769	德方纳米	广东	东部	C	无国有股份公司	100.0000	49.3797	93.0030	78.4346	198
300770	新媒股份	广东	东部	I	国有强相对控股公司	14.2857	43.4727	84.0059	62.8473	3769
300771	智莱科技	广东	东部	C	无国有股份公司	57.1429	50.4284	83.4357	69.2538	2239
300772	运达股份	浙江	东部	C	国有强相对控股公司	85.7143	62.1699	86.9244	78.1393	232
300773	拉卡拉	北京	东部	I	无国有股份公司	14.2857	47.7045	75.7706	59.7990	4216
300774	倍杰特	北京	东部	N	无国有股份公司	42.8571	42.9273	86.3326	66.7932	2906
300775	三角防务	陕西	西部	C	国有弱相对控股公司	42.8571	45.1538	79.5754	63.8560	3592
300776	帝尔激光	湖北	中部	C	无国有股份公司	57.1429	48.2879	83.6083	68.5996	2435
300777	中简科技	江苏	东部	C	无国有股份公司	71.4286	52.7423	79.8765	69.5347	2156
300778	新城市	广东	东部	M	无国有股份公司	28.5714	54.6220	80.0402	65.9970	3110
300779	惠城环保	山东	东部	C	无国有股份公司	57.1429	48.3257	85.1691	69.4713	2172
300780	德恩精工	四川	西部	C	无国有股份公司	28.5714	44.8582	78.0776	61.5002	3993

续表

股票代码	公司简称	省份	地区	行业代码	控股类型	环境保护（EP）	社会责任（SR）	公司治理（CG）	上市公司质量/ESG指数（CLCQI/ESGI）	CLCQI/ESGI排名
300781	因赛集团	广东	东部	L	无国有股份公司	14.2857	45.8864	82.8271	63.0437	3736
300782	卓胜微	江苏	东部	C	无国有股份公司	85.7143	61.4207	90.1395	79.6454	110
300783	三只松鼠	安徽	中部	F	无国有股份公司	71.4286	53.5702	76.3066	67.8611	2664
300785	值得买	北京	东部	I	无国有股份公司	85.7143	61.5070	82.9606	75.7272	531
300786	国林科技	山东	东部	C	无国有股份公司	42.8571	40.5856	81.4742	63.3015	3698
300787	海能实业	江西	中部	C	无国有股份公司	42.8571	49.8110	81.8599	66.7425	2917
300788	中信出版	北京	东部	R	国有绝对控股公司	71.4286	41.7597	89.4831	70.9744	1687
300789	唐源电气	四川	西部	I	无国有股份公司	28.5714	52.8128	82.9274	66.9517	2870
300790	宇瞳光学	广东	东部	C	无国有股份公司	14.2857	52.2684	83.1790	65.4709	3225
300791	仙乐健康	广东	东部	C	无国有股份公司	57.1429	49.2844	84.9574	69.6904	2107
300792	壹网壹创	浙江	东部	I	无国有股份公司	14.2857	49.8048	90.5936	68.6868	2413
300793	佳禾智能	广东	东部	C	无国有股份公司	28.5714	51.6440	84.7174	67.5271	2746
300795	米奥会展	浙江	东部	L	无国有股份公司	28.5714	44.4386	84.2897	64.7700	3393
300796	贝斯美	浙江	东部	C	无国有股份公司	57.1429	52.7718	89.5823	73.4547	1022
300797	钢研纳克	北京	东部	M	国有绝对控股公司	57.1429	52.5634	83.8029	70.2031	1933
300798	锦鸡股份	江苏	东部	C	无国有股份公司	71.4286	61.4362	78.9494	72.0677	1369
300799	*ST左江	北京	东部	I	无国有股份公司	42.8571	51.6904	77.2813	64.8821	3360
300800	力合科技	湖南	中部	C	国有参股公司	28.5714	43.5936	77.4340	60.7036	4101
300801	泰和科技	山东	东部	C	无国有股份公司	100.0000	59.9385	78.0900	73.9280	893
300802	矩子科技	上海	东部	C	无国有股份公司	14.2857	54.3201	86.0196	67.7514	2690
300805	电声股份	广东	东部	L	无国有股份公司	14.2857	38.9652	93.5628	66.5260	2965
300806	斯迪克	江苏	东部	C	国有参股公司	42.8571	52.0169	78.0528	65.4206	3234
300807	天迈科技	河南	中部	C	无国有股份公司	28.5714	47.4447	80.7201	63.8588	3590
300808	久量股份	广东	东部	C	无国有股份公司	14.2857	42.6295	83.3682	62.2014	3882
300809	华辰装备	江苏	东部	C	无国有股份公司	14.2857	43.7891	87.8228	65.0573	3337
300810	中科海讯	北京	东部	I	无国有股份公司	28.5714	55.6568	79.5988	66.1164	3079
300811	铂科新材	广东	东部	C	无国有股份公司	57.1429	49.8080	81.4762	67.9590	2636
300812	易天股份	广东	东部	C	国有参股公司	14.2857	39.4258	84.5276	61.7178	3963
300813	泰林生物	浙江	东部	C	国有参股公司	71.4286	41.6125	75.4677	63.2145	3712
300814	中富电路	广东	东部	C	无国有股份公司	100.0000	51.5360	86.2016	75.4485	578
300815	玉禾田	安徽	中部	N	无国有股份公司	85.7143	54.8006	82.7680	73.2741	1071
300816	艾可蓝	安徽	中部	N	无国有股份公司	42.8571	52.3367	89.7179	71.9484	1391
300817	双飞股份	浙江	东部	C	无国有股份公司	57.1429	58.0189	86.9277	73.8311	914
300818	耐普矿机	江西	中部	C	无国有股份公司	28.5714	42.4503	87.2186	65.6850	3175
300819	聚杰微纤	江苏	东部	C	国有参股公司	57.1429	35.8114	86.2471	65.6842	3176

续表

股票代码	公司简称	省份	地区	行业代码	控股类型	环境保护（EP）	社会责任（SR）	公司治理（CG）	上市公司质量/ESG指数（CLCQI/ESGI）	CLCQI/ESGI排名
300820	英杰电气	四川	西部	C	无国有股份公司	14.2857	44.4854	90.2730	66.6486	2929
300821	东岳硅材	山东	东部	C	无国有股份公司	85.7143	55.6172	88.0823	76.4827	423
300822	贝仕达克	广东	东部	C	无国有股份公司	14.2857	46.3854	82.5985	63.0927	3728
300823	建科机械	天津	东部	C	无国有股份公司	42.8571	52.3980	74.9155	63.8285	3599
300824	北鼎股份	广东	东部	C	无国有股份公司	42.8571	44.8500	91.1281	70.1037	1970
300825	阿尔特	北京	东部	M	国有参股公司	28.5714	54.0622	82.1825	66.9793	2864
300826	测绘股份	江苏	东部	M	无国有股份公司	42.8571	48.5703	80.4709	65.5443	3205
300827	上能电气	江苏	东部	C	无国有股份公司	42.8571	41.9258	93.0213	70.1215	1965
300828	锐新科技	天津	东部	C	无国有股份公司	57.1429	42.3134	81.9326	65.5869	3195
300829	金丹科技	河南	中部	C	无国有股份公司	85.7143	50.7004	78.8743	69.6974	2104
300830	金现代	山东	东部	I	无国有股份公司	14.2857	44.6828	80.0775	61.1102	4047
300831	派瑞股份	陕西	西部	C	国有强相对控股公司	14.2857	51.9706	76.1587	61.5055	3992
300832	新产业	广东	东部	C	无国有股份公司	71.4286	52.1717	83.7569	71.4692	1527
300833	浩洋股份	广东	东部	C	无国有股份公司	57.1429	47.4439	87.9324	70.6825	1781
300834	星辉环材	广东	东部	C	无国有股份公司	71.4286	46.7831	79.8224	67.4193	2772
300835	龙磁科技	安徽	中部	C	无国有股份公司	28.5714	57.1202	82.1723	68.0439	2607
300836	佰奥智能	江苏	东部	C	无国有股份公司	14.2857	36.6799	77.9578	57.1433	4415
300837	浙矿股份	浙江	东部	C	无国有股份公司	71.4286	46.1752	84.5767	69.8214	2064
300838	浙江力诺	浙江	东部	C	无国有股份公司	71.4286	46.3393	80.8287	67.8174	2671
300839	博汇股份	浙江	东部	C	无国有股份公司	57.1429	47.6097	87.6709	70.5966	1810
300840	酷特智能	山东	东部	C	无国有股份公司	57.1429	44.5021	86.7945	69.0270	2314
300841	康华生物	四川	西部	C	无国有股份公司	57.1429	54.0461	85.4031	71.6021	1497
300842	帝科股份	江苏	东部	C	无国有股份公司	85.7143	48.7998	82.7555	71.1669	1622
300843	胜蓝股份	广东	东部	C	无国有股份公司	28.5714	53.5468	84.5673	68.1105	2592
300844	山水比德	广东	东部	M	无国有股份公司	42.8571	46.0757	75.8878	62.1505	3888
300845	捷安高科	河南	中部	I	无国有股份公司	42.8571	62.2714	77.6111	68.7668	2389
300846	首都在线	北京	东部	I	国有参股公司	28.5714	48.8202	75.8493	61.6613	3971
300847	中船汉光	河北	东部	C	国有绝对控股公司	71.4286	47.8900	78.9858	67.3466	2788
300848	美瑞新材	山东	东部	C	无国有股份公司	57.1429	53.9890	82.4950	69.9827	2016
300849	锦盛新材	浙江	东部	C	无国有股份公司	71.4286	52.4632	82.3989	70.8244	1737
300850	新强联	河南	中部	C	无国有股份公司	85.7143	49.5026	81.1983	70.5564	1819
300851	交大思诺	北京	东部	I	国有参股公司	14.2857	58.6223	83.7639	68.0165	2616
300852	四会富仕	广东	东部	C	无国有股份公司	71.4286	39.6819	78.8678	64.4088	3470
300853	申昊科技	浙江	东部	C	无国有股份公司	28.5714	55.4992	83.0403	67.9540	2639
300854	中兰环保	广东	东部	N	国有参股公司	71.4286	44.1978	85.7497	69.7744	2079

续表

股票代码	公司简称	省份	地区	行业代码	控股类型	环境保护（*EP*）	社会责任（*SR*）	公司治理（*CG*）	上市公司质量/ESG指数（*CLCQI*/*ESGI*）	*CLCQI*/*ESGI*排名
300855	图南股份	江苏	东部	C	无国有股份公司	28.5714	56.6924	90.1570	72.2858	1301
300856	科思股份	江苏	东部	C	无国有股份公司	71.4286	55.4925	87.2001	74.5253	768
300857	协创数据	广东	东部	C	国有参股公司	42.8571	53.4158	91.5429	73.3298	1055
300858	科拓生物	北京	东部	C	无国有股份公司	28.5714	55.0679	75.9575	63.9075	3583
300859	*ST西域	新疆	西部	N	国有强相对控股公司	28.5714	44.9223	77.4641	61.1852	4037
300860	锋尚文化	北京	东部	R	无国有股份公司	14.2857	45.8407	79.4609	61.1763	4039
300861	美畅股份	陕西	西部	C	无国有股份公司	71.4286	51.2812	84.1226	71.3587	1558
300862	蓝盾光电	安徽	中部	C	无国有股份公司	42.8571	42.6905	84.3912	65.6426	3184
300863	卡倍亿	浙江	东部	C	无国有股份公司	28.5714	44.3760	90.9083	68.3883	2499
300864	南大环境	江苏	东部	N	国有弱相对控股公司	28.5714	47.8130	84.1324	65.8645	3149
300865	大宏立	四川	西部	C	国有参股公司	71.4286	48.8090	88.9181	73.1310	1107
300866	安克创新	湖南	中部	C	无国有股份公司	85.7143	54.3953	87.0491	75.4868	573
300867	圣元环保	福建	东部	N	国有参股公司	71.4286	58.2518	85.7820	74.7111	722
300868	杰美特	广东	东部	C	无国有股份公司	85.7143	57.9558	75.9215	70.6128	1802
300869	康泰医学	河北	东部	C	无国有股份公司	14.2857	56.1610	87.1348	69.0091	2322
300870	欧陆通	广东	东部	C	无国有股份公司	14.2857	45.9027	85.2294	64.3707	3479
300871	回盛生物	湖北	中部	C	无国有股份公司	42.8571	55.8680	83.6773	69.8620	2049
300872	天阳科技	西藏	西部	I	无国有股份公司	28.5714	53.3973	82.6026	66.9776	2865
300873	海晨股份	江苏	东部	G	无国有股份公司	71.4286	49.6561	83.0840	70.2187	1928
300875	捷强装备	天津	东部	C	国有参股公司	42.8571	49.8767	80.9929	66.2887	3029
300876	蒙泰高新	广东	东部	C	无国有股份公司	42.8571	43.3251	85.7765	66.6266	2938
300877	金春股份	安徽	中部	C	无国有股份公司	42.8571	48.2166	75.4558	62.6622	3804
300878	维康药业	浙江	东部	C	国有参股公司	14.2857	45.3642	80.7645	61.7265	3961
300879	大叶股份	浙江	东部	C	无国有股份公司	42.8571	45.0398	90.9853	70.0915	1976
300880	迦南智能	浙江	东部	C	无国有股份公司	42.8571	52.5704	86.4344	70.2243	1923
300881	盛德鑫泰	江苏	东部	C	无国有股份公司	71.4286	49.3268	86.9548	72.2324	1313
300882	万胜智能	浙江	东部	C	国有参股公司	71.4286	49.8989	70.7012	63.4932	3661
300883	龙利得	安徽	中部	C	无国有股份公司	42.8571	48.9589	85.3253	68.3503	2514
300884	狄耐克	福建	东部	C	无国有股份公司	71.4286	48.9111	89.2803	73.3659	1041
300885	海昌新材	江苏	东部	C	无国有股份公司	14.2857	55.7557	88.2618	69.4871	2170
300886	华业香料	安徽	中部	C	国有参股公司	100.0000	62.4659	87.0969	79.7663	105
300887	谱尼测试	北京	东部	M	无国有股份公司	100.0000	53.0868	86.4704	76.1391	467
300888	稳健医疗	广东	东部	C	无国有股份公司	71.4286	53.5294	88.6565	74.6392	740
300889	爱克股份	广东	东部	C	无国有股份公司	28.5714	41.9576	79.5791	61.3108	4020
300890	翔丰华	广东	东部	C	无国有股份公司	71.4286	61.2291	81.9241	73.6313	973

续表

股票代码	公司简称	省份	地区	行业代码	控股类型	环境保护（*EP*）	社会责任（*SR*）	公司治理（*CG*）	上市公司质量/ESG指数（*CLCQI*/*ESGI*）	*CLCQI*/*ESGI*排名
300891	惠云钛业	广东	东部	C	无国有股份公司	85.7143	50.6092	84.8027	72.9262	1147
300892	品渥食品	上海	东部	F	国有参股公司	14.2857	42.8732	82.3513	61.7274	3960
300893	松原股份	浙江	东部	C	无国有股份公司	28.5714	47.3659	78.9124	62.8370	3776
300894	火星人	浙江	东部	C	无国有股份公司	57.1429	41.8059	87.6833	68.5722	2450
300895	铜牛信息	北京	东部	I	国有强相对控股公司	28.5714	52.4104	81.3593	65.9484	3124
300896	爱美客	北京	东部	C	无国有股份公司	100.0000	59.0603	83.8491	76.7881	392
300897	山科智能	浙江	东部	C	无国有股份公司	85.7143	48.9727	81.4720	70.5215	1834
300898	熊猫乳品	浙江	东部	C	无国有股份公司	71.4286	53.4848	86.9411	73.6802	958
300899	上海凯鑫	上海	东部	N	无国有股份公司	28.5714	58.6872	86.5728	71.0127	1671
300900	广联航空	黑龙江	东北	C	国有参股公司	42.8571	52.1790	84.9393	69.2650	2238
300901	中胤时尚	浙江	东部	M	无国有股份公司	14.2857	41.3518	78.1871	58.9046	4292
300902	国安达	福建	东部	C	无国有股份公司	14.2857	51.0767	85.3028	66.2220	3053
300903	科翔股份	广东	东部	C	无国有股份公司	71.4286	44.9925	82.8032	68.4320	2489
300905	宝丽迪	江苏	东部	C	国有参股公司	57.1429	52.8302	78.7405	67.5121	2749
300906	日月明	江西	中部	C	国有参股公司	14.2857	46.2118	79.4935	61.3241	4019
300907	康平科技	江苏	东部	C	无国有股份公司	42.8571	50.7563	83.3100	67.8709	2660
300908	仲景食品	河南	中部	C	无国有股份公司	57.1429	50.7118	88.4618	72.1174	1355
300909	汇创达	广东	东部	C	无国有股份公司	28.5714	57.1641	80.8670	67.3414	2790
300910	瑞丰新材	河南	中部	C	国有参股公司	71.4286	51.3262	97.1185	78.5222	186
300911	亿田智能	浙江	东部	C	无国有股份公司	71.4286	46.2339	81.7875	68.3078	2528
300912	凯龙高科	江苏	东部	N	无国有股份公司	42.8571	46.9627	82.7078	66.2120	3055
300913	兆龙互连	浙江	东部	C	无国有股份公司	85.7143	58.9354	89.8089	78.5937	181
300915	海融科技	上海	东部	C	无国有股份公司	57.1429	53.3188	80.0076	68.3800	2501
300916	朗特智能	广东	东部	C	无国有股份公司	28.5714	57.2526	85.3883	69.8591	2050
300917	特发服务	广东	东部	K	国有强相对控股公司	85.7143	59.3032	80.3593	73.5252	1001
300918	南山智尚	山东	东部	C	国有参股公司	14.2857	42.4858	80.6881	60.6770	4105
300919	中伟股份	贵州	西部	C	国有参股公司	100.0000	56.4126	81.1935	74.4009	787
300920	润阳科技	浙江	东部	C	无国有股份公司	71.4286	50.0102	84.6316	71.1938	1609
300921	南凌科技	广东	东部	I	国有参股公司	14.2857	47.2326	81.2962	62.6729	3799
300922	天秦装备	河北	东部	C	无国有股份公司	42.8571	54.7122	80.0554	67.4655	2762
300923	研奥股份	吉林	东部	C	国有参股公司	57.1429	63.5793	79.6594	71.7797	1442
300925	法本信息	广东	东部	I	国有参股公司	14.2857	51.6287	74.6152	60.5370	4128
300926	博俊科技	江苏	东部	C	无国有股份公司	57.1429	48.5371	84.2106	69.0181	2318
300927	江天化学	江苏	东部	C	国有绝对控股公司	85.7143	53.6222	76.8325	69.5970	2136
300928	华安鑫创	北京	东部	M	无国有股份公司	42.8571	44.6247	84.9622	66.6335	2936

续表

股票代码	公司简称	省份	地区	行业代码	控股类型	环境保护（*EP*）	社会责任（*SR*）	公司治理（*CG*）	上市公司质量/ESG指数（*CLCQI/ESGI*）	*CLCQI/ESGI*排名
300929	华骐环保	安徽	中部	N	国有弱相对控股公司	85.7143	55.8267	83.3521	73.9544	888
300930	屹通新材	浙江	东部	C	无国有股份公司	85.7143	51.1783	81.7127	71.4258	1537
300931	通用电梯	江苏	东部	C	无国有股份公司	28.5714	56.8441	82.8527	68.3216	2522
300932	三友联众	广东	东部	C	无国有股份公司	57.1429	50.0824	82.4478	68.5894	2438
300933	中辰股份	江苏	东部	C	无国有股份公司	85.7143	40.9690	84.1005	69.1659	2274
300935	盈建科	北京	东部	I	无国有股份公司	28.5714	43.2337	81.0490	62.5659	3817
300936	中英科技	江苏	东部	C	无国有股份公司	57.1429	39.4085	73.9070	60.1561	4178
300937	药易购	四川	西部	F	国有参股公司	28.5714	51.6548	82.0928	66.0874	3086
300938	信测标准	广东	东部	M	无国有股份公司	57.1429	44.7855	79.6946	65.2212	3287
300939	秋田微	广东	东部	C	无国有股份公司	42.8571	49.6295	82.2733	66.9063	2881
300940	南极光	广东	东部	C	无国有股份公司	57.1429	47.3245	84.1050	68.5356	2461
300941	创识科技	福建	东部	I	无国有股份公司	28.5714	52.0174	81.4086	65.8380	3153
300942	易瑞生物	广东	东部	C	国有参股公司	57.1429	50.2511	80.3419	67.4902	2753
300943	春晖智控	浙江	东部	C	无国有股份公司	85.7143	40.2137	86.0288	69.9621	2024
300945	曼卡龙	浙江	东部	F	无国有股份公司	14.2857	38.5542	79.4042	58.5949	4325
300946	恒而达	福建	东部	C	无国有股份公司	71.4286	46.3684	79.0615	66.8556	2893
300947	德必集团	上海	东部	L	无国有股份公司	85.7143	52.8759	80.5712	71.3921	1547
300948	冠中生态	山东	东部	N	国有参股公司	100.0000	53.3456	82.1813	73.8707	907
300949	奥雅股份	广东	东部	M	无国有股份公司	57.1429	42.8688	84.6277	67.2636	2806
300950	德固特	山东	东部	C	国有参股公司	57.1429	50.8325	86.1127	70.8677	1721
300951	博硕科技	广东	东部	C	无国有股份公司	28.5714	55.7658	88.7566	71.1913	1610
300952	恒辉安防	江苏	东部	C	无国有股份公司	100.0000	49.1466	81.7111	72.1424	1345
300953	震裕科技	浙江	东部	C	无国有股份公司	42.8571	43.1578	89.7267	68.7406	2394
300955	嘉亨家化	福建	东部	C	无国有股份公司	57.1429	49.3633	84.4584	69.4436	2179
300956	英力股份	安徽	中部	C	无国有股份公司	57.1429	41.8861	91.6440	70.7786	1753
300957	贝泰妮	云南	西部	C	无国有股份公司	100.0000	54.6657	92.3732	79.9382	96
300958	建工修复	北京	东部	N	国有绝对控股公司	71.4286	49.0310	92.3560	75.0995	649
300959	线上线下	江苏	东部	I	无国有股份公司	14.2857	51.7570	79.0945	63.0455	3735
300960	通业科技	广东	东部	C	无国有股份公司	71.4286	59.8840	87.2204	76.0735	481
300961	深水海纳	广东	东部	N	无国有股份公司	57.1429	41.1674	86.6475	67.7790	2687
300962	中金辐照	广东	东部	C	国有绝对控股公司	57.1429	46.7913	90.9898	72.1357	1349
300963	中洲特材	上海	东部	C	无国有股份公司	57.1429	63.2632	82.4599	73.2093	1086
300964	本川智能	江苏	东部	C	无国有股份公司	85.7143	46.8403	88.1768	73.4628	1020
300965	恒宇信通	北京	东部	C	无国有股份公司	14.2857	52.2462	81.7852	64.6966	3408
300966	共同药业	湖北	中部	C	无国有股份公司	85.7143	52.3378	79.3430	70.5283	1830

续表

股票代码	公司简称	省份	地区	行业代码	控股类型	环境保护（*EP*）	社会责任（*SR*）	公司治理（*CG*）	上市公司质量/ESG指数（*CLCQI*/*ESGI*）	*CLCQI*/*ESGI*排名
300967	晓鸣股份	宁夏	西部	A	无国有股份公司	71.4286	50.1529	90.7176	74.5911	755
300968	格林精密	广东	东部	C	国有参股公司	28.5714	40.4100	91.9729	67.5857	2729
300969	恒帅股份	浙江	东部	C	无国有股份公司	71.4286	36.1217	80.8800	64.2695	3495
300970	华绿生物	江苏	东部	A	国有参股公司	42.8571	55.3630	80.6130	67.9999	2626
300971	博亚精工	湖北	中部	C	无国有股份公司	57.1429	54.2195	77.1969	67.1494	2828
300972	万辰生物	福建	东部	A	无国有股份公司	0.0000	54.0745	84.1281	65.1965	3293
300973	立高食品	广东	东部	C	无国有股份公司	28.5714	47.7759	87.5312	67.7209	2697
300975	商络电子	江苏	东部	F	无国有股份公司	14.2857	40.7182	78.6425	58.9333	4289
300976	达瑞电子	广东	东部	C	无国有股份公司	71.4286	53.1111	80.1713	69.8259	2063
300977	深圳瑞捷	广东	东部	M	无国有股份公司	42.8571	44.4332	88.8155	68.6859	2414
300978	东箭科技	广东	东部	C	无国有股份公司	57.1429	45.5119	87.8234	69.9463	2028
300979	华利集团	广东	东部	C	无国有股份公司	57.1429	50.8940	92.1632	74.2169	825
300980	祥源新材	湖北	中部	C	国有参股公司	57.1429	55.4918	83.5608	71.0948	1645
300981	中红医疗	河北	东部	C	国有绝对控股公司	71.4286	52.7753	89.4346	74.8033	701
300982	苏文电能	江苏	东部	E	无国有股份公司	85.7143	56.1163	87.8904	76.5519	416
300983	尤安设计	上海	东部	M	无国有股份公司	71.4286	48.2604	89.8350	73.4432	1025
300984	金沃股份	浙江	东部	C	无国有股份公司	57.1429	45.4418	85.3990	68.5883	2440
300985	致远新能	吉林	东部	C	无国有股份公司	57.1429	51.4336	85.4908	70.7360	1768
300986	志特新材	江西	中部	C	国有参股公司	57.1429	40.6315	82.4897	65.3046	3262
300987	川网传媒	四川	西部	I	国有绝对控股公司	28.5714	41.6804	81.8195	62.4460	3839
300988	津荣天宇	天津	东部	C	无国有股份公司	0.0000	40.7442	80.3461	58.4508	4335
300989	蕾奥规划	广东	东部	M	无国有股份公司	28.5714	40.3178	89.1296	65.9897	3112
300990	同飞股份	河北	东部	C	无国有股份公司	42.8571	62.2027	82.9749	71.6929	1470
300991	创益通	广东	东部	C	无国有股份公司	57.1429	50.6441	83.5059	69.3680	2206
300992	泰福泵业	浙江	东部	C	无国有股份公司	42.8571	54.1134	85.0273	69.9904	2015
300993	玉马遮阳	山东	东部	C	无国有股份公司	71.4286	50.0072	87.1932	72.6016	1227
300994	久祺股份	浙江	东部	C	无国有股份公司	57.1429	44.2670	89.4315	70.3951	1876
300995	奇德新材	广东	东部	C	无国有股份公司	57.1429	48.4812	80.2479	66.8190	2901
300996	普联软件	山东	东部	I	无国有股份公司	14.2857	43.0951	81.8553	61.5323	3987
300997	欢乐家	广东	东部	C	国有参股公司	28.5714	38.3341	85.1140	63.0868	3729
300998	宁波方正	浙江	东部	C	无国有股份公司	57.1429	43.1561	90.0816	70.3638	1886
300999	金龙鱼	上海	东部	C	国有参股公司	71.4286	59.5819	82.9394	73.6132	981
301000	肇民科技	上海	东部	C	无国有股份公司	85.7143	56.2548	84.1321	74.5333	765
301001	凯淳股份	上海	东部	I	无国有股份公司	57.1429	46.5921	79.1822	65.5718	3201
301002	崧盛股份	广东	东部	C	无国有股份公司	28.5714	53.4042	86.3036	69.0156	2320

续表

股票代码	公司简称	省份	地区	行业代码	控股类型	环境保护（*EP*）	社会责任（*SR*）	公司治理（*CG*）	上市公司质量/ESG指数（*CLCQI/ESGI*）	*CLCQI/ESGI*排名
301003	江苏博云	江苏	东部	C	无国有股份公司	71.4286	53.6459	69.0638	63.9040	3585
301004	嘉益股份	浙江	东部	C	国有参股公司	57.1429	44.7056	79.7967	65.2494	3281
301005	超捷股份	上海	东部	C	无国有股份公司	28.5714	44.2753	83.8002	64.4436	3464
301006	迈拓股份	江苏	东部	C	无国有股份公司	28.5714	47.5042	78.0117	62.3900	3846
301007	德迈仕	辽宁	东北	C	无国有股份公司	100.0000	54.3433	84.5968	75.5484	559
301008	宏昌科技	浙江	东部	C	无国有股份公司	42.8571	53.9693	85.0835	69.9709	2020
301009	可靠股份	浙江	东部	C	无国有股份公司	71.4286	55.8930	79.8208	70.6069	1805
301010	晶雪节能	江苏	东部	C	无国有股份公司	57.1429	45.6529	81.3790	66.4512	2984
301011	华立科技	广东	东部	C	无国有股份公司	42.8571	44.9968	82.1172	65.1991	3292
301012	扬电科技	江苏	东部	C	无国有股份公司	42.8571	54.7634	77.4200	66.0339	3100
301013	利和兴	广东	东部	C	国有参股公司	71.4286	50.5131	75.4377	66.3132	3023
301015	百洋医药	山东	东部	F	无国有股份公司	14.2857	48.2540	86.0123	65.6242	3188
301016	雷尔伟	江苏	东部	C	无国有股份公司	42.8571	51.7565	77.7617	65.1694	3302
301017	漱玉平民	山东	东部	F	无国有股份公司	14.2857	45.5677	83.2506	63.1651	3721
301018	申菱环境	广东	东部	C	无国有股份公司	28.5714	49.0829	78.0233	62.9489	3753
301019	宁波色母	浙江	东部	C	无国有股份公司	28.5714	53.2854	79.6574	65.3186	3257
301020	密封科技	山东	东部	C	国有绝对控股公司	57.1429	48.9633	89.2445	71.9359	1398
301021	英诺激光	广东	东部	C	无国有股份公司	14.2857	44.5653	82.0103	62.1321	3893
301022	海泰科	山东	东部	C	无国有股份公司	71.4286	50.0129	88.0645	73.0829	1118
301023	江南奕帆	江苏	东部	C	无国有股份公司	0.0000	41.9597	89.7561	64.0518	3547
301024	霍普股份	上海	东部	M	无国有股份公司	14.2857	45.4640	83.8482	63.4575	3667
301025	读客文化	上海	东部	R	国有参股公司	71.4286	39.3040	69.6151	59.1876	4268
301026	浩通科技	江苏	东部	C	无国有股份公司	71.4286	55.6617	82.3264	71.9040	1409
301027	华蓝集团	广西	西部	M	无国有股份公司	42.8571	49.1296	80.7022	65.8673	3146
301028	东亚机械	福建	东部	C	无国有股份公司	85.7143	51.0115	90.5951	76.4028	426
301029	怡合达	广东	东部	C	无国有股份公司	28.5714	45.5977	81.7280	63.7668	3610
301030	仕净科技	江苏	东部	C	无国有股份公司	28.5714	47.2751	82.2108	64.6193	3426
301031	中熔电气	陕西	西部	C	无国有股份公司	28.5714	47.1950	87.1299	67.2968	2800
301032	新柴股份	浙江	东部	C	无国有股份公司	57.1429	43.9615	89.6257	70.3950	1877
301033	迈普医学	广东	东部	C	无国有股份公司	14.2857	46.8481	81.1116	62.4368	3842
301035	润丰股份	山东	东部	C	无国有股份公司	42.8571	46.0003	88.3640	68.9860	2329
301036	双乐股份	江苏	东部	C	无国有股份公司	85.7143	45.6929	83.5886	70.5377	1828
301037	保立佳	上海	东部	C	无国有股份公司	42.8571	49.9474	84.5755	68.2838	2538
301038	深水规院	广东	东部	M	国有绝对控股公司	42.8571	43.6978	83.7386	65.6362	3186
301039	中集车辆	广东	东部	C	国有参股公司	71.4286	57.0006	91.5539	77.4477	300

续表

股票代码	公司简称	省份	地区	行业代码	控股类型	环境保护（*EP*）	社会责任（*SR*）	公司治理（*CG*）	上市公司质量/ESG指数（*CLCQI*/*ESGI*）	*CLCQI*/*ESGI*排名
301040	中环海陆	江苏	东部	C	无国有股份公司	42.8571	40.0082	82.8352	63.8479	3596
301041	金百泽	广东	东部	C	无国有股份公司	100.0000	48.8379	91.8117	77.5897	285
301042	安联锐视	广东	东部	C	国有参股公司	42.8571	54.3392	85.7196	70.4502	1858
301043	绿岛风	广东	东部	C	无国有股份公司	71.4286	50.2886	81.5178	69.5786	2142
301045	天禄科技	江苏	东部	C	国有参股公司	42.8571	48.8903	79.7711	65.2714	3272
301046	能辉科技	上海	东部	M	无国有股份公司	57.1429	48.9137	84.2374	69.1647	2275
301047	义翘神州	北京	东部	M	无国有股份公司	28.5714	53.1709	92.4524	72.3158	1293
301048	金鹰重工	湖北	中部	C	国有绝对控股公司	57.1429	51.3893	81.6309	68.5975	2436
301049	超越科技	安徽	中部	N	无国有股份公司	57.1429	52.4282	78.9157	67.4678	2761
301050	雷电微力	四川	西部	C	无国有股份公司	14.2857	39.2056	79.4943	58.8724	4296
301051	信濠光电	广东	东部	C	无国有股份公司	85.7143	51.8791	84.3480	73.1205	1114
301052	果麦文化	浙江	东部	R	无国有股份公司	14.2857	42.5456	72.2155	56.0380	4456
301053	远信工业	浙江	东部	C	无国有股份公司	28.5714	50.8658	86.5568	68.2664	2544
301055	张小泉	浙江	东部	C	国有参股公司	0.0000	43.8869	81.4181	60.1404	4181
301056	森赫股份	浙江	东部	C	无国有股份公司	85.7143	54.4526	86.4498	75.1772	635
301057	汇隆新材	浙江	东部	C	无国有股份公司	85.7143	51.4274	82.4999	71.9460	1394
301058	中粮科工	江苏	东部	M	国有强相对控股公司	57.1429	46.2085	88.2792	70.4408	1866
301059	金三江	广东	东部	C	无国有股份公司	85.7143	55.1992	79.4193	71.5717	1504
301060	兰卫医学	上海	东部	Q	国有参股公司	28.5714	57.6300	82.5062	68.4060	2496
301061	匠心家居	江苏	东部	C	无国有股份公司	42.8571	43.4182	91.1543	69.6169	2129
301062	上海艾录	上海	东部	C	国有参股公司	100.0000	56.0124	83.2272	75.3793	594
301063	海锅股份	江苏	东部	C	无国有股份公司	71.4286	48.8409	88.4210	72.8687	1163
301065	本立科技	浙江	东部	C	无国有股份公司	57.1429	52.4517	79.5506	67.8252	2669
301066	万事利	浙江	东部	C	无国有股份公司	57.1429	36.6163	80.8892	63.0191	3740
301067	显盈科技	广东	东部	C	无国有股份公司	28.5714	49.2582	84.0733	66.3378	3013
301068	大地海洋	浙江	东部	C	无国有股份公司	85.7143	49.0185	84.5525	72.2318	1314
301069	凯盛新材	山东	东部	C	国有参股公司	100.0000	50.6047	89.6961	77.0445	347
301070	开勒股份	上海	东部	C	无国有股份公司	71.4286	48.6130	84.0585	70.3896	1879
301071	力量钻石	河南	中部	C	国有参股公司	71.4286	51.5048	83.3433	71.0084	1676
301072	中捷精工	江苏	东部	C	无国有股份公司	71.4286	53.7530	78.4745	69.1174	2289
301073	君亭酒店	浙江	东部	H	无国有股份公司	57.1429	54.0362	84.7052	71.2148	1605
301075	多瑞医药	西藏	西部	C	国有参股公司	14.2857	48.0076	80.5813	62.5510	3823
301076	新瀚新材	江苏	东部	C	无国有股份公司	71.4286	49.4003	79.6259	68.2272	2563
301077	星华新材	浙江	东部	C	无国有股份公司	71.4286	50.1221	82.1839	69.8867	2043
301078	孩子王	江苏	东部	F	无国有股份公司	71.4286	43.2824	84.7871	68.9246	2347

续表

股票代码	公司简称	省份	地区	行业代码	控股类型	环境保护（*EP*）	社会责任（*SR*）	公司治理（*CG*）	上市公司质量/ESG指数（*CLCQI/ESGI*）	*CLCQI/ESGI*排名
301079	邵阳液压	湖南	中部	C	无国有股份公司	14.2857	47.8363	73.1599	58.4092	4341
301080	百普赛斯	北京	东部	M	无国有股份公司	57.1429	48.4467	84.4668	69.1273	2283
301081	严牌股份	浙江	东部	C	无国有股份公司	57.1429	50.7264	85.1981	70.3275	1898
301082	久盛电气	浙江	东部	C	无国有股份公司	57.1429	45.9070	78.4721	64.9414	3353
301083	百胜智能	江西	中部	C	国有参股公司	28.5714	46.6386	82.6043	64.6130	3427
301085	亚康股份	北京	东部	F	无国有股份公司	57.1429	39.8305	83.1002	65.3601	3247
301086	鸿富瀚	广东	东部	C	国有参股公司	57.1429	44.7040	85.4123	68.3375	2517
301087	可孚医疗	湖南	中部	C	无国有股份公司	14.2857	60.5783	88.2374	71.1615	1623
301088	戎美股份	江苏	东部	F	国有参股公司	71.4286	44.4026	78.6001	65.9138	3132
301089	拓新药业	河南	中部	C	无国有股份公司	71.4286	48.4899	81.7870	69.0972	2299
301090	华润材料	江苏	东部	C	国有绝对控股公司	100.0000	53.9665	86.9674	76.7204	403
301091	深城交	广东	东部	M	国有强相对控股公司	28.5714	48.3872	83.8703	65.9214	3129
301092	争光股份	浙江	东部	C	国有参股公司	85.7143	48.7236	79.6337	69.4232	2187
301093	华兰股份	江苏	东部	C	无国有股份公司	14.2857	48.4438	79.4977	62.1077	3898
301096	百诚医药	浙江	东部	M	无国有股份公司	42.8571	52.5809	83.0430	68.3627	2510
301098	金埔园林	江苏	东部	E	国有参股公司	71.4286	57.3927	84.0161	73.4392	1026
301099	雅创电子	上海	东部	F	无国有股份公司	42.8571	44.2060	89.4426	68.9513	2338
301100	风光股份	辽宁	东北	C	国有参股公司	71.4286	57.3465	85.9739	74.4998	773
301101	明月镜片	江苏	东部	C	无国有股份公司	71.4286	43.3835	81.6326	67.2250	2816
301102	兆讯传媒	天津	东部	L	无国有股份公司	14.2857	43.2662	85.0253	63.3356	3692
301103	何氏眼科	辽宁	东北	Q	无国有股份公司	28.5714	48.7485	89.5161	69.1530	2279
301106	骏成科技	江苏	东部	C	无国有股份公司	14.2857	42.8769	78.7267	59.7352	4225
301108	洁雅股份	安徽	中部	C	无国有股份公司	57.1429	51.7462	82.0026	68.9269	2346
301110	青木股份	广东	东部	I	无国有股份公司	42.8571	44.3603	82.5479	65.2132	3289
301111	粤万年青	广东	东部	C	国有参股公司	71.4286	49.7649	84.7178	71.1554	1626
301113	雅艺科技	浙江	东部	C	无国有股份公司	71.4286	49.5374	71.2928	63.6920	3629
301116	益客食品	江苏	东部	C	国有参股公司	42.8571	45.2449	87.5937	68.2980	2532
301117	佳缘科技	四川	西部	I	无国有股份公司	28.5714	51.6450	81.7257	65.8820	3142
301118	恒光股份	湖南	中部	C	国有参股公司	71.4286	59.5712	80.4129	72.2199	1317
301119	正强股份	浙江	东部	C	无国有股份公司	14.2857	43.6887	84.9994	63.4693	3666
301122	采纳股份	江苏	东部	C	国有参股公司	42.8571	55.9763	75.4977	65.4011	3237
301123	奕东电子	广东	东部	C	无国有股份公司	42.8571	46.2156	88.5357	69.1558	2277
301126	达嘉维康	湖南	中部	F	无国有股份公司	14.2857	50.4853	69.6899	57.4279	4399
301127	天源环保	湖北	中部	N	国有参股公司	71.4286	49.3202	84.8092	71.0500	1658
301128	强瑞技术	广东	东部	C	无国有股份公司	14.2857	44.4264	88.2639	65.5229	3216

续表

股票代码	公司简称	省份	地区	行业代码	控股类型	环境保护（*EP*）	社会责任（*SR*）	公司治理（*CG*）	上市公司质量/ESG指数（*CLCQI/ESGI*）	*CLCQI/ESGI*排名
301129	瑞纳智能	安徽	中部	C	无国有股份公司	71.4286	45.6660	87.2551	71.1163	1636
301130	西点药业	吉林	东部	C	国有参股公司	57.1429	52.0665	80.8778	68.4204	2492
301131	聚赛龙	广东	东部	C	无国有股份公司	85.7143	56.5875	84.9814	75.1168	645
301133	金钟股份	广东	东部	C	无国有股份公司	71.4286	48.4379	85.3185	71.0213	1667
301136	招标股份	福建	东部	M	国有绝对控股公司	71.4286	61.8434	84.2112	75.1042	647
301137	哈焊华通	江苏	东部	C	国有参股公司	85.7143	53.1830	90.0789	76.7289	402
301138	华研精机	广东	东部	C	无国有股份公司	28.5714	41.8012	84.4017	63.9085	3582
301149	隆华新材	山东	东部	C	无国有股份公司	57.1429	43.4743	78.3712	64.0345	3549
301155	海力风电	江苏	东部	C	国有参股公司	71.4286	57.7151	88.5441	76.0424	485
301158	德石股份	山东	东部	C	无国有股份公司	71.4286	58.1064	83.0095	73.1353	1106
301159	三维天地	北京	东部	I	无国有股份公司	28.5714	44.2688	78.7755	61.6777	3969
301166	优宁维	上海	东部	F	无国有股份公司	14.2857	45.9509	74.6408	58.5638	4327
301167	建研设计	安徽	中部	M	国有弱相对控股公司	71.4286	47.2583	81.5211	68.5199	2465
301168	通灵股份	江苏	东部	C	国有参股公司	42.8571	45.8320	78.1883	63.3305	3694
301169	零点有数	北京	东部	L	无国有股份公司	14.2857	45.4602	84.7701	63.9632	3565
301177	迪阿股份	广东	东部	F	国有参股公司	85.7143	39.6665	89.0221	71.4168	1542
301178	天亿马	广东	东部	I	无国有股份公司	14.2857	42.5123	90.1687	65.9006	3136
301179	泽宇智能	江苏	东部	I	无国有股份公司	14.2857	41.1517	94.4967	67.8048	2675
301180	万祥科技	江苏	东部	C	国有参股公司	71.4286	43.0763	83.5513	68.1728	2576
301181	标榜股份	江苏	东部	C	无国有股份公司	57.1429	47.3606	77.2502	64.7781	3390
301182	凯旺科技	河南	中部	C	国有参股公司	57.1429	48.7653	83.7282	68.8326	2373
301185	鸥玛软件	山东	东部	I	国有强相对控股公司	28.5714	58.3565	83.8062	69.3753	2203
301186	超达装备	江苏	东部	C	国有参股公司	28.5714	45.7372	75.3507	60.3081	4161
301188	力诺特玻	山东	东部	C	国有参股公司	100.0000	61.9347	87.2182	79.6472	109
301189	奥尼电子	广东	东部	C	无国有股份公司	57.1429	48.0190	86.5010	70.0965	1973
301190	善水科技	江西	中部	C	无国有股份公司	85.7143	47.0882	75.0666	66.3389	3012
301193	家联科技	浙江	东部	C	无国有股份公司	71.4286	59.4652	87.5557	76.1113	474
301196	唯科科技	福建	东部	C	无国有股份公司	28.5714	49.6653	83.4773	66.1525	3069
301198	喜悦智行	浙江	东部	C	无国有股份公司	85.7143	44.9078	79.2606	67.8825	2655
301199	迈赫股份	山东	东部	C	无国有股份公司	57.1429	43.1171	90.3377	70.4910	1845
301200	大族数控	广东	东部	C	无国有股份公司	14.2857	44.7110	79.9389	61.0438	4059
301201	诚达药业	浙江	东部	C	无国有股份公司	85.7143	51.0373	78.6493	69.6916	2106
301206	三元生物	山东	东部	C	无国有股份公司	57.1429	58.7780	77.6818	69.0116	2321
301207	华兰疫苗	河南	中部	C	无国有股份公司	14.2857	42.3384	77.7273	58.9970	4279
301211	亨迪药业	湖北	中部	C	国有参股公司	57.1429	46.1301	82.7341	67.3636	2782

续表

股票代码	公司简称	省份	地区	行业代码	控股类型	环境保护（*EP*）	社会责任（*SR*）	公司治理（*CG*）	上市公司质量/ESG指数（*CLCQI*/*ESGI*）	*CLCQI*/*ESGI*排名
301213	观想科技	四川	西部	I	国有参股公司	14.2857	42.6440	80.8253	60.8079	4091
301215	中汽股份	江苏	东部	M	国有绝对控股公司	100.0000	52.6382	90.0953	77.9758	247
301216	万凯新材	浙江	东部	C	无国有股份公司	85.7143	59.0156	80.7396	73.6337	972
301217	铜冠铜箔	安徽	中部	C	国有绝对控股公司	100.0000	60.5414	85.9604	78.4677	193
301218	华是科技	浙江	东部	I	无国有股份公司	14.2857	55.7383	83.3842	66.7983	2905
301219	腾远钴业	江西	中部	C	国有参股公司	100.0000	50.1811	88.2714	76.1127	473
301221	光庭信息	湖北	中部	I	国有参股公司	14.2857	48.0396	85.6770	65.3648	3244
301222	浙江恒威	浙江	东部	C	无国有股份公司	57.1429	52.5544	86.1594	71.4960	1520
301226	祥明智能	江苏	东部	C	无国有股份公司	71.4286	54.9980	81.7556	71.3577	1559
301228	实朴检测	上海	东部	M	无国有股份公司	14.2857	47.9734	81.7694	63.1924	3717
301229	纽泰格	江苏	东部	C	无国有股份公司	28.5714	45.1144	74.8024	59.7885	4219
301235	华康医疗	湖北	中部	M	无国有股份公司	42.8571	41.0439	84.6023	65.1823	3298
301236	软通动力	北京	东部	I	无国有股份公司	100.0000	51.4842	83.5691	73.9825	874
301237	和顺科技	浙江	东部	C	无国有股份公司	57.1429	57.4979	84.0832	72.0843	1365
301256	华融化学	四川	西部	C	国有参股公司	85.7143	55.8843	78.4300	71.2675	1593
301258	富士莱	江苏	东部	C	无国有股份公司	85.7143	62.0362	79.3447	73.9237	896
301263	泰恩康	广东	东部	F	无国有股份公司	71.4286	49.5503	85.0739	71.2761	1588
430047	诺思兰德	北京	东部	C	无国有股份公司	71.4286	51.2019	75.2955	66.4760	2976
430090	同辉信息	北京	东部	I	无国有股份公司	71.4286	51.9286	60.6763	58.6898	4312
430198	微创光电	湖北	中部	C	国有弱相对控股公司	28.5714	50.5934	75.9064	62.3133	3866
430418	苏轴股份	江苏	东部	C	无国有股份公司	42.8571	43.0914	70.3129	58.0398	4365
430489	佳先股份	安徽	中部	C	国有强相对控股公司	71.4286	54.6900	81.0558	70.8651	1724
430510	丰光精密	山东	东部	C	无国有股份公司	42.8571	51.2089	75.1444	63.5382	3656
600004	白云机场	广东	东部	G	国有绝对控股公司	100.0000	48.0893	83.3036	72.6482	1215
600006	东风汽车	湖北	中部	C	国有绝对控股公司	85.7143	46.2756	75.9958	66.5656	2953
600007	中国国贸	北京	东部	K	无国有股份公司	57.1429	44.5057	79.2538	64.8809	3361
600008	首创环保	北京	东部	D	国有强相对控股公司	57.1429	50.0657	84.2996	69.6020	2134
600009	上海机场	上海	东部	G	国有绝对控股公司	100.0000	52.9606	78.5409	71.7337	1458
600010	包钢股份	内蒙古	西部	C	国有绝对控股公司	71.4286	47.1048	83.9139	69.7822	2072
600011	华能国际	北京	东部	D	国有绝对控股公司	85.7143	47.7059	90.9566	75.2946	615
600012	皖通高速	安徽	中部	G	国有绝对控股公司	85.7143	53.8185	83.5339	73.3516	1048
600017	日照港	山东	东部	G	国有绝对控股公司	85.7143	44.9037	84.3203	70.6639	1790
600018	上港集团	上海	东部	G	国有绝对控股公司	85.7143	55.5073	92.3368	78.7842	163
600019	宝钢股份	上海	东部	C	国有绝对控股公司	85.7143	61.3742	90.8746	80.0334	91
600020	中原高速	河南	中部	G	国有绝对控股公司	57.1429	46.7750	86.6608	69.7490	2085

续表

股票代码	公司简称	省份	地区	行业代码	控股类型	环境保护（*EP*）	社会责任（*SR*）	公司治理（*CG*）	上市公司质量/ESG指数（*CLCQI*/*ESGI*）	*CLCQI*/*ESGI*排名
600021	上海电力	上海	东部	D	国有绝对控股公司	85.7143	62.8551	87.2537	78.5602	184
600022	山东钢铁	山东	东部	C	国有绝对控股公司	100.0000	56.1456	84.6841	76.2272	457
600023	浙能电力	浙江	东部	D	国有绝对控股公司	100.0000	56.8595	80.3331	74.0840	857
600025	华能水电	云南	西部	D	国有绝对控股公司	85.7143	59.1455	83.6877	75.3006	614
600026	中远海能	上海	东部	G	国有强相对控股公司	100.0000	52.9941	88.8965	77.4410	301
600027	华电国际	山东	东部	D	国有绝对控股公司	85.7143	52.8596	71.0660	66.1586	3068
600028	中国石化	北京	东部	B	国有绝对控股公司	71.4286	73.9272	92.6103	83.9531	10
600029	南方航空	广东	东部	G	国有绝对控股公司	85.7143	61.2473	84.7058	76.5962	410
600031	三一重工	北京	东部	C	国有参股公司	85.7143	51.4103	82.2703	71.8137	1436
600032	浙江新能	浙江	东部	D	国有绝对控股公司	85.7143	40.4872	88.3779	71.3498	1563
600033	福建高速	福建	东部	G	国有绝对控股公司	28.5714	44.9759	80.4353	62.8381	3775
600035	楚天高速	湖北	中部	G	国有绝对控股公司	85.7143	48.2433	87.7923	73.7423	937
600037	歌华有线	北京	东部	I	国有强相对控股公司	57.1429	54.5446	92.0308	75.4218	583
600038	中直股份	黑龙江	东北	C	国有绝对控股公司	85.7143	45.8690	82.3069	69.8944	2039
600039	四川路桥	四川	西部	E	国有绝对控股公司	28.5714	55.0460	85.3528	69.0673	2308
600048	保利发展	广东	东部	K	国有强相对控股公司	100.0000	59.4451	85.5251	77.8446	262
600050	中国联通	北京	东部	I	国有强相对控股公司	85.7143	66.3406	87.2397	79.7725	104
600051	宁波联合	浙江	东部	F	国有参股公司	57.1429	44.4330	81.0896	65.8651	3148
600052	东望时代	浙江	东部	R	国有弱相对控股公司	57.1429	51.7707	86.3664	71.3356	1572
600054	黄山旅游	安徽	中部	N	国有强相对控股公司	28.5714	40.5864	81.2195	61.7331	3959
600055	万东医疗	北京	东部	C	无国有股份公司	71.4286	59.9893	71.6234	67.5320	2744
600056	中国医药	北京	东部	F	国有绝对控股公司	100.0000	50.0308	72.2239	67.2339	2814
600057	厦门象屿	福建	东部	L	国有绝对控股公司	42.8571	48.7724	82.5611	66.7647	2910
600058	五矿发展	北京	东部	F	国有绝对控股公司	85.7143	45.7505	78.9989	68.0335	2612
600059	古越龙山	浙江	东部	C	国有强相对控股公司	100.0000	54.7812	84.6940	75.7551	524
600060	海信视像	山东	东部	C	国有参股公司	100.0000	52.1142	81.6012	73.1206	1113
600062	华润双鹤	北京	东部	C	国有绝对控股公司	85.7143	49.4498	84.3020	72.2449	1309
600063	皖维高新	安徽	中部	C	国有强相对控股公司	85.7143	51.1170	73.7261	67.0117	2856
600064	南京高科	江苏	东部	K	国有强相对控股公司	57.1429	45.7101	79.7648	65.5834	3196
600066	宇通客车	河南	中部	C	国有参股公司	100.0000	52.5150	77.9946	71.2773	1587
600067	冠城大通	福建	东部	K	无国有股份公司	71.4286	52.1234	77.1307	67.8079	2674
600070	ST富润	浙江	东部	I	无国有股份公司	14.2857	45.8583	65.9003	53.7242	4501
600071	凤凰光学	江西	中部	C	国有强相对控股公司	42.8571	41.8587	73.7778	59.5140	4244
600072	中船科技	上海	东部	E	国有强相对控股公司	100.0000	48.6951	85.7562	74.2092	828
600073	上海梅林	上海	东部	C	国有强相对控股公司	71.4286	49.7957	87.5835	72.7423	1201

续表

股票代码	公司简称	省份	地区	行业代码	控股类型	环境保护（*EP*）	社会责任（*SR*）	公司治理（*CG*）	上市公司质量/ESG指数（*CLCQI*/*ESGI*）	*CLCQI*/*ESGI*排名
600075	新疆天业	新疆	西部	C	国有绝对控股公司	100.0000	58.7684	76.1089	72.4289	1269
600076	康欣新材	山东	东部	C	国有强相对控股公司	85.7143	45.8002	75.2471	65.9874	3113
600078	ST澄星	江苏	东部	C	国有参股公司	57.1429	37.0944	65.9395	54.9641	4483
600079	人福医药	湖北	中部	C	国有参股公司	71.4286	54.3788	83.1500	71.9079	1407
600080	金花股份	陕西	西部	C	无国有股份公司	85.7143	29.5539	78.2593	61.9579	3923
600081	东风科技	上海	东部	C	国有绝对控股公司	100.0000	44.2647	76.4075	67.5167	2748
600082	海泰发展	天津	东部	F	国有弱相对控股公司	14.2857	35.5971	81.1047	58.4951	4334
600083	博信股份	江苏	东部	F	国有弱相对控股公司	14.2857	36.6247	72.7469	54.2580	4497
600084	中葡股份	新疆	西部	C	国有参股公司	42.8571	48.2078	80.3052	65.3263	3255
600085	同仁堂	北京	东部	C	国有绝对控股公司	71.4286	47.3644	77.5002	66.3455	3007
600088	中视传媒	上海	东部	R	国有绝对控股公司	42.8571	37.4180	88.8660	66.2583	3040
600089	特变电工	新疆	西部	C	无国有股份公司	100.0000	58.1232	79.2428	73.9267	894
600094	大名城	上海	东部	K	无国有股份公司	85.7143	47.7219	76.5815	67.3939	2775
600096	云天化	云南	西部	C	国有强相对控股公司	71.4286	53.1774	81.7508	70.7179	1774
600097	开创国际	上海	东部	A	国有强相对控股公司	14.2857	44.3812	85.5721	64.0266	3551
600098	广州发展	广东	东部	D	国有绝对控股公司	85.7143	54.3983	74.5986	68.6401	2425
600099	林海股份	江苏	东部	C	国有强相对控股公司	100.0000	47.1363	77.0051	68.8505	2370
600100	同方股份	北京	东部	C	国有强相对控股公司	85.7143	47.8138	81.8301	70.3128	1906
600101	明星电力	四川	西部	D	国有强相对控股公司	71.4286	54.1399	86.6369	73.7421	938
600103	青山纸业	福建	东部	C	国有弱相对控股公司	85.7143	53.6766	78.1026	70.3147	1904
600104	上汽集团	上海	东部	C	国有绝对控股公司	100.0000	65.4182	90.9150	82.8996	25
600105	永鼎股份	江苏	东部	C	无国有股份公司	71.4286	38.5516	81.3835	65.3969	3238
600106	重庆路桥	重庆	西部	G	无国有股份公司	14.2857	38.1364	85.0536	61.5558	3985
600107	美尔雅	湖北	中部	C	无国有股份公司	14.2857	39.3754	76.1959	57.1177	4416
600108	亚盛集团	甘肃	西部	A	国有弱相对控股公司	28.5714	44.0005	85.4238	65.2404	3284
600110	诺德股份	吉林	东部	C	国有参股公司	85.7143	54.1517	90.1862	77.1269	336
600111	北方稀土	内蒙古	西部	C	国有强相对控股公司	71.4286	55.5262	91.5736	76.9425	362
600112	ST天成	贵州	西部	C	国有弱相对控股公司	28.5714	32.6801	62.8961	48.8881	4554
600113	浙江东日	浙江	东部	L	国有强相对控股公司	71.4286	42.5608	81.8567	67.0603	2847
600114	东睦股份	浙江	东部	C	无国有股份公司	100.0000	52.4937	87.5834	76.5437	417
600115	中国东航	上海	东部	G	国有强相对控股公司	100.0000	55.5137	83.6642	75.4451	579
600116	三峡水利	重庆	西部	D	国有绝对控股公司	28.5714	44.7371	86.8961	66.3080	3024
600117	*ST西钢	青海	西部	C	国有绝对控股公司	100.0000	52.2876	77.2857	70.8078	1746
600118	中国卫星	北京	东部	C	国有绝对控股公司	85.7143	40.8306	86.6079	70.4965	1842
600119	长江投资	上海	东部	G	国有强相对控股公司	14.2857	43.2875	72.2393	56.3108	4449

续表

股票代码	公司简称	省份	地区	行业代码	控股类型	环境保护（*EP*）	社会责任（*SR*）	公司治理（*CG*）	上市公司质量/ESG指数（*CLCQI/ESGI*）	*CLCQI/ESGI*排名
600121	郑州煤电	河南	中部	B	国有绝对控股公司	57.1429	41.4021	78.9772	63.6425	3643
600123	兰花科创	山西	中部	B	国有强相对控股公司	42.8571	58.1790	79.6648	68.4640	2477
600125	铁龙物流	辽宁	东北	G	国有强相对控股公司	42.8571	49.4451	76.6246	63.7351	3622
600126	杭钢股份	浙江	东部	C	国有绝对控股公司	85.7143	48.9797	82.2485	70.9510	1694
600127	金健米业	湖南	中部	C	国有弱相对控股公司	85.7143	59.5862	82.7000	74.9116	679
600128	苏豪弘业	江苏	东部	F	国有弱相对控股公司	14.2857	38.9077	82.9554	60.6718	4107
600129	太极集团	重庆	西部	C	国有强相对控股公司	85.7143	52.2893	80.6387	71.2239	1602
600130	波导股份	浙江	东部	C	无国有股份公司	28.5714	44.8434	73.2988	58.8667	4298
600131	国网信通	四川	西部	I	国有绝对控股公司	100.0000	58.0897	86.7271	78.0313	242
600132	重庆啤酒	重庆	西部	C	无国有股份公司	100.0000	42.9403	93.2205	76.3004	449
600133	东湖高新	湖北	中部	E	国有弱相对控股公司	85.7143	47.7543	81.1884	69.9391	2031
600135	乐凯胶片	河北	东部	C	国有绝对控股公司	57.1429	47.0487	84.1661	68.4727	2474
600136	*ST明诚	湖北	中部	R	国有参股公司	14.2857	32.3313	71.4398	52.0364	4539
600137	浪莎股份	四川	西部	C	国有参股公司	28.5714	40.2255	73.7507	57.4990	4393
600138	中青旅	北京	东部	L	国有弱相对控股公司	42.8571	47.3395	83.7747	66.9306	2877
600141	兴发集团	湖北	中部	C	国有弱相对控股公司	85.7143	56.7707	85.6019	75.5222	564
600143	金发科技	广东	东部	C	无国有股份公司	71.4286	57.4439	88.8832	76.1340	468
600148	长春一东	吉林	东部	C	国有绝对控股公司	85.7143	49.5457	78.6710	69.1815	2268
600149	廊坊发展	河北	东部	D	国有参股公司	85.7143	42.6044	77.3557	66.0286	3105
600150	中国船舶	上海	东部	C	国有绝对控股公司	57.1429	51.8680	86.2567	71.3093	1579
600151	航天机电	上海	东部	C	国有强相对控股公司	100.0000	41.2247	87.2458	72.4138	1272
600152	维科技术	浙江	东部	C	国有参股公司	71.4286	45.8096	88.0200	71.5872	1500
600153	建发股份	福建	东部	F	国有强相对控股公司	100.0000	53.6801	82.9001	74.3831	792
600156	华升股份	湖南	中部	C	国有强相对控股公司	57.1429	42.4014	82.9383	66.1708	3066
600157	永泰能源	山西	中部	D	国有参股公司	71.4286	40.5038	83.5426	67.2676	2805
600158	中体产业	天津	东部	R	国有弱相对控股公司	14.2857	39.7291	87.8564	63.6548	3638
600159	大龙地产	北京	东部	K	国有绝对控股公司	14.2857	46.5831	81.0294	62.2988	3868
600160	巨化股份	浙江	东部	C	国有绝对控股公司	100.0000	49.8208	86.0419	74.7603	713
600161	天坛生物	北京	东部	C	国有绝对控股公司	85.7143	54.6412	89.1631	76.7356	399
600162	香江控股	广东	东部	K	无国有股份公司	28.5714	42.0967	83.1837	63.3420	3691
600163	中闽能源	福建	东部	D	国有绝对控股公司	85.7143	46.3679	90.3651	74.5010	772
600165	宁科生物	宁夏	西部	C	无国有股份公司	100.0000	50.2516	77.9130	70.4402	1867
600166	福田汽车	北京	东部	C	国有强相对控股公司	85.7143	57.1303	82.5405	73.9643	881
600167	联美控股	辽宁	东北	D	无国有股份公司	57.1429	46.3375	83.4237	67.8154	2672
600168	武汉控股	湖北	中部	D	国有绝对控股公司	85.7143	51.3565	82.9812	72.1859	1333

续表

股票代码	公司简称	省份	地区	行业代码	控股类型	环境保护（*EP*）	社会责任（*SR*）	公司治理（*CG*）	上市公司质量/ESG指数（*CLCQI/ESGI*）	*CLCQI/ESGI*排名
600169	太原重工	山西	中部	C	国有强相对控股公司	85.7143	51.4763	84.2281	72.9136	1151
600170	上海建工	上海	东部	E	国有绝对控股公司	71.4286	59.9112	84.8431	74.7755	709
600171	上海贝岭	上海	东部	C	国有弱相对控股公司	71.4286	59.8019	88.8339	76.9321	364
600172	黄河旋风	河南	中部	C	国有参股公司	57.1429	46.6668	76.7126	64.2396	3502
600173	卧龙地产	浙江	东部	K	无国有股份公司	71.4286	42.0739	79.3913	65.5339	3212
600176	中国巨石	浙江	东部	C	国有弱相对控股公司	100.0000	55.9440	79.8788	73.5137	1004
600177	雅戈尔	浙江	东部	C	无国有股份公司	100.0000	48.9654	87.9729	75.5230	563
600178	东安动力	黑龙江	东北	C	国有强相对控股公司	100.0000	51.5625	84.9865	74.7894	707
600179	安通控股	黑龙江	东北	G	国有参股公司	42.8571	34.0914	84.4674	62.6747	3798
600180	瑞茂通	山东	东部	F	无国有股份公司	42.8571	39.0999	79.3225	61.5980	3980
600182	S佳通	黑龙江	东北	C	国有参股公司	100.0000	42.1222	75.4223	66.2250	3052
600183	生益科技	广东	东部	C	国有强相对控股公司	100.0000	54.2710	82.7842	74.5262	767
600184	光电股份	湖北	中部	C	国有绝对控股公司	57.1429	46.5617	78.7149	65.3040	3263
600185	格力地产	广东	东部	K	国有强相对控股公司	42.8571	46.3836	77.7770	63.2973	3701
600186	莲花健康	河南	中部	C	国有参股公司	28.5714	36.8089	85.6446	62.8448	3771
600187	国中水务	黑龙江	东北	D	无国有股份公司	28.5714	37.3147	68.1542	53.4021	4507
600188	兖矿能源	山东	东部	B	国有强相对控股公司	71.4286	56.3478	90.7954	76.8021	388
600189	泉阳泉	吉林	东部	C	国有强相对控股公司	100.0000	50.3684	83.2625	73.4233	1033
600190	锦州港	辽宁	东北	G	国有强相对控股公司	71.4286	40.6680	78.3858	64.4888	3455
600191	华资实业	内蒙古	西部	C	无国有股份公司	28.5714	40.3636	74.1654	57.7754	4377
600192	长城电工	甘肃	西部	C	国有强相对控股公司	42.8571	36.4911	75.9451	58.8274	4304
600193	创兴资源	上海	东部	E	无国有股份公司	28.5714	42.2065	80.0393	61.6510	3973
600195	中牧股份	北京	东部	C	国有绝对控股公司	100.0000	54.0783	81.7269	73.8772	905
600196	复星医药	上海	东部	C	无国有股份公司	100.0000	64.6894	89.6763	81.9633	39
600197	伊力特	新疆	西部	C	国有强相对控股公司	71.4286	50.9388	81.8034	69.9633	2023
600198	大唐电信	北京	东部	C	国有绝对控股公司	85.7143	49.1106	78.8970	69.1535	2278
600199	金种子酒	安徽	中部	C	国有弱相对控股公司	85.7143	55.9829	79.0140	71.6232	1491
600200	江苏吴中	江苏	东部	C	无国有股份公司	57.1429	47.9739	79.2902	66.1148	3080
600201	生物股份	内蒙古	西部	C	无国有股份公司	100.0000	49.8799	87.1041	75.3652	599
600202	哈空调	黑龙江	东北	C	国有强相对控股公司	28.5714	57.7913	87.4306	71.1709	1619
600203	福日电子	福建	东部	C	国有弱相对控股公司	42.8571	50.3884	84.5750	68.4379	2487
600206	有研新材	北京	东部	C	国有强相对控股公司	71.4286	50.2340	83.3558	70.5705	1815
600207	安彩高科	河南	中部	D	国有强相对控股公司	100.0000	48.0209	83.8026	72.8987	1156
600208	新湖中宝	浙江	东部	K	国有参股公司	71.4286	41.4186	80.6579	66.0012	3107
600210	紫江企业	上海	东部	C	无国有股份公司	100.0000	47.6333	81.9157	71.7253	1462

续表

股票代码	公司简称	省份	地区	行业代码	控股类型	环境保护（EP）	社会责任（SR）	公司治理（CG）	上市公司质量/ESG指数（CLCQI/ESGI）	CLCQI/ESGI排名
600211	西藏药业	西藏	西部	C	国有参股公司	57.1429	40.8711	86.5175	67.6038	2725
600212	绿能慧充	山东	东部	S	无国有股份公司	14.2857	49.6958	75.2576	60.2138	4171
600213	亚星客车	江苏	东部	C	国有绝对控股公司	100.0000	43.8623	71.5565	64.7079	3400
600215	派斯林	吉林	东部	K	国有参股公司	14.2857	44.4018	73.6407	57.4716	4396
600216	浙江医药	浙江	东部	C	国有参股公司	100.0000	50.7565	86.3450	75.2545	620
600217	中再资环	陕西	西部	C	国有参股公司	57.1429	39.7388	85.3808	66.5823	2947
600218	全柴动力	安徽	中部	C	国有强相对控股公司	85.7143	40.4548	76.9610	65.0592	3336
600219	南山铝业	山东	东部	C	国有参股公司	100.0000	54.1566	79.6589	72.7672	1190
600220	江苏阳光	江苏	东部	C	无国有股份公司	85.7143	45.1713	74.4135	65.3088	3259
600221	海航控股	海南	东部	G	国有参股公司	71.4286	46.0994	84.3038	69.6447	2121
600222	太龙药业	河南	中部	C	国有弱相对控股公司	85.7143	50.9544	82.5618	71.8144	1435
600223	福瑞达	山东	东部	K	国有绝对控股公司	85.7143	41.9381	74.8183	64.3998	3473
600225	卓朗科技	天津	东部	K	国有参股公司	28.5714	48.2393	81.6234	64.6338	3423
600226	瀚叶股份	浙江	东部	I	无国有股份公司	71.4286	49.9402	84.2995	70.9866	1683
600227	赤天化	贵州	西部	C	国有参股公司	85.7143	37.1576	79.9056	65.5247	3215
600228	返利科技	江西	中部	I	无国有股份公司	42.8571	42.3043	68.9823	57.0325	4420
600229	城市传媒	山东	东部	R	国有绝对控股公司	57.1429	40.0154	86.4627	67.2742	2804
600230	沧州大化	河北	东部	C	国有强相对控股公司	71.4286	54.0919	81.2635	70.7699	1756
600231	凌钢股份	辽宁	东北	C	国有强相对控股公司	100.0000	52.2744	83.4245	74.1795	836
600232	金鹰股份	浙江	东部	C	无国有股份公司	85.7143	47.3958	79.2488	68.7468	2391
600233	圆通速递	辽宁	东北	G	无国有股份公司	42.8571	45.3704	92.5483	71.0669	1650
600234	科新发展	山西	中部	C	无国有股份公司	14.2857	42.4106	77.1201	58.6883	4313
600235	民丰特纸	浙江	东部	C	国有强相对控股公司	100.0000	48.1587	84.3142	73.2284	1076
600236	桂冠电力	广西	西部	D	国有绝对控股公司	85.7143	45.8267	89.3661	73.7621	934
600237	铜峰电子	安徽	中部	C	国有弱相对控股公司	57.1429	41.2036	85.2109	67.0016	2861
600238	海南椰岛	海南	东部	C	国有弱相对控股公司	71.4286	44.7359	66.9977	59.6491	4231
600239	云南城投	云南	西部	K	国有强相对控股公司	42.8571	46.7949	80.2392	64.7955	3386
600241	时代万恒	辽宁	东北	C	国有绝对控股公司	14.2857	32.4856	73.5369	53.2438	4516
600243	青海华鼎	青海	西部	C	国有参股公司	42.8571	37.0786	77.5933	59.9395	4200
600246	万通发展	北京	东部	K	无国有股份公司	14.2857	39.4869	79.9007	59.1944	4267
600248	陕建股份	陕西	西部	E	国有绝对控股公司	71.4286	50.5761	83.0724	70.5343	1829
600249	两面针	广西	西部	C	国有强相对控股公司	71.4286	49.9081	90.1970	74.2190	824
600250	南纺股份	江苏	东部	F	国有绝对控股公司	42.8571	39.9571	76.0144	60.0786	4185
600251	冠农股份	新疆	西部	C	国有强相对控股公司	71.4286	60.3285	83.3664	74.1094	851
600252	中恒集团	广西	西部	C	国有弱相对控股公司	100.0000	43.7835	94.8059	77.4675	297

续表

股票代码	公司简称	省份	地区	行业代码	控股类型	环境保护（EP）	社会责任（SR）	公司治理（CG）	上市公司质量/ESG指数（CLCQI/ESGI）	CLCQI/ESGI排名
600255	鑫科材料	安徽	中部	C	国有弱相对控股公司	42.8571	44.1779	87.1908	67.7029	2702
600256	广汇能源	新疆	西部	B	国有参股公司	71.4286	52.4017	90.3399	75.1704	637
600257	大湖股份	湖南	中部	A	无国有股份公司	71.4286	58.2772	64.4433	62.9837	3748
600258	首旅酒店	北京	东部	H	国有强相对控股公司	42.8571	34.5550	94.8760	68.5618	2452
600259	广晟有色	海南	东部	B	国有强相对控股公司	100.0000	56.0744	75.0657	70.9122	1706
600261	阳光照明	浙江	东部	C	国有参股公司	85.7143	57.2695	85.2241	75.4890	572
600262	北方股份	内蒙古	西部	C	国有强相对控股公司	100.0000	56.7075	84.5872	76.3706	439
600265	ST景谷	云南	西部	A	无国有股份公司	42.8571	47.5786	72.8481	61.0047	4065
600266	城建发展	北京	东部	K	国有强相对控股公司	71.4286	42.7382	72.1379	61.7770	3955
600267	海正药业	浙江	东部	C	国有强相对控股公司	100.0000	55.5918	83.1310	75.1792	633
600268	国电南自	江苏	东部	C	国有绝对控股公司	100.0000	46.7141	86.7918	74.0854	855
600269	赣粤高速	江西	中部	G	国有绝对控股公司	71.4286	41.6503	81.1589	66.3579	3004
600271	航天信息	北京	东部	C	国有强相对控股公司	100.0000	50.8863	76.1415	69.6881	2108
600272	开开实业	上海	东部	F	国有强相对控股公司	85.7143	52.9840	85.1768	73.9631	882
600273	嘉化能源	浙江	东部	C	无国有股份公司	100.0000	56.6969	83.7182	75.8889	505
600276	恒瑞医药	江苏	东部	C	国有参股公司	85.7143	53.4333	80.0792	71.3167	1578
600277	亿利洁能	内蒙古	西部	C	国有参股公司	28.5714	48.0744	67.8588	57.0056	4423
600278	东方创业	上海	东部	F	国有绝对控股公司	57.1429	45.5184	82.9720	67.2803	2802
600279	重庆港	重庆	西部	G	国有绝对控股公司	71.4286	41.7319	78.3139	64.8216	3376
600280	中央商场	江苏	东部	F	国有参股公司	14.2857	35.8774	77.8901	56.8252	4431
600281	华阳新材	山西	中部	C	国有强相对控股公司	42.8571	35.7405	79.2113	60.3611	4153
600282	南钢股份	江苏	东部	C	无国有股份公司	71.4286	65.0185	87.2944	77.9113	252
600283	钱江水利	浙江	东部	D	国有绝对控股公司	100.0000	52.3124	76.0880	70.1578	1950
600284	浦东建设	上海	东部	E	国有强相对控股公司	100.0000	55.0524	77.9918	72.1638	1336
600285	羚锐制药	河南	中部	C	无国有股份公司	71.4286	54.4911	79.8941	70.1565	1951
600287	江苏舜天	江苏	东部	F	国有绝对控股公司	14.2857	45.0540	78.1904	60.2022	4173
600288	大恒科技	北京	东部	C	无国有股份公司	28.5714	51.0348	86.4059	68.2426	2553
600289	ST信通	黑龙江	东北	I	无国有股份公司	28.5714	40.2077	68.6071	54.6637	4489
600290	*ST华仪	浙江	东部	C	无国有股份公司	85.7143	40.9047	76.0249	64.7018	3403
600292	远达环保	重庆	西部	N	国有绝对控股公司	85.7143	46.3662	83.9365	70.9646	1690
600293	三峡新材	湖北	中部	C	无国有股份公司	71.4286	38.3979	79.8012	64.4728	3459
600295	鄂尔多斯	内蒙古	西部	C	国有参股公司	71.4286	50.2304	80.8714	69.2028	2260
600297	广汇汽车	辽宁	东北	F	无国有股份公司	28.5714	50.0242	77.7273	63.1156	3726
600298	安琪酵母	湖北	中部	C	国有强相对控股公司	100.0000	47.5767	89.5178	75.8866	506
600299	安迪苏	北京	东部	C	国有绝对控股公司	85.7143	47.2096	86.7416	72.8027	1175

续表

股票代码	公司简称	省份	地区	行业代码	控股类型	环境保护（*EP*）	社会责任（*SR*）	公司治理（*CG*）	上市公司质量/ESG指数（*CLCQI*/*ESGI*）	*CLCQI*/*ESGI*排名
600300	维维股份	江苏	东部	C	国有强相对控股公司	100.0000	50.1422	78.5993	70.7794	1752
600301	华锡有色	广西	西部	B	国有强相对控股公司	14.2857	39.9729	78.8529	58.7882	4306
600302	标准股份	陕西	西部	C	国有强相对控股公司	42.8571	43.5180	76.3272	61.4970	3994
600303	ST曙光	辽宁	东北	C	无国有股份公司	57.1429	42.6915	67.2091	57.6213	4386
600305	恒顺醋业	江苏	东部	C	国有强相对控股公司	85.7143	54.0982	83.5072	73.4347	1029
600306	*ST商城	辽宁	东北	F	国有参股公司	14.2857	34.3079	69.6486	51.7431	4543
600307	酒钢宏兴	甘肃	西部	C	国有绝对控股公司	100.0000	49.3846	81.8150	72.2829	1302
600308	华泰股份	山东	东部	C	无国有股份公司	71.4286	46.3813	82.0033	68.4781	2473
600309	万华化学	山东	东部	C	国有弱相对控股公司	85.7143	50.6313	90.0924	75.8432	512
600310	广西能源	广西	西部	D	国有绝对控股公司	85.7143	35.5595	80.7220	65.4144	3235
600312	平高电气	河南	中部	C	国有强相对控股公司	100.0000	44.7409	76.3331	67.6425	2713
600313	农发种业	北京	东部	A	国有强相对控股公司	85.7143	55.9759	85.1600	75.0010	667
600315	上海家化	上海	东部	C	国有参股公司	85.7143	54.9111	92.2358	78.5200	187
600316	洪都航空	江西	中部	C	国有强相对控股公司	71.4286	51.8678	84.0823	71.5418	1508
600319	亚星化学	山东	东部	C	国有强相对控股公司	85.7143	37.8178	79.2398	65.3896	3241
600320	振华重工	上海	东部	C	国有参股公司	42.8571	47.3234	86.6930	68.5301	2462
600321	正源股份	四川	西部	C	无国有股份公司	57.1429	38.3807	70.9620	58.1766	4358
600322	天房发展	天津	东部	K	国有强相对控股公司	42.8571	41.2790	74.7130	59.8255	4213
600323	瀚蓝环境	广东	东部	N	国有强相对控股公司	100.0000	55.1582	87.2307	77.2822	318
600325	华发股份	广东	东部	K	国有弱相对控股公司	28.5714	50.9136	86.3681	68.1793	2572
600326	西藏天路	西藏	西部	C	国有强相对控股公司	71.4286	57.1367	79.1434	70.6695	1786
600327	大东方	江苏	东部	F	无国有股份公司	57.1429	53.1623	83.2688	70.1189	1966
600328	中盐化工	内蒙古	西部	C	国有强相对控股公司	71.4286	57.4970	89.8730	76.6969	405
600329	达仁堂	天津	东部	C	无国有股份公司	57.1429	55.6980	86.0737	72.5491	1240
600330	天通股份	浙江	东部	C	无国有股份公司	57.1429	45.5489	88.0927	70.1074	1967
600331	宏达股份	四川	西部	C	无国有股份公司	71.4286	46.1743	84.1795	69.6026	2133
600332	白云山	广东	东部	C	国有强相对控股公司	85.7143	52.0273	83.4083	72.6556	1214
600333	长春燃气	吉林	东部	D	国有绝对控股公司	14.2857	47.5040	82.2871	63.3129	3695
600335	国机汽车	天津	东部	F	国有绝对控股公司	57.1429	50.1607	78.7534	66.5849	2945
600336	澳柯玛	山东	东部	C	国有强相对控股公司	100.0000	44.2731	86.1991	72.9051	1154
600337	美克家居	江西	中部	F	无国有股份公司	85.7143	46.2815	83.3483	70.6115	1803
600338	西藏珠峰	西藏	西部	B	无国有股份公司	85.7143	57.5424	84.4523	75.1600	639
600339	中油工程	新疆	西部	B	国有绝对控股公司	100.0000	55.3138	83.1460	75.0901	651
600340	华夏幸福	河北	东部	K	国有参股公司	71.4286	47.2088	72.8947	63.7580	3614
600343	航天动力	陕西	西部	C	国有强相对控股公司	85.7143	49.2493	79.1393	69.3353	2218

续表

股票代码	公司简称	省份	地区	行业代码	控股类型	环境保护（*EP*）	社会责任（*SR*）	公司治理（*CG*）	上市公司质量/ESG指数（*CLCQI/ESGI*）	*CLCQI/ESGI*排名
600345	长江通信	湖北	中部	C	国有强相对控股公司	28.5714	47.7565	88.8430	68.4356	2488
600346	恒力石化	辽宁	东北	C	国有参股公司	85.7143	42.8031	78.9595	66.9803	2863
600348	华阳股份	山西	中部	B	国有绝对控股公司	57.1429	54.5711	80.5158	69.0979	2298
600350	山东高速	山东	东部	G	国有绝对控股公司	85.7143	47.6123	79.1668	68.7775	2387
600351	亚宝药业	山西	中部	C	国有参股公司	85.7143	44.7292	89.7592	73.5942	988
600352	浙江龙盛	浙江	东部	C	无国有股份公司	71.4286	46.9460	75.8380	65.2848	3268
600353	旭光电子	四川	西部	C	国有参股公司	71.4286	51.4182	80.4922	69.4099	2194
600354	敦煌种业	甘肃	西部	A	国有弱相对控股公司	14.2857	41.0862	75.0446	57.0833	4419
600355	精伦电子	湖北	中部	C	无国有股份公司	14.2857	47.3088	74.8452	59.1515	4271
600356	恒丰纸业	黑龙江	东北	C	国有强相对控股公司	100.0000	51.6899	85.0696	74.8797	684
600358	国旅联合	江西	中部	I	国有弱相对控股公司	14.2857	36.6087	84.0312	60.4587	4141
600359	新农开发	新疆	西部	A	国有强相对控股公司	14.2857	44.4264	77.2639	59.4730	4249
600360	华微电子	吉林	东部	C	无国有股份公司	85.7143	48.1631	72.1153	65.0919	3330
600361	创新新材	北京	东部	C	无国有股份公司	71.4286	48.2402	83.1782	69.7750	2078
600362	江西铜业	江西	中部	C	国有强相对控股公司	100.0000	44.8042	76.8092	67.9265	2649
600363	联创光电	江西	中部	C	国有参股公司	57.1429	57.2345	80.5249	70.0351	1995
600365	ST通葡	吉林	东部	C	无国有股份公司	28.5714	39.9865	71.0665	55.9390	4458
600366	宁波韵升	浙江	东部	C	国有参股公司	71.4286	42.7662	79.1900	65.6656	3179
600367	红星发展	贵州	西部	C	国有强相对控股公司	85.7143	56.2893	78.7904	71.6074	1494
600368	五洲交通	广西	西部	G	国有绝对控股公司	14.2857	36.5180	78.5179	57.3947	4400
600370	三房巷	江苏	东部	C	国有参股公司	71.4286	45.1679	79.1243	66.4700	2980
600371	万向德农	黑龙江	东北	A	无国有股份公司	57.1429	40.1236	71.4543	59.0574	4277
600372	中航电子	北京	东部	C	国有绝对控股公司	100.0000	42.7954	90.7139	74.8711	686
600373	中文传媒	江西	中部	R	国有绝对控股公司	28.5714	48.5957	85.8820	67.1008	2837
600375	汉马科技	安徽	中部	C	无国有股份公司	57.1429	35.6070	81.0191	62.7372	3791
600376	首开股份	北京	东部	K	国有绝对控股公司	57.1429	53.4127	86.3698	71.9121	1406
600377	宁沪高速	江苏	东部	G	国有绝对控股公司	85.7143	55.4762	86.3206	75.4644	575
600378	昊华科技	四川	西部	C	国有绝对控股公司	100.0000	58.9915	87.1316	78.5694	183
600379	宝光股份	陕西	西部	C	国有弱相对控股公司	100.0000	57.5553	87.9026	78.4908	190
600380	健康元	广东	东部	C	无国有股份公司	100.0000	64.1065	90.7151	82.3306	31
600381	青海春天	青海	西部	C	无国有股份公司	71.4286	41.4891	72.9929	61.8101	3950
600382	广东明珠	广东	东部	F	无国有股份公司	42.8571	45.6391	86.0766	67.6015	2726
600383	金地集团	广东	东部	K	国有参股公司	100.0000	47.0415	82.5097	71.8449	1424
600386	北巴传媒	北京	东部	F	国有绝对控股公司	85.7143	51.3762	80.5295	70.8443	1731
600387	ST海越	浙江	东部	F	国有弱相对控股公司	14.2857	32.4224	71.7391	52.2329	4535

续表

股票代码	公司简称	省份	地区	行业代码	控股类型	环境保护（EP）	社会责任（SR）	公司治理（CG）	上市公司质量/ESG指数（CLCQI/ESGI）	CLCQI/ESGI排名
600388	龙净环保	福建	东部	C	国有弱相对控股公司	85.7143	48.1601	82.4023	70.7487	1763
600389	江山股份	江苏	东部	C	国有强相对控股公司	71.4286	60.3400	90.0297	77.7782	267
600391	航发科技	四川	西部	C	国有强相对控股公司	100.0000	49.6431	84.0636	73.6100	983
600392	盛和资源	四川	西部	C	国有弱相对控股公司	85.7143	47.3763	83.9518	71.3266	1575
600395	盘江股份	贵州	西部	B	国有绝对控股公司	71.4286	47.5954	81.2379	68.4821	2471
600396	*ST金山	辽宁	东北	D	国有绝对控股公司	71.4286	44.1602	72.6219	62.5410	3826
600397	安源煤业	江西	中部	B	国有强相对控股公司	85.7143	48.6966	86.4568	73.1665	1097
600398	海澜之家	江苏	东部	C	无国有股份公司	71.4286	51.6689	87.8729	73.5571	993
600399	抚顺特钢	辽宁	东北	C	国有参股公司	71.4286	47.7497	84.4127	70.2822	1914
600400	红豆股份	江苏	东部	C	国有参股公司	85.7143	48.4288	88.0943	73.9734	877
600403	大有能源	河南	中部	B	国有绝对控股公司	28.5714	42.1412	68.9068	55.5053	4468
600405	动力源	北京	东部	C	无国有股份公司	100.0000	52.3036	79.3289	71.9371	1397
600406	国电南瑞	江苏	东部	I	国有绝对控股公司	100.0000	56.2465	85.7093	76.8264	383
600408	安泰集团	山西	中部	C	无国有股份公司	100.0000	54.3092	80.5000	73.2832	1068
600409	三友化工	河北	东部	C	国有强相对控股公司	85.7143	65.8611	79.5530	75.3770	596
600410	华胜天成	北京	东部	I	无国有股份公司	57.1429	42.5406	83.3999	66.4735	2977
600415	小商品城	浙江	东部	L	国有绝对控股公司	71.4286	43.7150	74.3874	63.3562	3687
600416	湘电股份	湖南	中部	C	国有强相对控股公司	85.7143	52.9683	82.2819	72.3654	1281
600418	江淮汽车	安徽	中部	C	国有强相对控股公司	85.7143	52.3212	83.4285	72.7695	1189
600419	天润乳业	新疆	西部	C	国有强相对控股公司	85.7143	57.0221	88.4974	77.2027	329
600420	国药现代	上海	东部	C	国有绝对控股公司	85.7143	53.0830	87.8690	75.4784	574
600421	华嵘控股	湖北	中部	C	无国有股份公司	28.5714	47.4657	81.9365	64.5352	3446
600422	昆药集团	云南	西部	C	国有强相对控股公司	85.7143	61.2361	75.4744	71.5150	1513
600423	柳化股份	广西	西部	C	国有强相对控股公司	57.1429	42.8883	89.2033	69.7870	2071
600425	青松建化	新疆	西部	C	国有强相对控股公司	85.7143	45.5742	79.3711	68.1765	2574
600426	华鲁恒升	山东	东部	C	国有强相对控股公司	57.1429	34.5417	77.7980	60.5928	4120
600428	中远海特	广东	东部	G	国有绝对控股公司	100.0000	52.0537	83.5960	74.1966	832
600429	三元股份	北京	东部	C	国有强相对控股公司	42.8571	52.7144	92.5325	73.6286	975
600433	冠豪高新	广东	东部	C	国有强相对控股公司	100.0000	55.1227	89.0137	78.2505	220
600435	北方导航	北京	东部	C	国有强相对控股公司	85.7143	51.8435	86.1145	74.0797	858
600436	片仔癀	福建	东部	C	国有绝对控股公司	100.0000	55.8796	89.4852	78.7747	166
600438	通威股份	四川	西部	C	无国有股份公司	71.4286	65.5206	85.8921	77.3157	316
600439	瑞贝卡	河南	中部	C	无国有股份公司	85.7143	56.0219	87.2420	76.1622	464
600444	国机通用	安徽	中部	C	国有强相对控股公司	57.1429	52.4191	76.8351	66.3203	3019
600446	金证股份	广东	东部	I	无国有股份公司	28.5714	42.3082	80.6073	61.9991	3917

续表

股票代码	公司简称	省份	地区	行业代码	控股类型	环境保护（*EP*）	社会责任（*SR*）	公司治理（*CG*）	上市公司质量/ESG指数（*CLCQI/ESGI*）	*CLCQI/ESGI*排名
600448	华纺股份	山东	东部	C	国有弱相对控股公司	71.4286	47.3655	80.0515	67.7491	2691
600449	宁夏建材	宁夏	西部	C	国有强相对控股公司	85.7143	45.3559	85.6251	71.5398	1509
600452	涪陵电力	重庆	西部	D	国有强相对控股公司	28.5714	42.3994	83.2530	63.4861	3663
600455	博通股份	陕西	西部	P	国有弱相对控股公司	42.8571	39.4967	75.7959	59.7973	4217
600456	宝钛股份	陕西	西部	C	国有强相对控股公司	100.0000	48.3044	93.4825	78.3219	213
600458	时代新材	湖南	中部	C	国有绝对控股公司	100.0000	55.0860	87.4887	77.3989	306
600459	贵研铂业	云南	西部	C	国有强相对控股公司	85.7143	59.1311	86.8042	77.0096	354
600460	士兰微	浙江	东部	C	国有参股公司	57.1429	50.9522	86.7668	71.2693	1591
600461	洪城环境	江西	中部	D	国有绝对控股公司	71.4286	52.0275	85.1665	72.1940	1328
600462	ST九有	湖北	中部	L	无国有股份公司	14.2857	31.9172	70.6957	51.4822	4544
600463	空港股份	北京	东部	E	国有绝对控股公司	57.1429	43.7473	76.8807	63.3102	3696
600467	好当家	山东	东部	A	无国有股份公司	28.5714	49.8141	80.2599	64.4350	3467
600468	百利电气	天津	东部	C	国有绝对控股公司	42.8571	45.0481	80.5792	64.3711	3478
600469	风神股份	河南	中部	C	国有绝对控股公司	100.0000	51.5480	83.7528	74.1058	853
600470	六国化工	安徽	中部	C	无国有股份公司	85.7143	52.6906	74.6825	68.0885	2598
600475	华光环能	江苏	东部	N	国有绝对控股公司	71.4286	56.8521	82.0370	72.1614	1337
600476	湘邮科技	湖南	中部	I	国有强相对控股公司	14.2857	48.0637	84.7461	64.8612	3366
600477	杭萧钢构	浙江	东部	C	无国有股份公司	71.4286	54.4747	83.6019	72.1901	1330
600478	科力远	湖南	中部	C	无国有股份公司	85.7143	40.9963	85.1960	69.7779	2075
600479	千金药业	湖南	中部	C	国有弱相对控股公司	57.1429	54.6008	84.6163	71.3635	1554
600480	凌云股份	河北	东部	C	国有强相对控股公司	85.7143	52.0526	89.8289	76.1957	461
600481	双良节能	江苏	东部	C	国有参股公司	100.0000	49.7800	79.3195	71.0487	1660
600482	中国动力	河北	东部	C	国有绝对控股公司	100.0000	53.3864	74.8977	69.8790	2046
600483	福能股份	福建	东部	D	国有绝对控股公司	100.0000	56.0851	88.7898	78.4642	194
600486	扬农化工	江苏	东部	C	国有强相对控股公司	71.4286	58.3053	82.8907	73.1396	1104
600487	亨通光电	江苏	东部	C	国有参股公司	100.0000	63.2558	84.9930	78.8857	154
600488	津药药业	天津	东部	C	国有参股公司	57.1429	53.8724	79.8680	68.4970	2469
600489	中金黄金	北京	东部	B	国有强相对控股公司	85.7143	45.6895	81.2506	69.2506	2241
600490	鹏欣资源	上海	东部	C	国有参股公司	71.4286	39.4693	86.1847	68.3587	2512
600491	龙元建设	浙江	东部	E	无国有股份公司	14.2857	45.2781	83.7570	63.3423	3690
600493	凤竹纺织	福建	东部	C	国有参股公司	100.0000	49.5322	84.1449	73.6160	980
600495	晋西车轴	山西	中部	C	国有强相对控股公司	85.7143	57.0605	88.3861	77.1550	334
600496	精工钢构	安徽	中部	C	国有参股公司	57.1429	51.9135	82.8169	69.4333	2183
600497	驰宏锌锗	云南	西部	B	国有强相对控股公司	100.0000	54.1997	87.9998	77.3698	311
600498	烽火通信	湖北	中部	C	国有强相对控股公司	71.4286	52.5052	86.2989	72.9840	1139

续表

股票代码	公司简称	省份	地区	行业代码	控股类型	环境保护（EP）	社会责任（SR）	公司治理（CG）	上市公司质量/ESG指数（CLCQI/ESGI）	CLCQI/ESGI排名
600499	科达制造	广东	东部	C	无国有股份公司	71.4286	50.5414	90.5669	74.6441	737
600500	中化国际	上海	东部	C	国有绝对控股公司	100.0000	48.5496	89.7993	76.3820	434
600501	航天晨光	江苏	东部	C	国有强相对控股公司	85.7143	46.7784	82.0841	70.0901	1977
600502	安徽建工	安徽	中部	E	国有强相对控股公司	71.4286	47.4264	88.2661	72.2885	1299
600503	华丽家族	上海	东部	K	无国有股份公司	42.8571	47.8302	73.3552	61.3716	4012
600505	西昌电力	四川	西部	D	国有强相对控股公司	85.7143	49.5737	78.6147	69.1603	2276
600506	统一股份	新疆	西部	A	国有强相对控股公司	85.7143	41.0166	84.0892	69.1763	2270
600507	方大特钢	江西	中部	C	国有参股公司	100.0000	55.0797	88.2996	77.8427	263
600508	上海能源	上海	东部	B	国有绝对控股公司	42.8571	52.1820	78.2727	65.5994	3192
600509	天富能源	新疆	西部	D	国有强相对控股公司	85.7143	55.5527	82.7982	73.5539	994
600510	黑牡丹	江苏	东部	K	国有绝对控股公司	100.0000	54.5747	83.8174	75.2007	630
600511	国药股份	北京	东部	F	国有绝对控股公司	85.7143	45.9737	78.8294	68.0184	2615
600512	腾达建设	浙江	东部	E	无国有股份公司	57.1429	45.3925	80.5365	65.8967	3137
600513	联环药业	江苏	东部	C	国有强相对控股公司	71.4286	61.8127	84.8302	75.4339	580
600515	海南机场	海南	东部	K	国有弱相对控股公司	100.0000	51.8033	79.2768	71.7334	1459
600516	方大炭素	甘肃	西部	C	无国有股份公司	71.4286	48.1590	84.6264	70.5430	1825
600518	ST康美	广东	东部	C	无国有股份公司	85.7143	43.9887	72.8862	64.0549	3546
600519	贵州茅台	贵州	西部	C	国有绝对控股公司	100.0000	74.5135	88.7512	84.8929	4
600520	文一科技	安徽	中部	C	无国有股份公司	57.1429	47.7606	79.4566	66.1317	3077
600521	华海药业	浙江	东部	C	国有参股公司	100.0000	51.3418	76.1388	69.8460	2057
600522	中天科技	江苏	东部	C	国有参股公司	85.7143	53.6121	87.0844	75.2321	626
600523	贵航股份	贵州	西部	C	国有强相对控股公司	71.4286	52.6008	77.8503	68.3708	2506
600525	长园集团	广东	东部	C	国有弱相对控股公司	100.0000	51.7796	86.8923	75.9136	502
600526	菲达环保	浙江	东部	C	国有强相对控股公司	85.7143	58.5371	86.8454	76.8244	384
600527	江南高纤	江苏	东部	C	无国有股份公司	71.4286	52.6815	84.3424	71.9697	1387
600528	中铁工业	北京	东部	C	国有强相对控股公司	85.7143	49.9310	89.1901	75.1018	648
600529	山东药玻	山东	东部	C	国有弱相对控股公司	57.1429	45.6614	84.4043	68.1181	2590
600531	豫光金铅	河南	中部	C	国有强相对控股公司	100.0000	58.9945	84.6406	77.2004	330
600533	栖霞建设	江苏	东部	K	无国有股份公司	71.4286	48.9224	81.0700	68.8542	2367
600535	天士力	天津	东部	C	无国有股份公司	85.7143	55.0415	78.5630	71.0456	1662
600536	中国软件	北京	东部	I	国有强相对控股公司	28.5714	54.1013	81.5983	66.6717	2922
600537	亿晶光电	浙江	东部	C	无国有股份公司	100.0000	41.0948	85.2532	71.2725	1589
600538	国发股份	广西	西部	F	国有参股公司	57.1429	54.2444	79.3119	68.3214	2523
600539	狮头股份	山西	中部	L	国有参股公司	71.4286	49.7097	92.3458	75.3315	606
600540	新赛股份	新疆	西部	A	国有强相对控股公司	57.1429	29.0161	76.2138	57.7875	4375

续表

股票代码	公司简称	省份	地区	行业代码	控股类型	环境保护（*EP*）	社会责任（*SR*）	公司治理（*CG*）	上市公司质量/ESG指数（*CLCQI/ESGI*）	*CLCQI/ESGI*排名
600543	*ST莫高	甘肃	西部	C	国有强相对控股公司	71.4286	48.2152	77.8031	66.8099	2902
600545	卓郎智能	新疆	西部	C	国有参股公司	57.1429	33.0184	75.2459	58.6559	4319
600546	山煤国际	山西	中部	F	国有绝对控股公司	57.1429	60.4763	87.1387	74.8073	700
600547	山东黄金	山东	东部	B	国有强相对控股公司	85.7143	54.1773	90.3925	77.2493	323
600548	深高速	广东	东部	G	国有参股公司	100.0000	61.6162	87.2990	79.5801	117
600549	厦门钨业	福建	东部	C	国有强相对控股公司	85.7143	44.1297	88.9798	72.9557	1143
600550	保变电气	河北	东部	C	国有绝对控股公司	100.0000	45.3088	85.3107	72.7790	1185
600551	时代出版	安徽	中部	R	国有绝对控股公司	42.8571	42.8114	79.9616	63.2486	3707
600552	凯盛科技	安徽	中部	C	国有强相对控股公司	100.0000	52.7401	92.7641	79.4793	127
600556	天下秀	广西	西部	I	无国有股份公司	14.2857	40.3514	72.8622	55.6258	4467
600557	康缘药业	江苏	东部	C	无国有股份公司	71.4286	54.7964	81.2899	71.0310	1664
600558	大西洋	四川	西部	C	国有强相对控股公司	71.4286	56.2139	80.0218	70.8297	1734
600559	老白干酒	河北	东部	C	国有弱相对控股公司	57.1429	45.5482	79.7367	65.5114	3219
600560	金自天正	北京	东部	C	国有强相对控股公司	57.1429	52.9955	83.0884	69.9614	2025
600561	江西长运	江西	中部	G	国有强相对控股公司	42.8571	46.0185	80.7173	64.7867	3387
600562	国睿科技	江苏	东部	C	国有绝对控股公司	57.1429	44.5213	86.8962	69.0897	2302
600563	法拉电子	福建	东部	C	国有参股公司	100.0000	44.4787	75.9657	67.3487	2786
600565	迪马股份	重庆	西部	K	无国有股份公司	85.7143	46.4346	79.0525	68.3024	2530
600566	济川药业	湖北	中部	C	国有参股公司	85.7143	46.2439	86.5436	72.3557	1284
600567	山鹰国际	安徽	中部	C	无国有股份公司	100.0000	51.0742	84.6675	74.4431	777
600568	ST中珠	湖北	中部	C	无国有股份公司	14.2857	34.9417	65.1287	49.4789	4550
600569	安阳钢铁	河南	中部	C	国有绝对控股公司	85.7143	45.1531	81.5499	69.2274	2248
600570	恒生电子	浙江	东部	I	国有参股公司	71.4286	53.5224	83.6319	71.8733	1417
600571	信雅达	浙江	东部	I	无国有股份公司	14.2857	46.6165	71.3032	56.9611	4425
600572	康恩贝	浙江	东部	C	国有弱相对控股公司	100.0000	48.0293	91.7036	77.2473	324
600573	惠泉啤酒	福建	东部	C	国有绝对控股公司	100.0000	50.2953	83.0071	73.2573	1072
600575	淮河能源	安徽	中部	G	国有绝对控股公司	57.1429	45.2356	78.2484	64.5833	3435
600576	祥源文旅	浙江	东部	R	无国有股份公司	42.8571	44.3672	80.6944	64.1961	3512
600577	精达股份	安徽	中部	C	无国有股份公司	85.7143	53.8223	81.7388	72.3656	1280
600578	京能电力	北京	东部	D	国有绝对控股公司	42.8571	43.6182	75.0380	60.8230	4087
600579	克劳斯	山东	东部	C	国有参股公司	85.7143	46.3784	89.9895	74.2981	810
600580	卧龙电驱	浙江	东部	C	国有参股公司	71.4286	51.1416	85.3967	72.0106	1379
600581	八一钢铁	新疆	西部	C	国有强相对控股公司	71.4286	57.9119	79.5375	71.1576	1624
600582	天地科技	北京	东部	C	国有绝对控股公司	85.7143	53.0548	89.7090	76.4806	424
600583	海油工程	天津	东部	B	国有绝对控股公司	85.7143	53.7520	86.8704	75.1634	638

续表

股票代码	公司简称	省份	地区	行业代码	控股类型	环境保护（*EP*）	社会责任（*SR*）	公司治理（*CG*）	上市公司质量/ESG指数（*CLCQI*/*ESGI*）	*CLCQI*/*ESGI*排名
600584	长电科技	江苏	东部	C	国有弱相对控股公司	85.7143	52.6318	98.4667	81.1493	58
600585	海螺水泥	安徽	中部	C	国有强相对控股公司	71.4286	62.6254	84.2704	75.4105	587
600586	金晶科技	山东	东部	C	国有参股公司	57.1429	40.5675	65.4768	55.9251	4459
600587	新华医疗	山东	东部	C	国有强相对控股公司	85.7143	54.0652	85.9752	74.7806	708
600588	用友网络	北京	东部	I	无国有股份公司	100.0000	56.6376	81.0477	74.3994	788
600589	*ST榕泰	广东	东部	C	无国有股份公司	42.8571	40.3465	78.9807	61.8463	3945
600590	泰豪科技	江西	中部	C	国有弱相对控股公司	100.0000	51.9767	79.4239	71.8750	1416
600592	龙溪股份	福建	东部	C	国有强相对控股公司	85.7143	54.9600	88.0965	76.2605	451
600593	大连圣亚	辽宁	东北	N	国有弱相对控股公司	42.8571	41.0925	71.5310	58.0102	4368
600594	益佰制药	贵州	西部	C	国有参股公司	100.0000	45.4299	86.7822	73.6307	974
600595	中孚实业	河南	中部	C	国有参股公司	71.4286	49.3445	76.3783	66.4215	2992
600596	新安股份	浙江	东部	C	国有参股公司	100.0000	52.8805	79.4484	72.2048	1323
600597	光明乳业	上海	东部	C	国有绝对控股公司	85.7143	51.2531	91.8034	77.0019	357
600598	北大荒	黑龙江	东北	A	国有绝对控股公司	71.4286	46.8655	85.2672	70.4428	1864
600600	青岛啤酒	山东	东部	C	国有强相对控股公司	100.0000	51.2800	81.4844	72.7644	1192
600601	方正科技	上海	东部	C	无国有股份公司	71.4286	40.6443	71.2149	60.5365	4129
600602	云赛智联	上海	东部	I	国有强相对控股公司	85.7143	49.2172	77.2238	68.2705	2543
600603	广汇物流	四川	西部	S	无国有股份公司	42.8571	41.7093	84.0794	65.1276	3317
600604	市北高新	上海	东部	K	国有强相对控股公司	42.8571	48.9809	79.6009	65.2095	3290
600605	汇通能源	上海	东部	F	无国有股份公司	42.8571	36.8434	74.9928	58.4269	4339
600606	绿地控股	上海	东部	E	国有参股公司	85.7143	58.1458	77.4155	71.5010	1517
600608	ST沪科	上海	东部	F	国有弱相对控股公司	71.4286	43.7743	83.4672	68.3708	2507
600609	金杯汽车	辽宁	东北	C	国有弱相对控股公司	42.8571	45.2719	82.5512	65.5340	3211
600610	中毅达	贵州	西部	C	无国有股份公司	100.0000	53.1220	84.6403	75.1449	642
600611	大众交通	上海	东部	G	无国有股份公司	42.8571	42.3299	71.1369	58.2265	4354
600612	老凤祥	上海	东部	C	国有强相对控股公司	71.4286	45.4319	86.3711	70.5481	1822
600613	神奇制药	上海	东部	C	国有参股公司	42.8571	48.1576	70.2181	59.7608	4222
600615	丰华股份	重庆	西部	C	无国有股份公司	28.5714	41.1321	71.8133	56.7507	4433
600616	金枫酒业	上海	东部	C	国有强相对控股公司	71.4286	44.3262	79.9481	66.6285	2937
600617	国新能源	山西	中部	D	国有参股公司	85.7143	43.7783	79.6773	67.7164	2698
600618	氯碱化工	上海	东部	C	国有强相对控股公司	42.8571	55.4005	77.0405	66.0481	3096
600619	海立股份	上海	东部	C	国有弱相对控股公司	100.0000	59.9142	80.6883	75.3486	602
600620	天宸股份	上海	东部	S	国有参股公司	14.2857	46.1271	80.2173	61.6926	3967
600622	光大嘉宝	上海	东部	K	国有强相对控股公司	14.2857	37.9867	84.6183	61.2640	4028
600623	华谊集团	上海	东部	C	国有绝对控股公司	57.1429	47.5509	81.8812	67.3918	2777

续表

股票代码	公司简称	省份	地区	行业代码	控股类型	环境保护（*EP*）	社会责任（*SR*）	公司治理（*CG*）	上市公司质量/ESG指数（*CLCQI/ESGI*）	*CLCQI/ESGI*排名
600624	复旦复华	上海	东部	C	国有弱相对控股公司	85.7143	48.8853	76.2836	67.6373	2714
600626	申达股份	上海	东部	C	国有强相对控股公司	100.0000	43.5564	86.0167	72.5539	1238
600628	新世界	上海	东部	F	国有弱相对控股公司	85.7143	45.7288	79.9487	68.5483	2456
600629	华建集团	上海	东部	M	国有绝对控股公司	100.0000	65.6731	89.1635	82.0255	38
600630	龙头股份	上海	东部	C	国有强相对控股公司	71.4286	48.3423	81.1947	68.7198	2402
600633	浙数文化	浙江	东部	I	国有绝对控股公司	71.4286	48.6771	90.1068	73.7386	939
600635	大众公用	上海	东部	D	国有参股公司	71.4286	48.9014	84.9857	71.0005	1680
600636	国新文化	上海	东部	I	国有强相对控股公司	85.7143	58.5795	76.2757	71.0259	1666
600637	东方明珠	上海	东部	I	国有绝对控股公司	85.7143	50.0575	86.1144	73.4544	1023
600638	新黄浦	上海	东部	K	国有强相对控股公司	28.5714	36.7154	88.0150	64.1158	3533
600639	浦东金桥	上海	东部	K	国有绝对控股公司	71.4286	56.4070	80.1192	70.9509	1695
600640	国脉文化	上海	东部	I	国有绝对控股公司	28.5714	42.8558	85.9194	65.1123	3323
600641	万业企业	上海	东部	K	国有参股公司	14.2857	49.4552	84.7479	65.3492	3250
600642	申能股份	上海	东部	D	国有绝对控股公司	85.7143	45.1433	74.9635	65.6015	3191
600644	乐山电力	四川	西部	D	国有绝对控股公司	85.7143	58.9283	85.7754	76.3728	438
600645	中源协和	天津	东部	M	国有参股公司	57.1429	39.7979	87.7971	67.9320	2647
600647	*ST同达	上海	东部	F	国有强相对控股公司	14.2857	40.3186	62.9015	50.1359	4548
600648	外高桥	上海	东部	F	国有绝对控股公司	42.8571	44.1984	83.2356	65.5348	3210
600649	城投控股	上海	东部	K	国有强相对控股公司	57.1429	45.1609	82.7067	67.0093	2858
600650	锦江在线	上海	东部	G	国有强相对控股公司	28.5714	45.3327	72.0947	58.3757	4342
600651	飞乐音响	上海	东部	C	国有绝对控股公司	57.1429	43.6887	83.8869	67.1431	2830
600653	申华控股	辽宁	东北	F	国有弱相对控股公司	57.1429	45.5093	73.1153	61.8560	3942
600654	ST中安	湖北	中部	I	国有参股公司	42.8571	34.3398	79.2102	59.8703	4206
600655	豫园股份	上海	东部	F	国有参股公司	85.7143	58.3353	89.6700	78.3072	216
600657	信达地产	北京	东部	K	国有绝对控股公司	85.7143	44.0221	79.7352	67.8335	2668
600658	电子城	北京	东部	K	国有强相对控股公司	85.7143	47.2061	85.2400	71.9756	1385
600660	福耀玻璃	福建	东部	C	无国有股份公司	100.0000	55.1378	84.8388	75.9596	496
600661	昂立教育	上海	东部	P	国有参股公司	28.5714	44.3917	82.1234	63.5621	3653
600662	外服控股	上海	东部	G	国有绝对控股公司	57.1429	45.2547	81.4178	66.3332	3014
600663	陆家嘴	上海	东部	K	国有绝对控股公司	71.4286	52.0765	78.5693	68.5828	2441
600664	哈药股份	黑龙江	东北	C	国有参股公司	85.7143	49.1808	84.3333	72.1680	1335
600665	天地源	陕西	西部	K	国有绝对控股公司	71.4286	37.4605	78.0391	63.1756	3718
600666	ST瑞德	黑龙江	东北	C	国有参股公司	57.1429	42.3829	80.1753	64.6447	3420
600667	太极实业	江苏	东部	E	国有强相对控股公司	100.0000	38.8654	74.9663	64.8344	3373
600668	尖峰集团	浙江	东部	C	国有弱相对控股公司	100.0000	43.4681	83.8874	71.3519	1562

续表

股票代码	公司简称	省份	地区	行业代码	控股类型	环境保护（EP）	社会责任（SR）	公司治理（CG）	上市公司质量/ESG指数（CLCQI/ESGI）	CLCQI/ESGI排名
600671	*ST目药	浙江	东部	C	国有弱相对控股公司	85.7143	41.4406	80.7580	67.4925	2751
600673	东阳光	广东	东部	S	无国有股份公司	71.4286	45.6014	76.3732	65.1086	3325
600674	川投能源	四川	西部	D	国有绝对控股公司	42.8571	50.6167	89.8608	71.4250	1538
600675	中华企业	上海	东部	K	国有绝对控股公司	100.0000	55.0463	85.6567	76.3774	435
600676	交运股份	上海	东部	G	国有强相对控股公司	85.7143	47.0177	84.6855	71.6047	1496
600678	四川金顶	四川	西部	C	无国有股份公司	85.7143	48.5853	80.0412	69.5990	2135
600679	上海凤凰	上海	东部	C	国有弱相对控股公司	85.7143	55.4794	86.5052	75.5671	555
600681	百川能源	湖北	中部	D	国有参股公司	57.1429	40.7655	81.5830	64.8528	3367
600682	南京新百	江苏	东部	F	国有参股公司	71.4286	47.7552	90.1106	73.4180	1035
600683	京投发展	浙江	东部	K	国有强相对控股公司	28.5714	43.8513	78.3634	61.3049	4022
600684	珠江股份	广东	东部	K	国有强相对控股公司	71.4286	48.5512	77.4043	66.7081	2919
600685	中船防务	广东	东部	C	国有参股公司	85.7143	53.5748	85.9989	74.6220	746
600686	金龙汽车	福建	东部	C	国有绝对控股公司	85.7143	43.9549	74.6332	65.0039	3344
600688	上海石化	上海	东部	C	国有绝对控股公司	100.0000	57.0825	85.9717	77.2633	321
600689	上海三毛	上海	东部	C	国有弱相对控股公司	71.4286	45.8683	78.9938	66.6434	2934
600690	海尔智家	山东	东部	C	无国有股份公司	100.0000	60.0147	91.2659	81.2014	56
600691	阳煤化工	山西	中部	C	国有弱相对控股公司	100.0000	44.6214	79.2126	69.1844	2267
600692	亚通股份	上海	东部	K	国有强相对控股公司	42.8571	44.0784	77.4702	62.3218	3863
600693	东百集团	福建	东部	F	国有参股公司	85.7143	44.0412	79.5271	67.7258	2696
600694	大商股份	辽宁	东北	F	国有参股公司	42.8571	32.6115	70.6941	54.5815	4490
600696	岩石股份	上海	东部	C	无国有股份公司	85.7143	50.9947	85.5693	73.4826	1011
600697	欧亚集团	吉林	东部	F	国有弱相对控股公司	14.2857	39.7359	93.2185	66.6063	2943
600698	湖南天雁	湖南	中部	C	国有强相对控股公司	100.0000	48.2399	71.9892	66.4780	2973
600699	均胜电子	浙江	东部	C	国有参股公司	100.0000	51.2926	81.6215	72.8443	1166
600702	舍得酒业	四川	西部	C	国有参股公司	100.0000	54.2873	90.6708	78.8695	158
600703	三安光电	湖北	中部	C	无国有股份公司	85.7143	43.4081	74.2255	64.5883	3431
600704	物产中大	浙江	东部	F	国有强相对控股公司	100.0000	56.3098	92.4502	80.5560	77
600706	曲江文旅	陕西	西部	N	国有强相对控股公司	71.4286	49.5655	82.4759	69.8526	2052
600707	彩虹股份	陕西	西部	C	国有绝对控股公司	71.4286	44.1044	75.6533	64.1887	3514
600708	光明地产	上海	东部	K	国有绝对控股公司	57.1429	46.5515	88.9928	70.9533	1692
600710	苏美达	江苏	东部	F	国有绝对控股公司	85.7143	57.7230	88.6760	77.5463	288
600711	盛屯矿业	福建	东部	B	无国有股份公司	100.0000	57.8351	85.1004	77.0475	345
600712	南宁百货	广西	西部	F	国有参股公司	57.1429	36.9378	78.8967	62.0357	3911
600713	南京医药	江苏	东部	F	国有强相对控股公司	42.8571	44.7060	91.9857	70.5249	1832
600714	金瑞矿业	青海	西部	C	国有强相对控股公司	57.1429	52.5897	77.4991	66.7452	2916

续表

股票代码	公司简称	省份	地区	行业代码	控股类型	环境保护（*EP*）	社会责任（*SR*）	公司治理（*CG*）	上市公司质量/ESG指数（*CLCQI/ESGI*）	*CLCQI/ESGI*排名
600715	文投控股	辽宁	东北	R	国有弱相对控股公司	42.8571	36.6117	65.5506	53.1526	4518
600716	凤凰股份	江苏	东部	K	国有绝对控股公司	28.5714	40.2267	65.3186	52.8617	4525
600717	天津港	天津	东部	G	国有参股公司	71.4286	45.7060	84.9335	69.8534	2051
600718	东软集团	辽宁	东北	I	国有参股公司	85.7143	53.1629	86.2927	74.6394	739
600719	大连热电	辽宁	东北	D	国有强相对控股公司	85.7143	35.4146	79.1251	64.4853	3456
600720	祁连山	甘肃	西部	C	国有弱相对控股公司	85.7143	43.2106	88.7785	72.5233	1248
600721	百花医药	新疆	西部	M	国有参股公司	85.7143	47.0329	88.4843	73.6993	954
600722	金牛化工	河北	东部	C	国有绝对控股公司	42.8571	37.3098	79.8738	61.2748	4025
600724	宁波富达	浙江	东部	C	国有绝对控股公司	71.4286	40.7253	79.7310	65.2488	3282
600725	云维股份	云南	西部	C	国有强相对控股公司	28.5714	45.9562	79.8147	62.8399	3773
600726	华电能源	黑龙江	东北	D	国有绝对控股公司	85.7143	46.8230	79.4095	68.6347	2428
600727	鲁北化工	山东	东部	C	国有强相对控股公司	100.0000	50.6930	87.5926	75.9185	500
600728	佳都科技	广东	东部	I	国有参股公司	28.5714	41.6100	87.6925	65.6515	3183
600729	重庆百货	重庆	西部	F	无国有股份公司	57.1429	44.7366	86.9572	69.1986	2261
600730	中国高科	北京	东部	P	国有参股公司	14.2857	38.3144	80.2547	58.9787	4283
600731	湖南海利	湖南	中部	C	国有参股公司	85.7143	59.3529	91.3702	79.5985	115
600732	爱旭股份	上海	东部	C	无国有股份公司	100.0000	56.1807	81.0962	74.2662	814
600733	北汽蓝谷	北京	东部	C	国有强相对控股公司	85.7143	51.4233	83.1365	72.2947	1298
600734	ST实达	福建	东部	C	国有弱相对控股公司	28.5714	48.8279	75.3380	61.3828	4009
600735	新华锦	山东	东部	C	无国有股份公司	42.8571	48.8794	81.2401	66.0756	3091
600736	苏州高新	江苏	东部	K	国有强相对控股公司	85.7143	44.3871	76.6880	66.2853	3031
600737	中粮糖业	新疆	西部	C	国有绝对控股公司	57.1429	39.5321	79.0606	63.0338	3738
600738	丽尚国潮	甘肃	西部	F	国有参股公司	14.2857	38.8207	83.2858	60.8230	4088
600739	辽宁成大	辽宁	东北	F	国有参股公司	57.1429	49.7197	76.1944	65.0231	3339
600740	山西焦化	山西	中部	C	国有绝对控股公司	57.1429	49.3479	80.6794	67.3597	2783
600741	华域汽车	上海	东部	C	国有绝对控股公司	71.4286	55.3721	84.0362	72.7430	1200
600742	一汽富维	吉林	东部	C	国有弱相对控股公司	85.7143	45.3828	76.5609	66.5639	2954
600743	华远地产	北京	东部	K	国有绝对控股公司	71.4286	39.4438	82.1656	66.1393	3073
600744	华银电力	湖南	中部	D	国有绝对控股公司	85.7143	42.4323	80.9450	67.9425	2642
600745	闻泰科技	湖北	中部	C	无国有股份公司	71.4286	49.8498	80.7152	68.9836	2330
600746	江苏索普	江苏	东部	C	国有绝对控股公司	85.7143	48.0580	88.0520	73.8204	916
600748	上实发展	上海	东部	K	国有参股公司	71.4286	45.6379	83.5533	69.0704	2305
600749	西藏旅游	西藏	西部	N	国有参股公司	57.1429	44.1001	84.3129	67.5214	2747
600750	江中药业	江西	中部	C	国有强相对控股公司	100.0000	54.0711	89.0935	77.9263	250
600751	海航科技	天津	东部	F	无国有股份公司	71.4286	33.1806	74.8864	59.9436	4199

续表

股票代码	公司简称	省份	地区	行业代码	控股类型	环境保护（*EP*）	社会责任（*SR*）	公司治理（*CG*）	上市公司质量/ESG指数（*CLCQI*/*ESGI*）	*CLCQI*/*ESGI*排名
600753	庚星股份	福建	东部	F	无国有股份公司	28.5714	42.7243	68.3955	55.4281	4471
600754	锦江酒店	上海	东部	H	国有强相对控股公司	71.4286	48.3005	86.8512	71.8162	1433
600755	厦门国贸	福建	东部	F	国有强相对控股公司	85.7143	59.6127	83.0544	75.1158	646
600756	浪潮软件	山东	东部	I	国有弱相对控股公司	28.5714	55.1900	78.2995	65.2384	3286
600757	长江传媒	湖北	中部	R	国有绝对控股公司	28.5714	44.5237	76.5983	60.5695	4125
600758	辽宁能源	辽宁	东北	B	国有强相对控股公司	57.1429	41.5939	78.3989	63.3915	3681
600759	ST洲际	海南	东部	B	国有参股公司	42.8571	40.4779	81.1167	63.0671	3731
600760	中航沈飞	山东	东部	C	国有绝对控股公司	57.1429	57.3733	88.3125	74.3668	797
600761	安徽合力	安徽	中部	C	国有强相对控股公司	71.4286	51.3702	79.4742	68.8332	2372
600763	通策医疗	浙江	东部	Q	无国有股份公司	85.7143	48.0633	80.0166	69.4027	2195
600764	中国海防	北京	东部	C	国有绝对控股公司	100.0000	45.5755	81.8058	70.9446	1698
600765	中航重机	贵州	西部	C	国有强相对控股公司	100.0000	52.2594	91.6218	78.6828	169
600766	*ST园城	山东	东部	S	无国有股份公司	14.2857	54.1208	66.6251	57.0147	4421
600768	宁波富邦	浙江	东部	C	国有参股公司	28.5714	36.2020	67.9062	52.8762	4523
600769	祥龙电业	湖北	中部	D	国有弱相对控股公司	14.2857	43.4959	76.8082	58.8966	4294
600770	综艺股份	江苏	东部	S	国有参股公司	71.4286	45.4551	90.4682	72.8096	1170
600771	广誉远	山西	中部	C	国有弱相对控股公司	57.1429	38.5998	85.2259	66.0984	3085
600773	西藏城投	西藏	西部	K	国有强相对控股公司	14.2857	43.7672	80.3859	60.9593	4070
600774	汉商集团	湖北	中部	F	国有弱相对控股公司	85.7143	50.0769	91.0186	76.1586	466
600775	南京熊猫	江苏	东部	C	国有参股公司	100.0000	58.8694	90.8506	80.5721	75
600776	东方通信	浙江	东部	C	国有强相对控股公司	100.0000	52.9094	87.9860	76.9106	368
600777	新潮能源	山东	东部	B	无国有股份公司	42.8571	35.4303	73.0575	56.8680	4428
600778	友好集团	新疆	西部	F	国有参股公司	28.5714	47.4135	82.4076	64.7760	3391
600779	水井坊	四川	西部	C	无国有股份公司	100.0000	57.1966	92.0034	80.6207	74
600780	通宝能源	山西	中部	D	国有绝对控股公司	85.7143	44.9479	82.6147	69.7413	2090
600782	新钢股份	江西	中部	C	国有强相对控股公司	85.7143	56.8855	79.4883	72.1999	1324
600784	鲁银投资	山东	东部	C	国有强相对控股公司	85.7143	48.4524	89.2537	74.6193	747
600785	新华百货	宁夏	西部	F	国有参股公司	14.2857	45.7262	73.6186	57.9230	4370
600787	中储股份	天津	东部	G	国有强相对控股公司	71.4286	51.4965	83.8573	71.2882	1582
600789	鲁抗医药	山东	东部	C	国有弱相对控股公司	100.0000	44.1055	84.7983	72.0760	1366
600790	轻纺城	浙江	东部	L	国有强相对控股公司	42.8571	45.0870	94.4345	72.0052	1380
600791	京能置业	北京	东部	K	国有强相对控股公司	14.2857	41.0315	80.0764	59.8316	4211
600792	云煤能源	云南	西部	C	国有绝对控股公司	71.4286	40.0765	75.5071	62.6985	3796
600793	宜宾纸业	四川	西部	C	国有绝对控股公司	71.4286	50.8530	78.3117	68.0129	2618
600794	保税科技	江苏	东部	G	国有强相对控股公司	71.4286	43.2239	80.0130	66.2783	3032

续表

股票代码	公司简称	省份	地区	行业代码	控股类型	环境保护（*EP*）	社会责任（*SR*）	公司治理（*CG*）	上市公司质量/ESG指数（*CLCQI*/*ESGI*）	*CLCQI*/*ESGI*排名
600795	国电电力	辽宁	东北	D	国有绝对控股公司	57.1429	51.6851	83.5858	69.7763	2077
600796	钱江生化	浙江	东部	C	国有绝对控股公司	42.8571	47.0924	79.8434	64.6819	3411
600797	浙大网新	浙江	东部	I	无国有股份公司	85.7143	53.1848	83.9291	73.3471	1051
600798	宁波海运	浙江	东部	G	国有强相对控股公司	71.4286	47.8954	84.2095	70.2215	1925
600800	渤海化学	天津	东部	C	国有强相对控股公司	85.7143	40.5922	83.8220	68.8808	2359
600801	华新水泥	湖北	中部	C	国有参股公司	71.4286	57.9638	87.0390	75.3016	611
600802	福建水泥	福建	东部	C	国有强相对控股公司	100.0000	50.2550	88.4796	76.2530	453
600803	新奥股份	河北	东部	D	无国有股份公司	71.4286	54.5632	83.6450	72.2447	1310
600804	ST鹏博士	山东	东部	I	无国有股份公司	42.8571	36.9615	72.5064	57.1007	4418
600805	悦达投资	江苏	东部	S	国有强相对控股公司	42.8571	40.2074	73.8747	58.9894	4281
600807	济南高新	山东	东部	K	国有弱相对控股公司	57.1429	36.1161	89.5574	67.6115	2722
600808	马钢股份	安徽	中部	C	国有强相对控股公司	100.0000	58.0070	90.8020	80.2435	83
600809	山西汾酒	山西	中部	C	国有绝对控股公司	100.0000	55.9823	85.9134	76.8462	380
600810	神马股份	河南	中部	C	国有绝对控股公司	100.0000	55.2642	88.6818	78.1175	234
600811	东方集团	黑龙江	东北	C	无国有股份公司	57.1429	42.8745	78.1938	63.7270	3623
600812	华北制药	河北	东部	C	国有绝对控股公司	100.0000	44.4393	77.9938	68.4503	2483
600814	杭州解百	浙江	东部	F	国有绝对控股公司	14.2857	43.8041	88.2145	65.2780	3269
600815	厦工股份	福建	东部	C	国有绝对控股公司	85.7143	45.6066	81.2234	69.2066	2257
600817	宇通重工	河南	中部	C	无国有股份公司	71.4286	36.7821	77.2942	62.5284	3827
600818	中路股份	上海	东部	C	无国有股份公司	28.5714	51.3181	59.1091	53.3284	4511
600819	耀皮玻璃	上海	东部	C	国有强相对控股公司	100.0000	52.2016	78.6978	71.5544	1507
600820	隧道股份	上海	东部	E	国有强相对控股公司	57.1429	50.2821	80.3150	67.4863	2755
600821	金开新能	天津	东部	D	国有弱相对控股公司	57.1429	54.1137	78.0782	67.5971	2728
600822	上海物贸	上海	东部	F	国有强相对控股公司	42.8571	51.8585	83.8279	68.5415	2459
600823	ST世茂	上海	东部	K	国有参股公司	57.1429	44.9608	71.0153	60.5090	4133
600824	益民集团	上海	东部	F	国有强相对控股公司	28.5714	47.6966	76.8169	61.8003	3952
600825	新华传媒	上海	东部	R	国有绝对控股公司	42.8571	44.4234	82.6754	65.3054	3261
600826	兰生股份	上海	东部	L	国有绝对控股公司	57.1429	45.7167	84.4276	68.1503	2583
600827	百联股份	上海	东部	F	国有绝对控股公司	71.4286	48.1041	80.4511	68.2274	2562
600828	茂业商业	四川	西部	F	无国有股份公司	42.8571	39.7824	83.5779	64.1774	3517
600829	人民同泰	黑龙江	东北	F	无国有股份公司	28.5714	44.4097	88.8201	67.2516	2810
600830	香溢融通	浙江	东部	L	国有强相对控股公司	14.2857	36.7986	85.0508	61.0860	4053
600831	广电网络	陕西	西部	I	国有强相对控股公司	57.1429	36.0142	87.1063	66.2277	3051
600833	第一医药	上海	东部	F	国有强相对控股公司	42.8571	46.0673	81.0333	64.9776	3349
600834	申通地铁	上海	东部	G	国有绝对控股公司	71.4286	50.3378	78.2387	67.7924	2683

续表

股票代码	公司简称	省份	地区	行业代码	控股类型	环境保护（*EP*）	社会责任（*SR*）	公司治理（*CG*）	上市公司质量/ESG指数（*CLCQI*/*ESGI*）	*CLCQI*/*ESGI*排名
600835	上海机电	上海	东部	C	国有强相对控股公司	100.0000	51.6254	76.2499	70.0063	2008
600836	上海易连	上海	东部	C	无国有股份公司	71.4286	37.0178	78.7016	63.3849	3684
600838	上海九百	上海	东部	F	国有强相对控股公司	71.4286	38.1522	75.7081	62.1356	3892
600839	四川长虹	四川	西部	C	国有弱相对控股公司	100.0000	48.4871	80.5410	71.2680	1592
600841	动力新科	上海	东部	C	国有绝对控股公司	100.0000	40.3405	87.0173	71.9787	1382
600843	上工申贝	上海	东部	C	国有参股公司	71.4286	43.8966	82.8793	68.0903	2597
600844	丹化科技	江苏	东部	C	国有弱相对控股公司	42.8571	48.0857	77.4565	63.7168	3624
600845	宝信软件	上海	东部	I	国有绝对控股公司	57.1429	52.4818	87.0811	71.9775	1383
600846	同济科技	上海	东部	E	国有弱相对控股公司	71.4286	54.0953	85.6882	73.2047	1088
600847	万里股份	重庆	西部	C	无国有股份公司	57.1429	44.0143	75.1334	62.4426	3840
600848	上海临港	上海	东部	K	国有绝对控股公司	71.4286	45.0267	77.1503	65.3349	3252
600850	电科数字	上海	东部	I	国有强相对控股公司	85.7143	53.7740	86.0489	74.7192	719
600851	海欣股份	上海	东部	C	国有参股公司	28.5714	53.9365	74.7548	62.8500	3768
600853	龙建股份	黑龙江	东北	E	国有强相对控股公司	85.7143	55.4735	87.3224	76.0145	491
600854	春兰股份	江苏	东部	C	国有参股公司	57.1429	38.4892	79.1337	62.7091	3794
600855	航天长峰	北京	东部	C	国有强相对控股公司	71.4286	47.7739	82.8373	69.4242	2184
600857	宁波中百	浙江	东部	F	无国有股份公司	14.2857	40.1234	83.4380	61.3626	4014
600858	银座股份	山东	东部	F	国有强相对控股公司	71.4286	52.9314	93.0860	76.8662	377
600859	王府井	北京	东部	F	国有强相对控股公司	71.4286	45.1860	88.9116	71.8594	1420
600860	京城股份	北京	东部	C	国有强相对控股公司	57.1429	56.9131	79.7586	69.5011	2164
600861	北京人力	北京	东部	F	国有强相对控股公司	42.8571	38.4740	84.5432	64.2504	3500
600862	中航高科	江苏	东部	C	国有绝对控股公司	85.7143	42.1102	83.2470	69.0958	2300
600863	内蒙华电	内蒙古	西部	D	国有绝对控股公司	71.4286	58.0940	83.4363	73.3657	1042
600865	百大集团	浙江	东部	F	无国有股份公司	14.2857	42.7674	79.3898	60.0616	4186
600866	星湖科技	广东	东部	C	国有强相对控股公司	85.7143	58.7807	84.9592	75.8722	508
600867	通化东宝	吉林	东部	C	无国有股份公司	100.0000	54.8675	92.3174	79.9782	95
600868	梅雁吉祥	广东	东部	D	无国有股份公司	57.1429	48.0349	75.4064	64.0000	3554
600869	远东股份	青海	西部	C	国有参股公司	85.7143	49.0094	76.7388	67.9311	2648
600871	石化油服	北京	东部	B	国有绝对控股公司	85.7143	52.1129	89.4691	76.0190	489
600872	中炬高新	广东	东部	C	国有参股公司	57.1429	54.5826	86.6822	72.4934	1255
600873	梅花生物	西藏	西部	C	无国有股份公司	71.4286	61.9434	81.1009	73.4285	1031
600874	创业环保	天津	东部	D	国有强相对控股公司	85.7143	45.6034	93.8176	76.1323	469
600875	东方电气	四川	西部	C	国有绝对控股公司	85.7143	46.3478	94.3977	76.7119	404
600876	凯盛新能	河南	中部	C	国有强相对控股公司	85.7143	44.8514	83.4106	70.1453	1954
600877	电科芯片	重庆	西部	C	国有强相对控股公司	57.1429	55.5793	79.5023	68.8933	2354

续表

股票代码	公司简称	省份	地区	行业代码	控股类型	环境保护（*EP*）	社会责任（*SR*）	公司治理（*CG*）	上市公司质量/ESG指数（*CLCQI*/*ESGI*）	*CLCQI*/*ESGI*排名
600879	航天电子	湖北	中部	C	国有弱相对控股公司	85.7143	47.7713	77.9361	68.1562	2581
600880	博瑞传播	四川	西部	R	国有强相对控股公司	57.1429	56.0684	80.6550	69.6985	2102
600881	亚泰集团	吉林	东部	C	国有强相对控股公司	42.8571	48.1754	80.5170	65.4315	3231
600882	妙可蓝多	上海	东部	C	无国有股份公司	85.7143	45.9037	84.4738	71.0983	1643
600883	博闻科技	云南	西部	C	国有参股公司	57.1429	42.8563	80.9778	65.2518	3278
600884	杉杉股份	浙江	东部	C	国有参股公司	71.4286	42.3006	84.3970	68.3664	2509
600885	宏发股份	湖北	中部	C	无国有股份公司	100.0000	51.8625	81.6684	73.0695	1122
600886	国投电力	北京	东部	D	国有绝对控股公司	85.7143	47.5633	92.7041	76.2058	460
600887	伊利股份	内蒙古	西部	C	国有参股公司	85.7143	53.9270	88.4938	76.1175	472
600888	新疆众和	新疆	西部	C	无国有股份公司	100.0000	55.8166	84.0088	75.7406	527
600889	南京化纤	江苏	东部	C	国有强相对控股公司	100.0000	50.3149	85.9249	74.8689	687
600892	大晟文化	广东	东部	I	无国有股份公司	14.2857	45.7761	79.2150	61.0184	4064
600893	航发动力	陕西	西部	C	国有绝对控股公司	85.7143	48.1637	84.5848	71.9504	1390
600894	广日股份	广东	东部	C	国有绝对控股公司	85.7143	51.4170	84.9256	73.2764	1070
600895	张江高科	上海	东部	K	国有绝对控股公司	71.4286	53.2497	83.5715	71.7446	1453
600897	厦门空港	福建	东部	G	国有绝对控股公司	71.4286	42.4500	75.7671	63.6723	3633
600898	ST美讯	山东	东部	C	无国有股份公司	42.8571	36.7731	73.8496	57.7736	4378
600900	长江电力	北京	东部	D	国有绝对控股公司	85.7143	63.1282	80.8587	75.1386	643
600903	贵州燃气	贵州	西部	D	国有参股公司	85.7143	58.5244	85.0244	75.8184	517
600905	三峡能源	北京	东部	D	国有绝对控股公司	85.7143	43.8693	87.6495	72.1329	1352
600916	中国黄金	北京	东部	F	国有强相对控股公司	71.4286	56.6175	80.4133	71.1863	1611
600917	重庆燃气	重庆	西部	D	国有绝对控股公司	85.7143	56.1192	90.9179	78.2180	223
600929	雪天盐业	湖南	中部	C	国有绝对控股公司	42.8571	59.0657	79.4847	68.6753	2418
600933	爱柯迪	浙江	东部	C	无国有股份公司	71.4286	46.3615	85.9979	70.6682	1787
600935	华塑股份	安徽	中部	C	国有绝对控股公司	42.8571	55.5095	79.8863	67.6515	2712
600936	广西广电	广西	西部	I	国有强相对控股公司	42.8571	40.1766	82.2046	63.5601	3654
600939	重庆建工	重庆	西部	E	国有绝对控股公司	14.2857	56.5336	79.2530	64.8045	3383
600941	中国移动	北京	东部	I	国有绝对控股公司	85.7143	72.4094	90.0045	83.4172	17
600955	维远股份	山东	东部	C	国有参股公司	100.0000	50.5196	79.5087	71.4116	1543
600956	新天绿能	河北	东部	D	国有强相对控股公司	71.4286	46.6723	84.1266	69.7478	2088
600959	江苏有线	江苏	东部	I	国有强相对控股公司	42.8571	43.7962	77.9300	62.4759	3834
600960	渤海汽车	山东	东部	C	国有强相对控股公司	85.7143	45.5340	77.6137	67.1959	2818
600961	株冶集团	湖南	中部	C	国有强相对控股公司	85.7143	55.0274	74.7672	68.9530	2336
600962	国投中鲁	北京	东部	C	国有强相对控股公司	57.1429	55.1402	87.8950	73.3556	1046
600963	岳阳林纸	湖南	中部	C	国有强相对控股公司	100.0000	63.6401	81.0224	76.8364	382

续表

股票代码	公司简称	省份	地区	行业代码	控股类型	环境保护（EP）	社会责任（SR）	公司治理（CG）	上市公司质量/ESG指数（CLCQI/ESGI）	CLCQI/ESGI排名
600965	福成股份	河北	东部	C	无国有股份公司	57.1429	42.3430	70.1002	59.0894	4274
600966	博汇纸业	山东	东部	C	无国有股份公司	85.7143	48.4105	77.3234	68.0430	2608
600967	内蒙一机	内蒙古	西部	C	国有绝对控股公司	100.0000	50.8057	87.8065	76.0756	479
600968	海油发展	北京	东部	B	国有绝对控股公司	85.7143	51.5423	87.6515	74.8196	695
600969	郴电国际	湖南	中部	D	国有强相对控股公司	42.8571	41.7306	75.8502	60.6090	4115
600970	中材国际	江苏	东部	E	国有绝对控股公司	57.1429	55.6453	84.7324	71.7929	1439
600971	恒源煤电	安徽	中部	B	国有绝对控股公司	57.1429	47.9418	78.3325	65.5768	3198
600973	宝胜股份	江苏	东部	C	国有强相对控股公司	57.1429	43.5488	84.5239	67.4445	2767
600975	新五丰	湖南	中部	A	国有强相对控股公司	57.1429	43.7913	81.2533	65.7306	3167
600976	健民集团	湖北	中部	F	国有参股公司	85.7143	43.1116	77.6843	66.3869	2999
600977	中国电影	北京	东部	R	国有绝对控股公司	57.1429	61.6874	87.4897	75.4242	582
600979	广安爱众	四川	西部	D	国有强相对控股公司	57.1429	44.0875	72.1983	60.8540	4084
600980	北矿科技	北京	东部	C	国有强相对控股公司	85.7143	56.8912	87.0071	76.3373	443
600981	汇鸿集团	江苏	东部	F	国有绝对控股公司	85.7143	51.2744	86.9315	74.3298	803
600982	宁波能源	浙江	东部	D	国有绝对控股公司	85.7143	48.7973	77.0030	68.0021	2625
600983	惠而浦	安徽	中部	C	国有参股公司	100.0000	47.0045	86.7409	74.1591	840
600984	建设机械	陕西	西部	C	国有强相对控股公司	28.5714	51.6026	86.4736	68.4785	2472
600985	淮北矿业	安徽	中部	B	国有绝对控股公司	57.1429	64.1757	86.6711	75.8449	510
600986	浙文互联	浙江	东部	I	无国有股份公司	28.5714	38.7788	71.7763	55.9067	4461
600987	航民股份	浙江	东部	C	国有参股公司	57.1429	52.0728	73.0774	64.1323	3527
600988	赤峰黄金	内蒙古	西部	B	无国有股份公司	71.4286	48.4274	89.6414	73.3952	1039
600989	宝丰能源	宁夏	西部	C	国有参股公司	57.1429	63.0987	82.0444	72.9233	1148
600990	四创电子	安徽	中部	C	国有强相对控股公司	100.0000	55.6132	93.1109	80.6756	71
600992	贵绳股份	贵州	西部	C	国有弱相对控股公司	100.0000	52.0029	80.7726	72.6259	1222
600993	马应龙	湖北	中部	C	国有参股公司	71.4286	42.0550	80.1785	65.9603	3121
600995	南网储能	云南	西部	D	国有绝对控股公司	85.7143	55.7858	83.4752	74.0078	869
600996	贵广网络	贵州	西部	I	国有绝对控股公司	42.8571	45.8376	74.2305	61.1556	4042
600997	开滦股份	河北	东部	C	国有绝对控股公司	28.5714	60.5516	85.3484	70.9918	1682
600998	九州通	湖北	中部	F	国有参股公司	100.0000	61.1853	82.3902	76.7294	401
601000	唐山港	河北	东部	G	国有绝对控股公司	71.4286	52.8087	86.3661	73.1273	1110
601001	晋控煤业	山西	中部	B	国有绝对控股公司	57.1429	51.0668	81.2702	68.2863	2536
601002	晋亿实业	浙江	东部	C	无国有股份公司	85.7143	47.2018	82.3728	70.3971	1875
601003	柳钢股份	广西	西部	C	国有绝对控股公司	100.0000	56.5339	82.1317	74.9593	674
601005	重庆钢铁	重庆	西部	C	国有参股公司	100.0000	59.1517	85.7492	77.8652	259
601006	大秦铁路	山西	中部	G	国有绝对控股公司	71.4286	51.4843	85.0773	71.9549	1388

续表

股票代码	公司简称	省份	地区	行业代码	控股类型	环境保护（*EP*）	社会责任（*SR*）	公司治理（*CG*）	上市公司质量/ESG指数（*CLCQI/ESGI*）	*CLCQI/ESGI*排名
601007	金陵饭店	江苏	东部	H	国有强相对控股公司	100.0000	44.5544	82.9688	71.2269	1601
601008	连云港	江苏	东部	G	国有绝对控股公司	71.4286	46.5601	85.0627	70.2234	1924
601010	文峰股份	江苏	东部	F	国有参股公司	42.8571	43.7035	78.4165	62.7110	3793
601011	宝泰隆	黑龙江	东北	C	国有参股公司	57.1429	49.5304	91.5896	73.4242	1032
601012	隆基绿能	陕西	西部	C	国有参股公司	57.1429	56.3006	89.5079	74.6489	735
601015	陕西黑猫	陕西	西部	C	国有参股公司	28.5714	41.5408	74.4505	58.3442	4345
601016	节能风电	北京	东部	D	国有绝对控股公司	57.1429	46.0573	87.7423	70.0926	1975
601018	宁波港	浙江	东部	G	国有绝对控股公司	71.4286	43.2420	85.1639	69.1177	2288
601019	山东出版	山东	东部	R	国有绝对控股公司	85.7143	41.9331	85.0081	70.0024	2010
601020	华钰矿业	西藏	西部	B	无国有股份公司	85.7143	44.7639	71.6453	63.6437	3642
601021	春秋航空	上海	东部	G	无国有股份公司	57.1429	61.5343	83.7753	73.3277	1057
601028	玉龙股份	山东	东部	F	国有弱相对控股公司	42.8571	39.6653	88.4834	66.8344	2898
601038	一拖股份	河南	中部	C	国有强相对控股公司	100.0000	55.8769	80.0945	73.6089	984
601058	赛轮轮胎	山东	东部	C	无国有股份公司	100.0000	48.5007	90.1564	76.5613	414
601068	中铝国际	北京	东部	E	国有绝对控股公司	57.1429	47.1540	79.4038	65.8903	3139
601069	西部黄金	新疆	西部	B	国有绝对控股公司	42.8571	41.0952	78.8747	62.0501	3906
601086	国芳集团	甘肃	西部	F	国有参股公司	42.8571	43.1675	71.2949	58.6065	4323
601088	中国神华	北京	东部	B	国有绝对控股公司	71.4286	63.3960	90.1830	78.9321	152
601098	中南传媒	湖南	中部	R	国有绝对控股公司	85.7143	50.1924	86.8489	73.9057	900
601100	恒立液压	江苏	东部	C	无国有股份公司	85.7143	47.7625	87.1292	73.2094	1085
601101	昊华能源	北京	东部	B	国有绝对控股公司	71.4286	45.6289	86.2562	70.5539	1820
601106	中国一重	黑龙江	东北	C	国有绝对控股公司	85.7143	37.7184	68.7250	59.5716	4238
601107	四川成渝	四川	西部	G	国有绝对控股公司	85.7143	44.3513	90.0884	73.6430	966
601111	中国国航	北京	东部	G	国有强相对控股公司	100.0000	60.0606	88.3311	79.6033	114
601113	华鼎股份	浙江	东部	C	国有参股公司	85.7143	45.6326	80.6702	68.9114	2350
601116	三江购物	浙江	东部	F	无国有股份公司	57.1429	46.2688	88.9439	70.8275	1735
601117	中国化学	北京	东部	E	国有强相对控股公司	71.4286	51.4210	90.4710	74.8993	682
601118	海南橡胶	海南	东部	A	国有绝对控股公司	57.1429	46.3875	81.7379	66.9057	2882
601126	四方股份	北京	东部	C	国有参股公司	100.0000	54.4096	85.9150	76.2966	450
601127	赛力斯	重庆	西部	C	国有参股公司	85.7143	52.9052	84.8975	73.7819	930
601137	博威合金	浙江	东部	C	无国有股份公司	42.8571	45.8282	87.9523	68.6994	2408
601138	工业富联	广东	东部	C	国有参股公司	100.0000	56.6957	89.0642	78.8288	162
601139	深圳燃气	广东	东部	D	国有强相对控股公司	71.4286	48.5419	81.0151	68.6908	2412
601155	新城控股	江苏	东部	K	国有参股公司	71.4286	55.5848	87.3631	74.6473	736
601156	东航物流	上海	东部	G	国有强相对控股公司	85.7143	55.3989	87.7957	76.2487	455

续表

股票代码	公司简称	省份	地区	行业代码	控股类型	环境保护（*EP*）	社会责任（*SR*）	公司治理（*CG*）	上市公司质量/ESG指数（*CLCQI*/*ESGI*）	*CLCQI*/*ESGI*排名
601158	重庆水务	重庆	西部	D	国有绝对控股公司	71.4286	41.8074	83.8577	67.8972	2653
601163	三角轮胎	山东	东部	C	国有参股公司	100.0000	58.5578	84.6053	77.0281	349
601168	西部矿业	青海	西部	B	国有强相对控股公司	100.0000	52.4860	86.8145	76.1181	471
601177	杭齿前进	浙江	东部	C	国有绝对控股公司	85.7143	63.5510	92.2200	81.5353	50
601179	中国西电	陕西	西部	C	国有绝对控股公司	100.0000	50.0436	85.2827	74.4207	783
601186	中国铁建	北京	东部	E	国有绝对控股公司	57.1429	69.1839	87.9759	78.3154	215
601188	龙江交通	黑龙江	东北	G	国有强相对控股公司	71.4286	44.7939	90.3343	72.5046	1253
601199	江南水务	江苏	东部	D	国有绝对控股公司	100.0000	55.8876	90.9000	79.5557	120
601200	上海环境	上海	东部	N	国有绝对控股公司	85.7143	50.3479	77.5923	68.8690	2360
601208	东材科技	四川	西部	C	无国有股份公司	100.0000	55.8463	88.6864	78.3237	212
601212	白银有色	甘肃	西部	C	国有参股公司	42.8571	49.4929	88.2093	70.1234	1964
601216	君正集团	内蒙古	西部	C	无国有股份公司	85.7143	58.0548	82.5746	74.3066	807
601218	吉鑫科技	江苏	东部	C	无国有股份公司	71.4286	51.0149	74.3981	65.9170	3130
601222	林洋能源	江苏	东部	C	无国有股份公司	85.7143	61.8461	86.5715	77.8319	264
601225	陕西煤业	陕西	西部	B	国有绝对控股公司	42.8571	53.1025	80.4042	67.0939	2839
601226	华电重工	北京	东部	M	国有绝对控股公司	100.0000	59.0604	79.3995	74.3409	801
601228	广州港	广东	东部	G	国有绝对控股公司	100.0000	48.5845	87.3999	75.0745	653
601231	环旭电子	上海	东部	C	国有参股公司	100.0000	55.3149	80.6578	73.7220	944
601233	桐昆股份	浙江	东部	C	无国有股份公司	57.1429	44.5496	75.4544	62.8066	3778
601238	广汽集团	广东	东部	C	国有绝对控股公司	85.7143	58.2281	95.7857	81.6334	46
601279	英利汽车	吉林	东部	C	国有参股公司	85.7143	41.9745	85.5686	70.3252	1899
601298	青岛港	山东	东部	G	国有绝对控股公司	85.7143	46.1250	81.7798	69.6941	2105
601311	骆驼股份	湖北	中部	C	无国有股份公司	100.0000	54.8842	86.6991	76.8940	370
601326	秦港股份	河北	东部	G	国有绝对控股公司	85.7143	46.4064	89.9987	74.3130	806
601330	绿色动力	广东	东部	N	国有强相对控股公司	57.1429	56.5264	85.3834	72.4594	1260
601333	广深铁路	广东	东部	G	国有强相对控股公司	85.7143	50.0481	86.4847	73.6548	964
601339	百隆东方	浙江	东部	C	无国有股份公司	100.0000	48.5236	85.6399	74.0852	856
601360	三六零	天津	东部	I	国有参股公司	71.4286	45.5511	90.2622	72.7299	1203
601366	利群股份	山东	东部	F	无国有股份公司	57.1429	39.6549	83.8152	65.6919	3173
601368	绿城水务	广西	西部	D	国有绝对控股公司	57.1429	42.2524	81.6257	65.3968	3239
601369	陕鼓动力	陕西	西部	C	国有绝对控股公司	100.0000	66.1760	80.4721	77.4212	303
601388	怡球资源	江苏	东部	C	无国有股份公司	42.8571	44.0227	68.6566	57.4547	4397
601390	中国中铁	北京	东部	E	国有绝对控股公司	71.4286	78.3356	92.6591	85.5228	3
601399	国机重装	四川	西部	E	国有绝对控股公司	85.7143	52.3870	76.8877	69.1951	2263
601500	通用股份	江苏	东部	C	无国有股份公司	100.0000	44.4859	86.8204	73.3213	1059

续表

股票代码	公司简称	省份	地区	行业代码	控股类型	环境保护（*EP*）	社会责任（*SR*）	公司治理（*CG*）	上市公司质量/ESG指数（*CLCQI/ESGI*）	*CLCQI/ESGI*排名
601512	中新集团	江苏	东部	K	国有绝对控股公司	57.1429	46.2851	82.9618	67.5431	2738
601515	东风股份	广东	东部	C	无国有股份公司	57.1429	44.6286	84.1773	67.6318	2718
601518	吉林高速	吉林	东部	G	国有绝对控股公司	28.5714	41.8389	74.8393	58.6624	4318
601566	九牧王	福建	东部	C	无国有股份公司	85.7143	48.6735	89.0340	74.5759	759
601567	三星医疗	浙江	东部	C	无国有股份公司	100.0000	50.9131	71.8599	67.3425	2789
601568	北元集团	陕西	西部	C	国有强相对控股公司	71.4286	52.0082	82.4960	70.7185	1773
601579	会稽山	浙江	东部	C	国有参股公司	100.0000	48.5954	85.3639	73.9585	884
601588	北辰实业	北京	东部	K	国有强相对控股公司	85.7143	48.0039	85.0460	72.1481	1341
601595	上海电影	上海	东部	R	国有绝对控股公司	14.2857	39.1836	87.1304	63.0645	3732
601598	中国外运	北京	东部	G	国有绝对控股公司	100.0000	61.2216	95.8548	84.1477	9
601599	浙文影业	浙江	东部	C	国有弱相对控股公司	85.7143	42.3179	74.7661	64.5040	3451
601600	中国铝业	北京	东部	C	国有强相对控股公司	71.4286	53.6884	89.3173	75.0583	656
601606	长城军工	安徽	中部	C	国有绝对控股公司	57.1429	47.4477	86.1006	69.6763	2112
601607	上海医药	上海	东部	F	国有强相对控股公司	100.0000	58.7570	76.4951	72.6373	1218
601608	中信重工	河南	中部	C	国有绝对控股公司	85.7143	45.3053	84.0813	70.6730	1785
601609	金田股份	浙江	东部	C	无国有股份公司	100.0000	53.3471	83.1187	74.3868	790
601611	中国核建	上海	东部	E	国有绝对控股公司	14.2857	47.6567	88.0659	66.5447	2962
601615	明阳智能	广东	东部	C	国有参股公司	85.7143	55.8521	76.9740	70.4554	1856
601616	广电电气	上海	东部	C	无国有股份公司	85.7143	48.2615	81.7553	70.4284	1872
601618	中国中冶	北京	东部	E	国有绝对控股公司	71.4286	51.9146	85.8557	72.5336	1244
601619	嘉泽新能	宁夏	西部	D	国有参股公司	85.7143	51.5360	83.6575	72.6206	1225
601633	长城汽车	河北	东部	C	无国有股份公司	100.0000	60.1386	83.6591	77.0610	344
601636	旗滨集团	湖南	中部	C	无国有股份公司	85.7143	46.6377	87.7820	73.1747	1094
601666	平煤股份	河南	中部	B	国有强相对控股公司	71.4286	63.8926	88.6799	78.2792	218
601668	中国建筑	北京	东部	E	国有绝对控股公司	57.1429	71.9822	87.2725	78.9079	153
601669	中国电建	北京	东部	E	国有绝对控股公司	42.8571	63.3826	89.1968	75.5279	562
601677	明泰铝业	河南	中部	C	无国有股份公司	100.0000	61.0196	80.1681	75.4493	577
601678	滨化股份	山东	东部	C	国有参股公司	85.7143	45.7223	83.4550	70.4745	1852
601686	友发集团	天津	东部	C	无国有股份公司	85.7143	48.8938	90.6603	75.5474	560
601689	拓普集团	浙江	东部	C	无国有股份公司	57.1429	51.4336	91.0587	73.7983	921
601698	中国卫通	北京	东部	I	国有绝对控股公司	100.0000	40.5471	83.8895	70.3307	1895
601699	潞安环能	山西	中部	B	国有绝对控股公司	57.1429	58.1532	76.1680	67.9603	2635
601700	风范股份	江苏	东部	C	无国有股份公司	71.4286	50.0759	72.4356	64.5090	3449
601702	华峰铝业	上海	东部	C	无国有股份公司	100.0000	48.2439	88.6361	75.6352	540
601717	郑煤机	河南	中部	C	国有参股公司	85.7143	54.3242	91.4507	77.8828	256

续表

股票代码	公司简称	省份	地区	行业代码	控股类型	环境保护（*EP*）	社会责任（*SR*）	公司治理（*CG*）	上市公司质量/ESG指数（*CLCQI*/*ESGI*）	*CLCQI*/*ESGI*排名
601718	际华集团	北京	东部	C	国有绝对控股公司	85.7143	49.2387	78.9854	69.2470	2244
601727	上海电气	上海	东部	C	国有绝对控股公司	85.7143	55.8478	75.1903	69.4728	2171
601728	中国电信	北京	东部	I	国有绝对控股公司	100.0000	62.3947	87.6538	80.0477	90
601766	中国中车	北京	东部	C	国有绝对控股公司	71.4286	59.8265	83.1050	73.7899	927
601777	力帆科技	重庆	西部	C	无国有股份公司	85.7143	41.7956	86.0093	70.5050	1839
601778	晶科科技	江西	中部	D	国有参股公司	85.7143	39.5189	80.9906	66.9479	2873
601789	宁波建工	浙江	东部	E	国有弱相对控股公司	57.1429	37.4715	82.1226	63.9967	3556
601798	蓝科高新	甘肃	西部	C	国有绝对控股公司	42.8571	41.7571	80.6569	63.2620	3705
601799	星宇股份	江苏	东部	C	无国有股份公司	14.2857	44.7758	78.7226	60.3975	4146
601800	中国交建	北京	东部	E	国有绝对控股公司	57.1429	61.9433	85.2127	74.2614	816
601801	皖新传媒	安徽	中部	R	国有绝对控股公司	42.8571	45.1563	76.2115	62.0067	3915
601808	中海油服	天津	东部	B	国有绝对控股公司	100.0000	66.7616	91.9001	83.9116	11
601811	新华文轩	四川	西部	R	国有绝对控股公司	85.7143	48.5994	83.4480	71.4776	1524
601816	京沪高铁	北京	东部	G	国有绝对控股公司	57.1429	48.3530	84.4985	69.1120	2293
601827	三峰环境	重庆	西部	N	国有绝对控股公司	71.4286	49.6737	92.1879	75.2320	627
601828	美凯龙	上海	东部	L	无国有股份公司	85.7143	44.5034	88.1445	72.6271	1220
601857	中国石油	北京	东部	B	国有绝对控股公司	71.4286	100.0000	84.8684	88.8205	1
601858	中国科传	北京	东部	R	国有绝对控股公司	57.1429	46.7918	80.4596	66.3442	3008
601865	福莱特	浙江	东部	C	无国有股份公司	100.0000	52.3217	87.0986	76.2168	459
601866	中远海发	上海	东部	G	国有强相对控股公司	100.0000	47.2322	81.4646	71.3368	1569
601868	中国能建	北京	东部	E	国有绝对控股公司	57.1429	63.8948	91.1074	78.1865	226
601869	长飞光纤	湖北	中部	C	国有强相对控股公司	100.0000	52.2631	87.6968	76.5253	421
601872	招商轮船	上海	东部	G	国有绝对控股公司	85.7143	40.3187	83.1494	68.4151	2495
601877	正泰电器	浙江	东部	C	无国有股份公司	100.0000	48.5733	83.0980	72.7045	1208
601880	辽港股份	辽宁	东北	G	国有绝对控股公司	85.7143	37.8790	83.6215	67.8209	2670
601882	海天精工	浙江	东部	C	无国有股份公司	71.4286	45.4515	84.3597	69.4487	2176
601886	江河集团	北京	东部	E	国有参股公司	57.1429	53.9651	77.2430	67.0857	2841
601888	中国中免	北京	东部	L	国有绝对控股公司	85.7143	56.1542	92.4992	79.1000	144
601890	亚星锚链	江苏	东部	C	无国有股份公司	42.8571	44.3517	80.0346	63.8279	3600
601898	中煤能源	北京	东部	B	国有绝对控股公司	57.1429	61.0712	85.3720	74.0438	864
601899	紫金矿业	福建	东部	B	国有弱相对控股公司	100.0000	56.5859	88.6223	78.5474	185
601900	南方传媒	广东	东部	R	国有绝对控股公司	57.1429	41.6823	88.4809	68.9676	2332
601908	京运通	北京	东部	C	无国有股份公司	28.5714	39.8852	73.6999	57.3519	4403
601918	新集能源	安徽	中部	B	国有强相对控股公司	57.1429	54.3755	81.2925	69.4566	2174
601919	中远海控	天津	东部	G	国有强相对控股公司	100.0000	62.3165	89.2914	80.9210	63

续表

股票代码	公司简称	省份	地区	行业代码	控股类型	环境保护（*EP*）	社会责任（*SR*）	公司治理（*CG*）	上市公司质量/ESG指数（*CLCQI/ESGI*）	*CLCQI/ESGI*排名
601921	浙版传媒	浙江	东部	R	国有绝对控股公司	100.0000	48.5898	84.4124	73.4332	1030
601928	凤凰传媒	江苏	东部	R	国有绝对控股公司	28.5714	49.2639	81.4516	64.8979	3359
601929	吉视传媒	吉林	东部	I	国有强相对控股公司	14.2857	40.4581	78.2903	58.6486	4320
601933	永辉超市	福建	东部	F	无国有股份公司	57.1429	48.0498	74.7928	63.6678	3635
601949	中国出版	北京	东部	R	国有绝对控股公司	57.1429	44.8411	78.1596	64.3965	3474
601952	苏垦农发	江苏	东部	C	国有绝对控股公司	57.1429	54.1735	93.3195	76.0007	493
601956	东贝集团	湖北	中部	C	国有参股公司	57.1429	50.5162	84.5995	69.9247	2033
601958	金钼股份	陕西	西部	B	国有绝对控股公司	100.0000	51.7719	90.1999	77.7301	270
601965	中国汽研	重庆	西部	M	国有绝对控股公司	85.7143	57.4350	97.0851	82.0705	36
601966	玲珑轮胎	山东	东部	C	国有参股公司	100.0000	49.4931	92.3244	78.1010	236
601968	宝钢包装	上海	东部	C	国有绝对控股公司	100.0000	54.0455	77.1277	71.3362	1571
601969	海南矿业	海南	东部	B	国有弱相对控股公司	85.7143	53.2535	85.7407	74.3676	795
601975	招商南油	江苏	东部	G	国有强相对控股公司	42.8571	39.4371	82.4203	63.4199	3674
601985	中国核电	北京	东部	D	国有绝对控股公司	100.0000	57.4676	87.5621	78.2728	219
601989	中国重工	北京	东部	C	国有绝对控股公司	28.5714	46.2969	81.7691	64.0340	3550
601991	大唐发电	北京	东部	D	国有绝对控股公司	85.7143	47.7115	85.5877	72.3437	1285
601992	金隅集团	北京	东部	C	国有强相对控股公司	57.1429	57.1960	85.7422	72.8911	1159
601996	丰林集团	广西	西部	C	国有参股公司	71.4286	43.3760	89.6014	71.6052	1495
601999	出版传媒	辽宁	东北	R	国有绝对控股公司	42.8571	44.8050	73.6517	60.4759	4139
603000	人民网	北京	东部	I	国有绝对控股公司	28.5714	50.1063	84.9846	67.1359	2832
603001	ST奥康	浙江	东部	C	无国有股份公司	71.4286	41.1135	80.7878	65.9659	3120
603002	宏昌电子	广东	东部	C	无国有股份公司	42.8571	38.3112	83.6740	63.7153	3626
603003	龙宇股份	上海	东部	F	无国有股份公司	57.1429	40.2761	76.4335	61.8493	3944
603005	晶方科技	江苏	东部	C	国有弱相对控股公司	100.0000	42.8012	84.5926	71.5064	1515
603006	联明股份	上海	东部	C	无国有股份公司	85.7143	46.4984	77.0977	67.2496	2811
603007	ST花王	江苏	东部	E	国有参股公司	28.5714	39.9076	59.3374	49.4604	4551
603008	喜临门	浙江	东部	C	无国有股份公司	100.0000	47.4487	84.8913	73.2972	1064
603009	北特科技	上海	东部	C	无国有股份公司	85.7143	46.7833	84.9167	71.6498	1481
603010	万盛股份	浙江	东部	C	无国有股份公司	71.4286	51.3894	97.1982	78.5882	182
603011	合锻智能	安徽	中部	C	国有参股公司	71.4286	40.9103	77.1976	63.9201	3580
603012	创力集团	上海	东部	C	无国有股份公司	28.5714	60.0089	84.1489	70.1422	1956
603013	亚普股份	江苏	东部	C	国有绝对控股公司	100.0000	52.3779	89.7284	77.6829	275
603015	弘讯科技	浙江	东部	C	无国有股份公司	85.7143	51.5109	79.9694	70.5834	1811
603016	新宏泰	江苏	东部	C	国有参股公司	71.4286	48.3439	71.5579	63.4200	3673
603017	中衡设计	江苏	东部	M	无国有股份公司	57.1429	45.3568	80.8037	66.0312	3102

续表

股票代码	公司简称	省份	地区	行业代码	控股类型	环境保护（*EP*）	社会责任（*SR*）	公司治理（*CG*）	上市公司质量/ESG指数（*CLCQI*/*ESGI*）	*CLCQI*/*ESGI*排名
603018	华设集团	江苏	东部	M	无国有股份公司	71.4286	58.4196	86.4769	75.1520	640
603019	中科曙光	天津	东部	C	国有弱相对控股公司	100.0000	46.2146	84.1460	72.4554	1261
603020	爱普股份	上海	东部	C	国有参股公司	71.4286	44.2817	83.1035	68.3484	2515
603021	山东华鹏	山东	东部	C	国有参股公司	71.4286	50.2663	79.0317	68.2035	2567
603022	新通联	上海	东部	C	无国有股份公司	57.1429	55.6068	81.6126	70.0636	1984
603023	威帝股份	黑龙江	东北	C	无国有股份公司	57.1429	46.9135	84.4634	68.5889	2439
603025	大豪科技	北京	东部	C	国有强相对控股公司	85.7143	59.7624	87.1036	77.3952	307
603026	胜华新材	山东	东部	C	国有参股公司	57.1429	54.6464	82.1211	70.0071	2007
603027	千禾味业	四川	西部	C	国有参股公司	71.4286	55.2037	84.6613	73.0279	1130
603028	赛福天	江苏	东部	C	国有参股公司	85.7143	54.9620	87.3245	75.8366	514
603029	天鹅股份	山东	东部	C	无国有股份公司	71.4286	53.2449	77.9000	68.6236	2430
603030	*ST全筑	上海	东部	E	国有参股公司	42.8571	39.9210	71.0190	57.3185	4404
603031	安孚科技	安徽	中部	F	无国有股份公司	57.1429	44.2641	85.5195	68.2425	2554
603032	德新科技	新疆	西部	C	国有参股公司	42.8571	48.6207	78.0310	64.2200	3508
603033	三维股份	浙江	东部	C	无国有股份公司	85.7143	47.3746	74.6323	66.2003	3056
603035	常熟汽饰	江苏	东部	C	无国有股份公司	100.0000	49.9059	81.4359	72.2568	1305
603036	如通股份	江苏	东部	C	无国有股份公司	42.8571	47.9427	72.2359	60.7954	4092
603037	凯众股份	上海	东部	C	国有参股公司	71.4286	51.7193	72.5707	65.1585	3305
603038	华立股份	广东	东部	C	无国有股份公司	85.7143	41.0225	85.1348	69.7534	2083
603039	泛微网络	上海	东部	I	无国有股份公司	14.2857	41.5335	78.2241	58.9885	4282
603040	新坐标	浙江	东部	C	无国有股份公司	100.0000	48.9334	83.8314	73.2340	1074
603041	美思德	江苏	东部	C	无国有股份公司	85.7143	49.7927	84.5681	72.5113	1250
603042	华脉科技	江苏	东部	C	无国有股份公司	71.4286	46.9830	83.8098	69.6823	2109
603043	广州酒家	广东	东部	C	国有绝对控股公司	42.8571	47.0024	91.8246	71.2401	1597
603045	福达合金	浙江	东部	C	无国有股份公司	85.7143	52.7121	84.8878	73.7089	948
603048	浙江黎明	浙江	东部	C	无国有股份公司	71.4286	41.2699	66.4975	58.1609	4361
603050	科林电气	河北	东部	C	无国有股份公司	57.1429	38.5563	82.1089	64.3689	3480
603051	鹿山新材	广东	东部	C	国有参股公司	100.0000	51.3292	83.9593	74.1428	842
603053	成都燃气	四川	西部	D	国有强相对控股公司	71.4286	44.3739	83.7634	68.7436	2392
603055	台华新材	浙江	东部	C	无国有股份公司	100.0000	47.0142	79.2825	70.0603	1986
603056	德邦股份	上海	东部	G	无国有股份公司	57.1429	54.3703	76.1833	66.6447	2931
603058	永吉股份	贵州	西部	C	无国有股份公司	57.1429	45.6269	73.3369	62.0190	3914
603059	倍加洁	江苏	东部	C	无国有股份公司	42.8571	49.1045	80.3592	65.6698	3178
603060	国检集团	北京	东部	M	国有绝对控股公司	100.0000	57.8082	94.5490	82.2348	33
603063	禾望电气	广东	东部	C	无国有股份公司	71.4286	48.5803	79.7579	68.0129	2619

续表

股票代码	公司简称	省份	地区	行业代码	控股类型	环境保护（*EP*）	社会责任（*SR*）	公司治理（*CG*）	上市公司质量/ESG指数（*CLCQI/ESGI*）	*CLCQI/ESGI*排名
603066	音飞储存	江苏	东部	G	国有强相对控股公司	0.0000	41.1762	76.9419	56.7297	4434
603067	振华股份	湖北	中部	C	国有参股公司	42.8571	45.3082	79.2224	63.7159	3625
603068	博通集成	上海	东部	C	无国有股份公司	14.2857	39.9105	76.6248	57.5409	4388
603069	海汽集团	海南	东部	G	国有绝对控股公司	42.8571	50.7107	85.8079	69.2288	2247
603070	万控智造	浙江	东部	C	无国有股份公司	85.7143	49.3710	79.3624	69.5006	2165
603071	物产环能	浙江	东部	F	国有绝对控股公司	71.4286	48.1040	85.3478	70.9205	1702
603076	乐惠国际	浙江	东部	C	无国有股份公司	0.0000	44.6555	80.7746	60.0555	4188
603077	和邦生物	四川	西部	C	国有参股公司	85.7143	41.1402	69.0875	60.9686	4068
603078	江化微	江苏	东部	C	国有弱相对控股公司	100.0000	50.3385	79.8859	71.5557	1506
603079	圣达生物	浙江	东部	C	无国有股份公司	85.7143	52.0815	87.5242	74.9383	677
603080	新疆火炬	新疆	西部	D	无国有股份公司	42.8571	43.9582	87.5048	67.7987	2680
603081	大丰实业	浙江	东部	C	无国有股份公司	71.4286	52.3806	82.5676	70.8882	1713
603083	剑桥科技	上海	东部	C	无国有股份公司	85.7143	59.2449	84.6123	75.8439	511
603085	天成自控	浙江	东部	C	无国有股份公司	57.1429	42.4453	77.1801	63.0192	3739
603086	先达股份	山东	东部	C	无国有股份公司	71.4286	43.7218	78.0239	65.3587	3248
603087	甘李药业	北京	东部	C	国有参股公司	71.4286	50.5625	95.7191	77.4853	295
603088	宁波精达	浙江	东部	C	国有弱相对控股公司	57.1429	51.5715	76.7849	65.9960	3111
603089	正裕工业	浙江	东部	C	国有参股公司	85.7143	41.5913	90.3034	72.7953	1178
603090	宏盛股份	江苏	东部	C	无国有股份公司	57.1429	57.4382	83.5849	71.7894	1440
603095	越剑智能	浙江	东部	C	无国有股份公司	57.1429	36.6673	79.1925	62.1037	3900
603096	新经典	天津	东部	R	无国有股份公司	71.4286	42.0336	81.1558	66.4903	2969
603098	森特股份	北京	东部	E	无国有股份公司	42.8571	45.6327	79.0915	63.7575	3615
603099	长白山	吉林	东部	N	国有绝对控股公司	57.1429	47.6065	76.3420	64.3647	3481
603100	川仪股份	重庆	西部	C	国有绝对控股公司	71.4286	51.6804	86.4411	72.7736	1187
603101	汇嘉时代	新疆	西部	F	国有参股公司	71.4286	48.7006	73.4534	64.5874	3432
603102	百合股份	山东	东部	C	无国有股份公司	28.5714	53.1270	75.5738	63.0172	3741
603103	横店影视	浙江	东部	R	无国有股份公司	28.5714	37.9850	81.3677	60.9041	4075
603105	芯能科技	浙江	东部	C	无国有股份公司	100.0000	45.8339	83.2719	71.8414	1426
603106	恒银科技	天津	东部	C	无国有股份公司	42.8571	50.7779	83.6012	68.0386	2609
603108	润达医疗	上海	东部	F	国有弱相对控股公司	71.4286	48.7338	89.1686	73.2424	1073
603109	神驰机电	重庆	西部	C	无国有股份公司	42.8571	48.9787	76.7686	63.6510	3640
603110	东方材料	安徽	中部	C	无国有股份公司	42.8571	44.1360	74.3085	60.6030	4116
603111	康尼机电	江苏	东部	C	国有弱相对控股公司	100.0000	38.9304	81.1008	68.2311	2561
603112	华翔股份	山西	中部	C	国有参股公司	71.4286	50.6131	83.7380	70.9134	1705
603113	金能科技	山东	东部	C	无国有股份公司	71.4286	44.8239	70.3628	61.5308	3988

续表

股票代码	公司简称	省份	地区	行业代码	控股类型	环境保护（EP）	社会责任（SR）	公司治理（CG）	上市公司质量/ESG指数（CLCQI/ESGI）	CLCQI/ESGI排名
603115	海星股份	江苏	东部	C	国有参股公司	85.7143	50.9424	83.0856	72.0984	1363
603116	红蜻蜓	浙江	东部	C	无国有股份公司	71.4286	43.3287	84.8192	68.9584	2335
603117	ST万林	江苏	东部	L	无国有股份公司	57.1429	40.0963	68.9999	57.6979	4383
603118	共进股份	广东	东部	C	国有参股公司	85.7143	43.4384	83.2594	69.5675	2145
603121	华培动力	上海	东部	C	无国有股份公司	71.4286	41.9580	83.2870	67.6360	2716
603122	合富中国	上海	东部	F	无国有股份公司	14.2857	46.3542	67.2948	54.6646	4488
603123	翠微股份	北京	东部	F	国有绝对控股公司	42.8571	46.1092	73.0234	60.5868	4121
603126	中材节能	天津	东部	M	国有绝对控股公司	57.1429	44.8814	87.4338	69.5114	2159
603127	昭衍新药	北京	东部	M	国有参股公司	85.7143	60.7452	78.0613	72.7660	1191
603128	华贸物流	上海	东部	G	国有强相对控股公司	28.5714	38.1572	79.3787	59.8705	4205
603129	春风动力	浙江	东部	C	无国有股份公司	71.4286	52.4258	84.8866	72.1795	1334
603131	上海沪工	上海	东部	C	无国有股份公司	71.4286	47.5034	83.8954	69.9116	2036
603132	金徽股份	甘肃	西部	B	无国有股份公司	85.7143	53.4015	77.3042	69.7792	2074
603133	*ST碳元	江苏	东部	C	国有参股公司	57.1429	41.7859	77.2733	62.8397	3774
603136	天目湖	江苏	东部	N	国有参股公司	71.4286	50.9333	78.6990	68.2540	2549
603138	海量数据	北京	东部	I	无国有股份公司	14.2857	43.8359	76.7180	58.9660	4287
603139	康惠制药	陕西	西部	C	无国有股份公司	71.4286	48.7658	76.4510	66.2589	3038
603150	万朗磁塑	安徽	中部	C	无国有股份公司	71.4286	51.4535	81.8245	70.1551	1952
603155	新亚强	江苏	东部	C	国有参股公司	100.0000	47.7592	81.9307	71.7776	1443
603156	养元饮品	河北	东部	C	无国有股份公司	85.7143	54.4729	81.0849	72.2336	1312
603158	腾龙股份	江苏	东部	C	无国有股份公司	71.4286	46.8353	82.8720	69.1148	2292
603159	上海亚虹	上海	东部	C	无国有股份公司	85.7143	48.0889	83.9848	71.5942	1499
603160	汇顶科技	广东	东部	C	国有参股公司	14.2857	52.3416	89.8855	69.1852	2265
603161	科华控股	江苏	东部	C	无国有股份公司	100.0000	52.1402	77.0421	70.6223	1801
603165	荣晟环保	浙江	东部	C	无国有股份公司	85.7143	46.2754	83.5624	70.7271	1770
603166	福达股份	广西	西部	C	无国有股份公司	85.7143	52.1132	75.5859	68.3833	2500
603167	渤海轮渡	山东	东部	G	国有强相对控股公司	57.1429	47.9399	84.2649	68.8389	2371
603168	莎普爱思	浙江	东部	C	无国有股份公司	71.4286	46.7264	73.4999	63.9220	3579
603169	兰石重装	甘肃	西部	C	国有绝对控股公司	85.7143	48.1596	89.5717	74.6917	726
603171	税友股份	浙江	东部	I	无国有股份公司	71.4286	55.3117	80.4098	70.7274	1769
603176	汇通集团	河北	东部	E	无国有股份公司	85.7143	50.9535	75.6506	68.0130	2617
603177	德创环保	浙江	东部	N	无国有股份公司	71.4286	51.5294	75.2116	66.5445	2963
603178	圣龙股份	浙江	东部	C	国有参股公司	85.7143	55.7688	80.6229	72.4331	1268
603179	新泉股份	江苏	东部	C	无国有股份公司	57.1429	51.8354	78.6343	67.1055	2836
603180	金牌厨柜	福建	东部	C	无国有股份公司	57.1429	40.5968	90.2743	69.5740	2143

续表

股票代码	公司简称	省份	地区	行业代码	控股类型	环境保护（*EP*）	社会责任（*SR*）	公司治理（*CG*）	上市公司质量/ESG指数（*CLCQI/ESGI*）	*CLCQI/ESGI*排名
603181	皇马科技	浙江	东部	C	无国有股份公司	85.7143	53.1757	87.5541	75.3377	603
603183	建研院	江苏	东部	M	无国有股份公司	71.4286	49.1786	74.8801	65.5394	3207
603185	弘元绿能	江苏	东部	C	无国有股份公司	42.8571	40.9451	79.1643	62.1569	3885
603186	华正新材	浙江	东部	C	无国有股份公司	100.0000	56.4468	91.7578	80.2232	85
603187	海容冷链	山东	东部	C	无国有股份公司	71.4286	47.3726	82.6790	69.1967	2262
603188	亚邦股份	江苏	东部	C	无国有股份公司	28.5714	48.5595	84.0432	66.0767	3089
603189	网达软件	上海	东部	I	国有参股公司	14.2857	49.4535	76.5436	60.8363	4085
603192	汇得科技	上海	东部	C	无国有股份公司	71.4286	52.4627	86.2829	72.9604	1142
603195	公牛集团	浙江	东部	C	无国有股份公司	85.7143	56.4704	83.5014	74.2618	815
603196	日播时尚	上海	东部	C	无国有股份公司	57.1429	42.2240	75.1940	61.8494	3943
603197	保隆科技	上海	东部	C	无国有股份公司	100.0000	48.2602	79.1893	70.4452	1860
603198	迎驾贡酒	安徽	中部	C	无国有股份公司	85.7143	52.4917	80.6481	71.3000	1581
603199	九华旅游	安徽	中部	N	国有强相对控股公司	28.5714	44.7644	78.7510	61.8378	3946
603200	上海洗霸	上海	东部	N	无国有股份公司	28.5714	45.0061	80.7150	63.0025	3744
603203	快克智能	江苏	东部	C	无国有股份公司	85.7143	46.4333	90.9032	74.8198	694
603208	江山欧派	浙江	东部	C	无国有股份公司	85.7143	45.2364	82.1649	69.5949	2137
603209	兴通股份	福建	东部	G	无国有股份公司	100.0000	52.4071	86.3972	75.8610	509
603212	赛伍技术	江苏	东部	C	国有参股公司	57.1429	44.7904	76.4024	63.4123	3677
603213	镇洋发展	浙江	东部	C	国有绝对控股公司	85.7143	57.0454	90.6960	78.4201	201
603214	爱婴室	上海	东部	F	国有参股公司	42.8571	40.7234	77.2804	61.0431	4061
603215	比依股份	浙江	东部	C	无国有股份公司	85.7143	54.7362	71.4469	67.0249	2852
603216	梦天家居	浙江	东部	C	无国有股份公司	57.1429	32.2622	86.6453	64.6610	3416
603217	元利科技	山东	东部	C	无国有股份公司	57.1429	53.5125	79.4166	68.1228	2588
603218	日月股份	浙江	东部	C	无国有股份公司	100.0000	54.7935	79.1886	72.7315	1202
603219	富佳股份	浙江	东部	C	无国有股份公司	100.0000	49.8864	77.7555	70.2257	1921
603220	中贝通信	湖北	中部	I	无国有股份公司	42.8571	43.2409	74.9000	60.6150	4113
603221	爱丽家居	江苏	东部	C	无国有股份公司	100.0000	46.8067	79.7149	70.2256	1922
603222	济民医疗	浙江	东部	C	无国有股份公司	85.7143	52.1164	80.3685	71.0148	1670
603223	恒通股份	山东	东部	G	无国有股份公司	14.2857	46.4217	79.5512	61.4293	4000
603225	新凤鸣	浙江	东部	C	无国有股份公司	100.0000	49.2497	80.7315	71.6397	1484
603226	菲林格尔	上海	东部	C	无国有股份公司	100.0000	48.1820	76.6136	69.0012	2325
603227	雪峰科技	新疆	西部	C	国有强相对控股公司	85.7143	54.4982	69.9317	66.1082	3082
603228	景旺电子	广东	东部	C	无国有股份公司	85.7143	41.2338	78.1284	65.9739	3116
603229	奥翔药业	浙江	东部	C	无国有股份公司	57.1429	47.9919	76.7105	64.7022	3402
603230	内蒙新华	内蒙古	西部	R	国有绝对控股公司	42.8571	43.9165	80.4868	63.9243	3578

续表

股票代码	公司简称	省份	地区	行业代码	控股类型	环境保护（*EP*）	社会责任（*SR*）	公司治理（*CG*）	上市公司质量/ESG指数（*CLCQI/ESGI*）	*CLCQI/ESGI*排名
603232	格尔软件	上海	东部	I	国有参股公司	28.5714	61.0284	76.1984	66.1262	3078
603233	大参林	广东	东部	F	无国有股份公司	71.4286	60.5998	77.8052	71.1456	1629
603236	移远通信	上海	东部	C	无国有股份公司	71.4286	45.2340	83.0838	68.6708	2420
603238	诺邦股份	浙江	东部	C	无国有股份公司	71.4286	42.1271	82.2705	67.1361	2831
603239	浙江仙通	浙江	东部	C	国有参股公司	57.1429	47.6050	81.1553	67.0115	2857
603256	宏和科技	上海	东部	C	无国有股份公司	85.7143	46.2259	87.5162	72.8844	1161
603258	电魂网络	浙江	东部	I	无国有股份公司	57.1429	64.3955	88.9672	77.1847	332
603259	药明康德	江苏	东部	M	无国有股份公司	85.7143	60.0307	89.1293	78.6033	179
603260	合盛硅业	浙江	东部	C	无国有股份公司	57.1429	53.4076	71.3397	63.6438	3641
603261	立航科技	四川	西部	C	无国有股份公司	42.8571	41.7963	71.4292	58.2005	4356
603266	天龙股份	浙江	东部	C	无国有股份公司	71.4286	50.5915	89.5014	74.0757	860
603267	鸿远电子	北京	东部	C	无国有股份公司	71.4286	44.0253	81.4985	67.3759	2779
603268	松发股份	广东	东部	C	无国有股份公司	85.7143	46.5045	83.5749	70.8142	1743
603269	海鸥股份	江苏	东部	C	无国有股份公司	57.1429	40.7667	73.3533	60.3270	4155
603277	银都股份	浙江	东部	C	无国有股份公司	85.7143	53.9811	72.7466	67.4754	2759
603278	大业股份	山东	东部	C	无国有股份公司	71.4286	48.5512	78.0962	67.0887	2840
603279	景津装备	山东	东部	C	无国有股份公司	71.4286	43.5548	88.2963	70.9500	1696
603283	赛腾股份	江苏	东部	C	国有参股公司	42.8571	46.8471	73.4842	61.0985	4049
603286	日盈电子	江苏	东部	C	无国有股份公司	42.8571	45.5778	83.4563	66.1389	3074
603288	海天味业	广东	东部	C	国有参股公司	85.7143	57.3113	83.6226	74.6228	745
603289	泰瑞机器	浙江	东部	C	国有参股公司	28.5714	51.0707	81.4507	65.5297	3214
603290	斯达半导	浙江	东部	C	无国有股份公司	14.2857	38.6828	83.8017	61.0585	4057
603297	永新光学	浙江	东部	C	国有参股公司	71.4286	54.9527	81.9991	71.4758	1526
603298	杭叉集团	浙江	东部	C	国有参股公司	71.4286	50.6715	86.3264	72.3574	1282
603299	苏盐井神	江苏	东部	C	国有绝对控股公司	85.7143	46.7960	72.5174	64.8346	3372
603300	华铁应急	浙江	东部	L	无国有股份公司	71.4286	44.3457	84.8110	69.3099	2224
603301	振德医疗	浙江	东部	C	国有参股公司	85.7143	48.9615	87.1670	73.6498	965
603303	得邦照明	浙江	东部	C	无国有股份公司	100.0000	51.9395	91.8165	78.6779	170
603305	旭升集团	浙江	东部	C	无国有股份公司	57.1429	45.9290	85.8441	69.0037	2324
603306	华懋科技	福建	东部	C	无国有股份公司	100.0000	48.5600	85.0377	73.7667	932
603308	应流股份	安徽	中部	C	无国有股份公司	42.8571	42.3427	84.0186	65.3159	3258
603309	维力医疗	广东	东部	C	无国有股份公司	71.4286	45.3031	88.5141	71.6817	1473
603311	金海高科	浙江	东部	C	国有参股公司	71.4286	51.3474	88.8009	73.9549	887
603313	梦百合	江苏	东部	C	无国有股份公司	85.7143	40.6300	87.4224	70.8743	1717
603315	福鞍股份	辽宁	东北	C	无国有股份公司	57.1429	36.7263	76.9844	60.9099	4074

续表

股票代码	公司简称	省份	地区	行业代码	控股类型	环境保护（*EP*）	社会责任（*SR*）	公司治理（*CG*）	上市公司质量/ESG指数（*CLCQI/ESGI*）	*CLCQI/ESGI*排名
603316	诚邦股份	浙江	东部	E	国有参股公司	57.1429	41.9545	74.1437	61.1774	4038
603317	天味食品	四川	西部	C	无国有股份公司	85.7143	67.7687	85.9078	79.5398	121
603318	水发燃气	辽宁	东北	D	国有强相对控股公司	85.7143	52.1046	80.4987	71.0823	1647
603319	湘油泵	湖南	中部	C	无国有股份公司	85.7143	47.3353	78.0113	68.0450	2606
603320	迪贝电气	浙江	东部	C	无国有股份公司	85.7143	45.3668	85.4630	71.4545	1531
603321	梅轮电梯	浙江	东部	C	无国有股份公司	100.0000	55.4928	81.7243	74.3708	794
603322	超讯通信	广东	东部	I	无国有股份公司	42.8571	41.2059	75.4984	60.2319	4168
603324	盛剑环境	上海	东部	C	国有参股公司	100.0000	53.4321	78.2859	71.7585	1449
603326	我乐家居	江苏	东部	C	无国有股份公司	100.0000	38.4670	75.7644	65.1339	3315
603327	福蓉科技	四川	西部	C	国有绝对控股公司	71.4286	59.0005	85.7933	74.9793	669
603328	依顿电子	广东	东部	C	国有强相对控股公司	100.0000	50.7762	90.1846	77.3732	310
603329	上海雅仕	上海	东部	G	无国有股份公司	28.5714	41.0360	79.7210	61.0663	4056
603330	天洋新材	上海	东部	C	无国有股份公司	57.1429	40.7382	84.3059	66.3409	3011
603331	百达精工	浙江	东部	C	无国有股份公司	100.0000	49.2383	84.6555	73.7939	925
603332	苏州龙杰	江苏	东部	C	无国有股份公司	57.1429	37.6070	70.2241	57.5000	4392
603333	尚纬股份	四川	西部	C	国有参股公司	71.4286	54.4883	77.2329	68.6919	2411
603335	迪生力	广东	东部	C	无国有股份公司	57.1429	47.6619	77.6901	65.1255	3319
603336	宏辉果蔬	广东	东部	C	无国有股份公司	42.8571	50.3424	86.6240	69.5487	2152
603337	杰克股份	浙江	东部	C	无国有股份公司	85.7143	48.9287	90.6906	75.5763	550
603338	浙江鼎力	浙江	东部	C	无国有股份公司	100.0000	55.2728	77.4523	71.9442	1395
603339	四方科技	江苏	东部	C	无国有股份公司	57.1429	46.3622	81.9621	67.0202	2853
603345	安井食品	福建	东部	C	无国有股份公司	85.7143	47.9631	92.7079	76.3478	440
603348	文灿股份	广东	东部	C	无国有股份公司	71.4286	42.5508	89.1232	71.0534	1655
603351	威尔药业	江苏	东部	C	无国有股份公司	57.1429	54.3125	85.0487	71.5004	1518
603353	和顺石油	湖南	中部	F	无国有股份公司	42.8571	42.5623	78.7570	62.4989	3830
603355	莱克电气	江苏	东部	C	无国有股份公司	71.4286	53.7587	82.5495	71.3606	1557
603356	华菱精工	安徽	中部	C	无国有股份公司	85.7143	52.4114	86.3298	74.3968	789
603357	设计总院	安徽	中部	M	国有强相对控股公司	57.1429	50.8287	83.3192	69.3299	2221
603358	华达科技	江苏	东部	C	无国有股份公司	42.8571	39.5792	76.8044	60.3808	4151
603359	东珠生态	江苏	东部	N	无国有股份公司	14.2857	48.1328	82.0738	63.4156	3675
603360	百傲化学	辽宁	东北	C	无国有股份公司	85.7143	37.0122	79.2129	65.0928	3329
603363	傲农生物	福建	东部	C	无国有股份公司	42.8571	45.6606	71.5130	59.5990	4234
603365	水星家纺	上海	东部	C	无国有股份公司	85.7143	44.0620	83.4524	69.8919	2041
603366	日出东方	江苏	东部	C	无国有股份公司	71.4286	44.3589	72.7253	62.6674	3802
603367	辰欣药业	山东	东部	C	无国有股份公司	71.4286	61.5033	82.7758	74.1957	833

续表

股票代码	公司简称	省份	地区	行业代码	控股类型	环境保护（*EP*）	社会责任（*SR*）	公司治理（*CG*）	上市公司质量/ESG指数（*CLCQI/ESGI*）	*CLCQI/ESGI*排名
603368	柳药集团	广西	西部	F	无国有股份公司	85.7143	56.9690	82.5159	73.8943	902
603369	今世缘	江苏	东部	C	国有强相对控股公司	100.0000	51.6361	87.9367	76.4378	429
603377	东方时尚	北京	东部	P	国有参股公司	57.1429	46.8384	94.1476	73.8889	903
603378	亚士创能	上海	东部	C	无国有股份公司	100.0000	50.5126	88.8232	76.5322	420
603379	三美股份	浙江	东部	C	无国有股份公司	100.0000	48.6642	84.5342	73.5263	1000
603380	易德龙	江苏	东部	C	无国有股份公司	100.0000	49.7187	84.2924	73.7624	933
603383	顶点软件	福建	东部	I	无国有股份公司	57.1429	47.5417	77.0648	64.7395	3397
603385	惠达卫浴	河北	东部	C	无国有股份公司	100.0000	45.6978	87.9505	74.3670	796
603386	骏亚科技	广东	东部	C	无国有股份公司	71.4286	49.0390	85.8268	71.5113	1514
603387	基蛋生物	江苏	东部	C	无国有股份公司	71.4286	53.0987	79.3924	69.3932	2197
603388	元成股份	浙江	东部	E	无国有股份公司	42.8571	40.7020	84.9445	65.2509	3280
603389	亚振家居	江苏	东部	C	无国有股份公司	71.4286	43.7923	64.9863	58.2126	4355
603390	通达电气	广东	东部	C	无国有股份公司	100.0000	49.9115	73.8621	68.0932	2596
603392	万泰生物	北京	东部	C	无国有股份公司	57.1429	56.2381	83.2270	71.1725	1618
603393	新天然气	新疆	西部	D	无国有股份公司	14.2857	44.7056	76.2109	58.9915	4280
603396	金辰股份	辽宁	东北	C	无国有股份公司	57.1429	52.9960	77.8047	67.0555	2849
603398	沐邦高科	江西	中部	C	无国有股份公司	14.2857	50.1616	87.5094	67.1153	2834
603399	吉翔股份	辽宁	东北	C	无国有股份公司	57.1429	61.1900	74.7423	68.2390	2556
603408	建霖家居	福建	东部	C	无国有股份公司	100.0000	55.3842	80.8937	73.8760	906
603416	信捷电气	江苏	东部	C	无国有股份公司	14.2857	45.0677	86.1701	64.5958	3430
603421	鼎信通讯	山东	东部	I	无国有股份公司	85.7143	50.9208	79.9915	70.3890	1880
603429	集友股份	安徽	中部	C	无国有股份公司	71.4286	38.1898	82.4781	65.8723	3144
603439	贵州三力	贵州	西部	C	无国有股份公司	85.7143	42.8832	74.3311	64.4626	3460
603444	吉比特	福建	东部	I	无国有股份公司	42.8571	53.0933	92.8852	73.9553	886
603456	九洲药业	浙江	东部	C	无国有股份公司	85.7143	59.4347	82.2261	74.5979	754
603458	勘设股份	贵州	西部	M	无国有股份公司	71.4286	55.4895	87.7332	74.8174	696
603466	风语筑	上海	东部	R	无国有股份公司	14.2857	42.4143	86.2059	63.6868	3631
603477	巨星农牧	四川	西部	A	无国有股份公司	57.1429	53.6928	82.4153	69.8352	2060
603486	科沃斯	江苏	东部	C	无国有股份公司	71.4286	52.8585	85.6026	72.7248	1204
603488	展鹏科技	江苏	东部	C	无国有股份公司	71.4286	47.3325	83.7065	69.7478	2087
603489	八方股份	江苏	东部	C	无国有股份公司	71.4286	42.0451	80.1423	65.9369	3126
603496	恒为科技	上海	东部	C	无国有股份公司	71.4286	64.5892	83.9140	75.9018	503
603499	翔港科技	上海	东部	C	无国有股份公司	42.8571	53.9117	77.6584	65.8670	3147
603500	祥和实业	浙江	东部	C	无国有股份公司	71.4286	54.1303	76.3994	68.1081	2593
603501	韦尔股份	上海	东部	C	无国有股份公司	100.0000	54.2058	97.5933	82.6483	28

续表

股票代码	公司简称	省份	地区	行业代码	控股类型	环境保护（*EP*）	社会责任（*SR*）	公司治理（*CG*）	上市公司质量/ESG指数（*CLCQI/ESGI*）	*CLCQI/ESGI*排名
603505	金石资源	浙江	东部	B	无国有股份公司	100.0000	57.0590	83.7539	76.0353	486
603506	南都物业	浙江	东部	K	国有参股公司	28.5714	45.8002	92.2293	69.6133	2131
603507	振江股份	江苏	东部	C	无国有股份公司	100.0000	53.3660	78.5178	71.8629	1419
603508	思维列控	河南	中部	C	无国有股份公司	57.1429	52.9694	85.0020	71.0047	1678
603511	爱慕股份	北京	东部	C	无国有股份公司	100.0000	51.1997	75.0004	69.1701	2272
603515	欧普照明	上海	东部	C	无国有股份公司	85.7143	50.7404	81.0821	70.9257	1701
603516	淳中科技	北京	东部	C	无国有股份公司	42.8571	41.0688	72.5419	58.5579	4328
603517	绝味食品	湖南	中部	C	无国有股份公司	42.8571	45.1068	83.6136	66.0606	3092
603518	锦泓集团	江苏	东部	C	无国有股份公司	14.2857	37.7067	79.8907	58.5658	4326
603519	立霸股份	江苏	东部	C	国有参股公司	71.4286	42.6595	83.0162	67.7326	2694
603520	司太立	浙江	东部	C	无国有股份公司	57.1429	42.0319	77.0217	62.7874	3781
603527	众源新材	安徽	中部	C	无国有股份公司	71.4286	44.6100	76.1011	64.6120	3428
603528	多伦科技	江苏	东部	C	无国有股份公司	57.1429	47.2449	80.5756	66.5666	2952
603529	爱玛科技	天津	东部	C	无国有股份公司	100.0000	51.2968	80.4388	72.1952	1326
603530	神马电力	江苏	东部	C	国有参股公司	100.0000	63.2877	67.3895	69.2149	2253
603533	掌阅科技	北京	东部	I	国有参股公司	28.5714	40.8427	83.1494	62.8843	3763
603535	嘉诚国际	广东	东部	G	国有参股公司	28.5714	40.7923	85.0973	63.9379	3572
603536	惠发食品	山东	东部	C	无国有股份公司	85.7143	47.4467	81.5337	70.0213	2002
603538	美诺华	浙江	东部	C	无国有股份公司	85.7143	53.6408	74.6343	68.3946	2498
603551	奥普家居	浙江	东部	C	无国有股份公司	57.1429	43.4446	89.8155	70.3184	1902
603555	ST贵人	福建	东部	C	无国有股份公司	14.2857	39.9211	74.3306	56.2828	4452
603556	海兴电力	浙江	东部	C	无国有股份公司	42.8571	45.9955	76.8625	62.6585	3805
603557	ST起步	浙江	东部	C	无国有股份公司	14.2857	43.5661	81.2882	61.3852	4008
603558	健盛集团	浙江	东部	C	无国有股份公司	100.0000	41.4642	77.6692	67.2305	2815
603559	ST通脉	吉林	东部	I	无国有股份公司	71.4286	41.5865	70.5273	60.4882	4136
603565	中谷物流	上海	东部	G	国有参股公司	85.7143	57.6896	79.0455	72.2379	1311
603566	普莱柯	河南	中部	C	国有参股公司	57.1429	45.4367	79.4039	65.2892	3266
603567	珍宝岛	黑龙江	东北	C	国有参股公司	57.1429	43.5338	83.4971	66.8745	2885
603568	伟明环保	浙江	东部	N	无国有股份公司	42.8571	49.1384	84.5685	67.9969	2628
603569	长久物流	北京	东部	L	国有参股公司	28.5714	44.8044	82.9489	64.1605	3521
603577	汇金通	山东	东部	C	无国有股份公司	100.0000	50.7546	83.6908	73.7941	924
603578	三星新材	浙江	东部	C	无国有股份公司	71.4286	49.8635	83.4313	70.4823	1848
603579	荣泰健康	上海	东部	C	无国有股份公司	28.5714	54.8219	89.0704	71.0335	1663
603580	艾艾精工	上海	东部	C	无国有股份公司	42.8571	45.5389	84.1149	66.4875	2970
603583	捷昌驱动	浙江	东部	C	无国有股份公司	71.4286	49.2782	87.8124	72.6871	1212

续表

股票代码	公司简称	省份	地区	行业代码	控股类型	环境保护（*EP*）	社会责任（*SR*）	公司治理（*CG*）	上市公司质量/ESG指数（*CLCQI*/*ESGI*）	*CLCQI*/*ESGI*排名
603585	苏利股份	江苏	东部	C	无国有股份公司	85.7143	53.1982	84.1319	73.4633	1019
603586	金麒麟	山东	东部	C	无国有股份公司	71.4286	51.0557	79.7889	68.8963	2353
603587	地素时尚	上海	东部	C	无国有股份公司	57.1429	48.6666	74.8016	63.8885	3589
603588	高能环境	北京	东部	N	无国有股份公司	85.7143	41.3676	81.6405	67.9524	2640
603589	口子窖	安徽	中部	C	无国有股份公司	57.1429	45.8241	90.8886	71.7414	1455
603590	康辰药业	北京	东部	C	无国有股份公司	100.0000	46.3108	82.6787	71.6821	1472
603595	东尼电子	浙江	东部	C	国有参股公司	100.0000	52.9201	78.3908	71.6370	1486
603596	伯特利	安徽	中部	C	无国有股份公司	71.4286	49.8832	85.7313	71.7542	1451
603598	引力传媒	北京	东部	L	国有参股公司	14.2857	39.1382	74.8938	56.3185	4447
603599	广信股份	安徽	中部	C	国有参股公司	100.0000	48.6572	81.8878	72.0683	1368
603600	永艺股份	浙江	东部	C	无国有股份公司	57.1429	39.2154	85.0789	66.2331	3049
603601	再升科技	重庆	西部	C	无国有股份公司	85.7143	46.3673	88.2335	73.3284	1056
603602	纵横通信	浙江	东部	I	无国有股份公司	28.5714	43.2985	79.7818	61.8916	3935
603603	*ST博天	北京	东部	N	国有参股公司	28.5714	45.9296	73.5053	59.3604	4258
603605	珀莱雅	浙江	东部	C	无国有股份公司	100.0000	58.9651	86.6315	78.2851	217
603606	东方电缆	浙江	东部	C	国有参股公司	71.4286	61.1507	81.0730	73.1358	1105
603607	京华激光	浙江	东部	C	无国有股份公司	85.7143	44.8005	83.5229	70.1892	1941
603608	天创时尚	广东	东部	C	国有参股公司	42.8571	47.2729	85.9869	68.1241	2586
603609	禾丰股份	辽宁	东北	C	无国有股份公司	42.8571	55.9286	79.7271	67.7106	2701
603610	麒盛科技	浙江	东部	C	无国有股份公司	85.7143	47.9470	90.8634	75.3278	607
603611	诺力股份	浙江	东部	C	无国有股份公司	71.4286	49.3199	80.3752	68.6112	2432
603612	索通发展	山东	东部	C	无国有股份公司	85.7143	46.4749	86.3678	72.3399	1288
603613	国联股份	北京	东部	I	无国有股份公司	71.4286	50.1024	81.9897	69.7730	2080
603615	茶花股份	福建	东部	C	无国有股份公司	71.4286	44.1791	83.5907	68.5804	2443
603616	韩建河山	北京	东部	C	无国有股份公司	100.0000	49.8464	77.4136	70.0237	2000
603617	君禾股份	浙江	东部	C	无国有股份公司	85.7143	50.3042	83.5923	72.1536	1340
603618	杭电股份	浙江	东部	C	无国有股份公司	85.7143	58.7047	82.7288	74.6189	748
603619	中曼石油	上海	东部	B	无国有股份公司	71.4286	54.5800	87.9457	74.6160	749
603626	科森科技	江苏	东部	C	国有参股公司	100.0000	56.3862	92.9881	80.8786	64
603628	清源股份	福建	东部	C	国有参股公司	85.7143	51.3239	75.3992	68.0043	2623
603629	利通电子	江苏	东部	C	无国有股份公司	85.7143	45.8796	79.6580	68.4412	2486
603630	拉芳家化	广东	东部	C	无国有股份公司	57.1429	47.3199	87.9946	70.6733	1784
603633	徕木股份	上海	东部	C	国有参股公司	57.1429	47.2512	85.2075	69.1164	2290
603636	南威软件	福建	东部	I	国有参股公司	57.1429	46.2674	87.6800	70.1319	1961
603637	镇海股份	浙江	东部	E	国有弱相对控股公司	42.8571	44.3589	80.4439	64.0555	3545

续表

股票代码	公司简称	省份	地区	行业代码	控股类型	环境保护（*EP*）	社会责任（*SR*）	公司治理（*CG*）	上市公司质量/ESG指数（*CLCQI/ESGI*）	*CLCQI/ESGI*排名
603638	艾迪精密	山东	东部	C	无国有股份公司	57.1429	45.2261	78.1152	64.5068	3450
603639	海利尔	山东	东部	C	无国有股份公司	42.8571	42.8132	77.9195	62.1261	3895
603648	畅联股份	上海	东部	L	国有强相对控股公司	14.2857	46.0877	76.1981	59.4682	4251
603650	彤程新材	上海	东部	C	国有参股公司	100.0000	54.1005	82.4312	74.2724	813
603655	朗博科技	江苏	东部	C	无国有股份公司	57.1429	40.5483	70.9644	58.9366	4288
603656	泰禾智能	安徽	中部	C	无国有股份公司	100.0000	62.3380	75.4563	73.3193	1061
603657	春光科技	浙江	东部	C	无国有股份公司	57.1429	41.8751	79.7957	64.2582	3498
603658	安图生物	河南	中部	C	无国有股份公司	71.4286	51.0414	83.2151	70.7757	1755
603659	璞泰来	上海	东部	C	无国有股份公司	71.4286	49.2888	88.6465	73.1495	1101
603660	苏州科达	江苏	东部	C	无国有股份公司	100.0000	44.1298	85.5994	72.5251	1245
603661	恒林股份	浙江	东部	C	无国有股份公司	100.0000	51.5599	83.5923	74.0218	866
603662	柯力传感	浙江	东部	C	无国有股份公司	85.7143	46.9768	88.9908	73.9583	885
603663	三祥新材	福建	东部	C	无国有股份公司	71.4286	55.2982	78.5547	69.7023	2100
603665	康隆达	浙江	东部	C	无国有股份公司	85.7143	38.5800	85.3204	69.0006	2326
603666	亿嘉和	江苏	东部	C	无国有股份公司	14.2857	50.4126	81.0344	63.6419	3644
603667	五洲新春	浙江	东部	C	无国有股份公司	71.4286	57.4695	84.8272	73.9121	897
603668	天马科技	福建	东部	C	无国有股份公司	85.7143	54.6503	79.0127	71.1560	1625
603669	灵康药业	西藏	西部	C	无国有股份公司	85.7143	48.6155	78.4392	68.7284	2399
603676	卫信康	西藏	西部	C	无国有股份公司	85.7143	51.1183	78.4360	69.6026	2132
603677	奇精机械	浙江	东部	C	国有弱相对控股公司	85.7143	46.1811	87.9759	73.1215	1111
603678	火炬电子	福建	东部	C	无国有股份公司	100.0000	64.9765	91.5136	83.0743	24
603679	华体科技	四川	西部	C	无国有股份公司	28.5714	49.3038	73.8909	60.7535	4097
603680	今创集团	江苏	东部	C	无国有股份公司	100.0000	59.9541	88.2251	79.5077	124
603681	永冠新材	上海	东部	C	无国有股份公司	57.1429	53.0698	85.1734	71.1341	1632
603682	锦和商管	上海	东部	L	无国有股份公司	85.7143	49.4322	83.2035	71.6346	1488
603683	晶华新材	上海	东部	C	无国有股份公司	57.1429	41.4498	78.0904	63.1714	3720
603685	晨丰科技	浙江	东部	C	无国有股份公司	71.4286	50.3200	85.5822	71.8250	1431
603686	福龙马	福建	东部	C	国有参股公司	85.7143	58.8843	91.0076	79.2351	140
603687	大胜达	浙江	东部	C	无国有股份公司	100.0000	61.8096	90.1934	81.2397	55
603688	石英股份	江苏	东部	C	无国有股份公司	28.5714	58.9505	82.5491	68.8918	2355
603689	皖天然气	安徽	中部	D	国有绝对控股公司	57.1429	53.2367	81.0586	68.9293	2345
603690	至纯科技	上海	东部	C	无国有股份公司	100.0000	50.2701	80.6199	71.9355	1399
603693	江苏新能	江苏	东部	D	国有绝对控股公司	100.0000	46.1644	86.4795	73.7213	945
603696	安记食品	福建	东部	C	无国有股份公司	42.8571	42.2100	76.2234	60.9821	4066
603697	有友食品	重庆	西部	C	无国有股份公司	28.5714	46.3803	83.1450	64.8200	3377

续表

股票代码	公司简称	省份	地区	行业代码	控股类型	环境保护（*EP*）	社会责任（*SR*）	公司治理（*CG*）	上市公司质量/ESG指数（*CLCQI*/*ESGI*）	*CLCQI*/*ESGI*排名
603698	航天工程	北京	东部	M	国有绝对控股公司	85.7143	49.7843	87.4775	74.1086	852
603699	纽威股份	江苏	东部	C	无国有股份公司	85.7143	50.0067	82.7189	71.5692	1505
603700	宁水集团	浙江	东部	C	无国有股份公司	71.4286	53.6882	77.5335	68.5771	2447
603701	德宏股份	浙江	东部	C	国有强相对控股公司	85.7143	53.2676	84.4658	73.6713	961
603703	盛洋科技	浙江	东部	C	无国有股份公司	71.4286	45.4636	83.4480	68.9516	2337
603706	东方环宇	新疆	西部	D	无国有股份公司	85.7143	47.0027	86.1054	72.3803	1279
603707	健友股份	江苏	东部	C	国有参股公司	28.5714	42.1778	79.4033	61.2912	4023
603708	家家悦	山东	东部	F	国有参股公司	85.7143	43.7779	88.5230	72.5813	1232
603709	中源家居	浙江	东部	C	无国有股份公司	42.8571	46.3453	78.3672	63.6085	3649
603711	香飘飘	浙江	东部	C	无国有股份公司	85.7143	45.0251	83.7427	70.3887	1881
603712	七一二	天津	东部	C	国有强相对控股公司	85.7143	43.3245	93.3713	75.0892	652
603713	密尔克卫	上海	东部	G	无国有股份公司	85.7143	58.0706	80.2225	73.0185	1134
603716	塞力医疗	湖北	中部	F	无国有股份公司	28.5714	40.9923	75.5821	58.7746	4308
603717	天域生态	重庆	西部	E	无国有股份公司	85.7143	50.1334	84.0405	72.3404	1286
603718	海利生物	上海	东部	C	无国有股份公司	100.0000	49.0440	86.1323	74.5381	764
603719	良品铺子	湖北	中部	F	无国有股份公司	71.4286	45.7056	82.8714	68.7191	2403
603721	中广天择	湖南	中部	R	国有绝对控股公司	14.2857	51.5219	84.0536	65.6907	3174
603722	阿科力	江苏	东部	C	无国有股份公司	28.5714	41.9038	81.1894	62.1776	3884
603725	天安新材	广东	东部	C	无国有股份公司	42.8571	48.8225	87.1279	69.2940	2228
603726	朗迪集团	浙江	东部	C	无国有股份公司	57.1429	43.3038	83.0581	66.5525	2959
603727	博迈科	天津	东部	B	无国有股份公司	71.4286	56.4706	80.3687	71.1103	1639
603728	鸣志电器	上海	东部	C	无国有股份公司	100.0000	54.3619	80.0421	73.0498	1125
603729	龙韵股份	上海	东部	L	无国有股份公司	14.2857	39.2761	82.0871	60.3231	4156
603730	岱美股份	上海	东部	C	无国有股份公司	42.8571	42.9035	81.4792	64.1155	3534
603733	仙鹤股份	浙江	东部	C	无国有股份公司	85.7143	53.2105	84.0147	73.4032	1038
603737	三棵树	福建	东部	C	无国有股份公司	85.7143	42.0909	79.7516	67.1666	2825
603738	泰晶科技	湖北	中部	C	无国有股份公司	71.4286	47.8839	81.2748	68.6034	2434
603739	蔚蓝生物	山东	东部	C	无国有股份公司	85.7143	43.9972	87.7823	72.2507	1308
603755	日辰股份	山东	东部	C	无国有股份公司	85.7143	51.1447	79.4372	70.1625	1948
603757	大元泵业	浙江	东部	C	无国有股份公司	42.8571	45.8707	69.0970	58.3438	4346
603758	秦安股份	重庆	西部	C	无国有股份公司	85.7143	49.2612	77.3566	68.3590	2511
603759	海天股份	四川	西部	D	无国有股份公司	100.0000	49.3002	80.9429	71.7737	1446
603766	隆鑫通用	重庆	西部	C	国有参股公司	57.1429	47.9028	85.0912	69.2804	2233
603767	中马传动	浙江	东部	C	无国有股份公司	85.7143	57.1636	76.8854	70.8657	1723
603768	常青股份	安徽	中部	C	无国有股份公司	85.7143	44.8103	74.2174	65.0746	3333

续表

股票代码	公司简称	省份	地区	行业代码	控股类型	环境保护（*EP*）	社会责任（*SR*）	公司治理（*CG*）	上市公司质量/ESG指数（*CLCQI/ESGI*）	*CLCQI/ESGI*排名
603773	沃格光电	江西	中部	C	无国有股份公司	57.1429	47.1029	85.5434	69.2491	2242
603776	永安行	江苏	东部	M	无国有股份公司	71.4286	41.1840	81.3412	66.2949	3027
603777	来伊份	上海	东部	F	无国有股份公司	85.7143	61.1636	85.5280	77.0191	353
603778	乾景园林	北京	东部	E	无国有股份公司	28.5714	39.7511	79.1272	60.2900	4163
603779	威龙股份	山东	东部	C	无国有股份公司	28.5714	40.0467	72.8807	56.9579	4426
603786	科博达	上海	东部	C	无国有股份公司	100.0000	46.9978	84.4861	72.9166	1149
603787	新日股份	江苏	东部	C	国有参股公司	85.7143	44.5129	81.7247	69.0995	2297
603788	宁波高发	浙江	东部	C	国有参股公司	85.7143	44.0075	84.2966	70.3372	1894
603789	星光农机	浙江	东部	C	无国有股份公司	85.7143	55.2441	76.6312	70.0540	1987
603790	雅运股份	上海	东部	C	无国有股份公司	85.7143	44.3881	85.4614	71.1110	1638
603797	联泰环保	广东	东部	N	无国有股份公司	100.0000	60.6334	80.7837	75.6527	536
603798	康普顿	山东	东部	C	国有参股公司	28.5714	48.6048	86.5030	67.4455	2766
603799	华友钴业	浙江	东部	C	无国有股份公司	100.0000	52.5009	78.3741	71.4811	1523
603800	道森股份	江苏	东部	C	无国有股份公司	42.8571	58.7100	84.2955	71.1967	1608
603801	志邦家居	安徽	中部	C	无国有股份公司	85.7143	55.9565	80.0580	72.1881	1331
603803	瑞斯康达	北京	东部	C	无国有股份公司	85.7143	51.6617	78.9713	70.0872	1978
603806	福斯特	浙江	东部	C	无国有股份公司	85.7143	53.1818	76.1267	69.0547	2309
603808	歌力思	广东	东部	C	无国有股份公司	71.4286	50.5917	82.4888	70.2188	1927
603809	豪能股份	四川	西部	C	无国有股份公司	71.4286	38.0880	80.1389	64.5500	3440
603810	丰山集团	江苏	东部	C	无国有股份公司	85.7143	53.0245	86.6223	74.7723	710
603811	诚意药业	浙江	东部	C	无国有股份公司	71.4286	51.2892	75.9572	66.8705	2886
603813	原尚股份	广东	东部	G	无国有股份公司	71.4286	42.0980	82.3546	67.1722	2824
603815	交建股份	安徽	中部	E	无国有股份公司	57.1429	43.8997	79.6795	64.9029	3358
603816	顾家家居	浙江	东部	C	无国有股份公司	85.7143	49.6856	78.7348	69.2655	2237
603817	海峡环保	福建	东部	D	国有绝对控股公司	100.0000	55.8992	90.7214	79.4615	129
603818	曲美家居	北京	东部	C	无国有股份公司	71.4286	47.1816	86.2687	71.1042	1641
603819	神力股份	江苏	东部	C	无国有股份公司	85.7143	57.5090	83.6470	74.7054	724
603822	嘉澳环保	浙江	东部	C	无国有股份公司	100.0000	46.8746	75.9215	68.1629	2579
603823	百合花	浙江	东部	C	无国有股份公司	57.1429	53.9963	79.3478	68.2543	2548
603825	华扬联众	北京	东部	I	无国有股份公司	85.7143	55.3992	72.3883	67.7747	2688
603826	坤彩科技	福建	东部	C	无国有股份公司	85.7143	52.1362	80.0694	70.8572	1726
603828	柯利达	江苏	东部	E	无国有股份公司	42.8571	54.7525	82.7113	68.9403	2340
603829	洛凯股份	江苏	东部	C	无国有股份公司	71.4286	47.1936	73.3425	63.9990	3555
603833	欧派家居	广东	东部	C	无国有股份公司	85.7143	43.4852	89.0789	72.7846	1184
603836	海程邦达	山东	东部	L	无国有股份公司	57.1429	41.7350	79.3782	63.9795	3561

续表

股票代码	公司简称	省份	地区	行业代码	控股类型	环境保护（EP）	社会责任（SR）	公司治理（CG）	上市公司质量/ESG指数（CLCQI/ESGI）	CLCQI/ESGI排名
603838	四通股份	广东	东部	C	无国有股份公司	85.7143	50.8125	83.9411	72.5234	1247
603839	安正时尚	浙江	东部	C	国有参股公司	71.4286	47.6037	81.8354	68.8136	2377
603843	正平股份	青海	西部	E	国有参股公司	71.4286	42.8690	74.7783	63.2751	3703
603848	好太太	广东	东部	C	无国有股份公司	100.0000	49.2889	90.5666	77.0627	343
603855	华荣股份	上海	东部	C	无国有股份公司	71.4286	51.7085	88.0852	73.6877	956
603856	东宏股份	山东	东部	C	国有参股公司	85.7143	47.4061	82.4715	70.5229	1833
603858	步长制药	山东	东部	C	无国有股份公司	100.0000	64.1761	77.0663	74.8481	691
603859	能科科技	北京	东部	M	国有参股公司	42.8571	56.4155	88.6612	72.7948	1179
603860	中公高科	北京	东部	M	国有强相对控股公司	14.2857	46.7421	75.3595	59.2360	4262
603861	白云电器	广东	东部	C	无国有股份公司	100.0000	56.0757	89.7954	79.0140	148
603863	松炀资源	广东	东部	C	无国有股份公司	85.7143	27.8701	73.6750	58.8472	4300
603866	桃李面包	辽宁	东北	C	无国有股份公司	71.4286	49.1097	82.1098	69.4916	2168
603867	新化股份	浙江	东部	C	国有弱相对控股公司	100.0000	54.9397	86.1552	76.6143	409
603868	飞科电器	上海	东部	C	无国有股份公司	85.7143	44.1393	78.7365	67.3253	2796
603869	新智认知	广西	西部	I	无国有股份公司	28.5714	42.3390	73.6274	58.1709	4359
603871	嘉友国际	北京	东部	G	无国有股份公司	57.1429	47.2273	85.6280	69.3392	2216
603876	鼎胜新材	江苏	东部	C	无国有股份公司	71.4286	46.9240	78.7203	66.8624	2887
603877	太平鸟	浙江	东部	C	无国有股份公司	28.5714	40.2733	86.3731	64.4580	3461
603878	武进不锈	江苏	东部	C	无国有股份公司	71.4286	43.7487	79.4368	66.1451	3072
603879	永悦科技	江苏	东部	C	无国有股份公司	85.7143	52.7752	79.3127	70.6647	1788
603880	ST南卫	江苏	东部	C	无国有股份公司	71.4286	48.6526	73.6685	64.6889	3410
603881	数据港	上海	东部	I	国有强相对控股公司	71.4286	49.7392	82.3559	69.8473	2056
603882	金域医学	广东	东部	Q	无国有股份公司	100.0000	53.4684	90.7483	78.6255	175
603883	老百姓	湖南	中部	F	无国有股份公司	85.7143	53.9965	87.5997	75.6501	537
603885	吉祥航空	上海	东部	G	国有参股公司	71.4286	54.7714	82.9634	71.9427	1396
603886	元祖股份	上海	东部	C	无国有股份公司	14.2857	54.9308	84.7689	67.2773	2803
603887	城地香江	上海	东部	I	无国有股份公司	71.4286	43.5316	71.8102	61.8745	3939
603888	新华网	北京	东部	I	国有绝对控股公司	14.2857	47.0978	87.2967	65.9260	3127
603889	新澳股份	浙江	东部	C	无国有股份公司	100.0000	52.5878	79.5489	72.1576	1339
603890	春秋电子	江苏	东部	C	国有参股公司	85.7143	47.0473	83.3071	70.8569	1727
603893	瑞芯微	福建	东部	C	国有参股公司	28.5714	53.4600	86.9323	69.3809	2201
603895	天永智能	上海	东部	C	无国有股份公司	28.5714	45.0125	72.5625	58.5209	4330
603896	寿仙谷	浙江	东部	C	无国有股份公司	100.0000	50.7079	90.7043	77.6351	280
603897	长城科技	浙江	东部	C	无国有股份公司	85.7143	58.5791	76.8624	71.3484	1564
603898	好莱客	广东	东部	C	国有参股公司	57.1429	40.9877	80.8654	64.5359	3445

续表

股票代码	公司简称	省份	地区	行业代码	控股类型	环境保护（*EP*）	社会责任（*SR*）	公司治理（*CG*）	上市公司质量/ESG指数（*CLCQI/ESGI*）	*CLCQI/ESGI*排名
603899	晨光股份	上海	东部	C	无国有股份公司	85.7143	60.8788	85.5864	76.9515	361
603900	莱绅通灵	江苏	东部	F	无国有股份公司	42.8571	42.9167	82.2902	64.5661	3438
603901	永创智能	浙江	东部	C	无国有股份公司	42.8571	49.6082	80.7772	66.0761	3090
603903	中持股份	北京	东部	N	国有弱相对控股公司	85.7143	47.7958	80.0165	69.3090	2225
603906	龙蟠科技	江苏	东部	C	国有参股公司	100.0000	54.8644	82.2426	74.4360	778
603908	牧高笛	浙江	东部	C	国有参股公司	71.4286	42.7835	82.4912	67.4872	2754
603909	建发合诚	福建	东部	M	国有弱相对控股公司	14.2857	44.2547	84.6966	63.5008	3660
603912	佳力图	江苏	东部	C	无国有股份公司	28.5714	49.6747	76.0544	62.0732	3903
603915	国茂股份	江苏	东部	C	无国有股份公司	85.7143	44.7714	81.1789	68.8898	2356
603916	苏博特	江苏	东部	C	无国有股份公司	71.4286	43.8429	80.6737	66.8584	2890
603917	合力科技	浙江	东部	C	无国有股份公司	85.7143	48.0526	77.8957	68.2325	2559
603918	金桥信息	上海	东部	I	无国有股份公司	28.5714	54.5765	91.5273	72.2989	1297
603919	金徽酒	甘肃	西部	C	国有参股公司	100.0000	51.0114	87.1972	75.8124	518
603920	世运电路	广东	东部	C	无国有股份公司	100.0000	53.5724	89.2365	77.8304	265
603922	金鸿顺	江苏	东部	C	无国有股份公司	85.7143	38.9681	76.5262	64.2997	3490
603926	铁流股份	浙江	东部	C	无国有股份公司	85.7143	45.7266	75.8661	66.3021	3026
603927	中科软	北京	东部	I	国有强相对控股公司	71.4286	58.0558	82.2935	72.7238	1205
603928	兴业股份	江苏	东部	C	无国有股份公司	85.7143	50.1154	86.4175	73.6415	969
603929	亚翔集成	江苏	东部	E	无国有股份公司	71.4286	44.9149	77.4938	65.4847	3222
603931	格林达	浙江	东部	C	无国有股份公司	71.4286	54.6761	78.3879	69.3928	2198
603933	睿能科技	福建	东部	C	国有参股公司	71.4286	49.9985	81.0442	69.2166	2252
603936	博敏电子	广东	东部	C	国有参股公司	100.0000	52.1409	85.0417	75.0223	661
603937	丽岛新材	江苏	东部	C	无国有股份公司	57.1429	46.5596	78.8245	65.3636	3246
603938	三孚股份	河北	东部	C	无国有股份公司	85.7143	53.9574	85.5613	74.5152	769
603939	益丰药房	湖南	中部	F	无国有股份公司	42.8571	47.9593	74.3119	61.9430	3926
603948	建业股份	浙江	东部	C	国有参股公司	85.7143	49.8731	81.5342	70.8708	1720
603949	雪龙集团	浙江	东部	C	无国有股份公司	85.7143	47.8198	85.4162	72.2873	1300
603950	长源东谷	湖北	中部	C	无国有股份公司	71.4286	44.0067	81.4721	67.3549	2784
603955	大千生态	江苏	东部	E	国有参股公司	57.1429	49.5713	79.8384	66.9753	2866
603956	威派格	上海	东部	C	无国有股份公司	71.4286	51.3978	81.1736	69.7776	2076
603958	哈森股份	江苏	东部	C	无国有股份公司	14.2857	38.6926	76.7697	57.1943	4413
603959	百利科技	湖南	中部	E	国有参股公司	71.4286	42.5883	88.3621	70.6479	1791
603960	克来机电	上海	东部	C	无国有股份公司	100.0000	47.8884	77.2996	69.2757	2234
603963	大理药业	云南	西部	C	无国有股份公司	57.1429	49.5812	70.4525	61.8166	3948
603966	法兰泰克	江苏	东部	C	无国有股份公司	57.1429	46.6077	81.6744	66.9479	2872

续表

股票代码	公司简称	省份	地区	行业代码	控股类型	环境保护（*EP*）	社会责任（*SR*）	公司治理（*CG*）	上市公司质量/ESG指数（*CLCQI*/*ESGI*）	*CLCQI*/*ESGI*排名
603967	中创物流	山东	东部	G	无国有股份公司	14.2857	45.0253	82.1088	62.3473	3858
603968	醋化股份	江苏	东部	C	国有参股公司	85.7143	47.1099	84.8480	71.7263	1461
603969	银龙股份	天津	东部	C	无国有股份公司	100.0000	58.8631	74.9929	71.8482	1423
603970	中农立华	北京	东部	F	无国有股份公司	28.5714	44.2465	85.4206	65.3247	3256
603976	正川股份	重庆	西部	C	无国有股份公司	57.1429	39.5802	79.6961	63.4002	3679
603977	国泰集团	江西	中部	C	国有绝对控股公司	85.7143	46.1072	86.9622	72.5382	1243
603978	深圳新星	广东	东部	C	无国有股份公司	57.1429	42.1660	79.0624	63.9567	3567
603979	金诚信	北京	东部	B	无国有股份公司	71.4286	63.1381	88.7157	78.0349	240
603980	吉华集团	浙江	东部	C	国有参股公司	71.4286	43.2537	83.2370	68.0620	2603
603982	泉峰汽车	江苏	东部	C	国有参股公司	85.7143	51.7464	86.2811	74.1373	844
603983	丸美股份	广东	东部	C	无国有股份公司	100.0000	48.8169	76.8497	69.3533	2211
603985	恒润股份	江苏	东部	C	国有弱相对控股公司	85.7143	48.1847	83.2503	71.2237	1603
603986	兆易创新	北京	东部	C	国有参股公司	100.0000	58.8170	96.0021	83.3871	19
603987	康德莱	上海	东部	C	无国有股份公司	85.7143	47.5214	80.2496	69.3412	2215
603988	中电电机	江苏	东部	C	无国有股份公司	71.4286	48.6609	81.3146	68.8972	2352
603989	艾华集团	湖南	中部	C	无国有股份公司	85.7143	49.6914	80.3702	70.1670	1947
603990	麦迪科技	江苏	东部	I	国有参股公司	42.8571	52.0679	83.0068	68.1632	2578
603991	至正股份	广东	东部	C	无国有股份公司	42.8571	42.6578	78.6919	62.4965	3831
603992	松霖科技	福建	东部	C	无国有股份公司	71.4286	51.8375	84.4271	71.7209	1463
603993	洛阳钼业	河南	中部	B	国有参股公司	100.0000	61.7537	89.2988	80.7281	69
603995	甬金股份	浙江	东部	C	无国有股份公司	85.7143	60.4114	81.9874	74.8085	699
603997	继峰股份	浙江	东部	C	无国有股份公司	85.7143	43.7933	77.4921	66.5197	2966
603998	方盛制药	湖南	中部	C	无国有股份公司	42.8571	41.3498	81.6534	63.6675	3636
603999	读者传媒	甘肃	西部	R	国有绝对控股公司	28.5714	41.1875	82.2011	62.4834	3833
605001	威奥股份	山东	东部	C	无国有股份公司	57.1429	42.9351	79.9205	64.6978	3405
605003	众望布艺	浙江	东部	C	无国有股份公司	57.1429	43.7157	82.2921	66.2754	3033
605005	合兴股份	浙江	东部	C	无国有股份公司	85.7143	53.4492	81.3471	72.0195	1376
605006	山东玻纤	山东	东部	C	国有绝对控股公司	100.0000	60.0976	78.8535	74.4036	786
605007	五洲特纸	浙江	东部	C	无国有股份公司	100.0000	47.8667	80.1407	70.8307	1733
605008	长鸿高科	浙江	东部	C	无国有股份公司	71.4286	42.3053	84.7508	68.5626	2451
605009	豪悦护理	浙江	东部	C	无国有股份公司	28.5714	45.0640	81.3822	63.3897	3682
605011	杭州热电	浙江	东部	D	国有绝对控股公司	85.7143	52.4578	88.6239	75.6748	535
605016	百龙创园	山东	东部	C	无国有股份公司	100.0000	56.0760	82.2474	74.8627	688
605018	长华集团	浙江	东部	C	无国有股份公司	100.0000	47.0077	81.1515	71.0860	1646
605020	永和股份	浙江	东部	C	无国有股份公司	100.0000	55.5086	86.5083	77.0076	356

续表

股票代码	公司简称	省份	地区	行业代码	控股类型	环境保护（*EP*）	社会责任（*SR*）	公司治理（*CG*）	上市公司质量/ESG指数（*CLCQI/ESGI*）	*CLCQI/ESGI*排名
605028	世茂能源	浙江	东部	D	无国有股份公司	100.0000	54.7351	82.7132	74.6495	734
605033	美邦股份	陕西	西部	C	无国有股份公司	100.0000	54.7450	80.0643	73.1961	1091
605050	福然德	上海	东部	G	无国有股份公司	85.7143	55.0536	80.5421	72.1384	1347
605055	迎丰股份	浙江	东部	C	无国有股份公司	100.0000	50.1563	81.0435	72.1286	1354
605056	咸亨国际	浙江	东部	F	无国有股份公司	71.4286	44.8605	84.0465	69.0696	2307
605058	澳弘电子	江苏	东部	C	无国有股份公司	85.7143	52.6967	84.5501	73.5178	1003
605060	联德股份	浙江	东部	C	无国有股份公司	71.4286	54.5566	80.8632	70.7124	1775
605066	天正电气	浙江	东部	C	无国有股份公司	57.1429	49.4791	86.2640	70.4772	1851
605068	明新旭腾	浙江	东部	C	无国有股份公司	100.0000	44.6480	91.4056	75.8999	504
605069	正和生态	北京	东部	N	无国有股份公司	42.8571	41.6678	75.0926	60.1704	4176
605077	华康股份	浙江	东部	C	无国有股份公司	100.0000	48.0857	84.3543	73.2248	1079
605080	浙江自然	浙江	东部	C	无国有股份公司	71.4286	39.8679	81.9677	66.1789	3063
605081	太和水	上海	东部	N	国有参股公司	57.1429	52.2978	73.1227	64.2360	3504
605086	龙高股份	福建	东部	B	国有绝对控股公司	85.7143	58.0453	84.1953	75.1947	631
605088	冠盛股份	浙江	东部	C	无国有股份公司	100.0000	57.4700	82.6235	75.5574	558
605089	味知香	江苏	东部	C	无国有股份公司	85.7143	51.4513	79.4775	70.2920	1912
605090	九丰能源	江西	中部	D	无国有股份公司	71.4286	56.5140	82.2172	72.1422	1346
605098	行动教育	上海	东部	P	无国有股份公司	28.5714	48.2102	87.2735	67.7311	2695
605099	共创草坪	江苏	东部	C	无国有股份公司	71.4286	40.9768	86.5537	69.0893	2303
605100	华丰股份	山东	东部	C	无国有股份公司	71.4286	51.9233	84.6070	71.8498	1422
605108	同庆楼	安徽	中部	H	无国有股份公司	57.1429	44.1337	79.3367	64.7962	3385
605111	新洁能	江苏	东部	C	无国有股份公司	71.4286	52.4494	91.9499	76.0726	482
605116	奥锐特	浙江	东部	C	无国有股份公司	57.1429	50.7519	71.8359	62.9872	3747
605117	德业股份	浙江	东部	C	无国有股份公司	100.0000	54.3599	89.3417	78.1639	230
605118	力鼎光电	福建	东部	C	无国有股份公司	71.4286	48.6162	85.7796	71.3373	1567
605122	四方新材	重庆	西部	C	无国有股份公司	71.4286	50.7553	80.1778	69.0050	2323
605123	派克新材	江苏	东部	C	无国有股份公司	71.4286	48.2909	86.7118	71.7361	1457
605128	上海沿浦	上海	东部	C	无国有股份公司	28.5714	42.6159	78.6737	61.0433	4060
605133	嵘泰股份	江苏	东部	C	无国有股份公司	42.8571	53.0433	79.5388	66.5972	2944
605136	丽人丽妆	上海	东部	F	无国有股份公司	85.7143	42.4537	79.5469	67.1810	2821
605138	盛泰集团	浙江	东部	C	无国有股份公司	85.7143	40.1584	74.1464	63.4074	3678
605151	西上海	上海	东部	C	无国有股份公司	28.5714	38.8441	81.9538	61.5272	3989
605155	西大门	浙江	东部	C	无国有股份公司	57.1429	40.1038	74.9364	60.9656	4069
605158	华达新材	浙江	东部	C	国有参股公司	100.0000	55.4645	89.1410	78.4402	197
605162	新中港	浙江	东部	D	无国有股份公司	85.7143	57.0468	81.7341	73.4915	1008

续表

股票代码	公司简称	省份	地区	行业代码	控股类型	环境保护（*EP*）	社会责任（*SR*）	公司治理（*CG*）	上市公司质量/ESG指数（*CLCQI*/*ESGI*）	*CLCQI*/*ESGI*排名
605166	聚合顺	浙江	东部	C	无国有股份公司	71.4286	48.7114	81.6075	69.0760	2304
605167	利柏特	江苏	东部	M	国有参股公司	42.8571	44.0156	74.5255	60.6802	4104
605168	三人行	陕西	西部	L	无国有股份公司	57.1429	52.3145	85.0956	70.8269	1736
605169	洪通燃气	新疆	西部	D	无国有股份公司	85.7143	47.9836	77.2864	67.8732	2659
605177	东亚药业	浙江	东部	C	无国有股份公司	100.0000	45.8575	84.7039	72.6373	1217
605178	时空科技	北京	东部	E	国有参股公司	42.8571	49.8558	78.3886	64.8490	3369
605179	一鸣食品	浙江	东部	C	无国有股份公司	85.7143	47.4983	78.5144	68.3787	2503
605180	华生科技	浙江	东部	C	无国有股份公司	71.4286	45.8922	79.9733	67.1905	2820
605183	确成股份	江苏	东部	C	无国有股份公司	85.7143	51.4325	85.9819	73.8629	909
605186	健麾信息	上海	东部	C	无国有股份公司	14.2857	41.6482	78.8840	59.3917	4256
605188	国光连锁	江西	中部	F	无国有股份公司	28.5714	42.7166	71.2588	57.0003	4424
605189	富春染织	安徽	中部	C	无国有股份公司	85.7143	52.0511	81.1604	71.4275	1536
605196	华通线缆	河北	东部	C	无国有股份公司	85.7143	51.3122	75.1493	67.8628	2663
605198	安德利	山东	东部	C	无国有股份公司	85.7143	57.6696	80.5397	73.0526	1124
605199	葫芦娃	海南	东部	C	无国有股份公司	100.0000	46.1410	83.6281	72.1448	1344
605208	永茂泰	上海	东部	C	无国有股份公司	85.7143	50.8669	82.9899	72.0193	1377
605218	伟时电子	江苏	东部	C	无国有股份公司	42.8571	42.8195	87.2506	67.2604	2808
605222	起帆电缆	上海	东部	C	无国有股份公司	85.7143	54.2011	80.4345	71.7808	1441
605228	神通科技	浙江	东部	C	无国有股份公司	85.7143	40.8976	81.2678	67.5829	2730
605255	天普股份	浙江	东部	C	无国有股份公司	71.4286	52.1436	76.6357	67.5427	2739
605258	协和电子	江苏	东部	C	无国有股份公司	42.8571	42.3024	76.9564	61.4176	4004
605259	绿田机械	浙江	东部	C	无国有股份公司	71.4286	50.1886	84.0744	70.9498	1697
605266	健之佳	云南	西部	F	无国有股份公司	28.5714	48.9253	80.8103	64.4266	3468
605268	王力安防	浙江	东部	C	无国有股份公司	85.7143	46.3864	81.5085	69.6364	2123
605277	新亚电子	浙江	东部	C	无国有股份公司	100.0000	55.4243	83.2362	75.1784	634
605286	同力日升	江苏	东部	C	无国有股份公司	42.8571	46.9664	73.9131	61.3762	4010
605287	德才股份	山东	东部	E	国有参股公司	100.0000	55.6174	82.6876	74.9442	675
605288	凯迪股份	江苏	东部	C	无国有股份公司	14.2857	35.5160	78.1546	56.8442	4430
605289	罗曼股份	上海	东部	E	国有参股公司	85.7143	52.6492	81.2072	71.6626	1478
605296	神农集团	云南	西部	A	无国有股份公司	42.8571	48.6621	87.4448	69.4121	2193
605298	必得科技	江苏	东部	C	无国有股份公司	71.4286	49.8892	83.3887	70.4679	1853
605299	舒华体育	福建	东部	C	无国有股份公司	85.7143	43.5429	86.0267	71.1262	1634
605300	佳禾食品	江苏	东部	C	国有参股公司	100.0000	46.9746	77.8102	69.2367	2246
605303	园林股份	浙江	东部	E	无国有股份公司	14.2857	42.9436	77.7396	59.2156	4264
605305	中际联合	北京	东部	C	国有参股公司	85.7143	55.9149	80.4453	72.3866	1278

续表

股票代码	公司简称	省份	地区	行业代码	控股类型	环境保护（*EP*）	社会责任（*SR*）	公司治理（*CG*）	上市公司质量/ESG指数（*CLCQI*/*ESGI*）	*CLCQI*/*ESGI*排名
605318	法狮龙	浙江	东部	C	无国有股份公司	14.2857	42.0935	76.2851	58.1181	4363
605319	无锡振华	江苏	东部	C	无国有股份公司	85.7143	47.6001	79.2374	68.8120	2380
605333	沪光股份	江苏	东部	C	无国有股份公司	42.8571	42.2333	74.8673	60.2444	4167
605336	帅丰电器	浙江	东部	C	无国有股份公司	85.7143	55.3567	85.0695	74.7345	717
605337	李子园	浙江	东部	C	无国有股份公司	71.4286	49.0922	78.1620	67.3142	2797
605338	巴比食品	上海	东部	C	无国有股份公司	85.7143	66.2594	82.4091	77.0872	340
605339	南侨食品	上海	东部	C	无国有股份公司	42.8571	46.8893	77.3866	63.2596	3706
605358	立昂微	浙江	东部	C	无国有股份公司	100.0000	58.7362	84.2241	76.8809	375
605365	立达信	福建	东部	C	无国有股份公司	100.0000	52.1342	89.6008	77.5274	291
605366	宏柏新材	江西	中部	C	无国有股份公司	100.0000	58.5865	74.8383	71.6663	1476
605368	蓝天燃气	河南	中部	D	无国有股份公司	14.2857	48.6098	84.0652	64.6778	3412
605369	拱东医疗	浙江	东部	C	无国有股份公司	85.7143	49.9020	81.1775	70.6848	1780
605376	博迁新材	江苏	东部	C	无国有股份公司	57.1429	52.8190	93.1121	75.4126	584
605377	华旺科技	浙江	东部	C	无国有股份公司	85.7143	48.7374	82.0633	70.7643	1758
605378	野马电池	浙江	东部	C	国有参股公司	42.8571	49.1887	84.8530	68.1709	2577
605388	均瑶健康	湖北	中部	C	无国有股份公司	14.2857	43.7306	81.5104	61.5650	3983
605389	长龄液压	江苏	东部	C	无国有股份公司	28.5714	42.4874	83.2046	63.4902	3662
605398	新炬网络	上海	东部	I	无国有股份公司	14.2857	51.4698	80.4821	63.7081	3627
605399	晨光新材	江西	中部	C	国有参股公司	57.1429	49.7858	85.0625	69.9237	2034
605488	福莱新材	浙江	东部	C	无国有股份公司	71.4286	47.1674	92.2052	74.3643	798
605499	东鹏饮料	广东	东部	C	无国有股份公司	85.7143	43.0428	88.4970	72.3098	1294
605500	森林包装	浙江	东部	C	无国有股份公司	85.7143	46.7677	81.1836	69.5911	2139
605507	国邦医药	浙江	东部	C	国有参股公司	85.7143	52.1538	86.1355	74.1998	831
605555	德昌股份	浙江	东部	C	国有参股公司	71.4286	48.8365	76.4630	66.2902	3028
605566	福莱蒽特	浙江	东部	C	无国有股份公司	42.8571	45.1174	81.4491	64.8738	3363
605567	春雪食品	山东	东部	C	无国有股份公司	100.0000	58.2696	82.4695	75.7526	525
605577	龙版传媒	黑龙江	东北	R	国有绝对控股公司	57.1429	44.0552	74.5075	62.1128	3897
605580	恒盛能源	浙江	东部	D	无国有股份公司	71.4286	50.6944	74.8613	66.0596	3093
605588	冠石科技	江苏	东部	C	无国有股份公司	100.0000	50.9867	81.6373	72.7459	1199
605589	圣泉集团	山东	东部	C	无国有股份公司	100.0000	50.5010	82.6430	73.1290	1108
605598	上海港湾	上海	东部	E	国有参股公司	57.1429	44.9599	81.5531	66.3045	3025
605599	菜百股份	北京	东部	F	国有弱相对控股公司	57.1429	54.9588	81.9614	70.0286	1998
688001	华兴源创	江苏	东部	C	无国有股份公司	100.0000	53.6334	84.8013	75.4124	585
688002	睿创微纳	山东	东部	C	国有参股公司	85.7143	42.1032	84.9774	70.0451	1990
688003	天准科技	江苏	东部	C	无国有股份公司	71.4286	51.7661	86.3363	72.7459	1198

续表

股票代码	公司简称	省份	地区	行业代码	控股类型	环境保护（EP）	社会责任（SR）	公司治理（CG）	上市公司质量/ESG指数（CLCQI/ESGI）	CLCQI/ESGI排名
688004	博汇科技	北京	东部	I	无国有股份公司	42.8571	48.9035	82.6306	66.8487	2897
688005	容百科技	浙江	东部	C	无国有股份公司	85.7143	56.2066	90.6545	78.1037	235
688006	杭可科技	浙江	东部	C	无国有股份公司	85.7143	60.4428	86.7893	77.4605	298
688007	光峰科技	广东	东部	C	无国有股份公司	57.1429	52.7958	88.8256	73.0469	1127
688008	澜起科技	上海	东部	C	无国有股份公司	85.7143	55.4504	91.5985	78.3582	208
688009	中国通号	北京	东部	C	国有绝对控股公司	85.7143	69.6856	84.5713	79.4756	128
688010	福光股份	福建	东部	C	国有参股公司	57.1429	62.4550	90.4126	77.3005	317
688011	新光光电	黑龙江	东北	C	无国有股份公司	57.1429	53.5333	78.8397	67.8128	2673
688012	中微公司	上海	东部	C	国有强相对控股公司	100.0000	59.9356	95.6619	83.5915	14
688013	天臣医疗	江苏	东部	C	无国有股份公司	71.4286	56.2231	84.1824	73.1212	1112
688015	交控科技	北京	东部	C	国有弱相对控股公司	85.7143	60.4146	91.6997	80.1514	87
688016	心脉医疗	上海	东部	C	无国有股份公司	85.7143	59.9287	87.1152	77.4598	299
688017	绿的谐波	江苏	东部	C	无国有股份公司	71.4286	50.5440	76.3101	66.8038	2904
688018	乐鑫科技	上海	东部	I	国有参股公司	85.7143	61.8204	85.5091	77.2386	326
688019	安集科技	上海	东部	C	国有参股公司	100.0000	59.2357	86.7229	78.4301	199
688020	方邦股份	广东	东部	C	无国有股份公司	85.7143	44.2885	74.9389	65.2888	3267
688021	奥福环保	山东	东部	C	无国有股份公司	71.4286	54.4553	81.5399	71.0491	1659
688022	瀚川智能	江苏	东部	C	无国有股份公司	71.4286	53.1583	82.0846	70.8948	1711
688023	安恒信息	浙江	东部	I	国有参股公司	57.1429	57.6624	88.7308	74.6981	725
688025	杰普特	广东	东部	C	无国有股份公司	57.1429	61.3994	82.2842	72.4604	1259
688026	洁特生物	广东	东部	C	无国有股份公司	57.1429	52.0867	82.4740	69.3053	2226
688027	国盾量子	安徽	中部	C	国有弱相对控股公司	28.5714	56.7236	83.8226	68.8129	2378
688028	沃尔德	北京	东部	C	无国有股份公司	85.7143	46.3331	85.5537	71.8425	1425
688029	南微医学	江苏	东部	C	无国有股份公司	85.7143	55.3137	75.5883	69.5048	2163
688030	山石网科	江苏	东部	I	无国有股份公司	28.5714	55.9270	84.3645	68.8321	2374
688032	禾迈股份	浙江	东部	C	无国有股份公司	85.7143	61.4695	90.3991	79.8053	103
688033	天宜上佳	北京	东部	C	无国有股份公司	100.0000	62.6160	82.2214	77.1374	335
688036	传音控股	广东	东部	C	无国有股份公司	100.0000	62.1032	81.1007	76.3415	441
688037	芯源微	辽宁	东北	C	国有参股公司	71.4286	65.0517	84.3558	76.3066	447
688038	中科通达	湖北	中部	I	国有参股公司	42.8571	50.4459	76.8939	64.2334	3505
688039	当虹科技	浙江	东部	I	无国有股份公司	42.8571	62.2659	86.6470	73.7346	941
688049	炬芯科技	广东	东部	C	无国有股份公司	42.8571	53.0535	99.1768	77.4017	305
688050	爱博医疗	北京	东部	C	无国有股份公司	57.1429	56.7952	88.6310	74.3397	802
688051	佳华科技	北京	东部	I	无国有股份公司	85.7143	46.3846	79.0621	68.2902	2535
688055	龙腾光电	江苏	东部	C	国有强相对控股公司	100.0000	51.8653	87.2885	76.1616	465

续表

股票代码	公司简称	省份	地区	行业代码	控股类型	环境保护（*EP*）	社会责任（*SR*）	公司治理（*CG*）	上市公司质量/ESG指数（*CLCQI*/*ESGI*）	*CLCQI*/*ESGI*排名
688056	莱伯泰科	北京	东部	C	无国有股份公司	71.4286	50.1173	85.5138	71.7165	1465
688057	金达莱	江西	中部	N	无国有股份公司	42.8571	43.2288	79.0363	62.8858	3762
688058	宝兰德	北京	东部	I	无国有股份公司	28.5714	47.1123	74.2366	60.1766	4175
688059	华锐精密	湖南	中部	C	无国有股份公司	71.4286	55.0503	84.3480	72.8019	1177
688060	云涌科技	江苏	东部	I	无国有股份公司	85.7143	55.0350	81.6629	72.7482	1196
688062	迈威生物	上海	东部	C	国有参股公司	71.4286	50.7026	80.2350	69.0180	2319
688063	派能科技	上海	东部	C	无国有股份公司	85.7143	55.6223	85.2179	74.9091	680
688065	凯赛生物	上海	东部	C	国有参股公司	100.0000	52.3923	91.2091	78.5023	188
688066	航天宏图	北京	东部	I	无国有股份公司	28.5714	60.0109	83.7459	69.9212	2035
688067	爱威科技	湖南	中部	C	无国有股份公司	42.8571	56.7317	76.9309	66.4538	2983
688068	热景生物	北京	东部	C	国有参股公司	42.8571	48.9527	68.7991	59.2587	4261
688069	德林海	江苏	东部	N	无国有股份公司	57.1429	52.6285	82.0235	69.2472	2243
688070	纵横股份	四川	西部	C	无国有股份公司	57.1429	48.4539	83.5315	68.6155	2431
688071	华依科技	上海	东部	C	无国有股份公司	57.1429	49.4377	71.9134	62.5698	3816
688075	安旭生物	浙江	东部	C	国有参股公司	57.1429	52.8190	80.8483	68.6675	2421
688076	诺泰生物	江苏	东部	C	无国有股份公司	71.4286	57.4679	83.8160	73.3554	1047
688077	大地熊	安徽	中部	C	无国有股份公司	100.0000	60.7467	88.4080	79.8857	100
688078	龙软科技	北京	东部	I	无国有股份公司	28.5714	47.9345	90.3893	69.3483	2214
688079	美迪凯	浙江	东部	C	无国有股份公司	57.1429	59.4195	82.8994	72.1058	1357
688080	映翰通	北京	东部	C	无国有股份公司	57.1429	54.0963	78.8302	68.0046	2622
688081	兴图新科	湖北	中部	C	国有参股公司	57.1429	53.0962	84.1870	70.6008	1808
688082	盛美上海	上海	东部	C	国有参股公司	85.7143	52.2517	76.9222	69.1667	2273
688083	中望软件	广东	东部	I	无国有股份公司	28.5714	48.3469	85.9313	67.0408	2850
688085	三友医疗	上海	东部	C	无国有股份公司	42.8571	43.4954	89.8674	68.9362	2341
688087	英科再生	山东	东部	C	无国有股份公司	100.0000	58.3007	88.3924	79.0210	147
688088	虹软科技	浙江	东部	I	无国有股份公司	42.8571	58.2591	90.5999	74.5063	771
688089	嘉必优	湖北	中部	C	无国有股份公司	85.7143	62.6213	85.6835	77.6148	281
688090	瑞松科技	广东	东部	C	无国有股份公司	71.4286	59.5924	86.9293	75.8113	519
688091	上海谊众	上海	东部	C	无国有股份公司	71.4286	53.4750	73.7314	66.4114	2994
688092	爱科科技	浙江	东部	C	无国有股份公司	42.8571	59.2006	72.1601	64.6940	3409
688093	世华科技	江苏	东部	C	国有参股公司	71.4286	57.5823	81.4604	72.0999	1360
688095	福昕软件	福建	东部	I	国有参股公司	85.7143	58.1421	90.0934	78.4726	191
688096	京源环保	江苏	东部	C	无国有股份公司	85.7143	59.5150	70.5344	68.1956	2569
688097	博众精工	江苏	东部	C	无国有股份公司	85.7143	55.2561	74.0521	68.6398	2426
688098	申联生物	上海	东部	C	无国有股份公司	85.7143	55.0400	87.1822	75.7857	521

续表

股票代码	公司简称	省份	地区	行业代码	控股类型	环境保护（*EP*）	社会责任（*SR*）	公司治理（*CG*）	上市公司质量/ESG指数（*CLCQI/ESGI*）	*CLCQI/ESGI*排名
688099	晶晨股份	上海	东部	I	国有参股公司	42.8571	56.4938	87.6803	72.2827	1303
688100	威胜信息	湖南	中部	C	无国有股份公司	85.7143	60.6718	90.3534	79.5010	125
688101	三达膜	陕西	西部	C	无国有股份公司	71.4286	54.3385	87.5731	74.3266	804
688102	斯瑞新材	陕西	西部	C	无国有股份公司	100.0000	55.7875	88.3737	78.1312	233
688103	国力股份	江苏	东部	C	无国有股份公司	85.7143	57.9174	80.5870	73.1654	1098
688105	诺唯赞	江苏	东部	M	国有参股公司	100.0000	59.5184	81.3249	75.5601	556
688106	金宏气体	江苏	东部	C	国有参股公司	100.0000	57.7124	81.6330	75.0975	650
688107	安路科技	上海	东部	C	国有强相对控股公司	71.4286	55.2996	81.5826	71.3682	1552
688108	赛诺医疗	天津	东部	C	无国有股份公司	57.1429	51.1995	86.9518	71.4576	1530
688109	品茗科技	浙江	东部	I	无国有股份公司	42.8571	50.4504	78.7202	65.2395	3285
688110	东芯股份	上海	东部	C	无国有股份公司	28.5714	53.6195	86.1763	69.0209	2317
688111	金山办公	北京	东部	I	无国有股份公司	71.4286	49.4178	87.9112	72.7902	1181
688112	鼎阳科技	广东	东部	C	国有参股公司	57.1429	51.3434	84.4858	70.1517	1953
688113	联测科技	江苏	东部	C	无国有股份公司	100.0000	55.2678	89.6206	78.6351	172
688115	思林杰	广东	东部	C	国有参股公司	57.1429	53.5607	85.9595	71.7382	1456
688116	天奈科技	江苏	东部	C	无国有股份公司	100.0000	62.8068	91.0014	82.0331	37
688117	圣诺生物	四川	西部	C	无国有股份公司	85.7143	50.1512	80.1466	70.2050	1932
688118	普元信息	上海	东部	I	无国有股份公司	42.8571	56.9383	82.4159	69.5429	2153
688121	卓然股份	上海	东部	C	无国有股份公司	71.4286	57.1969	83.3370	72.9971	1137
688122	西部超导	陕西	西部	C	国有强相对控股公司	85.7143	61.8003	88.8869	79.0894	145
688123	聚辰股份	上海	东部	C	无国有股份公司	42.8571	49.9270	84.4766	68.2223	2564
688126	沪硅产业	上海	东部	C	国有绝对控股公司	100.0000	53.8930	90.7160	78.7564	168
688127	蓝特光学	浙江	东部	C	国有参股公司	71.4286	58.4618	76.2834	69.5604	2149
688128	中国电研	广东	东部	C	国有绝对控股公司	100.0000	65.2502	85.1344	79.6615	108
688129	东来技术	上海	东部	C	无国有股份公司	85.7143	45.7637	81.9079	69.6381	2122
688131	皓元医药	上海	东部	M	无国有股份公司	85.7143	64.9894	89.8751	80.7491	68
688133	泰坦科技	上海	东部	M	国有参股公司	71.4286	53.8872	83.5422	71.9516	1389
688135	利扬芯片	广东	东部	C	无国有股份公司	85.7143	52.5028	82.9436	72.5664	1233
688136	科兴制药	山东	东部	C	无国有股份公司	71.4286	53.9393	82.6128	71.4586	1529
688138	清溢光电	广东	东部	C	无国有股份公司	85.7143	59.2887	86.7259	77.0217	352
688139	海尔生物	山东	东部	C	国有参股公司	100.0000	69.3640	88.1022	82.7336	26
688148	芳源股份	广东	东部	C	无国有股份公司	57.1429	59.3198	83.9910	72.6713	1213
688150	莱特光电	陕西	西部	C	无国有股份公司	85.7143	57.2891	75.5975	70.2012	1935
688151	华强科技	湖北	中部	C	国有绝对控股公司	100.0000	54.8641	85.8463	76.4179	431
688155	先惠技术	上海	东部	C	无国有股份公司	71.4286	58.2048	86.5677	75.1268	644

续表

股票代码	公司简称	省份	地区	行业代码	控股类型	环境保护（*EP*）	社会责任（*SR*）	公司治理（*CG*）	上市公司质量/ESG指数（*CLCQI*/*ESGI*）	*CLCQI*/*ESGI*排名
688156	路德环境	湖北	中部	N	无国有股份公司	85.7143	62.5333	84.2652	76.8039	387
688157	松井股份	湖南	中部	C	无国有股份公司	85.7143	64.5333	85.3055	78.0761	237
688158	优刻得	上海	东部	I	国有参股公司	57.1429	52.9231	85.9054	71.4853	1521
688159	有方科技	广东	东部	C	国有参股公司	71.4286	60.6139	78.6868	71.6354	1487
688160	步科股份	上海	东部	C	国有参股公司	42.8571	50.9827	87.9131	70.4819	1849
688161	威高骨科	山东	东部	C	国有参股公司	57.1429	58.0562	88.2408	74.5664	761
688162	巨一科技	安徽	中部	C	国有参股公司	57.1429	55.9897	86.5439	72.9098	1152
688163	赛伦生物	上海	东部	C	无国有股份公司	28.5714	50.6692	79.1404	64.1186	3532
688165	埃夫特	安徽	中部	C	国有弱相对控股公司	100.0000	55.6455	89.6164	78.7649	167
688166	博瑞医药	江苏	东部	C	无国有股份公司	42.8571	50.0513	90.3615	71.5025	1516
688167	炬光科技	陕西	西部	C	国有参股公司	85.7143	54.6705	87.0628	75.5907	548
688168	安博通	北京	东部	I	无国有股份公司	57.1429	54.6581	78.0162	67.7535	2689
688169	石头科技	北京	东部	C	无国有股份公司	71.4286	51.5228	84.4929	71.6469	1482
688171	纬德信息	广东	东部	I	无国有股份公司	28.5714	53.1959	86.6290	69.1217	2285
688173	希荻微	广东	东部	I	无国有股份公司	85.7143	67.9769	89.0877	81.3616	53
688175	高凌信息	广东	东部	C	国有参股公司	57.1429	52.1151	83.2386	69.7358	2093
688176	亚虹医药	江苏	东部	C	无国有股份公司	71.4286	63.3121	83.0148	74.9603	673
688177	百奥泰	广东	东部	C	无国有股份公司	100.0000	50.8922	86.5106	75.3931	589
688178	万德斯	江苏	东部	N	无国有股份公司	71.4286	51.7005	83.8468	71.3538	1561
688179	阿拉丁	上海	东部	M	无国有股份公司	71.4286	53.4404	81.1240	70.4652	1854
688180	君实生物	上海	东部	C	无国有股份公司	85.7143	56.5147	86.1476	75.7328	529
688181	八亿时空	北京	东部	C	无国有股份公司	71.4286	57.4841	79.0971	70.7657	1757
688182	灿勤科技	江苏	东部	C	国有参股公司	100.0000	57.5118	84.2234	76.4520	428
688183	生益电子	广东	东部	C	国有参股公司	100.0000	56.6719	84.9161	76.5390	419
688185	康希诺	天津	东部	C	无国有股份公司	100.0000	56.6872	82.6171	75.2799	617
688186	广大特材	江苏	东部	C	无国有股份公司	100.0000	51.7176	88.7854	76.9331	363
688187	时代电气	湖南	中部	C	国有强相对控股公司	100.0000	62.2163	90.6096	81.6110	47
688188	柏楚电子	上海	东部	I	无国有股份公司	71.4286	65.1564	87.3908	78.0125	245
688189	南新制药	湖南	中部	C	国有弱相对控股公司	57.1429	41.8070	78.8008	63.6872	3630
688190	云路股份	山东	东部	C	国有弱相对控股公司	100.0000	61.4510	96.2142	84.4257	6
688191	智洋创新	山东	东部	I	无国有股份公司	42.8571	57.8694	81.3677	69.2922	2229
688192	迪哲医药	江苏	东部	C	无国有股份公司	71.4286	54.9148	79.9916	70.3584	1888
688193	仁度生物	上海	东部	C	无国有股份公司	42.8571	59.4879	78.0050	68.0092	2621
688195	腾景科技	福建	东部	C	国有参股公司	100.0000	56.6991	83.2219	75.6167	543
688196	卓越新能	福建	东部	C	无国有股份公司	71.4286	56.0597	87.5726	74.9287	678

续表

股票代码	公司简称	省份	地区	行业代码	控股类型	环境保护（*EP*）	社会责任（*SR*）	公司治理（*CG*）	上市公司质量/ESG指数（*CLCQI*/*ESGI*）	*CLCQI*/*ESGI*排名
688197	首药控股	北京	东部	C	国有参股公司	71.4286	51.9126	85.7058	72.4505	1265
688198	佰仁医疗	北京	东部	C	无国有股份公司	57.1429	58.4719	85.1747	73.0255	1131
688199	久日新材	天津	东部	C	国有参股公司	57.1429	55.3199	82.9963	70.7242	1771
688200	华峰测控	北京	东部	C	国有参股公司	14.2857	51.5523	83.5207	65.4083	3236
688201	信安世纪	北京	东部	I	无国有股份公司	42.8571	62.0573	81.0155	70.5643	1816
688202	美迪西	上海	东部	M	无国有股份公司	71.4286	56.1094	81.6659	71.6974	1468
688206	概伦电子	上海	东部	I	无国有股份公司	57.1429	55.6878	77.1070	67.6139	2721
688207	格灵深瞳	北京	东部	I	国有参股公司	28.5714	51.0678	83.2907	66.5408	2964
688208	道通科技	广东	东部	C	无国有股份公司	71.4286	52.1505	88.6261	74.1399	843
688210	统联精密	广东	东部	C	无国有股份公司	71.4286	59.5630	82.7394	73.4966	1007
688211	中科微至	江苏	东部	C	国有参股公司	85.7143	49.6175	93.1806	77.1869	331
688212	澳华内镜	上海	东部	C	国有参股公司	42.8571	64.1302	83.4438	72.6254	1223
688215	瑞晟智能	浙江	东部	C	无国有股份公司	100.0000	53.5802	78.8674	72.1301	1353
688216	气派科技	广东	东部	C	国有参股公司	100.0000	55.3867	79.9359	73.3501	1050
688217	睿昂基因	上海	东部	C	无国有股份公司	71.4286	47.6739	86.4237	71.3618	1556
688218	江苏北人	江苏	东部	C	国有参股公司	42.8571	53.4860	81.7480	67.9672	2632
688219	会通股份	安徽	中部	C	无国有股份公司	100.0000	49.4395	88.0633	75.7386	528
688220	翱捷科技	上海	东部	C	国有参股公司	57.1429	57.2416	85.8917	72.9893	1138
688221	前沿生物	江苏	东部	C	无国有股份公司	71.4286	55.0412	86.5903	74.0319	865
688222	成都先导	四川	西部	M	无国有股份公司	57.1429	61.2194	86.7876	74.8743	685
688223	晶科能源	江西	中部	C	无国有股份公司	100.0000	56.2767	83.4529	75.5959	547
688225	亚信安全	江苏	东部	I	无国有股份公司	28.5714	47.6692	81.4332	64.3296	3486
688226	威腾电气	江苏	东部	C	国有参股公司	85.7143	62.5470	87.2124	78.4297	200
688227	品高股份	广东	东部	I	无国有股份公司	28.5714	45.8128	78.7716	62.2160	3878
688228	开普云	广东	东部	I	国有参股公司	57.1429	61.1612	89.0722	76.1104	475
688229	博睿数据	北京	东部	I	无国有股份公司	42.8571	49.4550	83.4376	67.4856	2756
688230	芯导科技	上海	东部	C	国有参股公司	57.1429	50.0662	83.8044	69.3299	2222
688232	新点软件	江苏	东部	I	国有弱相对控股公司	28.5714	52.1230	87.5851	69.2720	2235
688233	神工股份	辽宁	东北	C	无国有股份公司	42.8571	49.4575	87.1424	69.5242	2157
688234	天岳先进	山东	东部	C	无国有股份公司	71.4286	60.3827	79.5533	72.0311	1375
688235	百济神州	北京	东部	C	国有参股公司	100.0000	55.1096	74.2776	70.1410	1957
688236	春立医疗	北京	东部	C	无国有股份公司	85.7143	55.5599	83.6283	74.0130	867
688238	和元生物	上海	东部	M	国有参股公司	71.4286	58.2720	85.5882	74.6115	751
688239	航宇科技	贵州	西部	C	国有参股公司	85.7143	57.5219	84.7072	75.2931	616
688246	嘉和美康	北京	东部	I	国有参股公司	57.1429	54.1064	87.7089	72.8914	1158

续表

股票代码	公司简称	省份	地区	行业代码	控股类型	环境保护（*EP*）	社会责任（*SR*）	公司治理（*CG*）	上市公司质量/ESG指数（*CLCQI/ESGI*）	*CLCQI/ESGI*排名
688248	南网科技	广东	东部	M	国有绝对控股公司	100.0000	72.0295	87.6041	83.3926	18
688255	凯尔达	浙江	东部	C	无国有股份公司	57.1429	52.4068	82.3839	69.3678	2207
688256	寒武纪	北京	东部	I	国有参股公司	71.4286	62.9119	74.8495	70.3292	1897
688257	新锐股份	江苏	东部	C	无国有股份公司	85.7143	55.2685	84.3662	74.3168	805
688258	卓易信息	江苏	东部	I	无国有股份公司	28.5714	57.7102	83.0590	68.7382	2395
688259	创耀科技	江苏	东部	I	国有参股公司	42.8571	47.1829	84.4261	67.2341	2813
688260	昀冢科技	江苏	东部	C	无国有股份公司	71.4286	46.3315	79.4124	67.0357	2851
688261	东微半导	江苏	东部	C	国有参股公司	71.4286	56.1487	87.1344	74.7188	720
688262	国芯科技	江苏	东部	I	国有参股公司	57.1429	45.8642	78.4861	64.9341	3354
688265	南模生物	上海	东部	M	国有参股公司	57.1429	51.2249	83.0071	69.2969	2227
688266	泽璟制药	江苏	东部	C	国有参股公司	85.7143	57.9935	84.3785	75.2773	618
688267	中触媒	辽宁	东北	C	无国有股份公司	85.7143	58.0415	86.0589	76.2183	458
688268	华特气体	广东	东部	C	无国有股份公司	85.7143	59.4978	89.5090	78.6256	174
688269	凯立新材	陕西	西部	C	国有弱相对控股公司	85.7143	57.5595	86.2962	76.1802	462
688270	臻镭科技	浙江	东部	C	无国有股份公司	42.8571	49.2406	78.2411	64.5525	3439
688272	*ST富吉	北京	东部	C	无国有股份公司	85.7143	57.8724	79.0564	72.3078	1295
688276	百克生物	吉林	东部	C	国有强相对控股公司	71.4286	62.5124	92.0141	79.6300	112
688277	天智航	北京	东部	C	无国有股份公司	57.1429	58.4775	80.7276	70.5816	1812
688278	特宝生物	福建	东部	C	无国有股份公司	85.7143	50.9826	86.1336	73.7888	928
688280	精进电动	北京	东部	C	无国有股份公司	100.0000	50.3244	80.3741	71.8193	1432
688281	华秦科技	陕西	西部	C	无国有股份公司	71.4286	55.3318	77.5287	69.1498	2280
688282	理工导航	北京	东部	C	国有参股公司	57.1429	46.0354	80.1536	65.9112	3133
688283	坤恒顺维	四川	西部	C	无国有股份公司	57.1429	50.8394	85.6822	70.6333	1796
688285	高铁电气	陕西	西部	C	国有绝对控股公司	85.7143	58.8761	91.8962	79.7210	107
688286	敏芯股份	江苏	东部	C	国有参股公司	57.1429	49.3971	76.7588	65.2206	3288
688288	鸿泉物联	浙江	东部	C	无国有股份公司	57.1429	64.4987	82.6247	73.7324	942
688289	圣湘生物	湖南	中部	C	国有参股公司	100.0000	56.2270	88.5538	78.3841	206
688296	和达科技	浙江	东部	I	国有参股公司	71.4286	55.7801	79.4142	70.3437	1893
688298	东方生物	浙江	东部	C	无国有股份公司	85.7143	57.1002	84.7900	75.1910	632
688299	长阳科技	浙江	东部	C	无国有股份公司	85.7143	53.9035	83.5884	73.4113	1037
688300	联瑞新材	江苏	东部	C	无国有股份公司	71.4286	64.0652	82.6256	75.0098	666
688301	奕瑞科技	上海	东部	C	无国有股份公司	71.4286	66.2967	87.5551	78.5020	189
688303	大全能源	新疆	西部	C	无国有股份公司	100.0000	63.1969	86.7294	79.8201	102
688305	科德数控	辽宁	东北	C	国有参股公司	57.1429	42.7352	88.0860	69.1189	2287
688306	均普智能	浙江	东部	C	无国有股份公司	14.2857	46.5455	86.2022	65.1307	3316

续表

股票代码	公司简称	省份	地区	行业代码	控股类型	环境保护（*EP*）	社会责任（*SR*）	公司治理（*CG*）	上市公司质量/ESG指数（*CLCQI/ESGI*）	*CLCQI/ESGI*排名
688308	欧科亿	湖南	中部	C	无国有股份公司	71.4286	53.1161	77.2983	68.2476	2550
688309	恒誉环保	山东	东部	C	无国有股份公司	71.4286	44.6429	72.7146	62.7609	3786
688310	迈得医疗	浙江	东部	C	无国有股份公司	85.7143	54.4814	90.5280	77.4303	302
688311	盟升电子	四川	西部	C	无国有股份公司	42.8571	58.1249	88.3388	73.2158	1081
688312	燕麦科技	广东	东部	C	无国有股份公司	57.1429	54.2902	81.2037	69.3779	2202
688313	仕佳光子	河南	中部	C	国有参股公司	71.4286	42.3854	82.4935	67.3492	2785
688314	康拓医疗	陕西	西部	C	无国有股份公司	42.8571	47.2807	84.9277	67.5442	2737
688315	诺禾致源	北京	东部	M	无国有股份公司	42.8571	51.0976	88.0641	70.6051	1807
688316	青云科技	北京	东部	I	无国有股份公司	14.2857	43.1554	74.0770	57.2753	4409
688317	之江生物	上海	东部	C	国有参股公司	28.5714	52.7617	86.7243	69.0221	2316
688318	财富趋势	广东	东部	I	无国有股份公司	28.5714	51.8735	81.0295	65.5791	3197
688319	欧林生物	四川	西部	C	无国有股份公司	85.7143	58.5855	88.0310	77.4934	293
688321	微芯生物	广东	东部	C	国有弱相对控股公司	71.4286	46.2717	84.6218	69.8799	2045
688323	瑞华泰	广东	东部	C	国有强相对控股公司	85.7143	56.4017	89.6920	77.6426	278
688328	深科达	广东	东部	C	无国有股份公司	57.1429	53.8486	71.2797	63.7652	3611
688329	艾隆科技	江苏	东部	C	无国有股份公司	57.1429	51.7428	81.7449	68.7840	2386
688330	宏力达	上海	东部	C	无国有股份公司	57.1429	51.4058	88.7265	72.5059	1251
688331	荣昌生物	山东	东部	C	国有参股公司	100.0000	66.1097	90.0741	82.6791	27
688333	铂力特	陕西	西部	C	国有参股公司	71.4286	56.5376	84.1402	73.2081	1087
688335	复洁环保	上海	东部	C	无国有股份公司	85.7143	53.0909	83.5132	73.0855	1117
688336	三生国健	上海	东部	C	无国有股份公司	100.0000	50.1298	84.4576	73.9971	872
688338	赛科希德	北京	东部	C	无国有股份公司	71.4286	51.6940	80.7165	69.6298	2124
688339	亿华通	北京	东部	C	无国有股份公司	85.7143	59.1451	81.2899	73.9816	875
688345	博力威	广东	东部	C	国有参股公司	100.0000	46.3568	95.2196	78.5957	180
688350	富淼科技	江苏	东部	C	国有参股公司	100.0000	67.1149	91.4283	83.7758	12
688355	明志科技	江苏	东部	C	国有参股公司	85.7143	53.7435	92.6155	78.3202	214
688356	键凯科技	北京	东部	C	无国有股份公司	85.7143	63.4864	92.0140	81.3994	52
688357	建龙微纳	河南	中部	C	无国有股份公司	100.0000	61.0271	82.6091	76.7945	391
688358	祥生医疗	江苏	东部	C	无国有股份公司	42.8571	60.4764	77.1846	67.9040	2652
688359	三孚新科	广东	东部	C	国有参股公司	85.7143	61.1954	78.7516	73.3032	1063
688360	德马科技	浙江	东部	C	无国有股份公司	28.5714	52.7267	87.4733	69.4218	2188
688363	华熙生物	山东	东部	C	无国有股份公司	100.0000	56.9752	89.5130	79.1735	142
688365	光云科技	浙江	东部	I	无国有股份公司	28.5714	49.7339	76.3684	62.2666	3873
688366	昊海生科	上海	东部	C	无国有股份公司	85.7143	59.3056	89.6374	78.6290	173
688367	工大高科	安徽	中部	C	国有参股公司	85.7143	53.7997	86.0775	74.7439	715

续表

股票代码	公司简称	省份	地区	行业代码	控股类型	环境保护（*EP*）	社会责任（*SR*）	公司治理（*CG*）	上市公司质量/ESG指数（*CLCQI*/*ESGI*）	*CLCQI*/*ESGI*排名
688368	晶丰明源	上海	东部	I	无国有股份公司	42.8571	58.3964	76.0702	66.5630	2955
688369	致远互联	北京	东部	I	无国有股份公司	57.1429	50.3729	85.8762	70.5767	1813
688377	迪威尔	江苏	东部	C	无国有股份公司	85.7143	60.6148	79.4006	73.4569	1021
688378	奥来德	吉林	东部	C	无国有股份公司	85.7143	46.6469	88.9469	73.8186	917
688379	华光新材	浙江	东部	C	国有参股公司	100.0000	49.7582	87.5702	75.5790	549
688383	新益昌	广东	东部	C	国有参股公司	85.7143	46.5508	83.7137	70.9067	1708
688385	复旦微电	上海	东部	C	国有参股公司	100.0000	63.9876	83.7332	78.4489	195
688386	泛亚微透	江苏	东部	C	无国有股份公司	71.4286	50.2178	77.0019	67.0701	2845
688388	嘉元科技	广东	东部	C	国有参股公司	85.7143	56.2751	81.6095	73.1529	1099
688389	普门科技	广东	东部	C	国有参股公司	85.7143	57.5715	92.4459	79.5667	118
688390	固德威	江苏	东部	C	无国有股份公司	100.0000	58.3090	93.3692	81.7612	44
688393	安必平	广东	东部	C	无国有股份公司	85.7143	55.7292	82.9599	73.7046	950
688395	正弦电气	广东	东部	C	国有参股公司	85.7143	58.3526	82.7180	74.4897	775
688396	华润微	江苏	东部	C	国有绝对控股公司	85.7143	57.6200	92.0953	79.3908	133
688398	赛特新材	福建	东部	C	无国有股份公司	100.0000	55.7879	86.7374	77.2313	328
688399	硕世生物	江苏	东部	C	无国有股份公司	57.1429	51.3492	76.6016	65.8174	3155
688408	中信博	江苏	东部	C	无国有股份公司	57.1429	52.7099	81.7210	69.1093	2295
688418	震有科技	广东	东部	C	无国有股份公司	71.4286	49.2643	82.5533	69.7897	2070
688425	铁建重工	湖南	中部	C	国有绝对控股公司	85.7143	62.1735	86.2795	77.7859	266
688456	有研粉材	北京	东部	C	国有强相对控股公司	85.7143	65.4296	86.9173	79.2763	136
688466	金科环境	北京	东部	N	无国有股份公司	85.7143	59.5614	86.0972	76.7714	395
688468	科美诊断	北京	东部	C	无国有股份公司	42.8571	47.0444	79.5976	64.5299	3447
688488	艾迪药业	江苏	东部	C	无国有股份公司	57.1429	57.2213	85.5662	72.8032	1174
688499	利元亨	广东	东部	C	无国有股份公司	100.0000	58.0686	87.3957	78.3917	204
688500	*ST慧辰	北京	东部	I	无国有股份公司	85.7143	49.9002	71.3405	65.2737	3271
688501	青达环保	山东	东部	C	国有参股公司	85.7143	58.6191	87.7960	77.3759	308
688505	复旦张江	上海	东部	C	无国有股份公司	85.7143	58.6994	84.1967	75.4244	581
688508	芯朋微	江苏	东部	I	国有参股公司	28.5714	58.2093	81.5925	68.1063	2594
688509	正元地信	北京	东部	M	国有绝对控股公司	57.1429	63.3852	94.2550	79.7394	106
688510	航亚科技	江苏	东部	C	国有参股公司	71.4286	49.2755	84.3131	70.7615	1759
688511	天微电子	四川	西部	C	无国有股份公司	71.4286	65.2512	80.8010	74.4213	782
688513	苑东生物	四川	西部	C	无国有股份公司	85.7143	63.8946	78.9996	74.3843	791
688516	奥特维	江苏	东部	C	无国有股份公司	85.7143	64.8368	84.4536	77.7138	272
688517	金冠电气	河南	中部	C	国有参股公司	71.4286	49.7214	84.5654	71.0563	1654
688518	联赢激光	广东	东部	C	国有参股公司	71.4286	43.8720	83.3415	68.3359	2518

续表

股票代码	公司简称	省份	地区	行业代码	控股类型	环境保护（EP）	社会责任（SR）	公司治理（CG）	上市公司质量/ESG指数（CLCQI/ESGI）	CLCQI/ESGI排名
688519	南亚新材	上海	东部	C	国有参股公司	85.7143	45.0682	75.3937	65.8118	3157
688520	神州细胞	北京	东部	C	无国有股份公司	85.7143	45.9310	93.9279	76.3076	446
688521	芯原股份	上海	东部	I	国有参股公司	85.7143	50.9851	80.1261	70.4856	1847
688526	科前生物	湖北	中部	C	国有弱相对控股公司	85.7143	53.4855	83.6910	73.3214	1058
688528	秦川物联	四川	西部	C	国有参股公司	71.4286	47.0913	77.8120	66.4214	2993
688529	豪森股份	辽宁	东北	C	无国有股份公司	71.4286	44.2409	75.5775	64.1948	3513
688533	上声电子	江苏	东部	C	国有参股公司	57.1429	54.9832	81.2091	69.6234	2126
688536	思瑞浦	江苏	东部	I	无国有股份公司	85.7143	68.3657	85.3817	79.4594	130
688538	和辉光电	上海	东部	C	国有绝对控股公司	100.0000	53.5005	88.2170	77.2445	325
688550	瑞联新材	陕西	西部	C	无国有股份公司	85.7143	61.1828	85.1138	76.7980	390
688551	科威尔	安徽	中部	C	无国有股份公司	85.7143	60.5573	83.9740	75.9522	497
688553	汇宇制药	四川	西部	C	无国有股份公司	85.7143	58.8203	90.3733	78.8639	159
688556	高测股份	山东	东部	C	无国有股份公司	85.7143	66.8647	87.1479	79.9054	98
688557	兰剑智能	山东	东部	C	国有参股公司	85.7143	61.0605	85.2648	76.8383	381
688558	国盛智科	江苏	东部	C	无国有股份公司	85.7143	54.9674	81.7214	72.7568	1195
688559	海目星	广东	东部	C	无国有股份公司	71.4286	59.3477	96.5207	81.0009	61
688560	明冠新材	江西	中部	C	国有参股公司	85.7143	56.4173	73.5791	68.7860	2385
688561	奇安信	北京	东部	I	国有参股公司	85.7143	56.3464	90.3008	77.9581	249
688565	力源科技	浙江	东部	N	国有参股公司	71.4286	52.0519	70.6290	64.2070	3511
688566	吉贝尔	江苏	东部	C	无国有股份公司	85.7143	56.1189	80.7777	72.6408	1216
688567	孚能科技	江西	中部	C	国有参股公司	100.0000	55.0091	87.8183	77.5532	287
688568	中科星图	北京	东部	I	国有强相对控股公司	28.5714	59.5408	98.5506	77.8993	253
688569	铁科轨道	北京	东部	C	国有绝对控股公司	100.0000	54.9806	83.8802	75.3773	595
688571	杭华股份	浙江	东部	C	国有强相对控股公司	71.4286	59.8420	89.8819	77.5226	292
688575	亚辉龙	广东	东部	C	无国有股份公司	85.7143	49.4205	83.1169	71.5829	1501
688577	浙海德曼	浙江	东部	C	无国有股份公司	71.4286	58.5124	81.7117	72.5636	1234
688578	艾力斯	上海	东部	C	无国有股份公司	71.4286	50.5386	72.0150	64.4396	3466
688579	山大地纬	山东	东部	I	国有弱相对控股公司	42.8571	55.3694	90.6087	73.4998	1006
688580	伟思医疗	江苏	东部	C	无国有股份公司	28.5714	48.7079	84.2535	66.2443	3044
688585	上纬新材	上海	东部	C	无国有股份公司	100.0000	56.0960	85.6713	76.7528	397
688586	江航装备	安徽	中部	C	国有绝对控股公司	100.0000	51.4035	90.7095	77.8814	257
688588	凌志软件	江苏	东部	I	无国有股份公司	14.2857	55.8202	94.0863	72.7131	1206
688589	力合微	广东	东部	I	国有弱相对控股公司	100.0000	68.3120	97.0589	87.2916	2
688590	新致软件	上海	东部	I	无国有股份公司	57.1429	51.0198	88.1904	72.0759	1367
688595	芯海科技	广东	东部	C	国有参股公司	57.1429	63.4101	81.9427	72.9763	1140

续表

股票代码	公司简称	省份	地区	行业代码	控股类型	环境保护（*EP*）	社会责任（*SR*）	公司治理（*CG*）	上市公司质量/ESG指数（*CLCQI*/*ESGI*）	*CLCQI*/*ESGI*排名
688596	正帆科技	上海	东部	C	无国有股份公司	85.7143	52.7858	78.0919	69.9970	2013
688597	煜邦电力	北京	东部	C	国有参股公司	100.0000	65.8301	76.3130	75.0127	663
688598	金博股份	湖南	中部	C	无国有股份公司	85.7143	62.2741	84.7865	76.9999	358
688599	天合光能	江苏	东部	C	国有参股公司	100.0000	49.7918	90.7814	77.3569	313
688600	皖仪科技	安徽	中部	C	国有参股公司	71.4286	56.1170	80.8229	71.2364	1599
688601	力芯微	江苏	东部	C	国有参股公司	28.5714	56.4652	83.2737	68.4205	2491
688606	奥泰生物	浙江	东部	C	无国有股份公司	85.7143	57.3930	80.2123	72.7757	1186
688607	康众医疗	江苏	东部	C	国有参股公司	71.4286	48.6036	85.8392	71.3657	1553
688608	恒玄科技	上海	东部	C	无国有股份公司	85.7143	59.1714	82.4256	74.6155	750
688609	九联科技	广东	东部	C	无国有股份公司	85.7143	63.0922	85.2510	77.5417	289
688611	杭州柯林	浙江	东部	C	无国有股份公司	42.8571	64.8183	80.2619	71.1162	1637
688613	奥精医疗	北京	东部	C	无国有股份公司	42.8571	41.9362	78.4111	62.0895	3902
688616	西力科技	浙江	东部	C	无国有股份公司	100.0000	59.3529	82.8327	76.3315	444
688617	惠泰医疗	广东	东部	C	无国有股份公司	71.4286	48.8671	86.5311	71.8384	1428
688618	三旺通信	广东	东部	C	无国有股份公司	85.7143	46.9699	77.5828	67.6814	2708
688619	罗普特	福建	东部	I	无国有股份公司	28.5714	58.1384	80.7138	67.5982	2727
688621	阳光诺和	北京	东部	M	无国有股份公司	100.0000	63.2128	87.0832	80.0202	94
688622	禾信仪器	广东	东部	C	国有参股公司	85.7143	50.0030	85.9061	73.3209	1060
688625	呈和科技	广东	东部	C	无国有股份公司	85.7143	55.2000	89.2653	76.9874	359
688626	翔宇医疗	河南	中部	C	国有参股公司	85.7143	57.2308	81.7181	73.5472	996
688628	优利德	广东	东部	C	国有参股公司	85.7143	52.3287	86.5639	74.4966	774
688630	芯碁微装	安徽	中部	C	国有参股公司	71.4286	48.8958	83.3093	70.0765	1980
688633	星球石墨	江苏	东部	C	国有参股公司	57.1429	49.3077	80.6703	67.3406	2791
688636	智明达	四川	西部	C	无国有股份公司	28.5714	51.9645	84.2394	67.3764	2778
688639	华恒生物	安徽	中部	C	无国有股份公司	71.4286	45.8217	87.6382	71.3814	1548
688655	迅捷兴	广东	东部	C	国有参股公司	100.0000	42.4983	75.2569	66.2657	3034
688656	浩欧博	江苏	东部	C	国有参股公司	71.4286	47.6228	81.6785	68.7340	2397
688658	悦康药业	北京	东部	C	无国有股份公司	85.7143	51.2343	80.2510	70.6415	1794
688659	元琛科技	安徽	中部	C	国有参股公司	100.0000	62.7112	78.9882	75.3924	590
688660	电气风电	上海	东部	C	国有绝对控股公司	100.0000	49.7423	82.9729	73.0449	1128
688661	和林微纳	江苏	东部	C	无国有股份公司	100.0000	56.0195	81.7041	74.5441	762
688662	富信科技	广东	东部	C	国有参股公司	85.7143	57.9292	85.7947	76.0337	487
688663	新风光	山东	东部	C	国有强相对控股公司	57.1429	64.0102	89.7613	77.4866	294
688665	四方光电	湖北	中部	C	无国有股份公司	71.4286	57.8457	84.8881	74.0773	859
688667	菱电电控	湖北	中部	C	无国有股份公司	28.5714	42.1782	78.3679	60.7218	4100

续表

股票代码	公司简称	省份	地区	行业代码	控股类型	环境保护（*EP*）	社会责任（*SR*）	公司治理（*CG*）	上市公司质量/ESG指数（*CLCQI/ESGI*）	*CLCQI/ESGI*排名
688668	鼎通科技	广东	东部	C	无国有股份公司	85.7143	52.2475	87.5524	75.0119	664
688669	聚石化学	广东	东部	C	无国有股份公司	85.7143	53.0371	81.1663	71.7759	1445
688670	金迪克	江苏	东部	C	无国有股份公司	71.4286	42.2502	78.5825	65.1508	3307
688676	金盘科技	海南	东部	C	无国有股份公司	100.0000	59.4006	86.1148	78.1533	231
688677	海泰新光	山东	东部	C	无国有股份公司	71.4286	56.8766	84.2061	73.3630	1043
688678	福立旺	江苏	东部	C	国有参股公司	100.0000	47.0469	83.7009	72.5019	1254
688679	通源环境	安徽	中部	N	无国有股份公司	57.1429	56.8149	83.6372	71.6000	1498
688680	海优新材	上海	东部	C	无国有股份公司	85.7143	48.9249	87.0361	73.5650	992
688681	科汇股份	山东	东部	C	国有参股公司	85.7143	52.0211	83.2347	72.5579	1236
688682	霍莱沃	上海	东部	I	无国有股份公司	14.2857	53.1191	86.8357	67.7799	2686
688683	莱尔科技	广东	东部	C	国有参股公司	85.7143	42.8701	84.1380	69.8518	2053
688685	迈信林	江苏	东部	C	无国有股份公司	71.4286	56.6101	77.6449	69.6611	2116
688686	奥普特	广东	东部	C	无国有股份公司	85.7143	60.2820	84.4535	76.1196	470
688687	凯因科技	北京	东部	C	无国有股份公司	71.4286	53.4708	75.0729	67.1477	2829
688689	银河微电	江苏	东部	C	国有参股公司	100.0000	57.3574	84.8895	76.7643	396
688690	纳微科技	江苏	东部	C	无国有股份公司	100.0000	49.8432	85.9920	74.7407	716
688696	极米科技	四川	西部	C	国有参股公司	28.5714	60.8790	90.4884	73.9334	892
688697	纽威数控	江苏	东部	C	国有参股公司	85.7143	46.0503	84.8070	71.3329	1574
688698	伟创电气	江苏	东部	C	国有参股公司	85.7143	49.3760	87.5531	74.0072	870
688699	明微电子	广东	东部	I	无国有股份公司	71.4286	54.8006	83.5955	72.3006	1296
688700	东威科技	江苏	东部	C	无国有股份公司	85.7143	55.8575	76.4610	70.1751	1943
688701	卓锦股份	浙江	东部	N	无国有股份公司	57.1429	45.4850	72.3938	61.4506	3998
688707	振华新材	贵州	西部	C	国有强相对控股公司	100.0000	62.1790	87.8545	80.0826	89
688711	宏微科技	江苏	东部	C	无国有股份公司	85.7143	50.9504	81.7588	71.3714	1550
688718	唯赛勃	上海	东部	C	无国有股份公司	71.4286	51.1799	82.8872	70.6437	1793
688722	同益中	北京	东部	C	国有绝对控股公司	71.4286	50.7378	87.8716	73.2305	1075
688728	格科微	上海	东部	C	无国有股份公司	85.7143	55.4393	89.1788	77.0235	351
688733	壹石通	安徽	中部	C	无国有股份公司	85.7143	51.2818	85.3909	73.4851	1009
688737	中自科技	四川	西部	C	无国有股份公司	100.0000	52.9211	80.8821	73.0075	1136
688739	成大生物	辽宁	东北	C	国有绝对控股公司	71.4286	51.4370	85.5844	72.2172	1318
688766	普冉股份	上海	东部	C	国有参股公司	71.4286	51.2886	81.1630	69.7335	2094
688767	博拓生物	浙江	东部	C	无国有股份公司	71.4286	48.0416	82.8029	69.4990	2167
688768	容知日新	安徽	中部	C	无国有股份公司	85.7143	59.0833	83.1145	74.9636	672
688772	珠海冠宇	广东	东部	C	无国有股份公司	100.0000	47.4159	85.8177	73.7953	923
688776	国光电气	四川	西部	C	无国有股份公司	71.4286	47.1278	81.6199	68.5285	2463

续表

股票代码	公司简称	省份	地区	行业代码	控股类型	环境保护（*EP*）	社会责任（*SR*）	公司治理（*CG*）	上市公司质量/ESG指数（*CLCQI*/*ESGI*）	*CLCQI*/*ESGI*排名
688777	中控技术	浙江	东部	I	国有参股公司	100.0000	62.1569	86.8074	79.4990	126
688778	厦钨新能	福建	东部	C	国有绝对控股公司	100.0000	58.3079	80.5897	74.7321	718
688779	长远锂科	湖南	中部	C	国有强相对控股公司	100.0000	60.7954	90.6882	81.1569	57
688786	悦安新材	江西	中部	C	无国有股份公司	100.0000	56.8167	81.9693	74.9690	671
688787	海天瑞声	北京	东部	I	国有参股公司	14.2857	46.2458	81.2948	62.3267	3862
688788	科思科技	广东	东部	C	无国有股份公司	42.8571	48.9987	84.9893	68.1794	2571
688789	宏华数科	浙江	东部	C	无国有股份公司	85.7143	49.4320	93.1091	77.0827	341
688793	倍轻松	广东	东部	C	无国有股份公司	71.4286	53.2369	76.5107	67.8567	2665
688798	艾为电子	上海	东部	C	无国有股份公司	85.7143	53.5960	86.0715	74.6694	732
688799	华纳药厂	湖南	中部	C	无国有股份公司	71.4286	53.7253	87.5886	74.1205	848
688800	瑞可达	江苏	东部	C	无国有股份公司	85.7143	55.5920	89.9059	77.4769	296
688819	天能股份	浙江	东部	C	无国有股份公司	85.7143	60.3977	86.1285	77.0813	342
688981	中芯国际	上海	东部	C	国有参股公司	100.0000	59.1790	85.7447	77.8722	258
689009	九号公司	北京	东部	C	无国有股份公司	100.0000	63.8632	89.2942	81.4640	51
830799	艾融软件	上海	东部	I	无国有股份公司	28.5714	43.5483	76.0859	59.9463	4198
830832	齐鲁华信	山东	东部	C	无国有股份公司	85.7143	61.3707	84.0089	76.2561	452
830839	万通液压	山东	东部	C	无国有股份公司	42.8571	49.2834	73.4323	61.9227	3929
830946	森萱医药	江苏	东部	C	国有绝对控股公司	100.0000	50.0606	69.7098	65.8616	3150
830964	润农节水	河北	东部	E	无国有股份公司	42.8571	54.3033	65.2520	59.1805	4270
831010	凯添燃气	宁夏	西部	D	无国有股份公司	42.8571	46.0001	69.6087	58.6705	4317
831039	国义招标	广东	东部	M	国有绝对控股公司	42.8571	38.8342	72.7061	57.8660	4372
831305	海希通讯	上海	东部	C	无国有股份公司	28.5714	46.0699	62.3604	53.2798	4515
831370	新安洁	重庆	西部	N	无国有股份公司	14.2857	43.3886	76.3807	58.6239	4322
831445	龙竹科技	福建	东部	C	国有参股公司	100.0000	53.5274	76.5042	70.8119	1745
831689	克莱特	山东	东部	C	国有参股公司	57.1429	48.1515	71.4797	61.8812	3937
831726	朱老六	吉林	东部	C	国有参股公司	28.5714	49.0101	66.1026	56.3671	4445
831768	拾比佰	广东	东部	C	国有参股公司	71.4286	43.6850	84.7518	69.0461	2312
831832	科达自控	山西	中部	I	国有参股公司	28.5714	50.0714	79.1740	63.9279	3575
831856	浩淼科技	安徽	中部	C	无国有股份公司	28.5714	43.7097	78.1021	61.1117	4046
831961	创远信科	上海	东部	C	无国有股份公司	57.1429	52.3718	76.3063	66.0129	3106
832000	安徽凤凰	安徽	中部	C	国有参股公司	42.8571	49.8435	84.5465	68.2315	2560
832089	禾昌聚合	江苏	东部	C	国有参股公司	14.2857	41.7713	67.2165	53.0176	4521
832145	恒合股份	北京	东部	N	无国有股份公司	42.8571	45.1173	65.0465	55.8524	4462
832171	志晟信息	河北	东部	I	无国有股份公司	57.1429	52.7651	67.1601	61.1201	4045
832225	利通科技	河南	中部	C	无国有股份公司	57.1429	57.7819	69.7905	64.3227	3487

续表

股票代码	公司简称	省份	地区	行业代码	控股类型	环境保护（*EP*）	社会责任（*SR*）	公司治理（*CG*）	上市公司质量/ESG指数（*CLCQI*/*ESGI*）	*CLCQI*/*ESGI*排名
832278	鹿得医疗	江苏	东部	C	无国有股份公司	14.2857	52.3777	72.8521	59.8294	4212
832419	路斯股份	山东	东部	C	国有参股公司	28.5714	44.4023	81.8445	63.4124	3676
832566	梓橦宫	四川	西部	C	无国有股份公司	71.4286	53.3955	73.8711	66.4604	2982
832735	德源药业	江苏	东部	C	国有参股公司	71.4286	53.1228	73.6820	66.2609	3036
832885	星辰科技	广西	西部	C	无国有股份公司	57.1429	48.3811	70.5103	61.4284	4001
833266	生物谷	云南	西部	C	无国有股份公司	57.1429	47.8184	75.0742	63.7416	3621
833346	威贸电子	上海	东部	C	国有参股公司	28.5714	54.9769	64.8780	57.7820	4376
833427	华维设计	江西	中部	M	无国有股份公司	28.5714	51.2695	65.4797	56.8153	4432
833454	同心传动	河南	中部	C	无国有股份公司	57.1429	56.2710	72.1830	65.1097	3324
833509	同惠电子	江苏	东部	C	无国有股份公司	42.8571	60.7274	75.5129	67.0724	2843
833523	德瑞锂电	广东	东部	C	无国有股份公司	57.1429	45.2961	72.1681	61.2604	4029
833819	颖泰生物	北京	东部	C	无国有股份公司	71.4286	50.6207	67.9153	62.2135	3881
833873	中设咨询	重庆	西部	M	国有参股公司	28.5714	51.2822	77.0766	63.1981	3716
834021	流金科技	北京	东部	L	无国有股份公司	14.2857	47.7662	78.6354	61.3962	4006
834415	恒拓开源	河南	中部	I	无国有股份公司	28.5714	46.0419	69.4385	57.1630	4414
834475	三友科技	浙江	东部	C	无国有股份公司	42.8571	48.8311	66.0744	57.7175	4382
834599	同力股份	陕西	西部	C	无国有股份公司	28.5714	47.0248	74.1259	60.0851	4184
834682	球冠电缆	浙江	东部	C	无国有股份公司	28.5714	49.4090	79.2933	63.7616	3612
834765	美之高	广东	东部	C	无国有股份公司	14.2857	44.0866	75.7281	58.5093	4333
835174	五新隧装	湖南	中部	C	国有参股公司	14.2857	33.5670	67.9866	50.5696	4547
835179	凯德石英	北京	东部	C	无国有股份公司	14.2857	48.1282	64.8671	53.9503	4499
835184	国源科技	北京	东部	I	无国有股份公司	28.5714	49.7682	58.3689	52.3789	4532
835185	贝特瑞	广东	东部	C	无国有股份公司	71.4286	38.7842	89.5278	69.9576	2026
835305	云创数据	江苏	东部	I	无国有股份公司	28.5714	49.6598	63.8952	55.3804	4473
835368	连城数控	辽宁	东北	C	国有参股公司	28.5714	35.9740	72.3467	55.2387	4477
835508	殷图网联	北京	东部	I	无国有股份公司	14.2857	53.3709	71.8291	59.6144	4233
835640	富士达	陕西	西部	C	国有参股公司	85.7143	56.1699	74.5341	69.2246	2250
835670	数字人	山东	东部	I	无国有股份公司	28.5714	59.6658	70.6536	62.5997	3811
836077	吉林碳谷	吉林	东部	C	国有绝对控股公司	28.5714	51.0824	66.4679	57.2933	4408
836149	旭杰科技	江苏	东部	C	无国有股份公司	28.5714	43.1737	70.2357	56.5976	4439
836239	长虹能源	四川	西部	C	国有绝对控股公司	57.1429	44.0261	69.8731	59.5536	4241
836260	中寰股份	四川	西部	C	无国有股份公司	42.8571	51.0071	70.0925	60.6891	4103
836263	中航泰达	北京	东部	N	无国有股份公司	57.1429	49.4984	65.7447	59.1983	4266
836433	大唐药业	内蒙古	西部	C	国有参股公司	28.5714	48.5659	81.4509	64.6532	3417
836675	秉扬科技	四川	西部	C	无国有股份公司	28.5714	39.9923	71.3062	56.0729	4455

续表

股票代码	公司简称	省份	地区	行业代码	控股类型	环境保护（*EP*）	社会责任（*SR*）	公司治理（*CG*）	上市公司质量/ESG指数（*CLCQI/ESGI*）	*CLCQI/ESGI*排名
836720	吉冈精密	江苏	东部	C	无国有股份公司	71.4286	47.4721	65.7029	59.8947	4203
836826	盖世食品	辽宁	东北	C	国有参股公司	42.8571	47.4230	64.8517	56.5522	4441
836892	广咨国际	广东	东部	M	国有强相对控股公司	100.0000	58.3271	71.0792	69.5080	2162
837092	汉鑫科技	山东	东部	I	国有参股公司	14.2857	48.1620	63.6602	53.2984	4513
837212	智新电子	山东	东部	C	国有参股公司	28.5714	44.6817	63.4294	53.3819	4509
837242	建邦科技	山东	东部	L	国有参股公司	14.2857	50.4007	74.7735	60.1942	4174
837344	三元基因	北京	东部	C	无国有股份公司	42.8571	51.1294	67.0694	59.0692	4275
838030	德众汽车	湖南	中部	F	无国有股份公司	14.2857	36.4827	69.2998	52.3124	4533
838163	方大新材	河北	东部	C	无国有股份公司	57.1429	45.0427	72.5928	61.4053	4005
838275	驱动力	广东	东部	C	国有参股公司	28.5714	57.5857	78.0249	65.9258	3128
838924	广脉科技	浙江	东部	I	无国有股份公司	28.5714	47.7755	71.2287	58.7544	4309
839167	同享科技	江苏	东部	C	国有参股公司	42.8571	49.6412	77.2645	64.1556	3523
839680	广道数字	广东	东部	I	国有参股公司	14.2857	48.2114	61.4031	52.0742	4538
839729	永顺生物	广东	东部	C	国有参股公司	71.4286	47.8173	68.6472	61.6349	3975
839946	华阳变速	湖北	中部	C	无国有股份公司	42.8571	55.2910	77.8889	66.4765	2974
870204	沪江材料	江苏	东部	C	国有参股公司	28.5714	41.0511	53.5065	46.6536	4561
870436	大地电气	江苏	东部	C	无国有股份公司	14.2857	42.7874	81.9553	61.4796	3996
871245	威博液压	江苏	东部	C	国有参股公司	57.1429	47.8399	67.4965	59.5813	4236
871396	常辅股份	江苏	东部	C	国有参股公司	14.2857	48.1013	66.2005	54.6743	4487
871553	凯腾精工	北京	东部	C	无国有股份公司	57.1429	45.8381	57.5562	53.4135	4506
871642	通易航天	江苏	东部	C	国有参股公司	14.2857	43.1033	60.4638	49.7698	4549
871857	泓禧科技	重庆	西部	C	国有参股公司	57.1429	52.7864	68.9389	62.1059	3899
871981	晶赛科技	安徽	中部	C	国有参股公司	28.5714	33.9769	70.0838	53.2951	4514
872925	锦好医疗	广东	东部	C	国有参股公司	14.2857	46.9660	72.4817	57.7316	4380

13.2 2022年中国非金融业国有控股上市公司质量/ESG指数排名

2022 年中国非金融业国有控股上市公司质量 /ESG 指数排名参见表 13-2。

表13-2 2022年中国非金融业国有控股上市公司质量/ESG指数排名

（按 *CLCQI*/*ESGI* 从高到低排列）

股票代码	公司简称	省份	地区	行业代码	控股类型	环境保护（*EP*）	社会责任（*SR*）	公司治理（*CG*）	上市公司质量/ESG指数（*CLCQI*/*ESGI*）	*CLCQI*/*ESGI*排名
601857	中国石油	北京	东部	B	国有绝对控股公司	71.4286	100.0000	84.8684	88.8205	1
688589	力合微	广东	东部	I	国有弱相对控股公司	100.0000	68.3120	97.0589	87.2916	2
601390	中国中铁	北京	东部	E	国有绝对控股公司	71.4286	78.3356	92.6591	85.5228	3
600519	贵州茅台	贵州	西部	C	国有绝对控股公司	100.0000	74.5135	88.7512	84.8929	4
688190	云路股份	山东	东部	C	国有弱相对控股公司	100.0000	61.4510	96.2142	84.4257	5
601598	中国外运	北京	东部	G	国有绝对控股公司	100.0000	61.2216	95.8548	84.1477	6
600028	中国石化	北京	东部	B	国有绝对控股公司	71.4286	73.9272	92.6103	83.9531	7
601808	中海油服	天津	东部	B	国有绝对控股公司	100.0000	66.7616	91.9001	83.9116	8
688012	中微公司	上海	东部	C	国有强相对控股公司	100.0000	59.9356	95.6619	83.5915	9
600941	中国移动	北京	东部	I	国有绝对控股公司	85.7143	72.4094	90.0045	83.4172	10
688248	南网科技	广东	东部	M	国有绝对控股公司	100.0000	72.0295	87.6041	83.3926	11
000338	潍柴动力	山东	东部	C	国有弱相对控股公司	100.0000	69.7980	88.8712	83.3085	12
000568	泸州老窖	四川	西部	C	国有绝对控股公司	100.0000	56.8377	96.7260	83.0925	13
000962	东方钽业	宁夏	西部	C	国有强相对控股公司	100.0000	63.2344	92.6282	83.0775	14
600104	上汽集团	上海	东部	C	国有绝对控股公司	100.0000	65.4182	90.9150	82.8996	15
603060	国检集团	北京	东部	M	国有绝对控股公司	100.0000	57.8082	94.5490	82.2348	16
300188	美亚柏科	福建	东部	I	国有弱相对控股公司	85.7143	62.5143	94.1185	82.2166	17
601965	中国汽研	重庆	西部	M	国有绝对控股公司	85.7143	57.4350	97.0851	82.0705	18
600629	华建集团	上海	东部	M	国有绝对控股公司	100.0000	65.6731	89.1635	82.0255	19
002063	远光软件	广东	东部	I	国有弱相对控股公司	100.0000	60.5688	92.0915	81.8494	20
300185	通裕重工	山东	东部	C	国有弱相对控股公司	100.0000	64.8120	89.2214	81.7560	21
601238	广汽集团	广东	东部	C	国有绝对控股公司	85.7143	58.2281	95.7857	81.6334	22

续表

股票代码	公司简称	省份	地区	行业代码	控股类型	环境保护（*EP*）	社会责任（*SR*）	公司治理（*CG*）	上市公司质量/ESG指数（*CLCQI/ESGI*）	*CLCQI/ESGI*排名
688187	时代电气	湖南	中部	C	国有强相对控股公司	100.0000	62.2163	90.6096	81.6110	23
002910	庄园牧场	甘肃	西部	C	国有强相对控股公司	85.7143	59.9787	94.5454	81.5639	24
002405	四维图新	北京	东部	I	国有弱相对控股公司	85.7143	66.0195	90.6648	81.5439	25
601177	杭齿前进	浙江	东部	C	国有绝对控股公司	85.7143	63.5510	92.2200	81.5353	26
002096	易普力	湖南	中部	C	国有绝对控股公司	71.4286	57.6883	98.0237	81.2468	27
688779	长远锂科	湖南	中部	C	国有强相对控股公司	100.0000	60.7954	90.6882	81.1569	28
600584	长电科技	江苏	东部	C	国有弱相对控股公司	85.7143	52.6318	98.4667	81.1493	29
001965	招商公路	天津	东部	G	国有绝对控股公司	100.0000	56.5474	93.0353	80.9610	30
601919	中远海控	天津	东部	G	国有强相对控股公司	100.0000	62.3165	89.2914	80.9210	31
002386	天原股份	四川	西部	C	国有弱相对控股公司	100.0000	58.8751	91.2817	80.8112	32
600990	四创电子	安徽	中部	C	国有强相对控股公司	100.0000	55.6132	93.1109	80.6756	33
002916	深南电路	广东	东部	C	国有绝对控股公司	100.0000	57.7651	91.7199	80.6638	34
600704	物产中大	浙江	东部	F	国有强相对控股公司	100.0000	56.3098	92.4502	80.5560	35
002281	光迅科技	湖北	中部	C	国有强相对控股公司	100.0000	55.3193	92.9395	80.4785	36
000999	华润三九	广东	东部	C	国有绝对控股公司	100.0000	54.8559	92.9399	80.3165	37
002401	中远海科	上海	东部	I	国有强相对控股公司	85.7143	60.5850	91.7945	80.2631	38
600808	马钢股份	安徽	中部	C	国有强相对控股公司	100.0000	58.0070	90.8020	80.2435	39
688015	交控科技	北京	东部	C	国有弱相对控股公司	85.7143	60.4146	91.6997	80.1514	40
002920	德赛西威	广东	东部	C	国有弱相对控股公司	100.0000	52.7402	93.9731	80.1443	41
688707	振华新材	贵州	西部	C	国有强相对控股公司	100.0000	62.1790	87.8545	80.0826	42
601728	中国电信	北京	东部	I	国有绝对控股公司	100.0000	62.3947	87.6538	80.0477	43
600019	宝钢股份	上海	东部	C	国有绝对控股公司	85.7143	61.3742	90.8746	80.0334	44
000920	沃顿科技	贵州	西部	C	国有绝对控股公司	85.7143	67.5694	86.6972	79.9042	45
002371	北方华创	北京	东部	C	国有绝对控股公司	100.0000	55.9285	91.3740	79.8307	46
600050	中国联通	北京	东部	I	国有强相对控股公司	85.7143	66.3406	87.2397	79.7725	47
688509	正元地信	北京	东部	M	国有绝对控股公司	57.1429	63.3852	94.2550	79.7394	48
688285	高铁电气	陕西	西部	C	国有绝对控股公司	85.7143	58.8761	91.8962	79.7210	49
688128	中国电研	广东	东部	C	国有绝对控股公司	100.0000	65.2502	85.1344	79.6615	50
688276	百克生物	吉林	东部	C	国有强相对控股公司	71.4286	62.5124	92.0141	79.6300	51
601111	中国国航	北京	东部	G	国有强相对控股公司	100.0000	60.0606	88.3311	79.6033	52
601199	江南水务	江苏	东部	D	国有绝对控股公司	100.0000	55.8876	90.9000	79.5557	53
002047	宝鹰股份	广东	东部	E	国有强相对控股公司	71.4286	52.7231	98.0734	79.5363	54
600552	凯盛科技	安徽	中部	C	国有强相对控股公司	100.0000	52.7401	92.7641	79.4793	55
688009	中国通号	北京	东部	C	国有绝对控股公司	85.7143	69.6856	84.5713	79.4756	56
603817	海峡环保	福建	东部	D	国有绝对控股公司	100.0000	55.8992	90.7214	79.4615	57

续表

股票代码	公司简称	省份	地区	行业代码	控股类型	环境保护（*EP*）	社会责任（*SR*）	公司治理（*CG*）	上市公司质量/ESG指数（*CLCQI*/*ESGI*）	*CLCQI*/*ESGI*排名
002669	康达新材	上海	东部	C	国有弱相对控股公司	85.7143	57.7995	92.0678	79.4386	58
688396	华润微	江苏	东部	C	国有绝对控股公司	85.7143	57.6200	92.0953	79.3908	59
002389	航天彩虹	浙江	东部	C	国有强相对控股公司	100.0000	60.5117	87.6465	79.3847	60
002222	福晶科技	福建	东部	C	国有弱相对控股公司	100.0000	60.8364	87.4049	79.3654	61
688456	有研粉材	北京	东部	C	国有强相对控股公司	85.7143	65.4296	86.9173	79.2763	62
000536	华映科技	福建	东部	C	国有强相对控股公司	85.7143	52.2862	94.9697	79.1049	63
601888	中国中免	北京	东部	L	国有绝对控股公司	85.7143	56.1542	92.4992	79.1000	64
688122	西部超导	陕西	西部	C	国有强相对控股公司	85.7143	61.8003	88.8869	79.0894	65
000731	四川美丰	四川	西部	C	国有弱相对控股公司	71.4286	62.2832	90.9624	78.9713	66
002097	山河智能	湖南	中部	C	国有弱相对控股公司	100.0000	61.3062	86.3561	78.9530	67
601088	中国神华	北京	东部	B	国有绝对控股公司	71.4286	63.3960	90.1830	78.9321	68
601668	中国建筑	北京	东部	E	国有绝对控股公司	57.1429	71.9822	87.2725	78.9079	69
002204	大连重工	辽宁	东北	C	国有绝对控股公司	85.7143	51.5509	95.0364	78.8842	70
300323	华灿光电	湖北	中部	C	国有弱相对控股公司	100.0000	60.2318	86.9125	78.8830	71
000538	云南白药	云南	西部	C	国有强相对控股公司	85.7143	56.0932	92.0997	78.8589	72
600018	上港集团	上海	东部	G	国有绝对控股公司	85.7143	55.5073	92.3368	78.7842	73
002179	中航光电	河南	中部	C	国有强相对控股公司	85.7143	61.5508	88.4873	78.7823	74
600436	片仔癀	福建	东部	C	国有绝对控股公司	100.0000	55.8796	89.4852	78.7747	75
688165	埃夫特	安徽	中部	C	国有弱相对控股公司	100.0000	55.6455	89.6164	78.7649	76
688126	沪硅产业	上海	东部	C	国有绝对控股公司	100.0000	53.8930	90.7160	78.7564	77
600765	中航重机	贵州	西部	C	国有强相对控股公司	100.0000	52.2594	91.6218	78.6828	78
002030	达安基因	广东	东部	C	国有强相对控股公司	85.7143	58.6041	90.0694	78.6210	79
600378	昊华科技	四川	西部	C	国有绝对控股公司	100.0000	58.9915	87.1316	78.5694	80
600021	上海电力	上海	东部	D	国有绝对控股公司	85.7143	62.8551	87.2537	78.5602	81
601899	紫金矿业	福建	东部	B	国有弱相对控股公司	100.0000	56.5859	88.6223	78.5474	82
600379	宝光股份	陕西	西部	C	国有弱相对控股公司	100.0000	57.5553	87.9026	78.4908	83
003816	中国广核	广东	东部	D	国有绝对控股公司	100.0000	62.5520	84.6881	78.4716	84
301217	铜冠铜箔	安徽	中部	C	国有绝对控股公司	100.0000	60.5414	85.9604	78.4677	85
600483	福能股份	福建	东部	D	国有绝对控股公司	100.0000	56.0851	88.7898	78.4642	86
603213	镇洋发展	浙江	东部	C	国有绝对控股公司	85.7143	57.0454	90.6960	78.4201	87
002332	仙琚制药	浙江	东部	C	国有弱相对控股公司	100.0000	56.2537	88.4614	78.3426	88
600456	宝钛股份	陕西	西部	C	国有强相对控股公司	100.0000	48.3044	93.4825	78.3219	89
601186	中国铁建	北京	东部	E	国有绝对控股公司	57.1429	69.1839	87.9759	78.3154	90
601666	平煤股份	河南	中部	B	国有强相对控股公司	71.4286	63.8926	88.6799	78.2792	91
601985	中国核电	北京	东部	D	国有绝对控股公司	100.0000	57.4676	87.5621	78.2728	92

续表

股票代码	公司简称	省份	地区	行业代码	控股类型	环境保护（*EP*）	社会责任（*SR*）	公司治理（*CG*）	上市公司质量/ESG指数（*CLCQI/ESGI*）	*CLCQI/ESGI*排名
600433	冠豪高新	广东	东部	C	国有强相对控股公司	100.0000	55.1227	89.0137	78.2505	93
600917	重庆燃气	重庆	西部	D	国有绝对控股公司	85.7143	56.1192	90.9179	78.2180	94
601868	中国能建	北京	东部	E	国有绝对控股公司	57.1429	63.8948	91.1074	78.1865	95
000021	深科技	广东	东部	C	国有强相对控股公司	85.7143	54.8495	91.6326	78.1667	96
300772	运达股份	浙江	东部	C	国有强相对控股公司	85.7143	62.1699	86.9244	78.1393	97
600810	神马股份	河南	中部	C	国有绝对控股公司	100.0000	55.2642	88.6818	78.1175	98
600131	国网信通	四川	西部	I	国有绝对控股公司	100.0000	58.0897	86.7271	78.0313	99
002483	润邦股份	江苏	东部	C	国有弱相对控股公司	71.4286	55.7634	93.3829	78.0206	100
000565	渝三峡A	重庆	西部	C	国有强相对控股公司	100.0000	60.7882	84.9126	77.9778	101
301215	中汽股份	江苏	东部	M	国有绝对控股公司	100.0000	52.6382	90.0953	77.9758	102
600750	江中药业	江西	中部	C	国有强相对控股公司	100.0000	54.0711	89.0935	77.9263	103
688568	中科星图	北京	东部	I	国有强相对控股公司	28.5714	59.5408	98.5506	77.8993	104
000685	中山公用	广东	东部	D	国有绝对控股公司	100.0000	55.3130	88.2246	77.8831	105
688586	江航装备	安徽	中部	C	国有绝对控股公司	100.0000	51.4035	90.7095	77.8814	106
000862	银星能源	宁夏	西部	D	国有强相对控股公司	85.7143	64.2822	85.0591	77.8527	107
600048	保利发展	广东	东部	K	国有强相对控股公司	100.0000	59.4451	85.5251	77.8446	108
688425	铁建重工	湖南	中部	C	国有绝对控股公司	85.7143	62.1735	86.2795	77.7859	109
600389	江山股份	江苏	东部	C	国有强相对控股公司	71.4286	60.3400	90.0297	77.7782	110
601958	金钼股份	陕西	西部	B	国有绝对控股公司	100.0000	51.7719	90.1999	77.7301	111
300024	机器人	辽宁	东北	C	国有弱相对控股公司	85.7143	59.3131	87.9968	77.7293	112
603013	亚普股份	江苏	东部	C	国有绝对控股公司	100.0000	52.3779	89.7284	77.6829	113
002110	三钢闽光	福建	东部	C	国有绝对控股公司	100.0000	59.3576	85.2705	77.6740	114
688323	瑞华泰	广东	东部	C	国有强相对控股公司	85.7143	56.4017	89.6920	77.6426	115
002190	成飞集成	四川	西部	C	国有绝对控股公司	100.0000	54.8066	88.0492	77.6094	116
300042	朗科科技	广东	东部	C	国有弱相对控股公司	71.4286	53.0004	94.3863	77.6055	117
002246	北化股份	四川	西部	C	国有强相对控股公司	100.0000	64.2936	81.9502	77.5753	118
600710	苏美达	江苏	东部	F	国有绝对控股公司	85.7143	57.7230	88.6760	77.5463	119
002732	燕塘乳业	广东	东部	C	国有绝对控股公司	85.7143	52.2030	92.1737	77.5380	120
688571	杭华股份	浙江	东部	C	国有强相对控股公司	71.4286	59.8420	89.8819	77.5226	121
688663	新风光	山东	东部	C	国有强相对控股公司	57.1429	64.0102	89.7613	77.4866	122
600252	中恒集团	广西	西部	C	国有弱相对控股公司	100.0000	43.7835	94.8059	77.4675	123
600026	中远海能	上海	东部	G	国有强相对控股公司	100.0000	52.9941	88.8965	77.4410	124
601369	陕鼓动力	陕西	西部	C	国有绝对控股公司	100.0000	66.1760	80.4721	77.4212	125
300620	光库科技	广东	东部	C	国有弱相对控股公司	85.7143	57.9147	88.2947	77.4037	126
600458	时代新材	湖南	中部	C	国有绝对控股公司	100.0000	55.0860	87.4887	77.3989	127

续表

股票代码	公司简称	省份	地区	行业代码	控股类型	环境保护（*EP*）	社会责任（*SR*）	公司治理（*CG*）	上市公司质量/ESG指数（*CLCQI/ESGI*）	*CLCQI/ESGI*排名
603025	大豪科技	北京	东部	C	国有强相对控股公司	85.7143	59.7624	87.1036	77.3952	128
603328	依顿电子	广东	东部	C	国有强相对控股公司	100.0000	50.7762	90.1846	77.3732	129
600497	驰宏锌锗	云南	西部	B	国有强相对控股公司	100.0000	54.1997	87.9998	77.3698	130
000657	中钨高新	海南	东部	C	国有绝对控股公司	100.0000	52.9840	88.7568	77.3607	131
000425	徐工机械	江苏	东部	C	国有弱相对控股公司	85.7143	51.9074	92.0080	77.3434	132
600323	瀚蓝环境	广东	东部	N	国有强相对控股公司	100.0000	55.1582	87.2307	77.2822	133
002053	云南能投	云南	西部	C	国有绝对控股公司	100.0000	54.6444	87.5457	77.2757	134
600688	上海石化	上海	东部	C	国有绝对控股公司	100.0000	57.0825	85.9717	77.2633	135
600547	山东黄金	山东	东部	B	国有强相对控股公司	85.7143	54.1773	90.3925	77.2493	136
600572	康恩贝	浙江	东部	C	国有弱相对控股公司	100.0000	48.0293	91.7036	77.2473	137
688538	和辉光电	上海	东部	C	国有绝对控股公司	100.0000	53.5005	88.2170	77.2445	138
600419	天润乳业	新疆	西部	C	国有强相对控股公司	85.7143	57.0221	88.4974	77.2027	139
600531	豫光金铅	河南	中部	C	国有强相对控股公司	100.0000	58.9945	84.6406	77.2004	140
600495	晋西车轴	山西	中部	C	国有强相对控股公司	85.7143	57.0605	88.3861	77.1550	141
000928	中钢国际	吉林	东部	E	国有绝对控股公司	85.7143	65.6139	82.7139	77.0289	142
002911	佛燃能源	广东	东部	D	国有强相对控股公司	85.7143	54.7291	89.6354	77.0261	143
600459	贵研铂业	云南	西部	C	国有强相对控股公司	85.7143	59.1311	86.8042	77.0096	144
600597	光明乳业	上海	东部	C	国有绝对控股公司	85.7143	51.2531	91.8034	77.0019	145
600111	北方稀土	内蒙古	西部	C	国有强相对控股公司	71.4286	55.5262	91.5736	76.9425	146
600171	上海贝岭	上海	东部	C	国有弱相对控股公司	71.4286	59.8019	88.8339	76.9321	147
000877	天山股份	新疆	西部	C	国有绝对控股公司	71.4286	57.1082	90.5206	76.9171	148
600776	东方通信	浙江	东部	C	国有强相对控股公司	100.0000	52.9094	87.9860	76.9106	149
002672	东江环保	广东	东部	C	国有强相对控股公司	100.0000	56.0479	85.9488	76.8886	150
000589	贵州轮胎	贵州	西部	C	国有弱相对控股公司	71.4286	57.6387	90.0906	76.8662	151
600858	银座股份	山东	东部	F	国有强相对控股公司	71.4286	52.9314	93.0860	76.8662	152
600809	山西汾酒	山西	中部	C	国有绝对控股公司	100.0000	55.9823	85.9134	76.8462	153
600963	岳阳林纸	湖南	中部	C	国有强相对控股公司	100.0000	63.6401	81.0224	76.8364	154
600406	国电南瑞	江苏	东部	I	国有绝对控股公司	100.0000	56.2465	85.7093	76.8264	155
600526	菲达环保	浙江	东部	C	国有强相对控股公司	85.7143	58.5371	86.8454	76.8244	156
002678	珠江钢琴	广东	东部	C	国有绝对控股公司	71.4286	48.4683	95.8406	76.8191	157
000898	鞍钢股份	辽宁	东北	C	国有绝对控股公司	85.7143	57.9077	87.2230	76.8118	158
600188	兖矿能源	山东	东部	B	国有强相对控股公司	71.4286	56.3478	90.7954	76.8021	159
000756	新华制药	山东	东部	C	国有强相对控股公司	71.4286	63.8718	85.9579	76.7748	160
600161	天坛生物	北京	东部	C	国有绝对控股公司	85.7143	54.6412	89.1631	76.7356	161
002237	恒邦股份	山东	东部	C	国有强相对控股公司	71.4286	58.0197	89.6048	76.7324	162

续表

股票代码	公司简称	省份	地区	行业代码	控股类型	环境保护（*EP*）	社会责任（*SR*）	公司治理（*CG*）	上市公司质量/ESG指数（*CLCQI*/*ESGI*）	*CLCQI*/*ESGI*排名
301090	华润材料	江苏	东部	C	国有绝对控股公司	100.0000	53.9665	86.9674	76.7204	163
600875	东方电气	四川	西部	C	国有绝对控股公司	85.7143	46.3478	94.3977	76.7119	164
600328	中盐化工	内蒙古	西部	C	国有强相对控股公司	71.4286	57.4970	89.8730	76.6969	165
300072	海新能科	北京	东部	C	国有强相对控股公司	71.4286	55.6235	91.0464	76.6866	166
002106	莱宝高科	广东	东部	C	国有弱相对控股公司	85.7143	50.9603	91.2930	76.6186	167
603867	新化股份	浙江	东部	C	国有弱相对控股公司	100.0000	54.9397	86.1552	76.6143	168
600029	南方航空	广东	东部	G	国有绝对控股公司	85.7143	61.2473	84.7058	76.5962	169
601869	长飞光纤	湖北	中部	C	国有强相对控股公司	100.0000	52.2631	87.6968	76.5253	170
600582	天地科技	北京	东部	C	国有绝对控股公司	85.7143	53.0548	89.7090	76.4806	171
603369	今世缘	江苏	东部	C	国有强相对控股公司	100.0000	51.6361	87.9367	76.4378	172
688151	华强科技	湖北	中部	C	国有绝对控股公司	100.0000	54.8641	85.8463	76.4179	173
600500	中化国际	上海	东部	C	国有绝对控股公司	100.0000	48.5496	89.7993	76.3820	174
600675	中华企业	上海	东部	K	国有绝对控股公司	100.0000	55.0463	85.6567	76.3774	175
000792	盐湖股份	青海	西部	C	国有强相对控股公司	71.4286	63.5908	85.4107	76.3755	176
600644	乐山电力	四川	西部	D	国有绝对控股公司	85.7143	58.9283	85.7754	76.3728	177
600262	北方股份	内蒙古	西部	C	国有强相对控股公司	100.0000	56.7075	84.5872	76.3706	178
000039	中集集团	广东	东部	C	国有弱相对控股公司	71.4286	54.6609	91.0261	76.3385	179
600980	北矿科技	北京	东部	C	国有强相对控股公司	85.7143	56.8912	87.0071	76.3373	180
600592	龙溪股份	福建	东部	C	国有强相对控股公司	85.7143	54.9600	88.0965	76.2605	181
600802	福建水泥	福建	东部	C	国有强相对控股公司	100.0000	50.2550	88.4796	76.2530	182
002415	海康威视	浙江	东部	C	国有强相对控股公司	71.4286	63.5976	85.1759	76.2488	183
601156	东航物流	上海	东部	G	国有强相对控股公司	85.7143	55.3989	87.7957	76.2487	184
600022	山东钢铁	山东	东部	C	国有绝对控股公司	100.0000	56.1456	84.6841	76.2272	185
600886	国投电力	北京	东部	D	国有绝对控股公司	85.7143	47.5633	92.7041	76.2058	186
600480	凌云股份	河北	东部	C	国有强相对控股公司	85.7143	52.0526	89.8289	76.1957	187
688269	凯立新材	陕西	西部	C	国有弱相对控股公司	85.7143	57.5595	86.2962	76.1802	188
688055	龙腾光电	江苏	东部	C	国有强相对控股公司	100.0000	51.8653	87.2885	76.1616	189
600774	汉商集团	湖北	中部	F	国有弱相对控股公司	85.7143	50.0769	91.0186	76.1586	190
600874	创业环保	天津	东部	D	国有强相对控股公司	85.7143	45.6034	93.8176	76.1323	191
601168	西部矿业	青海	西部	B	国有强相对控股公司	100.0000	52.4860	86.8145	76.1181	192
600967	内蒙一机	内蒙古	西部	C	国有绝对控股公司	100.0000	50.8057	87.8065	76.0756	193
000786	北新建材	北京	东部	C	国有强相对控股公司	100.0000	47.2469	90.0374	76.0570	194
300363	博腾股份	重庆	西部	C	国有弱相对控股公司	100.0000	48.2950	89.3248	76.0319	195
600871	石化油服	北京	东部	B	国有绝对控股公司	85.7143	52.1129	89.4691	76.0190	196
600853	龙建股份	黑龙江	东北	E	国有强相对控股公司	85.7143	55.4735	87.3224	76.0145	197

续表

股票代码	公司简称	省份	地区	行业代码	控股类型	环境保护（*EP*）	社会责任（*SR*）	公司治理（*CG*）	上市公司质量/ESG指数（*CLCQI/ESGI*）	*CLCQI/ESGI*排名
000596	古井贡酒	安徽	中部	C	国有绝对控股公司	85.7143	53.7381	88.4201	76.0108	198
601952	苏垦农发	江苏	东部	C	国有绝对控股公司	57.1429	54.1735	93.3195	76.0007	199
000069	华侨城A	广东	东部	K	国有绝对控股公司	100.0000	54.7944	85.0734	75.9684	200
600727	鲁北化工	山东	东部	C	国有强相对控股公司	100.0000	50.6930	87.5926	75.9185	201
600525	长园集团	广东	东部	C	国有弱相对控股公司	100.0000	51.7796	86.8923	75.9136	202
600298	安琪酵母	湖北	中部	C	国有强相对控股公司	100.0000	47.5767	89.5178	75.8866	203
600866	星湖科技	广东	东部	C	国有强相对控股公司	85.7143	58.7807	84.9592	75.8722	204
600985	淮北矿业	安徽	中部	B	国有绝对控股公司	57.1429	64.1757	86.6711	75.8449	205
600309	万华化学	山东	东部	C	国有弱相对控股公司	85.7143	50.6313	90.0924	75.8432	206
000923	河钢资源	河北	东部	B	国有强相对控股公司	100.0000	55.4274	84.4049	75.8223	207
002396	星网锐捷	福建	东部	C	国有强相对控股公司	71.4286	54.2110	90.3448	75.8063	208
600059	古越龙山	浙江	东部	C	国有强相对控股公司	100.0000	54.7812	84.6940	75.7551	209
300114	中航电测	陕西	西部	C	国有绝对控股公司	71.4286	63.4745	84.3089	75.7288	210
605011	杭州热电	浙江	东部	D	国有绝对控股公司	85.7143	52.4578	88.6239	75.6748	211
002393	力生制药	天津	东部	C	国有绝对控股公司	71.4286	53.3886	90.5074	75.6079	212
000050	深天马A	广东	东部	C	国有绝对控股公司	85.7143	56.6182	85.7935	75.5742	213
000551	创元科技	江苏	东部	S	国有强相对控股公司	71.4286	58.3292	87.2967	75.5713	214
001289	龙源电力	北京	东部	D	国有绝对控股公司	85.7143	60.0972	83.5691	75.5685	215
600679	上海凤凰	上海	东部	C	国有弱相对控股公司	85.7143	55.4794	86.5052	75.5671	216
000630	铜陵有色	安徽	中部	C	国有强相对控股公司	57.1429	61.1722	88.0607	75.5580	217
300621	维业股份	广东	东部	E	国有弱相对控股公司	85.7143	53.3662	87.7926	75.5356	218
601669	中国电建	北京	东部	E	国有绝对控股公司	42.8571	63.3826	89.1968	75.5279	219
600141	兴发集团	湖北	中部	C	国有弱相对控股公司	85.7143	56.7707	85.6019	75.5222	220
000636	风华高科	广东	东部	C	国有弱相对控股公司	100.0000	51.2244	86.5274	75.5186	221
002323	雅博股份	山东	东部	E	国有弱相对控股公司	100.0000	52.0769	85.9563	75.5029	222
002254	泰和新材	山东	东部	C	国有弱相对控股公司	85.7143	50.4317	89.5942	75.4993	223
600420	国药现代	上海	东部	C	国有绝对控股公司	85.7143	53.0830	87.8690	75.4784	224
600377	宁沪高速	江苏	东部	G	国有绝对控股公司	85.7143	55.4762	86.3206	75.4644	225
600115	中国东航	上海	东部	G	国有强相对控股公司	100.0000	55.5137	83.6642	75.4451	226
600513	联环药业	江苏	东部	C	国有强相对控股公司	71.4286	61.8127	84.8302	75.4339	227
600977	中国电影	北京	东部	R	国有绝对控股公司	57.1429	61.6874	87.4897	75.4242	228
600037	歌华有线	北京	东部	I	国有强相对控股公司	57.1429	54.5446	92.0308	75.4218	229
000635	英力特	宁夏	西部	C	国有绝对控股公司	85.7143	57.4628	84.9586	75.4107	230
600585	海螺水泥	安徽	中部	C	国有强相对控股公司	71.4286	62.6254	84.2704	75.4105	231
002152	广电运通	广东	东部	C	国有绝对控股公司	71.4286	53.7204	89.8908	75.3849	232

续表

股票代码	公司简称	省份	地区	行业代码	控股类型	环境保护（*EP*）	社会责任（*SR*）	公司治理（*CG*）	上市公司质量/ESG指数（*CLCQI/ESGI*）	*CLCQI/ESGI*排名
688569	铁科轨道	北京	东部	C	国有绝对控股公司	100.0000	54.9806	83.8802	75.3773	233
600409	三友化工	河北	东部	C	国有强相对控股公司	85.7143	65.8611	79.5530	75.3770	234
300129	泰胜风能	上海	东部	C	国有弱相对控股公司	71.4286	50.7440	91.7324	75.3561	235
600619	海立股份	上海	东部	C	国有弱相对控股公司	100.0000	59.9142	80.6883	75.3486	236
000027	深圳能源	广东	东部	D	国有绝对控股公司	85.7143	46.3020	91.8734	75.3075	237
000973	佛塑科技	广东	东部	C	国有弱相对控股公司	71.4286	47.0010	94.0139	75.3008	238
600025	华能水电	云南	西部	D	国有绝对控股公司	85.7143	59.1455	83.6877	75.3006	239
600011	华能国际	北京	东部	D	国有绝对控股公司	85.7143	47.7059	90.9566	75.2946	240
001208	华菱线缆	湖南	中部	C	国有绝对控股公司	85.7143	60.6548	82.6525	75.2595	241
000833	粤桂股份	广西	西部	S	国有绝对控股公司	100.0000	54.0975	84.2076	75.2483	242
300197	节能铁汉	广东	东部	N	国有强相对控股公司	57.1429	60.0275	88.1982	75.2329	243
601827	三峰环境	重庆	西部	N	国有绝对控股公司	71.4286	49.6737	92.1879	75.2320	244
600510	黑牡丹	江苏	东部	K	国有绝对控股公司	100.0000	54.5747	83.8174	75.2007	245
605086	龙高股份	福建	东部	B	国有绝对控股公司	85.7143	58.0453	84.1953	75.1947	246
600267	海正药业	浙江	东部	C	国有强相对控股公司	100.0000	55.5918	83.1310	75.1792	247
600583	海油工程	天津	东部	B	国有绝对控股公司	85.7143	53.7520	86.8704	75.1634	248
003013	地铁设计	广东	东部	M	国有绝对控股公司	100.0000	57.3189	81.9778	75.1494	249
600900	长江电力	北京	东部	D	国有绝对控股公司	85.7143	63.1282	80.8587	75.1386	250
600755	厦门国贸	福建	东部	F	国有强相对控股公司	85.7143	59.6127	83.0544	75.1158	251
301136	招标股份	福建	东部	M	国有绝对控股公司	71.4286	61.8434	84.2112	75.1042	252
600528	中铁工业	北京	东部	C	国有强相对控股公司	85.7143	49.9310	89.1901	75.1018	253
300958	建工修复	北京	东部	N	国有绝对控股公司	71.4286	49.0310	92.3560	75.0995	254
600339	中油工程	新疆	西部	B	国有绝对控股公司	100.0000	55.3138	83.1460	75.0901	255
603712	七一二	天津	东部	C	国有强相对控股公司	85.7143	43.3245	93.3713	75.0892	256
601228	广州港	广东	东部	G	国有绝对控股公司	100.0000	48.5845	87.3999	75.0745	257
601600	中国铝业	北京	东部	C	国有强相对控股公司	71.4286	53.6884	89.3173	75.0583	258
002339	积成电子	山东	东部	C	国有弱相对控股公司	42.8571	66.0357	86.6001	75.0282	259
600313	农发种业	北京	东部	A	国有强相对控股公司	85.7143	55.9759	85.1600	75.0010	260
603327	福蓉科技	四川	西部	C	国有绝对控股公司	71.4286	59.0005	85.7933	74.9793	261
601003	柳钢股份	广西	西部	C	国有绝对控股公司	100.0000	56.5339	82.1317	74.9593	262
000831	中国稀土	江西	中部	C	国有强相对控股公司	100.0000	54.9595	83.0980	74.9397	263
600127	金健米业	湖南	中部	C	国有弱相对控股公司	85.7143	59.5862	82.7000	74.9116	264
601117	中国化学	北京	东部	E	国有强相对控股公司	71.4286	51.4210	90.4710	74.8993	265
600356	恒丰纸业	黑龙江	东北	C	国有强相对控股公司	100.0000	51.6899	85.0696	74.8797	266
600372	中航电子	北京	东部	C	国有绝对控股公司	100.0000	42.7954	90.7139	74.8711	267

续表

股票代码	公司简称	省份	地区	行业代码	控股类型	环境保护（*EP*）	社会责任（*SR*）	公司治理（*CG*）	上市公司质量/ESG指数（*CLCQI*/*ESGI*）	*CLCQI*/*ESGI*排名
600889	南京化纤	江苏	东部	C	国有强相对控股公司	100.0000	50.3149	85.9249	74.8689	268
000507	珠海港	广东	东部	G	国有强相对控股公司	71.4286	56.5378	87.1237	74.8491	269
002507	涪陵榨菜	重庆	西部	C	国有强相对控股公司	57.1429	48.4862	94.7985	74.8236	270
600968	海油发展	北京	东部	B	国有绝对控股公司	85.7143	51.5423	87.6515	74.8196	271
600546	山煤国际	山西	中部	F	国有绝对控股公司	57.1429	60.4763	87.1387	74.8073	272
300981	中红医疗	河北	东部	C	国有绝对控股公司	71.4286	52.7753	89.4346	74.8033	273
000959	首钢股份	北京	东部	C	国有绝对控股公司	85.7143	54.7674	85.5694	74.8032	274
002205	国统股份	新疆	西部	C	国有强相对控股公司	57.1429	56.4520	89.6766	74.7946	275
002461	珠江啤酒	广东	东部	C	国有绝对控股公司	85.7143	55.6564	84.9850	74.7929	276
600178	东安动力	黑龙江	东北	C	国有强相对控股公司	100.0000	51.5625	84.9865	74.7894	277
600587	新华医疗	山东	东部	C	国有强相对控股公司	85.7143	54.0652	85.9752	74.7806	278
600170	上海建工	上海	东部	E	国有绝对控股公司	71.4286	59.9112	84.8431	74.7755	279
600160	巨化股份	浙江	东部	C	国有绝对控股公司	100.0000	49.8208	86.0419	74.7603	280
000625	长安汽车	重庆	西部	C	国有强相对控股公司	85.7143	55.9132	84.7443	74.7504	281
688778	厦钨新能	福建	东部	C	国有绝对控股公司	100.0000	58.3079	80.5897	74.7321	282
600850	电科数字	上海	东部	I	国有强相对控股公司	85.7143	53.7740	86.0489	74.7192	283
002080	中材科技	江苏	东部	C	国有绝对控股公司	100.0000	45.4747	88.7212	74.7128	284
002430	杭氧股份	浙江	东部	C	国有绝对控股公司	71.4286	58.3151	85.7382	74.7091	285
603169	兰石重装	甘肃	西部	C	国有绝对控股公司	85.7143	48.1596	89.5717	74.6917	286
002302	西部建设	新疆	西部	C	国有绝对控股公司	57.1429	53.0400	91.6472	74.6843	287
300019	硅宝科技	四川	西部	C	国有弱相对控股公司	85.7143	52.9759	86.3883	74.6265	288
600784	鲁银投资	山东	东部	C	国有强相对控股公司	85.7143	48.4524	89.2537	74.6193	289
000591	太阳能	重庆	西部	D	国有强相对控股公司	71.4286	52.3222	89.3079	74.5750	290
000933	神火股份	河南	中部	C	国有弱相对控股公司	71.4286	54.0479	88.1227	74.5271	291
600183	生益科技	广东	东部	C	国有强相对控股公司	100.0000	54.2710	82.7842	74.5262	292
600163	中闽能源	福建	东部	D	国有绝对控股公司	85.7143	46.3679	90.3651	74.5010	293
000566	海南海药	海南	东部	C	国有弱相对控股公司	85.7143	55.9518	84.2368	74.4848	294
601179	中国西电	陕西	西部	C	国有绝对控股公司	100.0000	50.0436	85.2827	74.4207	295
605006	山东玻纤	山东	东部	C	国有绝对控股公司	100.0000	60.0976	78.8535	74.4036	296
600153	建发股份	福建	东部	F	国有强相对控股公司	100.0000	53.6801	82.9001	74.3831	297
601969	海南矿业	海南	东部	B	国有弱相对控股公司	85.7143	53.2535	85.7407	74.3676	298
600760	中航沈飞	山东	东部	C	国有绝对控股公司	57.1429	57.3733	88.3125	74.3668	299
002608	江苏国信	江苏	东部	D	国有绝对控股公司	85.7143	54.3982	84.9644	74.3412	300
601226	华电重工	北京	东部	M	国有绝对控股公司	100.0000	59.0604	79.3995	74.3409	301
600981	汇鸿集团	江苏	东部	F	国有绝对控股公司	85.7143	51.2744	86.9315	74.3298	302

续表

股票代码	公司简称	省份	地区	行业代码	控股类型	环境保护（*EP*）	社会责任（*SR*）	公司治理（*CG*）	上市公司质量/ESG指数（*CLCQI/ESGI*）	*CLCQI/ESGI*排名
601326	秦港股份	河北	东部	G	国有绝对控股公司	85.7143	46.4064	89.9987	74.3130	303
002267	陕天然气	陕西	西部	D	国有绝对控股公司	85.7143	54.2460	84.9840	74.2987	304
601800	中国交建	北京	东部	E	国有绝对控股公司	57.1429	61.9433	85.2127	74.2614	305
002155	湖南黄金	湖南	中部	B	国有强相对控股公司	71.4286	55.3899	86.7464	74.2398	306
002761	浙江建投	浙江	东部	E	国有绝对控股公司	42.8571	58.5629	89.9142	74.2356	307
002017	东信和平	广东	东部	C	国有强相对控股公司	85.7143	56.5748	83.3703	74.2263	308
600249	两面针	广西	西部	C	国有强相对控股公司	71.4286	49.9081	90.1970	74.2190	309
600072	中船科技	上海	东部	E	国有强相对控股公司	100.0000	48.6951	85.7562	74.2092	310
600428	中远海特	广东	东部	G	国有绝对控股公司	100.0000	52.0537	83.5960	74.1966	311
300080	易成新能	河南	中部	C	国有绝对控股公司	85.7143	51.9073	86.2820	74.1941	312
300073	当升科技	北京	东部	C	国有弱相对控股公司	71.4286	48.9030	90.7760	74.1857	313
600231	凌钢股份	辽宁	东北	C	国有强相对控股公司	100.0000	52.2744	83.4245	74.1795	314
003035	南网能源	广东	东部	M	国有绝对控股公司	85.7143	47.6602	88.9460	74.1728	315
000089	深圳机场	广东	东部	G	国有绝对控股公司	85.7143	50.0890	87.3929	74.1687	316
000727	冠捷科技	江苏	东部	C	国有强相对控股公司	85.7143	50.5910	87.0576	74.1599	317
000789	万年青	江西	中部	C	国有强相对控股公司	85.7143	51.9645	86.1596	74.1468	318
600251	冠农股份	新疆	西部	C	国有强相对控股公司	71.4286	60.3285	83.3664	74.1094	319
603698	航天工程	北京	东部	M	国有绝对控股公司	85.7143	49.7843	87.4775	74.1086	320
600469	风神股份	河南	中部	C	国有绝对控股公司	100.0000	51.5480	83.7528	74.1058	321
000858	五粮液	四川	西部	C	国有绝对控股公司	100.0000	59.3745	78.7595	74.0988	322
600268	国电南自	江苏	东部	C	国有绝对控股公司	100.0000	46.7141	86.7918	74.0854	323
600023	浙能电力	浙江	东部	D	国有绝对控股公司	100.0000	56.8595	80.3331	74.0840	324
600435	北方导航	北京	东部	C	国有强相对控股公司	85.7143	51.8435	86.1145	74.0797	325
000878	云南铜业	云南	西部	C	国有强相对控股公司	57.1429	57.9672	87.3682	74.0553	326
601898	中煤能源	北京	东部	B	国有绝对控股公司	57.1429	61.0712	85.3720	74.0438	327
600995	南网储能	云南	西部	D	国有绝对控股公司	85.7143	55.7858	83.4752	74.0078	328
002449	国星光电	广东	东部	C	国有弱相对控股公司	100.0000	43.2531	88.7848	73.9702	329
000423	东阿阿胶	山东	东部	C	国有强相对控股公司	100.0000	54.7495	81.4632	73.9671	330
600166	福田汽车	北京	东部	C	国有强相对控股公司	85.7143	57.1303	82.5405	73.9643	331
600272	开开实业	上海	东部	F	国有强相对控股公司	85.7143	52.9840	85.1768	73.9631	332
300929	华骐环保	安徽	中部	N	国有弱相对控股公司	85.7143	55.8267	83.3521	73.9544	333
000002	万科A	广东	东部	K	国有强相对控股公司	57.1429	61.3779	85.0120	73.9531	334
000661	长春高新	吉林	东部	C	国有弱相对控股公司	85.7143	60.3871	80.3663	73.9084	335
000598	兴蓉环境	四川	西部	D	国有绝对控股公司	71.4286	53.5107	87.3364	73.9067	336
601098	中南传媒	湖南	中部	R	国有绝对控股公司	85.7143	50.1924	86.8489	73.9057	337

续表

股票代码	公司简称	省份	地区	行业代码	控股类型	环境保护（*EP*）	社会责任（*SR*）	公司治理（*CG*）	上市公司质量/ESG指数（*CLCQI/ESGI*）	*CLCQI/ESGI*排名
002312	川发龙蟒	四川	西部	C	国有弱相对控股公司	71.4286	54.7458	86.5301	73.8954	338
600195	中牧股份	北京	东部	C	国有绝对控股公司	100.0000	54.0783	81.7269	73.8772	339
600746	江苏索普	江苏	东部	C	国有绝对控股公司	85.7143	48.0580	88.0520	73.8204	340
300106	西部牧业	新疆	西部	A	国有强相对控股公司	85.7143	56.8589	82.4380	73.8130	341
000539	粤电力A	广东	东部	D	国有绝对控股公司	85.7143	49.7026	86.9757	73.8039	342
000550	江铃汽车	江西	中部	C	国有强相对控股公司	100.0000	53.5167	81.9282	73.7914	343
601766	中国中车	北京	东部	C	国有绝对控股公司	71.4286	59.8265	83.1050	73.7899	344
000758	中色股份	北京	东部	B	国有强相对控股公司	100.0000	51.1529	83.3884	73.7671	345
600236	桂冠电力	广西	西部	D	国有绝对控股公司	85.7143	45.8267	89.3661	73.7621	346
600035	楚天高速	湖北	中部	G	国有绝对控股公司	85.7143	48.2433	87.7923	73.7423	347
600101	明星电力	四川	西部	D	国有强相对控股公司	71.4286	54.1399	86.6369	73.7421	348
600633	浙数文化	浙江	东部	I	国有绝对控股公司	71.4286	48.6771	90.1068	73.7386	349
603693	江苏新能	江苏	东部	D	国有绝对控股公司	100.0000	46.1644	86.4795	73.7213	350
002523	天桥起重	湖南	中部	C	国有强相对控股公司	57.1429	60.7463	84.9894	73.7196	351
002276	万马股份	浙江	东部	C	国有弱相对控股公司	85.7143	49.9348	86.6701	73.7172	352
000948	南天信息	云南	西部	I	国有强相对控股公司	85.7143	53.4473	84.4045	73.7004	353
300402	宝色股份	江苏	东部	C	国有绝对控股公司	57.1429	61.5281	84.4555	73.6996	354
000977	浪潮信息	山东	东部	C	国有强相对控股公司	100.0000	59.6270	77.8528	73.6885	355
000888	峨眉山A	四川	西部	N	国有强相对控股公司	85.7143	50.4410	86.2658	73.6720	356
603701	德宏股份	浙江	东部	C	国有强相对控股公司	85.7143	53.2676	84.4658	73.6713	357
002061	浙江交科	浙江	东部	E	国有绝对控股公司	57.1429	58.3248	86.4400	73.6700	358
601333	广深铁路	广东	东部	G	国有强相对控股公司	85.7143	50.0481	86.4847	73.6548	359
601107	四川成渝	四川	西部	G	国有绝对控股公司	85.7143	44.3513	90.0884	73.6430	360
000400	许继电气	河南	中部	C	国有强相对控股公司	100.0000	62.5639	75.8913	73.6376	361
600429	三元股份	北京	东部	C	国有强相对控股公司	42.8571	52.7144	92.5325	73.6286	362
000528	柳工	广西	西部	C	国有强相对控股公司	57.1429	49.2242	92.1520	73.6264	363
300678	中科信息	四川	西部	I	国有强相对控股公司	85.7143	52.8357	84.6566	73.6251	364
600391	航发科技	四川	西部	C	国有强相对控股公司	100.0000	49.6431	84.0636	73.6100	365
601038	一拖股份	河南	中部	C	国有强相对控股公司	100.0000	55.8769	80.0945	73.6089	366
002121	科陆电子	广东	东部	C	国有弱相对控股公司	57.1429	58.7977	86.0213	73.6052	367
001914	招商积余	广东	东部	K	国有绝对控股公司	71.4286	44.2652	92.6681	73.6031	368
000906	浙商中拓	浙江	东部	F	国有强相对控股公司	100.0000	53.0297	81.8637	73.5854	369
600509	天富能源	新疆	西部	D	国有强相对控股公司	85.7143	55.5527	82.7982	73.5539	370
300917	特发服务	广东	东部	K	国有强相对控股公司	85.7143	59.3032	80.3593	73.5252	371
000717	中南股份	广东	东部	C	国有绝对控股公司	85.7143	50.4158	86.0120	73.5235	372

续表

股票代码	公司简称	省份	地区	行业代码	控股类型	环境保护（*EP*）	社会责任（*SR*）	公司治理（*CG*）	上市公司质量/ESG指数（*CLCQI*/*ESGI*）	*CLCQI*/*ESGI*排名
600176	中国巨石	浙江	东部	C	国有弱相对控股公司	100.0000	55.9440	79.8788	73.5137	373
688579	山大地纬	山东	东部	I	国有弱相对控股公司	42.8571	55.3694	90.6087	73.4998	374
000156	华数传媒	浙江	东部	R	国有强相对控股公司	100.0000	50.2635	83.4408	73.4847	375
300105	龙源技术	山东	东部	C	国有强相对控股公司	100.0000	56.8553	79.2419	73.4824	376
002092	中泰化学	新疆	西部	C	国有弱相对控股公司	85.7143	51.6527	85.1479	73.4812	377
000777	中核科技	江苏	东部	C	国有弱相对控股公司	71.4286	58.7292	83.2211	73.4697	378
600637	东方明珠	上海	东部	I	国有绝对控股公司	85.7143	50.0575	86.1144	73.4544	379
300425	中建环能	四川	西部	C	国有弱相对控股公司	71.4286	48.4831	89.7102	73.4526	380
300711	广哈通信	广东	东部	C	国有绝对控股公司	71.4286	60.0731	82.3075	73.4376	381
002046	国机精工	河南	中部	C	国有绝对控股公司	85.7143	50.8922	85.5516	73.4371	382
600305	恒顺醋业	江苏	东部	C	国有强相对控股公司	85.7143	54.0982	83.5072	73.4347	383
601921	浙版传媒	浙江	东部	R	国有绝对控股公司	100.0000	48.5898	84.4124	73.4332	384
600189	泉阳泉	吉林	东部	C	国有强相对控股公司	100.0000	50.3684	83.2625	73.4233	385
300003	乐普医疗	北京	东部	C	国有弱相对控股公司	71.4286	53.4734	86.4275	73.3937	386
600863	内蒙华电	内蒙古	西部	D	国有绝对控股公司	71.4286	58.0940	83.4363	73.3657	387
002598	山东章鼓	山东	东部	C	国有弱相对控股公司	57.1429	65.4588	81.3394	73.3616	388
002527	新时达	上海	东部	C	国有弱相对控股公司	71.4286	49.3592	88.9845	73.3601	389
600962	国投中鲁	北京	东部	C	国有强相对控股公司	57.1429	55.1402	87.8950	73.3556	390
600012	皖通高速	安徽	中部	G	国有绝对控股公司	85.7143	53.8185	83.5339	73.3516	391
000725	京东方A	北京	东部	C	国有弱相对控股公司	85.7143	51.8681	84.7738	73.3509	392
000404	长虹华意	江西	中部	C	国有强相对控股公司	71.4286	63.5696	79.9089	73.3421	393
002230	科大讯飞	安徽	中部	I	国有弱相对控股公司	71.4286	54.2364	85.8386	73.3368	394
002128	电投能源	内蒙古	西部	B	国有绝对控股公司	71.4286	56.0241	84.6962	73.3342	395
688526	科前生物	湖北	中部	C	国有弱相对控股公司	85.7143	53.4855	83.6910	73.3214	396
000960	锡业股份	云南	西部	C	国有强相对控股公司	100.0000	51.5386	82.3003	73.3036	397
600894	广日股份	广东	东部	C	国有绝对控股公司	85.7143	51.4170	84.9256	73.2764	398
600573	惠泉啤酒	福建	东部	C	国有绝对控股公司	100.0000	50.2953	83.0071	73.2573	399
603108	润达医疗	上海	东部	F	国有弱相对控股公司	71.4286	48.7338	89.1686	73.2424	400
688722	同益中	北京	东部	C	国有绝对控股公司	71.4286	50.7378	87.8716	73.2305	401
600235	民丰特纸	浙江	东部	C	国有强相对控股公司	100.0000	48.1587	84.3142	73.2284	402
000028	国药一致	广东	东部	F	国有绝对控股公司	42.8571	54.0010	90.9627	73.2156	403
600846	同济科技	上海	东部	E	国有弱相对控股公司	71.4286	54.0953	85.6882	73.2047	404
001979	招商蛇口	广东	东部	K	国有绝对控股公司	85.7143	44.2487	89.3548	73.2036	405
300677	英科医疗	山东	东部	C	国有弱相对控股公司	85.7143	49.4164	86.0547	73.1973	406
600397	安源煤业	江西	中部	B	国有强相对控股公司	85.7143	48.6966	86.4568	73.1665	407

续表

股票代码	公司简称	省份	地区	行业代码	控股类型	环境保护（EP）	社会责任（SR）	公司治理（CG）	上市公司质量/ESG指数（CLCQI/ESGI）	CLCQI/ESGI排名
002554	惠博普	湖南	中部	B	国有强相对控股公司	85.7143	56.7866	81.2613	73.1405	408
600486	扬农化工	江苏	东部	C	国有强相对控股公司	71.4286	58.3053	82.8907	73.1396	409
601000	唐山港	河北	东部	G	国有绝对控股公司	71.4286	52.8087	86.3661	73.1273	410
603677	奇精机械	浙江	东部	C	国有弱相对控股公司	85.7143	46.1811	87.9759	73.1215	411
002465	海格通信	广东	东部	C	国有弱相对控股公司	71.4286	49.9136	88.0640	73.0478	412
688660	电气风电	上海	东部	C	国有绝对控股公司	100.0000	49.7423	82.9729	73.0449	413
002139	拓邦股份	广东	东部	C	国有弱相对控股公司	85.7143	49.3987	85.7469	73.0218	414
002116	中国海诚	上海	东部	E	国有绝对控股公司	100.0000	60.5282	76.0617	73.0188	415
000859	国风新材	安徽	中部	C	国有弱相对控股公司	85.7143	44.4434	88.8913	73.0168	416
600498	烽火通信	湖北	中部	C	国有强相对控股公司	71.4286	52.5052	86.2989	72.9840	417
600549	厦门钨业	福建	东部	C	国有强相对控股公司	85.7143	44.1297	88.9798	72.9557	418
000966	长源电力	湖北	中部	D	国有绝对控股公司	71.4286	48.6616	88.6832	72.9502	419
000937	冀中能源	河北	东部	B	国有绝对控股公司	71.4286	54.2106	85.1319	72.9391	420
600169	太原重工	山西	中部	C	国有强相对控股公司	85.7143	51.4763	84.2281	72.9136	421
600336	澳柯玛	山东	东部	C	国有强相对控股公司	100.0000	44.2731	86.1991	72.9051	422
600207	安彩高科	河南	中部	D	国有强相对控股公司	100.0000	48.0209	83.8026	72.8987	423
000029	深深房A	广东	东部	K	国有绝对控股公司	85.7143	53.3655	82.9862	72.8917	424
601992	金隅集团	北京	东部	C	国有强相对控股公司	57.1429	57.1960	85.7422	72.8911	425
000797	中国武夷	福建	东部	K	国有绝对控股公司	85.7143	54.1941	82.3668	72.8411	426
600299	安迪苏	北京	东部	C	国有绝对控股公司	85.7143	47.2096	86.7416	72.8027	427
000998	隆平高科	湖南	中部	A	国有弱相对控股公司	42.8571	61.2823	85.5774	72.8021	428
300675	建科院	广东	东部	M	国有强相对控股公司	42.8571	54.5795	89.8206	72.7899	429
300284	苏交科	江苏	东部	M	国有弱相对控股公司	100.0000	48.8980	83.0436	72.7883	430
600550	保变电气	河北	东部	C	国有绝对控股公司	100.0000	45.3088	85.3107	72.7790	431
603100	川仪股份	重庆	西部	C	国有绝对控股公司	71.4286	51.6804	86.4411	72.7736	432
600418	江淮汽车	安徽	中部	C	国有强相对控股公司	85.7143	52.3212	83.4285	72.7695	433
600600	青岛啤酒	山东	东部	C	国有强相对控股公司	100.0000	51.2800	81.4844	72.7644	434
002304	洋河股份	江苏	东部	C	国有强相对控股公司	85.7143	46.3771	87.1961	72.7613	435
300294	博雅生物	江西	中部	C	国有弱相对控股公司	71.4286	57.6823	82.5993	72.7613	436
600741	华域汽车	上海	东部	C	国有绝对控股公司	71.4286	55.3721	84.0362	72.7430	437
600073	上海梅林	上海	东部	C	国有强相对控股公司	71.4286	49.7957	87.5835	72.7423	438
603927	中科软	北京	东部	I	国有强相对控股公司	71.4286	58.0558	82.2935	72.7238	439
000762	西藏矿业	西藏	西部	B	国有弱相对控股公司	100.0000	54.5061	79.3259	72.7064	440
002580	圣阳股份	山东	东部	C	国有弱相对控股公司	85.7143	53.3418	82.6592	72.7036	441
002522	浙江众成	浙江	东部	C	国有弱相对控股公司	71.4286	50.9638	86.7581	72.6971	442

续表

股票代码	公司简称	省份	地区	行业代码	控股类型	环境保护（*EP*）	社会责任（*SR*）	公司治理（*CG*）	上市公司质量/ESG指数（*CLCQI*/*ESGI*）	*CLCQI*/*ESGI*排名
600332	白云山	广东	东部	C	国有强相对控股公司	85.7143	52.0273	83.4083	72.6556	443
600004	白云机场	广东	东部	G	国有绝对控股公司	100.0000	48.0893	83.3036	72.6482	444
601607	上海医药	上海	东部	F	国有强相对控股公司	100.0000	58.7570	76.4951	72.6373	445
002066	瑞泰科技	北京	东部	C	国有强相对控股公司	85.7143	45.9878	87.2011	72.6277	446
600992	贵绳股份	贵州	西部	C	国有弱相对控股公司	100.0000	52.0029	80.7726	72.6259	447
600626	申达股份	上海	东部	C	国有强相对控股公司	100.0000	43.5564	86.0167	72.5539	448
002376	新北洋	山东	东部	C	国有弱相对控股公司	42.8571	51.5330	91.3264	72.5518	449
002060	粤水电	广东	东部	E	国有强相对控股公司	85.7143	57.5130	79.7239	72.5491	450
603977	国泰集团	江西	中部	C	国有绝对控股公司	85.7143	46.1072	86.9622	72.5382	451
601618	中国中冶	北京	东部	E	国有绝对控股公司	71.4286	51.9146	85.8557	72.5336	452
600720	祁连山	甘肃	西部	C	国有弱相对控股公司	85.7143	43.2106	88.7785	72.5233	453
601188	龙江交通	黑龙江	东北	G	国有强相对控股公司	71.4286	44.7939	90.3343	72.5046	454
002125	湘潭电化	湖南	中部	C	国有强相对控股公司	85.7143	55.3074	81.0057	72.4822	455
601330	绿色动力	广东	东部	N	国有强相对控股公司	57.1429	56.5264	85.3834	72.4594	456
603019	中科曙光	天津	东部	C	国有弱相对控股公司	100.0000	46.2146	84.1460	72.4554	457
000032	深桑达A	广东	东部	E	国有强相对控股公司	100.0000	53.1530	79.7151	72.4468	458
600075	新疆天业	新疆	西部	C	国有绝对控股公司	100.0000	58.7684	76.1089	72.4289	459
300422	博世科	广西	西部	N	国有强相对控股公司	57.1429	52.4196	87.9381	72.4271	460
600151	航天机电	上海	东部	C	国有强相对控股公司	100.0000	41.2247	87.2458	72.4138	461
300446	乐凯新材	河北	东部	C	国有强相对控股公司	85.7143	57.2272	79.6576	72.4126	462
300385	雪浪环境	江苏	东部	C	国有弱相对控股公司	85.7143	43.8534	88.1357	72.3948	463
600416	湘电股份	湖南	中部	C	国有强相对控股公司	85.7143	52.9683	82.2819	72.3654	464
000875	吉电股份	吉林	东部	D	国有强相对控股公司	85.7143	50.3018	83.9620	72.3561	465
601991	大唐发电	北京	东部	D	国有绝对控股公司	85.7143	47.7115	85.5877	72.3437	466
000544	中原环保	河南	中部	D	国有绝对控股公司	71.4286	57.7266	81.7864	72.3297	467
000729	燕京啤酒	北京	东部	C	国有绝对控股公司	42.8571	59.4967	85.8370	72.3199	468
600733	北汽蓝谷	北京	东部	C	国有强相对控股公司	85.7143	51.4233	83.1365	72.2947	469
600502	安徽建工	安徽	中部	E	国有强相对控股公司	71.4286	47.4264	88.2661	72.2885	470
600307	酒钢宏兴	甘肃	西部	C	国有绝对控股公司	100.0000	49.3846	81.8150	72.2829	471
300523	辰安科技	北京	东部	I	国有强相对控股公司	57.1429	48.5647	90.0781	72.2549	472
300455	航天智装	北京	东部	C	国有绝对控股公司	57.1429	42.5950	93.8755	72.2541	473
600062	华润双鹤	北京	东部	C	国有绝对控股公司	85.7143	49.4498	84.3020	72.2449	474
000065	北方国际	北京	东部	E	国有绝对控股公司	100.0000	53.7637	78.9312	72.2295	475
688739	成大生物	辽宁	东北	C	国有绝对控股公司	71.4286	51.4370	85.5844	72.2172	476
000519	中兵红箭	湖南	中部	C	国有强相对控股公司	85.7143	50.6062	83.5043	72.2109	477

续表

股票代码	公司简称	省份	地区	行业代码	控股类型	环境保护（*EP*）	社会责任（*SR*）	公司治理（*CG*）	上市公司质量/ESG指数（*CLCQI*/*ESGI*）	*CLCQI*/*ESGI*排名
600782	新钢股份	江西	中部	C	国有强相对控股公司	85.7143	56.8855	79.4883	72.1999	478
600461	洪城环境	江西	中部	D	国有绝对控股公司	71.4286	52.0275	85.1665	72.1940	479
600168	武汉控股	湖北	中部	D	国有绝对控股公司	85.7143	51.3565	82.9812	72.1859	480
600284	浦东建设	上海	东部	E	国有强相对控股公司	100.0000	55.0524	77.9918	72.1638	481
600475	华光环能	江苏	东部	N	国有绝对控股公司	71.4286	56.8521	82.0370	72.1614	482
601588	北辰实业	北京	东部	K	国有强相对控股公司	85.7143	48.0039	85.0460	72.1481	483
300962	中金辐照	广东	东部	C	国有绝对控股公司	57.1429	46.7913	90.9898	72.1357	484
000429	粤高速A	广东	东部	G	国有绝对控股公司	85.7143	45.3357	86.7186	72.1341	485
002189	中光学	河南	中部	C	国有强相对控股公司	100.0000	52.8689	79.3268	72.1338	486
600905	三峡能源	北京	东部	D	国有绝对控股公司	85.7143	43.8693	87.6495	72.1329	487
000680	山推股份	山东	东部	C	国有强相对控股公司	71.4286	56.4176	82.2166	72.1081	488
300334	津膜科技	天津	东部	C	国有强相对控股公司	71.4286	53.4462	84.1001	72.1041	489
002912	中新赛克	广东	东部	I	国有弱相对控股公司	57.1429	54.9624	85.7245	72.0996	490
000886	海南高速	海南	东部	K	国有弱相对控股公司	71.4286	49.4755	86.6180	72.0992	491
600789	鲁抗医药	山东	东部	C	国有弱相对控股公司	100.0000	44.1055	84.7983	72.0760	492
300328	宜安科技	广东	东部	C	国有弱相对控股公司	57.1429	56.4453	84.6301	72.0167	493
600790	轻纺城	浙江	东部	L	国有强相对控股公司	42.8571	45.0870	94.4345	72.0052	494
600841	动力新科	上海	东部	C	国有绝对控股公司	100.0000	40.3405	87.0173	71.9787	495
600845	宝信软件	上海	东部	I	国有绝对控股公司	57.1429	52.4818	87.0811	71.9775	496
600658	电子城	北京	东部	K	国有强相对控股公司	85.7143	47.2061	85.2400	71.9756	497
601006	大秦铁路	山西	中部	G	国有绝对控股公司	71.4286	51.4843	85.0773	71.9549	498
600893	航发动力	陕西	西部	C	国有绝对控股公司	85.7143	48.1637	84.5848	71.9504	499
300486	东杰智能	山西	中部	C	国有弱相对控股公司	57.1429	52.0202	87.3201	71.9474	500
000537	广宇发展	天津	东部	K	国有绝对控股公司	71.4286	48.2715	87.1074	71.9469	501
301020	密封科技	山东	东部	C	国有绝对控股公司	57.1429	48.9633	89.2445	71.9359	502
000818	航锦科技	辽宁	东北	C	国有弱相对控股公司	71.4286	40.9649	91.7270	71.9304	503
002217	合力泰	福建	东部	C	国有弱相对控股公司	85.7143	50.5483	83.0075	71.9174	504
002349	精华制药	江苏	东部	C	国有强相对控股公司	100.0000	51.1318	80.0333	71.9145	505
600376	首开股份	北京	东部	K	国有绝对控股公司	57.1429	53.4127	86.3698	71.9121	506
000807	云铝股份	云南	西部	C	国有强相对控股公司	71.4286	52.6205	84.2119	71.8766	507
600590	泰豪科技	江西	中部	C	国有弱相对控股公司	100.0000	51.9767	79.4239	71.8750	508
600859	王府井	北京	东部	F	国有强相对控股公司	71.4286	45.1860	88.9116	71.8594	509
002051	中工国际	北京	东部	E	国有绝对控股公司	100.0000	54.4380	77.7785	71.8315	510
600754	锦江酒店	上海	东部	H	国有强相对控股公司	71.4286	48.3005	86.8512	71.8162	511
600222	太龙药业	河南	中部	C	国有弱相对控股公司	85.7143	50.9544	82.5618	71.8144	512

续表

股票代码	公司简称	省份	地区	行业代码	控股类型	环境保护（*EP*）	社会责任（*SR*）	公司治理（*CG*）	上市公司质量/ESG指数（*CLCQI/ESGI*）	*CLCQI/ESGI*排名
600970	中材国际	江苏	东部	E	国有绝对控股公司	57.1429	55.6453	84.7324	71.7929	513
300087	荃银高科	安徽	中部	A	国有弱相对控股公司	42.8571	49.8916	90.9324	71.7606	514
600895	张江高科	上海	东部	K	国有绝对控股公司	71.4286	53.2497	83.5715	71.7446	515
600009	上海机场	上海	东部	G	国有绝对控股公司	100.0000	52.9606	78.5409	71.7337	516
600515	海南机场	海南	东部	K	国有弱相对控股公司	100.0000	51.8033	79.2768	71.7334	517
002101	广东鸿图	广东	东部	C	国有绝对控股公司	85.7143	52.1686	81.5952	71.7078	518
002314	南山控股	广东	东部	K	国有绝对控股公司	57.1429	46.7306	90.1693	71.6631	519
600199	金种子酒	安徽	中部	C	国有弱相对控股公司	85.7143	55.9829	79.0140	71.6232	520
600367	红星发展	贵州	西部	C	国有强相对控股公司	85.7143	56.2893	78.7904	71.6074	521
600676	交运股份	上海	东部	G	国有强相对控股公司	85.7143	47.0177	84.6855	71.6047	522
603078	江化微	江苏	东部	C	国有弱相对控股公司	100.0000	50.3385	79.8859	71.5557	523
600819	耀皮玻璃	上海	东部	C	国有强相对控股公司	100.0000	52.2016	78.6978	71.5544	524
600316	洪都航空	江西	中部	C	国有强相对控股公司	71.4286	51.8678	84.0823	71.5418	525
600449	宁夏建材	宁夏	西部	C	国有强相对控股公司	85.7143	45.3559	85.6251	71.5398	526
000919	金陵药业	江苏	东部	C	国有绝对控股公司	57.1429	56.5523	83.6787	71.5309	527
000970	中科三环	北京	东部	C	国有弱相对控股公司	100.0000	54.6464	77.0865	71.5238	528
600422	昆药集团	云南	西部	C	国有强相对控股公司	85.7143	61.2361	75.4744	71.5150	529
603005	晶方科技	江苏	东部	C	国有弱相对控股公司	100.0000	42.8012	84.5926	71.5064	530
002112	三变科技	浙江	东部	C	国有弱相对控股公司	71.4286	54.8960	82.0720	71.4961	531
002138	顺络电子	广东	东部	C	国有弱相对控股公司	57.1429	51.4945	86.8105	71.4832	532
601811	新华文轩	四川	西部	R	国有绝对控股公司	85.7143	48.5994	83.4480	71.4776	533
300413	芒果超媒	湖南	中部	R	国有绝对控股公司	57.1429	48.7069	88.5536	71.4662	534
002480	新筑股份	四川	西部	C	国有强相对控股公司	57.1429	40.3170	93.8426	71.4386	535
600674	川投能源	四川	西部	D	国有绝对控股公司	42.8571	50.6167	89.8608	71.4250	536
002660	茂硕电源	广东	东部	C	国有强相对控股公司	71.4286	47.1581	86.8528	71.4172	537
002320	海峡股份	海南	东部	G	国有绝对控股公司	57.1429	49.1957	88.0658	71.3690	538
688107	安路科技	上海	东部	C	国有强相对控股公司	71.4286	55.2996	81.5826	71.3682	539
600479	千金药业	湖南	中部	C	国有弱相对控股公司	57.1429	54.6008	84.6163	71.3635	540
000738	航发控制	江苏	东部	C	国有绝对控股公司	28.5714	53.6829	90.3825	71.3565	541
600668	尖峰集团	浙江	东部	C	国有弱相对控股公司	100.0000	43.4681	83.8874	71.3519	542
600032	浙江新能	浙江	东部	D	国有绝对控股公司	85.7143	40.4872	88.3779	71.3498	543
002109	兴化股份	陕西	西部	C	国有绝对控股公司	100.0000	51.9980	78.4320	71.3369	544
601866	中远海发	上海	东部	G	国有强相对控股公司	100.0000	47.2322	81.4646	71.3368	545
601968	宝钢包装	上海	东部	C	国有绝对控股公司	100.0000	54.0455	77.1277	71.3362	546
600052	东望时代	浙江	东部	R	国有弱相对控股公司	57.1429	51.7707	86.3664	71.3356	547

续表

股票代码	公司简称	省份	地区	行业代码	控股类型	环境保护（*EP*）	社会责任（*SR*）	公司治理（*CG*）	上市公司质量/ESG指数（*CLCQI*/*ESGI*）	*CLCQI*/*ESGI*排名
000822	山东海化	山东	东部	C	国有强相对控股公司	100.0000	50.4175	79.4330	71.3343	548
600392	盛和资源	四川	西部	C	国有弱相对控股公司	85.7143	47.3763	83.9518	71.3266	549
300088	长信科技	安徽	中部	C	国有弱相对控股公司	42.8571	57.5294	85.2794	71.3247	550
000058	深赛格	广东	东部	L	国有绝对控股公司	85.7143	52.9107	80.4147	71.3182	551
600150	中国船舶	上海	东部	C	国有绝对控股公司	57.1429	51.8680	86.2567	71.3093	552
600787	中储股份	天津	东部	G	国有强相对控股公司	71.4286	51.4965	83.8573	71.2882	553
000402	金融街	北京	东部	K	国有强相对控股公司	85.7143	50.6046	81.8134	71.2804	554
600839	四川长虹	四川	西部	C	国有弱相对控股公司	100.0000	48.4871	80.5410	71.2680	555
002880	卫光生物	广东	东部	C	国有绝对控股公司	71.4286	48.3948	85.7737	71.2566	556
603043	广州酒家	广东	东部	C	国有绝对控股公司	42.8571	47.0024	91.8246	71.2401	557
300169	天晟新材	江苏	东部	C	国有弱相对控股公司	57.1429	57.7321	82.3921	71.2362	558
601007	金陵饭店	江苏	东部	H	国有强相对控股公司	100.0000	44.5544	82.9688	71.2269	559
600129	太极集团	重庆	西部	C	国有强相对控股公司	85.7143	52.2893	80.6387	71.2239	560
603985	恒润股份	江苏	东部	C	国有弱相对控股公司	85.7143	48.1847	83.2503	71.2237	561
000060	中金岭南	广东	东部	C	国有强相对控股公司	85.7143	47.6843	83.5531	71.2151	562
002039	黔源电力	贵州	西部	D	国有强相对控股公司	71.4286	41.5408	90.0305	71.1989	563
600916	中国黄金	北京	东部	F	国有强相对控股公司	71.4286	56.6175	80.4133	71.1863	564
000155	川能动力	四川	西部	D	国有绝对控股公司	100.0000	51.8376	78.2571	71.1846	565
002057	中钢天源	安徽	中部	C	国有强相对控股公司	85.7143	61.2812	74.8342	71.1786	566
002544	普天科技	广东	东部	I	国有强相对控股公司	100.0000	56.7067	75.1448	71.1770	567
600202	哈空调	黑龙江	东北	C	国有强相对控股公司	28.5714	57.7913	87.4306	71.1709	568
600581	八一钢铁	新疆	西部	C	国有强相对控股公司	71.4286	57.9119	79.5375	71.1576	569
000823	超声电子	广东	东部	C	国有强相对控股公司	85.7143	54.6870	78.9794	71.1506	570
002643	万润股份	山东	东部	C	国有弱相对控股公司	71.4286	49.1335	85.0492	71.1166	571
603318	水发燃气	辽宁	东北	D	国有弱相对控股公司	85.7143	52.1046	80.4987	71.0823	572
300703	创源股份	浙江	东部	C	国有强相对控股公司	57.1429	45.8363	89.6388	71.0583	573
002238	天威视讯	广东	东部	I	国有绝对控股公司	71.4286	56.3618	80.2846	71.0260	574
600636	国新文化	上海	东部	I	国有强相对控股公司	85.7143	58.5795	76.2757	71.0259	575
000912	泸天化	四川	西部	C	国有强相对控股公司	71.4286	54.3715	81.5417	71.0208	576
000066	中国长城	广东	东部	C	国有强相对控股公司	71.4286	45.4687	87.1855	71.0089	577
300579	数字认证	北京	东部	I	国有绝对控股公司	28.5714	52.3390	90.6013	71.0065	578
600997	开滦股份	河北	东部	C	国有绝对控股公司	28.5714	60.5516	85.3484	70.9918	579
002578	闽发铝业	福建	东部	C	国有强相对控股公司	71.4286	49.3373	84.6680	70.9783	580
300788	中信出版	北京	东部	R	国有绝对控股公司	71.4286	41.7597	89.4831	70.9744	581
002490	山东墨龙	山东	东部	C	国有弱相对控股公司	85.7143	48.5205	82.5784	70.9717	582

续表

股票代码	公司简称	省份	地区	行业代码	控股类型	环境保护（*EP*）	社会责任（*SR*）	公司治理（*CG*）	上市公司质量/ESG指数（*CLCQI*/*ESGI*）	*CLCQI*/*ESGI*排名
600292	远达环保	重庆	西部	N	国有绝对控股公司	85.7143	46.3662	83.9365	70.9646	583
000557	西部创业	宁夏	西部	G	国有绝对控股公司	85.7143	45.7426	84.3188	70.9566	584
600708	光明地产	上海	东部	K	国有绝对控股公司	57.1429	46.5515	88.9928	70.9533	585
000599	青岛双星	山东	东部	C	国有强相对控股公司	71.4286	52.1971	82.8018	70.9529	586
600126	杭钢股份	浙江	东部	C	国有绝对控股公司	85.7143	48.9797	82.2485	70.9510	587
600639	浦东金桥	上海	东部	K	国有绝对控股公司	71.4286	56.4070	80.1192	70.9509	588
600764	中国海防	北京	东部	C	国有绝对控股公司	100.0000	45.5755	81.8058	70.9446	589
002479	富春环保	浙江	东部	D	国有弱相对控股公司	100.0000	42.8747	83.4962	70.9290	590
603071	物产环能	浙江	东部	F	国有绝对控股公司	71.4286	48.1040	85.3478	70.9205	591
002783	凯龙股份	湖北	中部	C	国有弱相对控股公司	71.4286	52.7442	82.3844	70.9148	592
600259	广晟有色	海南	东部	B	国有强相对控股公司	100.0000	56.0744	75.0657	70.9122	593
003039	顺控发展	广东	东部	D	国有绝对控股公司	71.4286	54.2997	81.3318	70.8803	594
000581	威孚高科	江苏	东部	C	国有弱相对控股公司	71.4286	55.8039	80.3589	70.8716	595
430489	佳先股份	安徽	中部	C	国有强相对控股公司	71.4286	54.6900	81.0558	70.8651	596
000778	新兴铸管	河北	东部	C	国有强相对控股公司	100.0000	50.7880	78.3099	70.8462	597
600386	北巴传媒	北京	东部	F	国有绝对控股公司	85.7143	51.3762	80.5295	70.8443	598
600558	大西洋	四川	西部	C	国有强相对控股公司	71.4286	56.2139	80.0218	70.8297	599
000951	中国重汽	山东	东部	C	国有绝对控股公司	57.1429	50.3393	86.3362	70.8180	600
000505	京粮控股	海南	东部	C	国有强相对控股公司	85.7143	56.0836	77.4772	70.8132	601
600117	*ST西钢	青海	西部	C	国有绝对控股公司	100.0000	52.2876	77.2857	70.8078	602
000852	石化机械	湖北	中部	C	国有绝对控股公司	85.7143	59.1829	75.4883	70.8040	603
000799	酒鬼酒	湖南	中部	C	国有强相对控股公司	100.0000	56.2222	74.7550	70.7930	604
600300	维维股份	江苏	东部	C	国有强相对控股公司	100.0000	50.1422	78.5993	70.7794	605
002676	顺威股份	广东	东部	C	国有弱相对控股公司	85.7143	46.6648	83.4068	70.7779	606
600230	沧州大化	河北	东部	C	国有强相对控股公司	71.4286	54.0919	81.2635	70.7699	607
002573	清新环境	北京	东部	N	国有强相对控股公司	85.7143	42.8835	85.7828	70.7612	608
002941	新疆交建	新疆	西部	E	国有强相对控股公司	71.4286	53.9287	81.3451	70.7577	609
600388	龙净环保	福建	东部	C	国有弱相对控股公司	85.7143	48.1601	82.4023	70.7487	610
601568	北元集团	陕西	西部	C	国有强相对控股公司	71.4286	52.0082	82.4960	70.7185	611
600096	云天化	云南	西部	C	国有强相对控股公司	71.4286	53.1774	81.7508	70.7179	612
000582	北部湾港	广西	西部	G	国有绝对控股公司	85.7143	51.9140	79.9453	70.7112	613
002025	航天电器	贵州	西部	C	国有强相对控股公司	57.1429	49.2478	86.7793	70.6796	614
000927	中国铁物	天津	东部	F	国有绝对控股公司	100.0000	52.2309	77.0782	70.6738	615
601608	中信重工	河南	中部	C	国有绝对控股公司	85.7143	45.3053	84.0813	70.6730	616
600326	西藏天路	西藏	西部	C	国有强相对控股公司	71.4286	57.1367	79.1434	70.6695	617

续表

股票代码	公司简称	省份	地区	行业代码	控股类型	环境保护（*EP*）	社会责任（*SR*）	公司治理（*CG*）	上市公司质量/ESG指数（*CLCQI*/*ESGI*）	*CLCQI*/*ESGI*排名
600017	日照港	山东	东部	G	国有绝对控股公司	85.7143	44.9037	84.3203	70.6639	618
000629	钒钛股份	四川	西部	C	国有绝对控股公司	85.7143	51.2845	80.2237	70.6441	619
000410	沈阳机床	辽宁	东北	C	国有强相对控股公司	85.7143	43.7730	84.9807	70.6314	620
000088	盐田港	广东	东部	G	国有绝对控股公司	85.7143	50.2745	80.7352	70.5719	621
600206	有研新材	北京	东部	C	国有强相对控股公司	71.4286	50.2340	83.3558	70.5705	622
601101	昊华能源	北京	东部	B	国有绝对控股公司	71.4286	45.6289	86.2562	70.5539	623
600612	老凤祥	上海	东部	C	国有强相对控股公司	71.4286	45.4319	86.3711	70.5481	624
300534	陇神戎发	甘肃	西部	C	国有强相对控股公司	28.5714	54.4326	88.4338	70.5472	625
600248	陕建股份	陕西	西部	E	国有绝对控股公司	71.4286	50.5761	83.0724	70.5343	626
600713	南京医药	江苏	东部	F	国有强相对控股公司	42.8571	44.7060	91.9857	70.5249	627
300597	吉大通信	吉林	东部	I	国有弱相对控股公司	85.7143	47.2559	82.5381	70.5069	628
600118	中国卫星	北京	东部	C	国有绝对控股公司	85.7143	40.8306	86.6079	70.4965	629
000521	长虹美菱	安徽	中部	C	国有弱相对控股公司	57.1429	57.3226	81.3000	70.4922	630
000779	甘咨询	甘肃	西部	M	国有绝对控股公司	71.4286	41.3786	88.8488	70.4922	631
000006	深振业A	广东	东部	K	国有强相对控股公司	85.7143	49.4571	81.0530	70.4606	632
600598	北大荒	黑龙江	东北	A	国有绝对控股公司	71.4286	46.8655	85.2672	70.4428	633
301058	中粮科工	江苏	东部	M	国有强相对控股公司	57.1429	46.2085	88.2792	70.4408	634
000905	厦门港务	福建	东部	G	国有绝对控股公司	85.7143	48.9311	81.2226	70.3697	635
300034	钢研高纳	北京	东部	C	国有强相对控股公司	57.1429	51.4204	84.8168	70.3607	636
601698	中国卫通	北京	东部	I	国有绝对控股公司	100.0000	40.5471	83.8895	70.3307	637
600103	青山纸业	福建	东部	C	国有弱相对控股公司	85.7143	53.6766	78.1026	70.3147	638
000811	冰轮环境	山东	东部	C	国有弱相对控股公司	71.4286	49.3885	83.4287	70.3146	639
600100	同方股份	北京	东部	C	国有强相对控股公司	85.7143	47.8138	81.8301	70.3128	640
000008	神州高铁	北京	东部	C	国有强相对控股公司	71.4286	47.0113	84.9309	70.3088	641
002817	黄山胶囊	安徽	中部	C	国有弱相对控股公司	57.1429	56.7492	81.2765	70.2786	642
002163	海南发展	广东	东部	E	国有强相对控股公司	71.4286	47.4160	84.5642	70.2488	643
601008	连云港	江苏	东部	G	国有绝对控股公司	71.4286	46.5601	85.0627	70.2234	644
600798	宁波海运	浙江	东部	G	国有强相对控股公司	71.4286	47.8954	84.2095	70.2215	645
003031	中瓷电子	河北	东部	C	国有绝对控股公司	57.1429	54.1473	82.8274	70.2209	646
300070	碧水源	北京	东部	N	国有强相对控股公司	71.4286	46.4063	85.1311	70.2072	647
300797	钢研纳克	北京	东部	M	国有绝对控股公司	57.1429	52.5634	83.8029	70.2031	648
002419	天虹股份	广东	东部	F	国有强相对控股公司	71.4286	48.1912	83.9743	70.1957	649
000570	苏常柴A	江苏	东部	C	国有强相对控股公司	85.7143	47.6326	81.6970	70.1762	650
002258	利尔化学	四川	西部	C	国有强相对控股公司	71.4286	47.9964	84.0544	70.1715	651
600283	钱江水利	浙江	东部	D	国有绝对控股公司	100.0000	52.3124	76.0880	70.1578	652

续表

股票代码	公司简称	省份	地区	行业代码	控股类型	环境保护（*EP*）	社会责任（*SR*）	公司治理（*CG*）	上市公司质量/ESG指数（*CLCQI/ESGI*）	*CLCQI/ESGI*排名
600876	凯盛新能	河南	中部	C	国有强相对控股公司	85.7143	44.8514	83.4106	70.1453	653
300079	数码视讯	北京	东部	C	国有弱相对控股公司	42.8571	50.9508	87.3117	70.1399	654
000503	国新健康	山东	东部	I	国有弱相对控股公司	100.0000	47.0821	79.3836	70.1397	655
000698	沈阳化工	辽宁	东北	C	国有强相对控股公司	85.7143	65.1479	70.4108	70.0991	656
002226	江南化工	安徽	中部	C	国有强相对控股公司	85.7143	46.3143	82.3871	70.0943	657
601016	节能风电	北京	东部	D	国有绝对控股公司	57.1429	46.0573	87.7423	70.0926	658
600501	航天晨光	江苏	东部	C	国有强相对控股公司	85.7143	46.7784	82.0841	70.0901	659
000014	沙河股份	广东	东部	K	国有强相对控股公司	71.4286	53.2795	80.5317	70.0831	660
000682	东方电子	山东	东部	I	国有弱相对控股公司	71.4286	53.4275	80.3702	70.0461	661
605599	菜百股份	北京	东部	F	国有弱相对控股公司	57.1429	54.9588	81.9614	70.0286	662
600835	上海机电	上海	东部	C	国有强相对控股公司	100.0000	51.6254	76.2499	70.0063	663
000011	深物业A	广东	东部	K	国有绝对控股公司	85.7143	51.8197	78.7196	70.0041	664
601019	山东出版	山东	东部	R	国有绝对控股公司	85.7143	41.9331	85.0081	70.0024	665
000883	湖北能源	湖北	中部	D	国有绝对控股公司	85.7143	48.1175	81.0086	69.9673	666
600197	伊力特	新疆	西部	C	国有强相对控股公司	71.4286	50.9388	81.8034	69.9633	667
600560	金自天正	北京	东部	C	国有强相对控股公司	57.1429	52.9955	83.0884	69.9614	668
000825	太钢不锈	山西	中部	C	国有绝对控股公司	71.4286	54.9307	79.2496	69.9559	669
600133	东湖高新	湖北	中部	E	国有弱相对控股公司	85.7143	47.7543	81.1884	69.9391	670
600038	中直股份	黑龙江	东北	C	国有绝对控股公司	85.7143	45.8690	82.3069	69.8944	671
002194	武汉凡谷	湖北	中部	C	国有弱相对控股公司	57.1429	47.0169	86.7685	69.8929	672
688321	微芯生物	广东	东部	C	国有弱相对控股公司	71.4286	46.2717	84.6218	69.8799	673
600482	中国动力	河北	东部	C	国有绝对控股公司	100.0000	53.3864	74.8977	69.8790	674
600706	曲江文旅	陕西	西部	N	国有强相对控股公司	71.4286	49.5655	82.4759	69.8526	675
603881	数据港	上海	东部	I	国有强相对控股公司	71.4286	49.7392	82.3559	69.8473	676
300406	九强生物	北京	东部	C	国有弱相对控股公司	42.8571	55.4452	83.9082	69.8411	677
300510	金冠股份	吉林	东部	C	国有弱相对控股公司	57.1429	46.0030	87.3074	69.8344	678
003008	开普检测	河南	中部	M	国有弱相对控股公司	42.8571	57.8310	82.3287	69.8074	679
600423	柳化股份	广西	西部	C	国有强相对控股公司	57.1429	42.8883	89.2033	69.7870	680
600010	包钢股份	内蒙古	西部	C	国有绝对控股公司	71.4286	47.1048	83.9139	69.7822	681
600795	国电电力	辽宁	东北	D	国有绝对控股公司	57.1429	51.6851	83.5858	69.7763	682
000932	华菱钢铁	湖南	中部	C	国有强相对控股公司	71.4286	50.8331	81.5040	69.7616	683
600020	中原高速	河南	中部	G	国有绝对控股公司	57.1429	46.7750	86.6608	69.7490	684
300277	海联讯	广东	东部	I	国有弱相对控股公司	57.1429	45.4925	87.4755	69.7482	685
600956	新天绿能	河北	东部	D	国有强相对控股公司	71.4286	46.6723	84.1266	69.7478	686
600780	通宝能源	山西	中部	D	国有绝对控股公司	85.7143	44.9479	82.6147	69.7413	687

续表

股票代码	公司简称	省份	地区	行业代码	控股类型	环境保护（*EP*）	社会责任（*SR*）	公司治理（*CG*）	上市公司质量/ESG指数（*CLCQI*/*ESGI*）	*CLCQI*/*ESGI*排名
000830	鲁西化工	山东	东部	C	国有强相对控股公司	71.4286	53.5292	79.6896	69.7074	688
600880	博瑞传播	四川	西部	R	国有强相对控股公司	57.1429	56.0684	80.6550	69.6985	689
601298	青岛港	山东	东部	G	国有绝对控股公司	85.7143	46.1250	81.7798	69.6941	690
600271	航天信息	北京	东部	C	国有强相对控股公司	100.0000	50.8863	76.1415	69.6881	691
000881	中广核技	辽宁	东北	C	国有弱相对控股公司	85.7143	51.9192	78.0711	69.6823	692
002068	黑猫股份	江西	中部	C	国有强相对控股公司	71.4286	49.9334	81.9297	69.6809	693
601606	长城军工	安徽	中部	C	国有绝对控股公司	57.1429	47.4477	86.1006	69.6763	694
000498	山东路桥	山东	东部	E	国有绝对控股公司	42.8571	54.9600	83.9021	69.6679	695
300569	天能重工	山东	东部	C	国有弱相对控股公司	85.7143	47.9378	80.5560	69.6555	696
000548	湖南投资	湖南	中部	G	国有强相对控股公司	71.4286	47.8448	83.1951	69.6459	697
000524	岭南控股	广东	东部	L	国有绝对控股公司	42.8571	51.5242	86.0471	69.6451	698
000543	皖能电力	安徽	中部	D	国有绝对控股公司	42.8571	53.7673	84.5763	69.6212	699
600008	首创环保	北京	东部	D	国有强相对控股公司	57.1429	50.0657	84.2996	69.6020	700
300927	江天化学	江苏	东部	C	国有绝对控股公司	85.7143	53.6222	76.8325	69.5970	701
300160	秀强股份	江苏	东部	C	国有弱相对控股公司	57.1429	48.6839	85.1153	69.5671	702
000561	烽火电子	陕西	西部	C	国有强相对控股公司	57.1429	56.0189	80.4426	69.5643	703
002692	ST远程	江苏	东部	C	国有弱相对控股公司	85.7143	46.5224	81.2477	69.5405	704
603126	中材节能	天津	东部	M	国有绝对控股公司	57.1429	44.8814	87.4338	69.5114	705
836892	广咨国际	广东	东部	M	国有强相对控股公司	100.0000	58.3271	71.0792	69.5080	706
600860	京城股份	北京	东部	C	国有强相对控股公司	57.1429	56.9131	79.7586	69.5011	707
601727	上海电气	上海	东部	C	国有绝对控股公司	85.7143	55.8478	75.1903	69.4728	708
601918	新集能源	安徽	中部	B	国有强相对控股公司	57.1429	54.3755	81.2925	69.4566	709
002746	仙坛股份	山东	东部	C	国有弱相对控股公司	71.4286	49.2758	81.9026	69.4358	710
600855	航天长峰	北京	东部	C	国有强相对控股公司	71.4286	47.7739	82.8373	69.4242	711
000701	厦门信达	福建	东部	F	国有强相对控股公司	100.0000	46.4415	78.4747	69.4156	712
300110	华仁药业	山东	东部	C	国有弱相对控股公司	57.1429	47.4703	85.5878	69.4022	713
301185	鸥玛软件	山东	东部	I	国有强相对控股公司	28.5714	58.3565	83.8062	69.3753	714
300527	中船应急	湖北	中部	C	国有绝对控股公司	71.4286	46.7123	83.4210	69.3737	715
000768	中航西飞	陕西	西部	C	国有绝对控股公司	57.1429	54.2346	81.1620	69.3355	716
600343	航天动力	陕西	西部	C	国有强相对控股公司	85.7143	49.2493	79.1393	69.3353	717
603357	设计总院	安徽	中部	M	国有强相对控股公司	57.1429	50.8287	83.3192	69.3299	718
000990	诚志股份	江西	中部	C	国有强相对控股公司	57.1429	48.3869	84.8542	69.3195	719
603903	中持股份	北京	东部	N	国有弱相对控股公司	85.7143	47.7958	80.0165	69.3090	720
000531	穗恒运A	广东	东部	D	国有绝对控股公司	71.4286	51.5903	80.1575	69.2861	721
688232	新点软件	江苏	东部	I	国有弱相对控股公司	28.5714	52.1230	87.5851	69.2720	722

续表

股票代码	公司简称	省份	地区	行业代码	控股类型	环境保护（*EP*）	社会责任（*SR*）	公司治理（*CG*）	上市公司质量/ESG指数（*CLCQI/ESGI*）	*CLCQI/ESGI*排名
002149	西部材料	陕西	西部	C	国有强相对控股公司	42.8571	53.0754	84.3759	69.2688	723
300368	汇金股份	河北	东部	C	国有弱相对控股公司	28.5714	50.3739	88.6610	69.2516	724
600489	中金黄金	北京	东部	B	国有强相对控股公司	85.7143	45.6895	81.2506	69.2506	725
601718	际华集团	北京	东部	C	国有绝对控股公司	85.7143	49.2387	78.9854	69.2470	726
603069	海汽集团	海南	东部	G	国有绝对控股公司	42.8571	50.7107	85.8079	69.2288	727
600569	安阳钢铁	河南	中部	C	国有绝对控股公司	85.7143	45.1531	81.5499	69.2274	728
002083	孚日股份	山东	东部	C	国有弱相对控股公司	71.4286	40.4722	87.0980	69.2120	729
600815	厦工股份	福建	东部	C	国有绝对控股公司	85.7143	45.6066	81.2234	69.2066	730
601399	国机重装	四川	西部	E	国有绝对控股公司	85.7143	52.3870	76.8877	69.1951	731
300237	美晨生态	山东	东部	E	国有弱相对控股公司	85.7143	40.5070	84.4368	69.1891	732
600691	阳煤化工	山西	中部	C	国有弱相对控股公司	100.0000	44.6214	79.2126	69.1844	733
600148	长春一东	吉林	东部	C	国有绝对控股公司	85.7143	49.5457	78.6710	69.1815	734
600506	统一股份	新疆	西部	A	国有强相对控股公司	85.7143	41.0166	84.0892	69.1763	735
600505	西昌电力	四川	西部	D	国有强相对控股公司	85.7143	49.5737	78.6147	69.1603	736
600198	大唐电信	北京	东部	C	国有绝对控股公司	85.7143	49.1106	78.8970	69.1535	737
000607	华媒控股	浙江	东部	R	国有绝对控股公司	57.1429	53.6061	81.1957	69.1341	738
000860	顺鑫农业	北京	东部	C	国有强相对控股公司	71.4286	45.5400	83.7111	69.1230	739
001896	豫能控股	河南	中部	D	国有绝对控股公司	85.7143	43.8436	82.1863	69.1192	740
601018	宁波港	浙江	东部	G	国有绝对控股公司	71.4286	43.2420	85.1639	69.1177	741
300004	南风股份	广东	东部	C	国有弱相对控股公司	57.1429	47.1133	85.2942	69.1158	742
601816	京沪高铁	北京	东部	G	国有绝对控股公司	57.1429	48.3530	84.4985	69.1120	743
000899	赣能股份	江西	中部	D	国有绝对控股公司	42.8571	56.5032	81.8888	69.1006	744
600348	华阳股份	山西	中部	B	国有绝对控股公司	57.1429	54.5711	80.5158	69.0979	745
600862	中航高科	江苏	东部	C	国有绝对控股公司	85.7143	42.1102	83.2470	69.0958	746
600562	国睿科技	江苏	东部	C	国有绝对控股公司	57.1429	44.5213	86.8962	69.0897	747
600039	四川路桥	四川	西部	E	国有绝对控股公司	28.5714	55.0460	85.3528	69.0673	748
000090	天健集团	广东	东部	E	国有强相对控股公司	57.1429	50.2155	83.2041	69.0519	749
000757	浩物股份	四川	西部	F	国有强相对控股公司	42.8571	50.7130	85.3494	68.9774	750
601900	南方传媒	广东	东部	R	国有绝对控股公司	57.1429	41.6823	88.4809	68.9676	751
300722	新余国科	江西	中部	C	国有绝对控股公司	57.1429	63.5970	74.5233	68.9611	752
600961	株冶集团	湖南	中部	C	国有强相对控股公司	85.7143	55.0274	74.7672	68.9530	753
603689	皖天然气	安徽	中部	D	国有绝对控股公司	57.1429	53.2367	81.0586	68.9293	754
000985	大庆华科	黑龙江	东北	C	国有绝对控股公司	71.4286	53.1914	78.4772	68.9223	755
000030	富奥股份	吉林	东部	C	国有绝对控股公司	71.4286	47.5980	82.0265	68.9167	756
600877	电科芯片	重庆	西部	C	国有强相对控股公司	57.1429	55.5793	79.5023	68.8933	757

续表

股票代码	公司简称	省份	地区	行业代码	控股类型	环境保护（EP）	社会责任（SR）	公司治理（CG）	上市公司质量/ESG指数（CLCQI/ESGI）	CLCQI/ESGI排名
600800	渤海化学	天津	东部	C	国有强相对控股公司	85.7143	40.5922	83.8220	68.8808	758
601200	上海环境	上海	东部	N	国有绝对控股公司	85.7143	50.3479	77.5923	68.8690	759
002040	南京港	江苏	东部	G	国有绝对控股公司	85.7143	40.2616	84.0087	68.8678	760
600099	林海股份	江苏	东部	C	国有强相对控股公司	100.0000	47.1363	77.0051	68.8505	761
603167	渤海轮渡	山东	东部	G	国有强相对控股公司	57.1429	47.9399	84.2649	68.8389	762
600761	安徽合力	安徽	中部	C	国有强相对控股公司	71.4286	51.3702	79.4742	68.8332	763
688027	国盾量子	安徽	中部	C	国有弱相对控股公司	28.5714	56.7236	83.8226	68.8129	764
000800	一汽解放	吉林	东部	C	国有绝对控股公司	71.4286	60.6272	73.5232	68.8001	765
600350	山东高速	山东	东部	G	国有绝对控股公司	85.7143	47.6123	79.1668	68.7775	766
603053	成都燃气	四川	西部	D	国有强相对控股公司	71.4286	44.3739	83.7634	68.7436	767
000968	蓝焰控股	山西	中部	B	国有绝对控股公司	57.1429	48.4690	83.7515	68.7418	768
600630	龙头股份	上海	东部	C	国有强相对控股公司	71.4286	48.3423	81.1947	68.7198	769
000949	新乡化纤	河南	中部	C	国有强相对控股公司	71.4286	47.0531	81.9949	68.7086	770
002187	广百股份	广东	东部	F	国有绝对控股公司	100.0000	51.1870	74.1499	68.6979	771
601139	深圳燃气	广东	东部	D	国有强相对控股公司	71.4286	48.5419	81.0151	68.6908	772
000532	华金资本	广东	东部	S	国有绝对控股公司	100.0000	45.5142	77.7220	68.6770	773
600929	雪天盐业	湖南	中部	C	国有绝对控股公司	42.8571	59.0657	79.4847	68.6753	774
000151	中成股份	北京	东部	F	国有绝对控股公司	57.1429	49.1137	83.1688	68.6470	775
600098	广州发展	广东	东部	D	国有绝对控股公司	85.7143	54.3983	74.5986	68.6401	776
600726	华电能源	黑龙江	东北	D	国有绝对控股公司	85.7143	46.8230	79.4095	68.6347	777
002069	獐子岛	辽宁	东北	A	国有弱相对控股公司	57.1429	45.3743	85.5229	68.6329	778
300026	红日药业	天津	东部	C	国有弱相对控股公司	71.4286	46.2514	82.3272	68.6108	779
301048	金鹰重工	湖北	中部	C	国有绝对控股公司	57.1429	51.3893	81.6309	68.5975	780
600663	陆家嘴	上海	东部	K	国有绝对控股公司	71.4286	52.0765	78.5693	68.5828	781
000061	农产品	广东	东部	L	国有强相对控股公司	71.4286	44.7171	83.2473	68.5798	782
002212	天融信	广东	东部	I	国有弱相对控股公司	28.5714	43.2533	91.9691	68.5788	783
000655	金岭矿业	山东	东部	B	国有绝对控股公司	57.1429	48.4498	83.4628	68.5763	784
002368	太极股份	北京	东部	I	国有强相对控股公司	71.4286	51.6482	78.8241	68.5730	785
600258	首旅酒店	北京	东部	H	国有强相对控股公司	42.8571	34.5550	94.8760	68.5618	786
600628	新世界	上海	东部	F	国有弱相对控股公司	85.7143	45.7288	79.9487	68.5483	787
002033	丽江股份	云南	西部	N	国有强相对控股公司	85.7143	54.1724	74.5636	68.5418	788
600822	上海物贸	上海	东部	F	国有强相对控股公司	42.8571	51.8585	83.8279	68.5415	789
000885	城发环境	河南	中部	G	国有绝对控股公司	85.7143	41.3958	82.6925	68.5408	790
301167	建研设计	安徽	中部	M	国有弱相对控股公司	71.4286	47.2583	81.5211	68.5199	791
000099	中信海直	广东	东部	G	国有强相对控股公司	42.8571	51.0986	84.2653	68.5162	792

续表

股票代码	公司简称	省份	地区	行业代码	控股类型	环境保护（*EP*）	社会责任（*SR*）	公司治理（*CG*）	上市公司质量/ESG指数（*CLCQI/ESGI*）	*CLCQI/ESGI*排名
600395	盘江股份	贵州	西部	B	国有绝对控股公司	71.4286	47.5954	81.2379	68.4821	793
600984	建设机械	陕西	西部	C	国有强相对控股公司	28.5714	51.6026	86.4736	68.4785	794
600135	乐凯胶片	河北	东部	C	国有绝对控股公司	57.1429	47.0487	84.1661	68.4727	795
600123	兰花科创	山西	中部	B	国有强相对控股公司	42.8571	58.1790	79.6648	68.4640	796
000983	山西焦煤	山西	中部	B	国有绝对控股公司	57.1429	56.7516	77.9567	68.4536	797
600812	华北制药	河北	东部	C	国有绝对控股公司	100.0000	44.4393	77.9938	68.4503	798
300540	蜀道装备	四川	西部	C	国有弱相对控股公司	28.5714	53.3774	85.2846	68.4458	799
600203	福日电子	福建	东部	C	国有弱相对控股公司	42.8571	50.3884	84.5750	68.4379	800
600345	长江通信	湖北	中部	C	国有强相对控股公司	28.5714	47.7565	88.8430	68.4356	801
000753	漳州发展	福建	东部	F	国有强相对控股公司	57.1429	46.0594	84.7199	68.4310	802
000417	合肥百货	安徽	中部	F	国有强相对控股公司	28.5714	49.0467	87.9930	68.4196	803
601872	招商轮船	上海	东部	G	国有绝对控股公司	85.7143	40.3187	83.1494	68.4151	804
300730	科创信息	湖南	中部	I	国有弱相对控股公司	14.2857	56.7851	85.5918	68.3789	805
600523	贵航股份	贵州	西部	C	国有强相对控股公司	71.4286	52.6008	77.8503	68.3708	806
600608	ST沪科	上海	东部	F	国有弱相对控股公司	71.4286	43.7743	83.4672	68.3708	807
000719	中原传媒	河南	中部	R	国有绝对控股公司	28.5714	49.0430	87.8627	68.3467	808
000733	振华科技	贵州	西部	C	国有强相对控股公司	28.5714	50.4226	86.9459	68.3253	809
000720	新能泰山	山东	东部	K	国有强相对控股公司	100.0000	45.1014	77.3121	68.3071	810
601001	晋控煤业	山西	中部	B	国有绝对控股公司	57.1429	51.0668	81.2702	68.2863	811
000880	潍柴重机	山东	东部	C	国有绝对控股公司	100.0000	48.9762	74.7816	68.2716	812
600602	云赛智联	上海	东部	I	国有强相对控股公司	85.7143	49.2172	77.2238	68.2705	813
002102	冠福股份	福建	东部	C	国有弱相对控股公司	71.4286	50.7975	78.7587	68.2393	814
603111	康尼机电	江苏	东部	C	国有弱相对控股公司	100.0000	38.9304	81.1008	68.2311	815
600827	百联股份	上海	东部	F	国有绝对控股公司	71.4286	48.1041	80.4511	68.2274	816
002140	东华科技	安徽	中部	E	国有绝对控股公司	85.7143	47.7138	78.0483	68.1978	817
000552	甘肃能化	甘肃	西部	B	国有强相对控股公司	57.1429	48.0713	82.9976	68.1879	818
600325	华发股份	广东	东部	K	国有弱相对控股公司	28.5714	50.9136	86.3681	68.1793	819
600425	青松建化	新疆	西部	C	国有强相对控股公司	85.7143	45.5742	79.3711	68.1765	820
600879	航天电子	湖北	中部	C	国有弱相对控股公司	85.7143	47.7713	77.9361	68.1562	821
600826	兰生股份	上海	东部	L	国有绝对控股公司	57.1429	45.7167	84.4276	68.1503	822
600529	山东药玻	山东	东部	C	国有弱相对控股公司	57.1429	45.6614	84.4043	68.1181	823
600058	五矿发展	北京	东部	F	国有绝对控股公司	85.7143	45.7505	78.9989	68.0335	824
600511	国药股份	北京	东部	F	国有绝对控股公司	85.7143	45.9737	78.8294	68.0184	825
600793	宜宾纸业	四川	西部	C	国有绝对控股公司	71.4286	50.8530	78.3117	68.0129	826
600982	宁波能源	浙江	东部	D	国有绝对控股公司	85.7143	48.7973	77.0030	68.0021	827

续表

股票代码	公司简称	省份	地区	行业代码	控股类型	环境保护（EP）	社会责任（SR）	公司治理（CG）	上市公司质量/ESG指数（CLCQI/ESGI）	CLCQI/ESGI排名
000705	浙江震元	浙江	东部	F	国有弱相对控股公司	57.1429	49.3622	81.8230	67.9937	828
002181	粤传媒	广东	东部	L	国有绝对控股公司	71.4286	43.8055	82.7101	67.9654	829
601699	潞安环能	山西	中部	B	国有绝对控股公司	57.1429	58.1532	76.1680	67.9603	830
002344	海宁皮城	浙江	东部	L	国有绝对控股公司	42.8571	51.2797	83.1281	67.9540	831
600744	华银电力	湖南	中部	D	国有绝对控股公司	85.7143	42.4323	80.9450	67.9425	832
000767	晋控电力	山西	中部	D	国有强相对控股公司	71.4286	56.4732	74.5905	67.9333	833
000016	深康佳A	广东	东部	C	国有弱相对控股公司	100.0000	42.5362	78.2644	67.9331	834
600362	江西铜业	江西	中部	C	国有强相对控股公司	100.0000	44.8042	76.8092	67.9265	835
002114	罗平锌电	云南	西部	C	国有弱相对控股公司	85.7143	46.5008	78.3231	67.9244	836
601158	重庆水务	重庆	西部	D	国有绝对控股公司	71.4286	41.8074	83.8577	67.8972	837
300278	华昌达	湖北	中部	C	国有弱相对控股公司	42.8571	39.4699	90.5111	67.8813	838
600657	信达地产	北京	东部	K	国有绝对控股公司	85.7143	44.0221	79.7352	67.8335	839
601880	辽港股份	辽宁	东北	G	国有绝对控股公司	85.7143	37.8790	83.6215	67.8209	840
300747	锐科激光	湖北	中部	C	国有强相对控股公司	28.5714	56.5049	82.1188	67.7992	841
600834	申通地铁	上海	东部	G	国有绝对控股公司	71.4286	50.3378	78.2387	67.7924	842
600448	华纺股份	山东	东部	C	国有弱相对控股公司	71.4286	47.3655	80.0515	67.7491	843
600255	鑫科材料	安徽	中部	C	国有弱相对控股公司	42.8571	44.1779	87.1908	67.7029	844
600935	华塑股份	安徽	中部	C	国有绝对控股公司	42.8571	55.5095	79.8863	67.6515	845
600312	平高电气	河南	中部	C	国有强相对控股公司	100.0000	44.7409	76.3331	67.6425	846
600624	复旦复华	上海	东部	C	国有弱相对控股公司	85.7143	48.8853	76.2836	67.6373	847
600807	济南高新	山东	东部	K	国有弱相对控股公司	57.1429	36.1161	89.5574	67.6115	848
000096	广聚能源	广东	东部	F	国有绝对控股公司	57.1429	43.5072	84.8469	67.6076	849
600821	金开新能	天津	东部	D	国有弱相对控股公司	57.1429	54.1137	78.0782	67.5971	850
000721	西安饮食	陕西	西部	H	国有强相对控股公司	28.5714	53.4918	83.6104	67.5650	851
002186	全聚德	北京	东部	H	国有强相对控股公司	14.2857	52.9054	86.5656	67.5565	852
601512	中新集团	江苏	东部	K	国有绝对控股公司	57.1429	46.2851	82.9618	67.5431	853
002967	广电计量	广东	东部	M	国有强相对控股公司	57.1429	44.6652	83.9691	67.5301	854
600081	东风科技	上海	东部	C	国有绝对控股公司	100.0000	44.2647	76.4075	67.5167	855
600671	*ST目药	浙江	东部	C	国有弱相对控股公司	85.7143	41.4406	80.7580	67.4925	856
000045	深纺织A	广东	东部	C	国有强相对控股公司	71.4286	48.8982	78.6071	67.4911	857
600820	隧道股份	上海	东部	E	国有强相对控股公司	57.1429	50.2821	80.3150	67.4863	858
600973	宝胜股份	江苏	东部	C	国有强相对控股公司	57.1429	43.5488	84.5239	67.4445	859
600623	华谊集团	上海	东部	C	国有绝对控股公司	57.1429	47.5509	81.8812	67.3918	860
000915	华特达因	山东	东部	C	国有弱相对控股公司	57.1429	47.8695	81.6347	67.3677	861
600740	山西焦化	山西	中部	C	国有绝对控股公司	57.1429	49.3479	80.6794	67.3597	862

续表

股票代码	公司简称	省份	地区	行业代码	控股类型	环境保护（*EP*）	社会责任（*SR*）	公司治理（*CG*）	上市公司质量/ESG指数（*CLCQI*/*ESGI*）	*CLCQI*/*ESGI*排名
002819	东方中科	北京	东部	F	国有弱相对控股公司	14.2857	59.2725	82.1356	67.3485	863
300847	中船汉光	河北	东部	C	国有绝对控股公司	71.4286	47.8900	78.9858	67.3466	864
002745	木林森	广东	东部	C	国有弱相对控股公司	57.1429	41.2820	85.7692	67.3360	865
600278	东方创业	上海	东部	F	国有绝对控股公司	57.1429	45.5184	82.9720	67.2803	866
600229	城市传媒	山东	东部	R	国有绝对控股公司	57.1429	40.0154	86.4627	67.2742	867
002263	大东南	浙江	东部	C	国有弱相对控股公司	85.7143	42.6049	79.5901	67.2577	868
600056	中国医药	北京	东部	F	国有绝对控股公司	100.0000	50.0308	72.2239	67.2339	869
300006	莱美药业	重庆	西部	C	国有弱相对控股公司	85.7143	43.1227	79.1703	67.2080	870
600960	渤海汽车	山东	东部	C	国有强相对控股公司	85.7143	45.5340	77.6137	67.1959	871
600651	飞乐音响	上海	东部	C	国有绝对控股公司	57.1429	43.6887	83.8869	67.1431	872
603000	人民网	北京	东部	I	国有绝对控股公司	28.5714	50.1063	84.9846	67.1359	873
001213	中铁特货	北京	东部	G	国有绝对控股公司	28.5714	44.9759	88.2040	67.1109	874
600373	中文传媒	江西	中部	R	国有绝对控股公司	28.5714	48.5957	85.8820	67.1008	875
300219	鸿利智汇	广东	东部	C	国有强相对控股公司	57.1429	41.3066	85.3185	67.0967	876
601225	陕西煤业	陕西	西部	B	国有绝对控股公司	42.8571	53.1025	80.4042	67.0939	877
600113	浙江东日	浙江	东部	L	国有强相对控股公司	71.4286	42.5608	81.8567	67.0603	878
002712	思美传媒	浙江	东部	L	国有强相对控股公司	57.1429	49.6618	79.9295	67.0571	879
600063	皖维高新	安徽	中部	C	国有强相对控股公司	85.7143	51.1170	73.7261	67.0117	880
600649	城投控股	上海	东部	K	国有强相对控股公司	57.1429	45.1609	82.7067	67.0093	881
000070	特发信息	广东	东部	C	国有强相对控股公司	71.4286	50.1530	76.9258	67.0056	882
600237	铜峰电子	安徽	中部	C	国有弱相对控股公司	57.1429	41.2036	85.2109	67.0016	883
000409	云鼎科技	山东	东部	I	国有强相对控股公司	28.5714	48.2293	85.8418	66.9504	884
600138	中青旅	北京	东部	L	国有弱相对控股公司	42.8571	47.3395	83.7747	66.9306	885
002935	天奥电子	四川	西部	C	国有强相对控股公司	42.8571	55.0391	78.8357	66.9090	886
601118	海南橡胶	海南	东部	A	国有绝对控股公司	57.1429	46.3875	81.7379	66.9057	887
000158	常山北明	河北	东部	I	国有弱相对控股公司	85.7143	52.8927	72.3161	66.8578	888
601028	玉龙股份	山东	东部	F	国有弱相对控股公司	42.8571	39.6653	88.4834	66.8344	889
600543	*ST莫高	甘肃	西部	C	国有强相对控股公司	71.4286	48.2152	77.8031	66.8099	890
600057	厦门象屿	福建	东部	L	国有绝对控股公司	42.8571	48.7724	82.5611	66.7647	891
000026	飞亚达	广东	东部	F	国有强相对控股公司	28.5714	47.1254	86.1992	66.7606	892
002091	江苏国泰	江苏	东部	F	国有强相对控股公司	42.8571	51.0102	81.1094	66.7495	893
600714	金瑞矿业	青海	西部	C	国有强相对控股公司	57.1429	52.5897	77.4991	66.7452	894
600684	珠江股份	广东	东部	K	国有强相对控股公司	71.4286	48.5512	77.4043	66.7081	895
000901	航天科技	黑龙江	东北	C	国有强相对控股公司	28.5714	46.3110	86.5821	66.6862	896
600536	中国软件	北京	东部	I	国有强相对控股公司	28.5714	54.1013	81.5983	66.6717	897

续表

股票代码	公司简称	省份	地区	行业代码	控股类型	环境保护（*EP*）	社会责任（*SR*）	公司治理（*CG*）	上市公司质量/ESG指数（*CLCQI/ESGI*）	*CLCQI/ESGI*排名
002077	大港股份	江苏	东部	C	国有强相对控股公司	57.1429	46.4655	81.2256	66.6513	898
600689	上海三毛	上海	东部	C	国有弱相对控股公司	71.4286	45.8683	78.9938	66.6434	899
600616	金枫酒业	上海	东部	C	国有强相对控股公司	71.4286	44.3262	79.9481	66.6285	900
000815	美利云	宁夏	西部	C	国有强相对控股公司	71.4286	46.7266	78.3811	66.6067	901
600697	欧亚集团	吉林	东部	F	国有弱相对控股公司	14.2857	39.7359	93.2185	66.6063	902
600335	国机汽车	天津	东部	F	国有绝对控股公司	57.1429	50.1607	78.7534	66.5849	903
600006	东风汽车	湖北	中部	C	国有绝对控股公司	85.7143	46.2756	75.9958	66.5656	904
600742	一汽富维	吉林	东部	C	国有弱相对控股公司	85.7143	45.3828	76.5609	66.5639	905
000713	丰乐种业	安徽	中部	A	国有弱相对控股公司	42.8571	48.4974	82.3665	66.5614	906
601611	中国核建	上海	东部	E	国有绝对控股公司	14.2857	47.6567	88.0659	66.5447	907
600698	湖南天雁	湖南	中部	C	国有强相对控股公司	100.0000	48.2399	71.9892	66.4780	908
002338	奥普光电	吉林	东部	C	国有强相对控股公司	42.8571	47.8457	82.6181	66.4717	909
000900	现代投资	湖南	中部	G	国有强相对控股公司	42.8571	50.1917	81.1167	66.4670	910
300600	国瑞科技	江苏	东部	C	国有强相对控股公司	14.2857	53.0616	84.4281	66.4356	911
000422	湖北宜化	湖北	中部	C	国有弱相对控股公司	57.1429	49.3323	78.9954	66.4281	912
300470	中密控股	四川	西部	C	国有弱相对控股公司	42.8571	47.9968	82.4396	66.4263	913
600269	赣粤高速	江西	中部	G	国有绝对控股公司	71.4286	41.6503	81.1589	66.3579	914
600085	同仁堂	北京	东部	C	国有绝对控股公司	71.4286	47.3644	77.5002	66.3455	915
601858	中国科传	北京	东部	R	国有绝对控股公司	57.1429	46.7918	80.4596	66.3442	916
600662	外服控股	上海	东部	G	国有绝对控股公司	57.1429	45.2547	81.4178	66.3332	917
600444	国机通用	安徽	中部	C	国有强相对控股公司	57.1429	52.4191	76.8351	66.3203	918
000547	航天发展	福建	东部	C	国有弱相对控股公司	57.1429	52.9765	76.4721	66.3157	919
300370	安控科技	四川	西部	C	国有强相对控股公司	71.4286	52.5546	74.1412	66.3146	920
600116	三峡水利	重庆	西部	D	国有绝对控股公司	28.5714	44.7371	86.8961	66.3080	921
600736	苏州高新	江苏	东部	K	国有强相对控股公司	85.7143	44.3871	76.6880	66.2853	922
600794	保税科技	江苏	东部	G	国有强相对控股公司	71.4286	43.2239	80.0130	66.2783	923
002820	桂发祥	天津	东部	C	国有强相对控股公司	28.5714	53.0072	81.5450	66.2594	924
600088	中视传媒	上海	东部	R	国有绝对控股公司	42.8571	37.4180	88.8660	66.2583	925
000819	岳阳兴长	湖南	中部	C	国有弱相对控股公司	71.4286	52.9457	73.7522	66.2375	926
600831	广电网络	陕西	西部	I	国有强相对控股公司	57.1429	36.0142	87.1063	66.2277	927
600156	华升股份	湖南	中部	C	国有强相对控股公司	57.1429	42.4014	82.9383	66.1708	928
600027	华电国际	山东	东部	D	国有绝对控股公司	85.7143	52.8596	71.0660	66.1586	929
000652	泰达股份	天津	东部	F	国有强相对控股公司	85.7143	46.6681	74.9877	66.1485	930
600743	华远地产	北京	东部	K	国有绝对控股公司	71.4286	39.4438	82.1656	66.1393	931
603227	雪峰科技	新疆	西部	C	国有强相对控股公司	85.7143	54.4982	69.9317	66.1082	932

续表

股票代码	公司简称	省份	地区	行业代码	控股类型	环境保护（*EP*）	社会责任（*SR*）	公司治理（*CG*）	上市公司质量/ESG指数（*CLCQI*/*ESGI*）	*CLCQI*/*ESGI*排名
600771	广誉远	山西	中部	C	国有弱相对控股公司	57.1429	38.5998	85.2259	66.0984	933
000605	渤海股份	北京	东部	D	国有强相对控股公司	57.1429	38.1801	85.4685	66.0850	934
600618	氯碱化工	上海	东部	C	国有强相对控股公司	42.8571	55.4005	77.0405	66.0481	935
002777	久远银海	四川	西部	I	国有强相对控股公司	14.2857	52.1820	84.1916	65.9976	936
603088	宁波精达	浙江	东部	C	国有弱相对控股公司	57.1429	51.5715	76.7849	65.9960	937
600076	康欣新材	山东	东部	C	国有强相对控股公司	85.7143	45.8002	75.2471	65.9874	938
000969	安泰科技	北京	东部	C	国有强相对控股公司	71.4286	45.8588	77.7893	65.9775	939
300053	航宇微	广东	东部	C	国有弱相对控股公司	57.1429	47.0945	79.5863	65.9698	940
300895	铜牛信息	北京	东部	I	国有强相对控股公司	28.5714	52.4104	81.3593	65.9484	941
000059	华锦股份	辽宁	东北	C	国有强相对控股公司	100.0000	48.7464	70.6836	65.9372	942
603888	新华网	北京	东部	I	国有绝对控股公司	14.2857	47.0978	87.2967	65.9260	943
301091	深城交	广东	东部	M	国有强相对控股公司	28.5714	48.3872	83.8703	65.9214	944
601068	中铝国际	北京	东部	E	国有绝对控股公司	57.1429	47.1540	79.4038	65.8903	945
000793	华闻集团	海南	东部	R	国有弱相对控股公司	71.4286	40.8330	80.8198	65.8853	946
300864	南大环境	江苏	东部	N	国有弱相对控股公司	28.5714	47.8130	84.1324	65.8645	947
830946	森萱医药	江苏	东部	C	国有绝对控股公司	100.0000	50.0606	69.7098	65.8616	948
000911	南宁糖业	广西	西部	C	国有绝对控股公司	42.8571	48.6531	80.8871	65.8022	949
000553	安道麦A	湖北	中部	C	国有绝对控股公司	57.1429	41.9474	82.4702	65.7545	950
600975	新五丰	湖南	中部	A	国有强相对控股公司	57.1429	43.7913	81.2533	65.7306	951
603721	中广天择	湖南	中部	R	国有绝对控股公司	14.2857	51.5219	84.0536	65.6907	952
301038	深水规院	广东	东部	M	国有绝对控股公司	42.8571	43.6978	83.7386	65.6362	953
002387	维信诺	江苏	东部	C	国有弱相对控股公司	42.8571	38.7620	86.8688	65.6303	954
000488	晨鸣纸业	山东	东部	C	国有弱相对控股公司	57.1429	47.3277	78.8078	65.6233	955
600642	申能股份	上海	东部	D	国有绝对控股公司	85.7143	45.1433	74.9635	65.6015	956
600508	上海能源	上海	东部	B	国有绝对控股公司	42.8571	52.1820	78.2727	65.5994	957
600064	南京高科	江苏	东部	K	国有强相对控股公司	57.1429	45.7101	79.7648	65.5834	958
600971	恒源煤电	安徽	中部	B	国有绝对控股公司	57.1429	47.9418	78.3325	65.5768	959
002278	神开股份	上海	东部	C	国有弱相对控股公司	28.5714	55.5488	78.6705	65.5680	960
003009	中天火箭	陕西	西部	C	国有绝对控股公司	57.1429	51.4522	76.0668	65.5593	961
002775	文科园林	广东	东部	E	国有弱相对控股公司	0.0000	57.7787	82.3994	65.5422	962
600648	外高桥	上海	东部	F	国有绝对控股公司	42.8571	44.1984	83.2356	65.5348	963
600609	金杯汽车	辽宁	东北	C	国有弱相对控股公司	42.8571	45.2719	82.5512	65.5340	964
600559	老白干酒	河北	东部	C	国有弱相对控股公司	57.1429	45.5482	79.7367	65.5114	965
000420	吉林化纤	吉林	东部	C	国有弱相对控股公司	71.4286	45.3389	77.2504	65.4992	966
002528	英飞拓	广东	东部	C	国有弱相对控股公司	42.8571	48.4340	80.4460	65.4829	967

续表

股票代码	公司简称	省份	地区	行业代码	控股类型	环境保护（EP）	社会责任（SR）	公司治理（CG）	上市公司质量/ESG指数（CLCQI/ESGI）	CLCQI/ESGI排名
600881	亚泰集团	吉林	东部	C	国有强相对控股公司	42.8571	48.1754	80.5170	65.4315	968
600310	广西能源	广西	西部	D	国有绝对控股公司	85.7143	35.5595	80.7220	65.4144	969
601368	绿城水务	广西	西部	D	国有绝对控股公司	57.1429	42.2524	81.6257	65.3968	970
600319	亚星化学	山东	东部	C	国有强相对控股公司	85.7143	37.8178	79.2398	65.3896	971
600848	上海临港	上海	东部	K	国有绝对控股公司	71.4286	45.0267	77.1503	65.3349	972
000837	秦川机床	陕西	西部	C	国有强相对控股公司	71.4286	49.2081	74.4751	65.3270	973
600825	新华传媒	上海	东部	R	国有绝对控股公司	42.8571	44.4234	82.6754	65.3054	974
600184	光电股份	湖北	中部	C	国有绝对控股公司	57.1429	46.5617	78.7149	65.3040	975
600814	杭州解百	浙江	东部	F	国有绝对控股公司	14.2857	43.8041	88.2145	65.2780	976
000993	闽东电力	福建	东部	D	国有绝对控股公司	85.7143	43.1433	75.6117	65.2580	977
000430	张家界	湖南	中部	N	国有强相对控股公司	14.2857	56.7600	79.9218	65.2516	978
600724	宁波富达	浙江	东部	C	国有绝对控股公司	71.4286	40.7253	79.7310	65.2488	979
600108	亚盛集团	甘肃	西部	A	国有弱相对控股公司	28.5714	44.0005	85.4238	65.2404	980
600756	浪潮软件	山东	东部	I	国有弱相对控股公司	28.5714	55.1900	78.2995	65.2384	981
600604	市北高新	上海	东部	K	国有强相对控股公司	42.8571	48.9809	79.6009	65.2095	982
000709	河钢股份	河北	东部	C	国有绝对控股公司	57.1429	51.1438	75.6271	65.2095	983
300091	金通灵	江苏	东部	C	国有弱相对控股公司	28.5714	50.3410	81.2098	65.1419	984
000601	韶能股份	广东	东部	D	国有弱相对控股公司	85.7143	42.3303	75.9044	65.1344	985
002627	三峡旅游	湖北	中部	G	国有强相对控股公司	28.5714	36.9064	89.7095	65.1146	986
600640	国脉文化	上海	东部	I	国有绝对控股公司	28.5714	42.8558	85.9194	65.1123	987
000952	广济药业	湖北	中部	C	国有弱相对控股公司	57.1429	47.3479	77.8121	65.0827	988
600218	全柴动力	安徽	中部	C	国有强相对控股公司	85.7143	40.4548	76.9610	65.0592	989
600686	金龙汽车	福建	东部	C	国有绝对控股公司	85.7143	43.9549	74.6332	65.0039	990
002343	慈文传媒	江西	中部	R	国有弱相对控股公司	42.8571	44.2647	82.1872	64.9813	991
600833	第一医药	上海	东部	F	国有强相对控股公司	42.8571	46.0673	81.0333	64.9776	992
000153	丰原药业	安徽	中部	C	国有弱相对控股公司	57.1429	57.7549	70.9473	64.9495	993
601928	凤凰传媒	江苏	东部	R	国有绝对控股公司	28.5714	49.2639	81.4516	64.8979	994
600476	湘邮科技	湖南	中部	I	国有强相对控股公司	14.2857	48.0637	84.7461	64.8612	995
002059	云南旅游	云南	西部	N	国有绝对控股公司	42.8571	45.5141	81.1428	64.8442	996
603299	苏盐井神	江苏	东部	C	国有绝对控股公司	85.7143	46.7960	72.5174	64.8346	997
600667	太极实业	江苏	东部	E	国有强相对控股公司	100.0000	38.8654	74.9663	64.8344	998
600279	重庆港	重庆	西部	G	国有绝对控股公司	71.4286	41.7319	78.3139	64.8216	999
600939	重庆建工	重庆	西部	E	国有绝对控股公司	14.2857	56.5336	79.2530	64.8045	1000
600239	云南城投	云南	西部	K	国有强相对控股公司	42.8571	46.7949	80.2392	64.7955	1001
600561	江西长运	江西	中部	G	国有强相对控股公司	42.8571	46.0185	80.7173	64.7867	1002

续表

股票代码	公司简称	省份	地区	行业代码	控股类型	环境保护（*EP*）	社会责任（*SR*）	公司治理（*CG*）	上市公司质量/ESG指数（*CLCQI/ESGI*）	*CLCQI/ESGI*排名
600213	亚星客车	江苏	东部	C	国有绝对控股公司	100.0000	43.8623	71.5565	64.7079	1003
600796	钱江生化	浙江	东部	C	国有绝对控股公司	42.8571	47.0924	79.8434	64.6819	1004
000922	佳电股份	黑龙江	东北	C	国有强相对控股公司	71.4286	35.1532	82.1114	64.6078	1005
300140	中环装备	陕西	西部	C	国有强相对控股公司	42.8571	43.7497	81.7921	64.5837	1006
600575	淮河能源	安徽	中部	G	国有绝对控股公司	57.1429	45.2356	78.2484	64.5833	1007
002786	银宝山新	广东	东部	C	国有弱相对控股公司	57.1429	38.8303	82.2569	64.5462	1008
601599	浙文影业	浙江	东部	C	国有弱相对控股公司	85.7143	42.3179	74.7661	64.5040	1009
600190	锦州港	辽宁	东北	G	国有强相对控股公司	71.4286	40.6680	78.3858	64.4888	1010
600719	大连热电	辽宁	东北	D	国有强相对控股公司	85.7143	35.4146	79.1251	64.4853	1011
000950	重药控股	重庆	西部	F	国有绝对控股公司	57.1429	52.4037	73.4270	64.4404	1012
600223	福瑞达	山东	东部	K	国有绝对控股公司	85.7143	41.9381	74.8183	64.3998	1013
601949	中国出版	北京	东部	R	国有绝对控股公司	57.1429	44.8411	78.1596	64.3965	1014
002297	博云新材	湖南	中部	C	国有强相对控股公司	14.2857	47.5411	84.2321	64.3956	1015
000554	泰山石油	山东	东部	F	国有弱相对控股公司	42.8571	53.1210	75.4646	64.3836	1016
600468	百利电气	天津	东部	C	国有绝对控股公司	42.8571	45.0481	80.5792	64.3711	1017
603099	长白山	吉林	东部	N	国有绝对控股公司	57.1429	47.6065	76.3420	64.3647	1018
300215	电科院	江苏	东部	M	国有弱相对控股公司	71.4286	51.3932	71.3214	64.3572	1019
600861	北京人力	北京	东部	F	国有强相对控股公司	42.8571	38.4740	84.5432	64.2504	1020
002856	美芝股份	广东	东部	E	国有弱相对控股公司	28.5714	44.5383	83.2603	64.2387	1021
600707	彩虹股份	陕西	西部	C	国有绝对控股公司	71.4286	44.1044	75.6533	64.1887	1022
300173	福能东方	广东	东部	C	国有弱相对控股公司	42.8571	43.0786	81.4939	64.1849	1023
600638	新黄浦	上海	东部	K	国有强相对控股公司	28.5714	36.7154	88.0150	64.1158	1024
300410	正业科技	广东	东部	C	国有弱相对控股公司	42.8571	37.4878	84.9186	64.1117	1025
000049	德赛电池	广东	东部	C	国有弱相对控股公司	85.7143	46.7242	71.2217	64.0969	1026
300341	麦克奥迪	福建	东部	C	国有弱相对控股公司	14.2857	41.4246	87.5629	64.0868	1027
002462	嘉事堂	北京	东部	F	国有强相对控股公司	57.1429	45.3797	77.2143	64.0651	1028
603637	镇海股份	浙江	东部	E	国有弱相对控股公司	42.8571	44.3589	80.4439	64.0555	1029
601989	中国重工	北京	东部	C	国有绝对控股公司	28.5714	46.2969	81.7691	64.0340	1030
600097	开创国际	上海	东部	A	国有强相对控股公司	14.2857	44.3812	85.5721	64.0266	1031
002561	徐家汇	上海	东部	F	国有强相对控股公司	42.8571	48.7046	77.6075	64.0164	1032
601789	宁波建工	浙江	东部	E	国有弱相对控股公司	57.1429	37.4715	82.1226	63.9967	1033
000722	湖南发展	湖南	中部	D	国有绝对控股公司	14.2857	48.4386	82.9251	63.9909	1034
300300	海峡创新	福建	东部	I	国有弱相对控股公司	28.5714	46.2775	81.6979	63.9881	1035
300557	理工光科	湖北	中部	C	国有强相对控股公司	14.2857	46.7688	83.9800	63.9867	1036
300076	GQY视讯	浙江	东部	C	国有强相对控股公司	28.5714	41.0749	84.9559	63.9591	1037

续表

股票代码	公司简称	省份	地区	行业代码	控股类型	环境保护（*EP*）	社会责任（*SR*）	公司治理（*CG*）	上市公司质量/ESG指数（*CLCQI*/*ESGI*）	*CLCQI*/*ESGI*排名
000019	深粮控股	广东	东部	F	国有绝对控股公司	28.5714	43.0167	83.7144	63.9559	1038
603230	内蒙新华	内蒙古	西部	R	国有绝对控股公司	42.8571	43.9165	80.4868	63.9243	1039
000692	*ST惠天	辽宁	东北	D	国有弱相对控股公司	42.8571	44.2501	80.2333	63.9016	1040
300775	三角防务	陕西	西部	C	国有弱相对控股公司	42.8571	45.1538	79.5754	63.8560	1041
002552	宝鼎科技	浙江	东部	C	国有强相对控股公司	42.8571	43.0937	80.8749	63.8497	1042
000798	中水渔业	北京	东部	A	国有绝对控股公司	14.2857	45.4018	84.5656	63.8303	1043
002654	万润科技	广东	东部	L	国有弱相对控股公司	28.5714	43.2857	83.2865	63.8147	1044
000737	北方铜业	山西	中部	C	国有绝对控股公司	42.8571	35.4962	85.6045	63.7918	1045
600125	铁龙物流	辽宁	东北	G	国有强相对控股公司	42.8571	49.4451	76.6246	63.7351	1046
600844	丹化科技	江苏	东部	C	国有弱相对控股公司	42.8571	48.0857	77.4565	63.7168	1047
688189	南新制药	湖南	中部	C	国有弱相对控股公司	57.1429	41.8070	78.8008	63.6872	1048
600897	厦门空港	福建	东部	G	国有绝对控股公司	71.4286	42.4500	75.7671	63.6723	1049
600158	中体产业	天津	东部	R	国有弱相对控股公司	14.2857	39.7291	87.8564	63.6548	1050
600121	郑州煤电	河南	中部	B	国有绝对控股公司	57.1429	41.4021	78.9772	63.6425	1051
600936	广西广电	广西	西部	I	国有强相对控股公司	42.8571	40.1766	82.2046	63.5601	1052
603909	建发合诚	福建	东部	M	国有弱相对控股公司	14.2857	44.2547	84.6966	63.5008	1053
600452	涪陵电力	重庆	西部	D	国有强相对控股公司	28.5714	42.3994	83.2530	63.4861	1054
002789	建艺集团	广东	东部	E	国有弱相对控股公司	28.5714	49.1042	78.9591	63.4711	1055
000759	中百集团	湖北	中部	F	国有强相对控股公司	42.8571	42.6568	80.4069	63.4394	1056
601975	招商南油	江苏	东部	G	国有强相对控股公司	42.8571	39.4371	82.4203	63.4199	1057
600758	辽宁能源	辽宁	东北	B	国有强相对控股公司	57.1429	41.5939	78.3989	63.3915	1058
000428	华天酒店	湖南	中部	H	国有强相对控股公司	57.1429	40.1537	79.3100	63.3886	1059
002232	启明信息	吉林	东部	I	国有绝对控股公司	14.2857	52.4357	79.2684	63.3787	1060
000421	南京公用	江苏	东部	D	国有绝对控股公司	42.8571	44.3764	79.2004	63.3777	1061
600415	小商品城	浙江	东部	L	国有绝对控股公司	71.4286	43.7150	74.3874	63.3562	1062
600333	长春燃气	吉林	东部	D	国有绝对控股公司	14.2857	47.5040	82.2871	63.3129	1063
600463	空港股份	北京	东部	E	国有绝对控股公司	57.1429	43.7473	76.8807	63.3102	1064
002100	天康生物	新疆	西部	C	国有弱相对控股公司	14.2857	47.4803	82.2775	63.2993	1065
600185	格力地产	广东	东部	K	国有强相对控股公司	42.8571	46.3836	77.7770	63.2973	1066
601798	蓝科高新	甘肃	西部	C	国有绝对控股公司	42.8571	41.7571	80.6569	63.2620	1067
600551	时代出版	安徽	中部	R	国有绝对控股公司	42.8571	42.8114	79.9616	63.2486	1068
002644	佛慈制药	甘肃	西部	C	国有绝对控股公司	71.4286	43.4016	74.3755	63.2399	1069
000761	本钢板材	辽宁	东北	C	国有绝对控股公司	28.5714	49.2989	78.3394	63.1985	1070
300145	中金环境	浙江	东部	C	国有弱相对控股公司	42.8571	40.2165	81.5213	63.1982	1071
600665	天地源	陕西	西部	K	国有绝对控股公司	71.4286	37.4605	78.0391	63.1756	1072

续表

股票代码	公司简称	省份	地区	行业代码	控股类型	环境保护（*EP*）	社会责任（*SR*）	公司治理（*CG*）	上市公司质量/ESG指数（*CLCQI/ESGI*）	*CLCQI/ESGI*排名
002579	中京电子	广东	东部	C	国有弱相对控股公司	71.4286	45.6884	72.7554	63.1493	1073
000037	深南电A	广东	东部	D	国有弱相对控股公司	57.1429	44.2484	76.2002	63.1113	1074
601595	上海电影	上海	东部	R	国有绝对控股公司	14.2857	39.1836	87.1304	63.0645	1075
002679	福建金森	福建	东部	A	国有绝对控股公司	28.5714	49.6945	77.8181	63.0502	1076
600737	中粮糖业	新疆	西部	C	国有绝对控股公司	57.1429	39.5321	79.0606	63.0338	1077
000736	中交地产	重庆	西部	K	国有绝对控股公司	14.2857	42.4663	84.9494	63.0140	1078
002683	广东宏大	广东	东部	B	国有弱相对控股公司	42.8571	50.4815	74.6496	63.0115	1079
300289	利德曼	北京	东部	C	国有强相对控股公司	42.8571	43.9144	78.7533	62.9701	1080
000957	中通客车	山东	东部	C	国有强相对控股公司	85.7143	50.2992	66.8194	62.9268	1081
000801	四川九洲	四川	西部	C	国有绝对控股公司	42.8571	50.3752	74.5600	62.9250	1082
300770	新媒股份	广东	东部	I	国有强相对控股公司	14.2857	43.4727	84.0059	62.8473	1083
600725	云维股份	云南	西部	C	国有强相对控股公司	28.5714	45.9562	79.8147	62.8399	1084
600033	福建高速	福建	东部	G	国有绝对控股公司	28.5714	44.9759	80.4353	62.8381	1085
300212	易华录	北京	东部	I	国有强相对控股公司	42.8571	41.6936	79.8698	62.8069	1086
000619	海螺新材	安徽	中部	C	国有强相对控股公司	42.8571	43.9705	78.4042	62.7977	1087
000909	ST数源	浙江	东部	K	国有强相对控股公司	42.8571	52.7924	72.7149	62.7562	1088
002168	惠程科技	广东	东部	I	国有弱相对控股公司	42.8571	40.6487	80.4312	62.7499	1089
600792	云煤能源	云南	西部	C	国有绝对控股公司	71.4286	40.0765	75.5071	62.6985	1090
000755	山西路桥	山西	中部	G	国有绝对控股公司	42.8571	37.4083	82.3514	62.6719	1091
000903	云内动力	云南	西部	C	国有强相对控股公司	42.8571	44.9762	77.4006	62.5977	1092
000828	东莞控股	广东	东部	G	国有绝对控股公司	14.2857	49.3727	79.7028	62.5456	1093
600396	*ST金山	辽宁	东北	D	国有绝对控股公司	71.4286	44.1602	72.6219	62.5410	1094
603999	读者传媒	甘肃	西部	R	国有绝对控股公司	28.5714	41.1875	82.2011	62.4834	1095
600959	江苏有线	江苏	东部	I	国有强相对控股公司	42.8571	43.7962	77.9300	62.4759	1096
300987	川网传媒	四川	西部	I	国有绝对控股公司	28.5714	41.6804	81.8195	62.4460	1097
300457	赢合科技	广东	东部	C	国有弱相对控股公司	28.5714	38.8963	83.4733	62.3812	1098
300516	久之洋	湖北	中部	C	国有绝对控股公司	14.2857	40.7569	84.8707	62.3724	1099
000702	正虹科技	湖南	中部	C	国有弱相对控股公司	42.8571	42.9021	78.2899	62.3609	1100
600692	亚通股份	上海	东部	K	国有强相对控股公司	42.8571	44.0784	77.4702	62.3218	1101
002037	保利联合	贵州	西部	C	国有强相对控股公司	57.1429	49.4260	71.4611	62.3170	1102
430198	微创光电	湖北	中部	C	国有弱相对控股公司	28.5714	50.5934	75.9064	62.3133	1103
600159	大龙地产	北京	东部	K	国有绝对控股公司	14.2857	46.5831	81.0294	62.2988	1104
002799	环球印务	陕西	西部	C	国有强相对控股公司	28.5714	59.1053	70.4358	62.2837	1105
000978	桂林旅游	广西	西部	N	国有强相对控股公司	57.1429	48.4166	71.9989	62.2595	1106
002307	北新路桥	新疆	西部	E	国有强相对控股公司	28.5714	49.6333	76.2820	62.1839	1107

续表

股票代码	公司简称	省份	地区	行业代码	控股类型	环境保护（*EP*）	社会责任（*SR*）	公司治理（*CG*）	上市公司质量/ESG指数（*CLCQI*/*ESGI*）	*CLCQI*/*ESGI*排名
600838	上海九百	上海	东部	F	国有强相对控股公司	71.4286	38.1522	75.7081	62.1356	1108
605577	龙版传媒	黑龙江	东北	R	国有绝对控股公司	57.1429	44.0552	74.5075	62.1128	1109
000663	永安林业	福建	东部	C	国有弱相对控股公司	57.1429	42.7069	75.2934	62.0731	1110
601069	西部黄金	新疆	西部	B	国有绝对控股公司	42.8571	41.0952	78.8747	62.0501	1111
002682	龙洲股份	福建	东部	G	国有弱相对控股公司	14.2857	46.3463	80.7210	62.0463	1112
000707	双环科技	湖北	中部	C	国有弱相对控股公司	71.4286	44.3791	71.5591	62.0330	1113
601801	皖新传媒	安徽	中部	R	国有绝对控股公司	42.8571	45.1563	76.2115	62.0067	1114
000791	甘肃能源	甘肃	西部	D	国有绝对控股公司	28.5714	45.3565	78.6277	61.9772	1115
000917	电广传媒	湖南	中部	I	国有弱相对控股公司	42.8571	41.8619	78.1603	61.9256	1116
002183	怡亚通	广东	东部	L	国有弱相对控股公司	14.2857	39.6099	84.7101	61.8826	1117
600653	申华控股	辽宁	东北	F	国有弱相对控股公司	57.1429	45.5093	73.1153	61.8560	1118
603199	九华旅游	安徽	中部	N	国有强相对控股公司	28.5714	44.7644	78.7510	61.8378	1119
600824	益民集团	上海	东部	F	国有强相对控股公司	28.5714	47.6966	76.8169	61.8003	1120
600266	城建发展	北京	东部	K	国有强相对控股公司	71.4286	42.7382	72.1379	61.7770	1121
600054	黄山旅游	安徽	中部	N	国有强相对控股公司	28.5714	40.5864	81.2195	61.7331	1122
000851	高鸿股份	贵州	西部	F	国有弱相对控股公司	14.2857	48.8466	78.4911	61.6950	1123
002208	合肥城建	安徽	中部	K	国有绝对控股公司	14.2857	58.4997	72.3261	61.6828	1124
000850	华茂股份	安徽	中部	C	国有强相对控股公司	28.5714	45.0091	78.2734	61.6607	1125
000610	西安旅游	陕西	西部	N	国有弱相对控股公司	14.2857	45.9877	79.9776	61.5120	1126
300831	派瑞股份	陕西	西部	C	国有强相对控股公司	14.2857	51.9706	76.1587	61.5055	1127
600302	标准股份	陕西	西部	C	国有强相对控股公司	42.8571	43.5180	76.3272	61.4970	1128
000514	渝开发	重庆	西部	K	国有绝对控股公司	14.2857	38.8926	84.4430	61.4846	1129
600734	ST实达	福建	东部	C	国有弱相对控股公司	28.5714	48.8279	75.3380	61.3828	1130
000529	广弘控股	广东	东部	C	国有绝对控股公司	28.5714	48.7142	75.3539	61.3518	1131
600683	京投发展	浙江	东部	K	国有强相对控股公司	28.5714	43.8513	78.3634	61.3049	1132
600722	金牛化工	河北	东部	C	国有绝对控股公司	42.8571	37.3098	79.8738	61.2748	1133
000504	南华生物	湖南	中部	M	国有弱相对控股公司	28.5714	48.8506	75.1165	61.2689	1134
600622	光大嘉宝	上海	东部	K	国有强相对控股公司	14.2857	37.9867	84.6183	61.2640	1135
002542	中化岩土	北京	东部	E	国有弱相对控股公司	14.2857	50.0817	76.8999	61.2521	1136
300528	幸福蓝海	江苏	东部	R	国有绝对控股公司	14.2857	41.8241	82.1070	61.2258	1137
300859	*ST西域	新疆	西部	N	国有强相对控股公司	28.5714	44.9223	77.4641	61.1852	1138
600996	贵广网络	贵州	西部	I	国有绝对控股公司	42.8571	45.8376	74.2305	61.1556	1139
600830	香溢融通	浙江	东部	L	国有强相对控股公司	14.2857	36.7986	85.0508	61.0860	1140
002265	建设工业	云南	西部	C	国有绝对控股公司	28.5714	51.8595	72.6713	60.9772	1141
600773	西藏城投	西藏	西部	K	国有强相对控股公司	14.2857	43.7672	80.3859	60.9593	1142

续表

股票代码	公司简称	省份	地区	行业代码	控股类型	环境保护（*EP*）	社会责任（*SR*）	公司治理（*CG*）	上市公司质量/ESG指数（*CLCQI/ESGI*）	*CLCQI/ESGI*排名
600979	广安爱众	四川	西部	D	国有强相对控股公司	57.1429	44.0875	72.1983	60.8540	1143
600578	京能电力	北京	东部	D	国有绝对控股公司	42.8571	43.6182	75.0380	60.8230	1144
002200	ST交投	云南	西部	A	国有弱相对控股公司	57.1429	43.3702	72.5824	60.8141	1145
000856	冀东装备	河北	东部	C	国有弱相对控股公司	28.5714	48.4401	74.4764	60.7732	1146
000995	*ST皇台	甘肃	西部	C	国有弱相对控股公司	42.8571	48.2595	71.9789	60.7650	1147
600128	苏豪弘业	江苏	东部	F	国有弱相对控股公司	14.2857	38.9077	82.9554	60.6718	1148
300399	天利科技	江西	中部	I	国有弱相对控股公司	14.2857	47.5271	77.4625	60.6674	1149
000600	建投能源	河北	东部	D	国有绝对控股公司	42.8571	47.3521	72.3728	60.6640	1150
000411	英特集团	浙江	东部	F	国有绝对控股公司	57.1429	38.5913	75.3311	60.6533	1151
600969	郴电国际	湖南	中部	D	国有强相对控股公司	42.8571	41.7306	75.8502	60.6090	1152
600426	华鲁恒升	山东	东部	C	国有强相对控股公司	57.1429	34.5417	77.7980	60.5928	1153
603123	翠微股份	北京	东部	F	国有绝对控股公司	42.8571	46.1092	73.0234	60.5868	1154
600757	长江传媒	湖北	中部	R	国有绝对控股公司	28.5714	44.5237	76.5983	60.5695	1155
000628	高新发展	四川	西部	E	国有强相对控股公司	14.2857	50.3253	75.4749	60.5536	1156
002827	高争民爆	西藏	西部	C	国有绝对控股公司	28.5714	44.0797	76.8102	60.5306	1157
601999	出版传媒	辽宁	东北	R	国有绝对控股公司	42.8571	44.8050	73.6517	60.4759	1158
600358	国旅联合	江西	中部	I	国有弱相对控股公司	14.2857	36.6087	84.0312	60.4587	1159
000009	中国宝安	广东	东部	S	国有弱相对控股公司	28.5714	43.5439	76.9053	60.3954	1160
600281	华阳新材	山西	中部	C	国有强相对控股公司	42.8571	35.7405	79.2113	60.3611	1161
000972	中基健康	新疆	西部	C	国有强相对控股公司	71.4286	39.2026	71.7665	60.3353	1162
000897	津滨发展	天津	东部	K	国有弱相对控股公司	14.2857	46.7553	77.3121	60.3146	1163
000965	天保基建	天津	东部	K	国有绝对控股公司	14.2857	45.7888	77.8524	60.2735	1164
002087	*ST新纺	河南	中部	C	国有弱相对控股公司	71.4286	46.5453	66.8999	60.2287	1165
600287	江苏舜天	江苏	东部	F	国有绝对控股公司	14.2857	45.0540	78.1904	60.2022	1166
000501	武商集团	湖北	中部	F	国有弱相对控股公司	14.2857	41.1878	80.5839	60.1654	1167
002813	路畅科技	广东	东部	C	国有弱相对控股公司	57.1429	38.6777	74.3719	60.1560	1168
600250	南纺股份	江苏	东部	F	国有绝对控股公司	42.8571	39.9571	76.0144	60.0786	1169
300208	青岛中程	山东	东部	C	国有弱相对控股公司	28.5714	44.8217	75.4598	60.0476	1170
002686	亿利达	浙江	东部	C	国有强相对控股公司	71.4286	38.7961	71.4102	59.9971	1171
002471	中超控股	江苏	东部	C	国有弱相对控股公司	14.2857	56.1882	70.6979	59.9783	1172
001219	青岛食品	山东	东部	C	国有强相对控股公司	28.5714	46.2737	74.3763	59.9599	1173
000558	莱茵体育	浙江	东部	K	国有弱相对控股公司	28.5714	35.4390	81.1098	59.8712	1174
603128	华贸物流	上海	东部	G	国有强相对控股公司	28.5714	38.1572	79.3787	59.8705	1175
002243	力合科创	广东	东部	C	国有绝对控股公司	14.2857	31.5440	86.1778	59.8668	1176
600791	京能置业	北京	东部	K	国有强相对控股公司	14.2857	41.0315	80.0764	59.8316	1177

续表

股票代码	公司简称	省份	地区	行业代码	控股类型	环境保护（EP）	社会责任（SR）	公司治理（CG）	上市公司质量/ESG指数（CLCQI/ESGI）	CLCQI/ESGI排名
600322	天房发展	天津	东部	K	国有强相对控股公司	42.8571	41.2790	74.7130	59.8255	1178
600455	博通股份	陕西	西部	P	国有弱相对控股公司	42.8571	39.4967	75.7959	59.7973	1179
000829	天音控股	江西	中部	F	国有弱相对控股公司	28.5714	50.3644	71.3128	59.7067	1180
002721	*ST金一	北京	东部	C	国有弱相对控股公司	14.2857	43.5972	78.1545	59.6725	1181
600238	海南椰岛	海南	东部	C	国有弱相对控股公司	71.4286	44.7359	66.9977	59.6491	1182
601106	中国一重	黑龙江	东北	C	国有绝对控股公司	85.7143	37.7184	68.7250	59.5716	1183
836239	长虹能源	四川	西部	C	国有绝对控股公司	57.1429	44.0261	69.8731	59.5536	1184
600071	凤凰光学	江西	中部	C	国有强相对控股公司	42.8571	41.8587	73.7778	59.5140	1185
600359	新农开发	新疆	西部	A	国有强相对控股公司	14.2857	44.4264	77.2639	59.4730	1186
002848	高斯贝尔	湖南	中部	C	国有弱相对控股公司	14.2857	46.8162	75.7358	59.4690	1187
603648	畅联股份	上海	东部	L	国有强相对控股公司	14.2857	46.0877	76.1981	59.4682	1188
603860	中公高科	北京	东部	M	国有强相对控股公司	14.2857	46.7421	75.3595	59.2360	1189
000025	特力A	广东	东部	F	国有强相对控股公司	42.8571	44.6147	71.4647	59.2065	1190
600805	悦达投资	江苏	东部	S	国有强相对控股公司	42.8571	40.2074	73.8747	58.9894	1191
600769	祥龙电业	湖北	中部	D	国有弱相对控股公司	14.2857	43.4959	76.8082	58.8966	1192
002305	南国置业	湖北	中部	K	国有强相对控股公司	14.2857	45.4647	75.4501	58.8388	1193
600192	长城电工	甘肃	西部	C	国有强相对控股公司	42.8571	36.4911	75.9451	58.8274	1194
600301	华锡有色	广西	西部	B	国有强相对控股公司	14.2857	39.9729	78.8529	58.7882	1195
002564	*ST天沃	江苏	东部	E	国有弱相对控股公司	14.2857	49.0649	72.9566	58.7274	1196
601518	吉林高速	吉林	东部	G	国有绝对控股公司	28.5714	41.8389	74.8393	58.6624	1197
601929	吉视传媒	吉林	东部	I	国有强相对控股公司	14.2857	40.4581	78.2903	58.6486	1198
002659	凯文教育	北京	东部	P	国有强相对控股公司	14.2857	40.0681	78.4586	58.6046	1199
000868	安凯客车	安徽	中部	C	国有强相对控股公司	71.4286	37.9783	69.2261	58.5096	1200
600082	海泰发展	天津	东部	F	国有弱相对控股公司	14.2857	35.5971	81.1047	58.4951	1201
000509	华塑控股	四川	西部	Q	国有弱相对控股公司	14.2857	41.9853	76.9421	58.4416	1202
600650	锦江在线	上海	东部	G	国有强相对控股公司	28.5714	45.3327	72.0947	58.3757	1203
000632	三木集团	福建	东部	F	国有弱相对控股公司	14.2857	43.2569	75.9411	58.3361	1204
600593	大连圣亚	辽宁	东北	N	国有弱相对控股公司	42.8571	41.0925	71.5310	58.0102	1205
831039	国义招标	广东	东部	M	国有绝对控股公司	42.8571	38.8342	72.7061	57.8660	1206
600540	新赛股份	新疆	西部	A	国有强相对控股公司	57.1429	29.0161	76.2138	57.7875	1207
600368	五洲交通	广西	西部	G	国有绝对控股公司	14.2857	36.5180	78.5179	57.3947	1208
836077	吉林碳谷	吉林	东部	C	国有绝对控股公司	28.5714	51.0824	66.4679	57.2933	1209
002716	金贵银业	湖南	中部	C	国有弱相对控股公司	42.8571	50.5996	63.8583	57.1177	1210
600354	敦煌种业	甘肃	西部	A	国有弱相对控股公司	14.2857	41.0862	75.0446	57.0833	1211
603066	音飞储存	江苏	东部	G	国有强相对控股公司	0.0000	41.1762	76.9419	56.7297	1212

续表

股票代码	公司简称	省份	地区	行业代码	控股类型	环境保护（*EP*）	社会责任（*SR*）	公司治理（*CG*）	上市公司质量/ESG指数（*CLCQI/ESGI*）	*CLCQI/ESGI*排名
000068	华控赛格	广东	东部	M	国有强相对控股公司	28.5714	41.5765	70.8593	56.3815	1213
000809	铁岭新城	辽宁	东北	N	国有强相对控股公司	42.8571	40.4244	68.8794	56.3179	1214
600119	长江投资	上海	东部	G	国有强相对控股公司	14.2857	43.2875	72.2393	56.3108	1215
000665	湖北广电	湖北	中部	R	国有强相对控股公司	14.2857	40.3803	73.8615	56.1855	1216
600403	大有能源	河南	中部	B	国有绝对控股公司	28.5714	42.1412	68.9068	55.5053	1217
600083	博信股份	江苏	东部	F	国有弱相对控股公司	14.2857	36.6247	72.7469	54.2580	1218
002400	省广集团	广东	东部	L	国有弱相对控股公司	14.2857	39.0042	70.1227	53.6475	1219
600241	时代万恒	辽宁	东北	C	国有绝对控股公司	14.2857	32.4856	73.5369	53.2438	1220
600715	文投控股	辽宁	东北	R	国有弱相对控股公司	42.8571	36.6117	65.5506	53.1526	1221
600716	凤凰股份	江苏	东部	K	国有绝对控股公司	28.5714	40.2267	65.3186	52.8617	1222
002268	电科网安	四川	西部	I	国有强相对控股公司	14.2857	43.1808	65.2685	52.4395	1223
002366	融发核电	四川	西部	C	国有弱相对控股公司	28.5714	41.8802	63.2539	52.3048	1224
600387	ST海越	浙江	东部	F	国有弱相对控股公司	14.2857	32.4224	71.7391	52.2329	1225
002504	*ST弘高	北京	东部	E	国有弱相对控股公司	28.5714	36.1161	66.1516	51.8811	1226
600647	*ST同达	上海	东部	F	国有强相对控股公司	14.2857	40.3186	62.9015	50.1359	1227
600112	ST天成	贵州	西部	C	国有弱相对控股公司	28.5714	32.6801	62.8961	48.8881	1228

13.3 2022年中国非金融业非国有控股上市公司质量/ESG指数排名

2022 年中国非金融业非国有控股上市公司质量 /ESG 指数排名参见表 13-3。

表13-3 2022年中国非金融业非国有控股上市公司质量/ESG指数排名

（按 CLCQI/ESGI 从高到低排列）

股票代码	公司简称	省份	地区	行业代码	控股类型	环境保护（*EP*）	社会责任（*SR*）	公司治理（*CG*）	上市公司质量/ESG指数（*CLCQI/ESGI*）	*CLCQI/ESGI*排名
300759	康龙化成	北京	东部	M	无国有股份公司	100.0000	59.2699	98.0541	84.6742	1
002821	凯莱英	天津	东部	C	无国有股份公司	100.0000	62.3112	95.5467	84.3596	2
002594	比亚迪	广东	东部	C	国有参股公司	85.7143	71.4253	92.1756	84.2669	3

续表

股票代码	公司简称	省份	地区	行业代码	控股类型	环境保护（*EP*）	社会责任（*SR*）	公司治理（*CG*）	上市公司质量/ESG指数（*CLCQI/ESGI*）	*CLCQI/ESGI*排名
688350	富淼科技	江苏	东部	C	国有参股公司	100.0000	67.1149	91.4283	83.7758	4
300218	安利股份	安徽	中部	C	国有参股公司	100.0000	59.8237	96.0164	83.7473	5
000513	丽珠集团	广东	东部	C	国有参股公司	100.0000	65.9133	91.8360	83.5795	6
300107	建新股份	河北	东部	C	无国有股份公司	100.0000	63.4289	93.1352	83.4245	7
603986	兆易创新	北京	东部	C	国有参股公司	100.0000	58.8170	96.0021	83.3871	8
002812	恩捷股份	云南	西部	C	无国有股份公司	100.0000	58.4528	95.6942	83.0903	9
603678	火炬电子	福建	东部	C	无国有股份公司	100.0000	64.9765	91.5136	83.0743	10
688139	海尔生物	山东	东部	C	国有参股公司	100.0000	69.3640	88.1022	82.7336	11
688331	荣昌生物	山东	东部	C	国有参股公司	100.0000	66.1097	90.0741	82.6791	12
603501	韦尔股份	上海	东部	C	无国有股份公司	100.0000	54.2058	97.5933	82.6483	13
002422	科伦药业	四川	西部	C	国有参股公司	100.0000	67.0912	89.2856	82.5890	14
002466	天齐锂业	四川	西部	C	无国有股份公司	85.7143	62.2421	94.5554	82.3617	15
600380	健康元	广东	东部	C	无国有股份公司	100.0000	64.1065	90.7151	82.3306	16
300750	宁德时代	福建	东部	C	无国有股份公司	100.0000	55.4735	96.1017	82.2717	17
002126	银轮股份	浙江	东部	C	无国有股份公司	85.7143	58.2860	96.6354	82.1210	18
688116	天奈科技	江苏	东部	C	无国有股份公司	100.0000	62.8068	91.0014	82.0331	19
600196	复星医药	上海	东部	C	无国有股份公司	100.0000	64.6894	89.6763	81.9633	20
002557	洽洽食品	安徽	中部	C	无国有股份公司	100.0000	52.5156	97.3826	81.9409	21
002352	顺丰控股	广东	东部	G	国有参股公司	100.0000	58.0824	93.7045	81.8663	22
300298	三诺生物	湖南	中部	C	无国有股份公司	71.4286	63.9881	94.9686	81.7714	23
688390	固德威	江苏	东部	C	无国有股份公司	100.0000	58.3090	93.3692	81.7612	24
689009	九号公司	北京	东部	C	无国有股份公司	100.0000	63.8632	89.2942	81.4640	25
688356	键凯科技	北京	东部	C	无国有股份公司	85.7143	63.4864	92.0140	81.3994	26
688173	希荻微	广东	东部	I	无国有股份公司	85.7143	67.9769	89.0877	81.3616	27
603687	大胜达	浙江	东部	C	无国有股份公司	100.0000	61.8096	90.1934	81.2397	28
600690	海尔智家	山东	东部	C	无国有股份公司	100.0000	60.0147	91.2659	81.2014	29
300661	圣邦股份	北京	东部	C	无国有股份公司	100.0000	64.5697	88.1935	81.1058	30
300244	迪安诊断	浙江	东部	Q	无国有股份公司	100.0000	60.3959	90.7679	81.0609	31
688559	海目星	广东	东部	C	无国有股份公司	71.4286	59.3477	96.5207	81.0009	32
603626	科森科技	江苏	东部	C	国有参股公司	100.0000	56.3862	92.9881	80.8786	33
300296	利亚德	北京	东部	C	无国有股份公司	100.0000	56.6552	92.7865	80.8619	34
002938	鹏鼎控股	广东	东部	C	无国有股份公司	100.0000	57.4305	92.2630	80.8454	35
688131	皓元医药	上海	东部	M	无国有股份公司	85.7143	64.9894	89.8751	80.7491	36
603993	洛阳钼业	河南	中部	B	国有参股公司	100.0000	61.7537	89.2988	80.7281	37
300172	中电环保	江苏	东部	N	无国有股份公司	85.7143	61.1636	92.1991	80.6882	38

续表

股票代码	公司简称	省份	地区	行业代码	控股类型	环境保护（*EP*）	社会责任（*SR*）	公司治理（*CG*）	上市公司质量/ESG指数（*CLCQI/ESGI*）	*CLCQI/ESGI*排名
300463	迈克生物	四川	西部	C	无国有股份公司	100.0000	68.2990	85.0139	80.6623	39
600779	水井坊	四川	西部	C	无国有股份公司	100.0000	57.1966	92.0034	80.6207	40
600775	南京熊猫	江苏	东部	C	国有参股公司	100.0000	58.8694	90.8506	80.5721	41
000408	藏格矿业	青海	西部	C	无国有股份公司	85.7143	64.8976	89.6070	80.5695	42
300142	沃森生物	云南	西部	C	无国有股份公司	85.7143	58.0612	93.6773	80.4154	43
002891	中宠股份	山东	东部	C	无国有股份公司	100.0000	49.2004	96.5495	80.3224	44
300174	元力股份	福建	东部	C	无国有股份公司	85.7143	59.4753	92.4623	80.2420	45
603186	华正新材	浙江	东部	C	无国有股份公司	100.0000	56.4468	91.7578	80.2232	46
002206	海利得	浙江	东部	C	无国有股份公司	100.0000	60.9570	88.8875	80.2230	47
002156	通富微电	江苏	东部	C	国有参股公司	85.7143	51.3323	97.2527	80.0268	48
000063	中兴通讯	广东	东部	C	国有参股公司	85.7143	56.2490	94.1202	80.0247	49
688621	阳光诺和	北京	东部	M	无国有股份公司	100.0000	63.2128	87.0832	80.0202	50
600867	通化东宝	吉林	东部	C	无国有股份公司	100.0000	54.8675	92.3174	79.9782	51
300957	贝泰妮	云南	西部	C	无国有股份公司	100.0000	54.6657	92.3732	79.9382	52
002249	大洋电机	广东	东部	C	无国有股份公司	71.4286	56.9450	96.1039	79.9308	53
688556	高测股份	山东	东部	C	无国有股份公司	85.7143	66.8647	87.1479	79.9054	54
688077	大地熊	安徽	中部	C	无国有股份公司	100.0000	60.7467	88.4080	79.8857	55
688303	大全能源	新疆	西部	C	无国有股份公司	100.0000	63.1969	86.7294	79.8201	56
688032	禾迈股份	浙江	东部	C	无国有股份公司	85.7143	61.4695	90.3991	79.8053	57
300886	华业香料	安徽	中部	C	国有参股公司	100.0000	62.4659	87.0969	79.7663	58
301188	力诺特玻	山东	东部	C	国有参股公司	100.0000	61.9347	87.2182	79.6472	59
300782	卓胜微	江苏	东部	C	无国有股份公司	85.7143	61.4207	90.1395	79.6454	60
002583	海能达	广东	东部	C	无国有股份公司	100.0000	50.2740	94.6160	79.6347	61
300625	三雄极光	广东	东部	C	无国有股份公司	85.7143	45.8477	100.0000	79.6181	62
600731	湖南海利	湖南	中部	C	国有参股公司	85.7143	50.3529	91.3702	79.5985	63
300308	中际旭创	山东	东部	C	国有参股公司	100.0000	53.1546	92.6995	79.5888	64
600548	深高速	广东	东部	G	国有参股公司	100.0000	61.6162	87.2990	79.5801	65
688389	普门科技	广东	东部	C	国有参股公司	85.7143	57.5715	92.4459	79.5667	66
300725	药石科技	江苏	东部	C	无国有股份公司	100.0000	66.8297	83.9471	79.5613	67
603317	天味食品	四川	西部	C	无国有股份公司	85.7143	67.7687	85.9078	79.5398	68
300347	泰格医药	浙江	东部	M	无国有股份公司	85.7143	59.6648	91.0338	79.5227	69
603680	今创集团	江苏	东部	C	无国有股份公司	100.0000	59.9541	88.2251	79.5077	70
688100	威胜信息	湖南	中部	C	无国有股份公司	85.7143	60.6718	90.3534	79.5010	71
688777	中控技术	浙江	东部	I	国有参股公司	100.0000	62.1569	86.8074	79.4990	72
688536	思瑞浦	江苏	东部	I	无国有股份公司	85.7143	68.3657	85.3817	79.4594	73

续表

股票代码	公司简称	省份	地区	行业代码	控股类型	环境保护（*EP*）	社会责任（*SR*）	公司治理（*CG*）	上市公司质量/ESG指数（*CLCQI*/*ESGI*）	*CLCQI*/*ESGI*排名
000333	美的集团	广东	东部	C	国有参股公司	100.0000	67.3187	83.3694	79.4147	74
002012	凯恩股份	浙江	东部	C	国有参股公司	85.7143	61.2656	89.5582	79.2714	75
300451	创业慧康	浙江	东部	I	无国有股份公司	71.4286	58.8022	93.6981	79.2576	76
002311	海大集团	广东	东部	C	无国有股份公司	42.8571	63.1461	96.1157	79.2505	77
603686	福龙马	福建	东部	C	国有参股公司	85.7143	58.8843	91.0076	79.2351	78
002612	朗姿股份	北京	东部	C	无国有股份公司	100.0000	58.4167	88.6005	79.1761	79
688363	华熙生物	山东	东部	C	无国有股份公司	100.0000	56.9752	89.5130	79.1735	80
300316	晶盛机电	浙江	东部	C	无国有股份公司	85.7143	60.8149	89.4177	79.0364	81
688087	英科再生	山东	东部	C	无国有股份公司	100.0000	58.3007	88.3924	79.0210	82
603861	白云电器	广东	东部	C	无国有股份公司	100.0000	56.0757	89.7954	79.0140	83
300699	光威复材	山东	东部	C	无国有股份公司	85.7143	61.4408	88.9300	78.9872	84
600487	亨通光电	江苏	东部	C	国有参股公司	100.0000	63.2558	84.9930	78.8857	85
300383	光环新网	北京	东部	I	国有参股公司	71.4286	58.0059	93.5147	78.8780	86
600702	舍得酒业	四川	西部	C	国有参股公司	100.0000	54.2873	90.6708	78.8695	87
688553	汇宇制药	四川	西部	C	无国有股份公司	85.7143	58.8203	90.3733	78.8639	88
300723	一品红	广东	东部	C	无国有股份公司	71.4286	56.6358	94.3248	78.8440	89
601138	工业富联	广东	东部	C	国有参股公司	100.0000	56.6957	89.0642	78.8288	90
002078	太阳纸业	山东	东部	C	无国有股份公司	100.0000	64.8369	83.7994	78.7826	91
603303	得邦照明	浙江	东部	C	无国有股份公司	100.0000	51.9395	91.8165	78.6779	92
002734	利民股份	江苏	东部	C	无国有股份公司	100.0000	63.7383	84.2683	78.6560	93
688113	联测科技	江苏	东部	C	无国有股份公司	100.0000	55.2678	89.6206	78.6351	94
688366	昊海生科	上海	东部	C	无国有股份公司	85.7143	59.3056	89.6374	78.6290	95
688268	华特气体	广东	东部	C	无国有股份公司	85.7143	59.4978	89.5090	78.6256	96
603882	金域医学	广东	东部	Q	无国有股份公司	100.0000	53.4684	90.7483	78.6255	97
002282	博深股份	河北	东部	C	无国有股份公司	85.7143	57.7559	90.6172	78.6255	98
002929	润建股份	广西	西部	I	无国有股份公司	100.0000	50.2574	92.7716	78.6145	99
603259	药明康德	江苏	东部	M	无国有股份公司	85.7143	60.0307	89.1293	78.6033	100
688345	博力威	广东	东部	C	国有参股公司	100.0000	46.3568	95.2196	78.5957	101
300913	兆龙互连	浙江	东部	C	无国有股份公司	85.7143	58.9354	89.8089	78.5937	102
603010	万盛股份	浙江	东部	C	无国有股份公司	71.4286	51.3894	97.1982	78.5882	103
300910	瑞丰新材	河南	中部	C	国有参股公司	71.4286	51.3262	97.1185	78.5222	104
600315	上海家化	上海	东部	C	国有参股公司	85.7143	54.9111	92.2358	78.5200	105
688065	凯赛生物	上海	东部	C	国有参股公司	100.0000	52.3923	91.2091	78.5023	106
688301	奕瑞科技	上海	东部	C	无国有股份公司	71.4286	66.2967	87.5551	78.5020	107
688095	福昕软件	福建	东部	I	国有参股公司	85.7143	58.1421	90.0934	78.4726	108

续表

股票代码	公司简称	省份	地区	行业代码	控股类型	环境保护（*EP*）	社会责任（*SR*）	公司治理（*CG*）	上市公司质量/ESG指数（*CLCQI/ESGI*）	*CLCQI/ESGI*排名
688385	复旦微电	上海	东部	C	国有参股公司	100.0000	63.9876	83.7332	78.4489	109
002484	江海股份	江苏	东部	C	无国有股份公司	100.0000	60.0933	86.1986	78.4419	110
605158	华达新材	浙江	东部	C	国有参股公司	100.0000	55.4645	89.1410	78.4402	111
300769	德方纳米	广东	东部	C	无国有股份公司	100.0000	49.3797	93.0030	78.4346	112
688019	安集科技	上海	东部	C	国有参股公司	100.0000	59.2357	86.7229	78.4301	113
688226	威腾电气	江苏	东部	C	国有参股公司	85.7143	62.5470	87.2124	78.4297	114
000810	创维数字	四川	西部	C	国有参股公司	85.7143	62.6267	87.1002	78.3959	115
002930	宏川智慧	广东	东部	G	无国有股份公司	85.7143	56.8046	90.7996	78.3928	116
688499	利元亨	广东	东部	C	无国有股份公司	100.0000	58.0686	87.3957	78.3917	117
300012	华测检测	广东	东部	M	无国有股份公司	85.7143	54.5665	92.2114	78.3860	118
688289	圣湘生物	湖南	中部	C	国有参股公司	100.0000	56.2270	88.5538	78.3841	119
002240	盛新锂能	四川	西部	C	国有参股公司	100.0000	53.3758	90.3387	78.3678	120
688008	澜起科技	上海	东部	C	无国有股份公司	85.7143	55.4504	91.5985	78.3582	121
300124	汇川技术	广东	东部	C	无国有股份公司	100.0000	63.9163	83.5892	78.3448	122
300285	国瓷材料	山东	东部	C	无国有股份公司	100.0000	62.0581	84.7397	78.3271	123
601208	东材科技	四川	西部	C	无国有股份公司	100.0000	55.8463	88.6864	78.3237	124
688355	明志科技	江苏	东部	C	国有参股公司	85.7143	53.7435	92.6155	78.3202	125
600655	豫园股份	上海	东部	F	国有参股公司	85.7143	58.3353	89.6700	78.3072	126
603605	珀莱雅	浙江	东部	C	无国有股份公司	100.0000	58.9651	86.6315	78.2851	127
003023	彩虹集团	四川	西部	C	无国有股份公司	100.0000	59.3462	86.2793	78.2248	128
002925	盈趣科技	福建	东部	C	无国有股份公司	71.4286	62.0231	89.7676	78.2231	129
002283	天润工业	山东	东部	C	无国有股份公司	71.4286	65.6671	87.4121	78.2030	130
002709	天赐材料	广东	东部	C	无国有股份公司	100.0000	59.3192	86.2370	78.1921	131
002241	歌尔股份	山东	东部	C	国有参股公司	100.0000	61.1105	85.0839	78.1848	132
000895	双汇发展	河南	中部	C	国有参股公司	100.0000	62.3655	84.2729	78.1780	133
605117	德业股份	浙江	东部	C	无国有股份公司	100.0000	54.3599	89.3417	78.1639	134
688676	金盘科技	海南	东部	C	无国有股份公司	100.0000	59.4006	86.1148	78.1533	135
688102	斯瑞新材	陕西	西部	C	无国有股份公司	100.0000	55.7875	88.3737	78.1312	136
688005	容百科技	浙江	东部	C	无国有股份公司	85.7143	56.2066	90.6545	78.1037	137
601966	玲珑轮胎	山东	东部	C	国有参股公司	100.0000	49.4931	92.3244	78.1010	138
688157	松井股份	湖南	中部	C	无国有股份公司	85.7143	64.5333	85.3055	78.0761	139
300103	达刚控股	陕西	西部	N	无国有股份公司	100.0000	60.2102	85.4391	78.0650	140
002079	苏州固锝	江苏	东部	C	无国有股份公司	71.4286	60.5122	90.4206	78.0535	141
603979	金诚信	北京	东部	B	无国有股份公司	71.4286	63.1381	88.7157	78.0349	142
300739	明阳电路	广东	东部	C	无国有股份公司	85.7143	60.9474	87.5091	78.0330	143

续表

股票代码	公司简称	省份	地区	行业代码	控股类型	环境保护（*EP*）	社会责任（*SR*）	公司治理（*CG*）	上市公司质量/ESG指数（*CLCQI/ESGI*）	*CLCQI/ESGI*排名
300450	先导智能	江苏	东部	C	无国有股份公司	100.0000	57.1663	87.3085	78.0279	144
688188	柏楚电子	上海	东部	I	无国有股份公司	71.4286	65.1564	87.3908	78.0125	145
300283	温州宏丰	浙江	东部	C	无国有股份公司	85.7143	57.6299	89.5119	77.9735	146
688561	奇安信	北京	东部	I	国有参股公司	85.7143	56.3464	90.3008	77.9581	147
300274	阳光电源	安徽	中部	C	无国有股份公司	100.0000	58.3392	86.3596	77.9165	148
600282	南钢股份	江苏	东部	C	无国有股份公司	71.4286	65.0185	87.2944	77.9113	149
300393	中来股份	江苏	东部	C	无国有股份公司	100.0000	59.4515	85.5941	77.8848	150
601717	郑煤机	河南	中部	C	国有参股公司	85.7143	54.3242	91.4507	77.8828	151
688981	中芯国际	上海	东部	C	国有参股公司	100.0000	59.1790	85.7447	77.8722	152
601005	重庆钢铁	重庆	西部	C	国有参股公司	100.0000	59.1517	85.7492	77.8652	153
300751	迈为股份	江苏	东部	C	国有参股公司	100.0000	52.2954	90.1123	77.8652	154
600507	方大特钢	江西	中部	C	国有参股公司	100.0000	55.0797	88.2996	77.8427	155
601222	林洋能源	江苏	东部	C	无国有股份公司	85.7143	61.8461	86.5715	77.8319	156
603920	世运电路	广东	东部	C	无国有股份公司	100.0000	53.5724	89.2365	77.8304	157
002555	三七互娱	安徽	中部	I	无国有股份公司	85.7143	57.5704	89.1802	77.7702	158
300346	南大光电	江苏	东部	C	国有参股公司	71.4286	57.4158	91.8690	77.7664	159
688516	奥特维	江苏	东部	C	无国有股份公司	85.7143	64.8368	84.4536	77.7138	160
002847	盐津铺子	湖南	中部	C	无国有股份公司	100.0000	57.7958	86.3324	77.7113	161
002242	九阳股份	山东	东部	C	国有参股公司	85.7143	57.5576	89.0570	77.6980	162
002909	集泰股份	广东	东部	C	无国有股份公司	100.0000	66.4926	80.6863	77.6499	163
002851	麦格米特	广东	东部	C	无国有股份公司	100.0000	61.6841	83.7206	77.6358	164
603896	寿仙谷	浙江	东部	C	无国有股份公司	100.0000	50.7079	90.7043	77.6351	165
688089	嘉必优	湖北	中部	C	无国有股份公司	85.7143	62.6213	85.6835	77.6148	166
002773	康弘药业	四川	西部	C	无国有股份公司	100.0000	61.0663	84.0376	77.5939	167
301041	金百泽	广东	东部	C	无国有股份公司	100.0000	48.8379	91.8117	77.5897	168
688567	孚能科技	江西	中部	C	国有参股公司	100.0000	55.0091	87.8183	77.5532	169
688609	九联科技	广东	东部	C	无国有股份公司	85.7143	63.0922	85.2510	77.5417	170
605365	立达信	福建	东部	C	无国有股份公司	100.0000	52.1342	89.6008	77.5274	171
688319	欧林生物	四川	西部	C	无国有股份公司	85.7143	58.5855	88.0310	77.4934	172
603087	甘李药业	北京	东部	C	国有参股公司	71.4286	50.5625	95.7191	77.4853	173
688800	瑞可达	江苏	东部	C	无国有股份公司	85.7143	55.5920	89.9059	77.4769	174
688006	杭可科技	浙江	东部	C	无国有股份公司	85.7143	60.4428	86.7893	77.4605	175
688016	心脉医疗	上海	东部	C	无国有股份公司	85.7143	59.9287	87.1152	77.4598	176
301039	中集车辆	广东	东部	C	国有参股公司	71.4286	57.0006	91.5539	77.4477	177
688310	迈得医疗	浙江	东部	C	无国有股份公司	85.7143	54.4814	90.5280	77.4303	178

续表

股票代码	公司简称	省份	地区	行业代码	控股类型	环境保护（*EP*）	社会责任（*SR*）	公司治理（*CG*）	上市公司质量/ESG指数（*CLCQI/ESGI*）	*CLCQI/ESGI*排名
688049	炬芯科技	广东	东部	C	无国有股份公司	42.8571	53.0535	99.1768	77.4017	179
688501	青达环保	山东	东部	C	国有参股公司	85.7143	58.6191	87.7960	77.3759	180
002463	沪电股份	江苏	东部	C	无国有股份公司	100.0000	46.7440	92.7508	77.3734	181
688599	天合光能	江苏	东部	C	国有参股公司	100.0000	49.7918	90.7814	77.3569	182
002202	金风科技	新疆	西部	C	国有参股公司	71.4286	59.2246	89.9264	77.3310	183
600438	通威股份	四川	西部	C	无国有股份公司	71.4286	65.5206	85.8921	77.3157	184
688010	福光股份	福建	东部	C	国有参股公司	57.1429	62.4550	90.4126	77.3005	185
002628	成都路桥	四川	西部	E	无国有股份公司	71.4286	57.5451	90.8744	77.2646	186
300119	瑞普生物	天津	东部	C	无国有股份公司	85.7143	48.7858	93.8433	77.2603	187
688018	乐鑫科技	上海	东部	I	国有参股公司	85.7143	61.8204	85.5091	77.2386	188
300433	蓝思科技	湖南	中部	C	国有参股公司	71.4286	66.1572	85.3413	77.2356	189
688398	赛特新材	福建	东部	C	无国有股份公司	100.0000	55.7879	86.7374	77.2313	190
688211	中科微至	江苏	东部	C	国有参股公司	85.7143	49.6175	93.1806	77.1869	191
603258	电魂网络	浙江	东部	I	无国有股份公司	57.1429	64.3955	88.9672	77.1847	192
002611	东方精工	广东	东部	C	国有参股公司	57.1429	54.5422	95.2362	77.1839	193
688033	天宜上佳	北京	东部	C	无国有股份公司	100.0000	62.6160	82.2214	77.1374	194
600110	诺德股份	吉林	东部	C	国有参股公司	85.7143	54.1517	90.1862	77.1269	195
300531	优博讯	广东	东部	C	无国有股份公司	57.1429	54.6548	95.0296	77.1097	196
300272	开能健康	上海	东部	C	无国有股份公司	71.4286	59.5233	89.3232	77.1038	197
003042	中农联合	山东	东部	C	无国有股份公司	85.7143	56.7144	88.5040	77.0986	198
605338	巴比食品	上海	东部	C	无国有股份公司	85.7143	66.2594	82.4091	77.0872	199
688789	宏华数科	浙江	东部	C	无国有股份公司	85.7143	49.4320	93.1091	77.0827	200
688819	天能股份	浙江	东部	C	无国有股份公司	85.7143	60.3977	86.1285	77.0813	201
603848	好太太	广东	东部	C	无国有股份公司	100.0000	49.2889	90.5666	77.0627	202
601633	长城汽车	河北	东部	C	无国有股份公司	100.0000	60.1386	83.6591	77.0610	203
600711	盛屯矿业	福建	东部	B	无国有股份公司	100.0000	57.8351	85.1004	77.0475	204
300357	我武生物	浙江	东部	C	无国有股份公司	85.7143	57.9317	87.6314	77.0448	205
301069	凯盛新材	山东	东部	C	国有参股公司	100.0000	50.6047	89.6961	77.0445	206
601163	三角轮胎	山东	东部	C	国有参股公司	100.0000	58.5578	84.6053	77.0281	207
688728	格科微	上海	东部	C	无国有股份公司	85.7143	55.4393	89.1788	77.0235	208
688138	清溢光电	广东	东部	C	无国有股份公司	85.7143	59.2887	86.7259	77.0217	209
603777	来伊份	上海	东部	F	无国有股份公司	85.7143	61.1636	85.5280	77.0191	210
300037	新宙邦	广东	东部	C	无国有股份公司	85.7143	56.5837	88.4229	77.0083	211
605020	永和股份	浙江	东部	C	无国有股份公司	100.0000	55.5086	86.5083	77.0076	212
688598	金博股份	湖南	中部	C	无国有股份公司	85.7143	62.2741	84.7865	76.9999	213

续表

股票代码	公司简称	省份	地区	行业代码	控股类型	环境保护（*EP*）	社会责任（*SR*）	公司治理（*CG*）	上市公司质量/ESG指数（*CLCQI/ESGI*）	*CLCQI/ESGI*排名
688625	呈和科技	广东	东部	C	无国有股份公司	85.7143	55.2000	89.2653	76.9874	214
002815	崇达技术	广东	东部	C	无国有股份公司	85.7143	55.2946	89.1772	76.9720	215
603899	晨光股份	上海	东部	C	无国有股份公司	85.7143	60.8788	85.5864	76.9515	216
688186	广大特材	江苏	东部	C	无国有股份公司	100.0000	51.7176	88.7854	76.9331	217
002753	永东股份	山西	中部	C	无国有股份公司	100.0000	47.8432	91.2374	76.9257	218
300639	凯普生物	广东	东部	C	无国有股份公司	71.4286	57.9023	90.0195	76.9194	219
300358	楚天科技	湖南	中部	C	国有参股公司	71.4286	57.6783	90.1298	76.9016	220
601311	骆驼股份	湖北	中部	C	无国有股份公司	100.0000	54.8842	86.6991	76.8940	221
300122	智飞生物	重庆	西部	C	无国有股份公司	100.0000	66.8295	79.0941	76.8920	222
002497	雅化集团	四川	西部	C	无国有股份公司	100.0000	61.1898	82.6739	76.8871	223
300589	江龙船艇	广东	东部	C	无国有股份公司	85.7143	52.8196	90.5880	76.8817	224
605358	立昂微	浙江	东部	C	无国有股份公司	100.0000	58.7362	84.2241	76.8809	225
002756	永兴材料	浙江	东部	C	无国有股份公司	71.4286	62.5889	86.9286	76.8597	226
300628	亿联网络	福建	东部	C	无国有股份公司	85.7143	54.5189	89.4620	76.8571	227
688557	兰剑智能	山东	东部	C	国有参股公司	85.7143	61.0605	85.2648	76.8383	228
688156	路德环境	湖北	中部	N	无国有股份公司	85.7143	62.5333	84.2652	76.8039	229
002460	赣锋锂业	江西	中部	C	无国有股份公司	85.7143	56.9340	87.8245	76.8018	230
688550	瑞联新材	陕西	西部	C	无国有股份公司	85.7143	61.1828	85.1138	76.7980	231
688357	建龙微纳	河南	中部	C	无国有股份公司	100.0000	61.0271	82.6091	76.7945	232
300896	爱美客	北京	东部	C	无国有股份公司	100.0000	59.0603	83.8491	76.7881	233
300432	富临精工	四川	西部	C	无国有股份公司	71.4286	57.6713	89.9203	76.7840	234
688466	金科环境	北京	东部	N	无国有股份公司	85.7143	59.5614	86.0972	76.7714	235
688689	银河微电	江苏	东部	C	国有参股公司	100.0000	57.3574	84.8895	76.7643	236
688585	上纬新材	上海	东部	C	无国有股份公司	100.0000	56.0960	85.6713	76.7528	237
002641	公元股份	浙江	东部	C	无国有股份公司	100.0000	58.6910	83.9925	76.7377	238
600998	九州通	湖北	中部	F	国有参股公司	100.0000	61.1853	82.3902	76.7294	239
301137	哈焊华通	江苏	东部	C	国有参股公司	85.7143	53.1830	90.0789	76.7289	240
300599	雄塑科技	广东	东部	C	无国有股份公司	85.7143	52.3677	90.4658	76.6563	241
000651	格力电器	广东	东部	C	国有参股公司	85.7143	69.4142	79.4920	76.5870	242
003012	东鹏控股	广东	东部	C	无国有股份公司	100.0000	52.6247	87.5542	76.5735	243
002886	沃特股份	广东	东部	C	无国有股份公司	85.7143	58.4361	86.4371	76.5644	244
601058	赛轮轮胎	山东	东部	C	无国有股份公司	100.0000	48.5007	90.1564	76.5613	245
300695	兆丰股份	浙江	东部	C	无国有股份公司	85.7143	54.6607	88.8232	76.5555	246
300982	苏文电能	江苏	东部	E	无国有股份公司	85.7143	56.1163	87.8904	76.5519	247
600114	东睦股份	浙江	东部	C	无国有股份公司	100.0000	52.4937	87.5834	76.5437	248

续表

股票代码	公司简称	省份	地区	行业代码	控股类型	环境保护（*EP*）	社会责任（*SR*）	公司治理（*CG*）	上市公司质量/ESG指数（*CLCQI/ESGI*）	*CLCQI/ESGI*排名
003021	兆威机电	广东	东部	C	无国有股份公司	85.7143	54.2122	89.0801	76.5398	249
688183	生益电子	广东	东部	C	国有参股公司	100.0000	56.6719	84.9161	76.5390	250
603378	亚士创能	上海	东部	C	无国有股份公司	100.0000	50.5126	88.8232	76.5322	251
002968	新大正	重庆	西部	K	国有参股公司	71.4286	51.6441	93.2167	76.4875	252
300821	东岳硅材	山东	东部	C	无国有股份公司	85.7143	55.6172	88.0823	76.4827	253
300729	乐歌股份	浙江	东部	C	无国有股份公司	85.7143	50.3739	91.3933	76.4686	254
301028	东亚机械	福建	东部	C	无国有股份公司	85.7143	51.6115	90.5951	76.4628	255
002511	中顺洁柔	广东	东部	C	无国有股份公司	85.7143	46.3165	93.9525	76.4560	256
688182	灿勤科技	江苏	东部	C	国有参股公司	100.0000	57.5118	84.2234	76.4520	257
300496	中科创达	北京	东部	I	无国有股份公司	57.1429	59.3988	90.7835	76.4348	258
300682	朗新科技	江苏	东部	I	无国有股份公司	71.4286	63.6902	85.3871	76.3973	259
000887	中鼎股份	安徽	中部	C	无国有股份公司	100.0000	58.9517	83.2006	76.3934	260
002893	京能热力	北京	东部	D	国有参股公司	100.0000	46.9600	90.7967	76.3742	261
603345	安井食品	福建	东部	C	无国有股份公司	85.7143	47.9631	92.7079	76.3478	262
688036	传音控股	广东	东部	C	无国有股份公司	100.0000	62.1032	81.1007	76.3415	263
688616	西力科技	浙江	东部	C	无国有股份公司	100.0000	59.3529	82.8327	76.3315	264
300207	欣旺达	广东	东部	C	无国有股份公司	100.0000	52.3605	87.2489	76.3131	265
688520	神州细胞	北京	东部	C	无国有股份公司	85.7143	45.9310	93.9279	76.3076	266
688037	芯源微	辽宁	东北	C	国有参股公司	71.4286	65.0517	84.3558	76.3066	267
002008	大族激光	广东	东部	C	无国有股份公司	100.0000	57.9056	83.7026	76.3034	268
600132	重庆啤酒	重庆	西部	C	无国有股份公司	100.0000	42.9403	93.2205	76.3004	269
601126	四方股份	北京	东部	C	国有参股公司	100.0000	54.4096	85.9150	76.2966	270
830832	齐鲁华信	山东	东部	C	无国有股份公司	85.7143	61.3707	84.0089	76.2561	271
300236	上海新阳	上海	东部	C	无国有股份公司	100.0000	61.1184	81.5440	76.2406	272
688267	中触媒	辽宁	东北	C	无国有股份公司	85.7143	58.0415	86.0589	76.2183	273
601865	福莱特	浙江	东部	C	无国有股份公司	100.0000	52.3217	87.0986	76.2168	274
002170	芭田股份	广东	东部	C	无国有股份公司	57.1429	50.4406	96.0036	76.1705	275
600439	瑞贝卡	河南	中部	C	无国有股份公司	85.7143	56.0219	87.2420	76.1622	276
300887	谱尼测试	北京	东部	M	无国有股份公司	100.0000	53.0868	86.4704	76.1391	277
600143	金发科技	广东	东部	C	无国有股份公司	71.4286	57.4439	88.8832	76.1340	278
688686	奥普特	广东	东部	C	无国有股份公司	85.7143	60.2820	84.4535	76.1196	279
600887	伊利股份	内蒙古	西部	C	国有参股公司	85.7143	53.9270	88.4938	76.1175	280
301219	腾远钴业	江西	中部	C	国有参股公司	100.0000	50.1811	88.2714	76.1127	281
301193	家联科技	浙江	东部	C	无国有股份公司	71.4286	59.4652	87.5557	76.1113	282
688228	开普云	广东	东部	I	国有参股公司	57.1429	61.1612	89.0722	76.1104	283

续表

股票代码	公司简称	省份	地区	行业代码	控股类型	环境保护（*EP*）	社会责任（*SR*）	公司治理（*CG*）	上市公司质量/ESG指数（*CLCQI*/*ESGI*）	*CLCQI*/*ESGI*排名
002403	爱仕达	浙江	东部	C	无国有股份公司	100.0000	52.7170	86.6494	76.1081	284
003017	大洋生物	浙江	东部	C	无国有股份公司	100.0000	57.7554	83.4311	76.1015	285
300398	飞凯材料	上海	东部	C	无国有股份公司	71.4286	61.9889	85.9030	76.0856	286
002475	立讯精密	广东	东部	C	国有参股公司	100.0000	57.7643	83.3755	76.0740	287
300960	通业科技	广东	东部	C	无国有股份公司	71.4286	59.8840	87.2204	76.0735	288
605111	新洁能	江苏	东部	C	无国有股份公司	71.4286	52.4494	91.9499	76.0726	289
002695	煌上煌	江西	中部	C	无国有股份公司	57.1429	61.1566	88.9725	76.0540	290
301155	海力风电	江苏	东部	C	国有参股公司	71.4286	57.7151	88.5441	76.0424	291
603505	金石资源	浙江	东部	B	无国有股份公司	100.0000	57.0590	83.7539	76.0353	292
688662	富信科技	广东	东部	C	国有参股公司	85.7143	57.9292	85.7947	76.0337	293
002601	龙佰集团	河南	中部	C	无国有股份公司	100.0000	59.1458	82.3904	76.0158	294
300014	亿纬锂能	广东	东部	C	无国有股份公司	100.0000	55.4560	84.6425	75.9630	295
600660	福耀玻璃	福建	东部	C	无国有股份公司	100.0000	55.1378	84.8388	75.9596	296
688551	科威尔	安徽	中部	C	无国有股份公司	85.7143	60.5573	83.9740	75.9522	297
300717	华信新材	江苏	东部	C	无国有股份公司	57.1429	59.7228	89.6869	75.9451	298
002486	嘉麟杰	上海	东部	C	国有参股公司	100.0000	54.4814	85.2170	75.9378	299
002236	大华股份	浙江	东部	C	国有参股公司	100.0000	55.2318	84.7027	75.9176	300
603496	恒为科技	上海	东部	C	无国有股份公司	71.4286	64.5892	83.9140	75.9018	301
605068	明新旭腾	浙江	东部	C	无国有股份公司	100.0000	44.6480	91.4056	75.8999	302
600273	嘉化能源	浙江	东部	C	无国有股份公司	100.0000	56.6969	83.7182	75.8889	303
002595	豪迈科技	山东	东部	C	无国有股份公司	100.0000	47.0031	89.8806	75.8854	304
603209	兴通股份	福建	东部	G	无国有股份公司	100.0000	52.4071	86.3972	75.8610	305
603083	剑桥科技	上海	东部	C	无国有股份公司	85.7143	59.2449	84.6123	75.8439	306
000708	中信特钢	湖北	中部	C	国有参股公司	100.0000	50.1496	87.7895	75.8366	307
603028	赛福天	江苏	东部	C	国有参股公司	85.7143	54.9620	87.3245	75.8366	308
002135	东南网架	浙江	东部	C	无国有股份公司	85.7143	56.5887	86.2675	75.8246	309
600903	贵州燃气	贵州	西部	D	国有参股公司	85.7143	58.5244	85.0244	75.8184	310
603919	金徽酒	甘肃	西部	C	国有参股公司	100.0000	51.0114	87.1972	75.8124	311
688090	瑞松科技	广东	东部	C	无国有股份公司	71.4286	59.5924	86.9293	75.8113	312
688098	申联生物	上海	东部	C	无国有股份公司	85.7143	55.0400	87.1822	75.7857	313
002145	中核钛白	甘肃	西部	C	国有参股公司	85.7143	59.9283	84.0355	75.7659	314
002755	奥赛康	北京	东部	C	无国有股份公司	57.1429	57.7687	90.5926	75.7593	315
605567	春雪食品	山东	东部	C	无国有股份公司	100.0000	58.2696	82.4695	75.7526	316
002937	兴瑞科技	浙江	东部	C	无国有股份公司	85.7143	58.3413	85.0030	75.7425	317
600888	新疆众和	新疆	西部	C	无国有股份公司	100.0000	55.8166	84.0088	75.7406	318

续表

股票代码	公司简称	省份	地区	行业代码	控股类型	环境保护（*EP*）	社会责任（*SR*）	公司治理（*CG*）	上市公司质量/ESG指数（*CLCQI*/*ESGI*）	*CLCQI*/*ESGI*排名
688219	会通股份	安徽	中部	C	无国有股份公司	100.0000	49.4395	88.0633	75.7386	319
688180	君实生物	上海	东部	C	无国有股份公司	85.7143	56.5147	86.1476	75.7328	320
300785	值得买	北京	东部	I	无国有股份公司	85.7143	61.5070	82.9606	75.7272	321
300066	三川智慧	江西	中部	C	无国有股份公司	100.0000	57.3019	83.0172	75.7151	322
300454	深信服	广东	东部	I	无国有股份公司	85.7143	56.6164	86.0320	75.7048	323
300349	金卡智能	浙江	东部	I	国有参股公司	71.4286	55.3585	89.4240	75.7015	324
603797	联泰环保	广东	东部	N	无国有股份公司	100.0000	60.6334	80.7837	75.6527	325
603883	老百姓	湖南	中部	F	无国有股份公司	85.7143	53.9965	87.5997	75.6501	326
002414	高德红外	湖北	中部	C	国有参股公司	85.7143	61.3690	82.8878	75.6389	327
300389	艾比森	广东	东部	C	无国有股份公司	85.7143	62.8644	81.9360	75.6388	328
601702	华峰铝业	上海	东部	C	无国有股份公司	100.0000	48.2439	88.6361	75.6352	329
002588	史丹利	山东	东部	C	无国有股份公司	85.7143	56.9990	85.6416	75.6240	330
300715	凯伦股份	江苏	东部	C	无国有股份公司	100.0000	49.2675	87.9542	75.6185	331
688195	腾景科技	福建	东部	C	国有参股公司	100.0000	56.6991	83.2219	75.6167	332
002180	纳思达	广东	东部	C	无国有股份公司	85.7143	52.9969	88.1556	75.6059	333
300709	精研科技	江苏	东部	C	国有参股公司	100.0000	53.9139	84.9707	75.6038	334
688223	晶科能源	江西	中部	C	无国有股份公司	100.0000	56.2767	83.4529	75.5959	335
688167	炬光科技	陕西	西部	C	国有参股公司	85.7143	54.6705	87.0628	75.5907	336
688379	华光新材	浙江	东部	C	国有参股公司	100.0000	49.7582	87.5702	75.5790	337
603337	杰克股份	浙江	东部	C	无国有股份公司	85.7143	48.9287	90.6906	75.5763	338
002923	润都股份	广东	东部	C	无国有股份公司	100.0000	57.3703	82.7160	75.5734	339
688105	诺唯赞	江苏	东部	M	国有参股公司	100.0000	59.5184	81.3249	75.5601	340
605088	冠盛股份	浙江	东部	C	无国有股份公司	100.0000	57.4700	82.6235	75.5574	341
301007	德迈仕	辽宁	东北	C	无国有股份公司	100.0000	54.3433	84.5968	75.5484	342
601686	友发集团	天津	东部	C	无国有股份公司	85.7143	48.8938	90.6603	75.5474	343
600177	雅戈尔	浙江	东部	C	无国有股份公司	100.0000	48.9654	87.9729	75.5230	344
002064	华峰化学	浙江	东部	C	无国有股份公司	85.7143	54.2389	87.2080	75.5194	345
002493	荣盛石化	浙江	东部	C	无国有股份公司	100.0000	57.2512	82.6708	75.5068	346
002831	裕同科技	广东	东部	C	无国有股份公司	100.0000	54.3079	84.5349	75.5020	347
002615	哈尔斯	浙江	东部	C	国有参股公司	100.0000	53.3641	85.1217	75.4944	348
600261	阳光照明	浙江	东部	C	国有参股公司	85.7143	57.2695	85.2241	75.4890	349
300866	安克创新	湖南	中部	C	无国有股份公司	85.7143	54.3953	87.0491	75.4868	350
002946	新乳业	四川	西部	C	无国有股份公司	57.1429	55.2242	91.6619	75.4568	351
601677	明泰铝业	河南	中部	C	无国有股份公司	100.0000	61.0196	80.1681	75.4493	352
300814	中富电路	广东	东部	C	无国有股份公司	100.0000	51.5360	86.2016	75.4485	353

续表

股票代码	公司简称	省份	地区	行业代码	控股类型	环境保护（*EP*）	社会责任（*SR*）	公司治理（*CG*）	上市公司质量/ESG指数（*CLCQI/ESGI*）	*CLCQI/ESGI*排名
688505	复旦张江	上海	东部	C	无国有股份公司	85.7143	58.6994	84.1967	75.4244	354
605376	博迁新材	江苏	东部	C	无国有股份公司	57.1429	52.8190	93.1121	75.4126	355
688001	华兴源创	江苏	东部	C	无国有股份公司	100.0000	53.6334	84.8013	75.4124	356
002019	亿帆医药	浙江	东部	C	无国有股份公司	85.7143	53.8734	87.2253	75.4010	357
688177	百奥泰	广东	东部	C	无国有股份公司	100.0000	50.8922	86.5106	75.3931	358
688659	元琛科技	安徽	中部	C	国有参股公司	100.0000	62.7112	78.9882	75.3924	359
002749	国光股份	四川	西部	C	无国有股份公司	71.4286	56.6944	88.0031	75.3876	360
300522	世名科技	江苏	东部	C	国有参股公司	85.7143	58.7497	84.0877	75.3821	361
301062	上海艾录	上海	东部	C	国有参股公司	100.0000	56.0124	83.2272	75.3793	362
300638	广和通	广东	东部	C	无国有股份公司	28.5714	60.4756	93.3668	75.3754	363
300041	回天新材	湖北	中部	C	无国有股份公司	100.0000	58.2965	81.7622	75.3730	364
600201	生物股份	内蒙古	西部	C	无国有股份公司	100.0000	49.8799	87.1041	75.3652	365
000902	新洋丰	湖北	中部	C	无国有股份公司	57.1429	58.0894	89.6644	75.3610	366
603181	皇马科技	浙江	东部	C	无国有股份公司	85.7143	53.1757	87.5541	75.3377	367
002443	金洲管道	浙江	东部	C	无国有股份公司	85.7143	58.3856	84.2368	75.3366	368
002646	天佑德酒	青海	西部	C	国有参股公司	85.7143	55.4516	86.1006	75.3348	369
600539	狮头股份	山西	中部	L	国有参股公司	71.4286	49.7097	92.3458	75.3315	370
603610	麒盛科技	浙江	东部	C	无国有股份公司	85.7143	47.9470	90.8634	75.3278	371
003022	联泓新科	山东	东部	C	国有参股公司	100.0000	50.6907	86.5117	75.3232	372
300031	宝通科技	江苏	东部	I	无国有股份公司	85.7143	52.1304	88.1562	75.3030	373
600801	华新水泥	湖北	中部	C	国有参股公司	71.4286	57.9638	87.0390	75.3016	374
300230	永利股份	上海	东部	C	无国有股份公司	100.0000	53.2398	84.8491	75.3009	375
688239	航宇科技	贵州	西部	C	国有参股公司	85.7143	57.5219	84.7072	75.2931	376
688185	康希诺	天津	东部	C	无国有股份公司	100.0000	56.6872	82.6171	75.2799	377
688266	泽璟制药	江苏	东部	C	国有参股公司	85.7143	57.9935	84.3785	75.2773	378
600216	浙江医药	浙江	东部	C	国有参股公司	100.0000	50.7565	86.3450	75.2545	379
002394	联发股份	江苏	东部	C	无国有股份公司	100.0000	53.0950	84.8549	75.2534	380
002705	新宝股份	广东	东部	C	无国有股份公司	85.7143	46.6546	91.5438	75.2496	381
300749	顶固集创	广东	东部	C	无国有股份公司	85.7143	56.6758	85.1411	75.2356	382
600522	中天科技	江苏	东部	C	国有参股公司	85.7143	53.6121	87.0844	75.2321	383
300268	*ST佳沃	湖南	中部	C	无国有股份公司	85.7143	54.5393	86.4556	75.2107	384
002459	晶澳科技	河北	东部	C	无国有股份公司	100.0000	53.6321	84.4212	75.2029	385
688298	东方生物	浙江	东部	C	无国有股份公司	85.7143	57.1002	84.7900	75.1910	386
605277	新亚电子	浙江	东部	C	无国有股份公司	100.0000	55.4243	83.2362	75.1784	387
301056	森赫股份	浙江	东部	C	无国有股份公司	85.7143	54.4526	86.4498	75.1772	388

续表

股票代码	公司简称	省份	地区	行业代码	控股类型	环境保护（*EP*）	社会责任（*SR*）	公司治理（*CG*）	上市公司质量/ESG指数（*CLCQI/ESGI*）	*CLCQI/ESGI*排名
300121	阳谷华泰	山东	东部	C	无国有股份公司	85.7143	59.6674	83.1223	75.1723	389
600256	广汇能源	新疆	西部	B	国有参股公司	71.4286	52.4017	90.3399	75.1704	390
600338	西藏珠峰	西藏	西部	B	无国有股份公司	85.7143	57.5424	84.4523	75.1600	391
603018	华设集团	江苏	东部	M	无国有股份公司	71.4286	58.4196	86.4769	75.1520	392
600610	中毅达	贵州	西部	C	无国有股份公司	100.0000	53.1220	84.6403	75.1449	393
688155	先惠技术	上海	东部	C	无国有股份公司	71.4286	58.2048	86.5677	75.1268	394
301131	聚赛龙	广东	东部	C	无国有股份公司	85.7143	56.5875	84.9814	75.1168	395
688106	金宏气体	江苏	东部	C	国有参股公司	100.0000	57.7124	81.6330	75.0975	396
002162	悦心健康	上海	东部	C	无国有股份公司	100.0000	50.3621	86.2617	75.0707	397
001207	联科科技	山东	东部	C	无国有股份公司	100.0000	51.8125	85.3286	75.0651	398
002286	保龄宝	山东	东部	C	无国有股份公司	85.7143	47.2765	90.7962	75.0561	399
002271	东方雨虹	北京	东部	C	无国有股份公司	85.7143	48.5202	89.9960	75.0513	400
300057	万顺新材	广东	东部	C	无国有股份公司	71.4286	54.4763	88.7902	75.0442	401
603936	博敏电子	广东	东部	C	国有参股公司	100.0000	52.1409	85.0417	75.0223	402
300697	电工合金	江苏	东部	C	无国有股份公司	85.7143	55.1868	85.6983	75.0209	403
688597	煜邦电力	北京	东部	C	国有参股公司	100.0000	65.8301	76.3130	75.0127	404
688668	鼎通科技	广东	东部	C	无国有股份公司	85.7143	52.2475	87.5524	75.0119	405
002448	中原内配	河南	中部	C	无国有股份公司	71.4286	66.1150	81.3223	75.0104	406
688300	联瑞新材	江苏	东部	C	无国有股份公司	71.4286	64.0652	82.6256	75.0098	407
002469	三维化学	山东	东部	C	无国有股份公司	100.0000	61.0051	79.3409	74.9893	408
002838	道恩股份	山东	东部	C	无国有股份公司	71.4286	50.8237	90.9797	74.9700	409
688786	悦安新材	江西	中部	C	无国有股份公司	100.0000	56.8167	81.9693	74.9690	410
688768	容知日新	安徽	中部	C	无国有股份公司	85.7143	59.0833	83.1145	74.9636	411
688176	亚虹医药	江苏	东部	C	无国有股份公司	71.4286	63.3121	83.0148	74.9603	412
605287	德才股份	山东	东部	E	国有参股公司	100.0000	55.6174	82.6876	74.9442	413
603079	圣达生物	浙江	东部	C	无国有股份公司	85.7143	52.0815	87.5242	74.9383	414
688196	卓越新能	福建	东部	C	无国有股份公司	71.4286	56.0597	87.5726	74.9287	415
688063	派能科技	上海	东部	C	无国有股份公司	85.7143	55.6223	85.2179	74.9091	416
001872	招商港口	广东	东部	G	国有参股公司	85.7143	46.2236	91.1881	74.9031	417
300319	麦捷科技	广东	东部	C	国有参股公司	100.0000	54.8085	83.0982	74.8870	418
688222	成都先导	四川	西部	M	无国有股份公司	57.1429	61.2194	86.7876	74.8743	419
605016	百龙创园	山东	东部	C	无国有股份公司	100.0000	56.0760	82.2474	74.8627	420
300193	佳士科技	广东	东部	C	无国有股份公司	71.4286	52.6290	89.6295	74.8592	421
603858	步长制药	山东	东部	C	无国有股份公司	100.0000	64.1761	77.0663	74.8481	422
300021	大禹节水	甘肃	西部	C	国有参股公司	85.7143	46.2284	91.0562	74.8323	423

续表

股票代码	公司简称	省份	地区	行业代码	控股类型	环境保护（*EP*）	社会责任（*SR*）	公司治理（*CG*）	上市公司质量/ESG指数（*CLCQI*/*ESGI*）	*CLCQI*/*ESGI*排名
603203	快克智能	江苏	东部	C	无国有股份公司	85.7143	46.4333	90.9032	74.8198	424
603458	勘设股份	贵州	西部	M	无国有股份公司	71.4286	55.4895	87.7332	74.8174	425
002324	普利特	上海	东部	C	无国有股份公司	85.7143	51.6919	87.5501	74.8162	426
300593	新雷能	北京	东部	C	无国有股份公司	57.1429	65.3313	84.0584	74.8124	427
603995	甬金股份	浙江	东部	C	无国有股份公司	85.7143	60.4114	81.9874	74.8085	428
002603	以岭药业	河北	东部	C	无国有股份公司	85.7143	64.8759	79.1352	74.8024	429
002809	红墙股份	广东	东部	C	国有参股公司	85.7143	59.3218	82.6504	74.7918	430
603810	丰山集团	江苏	东部	C	无国有股份公司	85.7143	53.0245	86.6223	74.7723	431
300429	强力新材	江苏	东部	C	国有参股公司	85.7143	54.1266	85.9194	74.7714	432
002285	世联行	广东	东部	K	国有参股公司	100.0000	48.2185	87.0617	74.7604	433
688367	工大高科	安徽	中部	C	国有参股公司	85.7143	53.7997	86.0775	74.7439	434
688690	纳微科技	江苏	东部	C	无国有股份公司	100.0000	49.8432	85.9920	74.7407	435
605336	帅丰电器	浙江	东部	C	无国有股份公司	85.7143	55.3567	85.0695	74.7345	436
688261	东微半导	江苏	东部	C	国有参股公司	71.4286	56.1487	87.1344	74.7188	437
300867	圣元环保	福建	东部	N	国有参股公司	71.4286	58.2518	85.7820	74.7111	438
603819	神力股份	江苏	东部	C	无国有股份公司	85.7143	57.5090	83.6470	74.7054	439
688023	安恒信息	浙江	东部	I	国有参股公司	57.1429	57.6624	88.7308	74.6981	440
002028	思源电气	上海	东部	C	无国有股份公司	100.0000	48.3477	86.8503	74.6893	441
000035	中国天楹	江苏	东部	N	无国有股份公司	71.4286	63.7778	82.2133	74.6824	442
002824	和胜股份	广东	东部	C	无国有股份公司	85.7143	59.4226	82.3844	74.6807	443
300068	南都电源	浙江	东部	C	国有参股公司	85.7143	56.9627	83.9419	74.6764	444
688798	艾为电子	上海	东部	C	无国有股份公司	85.7143	53.5960	86.0715	74.6694	445
002410	广联达	北京	东部	I	无国有股份公司	85.7143	49.8362	88.4523	74.6629	446
605028	世茂能源	浙江	东部	D	无国有股份公司	100.0000	54.7351	82.7132	74.6495	447
601012	隆基绿能	陕西	西部	C	国有参股公司	57.1429	56.3006	89.5079	74.6489	448
601155	新城控股	江苏	东部	K	国有参股公司	71.4286	55.5848	87.3631	74.6473	449
600499	科达制造	广东	东部	C	无国有股份公司	71.4286	50.5414	90.5669	74.6441	450
300221	银禧科技	广东	东部	C	国有参股公司	42.8571	61.1344	89.0128	74.6398	451
600718	东软集团	辽宁	东北	I	国有参股公司	85.7143	53.1629	86.2927	74.6394	452
300888	稳健医疗	广东	东部	C	无国有股份公司	71.4286	53.5294	88.6565	74.6392	453
002841	视源股份	广东	东部	C	无国有股份公司	71.4286	63.2782	82.4433	74.6340	454
002326	永太科技	浙江	东部	C	国有参股公司	85.7143	48.2720	89.3863	74.6291	455
300321	同大股份	山东	东部	C	国有参股公司	57.1429	60.8195	86.5931	74.6273	456
603288	海天味业	广东	东部	C	国有参股公司	85.7143	57.3113	83.6226	74.6228	457
600685	中船防务	广东	东部	C	国有参股公司	85.7143	53.5748	85.9989	74.6220	458

续表

股票代码	公司简称	省份	地区	行业代码	控股类型	环境保护（*EP*）	社会责任（*SR*）	公司治理（*CG*）	上市公司质量/ESG指数（*CLCQI*/*ESGI*）	*CLCQI*/*ESGI*排名
603618	杭电股份	浙江	东部	C	无国有股份公司	85.7143	58.7047	82.7288	74.6189	459
603619	中曼石油	上海	东部	B	无国有股份公司	71.4286	54.5800	87.9457	74.6160	460
688608	恒玄科技	上海	东部	C	无国有股份公司	85.7143	59.1714	82.4256	74.6155	461
688238	和元生物	上海	东部	M	国有参股公司	71.4286	58.2720	85.5882	74.6115	462
002960	青鸟消防	河北	东部	C	无国有股份公司	28.5714	54.5917	95.7173	74.6087	463
002729	好利科技	福建	东部	C	无国有股份公司	57.1429	56.3020	89.4328	74.6081	464
603456	九洲药业	浙江	东部	C	无国有股份公司	85.7143	59.4347	82.2261	74.5979	465
300967	晓鸣股份	宁夏	西部	A	无国有股份公司	71.4286	50.1529	90.7176	74.5911	466
002565	顺灏股份	上海	东部	C	国有参股公司	100.0000	54.4897	82.7566	74.5875	467
002169	智光电气	广东	东部	C	无国有股份公司	100.0000	55.8702	81.8605	74.5779	468
300610	晨化股份	江苏	东部	C	无国有股份公司	71.4286	52.5630	89.1594	74.5775	469
601566	九牧王	福建	东部	C	无国有股份公司	85.7143	48.6735	89.0340	74.5759	470
688161	威高骨科	山东	东部	C	国有参股公司	57.1429	58.0562	88.2408	74.5664	471
688661	和林微纳	江苏	东部	C	无国有股份公司	100.0000	56.0195	81.7041	74.5441	472
002090	金智科技	江苏	东部	C	无国有股份公司	100.0000	54.0255	82.9679	74.5413	473
603718	海利生物	上海	东部	C	无国有股份公司	100.0000	49.0440	86.1323	74.5381	474
301000	肇民科技	上海	东部	C	无国有股份公司	85.7143	56.2548	84.1321	74.5333	475
300856	科思股份	江苏	东部	C	无国有股份公司	71.4286	55.4925	87.2001	74.5253	476
603938	三孚股份	河北	东部	C	无国有股份公司	85.7143	53.9574	85.5613	74.5152	477
002931	锋龙股份	浙江	东部	C	无国有股份公司	85.7143	57.9162	83.0321	74.5098	478
688088	虹软科技	浙江	东部	I	无国有股份公司	42.8571	58.2591	90.5999	74.5063	479
301100	风光股份	辽宁	东北	C	国有参股公司	71.4286	57.3465	85.9739	74.4998	480
688628	优利德	广东	东部	C	国有参股公司	85.7143	52.3287	86.5639	74.4966	481
688395	正弦电气	广东	东部	C	国有参股公司	85.7143	58.3526	82.7180	74.4897	482
600567	山鹰国际	安徽	中部	C	无国有股份公司	100.0000	51.0742	84.6675	74.4431	483
603906	龙蟠科技	江苏	东部	C	国有参股公司	100.0000	54.8644	82.2426	74.4360	484
002597	金禾实业	安徽	中部	C	无国有股份公司	71.4286	58.8214	84.9137	74.4329	485
000925	众合科技	浙江	东部	C	国有参股公司	71.4286	53.3951	88.3601	74.4292	486
300259	新天科技	河南	中部	C	无国有股份公司	71.4286	52.8125	88.7171	74.4216	487
688511	天微电子	四川	西部	C	无国有股份公司	71.4286	65.2512	80.8010	74.4213	488
002787	华源控股	江苏	东部	C	无国有股份公司	85.7143	52.5228	86.2976	74.4181	489
002136	安纳达	安徽	中部	C	国有参股公司	85.7143	63.9193	79.0334	74.4115	490
300919	中伟股份	贵州	西部	C	国有参股公司	100.0000	56.4126	81.1935	74.4009	491
600588	用友网络	北京	东部	I	无国有股份公司	100.0000	56.6376	81.0477	74.3994	492
603356	华菱精工	安徽	中部	C	无国有股份公司	85.7143	52.4114	86.3298	74.3968	493

续表

股票代码	公司简称	省份	地区	行业代码	控股类型	环境保护（*EP*）	社会责任（*SR*）	公司治理（*CG*）	上市公司质量/ESG指数（*CLCQI*/*ESGI*）	*CLCQI*/*ESGI*排名
601609	金田股份	浙江	东部	C	无国有股份公司	100.0000	53.3471	83.1187	74.3868	494
688513	苑东生物	四川	西部	C	无国有股份公司	85.7143	63.8946	78.9996	74.3843	495
002056	横店东磁	浙江	东部	C	无国有股份公司	100.0000	55.4752	81.7461	74.3767	496
603321	梅轮电梯	浙江	东部	C	无国有股份公司	100.0000	55.4928	81.7243	74.3708	497
603385	惠达卫浴	河北	东部	C	无国有股份公司	100.0000	45.6978	87.9505	74.3670	498
605488	福莱新材	浙江	东部	C	无国有股份公司	71.4286	47.1674	92.2052	74.3643	499
300304	云意电气	江苏	东部	C	无国有股份公司	71.4286	51.3368	89.5170	74.3451	500
688050	爱博医疗	北京	东部	C	无国有股份公司	57.1429	56.7952	88.6310	74.3397	501
688101	三达膜	陕西	西部	C	无国有股份公司	71.4286	54.3385	87.5731	74.3266	502
688257	新锐股份	江苏	东部	C	无国有股份公司	85.7143	55.2685	84.3662	74.3168	503
601216	君正集团	内蒙古	西部	C	无国有股份公司	85.7143	58.0548	82.5746	74.3066	504
300445	康斯特	北京	东部	C	无国有股份公司	85.7143	58.2756	82.4242	74.3012	505
600579	克劳斯	山东	东部	C	国有参股公司	85.7143	46.3784	89.9895	74.2981	506
000612	焦作万方	河南	中部	C	国有参股公司	57.1429	52.3900	91.3244	74.2792	507
300130	新国都	广东	东部	C	无国有股份公司	85.7143	54.3144	84.8953	74.2739	508
603650	彤程新材	上海	东部	C	国有参股公司	100.0000	54.1005	82.4312	74.2724	509
600732	爱旭股份	上海	东部	C	无国有股份公司	100.0000	56.1807	81.0962	74.2662	510
603195	公牛集团	浙江	东部	C	无国有股份公司	85.7143	56.4704	83.5014	74.2618	511
002032	苏泊尔	浙江	东部	C	无国有股份公司	100.0000	48.4388	85.9848	74.2452	512
300281	金明精机	广东	东部	C	国有参股公司	85.7143	53.5055	85.3439	74.2375	513
002637	赞宇科技	浙江	东部	C	无国有股份公司	100.0000	48.5956	85.8537	74.2280	514
002404	嘉欣丝绸	浙江	东部	C	国有参股公司	71.4286	46.0466	92.6565	74.2202	515
300979	华利集团	广东	东部	C	无国有股份公司	57.1429	50.8940	92.1632	74.2169	516
002774	快意电梯	广东	东部	C	国有参股公司	71.4286	52.6164	88.4659	74.2148	517
300217	东方电热	江苏	东部	C	无国有股份公司	85.7143	46.0816	90.0199	74.2110	518
003011	海象新材	浙江	东部	C	无国有股份公司	85.7143	51.5778	86.5039	74.2008	519
002300	太阳电缆	福建	东部	C	国有参股公司	71.4286	66.2926	79.7367	74.2005	520
605507	国邦医药	浙江	东部	C	国有参股公司	85.7143	52.1538	86.1355	74.1998	521
603367	辰欣药业	山东	东部	C	无国有股份公司	71.4286	61.5033	82.7758	74.1957	522
600983	惠而浦	安徽	中部	C	国有参股公司	100.0000	47.0045	86.7409	74.1591	523
603051	鹿山新材	广东	东部	C	国有参股公司	100.0000	51.3292	83.9593	74.1428	524
688208	道通科技	广东	东部	C	无国有股份公司	71.4286	52.1505	88.6261	74.1399	525
603982	泉峰汽车	江苏	东部	C	国有参股公司	85.7143	51.7464	86.2811	74.1373	526
002600	领益智造	广东	东部	C	无国有股份公司	85.7143	43.6137	91.4510	74.1342	527
000650	仁和药业	江西	中部	C	无国有股份公司	85.7143	48.9533	88.0455	74.1301	528

续表

股票代码	公司简称	省份	地区	行业代码	控股类型	环境保护（*EP*）	社会责任（*SR*）	公司治理（*CG*）	上市公司质量/ESG指数（*CLCQI*/*ESGI*）	*CLCQI*/*ESGI*排名
300192	科德教育	江苏	东部	P	国有参股公司	100.0000	39.8561	91.2349	74.1288	529
688799	华纳药厂	湖南	中部	C	无国有股份公司	71.4286	53.7253	87.5886	74.1205	530
002105	信隆健康	广东	东部	C	无国有股份公司	71.4286	58.2265	84.7073	74.1112	531
300252	金信诺	广东	东部	C	国有参股公司	42.8571	63.4887	86.5519	74.1103	532
601339	百隆东方	浙江	东部	C	无国有股份公司	100.0000	48.5236	85.6399	74.0852	533
688665	四方光电	湖北	中部	C	无国有股份公司	71.4286	57.8457	84.8881	74.0773	534
603266	天龙股份	浙江	东部	C	无国有股份公司	71.4286	50.5915	89.5014	74.0757	535
002733	雄韬股份	广东	东部	C	国有参股公司	71.4286	53.4975	87.6487	74.0738	536
300487	蓝晓科技	陕西	西部	C	无国有股份公司	85.7143	57.8082	82.2543	74.0442	537
688221	前沿生物	江苏	东部	C	无国有股份公司	71.4286	55.0412	86.5903	74.0319	538
603661	恒林股份	浙江	东部	C	无国有股份公司	100.0000	51.5599	83.5923	74.0218	539
688236	春立医疗	北京	东部	C	无国有股份公司	85.7143	55.5599	83.6283	74.0130	540
002785	万里石	福建	东部	C	无国有股份公司	57.1429	46.0416	94.8787	74.0122	541
688698	伟创电气	江苏	东部	C	国有参股公司	85.7143	49.3760	87.5531	74.0072	542
002367	康力电梯	江苏	东部	C	无国有股份公司	100.0000	53.6396	82.2316	74.0012	543
688336	三生国健	上海	东部	C	无国有股份公司	100.0000	50.1298	84.4576	73.9971	544
002363	隆基机械	山东	东部	C	无国有股份公司	100.0000	47.7803	85.9506	73.9959	545
301236	软通动力	北京	东部	I	无国有股份公司	100.0000	51.4842	83.5691	73.9825	546
688339	亿华通	北京	东部	C	无国有股份公司	85.7143	59.1451	81.2899	73.9816	547
002556	辉隆股份	安徽	中部	F	国有参股公司	100.0000	54.0383	81.9417	73.9813	548
600400	红豆股份	江苏	东部	C	国有参股公司	85.7143	48.4288	88.0943	73.9734	549
300763	锦浪科技	浙江	东部	C	无国有股份公司	57.1429	54.8236	89.2090	73.9675	550
002165	红宝丽	江苏	东部	C	国有参股公司	85.7143	53.9836	84.5346	73.9597	551
601579	会稽山	浙江	东部	C	国有参股公司	100.0000	48.5954	85.3639	73.9585	552
603662	柯力传感	浙江	东部	C	无国有股份公司	85.7143	46.9768	88.9908	73.9583	553
603444	吉比特	福建	东部	I	无国有股份公司	42.8571	53.0933	92.8852	73.9553	554
603311	金海高科	浙江	东部	C	国有参股公司	71.4286	51.3474	88.8009	73.9549	555
300007	汉威科技	河南	中部	C	无国有股份公司	71.4286	54.7728	86.6071	73.9472	556
002883	中设股份	江苏	东部	M	国有参股公司	57.1429	53.7562	89.8328	73.9370	557
688696	极米科技	四川	西部	C	国有参股公司	28.5714	60.8790	90.4884	73.9334	558
300801	泰和科技	山东	东部	C	无国有股份公司	100.0000	59.9385	78.0900	73.9280	559
600089	特变电工	新疆	西部	C	无国有股份公司	100.0000	58.1232	79.2428	73.9267	560
002722	物产金轮	江苏	东部	C	国有参股公司	57.1429	49.0711	92.7904	73.9239	561
301258	富士莱	江苏	东部	C	无国有股份公司	85.7143	62.0362	79.3447	73.9237	562
603667	五洲新春	浙江	东部	C	无国有股份公司	71.4286	57.4695	84.8272	73.9121	563

续表

股票代码	公司简称	省份	地区	行业代码	控股类型	环境保护（*EP*）	社会责任（*SR*）	公司治理（*CG*）	上市公司质量/ESG指数（*CLCQI*/*ESGI*）	*CLCQI*/*ESGI*排名
603368	柳药集团	广西	西部	F	无国有股份公司	85.7143	56.9690	82.5159	73.8943	564
603377	东方时尚	北京	东部	P	国有参股公司	57.1429	46.8384	94.1476	73.8889	565
300766	每日互动	浙江	东部	I	无国有股份公司	28.5714	61.1558	90.2118	73.8782	566
603408	建霖家居	福建	东部	C	无国有股份公司	100.0000	55.3842	80.8937	73.8760	567
300948	冠中生态	山东	东部	N	国有参股公司	100.0000	53.3456	82.1813	73.8707	568
000100	TCL科技	广东	东部	C	国有参股公司	100.0000	57.8075	79.3419	73.8707	569
605183	确成股份	江苏	东部	C	无国有股份公司	85.7143	51.4325	85.9819	73.8629	570
002624	完美世界	浙江	东部	I	国有参股公司	71.4286	52.5235	87.8715	73.8554	571
002572	索菲亚	广东	东部	C	无国有股份公司	100.0000	52.1464	82.8965	73.8443	572
300390	天华新能	江苏	东部	C	无国有股份公司	85.7143	57.7587	81.9221	73.8441	573
300378	鼎捷软件	上海	东部	I	国有参股公司	85.7143	42.9663	91.3238	73.8377	574
300817	双飞股份	浙江	东部	C	无国有股份公司	57.1429	58.0189	86.9277	73.8311	575
300460	惠伦晶体	广东	东部	C	无国有股份公司	57.1429	57.4787	87.2557	73.8224	576
688378	奥来德	吉林	东部	C	无国有股份公司	85.7143	46.6469	88.9469	73.8186	577
002747	埃斯顿	江苏	东部	C	无国有股份公司	100.0000	51.4755	83.2439	73.8006	578
601689	拓普集团	浙江	东部	C	无国有股份公司	57.1429	51.4336	91.0587	73.7983	579
300765	新诺威	河北	东部	C	国有参股公司	85.7143	54.9385	83.6311	73.7970	580
688772	珠海冠宇	广东	东部	C	无国有股份公司	100.0000	47.4159	85.8177	73.7953	581
603577	汇金通	山东	东部	C	无国有股份公司	100.0000	50.7546	83.6908	73.7941	582
603331	百达精工	浙江	东部	C	无国有股份公司	100.0000	49.2383	84.6555	73.7939	583
688278	特宝生物	福建	东部	C	无国有股份公司	85.7143	50.9826	86.1336	73.7888	584
300147	香雪制药	广东	东部	C	国有参股公司	85.7143	52.8735	84.9279	73.7875	585
601127	赛力斯	重庆	西部	C	国有参股公司	85.7143	52.9052	84.8975	73.7819	586
603306	华懋科技	福建	东部	C	无国有股份公司	100.0000	48.5600	85.0377	73.7667	587
603380	易德龙	江苏	东部	C	无国有股份公司	100.0000	49.7187	84.2924	73.7624	588
002698	博实股份	黑龙江	东北	C	国有参股公司	42.8571	61.7631	87.0109	73.7588	589
000157	中联重科	湖南	中部	C	国有参股公司	85.7143	55.8030	82.9875	73.7456	590
002023	海特高新	四川	西部	C	国有参股公司	57.1429	50.9385	91.2645	73.7382	591
688039	当虹科技	浙江	东部	I	无国有股份公司	42.8571	62.2659	86.6470	73.7346	592
688288	鸿泉物联	浙江	东部	C	无国有股份公司	57.1429	64.4987	82.6247	73.7324	593
300746	汉嘉设计	浙江	东部	M	国有参股公司	57.1429	58.1164	86.6815	73.7298	594
601231	环旭电子	上海	东部	C	国有参股公司	100.0000	55.3149	80.6578	73.7220	595
603045	福达合金	浙江	东部	C	无国有股份公司	85.7143	52.7121	84.8878	73.7089	596
300651	金陵体育	江苏	东部	C	无国有股份公司	85.7143	63.1247	78.2589	73.7074	597
688393	安必平	广东	东部	C	无国有股份公司	85.7143	55.7292	82.9599	73.7046	598

续表

股票代码	公司简称	省份	地区	行业代码	控股类型	环境保护（*EP*）	社会责任（*SR*）	公司治理（*CG*）	上市公司质量/ESG指数（*CLCQI/ESGI*）	*CLCQI/ESGI*排名
002384	东山精密	江苏	东部	C	国有参股公司	57.1429	56.6418	87.5686	73.7017	599
600721	百花医药	新疆	西部	M	国有参股公司	85.7143	47.0329	88.4843	73.6993	600
603855	华荣股份	上海	东部	C	无国有股份公司	71.4286	51.7085	88.0852	73.6877	601
300498	温氏股份	广东	东部	A	无国有股份公司	57.1429	60.2302	85.2502	73.6825	602
300898	熊猫乳品	浙江	东部	C	无国有股份公司	71.4286	53.4848	86.9411	73.6802	603
002006	精工科技	浙江	东部	C	国有参股公司	85.7143	49.1171	87.1153	73.6758	604
002748	世龙实业	江西	中部	C	无国有股份公司	85.7143	49.7796	86.6575	73.6559	605
603301	振德医疗	浙江	东部	C	国有参股公司	85.7143	48.9615	87.1670	73.6498	606
002340	格林美	广东	东部	C	国有参股公司	71.4286	59.3661	83.1307	73.6429	607
300181	佐力药业	浙江	东部	C	国有参股公司	100.0000	50.5060	83.5737	73.6426	608
603928	兴业股份	江苏	东部	C	无国有股份公司	85.7143	50.1154	86.4175	73.6415	609
300395	菲利华	湖北	中部	C	无国有股份公司	57.1429	57.9816	86.6041	73.6401	610
301216	万凯新材	浙江	东部	C	无国有股份公司	85.7143	59.0156	80.7396	73.6337	611
300890	翔丰华	广东	东部	C	无国有股份公司	71.4286	61.2291	81.9241	73.6313	612
600594	益佰制药	贵州	西部	C	国有参股公司	100.0000	45.4299	86.7822	73.6307	613
002892	科力尔	湖南	中部	C	无国有股份公司	42.8571	56.4662	90.1346	73.6229	614
002299	圣农发展	福建	东部	A	无国有股份公司	71.4286	49.4888	89.3734	73.6193	615
600493	凤竹纺织	福建	东部	C	国有参股公司	100.0000	49.5322	84.1449	73.6160	616
300999	金龙鱼	上海	东部	C	国有参股公司	71.4286	59.5819	82.9394	73.6132	617
300718	长盛轴承	浙江	东部	C	无国有股份公司	71.4286	63.5495	80.4117	73.6116	618
002350	北京科锐	北京	东部	C	国有参股公司	100.0000	51.6713	82.7635	73.6049	619
600351	亚宝药业	山西	中部	C	国有参股公司	85.7143	44.7292	89.7592	73.5942	620
300760	迈瑞医疗	广东	东部	C	无国有股份公司	85.7143	53.2566	84.3154	73.5847	621
300253	卫宁健康	上海	东部	I	无国有股份公司	42.8571	50.4759	93.8496	73.5695	622
688680	海优新材	上海	东部	C	无国有股份公司	85.7143	48.9249	87.0361	73.5650	623
600398	海澜之家	江苏	东部	C	无国有股份公司	71.4286	51.6689	87.8729	73.5571	624
300096	易联众	福建	东部	I	国有参股公司	28.5714	60.6379	89.9420	73.5485	625
688626	翔宇医疗	河南	中部	C	国有参股公司	85.7143	57.2308	81.7181	73.5472	626
002185	华天科技	甘肃	西部	C	国有参股公司	85.7143	50.7742	85.8173	73.5419	627
002166	莱茵生物	广西	西部	C	无国有股份公司	85.7143	59.6506	80.1494	73.5313	628
000523	广州浪奇	广东	东部	C	国有参股公司	100.0000	51.9906	82.4263	73.5312	629
603379	三美股份	浙江	东部	C	无国有股份公司	100.0000	48.6642	84.5342	73.5263	630
605058	澳弘电子	江苏	东部	C	无国有股份公司	85.7143	52.6967	84.5501	73.5178	631
300558	贝达药业	浙江	东部	C	无国有股份公司	57.1429	55.6248	87.8646	73.5085	632
688210	统联精密	广东	东部	C	无国有股份公司	71.4286	59.5630	82.7394	73.4966	633

续表

股票代码	公司简称	省份	地区	行业代码	控股类型	环境保护（*EP*）	社会责任（*SR*）	公司治理（*CG*）	上市公司质量/ESG指数（*CLCQI/ESGI*）	*CLCQI/ESGI*排名
605162	新中港	浙江	东部	D	无国有股份公司	85.7143	57.0468	81.7341	73.4915	634
688733	壹石通	安徽	中部	C	无国有股份公司	85.7143	51.2818	85.3909	73.4851	635
600696	岩石股份	上海	东部	C	无国有股份公司	85.7143	50.9947	85.5693	73.4826	636
002407	多氟多	河南	中部	C	无国有股份公司	42.8571	61.1457	86.8760	73.4685	637
002726	龙大美食	山东	东部	C	无国有股份公司	85.7143	49.6182	86.4185	73.4680	638
002203	海亮股份	浙江	东部	C	无国有股份公司	85.7143	48.1881	87.3265	73.4668	639
000726	鲁泰A	山东	东部	C	国有参股公司	100.0000	57.3311	78.9046	73.4634	640
603585	苏利股份	江苏	东部	C	无国有股份公司	85.7143	53.1982	84.1319	73.4633	641
300964	本川智能	江苏	东部	C	无国有股份公司	85.7143	46.8403	88.1768	73.4628	642
688377	迪威尔	江苏	东部	C	无国有股份公司	85.7143	60.6148	79.4006	73.4569	643
300796	贝斯美	浙江	东部	C	无国有股份公司	57.1429	52.7718	89.5823	73.4547	644
300983	尤安设计	上海	东部	M	无国有股份公司	71.4286	48.2604	89.8350	73.4432	645
301098	金埔园林	江苏	东部	E	国有参股公司	71.4286	57.3927	84.0161	73.4392	646
600873	梅花生物	西藏	西部	C	无国有股份公司	71.4286	61.9434	81.1009	73.4285	647
601011	宝泰隆	黑龙江	东北	C	国有参股公司	57.1429	49.5304	91.5896	73.4242	648
002262	恩华药业	江苏	东部	C	无国有股份公司	71.4286	51.9579	87.4410	73.4207	649
600682	南京新百	江苏	东部	F	国有参股公司	71.4286	47.7552	90.1106	73.4180	650
002472	双环传动	浙江	东部	C	无国有股份公司	71.4286	46.4354	90.9469	73.4160	651
688299	长阳科技	浙江	东部	C	无国有股份公司	85.7143	53.9035	83.5884	73.4113	652
603733	仙鹤股份	浙江	东部	C	无国有股份公司	85.7143	53.2105	84.0147	73.4032	653
600988	赤峰黄金	内蒙古	西部	B	无国有股份公司	71.4286	48.4274	89.6414	73.3952	654
300884	狄耐克	福建	东部	C	无国有股份公司	71.4286	48.9111	89.2803	73.3659	655
688677	海泰新光	山东	东部	C	无国有股份公司	71.4286	56.8766	84.2061	73.3630	656
688076	诺泰生物	江苏	东部	C	无国有股份公司	71.4286	57.4679	83.8160	73.3554	657
688216	气派科技	广东	东部	C	国有参股公司	100.0000	55.3867	79.9359	73.3501	658
600797	浙大网新	浙江	东部	I	无国有股份公司	85.7143	53.1848	83.9291	73.3471	659
300857	协创数据	广东	东部	C	国有参股公司	42.8571	53.4158	91.5429	73.3298	660
603601	再升科技	重庆	西部	C	无国有股份公司	85.7143	46.3673	88.2335	73.3284	661
601021	春秋航空	上海	东部	G	无国有股份公司	57.1429	61.5343	83.7753	73.3277	662
601500	通用股份	江苏	东部	C	无国有股份公司	100.0000	44.4859	86.8204	73.3213	663
688622	禾信仪器	广东	东部	C	国有参股公司	85.7143	50.0030	85.9061	73.3209	664
603656	泰禾智能	安徽	中部	C	无国有股份公司	100.0000	62.3380	75.4563	73.3193	665
688359	三孚新科	广东	东部	C	国有参股公司	85.7143	61.1954	78.7516	73.3032	666
603008	喜临门	浙江	东部	C	无国有股份公司	100.0000	47.4487	84.8913	73.2972	667
300388	节能国祯	安徽	中部	N	国有参股公司	57.1429	55.9851	87.2425	73.2925	668

续表

股票代码	公司简称	省份	地区	行业代码	控股类型	环境保护（*EP*）	社会责任（*SR*）	公司治理（*CG*）	上市公司质量/ESG指数（*CLCQI/ESGI*）	*CLCQI/ESGI*排名
002392	北京利尔	北京	东部	C	无国有股份公司	85.7143	50.8696	85.2996	73.2906	669
300502	新易盛	四川	西部	C	无国有股份公司	71.4286	53.5301	86.1968	73.2866	670
600408	安泰集团	山西	中部	C	无国有股份公司	100.0000	54.3092	80.5000	73.2832	671
002353	杰瑞股份	山东	东部	C	无国有股份公司	71.4286	52.2704	86.9914	73.2827	672
300815	玉禾田	安徽	中部	N	无国有股份公司	85.7143	54.8006	82.7680	73.2741	673
603040	新坐标	浙江	东部	C	无国有股份公司	100.0000	48.9334	83.8314	73.2340	674
300183	东软载波	山东	东部	I	无国有股份公司	71.4286	50.9932	87.7051	73.2283	675
300408	三环集团	广东	东部	C	国有参股公司	57.1429	54.7471	87.9088	73.2256	676
605077	华康股份	浙江	东部	C	无国有股份公司	100.0000	48.0857	84.3543	73.2248	677
002453	华软科技	江苏	东部	I	无国有股份公司	71.4286	53.2363	86.2584	73.2177	678
688311	盟升电子	四川	西部	C	无国有股份公司	42.8571	58.1249	88.3388	73.2158	679
002942	新农股份	浙江	东部	C	无国有股份公司	100.0000	46.3441	85.4452	73.2153	680
000921	海信家电	广东	东部	C	无国有股份公司	100.0000	49.1700	83.6444	73.2139	681
601100	恒立液压	江苏	东部	C	无国有股份公司	85.7143	47.7625	87.1292	73.2094	682
300963	中洲特材	上海	东部	C	无国有股份公司	57.1429	63.2632	82.4599	73.2093	683
688333	铂力特	陕西	西部	C	国有参股公司	71.4286	56.5376	84.1402	73.2081	684
605033	美邦股份	陕西	西部	C	无国有股份公司	100.0000	54.7450	80.0643	73.1961	685
000988	华工科技	湖北	中部	C	国有参股公司	100.0000	50.7514	82.5859	73.1852	686
300441	鲍斯股份	浙江	东部	C	无国有股份公司	57.1429	54.1429	88.2077	73.1785	687
601636	旗滨集团	湖南	中部	C	无国有股份公司	85.7143	46.6377	87.7820	73.1747	688
002981	朝阳科技	广东	东部	C	无国有股份公司	28.5714	52.5804	94.3885	73.1739	689
300082	奥克股份	辽宁	东北	C	无国有股份公司	85.7143	53.4706	83.4202	73.1673	690
688103	国力股份	江苏	东部	C	无国有股份公司	85.7143	57.9174	80.5870	73.1654	691
688388	嘉元科技	广东	东部	C	国有参股公司	85.7143	56.2751	81.6095	73.1529	692
300350	华鹏飞	广东	东部	I	无国有股份公司	85.7143	46.9117	87.5666	73.1521	693
603659	璞泰来	上海	东部	C	无国有股份公司	71.4286	49.2888	88.6465	73.1495	694
300222	科大智能	上海	东部	C	国有参股公司	85.7143	47.5634	87.1387	73.1449	695
603606	东方电缆	浙江	东部	C	国有参股公司	71.4286	61.1507	81.0730	73.1358	696
301158	德石股份	山东	东部	C	无国有股份公司	71.4286	58.1064	83.0095	73.1353	697
300865	大宏立	四川	西部	C	国有参股公司	71.4286	48.8090	88.9181	73.1310	698
605589	圣泉集团	山东	东部	C	无国有股份公司	100.0000	50.5010	82.6430	73.1290	699
002940	昂利康	浙江	东部	C	无国有股份公司	71.4286	53.2897	86.0623	73.1285	700
688013	天臣医疗	江苏	东部	C	无国有股份公司	71.4286	56.2231	84.1824	73.1212	701
600060	海信视像	山东	东部	C	国有参股公司	100.0000	52.1142	81.6012	73.1206	702
301051	信濠光电	广东	东部	C	无国有股份公司	85.7143	51.8791	84.3480	73.1205	703

续表

股票代码	公司简称	省份	地区	行业代码	控股类型	环境保护（*EP*）	社会责任（*SR*）	公司治理（*CG*）	上市公司质量/ESG指数（*CLCQI*/*ESGI*）	*CLCQI*/*ESGI*排名
300761	立华股份	江苏	东部	A	无国有股份公司	71.4286	56.3006	84.1110	73.1091	704
001308	康冠科技	广东	东部	C	无国有股份公司	71.4286	46.6906	90.2233	73.1074	705
688335	复洁环保	上海	东部	C	无国有股份公司	85.7143	53.0909	83.5132	73.0855	706
301022	海泰科	山东	东部	C	无国有股份公司	71.4286	50.0129	88.0645	73.0829	707
002765	蓝黛科技	重庆	西部	C	无国有股份公司	57.1429	50.6293	90.2518	73.0730	708
300211	亿通科技	江苏	东部	C	无国有股份公司	42.8571	52.2566	91.8123	73.0723	709
002402	和而泰	广东	东部	C	无国有股份公司	57.1429	49.6860	90.8461	73.0697	710
600885	宏发股份	湖北	中部	C	无国有股份公司	100.0000	51.8625	81.6684	73.0695	711
300184	力源信息	湖北	中部	F	无国有股份公司	28.5714	56.5241	91.6884	73.0692	712
605198	安德利	山东	东部	C	无国有股份公司	85.7143	57.6696	80.5397	73.0526	713
603728	鸣志电器	上海	东部	C	无国有股份公司	100.0000	54.3619	80.0421	73.0498	714
688007	光峰科技	广东	东部	C	无国有股份公司	57.1429	52.7958	88.8256	73.0469	715
300351	永贵电器	浙江	东部	C	无国有股份公司	71.4286	63.2551	79.5532	73.0364	716
603027	千禾味业	四川	西部	C	国有参股公司	71.4286	55.2037	84.6613	73.0279	717
688198	佰仁医疗	北京	东部	C	无国有股份公司	57.1429	58.4719	85.1747	73.0255	718
603713	密尔克卫	上海	东部	G	无国有股份公司	85.7143	58.0706	80.2225	73.0185	719
688737	中自科技	四川	西部	C	无国有股份公司	100.0000	52.9211	80.8821	73.0075	720
688121	卓然股份	上海	东部	C	无国有股份公司	71.4286	57.1969	83.3370	72.9971	721
688220	翱捷科技	上海	东部	C	国有参股公司	57.1429	57.2416	85.8917	72.9893	722
688595	芯海科技	广东	东部	C	国有参股公司	57.1429	63.4101	81.9427	72.9763	723
300170	汉得信息	上海	东部	I	无国有股份公司	14.2857	60.0937	91.8391	72.9729	724
603192	汇得科技	上海	东部	C	无国有股份公司	71.4286	52.4627	86.2829	72.9604	725
002791	坚朗五金	广东	东部	C	无国有股份公司	57.1429	52.6212	88.7262	72.9311	726
300891	惠云钛业	广东	东部	C	无国有股份公司	85.7143	50.6092	84.8027	72.9262	727
600989	宝丰能源	宁夏	西部	C	国有参股公司	57.1429	63.0987	82.0444	72.9233	728
603786	科博达	上海	东部	C	无国有股份公司	100.0000	46.9978	84.4861	72.9166	729
300109	新开源	河南	中部	C	国有参股公司	100.0000	51.8568	81.3887	72.9137	730
688162	巨一科技	安徽	中部	C	国有参股公司	57.1429	55.9897	86.5439	72.9098	731
000963	华东医药	浙江	东部	F	国有参股公司	57.1429	60.8392	83.4535	72.9074	732
002161	远望谷	广东	东部	C	无国有股份公司	85.7143	53.9534	82.6350	72.9044	733
688246	嘉和美康	北京	东部	I	国有参股公司	57.1429	54.1064	87.7089	72.8914	734
002399	海普瑞	广东	东部	C	无国有股份公司	71.4286	45.8364	90.3705	72.8894	735
603256	宏和科技	上海	东部	C	无国有股份公司	85.7143	46.2259	87.5162	72.8844	736
002801	微光股份	浙江	东部	C	无国有股份公司	71.4286	54.4189	84.8814	72.8743	737
301063	海锅股份	江苏	东部	C	无国有股份公司	71.4286	48.8409	88.4210	72.8687	738

续表

股票代码	公司简称	省份	地区	行业代码	控股类型	环境保护（*EP*）	社会责任（*SR*）	公司治理（*CG*）	上市公司质量/ESG指数（*CLCQI/ESGI*）	*CLCQI/ESGI*排名
002196	方正电机	浙江	东部	C	无国有股份公司	28.5714	59.1393	89.6535	72.8654	739
300684	中石科技	北京	东部	C	无国有股份公司	100.0000	41.9699	87.5916	72.8649	740
600699	均胜电子	浙江	东部	C	国有参股公司	100.0000	51.2926	81.6215	72.8443	741
002418	康盛股份	浙江	东部	C	无国有股份公司	85.7143	44.4317	88.5450	72.8223	742
300437	清水源	河南	中部	C	无国有股份公司	85.7143	54.4957	82.1187	72.8102	743
600770	综艺股份	江苏	东部	S	国有参股公司	71.4286	45.4551	90.4682	72.8096	744
002382	蓝帆医疗	山东	东部	C	无国有股份公司	85.7143	52.2421	83.5468	72.8069	745
300716	泉为科技	广东	东部	C	无国有股份公司	57.1429	52.9867	88.2666	72.8063	746
300471	厚普股份	四川	西部	C	国有参股公司	85.7143	43.5267	89.0876	72.8040	747
688488	艾迪药业	江苏	东部	C	无国有股份公司	57.1429	57.2213	85.5662	72.8032	748
688059	华锐精密	湖南	中部	C	无国有股份公司	71.4286	55.0503	84.3480	72.8019	749
603089	正裕工业	浙江	东部	C	国有参股公司	85.7143	41.5913	90.3034	72.7953	750
603859	能科科技	北京	东部	M	国有参股公司	42.8571	56.4155	88.6612	72.7948	751
003027	同兴环保	安徽	中部	N	无国有股份公司	71.4286	56.8658	83.1775	72.7935	752
688111	金山办公	北京	东部	I	无国有股份公司	71.4286	49.4178	87.9112	72.7902	753
603833	欧派家居	广东	东部	C	无国有股份公司	85.7143	43.4852	89.0789	72.7846	754
688606	奥泰生物	浙江	东部	C	无国有股份公司	85.7143	57.3930	80.2123	72.7757	755
002639	雪人股份	福建	东部	C	无国有股份公司	85.7143	57.9860	79.8259	72.7708	756
600219	南山铝业	山东	东部	C	国有参股公司	100.0000	54.1566	79.6589	72.7672	757
603127	昭衍新药	北京	东部	M	国有参股公司	85.7143	60.7452	78.0613	72.7660	758
688558	国盛智科	江苏	东部	C	无国有股份公司	85.7143	54.9674	81.7214	72.7568	759
688060	云涌科技	江苏	东部	I	无国有股份公司	85.7143	55.0350	81.6629	72.7482	760
300266	兴源环境	浙江	东部	N	国有参股公司	100.0000	53.7173	79.9020	72.7472	761
688003	天准科技	江苏	东部	C	无国有股份公司	71.4286	51.7661	86.3363	72.7459	762
605588	冠石科技	江苏	东部	C	无国有股份公司	100.0000	50.9867	81.6373	72.7459	763
603218	日月股份	浙江	东部	C	无国有股份公司	100.0000	54.7935	79.1886	72.7315	764
601360	三六零	天津	东部	I	国有参股公司	71.4286	45.5511	90.2622	72.7299	765
603486	科沃斯	江苏	东部	C	无国有股份公司	71.4286	52.8585	85.6026	72.7248	766
688588	凌志软件	江苏	东部	I	无国有股份公司	14.2857	55.8202	94.0863	72.7131	767
601877	正泰电器	浙江	东部	C	无国有股份公司	100.0000	48.5733	83.0980	72.7045	768
002298	中电兴发	安徽	中部	I	国有参股公司	57.1429	53.8532	87.5282	72.7035	769
603583	捷昌驱动	浙江	东部	C	无国有股份公司	71.4286	49.2782	87.8124	72.6871	770
688148	芳源股份	广东	东部	C	无国有股份公司	57.1429	59.3198	83.9910	72.6713	771
688566	吉贝尔	江苏	东部	C	无国有股份公司	85.7143	56.1189	80.7777	72.6408	772
605177	东亚药业	浙江	东部	C	无国有股份公司	100.0000	45.8575	84.7039	72.6373	773

续表

股票代码	公司简称	省份	地区	行业代码	控股类型	环境保护（*EP*）	社会责任（*SR*）	公司治理（*CG*）	上市公司质量/ESG指数（*CLCQI*/*ESGI*）	*CLCQI*/*ESGI*排名
601828	美凯龙	上海	东部	L	无国有股份公司	85.7143	44.5034	88.1445	72.6271	774
300673	佩蒂股份	浙江	东部	C	无国有股份公司	71.4286	52.2424	85.8163	72.6267	775
688212	澳华内镜	上海	东部	C	国有参股公司	42.8571	64.1302	83.4438	72.6254	776
300577	开润股份	安徽	中部	C	无国有股份公司	100.0000	49.3391	82.4646	72.6242	777
601619	嘉泽新能	宁夏	西部	D	国有参股公司	85.7143	51.5360	83.6575	72.6206	778
003000	劲仔食品	湖南	中部	C	无国有股份公司	57.1429	49.3796	90.1960	72.6050	779
300993	玉马遮阳	山东	东部	C	无国有股份公司	71.4286	50.0072	87.1932	72.6016	780
002227	奥特迅	广东	东部	C	无国有股份公司	71.4286	61.7851	79.6918	72.5981	781
002738	中矿资源	北京	东部	C	无国有股份公司	71.4286	61.6080	79.8030	72.5973	782
002287	奇正藏药	西藏	西部	C	无国有股份公司	85.7143	52.4453	83.0308	72.5942	783
002693	双成药业	海南	东部	C	国有参股公司	57.1429	57.3199	85.1168	72.5905	784
603708	家家悦	山东	东部	F	国有参股公司	85.7143	43.7779	88.5230	72.5813	785
688135	利扬芯片	广东	东部	C	无国有股份公司	85.7143	52.5028	82.9436	72.5664	786
688577	浙海德曼	浙江	东部	C	无国有股份公司	71.4286	58.5124	81.7117	72.5636	787
002993	奥海科技	广东	东部	C	无国有股份公司	71.4286	52.2065	85.7182	72.5601	788
688681	科汇股份	山东	东部	C	国有参股公司	85.7143	52.0211	83.2347	72.5579	789
300180	华峰超纤	上海	东部	C	无国有股份公司	57.1429	49.4072	90.0893	72.5559	790
600329	达仁堂	天津	东部	C	无国有股份公司	57.1429	55.6980	86.0737	72.5491	791
002130	沃尔核材	广东	东部	C	无国有股份公司	85.7143	49.4389	84.8445	72.5395	792
603660	苏州科达	江苏	东部	C	无国有股份公司	100.0000	44.1298	85.5994	72.5251	793
002010	传化智联	浙江	东部	L	国有参股公司	100.0000	51.0733	81.1789	72.5240	794
603838	四通股份	广东	东部	C	无国有股份公司	85.7143	50.8125	83.9411	72.5234	795
002252	上海莱士	上海	东部	C	国有参股公司	71.4286	46.2575	89.4321	72.5206	796
603041	美思德	江苏	东部	C	无国有股份公司	85.7143	49.7927	84.5681	72.5113	797
688330	宏力达	上海	东部	C	无国有股份公司	57.1429	51.4058	88.7265	72.5059	798
002031	巨轮智能	广东	东部	C	无国有股份公司	85.7143	49.9429	84.4610	72.5050	799
688678	福立旺	江苏	东部	C	国有参股公司	100.0000	47.0469	83.7009	72.5019	800
600872	中炬高新	广东	东部	C	国有参股公司	57.1429	54.5826	86.6822	72.4934	801
300752	隆利科技	广东	东部	C	无国有股份公司	100.0000	48.1232	82.9586	72.4703	802
002859	洁美科技	浙江	东部	C	无国有股份公司	85.7143	45.2905	87.3528	72.4671	803
688025	杰普特	广东	东部	C	无国有股份公司	57.1429	61.3994	82.2842	72.4604	804
300587	天铁股份	浙江	东部	C	无国有股份公司	85.7143	54.3739	81.5502	72.4549	805
002899	英派斯	山东	东部	C	国有参股公司	28.5714	54.5500	91.8228	72.4522	806
300520	科大国创	安徽	中部	I	国有参股公司	42.8571	53.1341	90.1240	72.4509	807
688197	首药控股	北京	东部	C	国有参股公司	71.4286	51.9126	85.7058	72.4505	808

续表

股票代码	公司简称	省份	地区	行业代码	控股类型	环境保护（*EP*）	社会责任（*SR*）	公司治理（*CG*）	上市公司质量/ESG指数（*CLCQI/ESGI*）	*CLCQI/ESGI*排名
000403	派林生物	山西	中部	C	无国有股份公司	85.7143	50.2846	84.1303	72.4427	809
603178	圣龙股份	浙江	东部	C	国有参股公司	85.7143	55.7688	80.6229	72.4331	810
300224	正海磁材	山东	东部	C	国有参股公司	71.4286	50.5340	86.5263	72.4192	811
002520	日发精机	浙江	东部	C	无国有股份公司	71.4286	49.0972	87.4163	72.4059	812
002381	双箭股份	浙江	东部	C	国有参股公司	85.7143	48.7496	85.0380	72.4047	813
002081	金螳螂	江苏	东部	E	无国有股份公司	85.7143	57.3659	79.5435	72.3984	814
605305	中际联合	北京	东部	C	国有参股公司	85.7143	55.9149	80.4453	72.3866	815
603706	东方环宇	新疆	西部	D	无国有股份公司	85.7143	47.0027	86.1054	72.3803	816
600577	精达股份	安徽	中部	C	无国有股份公司	85.7143	53.8223	81.7388	72.3656	817
603298	杭叉集团	浙江	东部	C	国有参股公司	71.4286	50.6715	86.3264	72.3574	818
600566	济川药业	湖北	中部	C	国有参股公司	85.7143	46.2439	86.5436	72.3557	819
603717	天域生态	重庆	西部	E	无国有股份公司	85.7143	50.1334	84.0405	72.3404	820
300499	高澜股份	广东	东部	C	无国有股份公司	85.7143	49.9510	84.1565	72.3404	821
603612	索通发展	山东	东部	C	无国有股份公司	85.7143	46.4749	86.3678	72.3399	822
002038	双鹭药业	北京	东部	C	国有参股公司	71.4286	58.5928	81.2499	72.3378	823
300548	博创科技	浙江	东部	C	国有参股公司	28.5714	49.2803	94.9321	72.3179	824
301047	义翘神州	北京	东部	M	无国有股份公司	28.5714	53.1709	92.4524	72.3158	825
605499	东鹏饮料	广东	东部	C	无国有股份公司	85.7143	43.0428	88.4970	72.3098	826
688272	*ST富吉	北京	东部	C	无国有股份公司	85.7143	57.8724	79.0564	72.3078	827
688699	明微电子	广东	东部	I	无国有股份公司	71.4286	54.8006	83.5955	72.3006	828
603918	金桥信息	上海	东部	I	无国有股份公司	28.5714	54.5765	91.5273	72.2989	829
603949	雪龙集团	浙江	东部	C	无国有股份公司	85.7143	47.8198	85.4162	72.2873	830
300855	图南股份	江苏	东部	C	无国有股份公司	28.5714	56.6924	90.1570	72.2858	831
688099	晶晨股份	上海	东部	I	国有参股公司	42.8571	56.4938	87.6803	72.2827	832
300582	英飞特	浙江	东部	C	无国有股份公司	28.5714	57.8572	89.3850	72.2689	833
603035	常熟汽饰	江苏	东部	C	无国有股份公司	100.0000	49.9059	81.4359	72.2568	834
603739	蔚蓝生物	山东	东部	C	无国有股份公司	85.7143	43.9972	87.7823	72.2507	835
600803	新奥股份	河北	东部	D	无国有股份公司	71.4286	54.5632	83.6450	72.2447	836
603565	中谷物流	上海	东部	G	国有参股公司	85.7143	57.6896	79.0455	72.2379	837
603156	养元饮品	河北	东部	C	无国有股份公司	85.7143	54.4729	81.0849	72.2336	838
300881	盛德鑫泰	江苏	东部	C	无国有股份公司	71.4286	49.3268	86.9548	72.2324	839
301068	大地海洋	浙江	东部	C	无国有股份公司	85.7143	49.0185	84.5525	72.2318	840
002303	美盈森	广东	东部	C	国有参股公司	85.7143	41.0593	89.6049	72.2249	841
301118	恒光股份	湖南	中部	C	国有参股公司	71.4286	59.5712	80.4129	72.2199	842
002976	瑞玛精密	江苏	东部	C	无国有股份公司	85.7143	52.7933	82.1157	72.2127	843

续表

股票代码	公司简称	省份	地区	行业代码	控股类型	环境保护（*EP*）	社会责任（*SR*）	公司治理（*CG*）	上市公司质量/ESG指数（*CLCQI*/*ESGI*）	*CLCQI*/*ESGI*排名
300596	利安隆	天津	东部	C	无国有股份公司	57.1429	48.7780	89.8520	72.2052	844
300036	超图软件	北京	东部	I	国有参股公司	57.1429	50.8604	88.5268	72.2051	845
600596	新安股份	浙江	东部	C	国有参股公司	100.0000	52.8805	79.4484	72.2048	846
300314	戴维医疗	浙江	东部	C	无国有股份公司	42.8571	55.4547	88.1859	72.1971	847
603529	爱玛科技	天津	东部	C	无国有股份公司	100.0000	51.2968	80.4388	72.1952	848
300127	银河磁体	四川	西部	C	无国有股份公司	85.7143	44.3291	87.4682	72.1941	849
002843	泰嘉股份	湖南	中部	C	无国有股份公司	71.4286	53.4832	84.2352	72.1914	850
600477	杭萧钢构	浙江	东部	C	无国有股份公司	71.4286	54.4747	83.6019	72.1901	851
603801	志邦家居	安徽	中部	C	无国有股份公司	85.7143	55.9565	80.0580	72.1881	852
300136	信维通信	广东	东部	C	无国有股份公司	85.7143	54.3891	81.0520	72.1862	853
603129	春风动力	浙江	东部	C	无国有股份公司	71.4286	52.4258	84.8866	72.1795	854
600664	哈药股份	黑龙江	东北	C	国有参股公司	85.7143	49.1808	84.3333	72.1680	855
300741	华宝股份	西藏	西部	C	无国有股份公司	71.4286	46.3321	88.7271	72.1590	856
603889	新澳股份	浙江	东部	C	无国有股份公司	100.0000	52.5878	79.5489	72.1576	857
603617	君禾股份	浙江	东部	C	无国有股份公司	85.7143	50.3042	83.5923	72.1536	858
300650	太龙股份	福建	东部	F	无国有股份公司	71.4286	46.5152	88.5872	72.1462	859
300501	海顺新材	上海	东部	C	无国有股份公司	71.4286	57.5079	81.5896	72.1449	860
605199	葫芦娃	海南	东部	C	无国有股份公司	100.0000	46.1410	83.6281	72.1448	861
300952	恒辉安防	江苏	东部	C	无国有股份公司	100.0000	49.1466	81.7111	72.1424	862
605090	九丰能源	江西	中部	D	无国有股份公司	71.4286	56.5140	82.2172	72.1422	863
605050	福然德	上海	东部	G	无国有股份公司	85.7143	55.0536	80.5421	72.1384	864
002045	国光电器	广东	东部	C	无国有股份公司	100.0000	54.3317	78.4001	72.1361	865
688215	瑞晟智能	浙江	东部	C	无国有股份公司	100.0000	53.5802	78.8674	72.1301	866
605055	迎丰股份	浙江	东部	C	无国有股份公司	100.0000	50.1563	81.0435	72.1286	867
300908	仲景食品	河南	中部	C	无国有股份公司	57.1429	50.7118	88.4618	72.1174	868
688079	美迪凯	浙江	东部	C	无国有股份公司	57.1429	59.4195	82.8994	72.1058	869
300648	星云股份	福建	东部	C	无国有股份公司	85.7143	44.6539	87.0938	72.1019	870
688093	世华科技	江苏	东部	C	国有参股公司	71.4286	57.5823	81.4604	72.0999	871
603115	海星股份	江苏	东部	C	国有参股公司	85.7143	50.9424	83.0856	72.0984	872
002119	康强电子	浙江	东部	C	无国有股份公司	71.4286	48.8092	87.0167	72.0853	873
301237	和顺科技	浙江	东部	C	无国有股份公司	57.1429	57.4979	84.0832	72.0843	874
688590	新致软件	上海	东部	I	无国有股份公司	57.1429	51.0198	88.1904	72.0759	875
603599	广信股份	安徽	中部	C	国有参股公司	100.0000	48.6572	81.8878	72.0683	876
300798	锦鸡股份	江苏	东部	C	无国有股份公司	71.4286	61.4362	78.9494	72.0677	877
300339	润和软件	江苏	东部	I	国有参股公司	57.1429	53.9298	86.3018	72.0557	878

续表

股票代码	公司简称	省份	地区	行业代码	控股类型	环境保护（EP）	社会责任（SR）	公司治理（CG）	上市公司质量/ESG指数（CLCQI/ESGI）	CLCQI/ESGI排名
300428	立中集团	河北	东部	C	国有参股公司	71.4286	56.4099	82.1250	72.0551	879
002322	理工能科	浙江	东部	I	无国有股份公司	57.1429	52.7467	87.0498	72.0530	880
300409	道氏技术	广东	东部	C	国有参股公司	85.7143	50.5449	83.2436	72.0461	881
000031	大悦城	广东	东部	K	国有参股公司	85.7143	58.2273	78.3449	72.0407	882
688234	天岳先进	山东	东部	C	无国有股份公司	71.4286	60.3827	79.5533	72.0311	883
605005	合兴股份	浙江	东部	C	无国有股份公司	85.7143	53.4492	81.3471	72.0195	884
605208	永茂泰	上海	东部	C	无国有股份公司	85.7143	50.8669	82.9899	72.0193	885
600580	卧龙电驱	浙江	东部	C	国有参股公司	71.4286	51.1416	85.3967	72.0106	886
002984	森麒麟	山东	东部	C	无国有股份公司	71.4286	52.2491	84.6717	71.9995	887
002982	湘佳股份	湖南	中部	A	无国有股份公司	57.1429	57.7589	83.7223	71.9771	888
002965	祥鑫科技	广东	东部	C	无国有股份公司	57.1429	54.7643	85.6208	71.9732	889
600527	江南高纤	江苏	东部	C	无国有股份公司	71.4286	52.6815	84.3424	71.9697	890
688133	泰坦科技	上海	东部	M	国有参股公司	71.4286	53.8872	83.5422	71.9516	891
300816	艾可蓝	安徽	中部	N	无国有股份公司	42.8571	52.3367	89.7179	71.9484	892
301057	汇隆新材	浙江	东部	C	无国有股份公司	85.7143	51.4274	82.4999	71.9460	893
603338	浙江鼎力	浙江	东部	C	无国有股份公司	100.0000	55.2728	77.4523	71.9442	894
603885	吉祥航空	上海	东部	G	国有参股公司	71.4286	54.7714	82.9634	71.9427	895
600405	动力源	北京	东部	C	无国有股份公司	100.0000	52.3036	79.3289	71.9371	896
603690	至纯科技	上海	东部	C	无国有股份公司	100.0000	50.2701	80.6199	71.9355	897
002648	卫星化学	浙江	东部	C	无国有股份公司	100.0000	56.4246	76.6899	71.9281	898
002318	久立特材	浙江	东部	C	无国有股份公司	85.7143	52.1249	82.0199	71.9261	899
000876	新希望	四川	西部	C	无国有股份公司	100.0000	55.7268	77.1116	71.9157	900
600079	人福医药	湖北	中部	C	国有参股公司	71.4286	54.3788	83.1500	71.9079	901
300515	三德科技	湖南	中部	C	无国有股份公司	71.4286	56.9562	81.5050	71.9053	902
301026	浩通科技	江苏	东部	C	无国有股份公司	71.4286	55.6617	82.3264	71.9040	903
002536	飞龙股份	河南	中部	C	无国有股份公司	85.7143	53.3927	81.1650	71.8996	904
300371	汇中股份	河北	东部	C	无国有股份公司	85.7143	50.8804	82.7602	71.8977	905
002108	沧州明珠	河北	东部	C	无国有股份公司	100.0000	44.8032	84.0229	71.8937	906
300017	网宿科技	上海	东部	I	无国有股份公司	28.5714	46.3141	96.0353	71.8865	907
002649	博彦科技	北京	东部	I	无国有股份公司	85.7143	45.5812	86.1069	71.8836	908
600570	恒生电子	浙江	东部	I	国有参股公司	71.4286	53.5224	83.6319	71.8733	909
002836	新宏泽	广东	东部	C	国有参股公司	85.7143	48.0253	84.5316	71.8726	910
603507	振江股份	江苏	东部	C	无国有股份公司	100.0000	53.3660	78.5178	71.8629	911
002855	捷荣技术	广东	东部	C	国有参股公司	71.4286	48.4181	86.8375	71.8498	912
605100	华丰股份	山东	东部	C	无国有股份公司	71.4286	51.9233	84.6070	71.8498	913

续表

股票代码	公司简称	省份	地区	行业代码	控股类型	环境保护（*EP*）	社会责任（*SR*）	公司治理（*CG*）	上市公司质量/ESG指数（*CLCQI*/*ESGI*）	*CLCQI*/*ESGI*排名
603969	银龙股份	天津	东部	C	无国有股份公司	100.0000	58.8631	74.9929	71.8482	914
600383	金地集团	广东	东部	K	国有参股公司	100.0000	47.0415	82.5097	71.8449	915
688028	沃尔德	北京	东部	C	无国有股份公司	85.7143	46.3331	85.5537	71.8425	916
603105	芯能科技	浙江	东部	C	无国有股份公司	100.0000	45.8339	83.2719	71.8414	917
002201	正威新材	江苏	东部	C	无国有股份公司	71.4286	50.4872	85.5044	71.8408	918
688617	惠泰医疗	广东	东部	C	无国有股份公司	71.4286	48.8671	86.5311	71.8384	919
300161	华中数控	湖北	中部	C	国有参股公司	42.8571	52.1565	89.6158	71.8292	920
603685	晨丰科技	浙江	东部	C	无国有股份公司	71.4286	50.3200	85.5822	71.8250	921
688280	精进电动	北京	东部	C	无国有股份公司	100.0000	50.3244	80.3741	71.8193	922
300228	富瑞特装	江苏	东部	C	国有参股公司	85.7143	49.7942	83.3023	71.8157	923
600031	三一重工	北京	东部	C	国有参股公司	85.7143	51.4103	82.2703	71.8137	924
000541	佛山照明	广东	东部	C	国有参股公司	85.7143	50.2878	82.9766	71.8093	925
002661	克明食品	湖南	中部	C	国有参股公司	42.8571	57.6110	86.0997	71.8044	926
603090	宏盛股份	江苏	东部	C	无国有股份公司	57.1429	57.4382	83.5849	71.7894	927
605222	起帆电缆	上海	东部	C	无国有股份公司	85.7143	54.2011	80.4345	71.7808	928
300923	研奥股份	吉林	东部	C	国有参股公司	57.1429	63.5793	79.6594	71.7797	929
603155	新亚强	江苏	东部	C	国有参股公司	100.0000	47.7592	81.9307	71.7776	930
002379	宏创控股	山东	东部	C	无国有股份公司	100.0000	53.0212	78.5810	71.7770	931
688669	聚石化学	广东	东部	C	无国有股份公司	85.7143	53.0371	81.1663	71.7759	932
603759	海天股份	四川	西部	D	无国有股份公司	100.0000	49.3002	80.9429	71.7737	933
002913	奥士康	湖南	中部	C	无国有股份公司	71.4286	53.3454	83.5614	71.7725	934
603324	盛剑环境	上海	东部	C	国有参股公司	100.0000	53.4321	78.2859	71.7585	935
300417	南华仪器	广东	东部	C	无国有股份公司	57.1429	59.7243	82.0739	71.7584	936
603596	伯特利	安徽	中部	C	无国有股份公司	71.4286	49.8832	85.7313	71.7542	937
300573	兴齐眼药	辽宁	东北	C	无国有股份公司	85.7143	61.4555	75.7553	71.7463	938
300767	震安科技	云南	西部	C	无国有股份公司	57.1429	46.7086	90.3313	71.7445	939
603589	口子窖	安徽	中部	C	无国有股份公司	57.1429	45.8241	90.8886	71.7414	940
688115	思林杰	广东	东部	C	国有参股公司	57.1429	53.5607	85.9595	71.7382	941
605123	派克新材	江苏	东部	C	无国有股份公司	71.4286	48.2909	86.7118	71.7361	942
002438	江苏神通	江苏	东部	C	无国有股份公司	42.8571	58.3864	85.4704	71.7297	943
603968	醋化股份	江苏	东部	C	国有参股公司	85.7143	47.1099	84.8480	71.7263	944
600210	紫江企业	上海	东部	C	无国有股份公司	100.0000	47.6333	81.9157	71.7253	945
603992	松霖科技	福建	东部	C	无国有股份公司	71.4286	51.8375	84.4271	71.7209	946
002421	达实智能	广东	东部	I	国有参股公司	71.4286	48.3113	86.6634	71.7167	947
688056	莱伯泰科	北京	东部	C	无国有股份公司	71.4286	50.1173	85.5138	71.7165	948

续表

股票代码	公司简称	省份	地区	行业代码	控股类型	环境保护（*EP*）	社会责任（*SR*）	公司治理（*CG*）	上市公司质量/ESG指数（*CLCQI/ESGI*）	*CLCQI/ESGI*排名
300552	万集科技	北京	东部	I	无国有股份公司	42.8571	54.4607	87.9357	71.7116	949
688202	美迪西	上海	东部	M	无国有股份公司	71.4286	56.1094	81.6659	71.6974	950
300679	电连技术	广东	东部	C	无国有股份公司	57.1429	58.5562	82.7058	71.6971	951
300990	同飞股份	河北	东部	C	无国有股份公司	42.8571	62.2027	82.9749	71.6929	952
000626	远大控股	江苏	东部	F	国有参股公司	71.4286	56.5414	81.3690	71.6853	953
603590	康辰药业	北京	东部	C	无国有股份公司	100.0000	46.3108	82.6787	71.6821	954
603309	维力医疗	广东	东部	C	无国有股份公司	71.4286	45.3031	88.5141	71.6817	955
000935	四川双马	四川	西部	C	无国有股份公司	85.7143	51.0681	82.2413	71.6780	956
002245	蔚蓝锂芯	江苏	东部	C	国有参股公司	100.0000	39.4632	87.0085	71.6668	957
605366	宏柏新材	江西	中部	C	无国有股份公司	100.0000	58.5865	74.8383	71.6663	958
605289	罗曼股份	上海	东部	E	国有参股公司	85.7143	52.6492	81.2072	71.6626	959
002997	瑞鹄模具	安徽	中部	C	无国有股份公司	57.1429	58.8315	82.4649	71.6610	960
002330	得利斯	山东	东部	C	国有参股公司	71.4286	49.5011	85.7876	71.6514	961
603009	北特科技	上海	东部	C	无国有股份公司	85.7143	46.7833	84.9167	71.6498	962
688169	石头科技	北京	东部	C	无国有股份公司	71.4286	51.5228	84.4929	71.6469	963
300547	川环科技	四川	西部	C	无国有股份公司	85.7143	48.4134	83.8620	71.6402	964
603225	新凤鸣	浙江	东部	C	无国有股份公司	100.0000	49.2497	80.7315	71.6397	965
300456	赛微电子	北京	东部	C	国有参股公司	71.4286	46.4940	87.6791	71.6392	966
603595	东尼电子	浙江	东部	C	国有参股公司	100.0000	52.9201	78.3908	71.6370	967
688159	有方科技	广东	东部	C	国有参股公司	71.4286	60.6139	78.6868	71.6354	968
603682	锦和商管	上海	东部	L	无国有股份公司	85.7143	49.4322	83.2035	71.6346	969
002272	川润股份	四川	西部	C	无国有股份公司	57.1429	52.4463	86.4783	71.6336	970
300150	世纪瑞尔	北京	东部	I	国有参股公司	71.4286	51.6266	84.3886	71.6259	971
300720	海川智能	广东	东部	C	无国有股份公司	42.8571	54.2246	87.9036	71.6113	972
300655	晶瑞电材	江苏	东部	C	无国有股份公司	42.8571	57.2909	85.9501	71.6101	973
601996	丰林集团	广西	西部	C	国有参股公司	71.4286	43.3760	89.6014	71.6052	974
300841	康华生物	四川	西部	C	无国有股份公司	57.1429	54.0461	85.4031	71.6021	975
688679	通源环境	安徽	中部	N	无国有股份公司	57.1429	56.8149	83.6372	71.6000	976
603159	上海亚虹	上海	东部	C	无国有股份公司	85.7143	48.0889	83.9848	71.5942	977
600152	维科技术	浙江	东部	C	国有参股公司	71.4286	45.8096	88.0200	71.5872	978
688575	亚辉龙	广东	东部	C	无国有股份公司	85.7143	49.4205	83.1169	71.5829	979
300647	超频三	广东	东部	C	无国有股份公司	85.7143	49.6005	82.9994	71.5813	980
300009	安科生物	安徽	中部	C	无国有股份公司	42.8571	51.7055	89.4495	71.5799	981
301059	金三江	广东	东部	C	无国有股份公司	85.7143	55.1992	79.4193	71.5717	982
603699	纽威股份	江苏	东部	C	无国有股份公司	85.7143	50.0067	82.7189	71.5692	983

续表

股票代码	公司简称	省份	地区	行业代码	控股类型	环境保护（EP）	社会责任（SR）	公司治理（CG）	上市公司质量/ESG指数（CLCQI/ESGI）	CLCQI/ESGI排名
002713	东易日盛	北京	东部	E	无国有股份公司	85.7143	57.4607	77.8945	71.5246	984
603386	骏亚科技	广东	东部	C	无国有股份公司	71.4286	49.0390	85.8268	71.5113	985
688166	博瑞医药	江苏	东部	C	无国有股份公司	42.8571	50.0513	90.3615	71.5025	986
600606	绿地控股	上海	东部	E	国有参股公司	85.7143	58.1458	77.4155	71.5010	987
603351	威尔药业	江苏	东部	C	无国有股份公司	57.1429	54.3125	85.0487	71.5004	988
301222	浙江恒威	浙江	东部	C	无国有股份公司	57.1429	52.5544	86.1594	71.4960	989
688158	优刻得	上海	东部	I	国有参股公司	57.1429	52.9231	85.9054	71.4853	990
603799	华友钴业	浙江	东部	C	无国有股份公司	100.0000	52.5009	78.3741	71.4811	991
300248	新开普	河南	中部	I	无国有股份公司	85.7143	50.7835	82.0552	71.4760	992
603297	永新光学	浙江	东部	C	国有参股公司	71.4286	54.9527	81.9991	71.4758	993
300832	新产业	广东	东部	C	无国有股份公司	71.4286	52.1717	83.7569	71.4692	994
688136	科兴制药	山东	东部	C	无国有股份公司	71.4286	53.9393	82.6128	71.4586	995
688108	赛诺医疗	天津	东部	C	无国有股份公司	57.1429	51.1995	86.9518	71.4576	996
603320	迪贝电气	浙江	东部	C	无国有股份公司	85.7143	45.3668	85.4630	71.4545	997
002922	伊戈尔	广东	东部	C	无国有股份公司	71.4286	45.2977	88.0758	71.4387	998
000555	神州信息	广东	东部	I	国有参股公司	57.1429	50.4345	87.4043	71.4387	999
300453	三鑫医疗	江西	中部	C	无国有股份公司	71.4286	45.0585	88.2254	71.4373	1000
605189	富春染织	安徽	中部	C	无国有股份公司	85.7143	52.0511	81.1604	71.4275	1001
300930	屹通新材	浙江	东部	C	无国有股份公司	85.7143	51.1783	81.7127	71.4258	1002
002015	协鑫能科	江苏	东部	D	国有参股公司	57.1429	52.5275	86.0465	71.4245	1003
002675	东诚药业	山东	东部	C	无国有股份公司	71.4286	49.9460	85.0890	71.4229	1004
301177	迪阿股份	广东	东部	F	国有参股公司	85.7143	39.6665	89.0221	71.4168	1005
600955	维远股份	山东	东部	C	国有参股公司	100.0000	50.5196	79.5087	71.4116	1006
002437	誉衡药业	黑龙江	东北	C	国有参股公司	42.8571	45.2338	93.2519	71.4061	1007
002345	潮宏基	广东	东部	C	无国有股份公司	85.7143	43.3537	86.6420	71.3983	1008
300626	华瑞股份	浙江	东部	C	国有参股公司	100.0000	51.4249	78.9054	71.3967	1009
300947	德必集团	上海	东部	L	无国有股份公司	85.7143	52.8759	80.5712	71.3921	1010
688639	华恒生物	安徽	中部	C	无国有股份公司	71.4286	45.8217	87.6382	71.3814	1011
300670	大烨智能	江苏	东部	C	无国有股份公司	85.7143	55.1971	79.0585	71.3725	1012
688711	宏微科技	江苏	东部	C	无国有股份公司	85.7143	50.9504	81.7588	71.3714	1013
688607	康众医疗	江苏	东部	C	国有参股公司	71.4286	48.6036	85.8392	71.3657	1014
300376	易事特	广东	东部	C	无国有股份公司	100.0000	48.7678	80.5351	71.3631	1015
688217	睿昂基因	上海	东部	C	无国有股份公司	71.4286	47.6739	86.4237	71.3618	1016
603355	莱克电气	江苏	东部	C	无国有股份公司	71.4286	53.7587	82.5495	71.3606	1017
300861	美畅股份	陕西	西部	C	无国有股份公司	71.4286	51.2812	84.1226	71.3587	1018

续表

股票代码	公司简称	省份	地区	行业代码	控股类型	环境保护（*EP*）	社会责任（*SR*）	公司治理（*CG*）	上市公司质量/ESG指数（*CLCQI/ESGI*）	*CLCQI/ESGI*排名
301226	祥明智能	江苏	东部	C	无国有股份公司	71.4286	54.9980	81.7556	71.3577	1019
688178	万德斯	江苏	东部	N	无国有股份公司	71.4286	51.7005	83.8468	71.3538	1020
603897	长城科技	浙江	东部	C	无国有股份公司	85.7143	58.5791	76.8624	71.3484	1021
300443	金雷股份	山东	东部	C	无国有股份公司	71.4286	57.8144	79.9361	71.3427	1022
300423	昇辉科技	山东	东部	C	无国有股份公司	57.1429	52.1630	86.1277	71.3416	1023
605118	力鼎光电	福建	东部	C	无国有股份公司	71.4286	48.6162	85.7796	71.3373	1024
300054	鼎龙股份	湖北	中部	C	国有参股公司	57.1429	52.3436	86.0031	71.3363	1025
688697	纽威数控	江苏	东部	C	国有参股公司	85.7143	46.0503	84.8070	71.3329	1026
600276	恒瑞医药	江苏	东部	C	国有参股公司	85.7143	53.4333	80.0792	71.3167	1027
300562	乐心医疗	广东	东部	C	无国有股份公司	71.4286	49.6683	85.0496	71.3041	1028
603198	迎驾贡酒	安徽	中部	C	无国有股份公司	85.7143	52.4917	80.6481	71.3000	1029
002167	东方锆业	广东	东部	C	无国有股份公司	71.4286	59.7155	78.6264	71.2878	1030
002549	凯美特气	湖南	中部	N	国有参股公司	42.8571	52.9397	88.1212	71.2813	1031
002681	奋达科技	广东	东部	C	无国有股份公司	42.8571	48.8403	90.7235	71.2778	1032
600066	宇通客车	河南	中部	C	国有参股公司	100.0000	52.5150	77.9946	71.2773	1033
301263	泰恩康	广东	东部	F	无国有股份公司	71.4286	49.5503	85.0739	71.2761	1034
600537	亿晶光电	浙江	东部	C	无国有股份公司	100.0000	41.0948	85.2532	71.2725	1035
002250	联化科技	浙江	东部	C	国有参股公司	57.1429	50.3728	87.1385	71.2709	1036
600460	士兰微	浙江	东部	C	国有参股公司	57.1429	50.9522	86.7668	71.2693	1037
301256	华融化学	四川	西部	C	国有参股公司	85.7143	55.8843	78.4300	71.2675	1038
002757	南兴股份	广东	东部	C	无国有股份公司	71.4286	50.8572	84.1910	71.2479	1039
300286	安科瑞	上海	东部	C	无国有股份公司	57.1429	57.5979	82.4889	71.2424	1040
002928	华夏航空	贵州	西部	G	无国有股份公司	71.4286	52.0673	83.4063	71.2399	1041
688600	皖仪科技	安徽	中部	C	国有参股公司	71.4286	56.1170	80.8229	71.2364	1042
301073	君亭酒店	浙江	东部	H	无国有股份公司	57.1429	54.0362	84.7052	71.2148	1043
300614	百川畅银	河南	中部	N	无国有股份公司	42.8571	51.0605	89.1772	71.2043	1044
603800	道森股份	江苏	东部	C	无国有股份公司	42.8571	58.7100	84.2955	71.1967	1045
300920	润阳科技	浙江	东部	C	无国有股份公司	71.4286	50.0102	84.6316	71.1938	1046
300951	博硕科技	广东	东部	C	无国有股份公司	28.5714	55.7658	88.7566	71.1913	1047
300681	英搏尔	广东	东部	C	无国有股份公司	85.7143	52.3508	80.5216	71.1811	1048
300015	爱尔眼科	湖南	中部	Q	无国有股份公司	57.1429	55.2490	83.8637	71.1765	1049
002014	永新股份	安徽	中部	C	无国有股份公司	71.4286	55.7916	80.9147	71.1730	1050
603392	万泰生物	北京	东部	C	无国有股份公司	57.1429	56.2381	83.2270	71.1725	1051
002553	南方精工	江苏	东部	C	无国有股份公司	71.4286	55.2676	81.2432	71.1702	1052
002582	好想你	河南	中部	C	无国有股份公司	85.7143	52.5803	80.3555	71.1700	1053

续表

股票代码	公司简称	省份	地区	行业代码	控股类型	环境保护（*EP*）	社会责任（*SR*）	公司治理（*CG*）	上市公司质量/ESG指数（*CLCQI/ESGI*）	*CLCQI/ESGI*排名
300842	帝科股份	江苏	东部	C	无国有股份公司	85.7143	48.7998	82.7555	71.1669	1054
301087	可孚医疗	湖南	中部	C	无国有股份公司	14.2857	60.5783	88.2374	71.1615	1055
603668	天马科技	福建	东部	C	无国有股份公司	85.7143	54.6503	79.0127	71.1560	1056
301111	粤万年青	广东	东部	C	国有参股公司	71.4286	49.7649	84.7178	71.1554	1057
002042	华孚时尚	安徽	中部	C	国有参股公司	71.4286	57.8790	79.5509	71.1535	1058
603233	大参林	广东	东部	F	无国有股份公司	71.4286	60.5998	77.8052	71.1456	1059
300618	寒锐钴业	江苏	东部	C	国有参股公司	57.1429	45.7710	89.8351	71.1434	1060
300146	汤臣倍健	广东	东部	C	无国有股份公司	42.8571	51.4698	88.8051	71.1430	1061
603681	永冠新材	上海	东部	C	无国有股份公司	57.1429	53.0698	85.1734	71.1341	1062
001313	粤海饲料	广东	东部	C	无国有股份公司	57.1429	47.8406	88.5009	71.1340	1063
605299	舒华体育	福建	东部	C	无国有股份公司	85.7143	43.5429	86.0267	71.1262	1064
301129	瑞纳智能	安徽	中部	C	无国有股份公司	71.4286	45.6660	87.2551	71.1163	1065
688611	杭州柯林	浙江	东部	C	无国有股份公司	42.8571	64.8183	80.2619	71.1162	1066
603790	雅运股份	上海	东部	C	无国有股份公司	85.7143	44.3881	85.4614	71.1110	1067
603727	博迈科	天津	东部	B	无国有股份公司	71.4286	56.4706	80.3687	71.1103	1068
300257	开山股份	上海	东部	C	无国有股份公司	42.8571	45.2143	92.7240	71.1089	1069
603818	曲美家居	北京	东部	C	无国有股份公司	71.4286	47.1816	86.2687	71.1042	1070
002837	英维克	广东	东部	C	无国有股份公司	42.8571	46.2316	92.0678	71.1041	1071
600882	妙可蓝多	上海	东部	C	无国有股份公司	85.7143	45.9037	84.4738	71.0983	1072
000012	南玻A	广东	东部	C	无国有股份公司	85.7143	44.6880	85.2419	71.0953	1073
300980	祥源新材	湖北	中部	C	国有参股公司	57.1429	55.4918	83.5608	71.0948	1074
605018	长华集团	浙江	东部	C	无国有股份公司	100.0000	47.0077	81.1515	71.0860	1075
002065	东华软件	北京	东部	I	无国有股份公司	85.7143	53.8773	79.3595	71.0762	1076
002233	塔牌集团	广东	东部	C	无国有股份公司	71.4286	49.7332	84.5894	71.0736	1077
600233	圆通速递	辽宁	东北	G	无国有股份公司	42.8571	45.3704	92.5483	71.0669	1078
002310	东方园林	北京	东部	N	国有参股公司	100.0000	46.1482	81.6610	71.0654	1079
002885	京泉华	广东	东部	C	无国有股份公司	71.4286	52.6223	82.7239	71.0588	1080
688517	金冠电气	河南	中部	C	国有参股公司	71.4286	49.7214	84.5654	71.0563	1081
603348	文灿股份	广东	东部	C	无国有股份公司	71.4286	42.5508	89.1232	71.0534	1082
002158	汉钟精机	上海	东部	C	无国有股份公司	57.1429	47.0546	88.8493	71.0505	1083
002482	*ST广田	广东	东部	E	无国有股份公司	71.4286	53.2446	82.3127	71.0505	1084
301127	天源环保	湖北	中部	N	国有参股公司	71.4286	49.3202	84.8092	71.0500	1085
688021	奥福环保	山东	东部	C	无国有股份公司	71.4286	54.4553	81.5399	71.0491	1086
600481	双良节能	江苏	东部	C	国有参股公司	100.0000	49.7800	79.3195	71.0487	1087
003029	吉大正元	吉林	东部	I	国有参股公司	28.5714	62.2297	84.3828	71.0481	1088

续表

股票代码	公司简称	省份	地区	行业代码	控股类型	环境保护（*EP*）	社会责任（*SR*）	公司治理（*CG*）	上市公司质量/ESG指数（*CLCQI/ESGI*）	*CLCQI/ESGI*排名
600535	天士力	天津	东部	C	无国有股份公司	85.7143	55.0415	78.5630	71.0456	1089
603579	荣泰健康	上海	东部	C	无国有股份公司	28.5714	54.8219	89.0704	71.0335	1090
600557	康缘药业	江苏	东部	C	无国有股份公司	71.4286	54.7964	81.2899	71.0310	1091
301133	金钟股份	广东	东部	C	无国有股份公司	71.4286	48.4379	85.3185	71.0213	1092
300708	聚灿光电	江苏	东部	C	无国有股份公司	85.7143	50.6776	81.2871	71.0165	1093
603222	济民医疗	浙江	东部	C	无国有股份公司	85.7143	52.1164	80.3685	71.0148	1094
300899	上海凯鑫	上海	东部	N	无国有股份公司	28.5714	58.6872	86.5728	71.0127	1095
300243	瑞丰高材	山东	东部	C	无国有股份公司	71.4286	50.6860	83.8714	71.0123	1096
300601	康泰生物	广东	东部	C	无国有股份公司	85.7143	48.9007	82.4080	71.0111	1097
300748	金力永磁	江西	中部	C	国有参股公司	71.4286	51.8311	83.1380	71.0096	1098
301071	力量钻石	河南	中部	C	国有参股公司	71.4286	51.5048	83.3433	71.0084	1099
603508	思维列控	河南	中部	C	无国有股份公司	57.1429	52.9694	85.0020	71.0047	1100
002790	瑞尔特	福建	东部	C	无国有股份公司	71.4286	44.6324	87.7092	71.0043	1101
600635	大众公用	上海	东部	D	国有参股公司	71.4286	48.9014	84.9857	71.0005	1102
300168	万达信息	上海	东部	I	国有参股公司	28.5714	56.1674	88.1433	70.9945	1103
600226	瀚叶股份	浙江	东部	I	无国有股份公司	71.4286	49.9402	84.2995	70.9866	1104
002256	兆新股份	广东	东部	D	国有参股公司	57.1429	46.4700	89.0975	70.9824	1105
300102	乾照光电	福建	东部	C	国有参股公司	57.1429	50.7555	86.3602	70.9768	1106
300560	中富通	福建	东部	I	无国有股份公司	71.4286	55.4900	80.7334	70.9677	1107
603279	景津装备	山东	东部	C	无国有股份公司	71.4286	43.5548	88.2963	70.9500	1108
605259	绿田机械	浙江	东部	C	无国有股份公司	71.4286	50.1886	84.0744	70.9498	1109
002810	山东赫达	山东	东部	C	无国有股份公司	42.8571	52.9983	87.4582	70.9371	1110
603515	欧普照明	上海	东部	C	无国有股份公司	85.7143	50.7404	81.0821	70.9257	1111
300303	聚飞光电	广东	东部	C	无国有股份公司	100.0000	43.9804	82.7671	70.9150	1112
603112	华翔股份	山西	中部	C	国有参股公司	71.4286	50.6131	83.7380	70.9134	1113
300757	罗博特科	江苏	东部	C	无国有股份公司	71.4286	55.0091	80.9329	70.9091	1114
688383	新益昌	广东	东部	C	国有参股公司	85.7143	46.5508	83.7137	70.9067	1115
002127	南极电商	江苏	东部	L	无国有股份公司	42.8571	49.7384	89.4735	70.9046	1116
300115	长盈精密	广东	东部	C	无国有股份公司	71.4286	46.9200	86.0613	70.8986	1117
688022	瀚川智能	江苏	东部	C	无国有股份公司	71.4286	53.1583	82.0846	70.8948	1118
002274	华昌化工	江苏	东部	C	国有参股公司	85.7143	47.7529	82.9260	70.8942	1119
603081	大丰实业	浙江	东部	C	无国有股份公司	71.4286	52.3806	82.5676	70.8882	1120
002154	报喜鸟	浙江	东部	C	国有参股公司	85.7143	46.4101	83.7676	70.8872	1121
300758	七彩化学	辽宁	东北	C	无国有股份公司	85.7143	50.6828	81.0415	70.8832	1122
603313	梦百合	江苏	东部	C	无国有股份公司	85.7143	40.6300	87.4224	70.8743	1123

续表

股票代码	公司简称	省份	地区	行业代码	控股类型	环境保护（EP）	社会责任（SR）	公司治理（CG）	上市公司质量/ESG指数（CLCQI/ESGI）	CLCQI/ESGI排名
300421	力星股份	江苏	东部	C	无国有股份公司	57.1429	59.4936	80.6094	70.8722	1124
603948	建业股份	浙江	东部	C	国有参股公司	85.7143	49.8731	81.5342	70.8708	1125
300950	德固特	山东	东部	C	国有参股公司	57.1429	50.8325	86.1127	70.8677	1126
002488	金固股份	浙江	东部	C	无国有股份公司	71.4286	48.4411	85.0345	70.8662	1127
603767	中马传动	浙江	东部	C	无国有股份公司	85.7143	57.1636	76.8854	70.8657	1128
002868	绿康生化	福建	东部	C	无国有股份公司	100.0000	53.5667	76.5629	70.8579	1129
603826	坤彩科技	福建	东部	C	无国有股份公司	85.7143	52.1362	80.0694	70.8572	1130
603890	春秋电子	江苏	东部	C	国有参股公司	85.7143	47.0473	83.3071	70.8569	1131
300657	弘信电子	福建	东部	C	无国有股份公司	71.4286	51.7031	82.9386	70.8552	1132
002900	哈三联	黑龙江	东北	C	无国有股份公司	42.8571	48.9335	89.8838	70.8485	1133
300327	中颖电子	上海	东部	C	无国有股份公司	42.8571	53.0529	87.2387	70.8355	1134
605007	五洲特纸	浙江	东部	C	无国有股份公司	100.0000	47.8667	80.1407	70.8307	1135
601116	三江购物	浙江	东部	F	无国有股份公司	57.1429	46.2688	88.9439	70.8275	1136
605168	三人行	陕西	西部	L	无国有股份公司	57.1429	52.3145	85.0956	70.8269	1137
300849	锦盛新材	浙江	东部	C	无国有股份公司	71.4286	52.4632	82.3989	70.8244	1138
300179	四方达	河南	中部	C	无国有股份公司	85.7143	51.7615	80.2424	70.8213	1139
002074	国轩高科	安徽	中部	C	国有参股公司	100.0000	42.4685	83.5556	70.8195	1140
300500	启迪设计	江苏	东部	M	无国有股份公司	71.4286	55.5420	80.4258	70.8168	1141
002805	丰元股份	山东	东部	C	国有参股公司	85.7143	49.7843	81.4881	70.8144	1142
603268	松发股份	广东	东部	C	无国有股份公司	85.7143	46.5045	83.5749	70.8142	1143
831445	龙竹科技	福建	东部	C	国有参股公司	100.0000	53.5274	76.5042	70.8119	1144
000690	宝新能源	广东	东部	D	无国有股份公司	85.7143	52.3463	79.8420	70.8058	1145
002351	漫步者	广东	东部	C	无国有股份公司	42.8571	51.8888	87.9163	70.8007	1146
002567	唐人神	湖南	中部	C	国有参股公司	57.1429	49.2145	86.9990	70.7888	1147
300956	英力股份	安徽	中部	C	无国有股份公司	57.1429	41.8861	91.6440	70.7786	1148
603658	安图生物	河南	中部	C	无国有股份公司	71.4286	51.0414	83.2151	70.7757	1149
688181	八亿时空	北京	东部	C	无国有股份公司	71.4286	57.4841	79.0971	70.7657	1150
605377	华旺科技	浙江	东部	C	无国有股份公司	85.7143	48.7374	82.0633	70.7643	1151
688510	航亚科技	江苏	东部	C	国有参股公司	71.4286	49.2755	84.3131	70.7615	1152
300195	长荣股份	天津	东部	C	无国有股份公司	57.1429	57.2244	81.8304	70.7495	1153
300489	光智科技	黑龙江	东北	C	国有参股公司	85.7143	41.9375	86.3619	70.7486	1154
300265	通光线缆	江苏	东部	C	无国有股份公司	57.1429	58.6759	80.8990	70.7453	1155
002591	恒大高新	江西	中部	C	无国有股份公司	57.1429	53.0599	84.4676	70.7424	1156
002391	长青股份	江苏	东部	C	无国有股份公司	71.4286	55.8708	80.0774	70.7402	1157
300985	致远新能	吉林	东部	C	无国有股份公司	57.1429	51.4336	85.4908	70.7360	1158

续表

股票代码	公司简称	省份	地区	行业代码	控股类型	环境保护（*EP*）	社会责任（*SR*）	公司治理（*CG*）	上市公司质量/ESG指数（*CLCQI/ESGI*）	*CLCQI/ESGI*排名
603171	税友股份	浙江	东部	I	无国有股份公司	71.4286	55.3117	80.4098	70.7274	1159
603165	荣晟环保	浙江	东部	C	无国有股份公司	85.7143	46.2754	83.5624	70.7271	1160
688199	久日新材	天津	东部	C	国有参股公司	57.1429	55.3199	82.9963	70.7242	1161
300234	开尔新材	浙江	东部	C	无国有股份公司	57.1429	41.9452	91.5069	70.7239	1162
605060	联德股份	浙江	东部	C	无国有股份公司	71.4286	54.5566	80.8632	70.7124	1163
000766	通化金马	吉林	东部	C	国有参股公司	42.8571	49.4990	89.2715	70.7097	1164
003030	祖名股份	浙江	东部	C	无国有股份公司	85.7143	49.2214	81.6362	70.6988	1165
300373	扬杰科技	江苏	东部	C	无国有股份公司	85.7143	44.2443	84.7901	70.6915	1166
605369	拱东医疗	浙江	东部	C	无国有股份公司	85.7143	49.9020	81.1775	70.6848	1167
300833	浩洋股份	广东	东部	C	无国有股份公司	57.1429	47.4439	87.9324	70.6825	1168
603630	拉芳家化	广东	东部	C	无国有股份公司	57.1429	47.3199	87.9946	70.6733	1169
600933	爱柯迪	浙江	东部	C	无国有股份公司	71.4286	46.3615	85.9979	70.6682	1170
603879	永悦科技	江苏	东部	C	无国有股份公司	85.7143	52.7752	79.3127	70.6647	1171
300710	万隆光电	浙江	东部	C	无国有股份公司	28.5714	48.7059	92.2909	70.6642	1172
603959	百利科技	湖南	中部	E	国有参股公司	71.4286	42.5883	88.3621	70.6479	1173
688718	唯赛勃	上海	东部	C	无国有股份公司	71.4286	51.1799	82.8872	70.6437	1174
688658	悦康药业	北京	东部	C	无国有股份公司	85.7143	51.2343	80.2510	70.6415	1175
000989	九芝堂	湖南	中部	C	国有参股公司	85.7143	45.3898	83.9684	70.6405	1176
688283	坤恒顺维	四川	西部	C	无国有股份公司	57.1429	50.8394	85.6822	70.6333	1177
002870	香山股份	广东	东部	C	无国有股份公司	42.8571	48.4063	89.8206	70.6292	1178
000816	智慧农业	江苏	东部	C	无国有股份公司	28.5714	53.1090	89.4240	70.6285	1179
000637	ST实华	广东	东部	C	国有参股公司	85.7143	56.5641	76.8333	70.6272	1180
603161	科华控股	江苏	东部	C	无国有股份公司	100.0000	52.1402	77.0421	70.6223	1181
300868	杰美特	广东	东部	C	无国有股份公司	85.7143	57.9558	75.9215	70.6128	1182
600337	美克家居	江西	中部	F	无国有股份公司	85.7143	46.2815	83.3483	70.6115	1183
002562	兄弟科技	浙江	东部	C	无国有股份公司	71.4286	52.1483	82.2099	70.6102	1184
301009	可靠股份	浙江	东部	C	无国有股份公司	71.4286	55.8930	79.8208	70.6069	1185
300635	中达安	广东	东部	M	无国有股份公司	71.4286	51.8099	82.4171	70.6058	1186
688315	诺禾致源	北京	东部	M	无国有股份公司	42.8571	51.0976	88.0641	70.6051	1187
688081	兴图新科	湖北	中部	C	国有参股公司	57.1429	53.0962	84.1870	70.6008	1188
300061	旗天科技	上海	东部	L	无国有股份公司	28.5714	51.0955	90.6516	70.5990	1189
300839	博汇股份	浙江	东部	C	无国有股份公司	57.1429	47.6097	87.6709	70.5966	1190
603015	弘讯科技	浙江	东部	C	无国有股份公司	85.7143	51.5109	79.9694	70.5834	1191
688277	天智航	北京	东部	C	无国有股份公司	57.1429	58.4775	80.7276	70.5816	1192
688369	致远互联	北京	东部	I	无国有股份公司	57.1429	50.3729	85.8762	70.5767	1193

续表

股票代码	公司简称	省份	地区	行业代码	控股类型	环境保护（*EP*）	社会责任（*SR*）	公司治理（*CG*）	上市公司质量/ESG指数（*CLCQI/ESGI*）	*CLCQI/ESGI*排名
688201	信安世纪	北京	东部	I	无国有股份公司	42.8571	62.0573	81.0155	70.5643	1194
002715	登云股份	广东	东部	C	无国有股份公司	57.1429	58.4333	80.7171	70.5604	1195
002563	森马服饰	浙江	东部	C	无国有股份公司	100.0000	47.1148	80.1246	70.5587	1196
300850	新强联	河南	中部	C	无国有股份公司	85.7143	49.5026	81.1983	70.5564	1197
000967	盈峰环境	浙江	东部	N	国有参股公司	57.1429	48.2031	87.2123	70.5521	1198
300279	和晶科技	江苏	东部	C	国有参股公司	42.8571	51.6999	87.5730	70.5459	1199
600516	方大炭素	甘肃	西部	C	无国有股份公司	71.4286	48.1590	84.6264	70.5430	1200
300086	康芝药业	海南	东部	C	国有参股公司	57.1429	52.3030	84.5827	70.5408	1201
003019	宸展光电	福建	东部	C	无国有股份公司	42.8571	53.6876	86.2961	70.5392	1202
301036	双乐股份	江苏	东部	C	无国有股份公司	85.7143	45.6929	83.5886	70.5377	1203
300966	共同药业	湖北	中部	C	无国有股份公司	85.7143	52.3378	79.3430	70.5283	1204
002623	亚玛顿	江苏	东部	C	无国有股份公司	71.4286	49.3899	83.8140	70.5270	1205
603856	东宏股份	山东	东部	C	国有参股公司	85.7143	47.4061	82.4715	70.5229	1206
300897	山科智能	浙江	东部	C	无国有股份公司	85.7143	48.9727	81.4720	70.5215	1207
002706	良信股份	上海	东部	C	无国有股份公司	85.7143	46.9387	82.7523	70.5137	1208
002255	海陆重工	江苏	东部	C	无国有股份公司	85.7143	44.5685	84.2584	70.5125	1209
300040	九洲集团	黑龙江	东北	C	国有参股公司	71.4286	48.6605	84.2433	70.5079	1210
601777	力帆科技	重庆	西部	C	无国有股份公司	85.7143	41.7956	86.0093	70.5050	1211
300260	新莱应材	江苏	东部	C	无国有股份公司	71.4286	52.5837	81.7402	70.5043	1212
002558	巨人网络	重庆	西部	I	无国有股份公司	57.1429	50.1307	85.8911	70.5001	1213
301199	迈赫股份	山东	东部	C	无国有股份公司	57.1429	43.1171	90.3377	70.4910	1214
002432	九安医疗	天津	东部	C	国有参股公司	42.8571	53.5215	86.3140	70.4909	1215
688521	芯原股份	上海	东部	I	国有参股公司	85.7143	50.9851	80.1261	70.4856	1216
603578	三星新材	浙江	东部	C	无国有股份公司	71.4286	49.8635	83.4313	70.4823	1217
688160	步科股份	上海	东部	C	国有参股公司	42.8571	50.9827	87.9131	70.4819	1218
300712	永福股份	福建	东部	E	无国有股份公司	28.5714	57.1080	86.6045	70.4774	1219
605066	天正电气	浙江	东部	C	无国有股份公司	57.1429	49.4791	86.2640	70.4772	1220
601678	滨化股份	山东	东部	C	国有参股公司	85.7143	45.7223	83.4550	70.4745	1221
605298	必得科技	江苏	东部	C	无国有股份公司	71.4286	49.8892	83.3887	70.4679	1222
688179	阿拉丁	上海	东部	M	无国有股份公司	71.4286	53.4404	81.1240	70.4652	1223
601615	明阳智能	广东	东部	C	国有参股公司	85.7143	55.8521	76.9740	70.4554	1224
300642	透景生命	上海	东部	C	国有参股公司	71.4286	54.1383	80.6546	70.4513	1225
301042	安联锐视	广东	东部	C	国有参股公司	42.8571	54.3392	85.7196	70.4502	1226
300452	山河药辅	安徽	中部	C	无国有股份公司	57.1429	55.9385	82.1039	70.4499	1227
603197	保隆科技	上海	东部	C	无国有股份公司	100.0000	48.2602	79.1893	70.4452	1228

续表

股票代码	公司简称	省份	地区	行业代码	控股类型	环境保护（*EP*）	社会责任（*SR*）	公司治理（*CG*）	上市公司质量/ESG指数（*CLCQI/ESGI*）	*CLCQI/ESGI*排名
300062	中能电气	福建	东部	C	无国有股份公司	71.4286	52.4100	81.7416	70.4443	1229
300046	台基股份	湖北	中部	C	无国有股份公司	57.1429	56.7723	81.5625	70.4440	1230
300719	安达维尔	北京	东部	C	无国有股份公司	57.1429	51.6543	84.8192	70.4438	1231
003028	振邦智能	广东	东部	C	无国有股份公司	57.1429	50.8869	85.3022	70.4409	1232
600165	宁科生物	宁夏	西部	C	无国有股份公司	100.0000	50.2516	77.9130	70.4402	1233
002273	水晶光电	浙江	东部	C	国有参股公司	42.8571	46.3966	90.7481	70.4360	1234
002545	东方铁塔	山东	东部	C	国有参股公司	85.7143	49.9321	80.7036	70.4347	1235
300233	金城医药	山东	东部	C	无国有股份公司	71.4286	50.9051	82.6806	70.4339	1236
300418	昆仑万维	北京	东部	I	无国有股份公司	57.1429	50.3871	85.6059	70.4330	1237
601616	广电电气	上海	东部	C	无国有股份公司	85.7143	48.2615	81.7553	70.4284	1238
002882	金龙羽	广东	东部	C	无国有股份公司	42.8571	60.8433	81.4925	70.4017	1239
002959	小熊电器	广东	东部	C	无国有股份公司	14.2857	56.1003	89.7014	70.3994	1240
601002	晋亿实业	浙江	东部	C	无国有股份公司	85.7143	47.2018	82.3728	70.3971	1241
300994	久祺股份	浙江	东部	C	无国有股份公司	57.1429	44.2670	89.4315	70.3951	1242
301032	新柴股份	浙江	东部	C	无国有股份公司	57.1429	43.9615	89.6257	70.3950	1243
000931	中关村	北京	东部	C	国有参股公司	57.1429	43.5890	89.8541	70.3902	1244
301070	开勒股份	上海	东部	C	无国有股份公司	71.4286	48.6130	84.0585	70.3896	1245
603421	鼎信通讯	山东	东部	I	无国有股份公司	85.7143	50.9208	79.9915	70.3890	1246
603711	香飘飘	浙江	东部	C	无国有股份公司	85.7143	45.0251	83.7427	70.3887	1247
002902	铭普光磁	广东	东部	C	无国有股份公司	71.4286	50.3858	82.9185	70.3831	1248
300691	联合光电	广东	东部	C	无国有股份公司	57.1429	49.4604	86.0818	70.3704	1249
002915	中欣氟材	浙江	东部	C	无国有股份公司	57.1429	54.4097	82.9274	70.3678	1250
300998	宁波方正	浙江	东部	C	无国有股份公司	57.1429	43.1561	90.0816	70.3638	1251
688192	迪哲医药	江苏	东部	C	无国有股份公司	71.4286	54.9148	79.9916	70.3584	1252
002378	章源钨业	江西	中部	C	无国有股份公司	85.7143	51.4158	79.6149	70.3551	1253
002327	富安娜	广东	东部	C	国有参股公司	71.4286	51.7930	81.9654	70.3513	1254
300151	昌红科技	广东	东部	C	无国有股份公司	57.1429	52.7320	83.9580	70.3474	1255
002369	卓翼科技	广东	东部	C	国有参股公司	71.4286	49.8588	83.1877	70.3467	1256
688296	和达科技	浙江	东部	I	国有参股公司	71.4286	55.7801	79.4142	70.3437	1257
603788	宁波高发	浙江	东部	C	国有参股公司	85.7143	44.0075	84.2966	70.3372	1258
002533	金杯电工	湖南	中部	C	国有参股公司	57.1429	62.0132	78.0206	70.3302	1259
688256	寒武纪	北京	东部	I	国有参股公司	71.4286	62.9119	74.8495	70.3292	1260
301081	严牌股份	浙江	东部	C	无国有股份公司	57.1429	50.7264	85.1981	70.3275	1261
601279	英利汽车	吉林	东部	C	国有参股公司	85.7143	41.9745	85.5686	70.3252	1262
002539	云图控股	四川	西部	C	无国有股份公司	85.7143	47.6167	81.9749	70.3235	1263

续表

股票代码	公司简称	省份	地区	行业代码	控股类型	环境保护（*EP*）	社会责任（*SR*）	公司治理（*CG*）	上市公司质量/ESG指数（*CLCQI*/*ESGI*）	*CLCQI*/*ESGI*排名
000869	张裕A	山东	东部	C	无国有股份公司	85.7143	50.0920	80.3948	70.3207	1264
603551	奥普家居	浙江	东部	C	无国有股份公司	57.1429	43.4446	89.8155	70.3184	1265
300171	东富龙	上海	东部	C	无国有股份公司	42.8571	51.0574	87.5629	70.3154	1266
002416	爱施德	广东	东部	F	无国有股份公司	14.2857	47.9146	94.7429	70.3073	1267
000048	京基智农	广东	东部	C	无国有股份公司	57.1429	49.9309	85.6550	70.3003	1268
001217	华尔泰	安徽	中部	C	无国有股份公司	71.4286	54.4967	80.1447	70.2963	1269
300512	中亚股份	浙江	东部	C	无国有股份公司	57.1429	54.6938	82.6157	70.2958	1270
605089	味知香	江苏	东部	C	无国有股份公司	85.7143	51.4513	79.4775	70.2920	1271
002266	浙富控股	浙江	东部	N	无国有股份公司	85.7143	50.6847	79.9625	70.2904	1272
600399	抚顺特钢	辽宁	东北	C	国有参股公司	71.4286	47.7497	84.4127	70.2822	1273
002124	天邦食品	浙江	东部	A	无国有股份公司	71.4286	54.2444	80.2464	70.2640	1274
000301	东方盛虹	江苏	东部	C	国有参股公司	85.7143	46.9444	82.2734	70.2523	1275
002293	罗莱生活	江苏	东部	C	无国有股份公司	71.4286	45.4703	85.8040	70.2497	1276
000034	神州数码	广东	东部	F	国有参股公司	42.8571	57.1434	83.5615	70.2447	1277
603219	富佳股份	浙江	东部	C	无国有股份公司	100.0000	49.8864	77.7555	70.2257	1278
603221	爱丽家居	江苏	东部	C	无国有股份公司	100.0000	46.8067	79.7149	70.2256	1279
300880	迦南智能	浙江	东部	C	无国有股份公司	42.8571	52.5704	86.4344	70.2243	1280
603808	歌力思	广东	东部	C	无国有股份公司	71.4286	50.5917	82.4888	70.2188	1281
300873	海晨股份	江苏	东部	G	无国有股份公司	71.4286	49.6561	83.0840	70.2187	1282
002085	万丰奥威	浙江	东部	C	无国有股份公司	100.0000	47.7250	79.1177	70.2185	1283
002849	威星智能	浙江	东部	C	无国有股份公司	28.5714	54.3225	87.9000	70.2150	1284
688117	圣诺生物	四川	西部	C	无国有股份公司	85.7143	50.1512	80.1466	70.2050	1285
002055	得润电子	广东	东部	C	无国有股份公司	85.7143	51.9659	78.9863	70.2019	1286
688150	莱特光电	陕西	西部	C	无国有股份公司	85.7143	57.2891	75.5975	70.2012	1287
002921	联诚精密	山东	东部	C	无国有股份公司	57.1429	48.6006	86.3169	70.1988	1288
000803	山高环能	四川	西部	N	国有参股公司	42.8571	41.2767	93.5741	70.1983	1289
300069	金利华电	山西	中部	C	无国有股份公司	85.7143	50.1579	80.1276	70.1969	1290
300473	德尔股份	辽宁	东北	C	无国有股份公司	28.5714	53.1944	88.5836	70.1962	1291
603607	京华激光	浙江	东部	C	无国有股份公司	85.7143	44.8005	83.5229	70.1892	1292
688700	东威科技	江苏	东部	C	无国有股份公司	85.7143	55.8575	76.4610	70.1751	1293
002011	盾安环境	浙江	东部	C	国有参股公司	71.4286	51.5376	81.8023	70.1723	1294
002218	拓日新能	广东	东部	C	国有参股公司	42.8571	53.1717	85.9517	70.1692	1295
603989	艾华集团	湖南	中部	C	无国有股份公司	85.7143	49.6914	80.3702	70.1670	1296
603755	日辰股份	山东	东部	C	无国有股份公司	85.7143	51.1447	79.4372	70.1625	1297
300196	长海股份	江苏	东部	C	国有参股公司	85.7143	40.0280	86.5084	70.1608	1298

续表

股票代码	公司简称	省份	地区	行业代码	控股类型	环境保护（*EP*）	社会责任（*SR*）	公司治理（*CG*）	上市公司质量/ESG指数（*CLCQI*/*ESGI*）	*CLCQI*/*ESGI*排名
600285	羚锐制药	河南	中部	C	无国有股份公司	71.4286	54.4911	79.8941	70.1565	1299
603150	万朗磁塑	安徽	中部	C	无国有股份公司	71.4286	51.4535	81.8245	70.1551	1300
688112	鼎阳科技	广东	东部	C	国有参股公司	57.1429	51.3434	84.4858	70.1517	1301
002653	海思科	西藏	西部	C	无国有股份公司	57.1429	50.3930	85.0748	70.1430	1302
603012	创力集团	上海	东部	C	无国有股份公司	28.5714	60.0089	84.1489	70.1422	1303
688235	百济神州	北京	东部	C	国有参股公司	100.0000	55.1096	74.2776	70.1410	1304
300154	瑞凌股份	广东	东部	C	无国有股份公司	57.1429	46.5670	87.4902	70.1324	1305
603636	南威软件	福建	东部	I	国有参股公司	57.1429	46.2674	87.6800	70.1319	1306
002357	富临运业	四川	西部	G	国有参股公司	71.4286	50.7829	82.2081	70.1313	1307
002049	紫光国微	河北	东部	C	无国有股份公司	71.4286	54.5365	79.8154	70.1291	1308
601212	白银有色	甘肃	西部	C	国有参股公司	42.8571	49.4929	88.2093	70.1234	1309
300827	上能电气	江苏	东部	C	无国有股份公司	42.8571	41.9258	93.0213	70.1215	1310
600327	大东方	江苏	东部	F	无国有股份公司	57.1429	53.1623	83.2688	70.1189	1311
600330	天通股份	浙江	东部	C	无国有股份公司	57.1429	45.5489	88.0927	70.1074	1312
002879	长缆科技	湖南	中部	C	无国有股份公司	71.4286	54.0505	80.0850	70.1073	1313
000703	恒逸石化	广西	西部	C	无国有股份公司	85.7143	48.2121	81.1979	70.1045	1314
300824	北鼎股份	广东	东部	C	无国有股份公司	42.8571	44.8500	91.1281	70.1037	1315
002088	鲁阳节能	山东	东部	C	无国有股份公司	57.1429	49.5019	85.5588	70.0973	1316
301189	奥尼电子	广东	东部	C	无国有股份公司	57.1429	48.0190	86.5010	70.0965	1317
300879	大叶股份	浙江	东部	C	无国有股份公司	42.8571	45.0398	90.9853	70.0915	1318
603803	瑞斯康达	北京	东部	C	无国有股份公司	85.7143	51.6617	78.9713	70.0872	1319
688630	芯碁微装	安徽	中部	C	国有参股公司	71.4286	48.8958	83.3093	70.0765	1320
002067	景兴纸业	浙江	东部	C	无国有股份公司	100.0000	47.9917	78.6865	70.0747	1321
000603	盛达资源	北京	东部	B	国有参股公司	71.4286	42.2295	87.5413	70.0709	1322
002741	光华科技	广东	东部	C	无国有股份公司	42.8571	46.6615	89.9100	70.0677	1323
603022	新通联	上海	东部	C	无国有股份公司	57.1429	55.6068	81.6126	70.0636	1324
000913	钱江摩托	浙江	东部	C	国有参股公司	100.0000	54.6637	74.4183	70.0623	1325
603055	台华新材	浙江	东部	C	无国有股份公司	100.0000	47.0142	79.2825	70.0603	1326
603789	星光农机	浙江	东部	C	无国有股份公司	85.7143	55.2441	76.6312	70.0540	1327
002001	新和成	浙江	东部	C	无国有股份公司	85.7143	44.7178	83.3215	70.0495	1328
688002	睿创微纳	山东	东部	C	国有参股公司	85.7143	42.1032	84.9774	70.0451	1329
002975	博杰股份	广东	东部	C	无国有股份公司	57.1429	53.5047	82.9145	70.0439	1330
002568	百润股份	上海	东部	C	无国有股份公司	85.7143	55.0547	76.7316	70.0430	1331
300563	神宇股份	江苏	东部	C	无国有股份公司	14.2857	54.6248	89.9812	70.0369	1332
002768	国恩股份	山东	东部	C	无国有股份公司	71.4286	49.7549	82.6894	70.0362	1333

续表

股票代码	公司简称	省份	地区	行业代码	控股类型	环境保护（*EP*）	社会责任（*SR*）	公司治理（*CG*）	上市公司质量/ESG指数（*CLCQI/ESGI*）	*CLCQI/ESGI*排名
600363	联创光电	江西	中部	C	国有参股公司	57.1429	57.2345	80.5249	70.0351	1334
300190	维尔利	江苏	东部	N	国有参股公司	85.7143	41.6647	85.2376	70.0348	1335
002093	国脉科技	福建	东部	I	国有参股公司	57.1429	46.9839	87.0405	70.0309	1336
300640	德艺文创	福建	东部	C	无国有股份公司	28.5714	45.0983	93.4287	70.0273	1337
603616	韩建河山	北京	东部	C	无国有股份公司	100.0000	49.8464	77.4136	70.0237	1338
300005	探路者	北京	东部	C	无国有股份公司	57.1429	44.8578	88.3767	70.0217	1339
603536	惠发食品	山东	东部	C	无国有股份公司	85.7143	47.4467	81.5337	70.0213	1340
300745	欣锐科技	广东	东部	C	无国有股份公司	42.8571	48.1554	88.8703	70.0188	1341
002409	雅克科技	江苏	东部	C	国有参股公司	71.4286	50.7163	82.0326	70.0115	1342
300762	上海瀚讯	上海	东部	C	国有参股公司	14.2857	57.6945	87.9789	70.0100	1343
300118	东方日升	浙江	东部	C	无国有股份公司	57.1429	44.2140	88.7633	70.0090	1344
603026	胜华新材	山东	东部	C	国有参股公司	57.1429	54.6464	82.1211	70.0071	1345
300559	佳发教育	四川	西部	I	无国有股份公司	42.8571	52.3578	86.1633	70.0008	1346
300674	宇信科技	北京	东部	I	无国有股份公司	28.5714	53.7856	87.8514	70.0004	1347
688596	正帆科技	上海	东部	C	无国有股份公司	85.7143	52.7858	78.0919	69.9970	1348
002050	三花智控	浙江	东部	C	无国有股份公司	71.4286	62.6704	74.3900	69.9920	1349
300992	泰福泵业	浙江	东部	C	无国有股份公司	42.8571	54.1134	85.0273	69.9904	1350
300848	美瑞新材	山东	东部	C	无国有股份公司	57.1429	53.9890	82.4950	69.9827	1351
300387	富邦股份	湖北	中部	C	无国有股份公司	71.4286	53.4053	80.2582	69.9767	1352
000735	罗牛山	海南	东部	A	无国有股份公司	85.7143	49.2577	80.2982	69.9756	1353
300214	日科化学	山东	东部	C	国有参股公司	42.8571	46.3280	89.9526	69.9745	1354
301008	宏昌科技	浙江	东部	C	无国有股份公司	42.8571	53.9693	85.0835	69.9709	1355
003033	征和工业	山东	东部	C	无国有股份公司	42.8571	54.2132	84.9281	69.9708	1356
300943	春晖智控	浙江	东部	C	无国有股份公司	85.7143	40.2137	86.0288	69.9621	1357
835185	贝特瑞	广东	东部	C	无国有股份公司	71.4286	38.7842	89.5278	69.9576	1358
300978	东箭科技	广东	东部	C	无国有股份公司	57.1429	45.5119	87.8234	69.9463	1359
000938	紫光股份	北京	东部	C	国有参股公司	71.4286	46.9222	84.3246	69.9442	1360
003020	立方制药	安徽	中部	F	国有参股公司	57.1429	44.9891	88.1438	69.9395	1361
002605	姚记科技	上海	东部	I	无国有股份公司	42.8571	55.5325	84.0076	69.9263	1362
601956	东贝集团	湖北	中部	C	国有参股公司	57.1429	50.5162	84.5995	69.9247	1363
605399	晨光新材	江西	中部	C	国有参股公司	57.1429	49.7858	85.0625	69.9237	1364
688066	航天宏图	北京	东部	I	无国有股份公司	28.5714	60.0109	83.7459	69.9212	1365
603131	上海沪工	上海	东部	C	无国有股份公司	71.4286	47.5034	83.8954	69.9116	1366
300665	飞鹿股份	湖南	中部	C	无国有股份公司	57.1429	55.8940	81.1440	69.9064	1367
300586	美联新材	广东	东部	C	无国有股份公司	85.7143	52.2142	78.2841	69.9026	1368

续表

股票代码	公司简称	省份	地区	行业代码	控股类型	环境保护（*EP*）	社会责任（*SR*）	公司治理（*CG*）	上市公司质量/ESG指数（*CLCQI/ESGI*）	*CLCQI/ESGI*排名
603365	水星家纺	上海	东部	C	无国有股份公司	85.7143	44.0620	83.4524	69.8919	1369
300461	田中精机	浙江	东部	C	无国有股份公司	57.1429	51.0201	84.2120	69.8879	1370
301077	星华新材	浙江	东部	C	无国有股份公司	71.4286	50.1221	82.1839	69.8867	1371
300608	思特奇	北京	东部	I	国有参股公司	57.1429	56.4218	80.7635	69.8818	1372
300439	美康生物	浙江	东部	C	无国有股份公司	71.4286	47.1775	84.0414	69.8777	1373
300025	华星创业	浙江	东部	I	无国有股份公司	42.8571	43.8475	91.3496	69.8746	1374
300871	回盛生物	湖北	中部	C	无国有股份公司	42.8571	55.8680	83.6773	69.8620	1375
300916	朗特智能	广东	东部	C	无国有股份公司	28.5714	57.2526	85.3883	69.8591	1376
600717	天津港	天津	东部	G	国有参股公司	71.4286	45.7060	84.9335	69.8534	1377
688683	莱尔科技	广东	东部	C	国有参股公司	85.7143	42.8701	84.1380	69.8518	1378
002677	浙江美大	浙江	东部	C	无国有股份公司	57.1429	44.3465	88.3921	69.8512	1379
002658	雪迪龙	北京	东部	C	无国有股份公司	85.7143	52.0777	78.2760	69.8504	1380
600521	华海药业	浙江	东部	C	国有参股公司	100.0000	51.3418	76.1388	69.8460	1381
002630	华西能源	四川	西部	C	无国有股份公司	71.4286	52.2051	80.7662	69.8361	1382
603477	巨星农牧	四川	西部	A	无国有股份公司	57.1429	53.6928	82.4153	69.8352	1383
002515	金字火腿	浙江	东部	C	国有参股公司	42.8571	59.2454	81.4687	69.8294	1384
300976	达瑞电子	广东	东部	C	无国有股份公司	71.4286	53.1111	80.1713	69.8259	1385
300837	浙矿股份	浙江	东部	C	无国有股份公司	71.4286	46.1752	84.5767	69.8214	1386
300404	博济医药	广东	东部	M	无国有股份公司	28.5714	52.7417	88.1842	69.8181	1387
002134	天津普林	天津	东部	C	国有参股公司	85.7143	47.7574	80.9500	69.8090	1388
002395	双象股份	江苏	东部	C	无国有股份公司	57.1429	53.9642	82.1923	69.8076	1389
002474	榕基软件	福建	东部	I	无国有股份公司	71.4286	51.8485	80.9192	69.7954	1390
688418	震有科技	广东	东部	C	无国有股份公司	71.4286	49.2643	82.5533	69.7897	1391
300002	神州泰岳	北京	东部	I	无国有股份公司	14.2857	52.4086	90.9234	69.7794	1392
603132	金徽股份	甘肃	西部	B	无国有股份公司	85.7143	53.4015	77.3042	69.7792	1393
600478	科力远	湖南	中部	C	无国有股份公司	85.7143	40.9963	85.1960	69.7779	1394
603956	威派格	上海	东部	C	无国有股份公司	71.4286	51.3978	81.1736	69.7776	1395
600361	创新新材	北京	东部	C	无国有股份公司	71.4286	48.2402	83.1782	69.7750	1396
300854	中兰环保	广东	东部	N	国有参股公司	71.4286	44.1978	85.7497	69.7744	1397
603613	国联股份	北京	东部	I	无国有股份公司	71.4286	50.1024	81.9897	69.7730	1398
002494	华斯股份	河北	东部	C	国有参股公司	57.1429	46.4949	86.8480	69.7539	1399
603038	华立股份	广东	东部	C	无国有股份公司	85.7143	41.0225	85.1348	69.7534	1400
002129	TCL中环	天津	东部	C	国有参股公司	100.0000	46.3881	79.1177	69.7506	1401
603488	展鹏科技	江苏	东部	C	无国有股份公司	71.4286	47.3325	83.7065	69.7478	1402
002793	罗欣药业	山东	东部	C	无国有股份公司	57.1429	45.8438	87.2454	69.7446	1403

续表

股票代码	公司简称	省份	地区	行业代码	控股类型	环境保护（EP）	社会责任（SR）	公司治理（CG）	上市公司质量/ESG指数（CLCQI/ESGI）	CLCQI/ESGI排名
300583	赛托生物	山东	东部	C	无国有股份公司	85.7143	48.5605	80.3122	69.7393	1404
002664	信质集团	浙江	东部	C	无国有股份公司	71.4286	47.7413	83.4279	69.7377	1405
688175	高凌信息	广东	东部	C	国有参股公司	57.1429	52.1151	83.2386	69.7358	1406
688766	普冉股份	上海	东部	C	国有参股公司	71.4286	51.2886	81.1630	69.7335	1407
002026	山东威达	山东	东部	C	无国有股份公司	28.5714	46.9980	91.6713	69.7256	1408
300132	青松股份	福建	东部	C	无国有股份公司	85.7143	40.1471	85.6404	69.7251	1409
002335	科华数据	福建	东部	C	无国有股份公司	28.5714	58.3052	84.4640	69.7192	1410
002244	滨江集团	浙江	东部	K	无国有股份公司	71.4286	52.4633	80.3826	69.7154	1411
603663	三祥新材	福建	东部	C	无国有股份公司	71.4286	55.2982	78.5547	69.7023	1412
002506	协鑫集成	上海	东部	C	国有参股公司	42.8571	38.7603	94.2732	69.7021	1413
002221	东华能源	江苏	东部	F	无国有股份公司	57.1429	50.4476	84.2302	69.6976	1414
300829	金丹科技	河南	中部	C	无国有股份公司	85.7143	50.7004	78.8743	69.6974	1415
301201	诚达药业	浙江	东部	C	无国有股份公司	85.7143	51.0373	78.6493	69.6916	1416
300791	仙乐健康	广东	东部	C	无国有股份公司	57.1429	49.2844	84.9574	69.6904	1417
603042	华脉科技	江苏	东部	C	无国有股份公司	71.4286	46.9830	83.8098	69.6823	1418
002239	奥特佳	江苏	东部	C	无国有股份公司	100.0000	44.7122	80.0300	69.6658	1419
300662	科锐国际	北京	东部	L	无国有股份公司	14.2857	55.4643	88.7688	69.6639	1420
688685	迈信林	江苏	东部	C	无国有股份公司	71.4286	56.6101	77.6449	69.6611	1421
002390	信邦制药	贵州	西部	C	国有参股公司	85.7143	40.6676	85.1631	69.6448	1422
600221	海航控股	海南	东部	G	国有参股公司	71.4286	46.0994	84.3038	69.6447	1423
688129	东来技术	上海	东部	C	无国有股份公司	85.7143	45.7637	81.9079	69.6381	1424
605268	王力安防	浙江	东部	C	无国有股份公司	85.7143	46.3864	81.5085	69.6364	1425
688338	赛科希德	北京	东部	C	无国有股份公司	71.4286	51.6940	80.7165	69.6298	1426
002963	豪尔赛	北京	东部	E	国有参股公司	57.1429	52.4681	82.8118	69.6246	1427
688533	上声电子	江苏	东部	C	国有参股公司	57.1429	54.9832	81.2091	69.6234	1428
300407	凯发电气	天津	东部	C	国有参股公司	28.5714	47.8641	90.9245	69.6180	1429
301061	匠心家居	江苏	东部	C	无国有股份公司	42.8571	43.4182	91.1543	69.6169	1430
002943	宇晶股份	湖南	中部	C	国有参股公司	42.8571	47.4551	88.5799	69.6139	1431
603506	南都物业	浙江	东部	K	国有参股公司	28.5714	45.8002	92.2293	69.6133	1432
603676	卫信康	西藏	西部	C	无国有股份公司	85.7143	51.1183	78.4360	69.6026	1433
600331	宏达股份	四川	西部	C	无国有股份公司	71.4286	46.1743	84.1795	69.6026	1434
600678	四川金顶	四川	西部	C	无国有股份公司	85.7143	48.5853	80.0412	69.5990	1435
603208	江山欧派	浙江	东部	C	无国有股份公司	85.7143	45.2364	82.1649	69.5949	1436
300047	天源迪科	广东	东部	I	无国有股份公司	57.1429	46.2862	86.6902	69.5941	1437
605500	森林包装	浙江	东部	C	无国有股份公司	85.7143	46.7677	81.1836	69.5911	1438

续表

股票代码	公司简称	省份	地区	行业代码	控股类型	环境保护（*EP*）	社会责任（*SR*）	公司治理（*CG*）	上市公司质量/ESG指数（*CLCQI*/*ESGI*）	*CLCQI*/*ESGI*排名
002207	准油股份	新疆	西部	B	无国有股份公司	14.2857	55.5915	88.5554	69.5911	1439
002193	如意集团	山东	东部	C	国有参股公司	71.4286	54.2718	78.9859	69.5803	1440
301043	绿岛风	广东	东部	C	无国有股份公司	71.4286	50.2886	81.5178	69.5786	1441
603180	金牌厨柜	福建	东部	C	无国有股份公司	57.1429	40.5968	90.2743	69.5740	1442
002587	奥拓电子	广东	东部	C	国有参股公司	57.1429	45.8128	86.9491	69.5708	1443
603118	共进股份	广东	东部	C	国有参股公司	85.7143	43.4384	83.2594	69.5675	1444
002546	新联电子	江苏	东部	C	无国有股份公司	57.1429	48.9146	84.9615	69.5632	1445
688127	蓝特光学	浙江	东部	C	国有参股公司	71.4286	58.4618	76.2834	69.5604	1446
300369	绿盟科技	北京	东部	I	国有参股公司	14.2857	51.0910	91.3517	69.5539	1447
300162	雷曼光电	广东	东部	C	无国有股份公司	57.1429	49.3202	84.6778	69.5492	1448
603336	宏辉果蔬	广东	东部	C	无国有股份公司	42.8571	50.3424	86.6240	69.5487	1449
688118	普元信息	上海	东部	I	无国有股份公司	42.8571	56.9383	82.4159	69.5429	1450
300292	吴通控股	江苏	东部	I	无国有股份公司	42.8571	43.9481	90.6711	69.5367	1451
300777	中简科技	江苏	东部	C	无国有股份公司	71.4286	52.7423	79.8765	69.5347	1452
688233	神工股份	辽宁	东北	C	无国有股份公司	42.8571	49.4575	87.1424	69.5242	1453
300700	岱勒新材	湖南	中部	C	国有参股公司	42.8571	52.1231	85.4245	69.5122	1454
300375	鹏翎股份	天津	东部	C	无国有股份公司	71.4286	39.5084	88.2505	69.5086	1455
002650	加加食品	湖南	中部	C	无国有股份公司	57.1429	52.0602	82.8601	69.5084	1456
688029	南微医学	江苏	东部	C	无国有股份公司	85.7143	55.3137	75.5883	69.5048	1457
603070	万控智造	浙江	东部	C	无国有股份公司	85.7143	49.3710	79.3624	69.5006	1458
002176	江特电机	江西	中部	C	国有参股公司	57.1429	47.7020	85.6182	69.5000	1459
688767	博拓生物	浙江	东部	C	无国有股份公司	71.4286	48.0416	82.8029	69.4990	1460
603866	桃李面包	辽宁	东北	C	无国有股份公司	71.4286	49.1097	82.1098	69.4916	1461
300701	森霸传感	河南	中部	C	无国有股份公司	71.4286	51.4137	80.6367	69.4878	1462
300885	海昌新材	江苏	东部	C	无国有股份公司	14.2857	55.7557	88.2618	69.4871	1463
300779	惠城环保	山东	东部	C	无国有股份公司	57.1429	48.3257	85.1691	69.4713	1464
300663	科蓝软件	北京	东部	I	无国有股份公司	42.8571	46.3300	89.0157	69.4599	1465
000716	黑芝麻	广西	西部	C	国有参股公司	57.1429	55.2162	80.7487	69.4517	1466
601882	海天精工	浙江	东部	C	无国有股份公司	71.4286	45.4515	84.3597	69.4487	1467
300138	晨光生物	河北	东部	C	无国有股份公司	57.1429	54.4344	81.2350	69.4456	1468
002009	天奇股份	江苏	东部	C	无国有股份公司	71.4286	45.9536	84.0341	69.4454	1469
300955	嘉亨家化	福建	东部	C	无国有股份公司	57.1429	49.3633	84.4584	69.4436	1470
002728	特一药业	广东	东部	C	国有参股公司	71.4286	40.6396	87.4113	69.4429	1471
002703	浙江世宝	浙江	东部	C	无国有股份公司	100.0000	50.5781	75.8775	69.4349	1472
600496	精工钢构	安徽	中部	C	国有参股公司	57.1429	51.9135	82.8169	69.4333	1473

续表

股票代码	公司简称	省份	地区	行业代码	控股类型	环境保护（*EP*）	社会责任（*SR*）	公司治理（*CG*）	上市公司质量/ESG指数（*CLCQI/ESGI*）	*CLCQI/ESGI*排名
002398	垒知集团	福建	东部	C	无国有股份公司	71.4286	44.1999	85.1116	69.4242	1474
002772	众兴菌业	甘肃	西部	A	国有参股公司	71.4286	46.6136	83.5753	69.4240	1475
301092	争光股份	浙江	东部	C	国有参股公司	85.7143	48.7236	79.6337	69.4232	1476
688360	德马科技	浙江	东部	C	无国有股份公司	28.5714	52.7267	87.4733	69.4218	1477
300731	科创新源	广东	东部	C	无国有股份公司	57.1429	52.5514	82.3788	69.4156	1478
002478	常宝股份	江苏	东部	C	无国有股份公司	85.7143	50.3272	78.5937	69.4125	1479
300543	朗科智能	广东	东部	C	无国有股份公司	71.4286	49.0678	81.9920	69.4122	1480
605296	神农集团	云南	西部	A	无国有股份公司	42.8571	48.6621	87.4448	69.4121	1481
600353	旭光电子	四川	西部	C	国有参股公司	71.4286	51.4182	80.4922	69.4099	1482
600763	通策医疗	浙江	东部	Q	无国有股份公司	85.7143	48.0633	80.0166	69.4027	1483
603387	基蛋生物	江苏	东部	C	无国有股份公司	71.4286	53.0987	79.3924	69.3932	1484
603931	格林达	浙江	东部	C	无国有股份公司	71.4286	54.6761	78.3879	69.3928	1485
300263	隆华科技	河南	中部	C	国有参股公司	42.8571	52.8876	84.7014	69.3822	1486
002099	海翔药业	浙江	东部	C	无国有股份公司	42.8571	47.3574	88.2190	69.3813	1487
603893	瑞芯微	福建	东部	C	国有参股公司	28.5714	53.4600	86.9323	69.3809	1488
688312	燕麦科技	广东	东部	C	无国有股份公司	57.1429	54.2902	81.2037	69.3779	1489
002737	葵花药业	黑龙江	东北	C	无国有股份公司	71.4286	50.6204	80.9364	69.3750	1490
300991	创益通	广东	东部	C	无国有股份公司	57.1429	50.6441	83.5059	69.3680	1491
688255	凯尔达	浙江	东部	C	无国有股份公司	57.1429	52.4068	82.3839	69.3678	1492
300660	江苏雷利	江苏	东部	C	无国有股份公司	14.2857	54.7042	88.7093	69.3651	1493
002487	大金重工	辽宁	东北	C	国有参股公司	57.1429	54.6985	80.9067	69.3574	1494
300438	鹏辉能源	广东	东部	C	无国有股份公司	57.1429	49.5069	84.2066	69.3553	1495
603983	丸美股份	广东	东部	C	无国有股份公司	100.0000	48.8169	76.8497	69.3533	1496
002531	天顺风能	江苏	东部	C	无国有股份公司	100.0000	46.2733	78.4683	69.3532	1497
300669	沪宁股份	浙江	东部	C	无国有股份公司	57.1429	53.5384	81.6369	69.3530	1498
688078	龙软科技	北京	东部	I	无国有股份公司	28.5714	47.9345	90.3893	69.3483	1499
603987	康德莱	上海	东部	C	无国有股份公司	85.7143	47.5214	80.2496	69.3412	1500
603871	嘉友国际	北京	东部	G	无国有股份公司	57.1429	47.2273	85.6280	69.3392	1501
300724	捷佳伟创	广东	东部	C	无国有股份公司	28.5714	53.5882	86.7605	69.3313	1502
300134	大富科技	安徽	中部	C	无国有股份公司	85.7143	50.7688	78.1649	69.3312	1503
688230	芯导科技	上海	东部	C	国有参股公司	57.1429	50.0662	83.8044	69.3299	1504
603300	华铁应急	浙江	东部	L	无国有股份公司	71.4286	44.3457	84.8110	69.3099	1505
688026	洁特生物	广东	东部	C	无国有股份公司	57.1429	52.0867	82.4740	69.3053	1506
688265	南模生物	上海	东部	M	国有参股公司	57.1429	51.2249	83.0071	69.2969	1507
603725	天安新材	广东	东部	C	无国有股份公司	42.8571	48.8225	87.1279	69.2940	1508

续表

股票代码	公司简称	省份	地区	行业代码	控股类型	环境保护（*EP*）	社会责任（*SR*）	公司治理（*CG*）	上市公司质量/ESG指数（*CLCQI/ESGI*）	*CLCQI/ESGI*排名
688191	智洋创新	山东	东部	I	无国有股份公司	42.8571	57.8694	81.3677	69.2922	1509
002634	棒杰股份	浙江	东部	C	无国有股份公司	71.4286	43.7602	85.1381	69.2849	1510
300768	迪普科技	浙江	东部	I	无国有股份公司	71.4286	48.5147	82.1065	69.2816	1511
603766	隆鑫通用	重庆	西部	C	国有参股公司	57.1429	47.9028	85.0912	69.2804	1512
603960	克来机电	上海	东部	C	无国有股份公司	100.0000	47.8884	77.2996	69.2757	1513
603816	顾家家居	浙江	东部	C	无国有股份公司	85.7143	49.6856	78.7348	69.2655	1514
300900	广联航空	黑龙江	东北	C	国有参股公司	42.8571	52.1790	84.9393	69.2650	1515
300771	智莱科技	广东	东部	C	无国有股份公司	57.1429	50.4284	83.4357	69.2538	1516
603773	沃格光电	江西	中部	C	无国有股份公司	57.1429	47.1029	85.5434	69.2491	1517
688069	德林海	江苏	东部	N	无国有股份公司	57.1429	52.6285	82.0235	69.2472	1518
002003	伟星股份	浙江	东部	C	无国有股份公司	57.1429	40.2706	89.8817	69.2439	1519
605300	佳禾食品	江苏	东部	C	国有参股公司	100.0000	46.9746	77.8102	69.2367	1520
002865	钧达股份	海南	东部	C	国有参股公司	57.1429	58.8243	78.0398	69.2247	1521
835640	富士达	陕西	西部	C	国有参股公司	85.7143	56.1699	74.5341	69.2246	1522
002174	游族网络	福建	东部	I	无国有股份公司	14.2857	54.3704	88.6562	69.2191	1523
603933	睿能科技	福建	东部	C	国有参股公司	71.4286	49.9985	81.0442	69.2166	1524
603530	神马电力	江苏	东部	C	国有参股公司	100.0000	63.2877	67.3895	69.2149	1525
001216	华瓷股份	湖南	中部	C	无国有股份公司	71.4286	49.4669	81.3778	69.2141	1526
300483	首华燃气	上海	东部	B	无国有股份公司	71.4286	50.4779	80.7277	69.2104	1527
002054	德美化工	广东	东部	C	国有参股公司	57.1429	53.0025	81.7105	69.2059	1528
300566	激智科技	浙江	东部	C	无国有股份公司	28.5714	46.7142	90.9043	69.2044	1529
600295	鄂尔多斯	内蒙古	西部	C	国有参股公司	71.4286	50.2304	80.8714	69.2028	1530
600729	重庆百货	重庆	西部	F	无国有股份公司	57.1429	44.7366	86.9572	69.1986	1531
603187	海容冷链	山东	东部	C	无国有股份公司	71.4286	47.3726	82.6790	69.1967	1532
603160	汇顶科技	广东	东部	C	国有参股公司	14.2857	52.3416	80.8855	69.1852	1533
002508	老板电器	浙江	东部	C	无国有股份公司	71.4286	60.7788	74.1265	69.1850	1534
002199	东晶电子	浙江	东部	C	无国有股份公司	42.8571	49.0498	86.7764	69.1802	1535
300529	健帆生物	广东	东部	C	无国有股份公司	57.1429	49.3938	83.9419	69.1702	1536
603511	爱慕股份	北京	东部	C	无国有股份公司	100.0000	51.1997	75.0004	69.1701	1537
688082	盛美上海	上海	东部	C	国有参股公司	85.7143	52.2517	76.9222	69.1667	1538
300933	中辰股份	江苏	东部	C	无国有股份公司	85.7143	40.9690	84.1005	69.1659	1539
301046	能辉科技	上海	东部	M	无国有股份公司	57.1429	48.9137	84.2374	69.1647	1540
301123	奕东电子	广东	东部	C	无国有股份公司	42.8571	46.2156	88.5357	69.1558	1541
301103	何氏眼科	辽宁	东北	Q	无国有股份公司	28.5714	48.7485	89.5161	69.1530	1542
688281	华秦科技	陕西	西部	C	无国有股份公司	71.4286	55.3318	77.5287	69.1498	1543

续表

股票代码	公司简称	省份	地区	行业代码	控股类型	环境保护（*EP*）	社会责任（*SR*）	公司治理（*CG*）	上市公司质量/ESG指数（*CLCQI/ESGI*）	*CLCQI/ESGI*排名
001203	大中矿业	内蒙古	西部	B	无国有股份公司	85.7143	54.4662	75.4716	69.1440	1544
301080	百普赛斯	北京	东部	M	无国有股份公司	57.1429	48.4467	84.4668	69.1273	1545
688171	纬德信息	广东	东部	I	无国有股份公司	28.5714	53.1959	86.6290	69.1217	1546
688305	科德数控	辽宁	东北	C	国有参股公司	57.1429	42.7352	88.0860	69.1189	1547
301072	中捷精工	江苏	东部	C	无国有股份公司	71.4286	53.7530	78.4745	69.1174	1548
603633	徕木股份	上海	东部	C	国有参股公司	57.1429	47.2512	85.2075	69.1164	1549
603158	腾龙股份	江苏	东部	C	无国有股份公司	71.4286	46.8353	82.8720	69.1148	1550
300424	航新科技	广东	东部	C	无国有股份公司	28.5714	47.6301	90.1529	69.1117	1551
688408	中信博	江苏	东部	C	无国有股份公司	57.1429	52.7099	81.7210	69.1093	1552
603787	新日股份	江苏	东部	C	国有参股公司	85.7143	44.5129	81.7247	69.0995	1553
301089	拓新药业	河南	中部	C	无国有股份公司	71.4286	48.4899	81.7870	69.0972	1554
300594	朗进科技	山东	东部	C	国有参股公司	57.1429	51.6051	82.3923	69.0918	1555
605099	共创草坪	江苏	东部	C	无国有股份公司	71.4286	40.9768	86.5537	69.0893	1556
605166	聚合顺	浙江	东部	C	无国有股份公司	71.4286	48.7114	81.6075	69.0760	1557
600748	上实发展	上海	东部	K	国有参股公司	71.4286	45.6379	83.5533	69.0704	1558
000681	视觉中国	江苏	东部	R	国有参股公司	57.1429	53.9760	80.8444	69.0703	1559
605056	咸亨国际	浙江	东部	F	无国有股份公司	71.4286	44.8605	84.0465	69.0696	1560
603806	福斯特	浙江	东部	C	无国有股份公司	85.7143	53.1818	76.1267	69.0547	1561
300098	高新兴	广东	东部	I	无国有股份公司	57.1429	46.5770	85.5182	69.0513	1562
831768	拾比佰	广东	东部	C	国有参股公司	71.4286	43.6850	84.7518	69.0461	1563
300535	达威股份	四川	西部	C	无国有股份公司	85.7143	50.1948	78.0012	69.0403	1564
300840	酷特智能	山东	东部	C	无国有股份公司	57.1429	44.5021	86.7945	69.0270	1565
002714	牧原股份	河南	中部	A	国有参股公司	71.4286	57.0248	76.2232	69.0243	1566
688317	之江生物	上海	东部	C	国有参股公司	28.5714	52.7617	86.7243	69.0221	1567
688110	东芯股份	上海	东部	C	无国有股份公司	28.5714	53.6195	86.1763	69.0209	1568
300926	博俊科技	江苏	东部	C	无国有股份公司	57.1429	48.5371	84.2106	69.0181	1569
688062	迈威生物	上海	东部	C	国有参股公司	71.4286	50.7026	80.2350	69.0180	1570
301002	崧盛股份	广东	东部	C	无国有股份公司	28.5714	53.4042	86.3036	69.0156	1571
301206	三元生物	山东	东部	C	无国有股份公司	57.1429	58.7780	77.6818	69.0116	1572
300869	康泰医学	河北	东部	C	无国有股份公司	14.2857	56.1610	87.1348	69.0091	1573
605122	四方新材	重庆	西部	C	无国有股份公司	71.4286	50.7553	80.1778	69.0050	1574
603305	旭升集团	浙江	东部	C	无国有股份公司	57.1429	45.9290	85.8441	69.0037	1575
603226	菲林格尔	上海	东部	C	无国有股份公司	100.0000	48.1820	76.6136	69.0012	1576
603665	康隆达	浙江	东部	C	无国有股份公司	85.7143	38.5800	85.3204	69.0006	1577
002027	分众传媒	广东	东部	L	无国有股份公司	57.1429	49.1192	83.8038	68.9981	1578

续表

股票代码	公司简称	省份	地区	行业代码	控股类型	环境保护（*EP*）	社会责任（*SR*）	公司治理（*CG*）	上市公司质量/ESG指数（*CLCQI/ESGI*）	*CLCQI/ESGI*排名
300570	太辰光	广东	东部	C	无国有股份公司	28.5714	54.6979	85.4344	68.9903	1579
301035	润丰股份	山东	东部	C	无国有股份公司	42.8571	46.0003	88.3640	68.9860	1580
600745	闻泰科技	湖北	中部	C	无国有股份公司	71.4286	49.8498	80.7152	68.9836	1581
300653	正海生物	山东	东部	C	无国有股份公司	42.8571	47.7722	87.1986	68.9652	1582
603116	红蜻蜓	浙江	东部	C	无国有股份公司	71.4286	43.3287	84.8192	68.9584	1583
603703	盛洋科技	浙江	东部	C	无国有股份公司	71.4286	45.4636	83.4480	68.9516	1584
301099	雅创电子	上海	东部	F	无国有股份公司	42.8571	44.2060	89.4426	68.9513	1585
000593	德龙汇能	四川	西部	D	国有参股公司	71.4286	47.8917	81.8839	68.9411	1586
603828	柯利达	江苏	东部	E	无国有股份公司	42.8571	54.7525	82.7113	68.9403	1587
688085	三友医疗	上海	东部	C	无国有股份公司	42.8571	43.4954	89.8674	68.9362	1588
000586	汇源通信	四川	西部	C	无国有股份公司	42.8571	59.0736	79.9460	68.9318	1589
000676	智度股份	广东	东部	I	无国有股份公司	71.4286	41.7962	85.7440	68.9307	1590
002636	金安国纪	上海	东部	C	无国有股份公司	85.7143	48.2593	79.0313	68.9294	1591
301108	洁雅股份	安徽	中部	C	无国有股份公司	57.1429	51.7462	82.0026	68.9269	1592
301078	孩子王	江苏	东部	F	无国有股份公司	71.4286	43.2824	84.7871	68.9246	1593
601113	华鼎股份	浙江	东部	C	国有参股公司	85.7143	45.6326	80.6702	68.9114	1594
002434	万里扬	浙江	东部	C	无国有股份公司	85.7143	55.6826	74.2584	68.9025	1595
603988	中电电机	江苏	东部	C	无国有股份公司	71.4286	48.6609	81.3146	68.8972	1596
603586	金麒麟	山东	东部	C	无国有股份公司	71.4286	51.0557	79.7889	68.8963	1597
603688	石英股份	江苏	东部	C	无国有股份公司	28.5714	58.9505	82.5491	68.8918	1598
603915	国茂股份	江苏	东部	C	无国有股份公司	85.7143	44.7714	81.1789	68.8898	1599
002319	乐通股份	广东	东部	C	无国有股份公司	85.7143	50.1924	77.7236	68.8868	1600
002104	恒宝股份	江苏	东部	C	无国有股份公司	57.1429	49.4920	83.3621	68.8856	1601
300676	华大基因	广东	东部	M	无国有股份公司	42.8571	48.2027	86.7451	68.8664	1602
300490	华自科技	湖南	中部	C	无国有股份公司	28.5714	50.7070	87.7427	68.8631	1603
002248	华东数控	山东	东部	C	无国有股份公司	71.4286	56.6943	76.1393	68.8625	1604
002374	中锐股份	山东	东部	C	无国有股份公司	57.1429	48.7764	83.7723	68.8608	1605
002803	吉宏股份	福建	东部	I	国有参股公司	57.1429	48.9672	83.6389	68.8542	1606
600533	栖霞建设	江苏	东部	K	无国有股份公司	71.4286	48.9224	81.0700	68.8542	1607
000955	欣龙控股	海南	东部	C	国有参股公司	85.7143	50.4008	77.5305	68.8535	1608
002328	新朋股份	上海	东部	C	无国有股份公司	71.4286	49.7734	80.5266	68.8532	1609
301182	凯旺科技	河南	中部	C	国有参股公司	57.1429	48.7653	83.7282	68.8326	1610
688030	山石网科	江苏	东部	I	无国有股份公司	28.5714	55.9270	84.3645	68.8321	1611
002631	德尔未来	江苏	东部	C	无国有股份公司	71.4286	41.3370	85.8448	68.8254	1612
002884	凌霄泵业	广东	东部	C	无国有股份公司	28.5714	56.2541	84.1273	68.8161	1613

续表

股票代码	公司简称	省份	地区	行业代码	控股类型	环境保护（*EP*）	社会责任（*SR*）	公司治理（*CG*）	上市公司质量/ESG指数（*CLCQI/ESGI*）	*CLCQI/ESGI*排名
603839	安正时尚	浙江	东部	C	国有参股公司	71.4286	47.6037	81.8354	68.8136	1614
300200	高盟新材	北京	东部	C	无国有股份公司	57.1429	47.5262	84.4803	68.8126	1615
605319	无锡振华	江苏	东部	C	无国有股份公司	85.7143	47.6001	79.2374	68.8120	1616
002602	世纪华通	浙江	东部	I	国有参股公司	100.0000	45.5423	77.9489	68.8117	1617
300430	诚益通	北京	东部	C	无国有股份公司	57.1429	47.9115	84.2256	68.8074	1618
300493	润欣科技	上海	东部	I	无国有股份公司	42.8571	41.4725	90.8827	68.7866	1619
688560	明冠新材	江西	中部	C	国有参股公司	85.7143	56.4173	73.5791	68.7860	1620
688329	艾隆科技	江苏	东部	C	无国有股份公司	57.1429	51.7428	81.7449	68.7840	1621
300275	梅安森	重庆	西部	I	无国有股份公司	57.1429	42.9427	87.3201	68.7703	1622
300845	捷安高科	河南	中部	I	无国有股份公司	42.8571	62.2714	77.6111	68.7668	1623
000623	吉林敖东	吉林	东部	C	国有参股公司	42.8571	46.4143	87.6874	68.7588	1624
600232	金鹰股份	浙江	东部	C	无国有股份公司	85.7143	47.3958	79.2488	68.7468	1625
300953	震裕科技	浙江	东部	C	无国有股份公司	42.8571	43.1578	89.7267	68.7406	1626
688258	卓易信息	江苏	东部	I	无国有股份公司	28.5714	57.7102	83.0590	68.7382	1627
000426	兴业银锡	内蒙古	西部	B	国有参股公司	71.4286	45.6030	82.9697	68.7372	1628
688656	浩欧博	江苏	东部	C	国有参股公司	71.4286	47.6228	81.6785	68.7340	1629
300491	通合科技	河北	东部	C	无国有股份公司	85.7143	44.4357	81.1079	68.7333	1630
603669	灵康药业	西藏	西部	C	无国有股份公司	85.7143	48.6155	78.4392	68.7284	1631
300143	盈康生命	山东	东部	Q	国有参股公司	57.1429	45.9984	85.2897	68.7230	1632
002455	百川股份	江苏	东部	C	无国有股份公司	71.4286	50.0792	80.0942	68.7224	1633
603719	良品铺子	湖北	中部	F	无国有股份公司	71.4286	45.7056	82.8714	68.7191	1634
002073	软控股份	山东	东部	C	国有参股公司	57.1429	57.1131	78.2023	68.7151	1635
300310	宜通世纪	广东	东部	I	无国有股份公司	42.8571	48.4474	86.2938	68.7039	1636
002906	华阳集团	广东	东部	C	国有参股公司	42.8571	45.6952	88.0412	68.7017	1637
601137	博威合金	浙江	东部	C	无国有股份公司	42.8571	45.8282	87.9523	68.6994	1638
300120	经纬辉开	天津	东部	C	无国有股份公司	42.8571	44.8461	88.5705	68.6956	1639
603333	尚纬股份	四川	西部	C	国有参股公司	71.4286	54.4883	77.2329	68.6919	1640
300792	壹网壹创	浙江	东部	I	无国有股份公司	14.2857	49.8048	90.5936	68.6868	1641
300977	深圳瑞捷	广东	东部	M	无国有股份公司	42.8571	44.4332	88.8155	68.6859	1642
300634	彩讯股份	广东	东部	I	无国有股份公司	28.5714	50.2186	87.7308	68.6856	1643
300239	东宝生物	内蒙古	西部	C	国有参股公司	57.1429	53.1769	80.6416	68.6791	1644
002468	申通快递	浙江	东部	G	无国有股份公司	71.4286	49.3857	80.4456	68.6729	1645
603236	移远通信	上海	东部	C	无国有股份公司	71.4286	45.2340	83.0838	68.6708	1646
688075	安旭生物	浙江	东部	C	国有参股公司	57.1429	52.8190	80.8483	68.6675	1647
002048	宁波华翔	浙江	东部	C	无国有股份公司	71.4286	51.8187	78.8784	68.6626	1648

续表

股票代码	公司简称	省份	地区	行业代码	控股类型	环境保护（*EP*）	社会责任（*SR*）	公司治理（*CG*）	上市公司质量/ESG指数（*CLCQI/ESGI*）	*CLCQI/ESGI*排名
300318	博晖创新	北京	东部	C	无国有股份公司	57.1429	51.5208	81.6569	68.6578	1649
688097	博众精工	江苏	东部	C	无国有股份公司	85.7143	55.2561	74.0521	68.6398	1650
002666	德联集团	广东	东部	C	无国有股份公司	57.1429	52.5227	80.9852	68.6391	1651
603029	天鹅股份	山东	东部	C	无国有股份公司	71.4286	53.2449	77.9000	68.6236	1652
688070	纵横股份	四川	西部	C	无国有股份公司	57.1429	48.4539	83.5315	68.6155	1653
603611	诺力股份	浙江	东部	C	无国有股份公司	71.4286	49.3199	80.3752	68.6112	1654
603738	泰晶科技	湖北	中部	C	无国有股份公司	71.4286	47.8839	81.2748	68.6034	1655
300776	帝尔激光	湖北	中部	C	无国有股份公司	57.1429	48.2879	83.6083	68.5996	1656
002800	ST天顺	新疆	西部	G	无国有股份公司	14.2857	54.3338	87.5443	68.5948	1657
300932	三友联众	广东	东部	C	无国有股份公司	57.1429	50.0824	82.4478	68.5894	1658
603023	威帝股份	黑龙江	东北	C	无国有股份公司	57.1429	46.9135	84.4634	68.5889	1659
300984	金沃股份	浙江	东部	C	无国有股份公司	57.1429	45.4418	85.3990	68.5883	1660
300419	浩丰科技	北京	东部	I	无国有股份公司	28.5714	45.3476	90.6396	68.5806	1661
603615	茶花股份	福建	东部	C	无国有股份公司	71.4286	44.1791	83.5907	68.5804	1662
300694	蠡湖股份	江苏	东部	C	无国有股份公司	57.1429	43.2240	86.7906	68.5775	1663
603700	宁水集团	浙江	东部	C	无国有股份公司	71.4286	53.6882	77.5335	68.5771	1664
300894	火星人	浙江	东部	C	无国有股份公司	57.1429	41.8059	87.6833	68.5722	1665
605008	长鸿高科	浙江	东部	C	无国有股份公司	71.4286	42.3053	84.7508	68.5626	1666
003037	三和管桩	广东	东部	C	无国有股份公司	85.7143	48.6229	78.1262	68.5588	1667
300617	安靠智电	江苏	东部	C	国有参股公司	57.1429	52.7948	80.6576	68.5541	1668
002610	爱康科技	江苏	东部	C	无国有股份公司	42.8571	53.9548	82.5133	68.5522	1669
002972	科安达	广东	东部	C	无国有股份公司	57.1429	58.2831	77.1532	68.5476	1670
300940	南极光	广东	东部	C	无国有股份公司	57.1429	47.3245	84.1050	68.5356	1671
600320	振华重工	上海	东部	C	国有参股公司	42.8571	47.3234	86.6930	68.5301	1672
688776	国光电气	四川	西部	C	无国有股份公司	71.4286	47.1278	81.6199	68.5285	1673
300262	巴安水务	上海	东部	N	国有参股公司	85.7143	49.6647	77.3959	68.5218	1674
300598	诚迈科技	江苏	东部	I	无国有股份公司	14.2857	56.6131	85.9532	68.5174	1675
300568	星源材质	广东	东部	C	无国有股份公司	14.2857	56.9955	85.6968	68.5102	1676
600488	津药药业	天津	东部	C	国有参股公司	57.1429	53.8724	79.8680	68.4970	1677
002020	京新药业	浙江	东部	C	国有参股公司	85.7143	44.7067	80.4936	68.4902	1678
600308	华泰股份	山东	东部	C	无国有股份公司	71.4286	46.3813	82.0033	68.4781	1679
002184	海得控制	上海	东部	C	无国有股份公司	57.1429	52.3062	80.8104	68.4672	1680
002860	星帅尔	浙江	东部	C	无国有股份公司	57.1429	45.0123	85.4507	68.4665	1681
001218	丽臣实业	湖南	中部	C	无国有股份公司	71.4286	40.7610	85.5457	68.4593	1682
300622	博士眼镜	广东	东部	F	无国有股份公司	28.5714	43.7314	91.4385	68.4543	1683

续表

股票代码	公司简称	省份	地区	行业代码	控股类型	环境保护（*EP*）	社会责任（*SR*）	公司治理（*CG*）	上市公司质量/ESG指数（*CLCQI*/*ESGI*）	*CLCQI*/*ESGI*排名
002550	千红制药	江苏	东部	C	无国有股份公司	57.1429	56.4802	78.1282	68.4529	1684
300126	锐奇股份	上海	东部	C	无国有股份公司	71.4286	42.3329	84.5334	68.4527	1685
002663	普邦股份	广东	东部	E	国有参股公司	57.1429	48.5761	83.1524	68.4497	1686
603629	利通电子	江苏	东部	C	无国有股份公司	85.7143	45.8796	79.6580	68.4412	1687
300903	科翔股份	广东	东部	C	无国有股份公司	71.4286	44.9925	82.8032	68.4320	1688
688601	力芯微	江苏	东部	C	国有参股公司	28.5714	56.4652	83.2737	68.4205	1689
301130	西点药业	吉林	东部	C	国有参股公司	57.1429	52.0665	80.8778	68.4204	1690
002082	万邦德	浙江	东部	C	无国有股份公司	71.4286	45.2747	82.5983	68.4181	1691
301060	兰卫医学	上海	东部	Q	国有参股公司	28.5714	57.6300	82.5062	68.4060	1692
000659	珠海中富	广东	东部	C	无国有股份公司	28.5714	47.7572	88.7725	68.3970	1693
603538	美诺华	浙江	东部	C	无国有股份公司	85.7143	53.6408	74.6343	68.3946	1694
300863	卡倍亿	浙江	东部	C	无国有股份公司	28.5714	44.3760	90.9083	68.3883	1695
603166	福达股份	广西	西部	C	无国有股份公司	85.7143	52.1132	75.5859	68.3833	1696
300915	海融科技	上海	东部	C	无国有股份公司	57.1429	53.3188	80.0076	68.3800	1697
605179	一鸣食品	浙江	东部	C	无国有股份公司	85.7143	47.4983	78.5144	68.3787	1698
300606	金太阳	广东	东部	C	无国有股份公司	57.1429	46.1890	84.5338	68.3740	1699
300258	精锻科技	江苏	东部	C	无国有股份公司	28.5714	49.3838	87.6939	68.3731	1700
002325	洪涛股份	广东	东部	E	国有参股公司	42.8571	47.6229	86.2104	68.3695	1701
600884	杉杉股份	浙江	东部	C	国有参股公司	71.4286	42.3006	84.3970	68.3664	1702
301096	百诚医药	浙江	东部	M	无国有股份公司	42.8571	52.5809	83.0430	68.3627	1703
603758	秦安股份	重庆	西部	C	无国有股份公司	85.7143	49.2612	77.3566	68.3590	1704
600490	鹏欣资源	上海	东部	C	国有参股公司	71.4286	39.4693	86.1847	68.3587	1705
000683	远兴能源	内蒙古	西部	C	国有参股公司	42.8571	55.7973	80.9796	68.3536	1706
300883	龙利得	安徽	中部	C	无国有股份公司	42.8571	48.9589	85.3253	68.3503	1707
603020	爱普股份	上海	东部	C	国有参股公司	71.4286	44.2817	83.1035	68.3484	1708
301086	鸿富瀚	广东	东部	C	国有参股公司	57.1429	44.7040	85.4123	68.3375	1709
688518	联赢激光	广东	东部	C	国有参股公司	71.4286	43.8720	83.3415	68.3359	1710
001212	中旗新材	广东	东部	C	无国有股份公司	42.8571	54.8905	81.5102	68.3280	1711
300497	富祥药业	江西	中部	C	无国有股份公司	85.7143	45.1612	79.9060	68.3261	1712
300931	通用电梯	江苏	东部	C	无国有股份公司	28.5714	56.8441	82.8527	68.3216	1713
600538	国发股份	广西	西部	F	国有参股公司	57.1429	54.2444	79.3119	68.3214	1714
002317	众生药业	广东	东部	C	无国有股份公司	57.1429	45.4264	84.9027	68.3100	1715
300632	光莆股份	福建	东部	C	无国有股份公司	42.8571	50.9698	83.9718	68.3097	1716
300613	富瀚微	上海	东部	I	无国有股份公司	14.2857	42.8246	94.3498	68.3096	1717
300343	联创股份	山东	东部	C	无国有股份公司	42.8571	56.3766	80.5279	68.3079	1718

续表

股票代码	公司简称	省份	地区	行业代码	控股类型	环境保护（*EP*）	社会责任（*SR*）	公司治理（*CG*）	上市公司质量/ESG指数（*CLCQI*/*ESGI*）	*CLCQI*/*ESGI*排名
300911	亿田智能	浙江	东部	C	无国有股份公司	71.4286	46.2339	81.7875	68.3078	1719
600565	迪马股份	重庆	西部	K	无国有股份公司	85.7143	46.4346	79.0525	68.3024	1720
000559	万向钱潮	浙江	东部	C	国有参股公司	85.7143	48.8057	77.5423	68.3017	1721
301116	益客食品	江苏	东部	C	国有参股公司	42.8571	45.2449	87.5937	68.2980	1722
002730	电光科技	浙江	东部	C	无国有股份公司	57.1429	44.5672	85.4254	68.2968	1723
300229	拓尔思	北京	东部	I	国有参股公司	28.5714	49.1934	87.6752	68.2962	1724
688051	佳华科技	北京	东部	I	无国有股份公司	85.7143	46.3846	79.0621	68.2902	1725
002372	伟星新材	浙江	东部	C	无国有股份公司	71.4286	49.4182	79.7207	68.2856	1726
301037	保立佳	上海	东部	C	无国有股份公司	42.8571	49.9474	84.5755	68.2838	1727
300384	三联虹普	北京	东部	M	无国有股份公司	71.4286	54.1949	76.6690	68.2790	1728
300687	赛意信息	广东	东部	I	无国有股份公司	14.2857	55.3537	86.3191	68.2779	1729
300320	海达股份	江苏	东部	C	无国有股份公司	85.7143	46.2027	79.1502	68.2750	1730
301053	远信工业	浙江	东部	C	无国有股份公司	28.5714	50.8658	86.5568	68.2664	1731
002505	鹏都农牧	湖南	中部	F	国有参股公司	71.4286	50.1601	79.2111	68.2650	1732
002989	中天精装	广东	东部	E	无国有股份公司	28.5714	51.3899	86.2205	68.2649	1733
002275	桂林三金	广西	西部	C	无国有股份公司	57.1429	49.6972	82.0994	68.2630	1734
603823	百合花	浙江	东部	C	无国有股份公司	57.1429	53.9963	79.3478	68.2543	1735
603136	天目湖	江苏	东部	N	国有参股公司	71.4286	50.9333	78.6990	68.2540	1736
688308	欧科亿	湖南	中部	C	无国有股份公司	71.4286	53.1161	77.2983	68.2476	1737
002599	盛通股份	北京	东部	C	无国有股份公司	71.4286	41.8830	84.4443	68.2463	1738
002687	乔治白	浙江	东部	C	无国有股份公司	42.8571	54.7413	81.4501	68.2427	1739
600288	大恒科技	北京	东部	C	无国有股份公司	28.5714	51.0348	86.4059	68.2426	1740
603031	安孚科技	安徽	中部	F	无国有股份公司	57.1429	44.2641	85.5195	68.2425	1741
603399	吉翔股份	辽宁	东北	C	无国有股份公司	57.1429	61.1900	74.7423	68.2390	1742
300645	正元智慧	浙江	东部	I	无国有股份公司	42.8571	51.6283	83.4203	68.2368	1743
000078	海王生物	广东	东部	F	无国有股份公司	57.1429	44.2435	85.5182	68.2345	1744
603917	合力科技	浙江	东部	C	无国有股份公司	85.7143	48.0526	77.8957	68.2325	1745
832000	安徽凤凰	安徽	中部	C	国有参股公司	42.8571	49.8435	84.5465	68.2315	1746
301076	新瀚新材	江苏	东部	C	无国有股份公司	71.4286	49.4003	79.6259	68.2272	1747
688123	聚辰股份	上海	东部	C	无国有股份公司	42.8571	49.9270	84.4766	68.2223	1748
003041	真爱美家	浙江	东部	C	无国有股份公司	57.1429	45.1040	84.9341	68.2144	1749
002616	长青集团	广东	东部	N	无国有股份公司	57.1429	50.5490	81.4555	68.2070	1750
603021	山东华鹏	山东	东部	C	国有参股公司	71.4286	50.2663	79.0317	68.2035	1751
688096	京源环保	江苏	东部	C	无国有股份公司	85.7143	59.5150	70.5344	68.1956	1752
688788	科思科技	广东	东部	C	无国有股份公司	42.8571	48.9987	84.9893	68.1794	1753

续表

股票代码	公司简称	省份	地区	行业代码	控股类型	环境保护（*EP*）	社会责任（*SR*）	公司治理（*CG*）	上市公司质量/ESG指数（*CLCQI*/*ESGI*）	*CLCQI*/*ESGI*排名
002361	神剑股份	安徽	中部	C	无国有股份公司	85.7143	45.3924	79.4894	68.1779	1754
300008	天海防务	上海	东部	E	国有参股公司	42.8571	50.0686	84.2985	68.1739	1755
301180	万祥科技	江苏	东部	C	国有参股公司	71.4286	43.0763	83.5513	68.1728	1756
605378	野马电池	浙江	东部	C	国有参股公司	42.8571	49.1887	84.8530	68.1709	1757
603990	麦迪科技	江苏	东部	I	国有参股公司	42.8571	52.0679	83.0068	68.1632	1758
603822	嘉澳环保	浙江	东部	C	无国有股份公司	100.0000	46.8746	75.9215	68.1629	1759
002436	兴森科技	广东	东部	C	无国有股份公司	71.4286	51.2952	78.2957	68.1588	1760
000688	国城矿业	四川	西部	B	国有参股公司	71.4286	60.7588	72.2651	68.1543	1761
002674	兴业科技	福建	东部	C	无国有股份公司	71.4286	39.6924	85.6622	68.1494	1762
002635	安洁科技	江苏	东部	C	国有参股公司	71.4286	45.6790	81.8100	68.1260	1763
603608	天创时尚	广东	东部	C	国有参股公司	42.8571	47.2729	85.9869	68.1241	1764
002406	远东传动	河南	中部	C	无国有股份公司	57.1429	51.5100	80.6928	68.1238	1765
603217	元利科技	山东	东部	C	无国有股份公司	57.1429	53.5125	79.4166	68.1228	1766
002146	荣盛发展	河北	东部	K	无国有股份公司	71.4286	50.8771	78.4925	68.1207	1767
002662	京威股份	北京	东部	C	无国有股份公司	71.4286	49.0999	79.6166	68.1169	1768
300843	胜蓝股份	广东	东部	C	无国有股份公司	28.5714	53.5468	84.5673	68.1105	1769
603500	祥和实业	浙江	东部	C	无国有股份公司	71.4286	54.1303	76.3994	68.1081	1770
688508	芯朋微	江苏	东部	I	国有参股公司	28.5714	58.2093	81.5925	68.1063	1771
002284	亚太股份	浙江	东部	C	无国有股份公司	71.4286	41.8802	84.1721	68.0956	1772
603390	通达电气	广东	东部	C	无国有股份公司	100.0000	49.9115	73.8621	68.0932	1773
600843	上工申贝	上海	东部	C	国有参股公司	71.4286	43.8966	82.8793	68.0903	1774
600470	六国化工	安徽	中部	C	无国有股份公司	85.7143	52.6906	74.6825	68.0885	1775
000930	中粮科技	安徽	中部	C	无国有股份公司	71.4286	56.8007	74.6565	68.0842	1776
300480	光力科技	河南	中部	C	无国有股份公司	71.4286	49.0494	79.5826	68.0806	1777
002833	弘亚数控	广东	东部	C	无国有股份公司	28.5714	47.5460	88.3267	68.0779	1778
000790	华神科技	四川	西部	C	国有参股公司	71.4286	47.4699	80.5744	68.0733	1779
603980	吉华集团	浙江	东部	C	国有参股公司	71.4286	43.2537	83.2370	68.0620	1780
300706	阿石创	福建	东部	C	国有参股公司	28.5714	51.9405	85.4912	68.0565	1781
000040	东旭蓝天	广东	东部	D	无国有股份公司	100.0000	50.2077	73.5936	68.0492	1782
603319	湘油泵	湖南	中部	C	无国有股份公司	85.7143	47.3353	78.0113	68.0450	1783
300835	龙磁科技	安徽	中部	C	无国有股份公司	28.5714	57.1202	82.1723	68.0439	1784
600966	博汇纸业	山东	东部	C	无国有股份公司	85.7143	48.4105	77.3234	68.0430	1785
603106	恒银科技	天津	东部	C	无国有股份公司	42.8571	50.7779	83.6012	68.0386	1786
002947	恒铭达	江苏	东部	C	无国有股份公司	28.5714	54.7870	83.6472	68.0386	1787
002752	昇兴股份	福建	东部	C	国有参股公司	100.0000	43.1509	78.0646	68.0384	1788

续表

股票代码	公司简称	省份	地区	行业代码	控股类型	环境保护（*EP*）	社会责任（*SR*）	公司治理（*CG*）	上市公司质量/ESG指数（*CLCQI/ESGI*）	*CLCQI/ESGI*排名
300039	上海凯宝	上海	东部	C	国有参股公司	71.4286	44.5608	82.3525	68.0330	1789
002041	登海种业	山东	东部	A	无国有股份公司	71.4286	43.6214	82.9408	68.0278	1790
300851	交大思诺	北京	东部	I	国有参股公司	14.2857	58.6223	83.7639	68.0165	1791
603176	汇通集团	河北	东部	E	无国有股份公司	85.7143	50.9535	75.6506	68.0130	1792
603063	禾望电气	广东	东部	C	无国有股份公司	71.4286	48.5803	79.7579	68.0129	1793
300436	广生堂	福建	东部	C	无国有股份公司	71.4286	45.2429	81.8768	68.0101	1794
688193	仁度生物	上海	东部	C	无国有股份公司	42.8571	59.4879	78.0050	68.0092	1795
688080	映翰通	北京	东部	C	无国有股份公司	57.1429	54.0963	78.8302	68.0046	1796
603628	清源股份	福建	东部	C	国有参股公司	85.7143	51.3239	75.3992	68.0043	1797
300546	雄帝科技	广东	东部	C	国有参股公司	42.8571	55.4304	80.5780	68.0043	1798
300970	华绿生物	江苏	东部	A	国有参股公司	42.8571	55.3630	80.6130	67.9999	1799
300128	锦富技术	江苏	东部	C	无国有股份公司	42.8571	45.5329	86.8640	67.9974	1800
603568	伟明环保	浙江	东部	N	无国有股份公司	42.8571	49.1384	84.5685	67.9969	1801
002901	大博医疗	福建	东部	C	国有参股公司	57.1429	51.7995	80.2549	67.9843	1802
002264	新华都	福建	东部	I	无国有股份公司	57.1429	38.1776	88.9179	67.9813	1803
688218	江苏北人	江苏	东部	C	国有参股公司	42.8571	53.4860	81.7480	67.9672	1804
002890	弘宇股份	山东	东部	C	无国有股份公司	71.4286	56.2988	74.7531	67.9617	1805
300811	铂科新材	广东	东部	C	无国有股份公司	57.1429	49.8080	81.4762	67.9590	1806
300302	同有科技	北京	东部	I	无国有股份公司	42.8571	52.6766	82.2432	67.9563	1807
300853	申昊科技	浙江	东部	C	无国有股份公司	28.5714	55.4992	83.0403	67.9540	1808
603588	高能环境	北京	东部	N	无国有股份公司	85.7143	41.3676	81.6405	67.9524	1809
300305	裕兴股份	江苏	东部	C	无国有股份公司	71.4286	40.6865	84.6682	67.9507	1810
002998	优彩资源	江苏	东部	C	无国有股份公司	71.4286	45.8674	81.3526	67.9403	1811
002315	焦点科技	江苏	东部	I	无国有股份公司	42.8571	51.3616	83.0478	67.9386	1812
600645	中源协和	天津	东部	M	国有参股公司	57.1429	39.7979	87.7971	67.9320	1813
600869	远东股份	青海	西部	C	国有参股公司	85.7143	49.0094	76.7388	67.9311	1814
002996	顺博合金	重庆	西部	C	无国有股份公司	85.7143	45.2066	79.1403	67.9209	1815
688358	祥生医疗	江苏	东部	C	无国有股份公司	42.8571	60.4764	77.1846	67.9040	1816
300144	宋城演艺	浙江	东部	R	无国有股份公司	42.8571	48.5868	84.7337	67.8946	1817
301198	喜悦智行	浙江	东部	C	无国有股份公司	85.7143	44.9078	79.2606	67.8825	1818
300637	扬帆新材	浙江	东部	C	无国有股份公司	57.1429	43.7641	85.1746	67.8777	1819
300481	濮阳惠成	河南	中部	C	无国有股份公司	42.8571	52.9240	81.9347	67.8732	1820
605169	洪通燃气	新疆	西部	D	无国有股份公司	85.7143	47.9836	77.2864	67.8732	1821
300907	康平科技	江苏	东部	C	无国有股份公司	42.8571	50.7563	83.3100	67.8709	1822
002534	西子洁能	浙江	东部	C	国有参股公司	85.7143	50.7457	75.5191	67.8679	1823

续表

股票代码	公司简称	省份	地区	行业代码	控股类型	环境保护（*EP*）	社会责任（*SR*）	公司治理（*CG*）	上市公司质量/ESG指数（*CLCQI/ESGI*）	*CLCQI/ESGI*排名
002117	东港股份	山东	东部	C	国有参股公司	71.4286	44.9593	81.7957	67.8663	1824
605196	华通线缆	河北	东部	C	无国有股份公司	85.7143	51.3122	75.1493	67.8628	1825
300783	三只松鼠	安徽	中部	F	无国有股份公司	71.4286	53.5702	76.3066	67.8611	1826
688793	倍轻松	广东	东部	C	无国有股份公司	71.4286	53.2369	76.5107	67.8567	1827
300591	万里马	广东	东部	C	无国有股份公司	57.1429	45.5532	83.9598	67.8358	1828
002492	恒基达鑫	广东	东部	G	国有参股公司	42.8571	55.3982	80.2881	67.8336	1829
301065	本立科技	浙江	东部	C	无国有股份公司	57.1429	52.4517	79.5506	67.8252	1830
300838	浙江力诺	浙江	东部	C	无国有股份公司	71.4286	46.3393	80.8287	67.8174	1831
600167	联美控股	辽宁	东北	D	无国有股份公司	57.1429	46.3375	83.4237	67.8154	1832
688011	新光光电	黑龙江	东北	C	无国有股份公司	57.1429	53.5333	78.8397	67.8128	1833
600067	冠城大通	福建	东部	K	无国有股份公司	71.4286	52.1234	77.1307	67.8079	1834
301179	泽宇智能	江苏	东部	I	无国有股份公司	14.2857	41.1517	94.4967	67.8048	1835
300705	九典制药	湖南	中部	C	无国有股份公司	57.1429	42.6843	85.7278	67.8041	1836
002296	辉煌科技	河南	中部	C	无国有股份公司	57.1429	58.8221	75.4568	67.8033	1837
002559	亚威股份	江苏	东部	C	无国有股份公司	71.4286	47.1590	80.2799	67.8024	1838
603080	新疆火炬	新疆	西部	D	无国有股份公司	42.8571	43.9582	87.5048	67.7987	1839
002626	金达威	福建	东部	C	国有参股公司	57.1429	46.2050	83.4741	67.7968	1840
002593	日上集团	福建	东部	C	无国有股份公司	100.0000	43.3160	77.5154	67.7940	1841
300668	杰恩设计	广东	东部	M	无国有股份公司	28.5714	50.2439	86.0906	67.7924	1842
300572	安车检测	广东	东部	C	无国有股份公司	14.2857	48.1121	90.0221	67.7800	1843
688682	霍莱沃	上海	东部	I	无国有股份公司	14.2857	53.1191	86.8357	67.7799	1844
300961	深水海纳	广东	东部	N	无国有股份公司	57.1429	41.1674	86.6475	67.7790	1845
603825	华扬联众	北京	东部	I	无国有股份公司	85.7143	55.3992	72.3883	67.7747	1846
688168	安博通	北京	东部	I	无国有股份公司	57.1429	54.6581	78.0162	67.7535	1847
300802	矩子科技	上海	东部	C	无国有股份公司	14.2857	54.3201	86.0196	67.7514	1848
002171	楚江新材	安徽	中部	C	国有参股公司	71.4286	44.5866	81.7943	67.7351	1849
002861	瀛通通讯	湖北	中部	C	无国有股份公司	42.8571	55.9946	79.7281	67.7343	1850
603519	立霸股份	江苏	东部	C	国有参股公司	71.4286	42.6595	83.0162	67.7326	1851
605098	行动教育	上海	东部	P	无国有股份公司	28.5714	48.2102	87.2735	67.7311	1852
600693	东百集团	福建	东部	F	国有参股公司	85.7143	44.0412	79.5271	67.7258	1853
300973	立高食品	广东	东部	C	无国有股份公司	28.5714	47.7759	87.5312	67.7209	1854
600617	国新能源	山西	中部	D	国有参股公司	85.7143	43.7783	79.6773	67.7164	1855
300469	信息发展	上海	东部	I	无国有股份公司	42.8571	48.9719	84.1613	67.7146	1856
300058	蓝色光标	北京	东部	L	无国有股份公司	28.5714	50.6100	85.7134	67.7130	1857
603609	禾丰股份	辽宁	东北	C	无国有股份公司	42.8571	55.9286	79.7271	67.7106	1858

续表

股票代码	公司简称	省份	地区	行业代码	控股类型	环境保护（*EP*）	社会责任（*SR*）	公司治理（*CG*）	上市公司质量/ESG指数（*CLCQI/ESGI*）	*CLCQI/ESGI*排名
300001	特锐德	山东	东部	C	无国有股份公司	71.4286	48.8847	78.9995	67.7023	1859
300605	恒锋信息	福建	东部	I	国有参股公司	28.5714	46.1721	88.5171	67.7018	1860
300018	中元股份	湖北	中部	C	无国有股份公司	14.2857	52.9567	86.7766	67.6906	1861
002029	七匹狼	福建	东部	C	国有参股公司	57.1429	41.0566	86.5430	67.6828	1862
001201	东瑞股份	广东	东部	A	无国有股份公司	57.1429	41.4732	86.2777	67.6826	1863
688618	三旺通信	广东	东部	C	无国有股份公司	85.7143	46.9699	77.5828	67.6814	1864
002075	沙钢股份	江苏	东部	C	国有参股公司	57.1429	46.1907	83.2648	67.6767	1865
002541	鸿路钢构	安徽	中部	C	无国有股份公司	85.7143	45.9911	78.1827	67.6688	1866
002294	信立泰	广东	东部	C	国有参股公司	42.8571	48.1885	84.5574	67.6583	1867
002517	恺英网络	福建	东部	I	无国有股份公司	57.1429	41.2624	86.3287	67.6369	1868
603121	华培动力	上海	东部	C	无国有股份公司	71.4286	41.9580	83.2870	67.6360	1869
300435	中泰股份	浙江	东部	D	无国有股份公司	57.1429	52.6986	79.0474	67.6349	1870
601515	东风股份	广东	东部	C	无国有股份公司	57.1429	44.6286	84.1773	67.6318	1871
300177	中海达	广东	东部	C	国有参股公司	14.2857	50.1453	88.4486	67.6262	1872
300189	神农科技	海南	东部	A	国有参股公司	42.8571	51.1346	82.6035	67.6148	1873
688206	概伦电子	上海	东部	I	无国有股份公司	57.1429	55.6878	77.1070	67.6139	1874
002358	森源电气	河南	中部	C	无国有股份公司	85.7143	54.1234	72.8905	67.6044	1875
600211	西藏药业	西藏	西部	C	国有参股公司	57.1429	40.8711	86.5175	67.6038	1876
600382	广东明珠	广东	东部	F	无国有股份公司	42.8571	45.6391	86.0766	67.6015	1877
688619	罗普特	福建	东部	I	无国有股份公司	28.5714	58.1384	80.7138	67.5982	1878
300968	格林精密	广东	东部	C	国有参股公司	28.5714	40.4100	91.9729	67.5857	1879
605228	神通科技	浙江	东部	C	无国有股份公司	85.7143	40.8976	81.2678	67.5829	1880
002342	巨力索具	河北	东部	C	国有参股公司	42.8571	44.9012	86.5045	67.5786	1881
002980	华盛昌	广东	东部	C	国有参股公司	28.5714	51.3323	84.9960	67.5712	1882
002907	华森制药	重庆	西部	C	国有参股公司	57.1429	54.1820	77.0605	67.5612	1883
300374	中铁装配	北京	东部	C	国有参股公司	57.1429	50.1818	80.4894	67.5471	1884
688314	康拓医疗	陕西	西部	C	无国有股份公司	42.8571	47.2807	84.9277	67.5442	1885
605255	天普股份	浙江	东部	C	无国有股份公司	71.4286	52.1436	76.6357	67.5427	1886
300607	拓斯达	广东	东部	C	无国有股份公司	57.1429	46.1205	83.0592	67.5391	1887
300411	金盾股份	浙江	东部	C	无国有股份公司	57.1429	54.4807	77.7388	67.5389	1888
002456	欧菲光	广东	东部	C	国有参股公司	85.7143	46.9170	77.3520	67.5360	1889
002671	龙泉股份	山东	东部	C	无国有股份公司	42.8571	48.0056	84.4491	67.5347	1890
600055	万东医疗	北京	东部	C	无国有股份公司	71.4286	59.9893	71.6234	67.5320	1891
300793	佳禾智能	广东	东部	C	无国有股份公司	28.5714	51.6440	84.7174	67.5271	1892
600749	西藏旅游	西藏	西部	N	国有参股公司	57.1429	44.1001	84.3129	67.5214	1893

续表

股票代码	公司简称	省份	地区	行业代码	控股类型	环境保护（*EP*）	社会责任（*SR*）	公司治理（*CG*）	上市公司质量/ESG指数（*CLCQI*/*ESGI*）	*CLCQI*/*ESGI*排名
300905	宝丽迪	江苏	东部	C	国有参股公司	57.1429	52.8302	78.7405	67.5121	1894
002331	皖通科技	安徽	中部	I	无国有股份公司	71.4286	50.8634	77.3725	67.4999	1895
300942	易瑞生物	广东	东部	C	国有参股公司	57.1429	50.2511	80.3419	67.4902	1896
603908	牧高笛	浙江	东部	C	国有参股公司	71.4286	42.7835	82.4912	67.4872	1897
688229	博睿数据	北京	东部	I	无国有股份公司	42.8571	49.4550	83.4376	67.4856	1898
002818	富森美	四川	西部	L	无国有股份公司	57.1429	50.4570	80.1901	67.4788	1899
300727	润禾材料	浙江	东部	C	无国有股份公司	71.4286	47.3339	79.5765	67.4768	1900
603277	银都股份	浙江	东部	C	无国有股份公司	85.7143	53.9811	72.7466	67.4754	1901
300644	南京聚隆	江苏	东部	C	国有参股公司	0.0000	54.7495	87.8345	67.4713	1902
301049	超越科技	安徽	中部	N	无国有股份公司	57.1429	52.4282	78.9157	67.4678	1903
300922	天秦装备	河北	东部	C	无国有股份公司	42.8571	54.7122	80.0554	67.4655	1904
000836	富通信息	天津	东部	C	无国有股份公司	57.1429	49.1547	80.9857	67.4606	1905
002035	华帝股份	广东	东部	C	无国有股份公司	85.7143	48.6930	76.0613	67.4477	1906
002845	同兴达	广东	东部	C	无国有股份公司	71.4286	49.6125	78.0714	67.4465	1907
603798	康普顿	山东	东部	C	国有参股公司	28.5714	48.6048	86.5030	67.4455	1908
300624	万兴科技	西藏	西部	I	无国有股份公司	42.8571	38.1403	90.5481	67.4363	1909
000926	福星股份	湖北	中部	K	无国有股份公司	71.4286	48.5114	78.7500	67.4344	1910
000520	长航凤凰	湖北	中部	G	国有参股公司	71.4286	46.8324	79.8069	67.4280	1911
300045	华力创通	北京	东部	C	无国有股份公司	42.8571	50.4141	82.7085	67.4203	1912
300834	星辉环材	广东	东部	C	无国有股份公司	71.4286	46.7831	79.8224	67.4193	1913
300525	博思软件	福建	东部	I	国有参股公司	14.2857	49.6616	88.3798	67.4190	1914
300602	飞荣达	广东	东部	C	国有参股公司	57.1429	45.0825	83.4800	67.4072	1915
600094	大名城	上海	东部	K	无国有股份公司	85.7143	47.7219	76.5815	67.3939	1916
300541	先进数通	北京	东部	I	无国有股份公司	28.5714	53.7280	83.1468	67.3927	1917
688636	智明达	四川	西部	C	无国有股份公司	28.5714	51.9645	84.2394	67.3764	1918
603267	鸿远电子	北京	东部	C	无国有股份公司	71.4286	44.0253	81.4985	67.3759	1919
300016	北陆药业	北京	东部	C	国有参股公司	57.1429	51.3132	79.4557	67.3745	1920
301211	亨迪药业	湖北	中部	C	国有参股公司	57.1429	46.1301	82.7341	67.3636	1921
603950	长源东谷	湖北	中部	C	无国有股份公司	71.4286	44.0067	81.4721	67.3549	1922
688313	仕佳光子	河南	中部	C	国有参股公司	71.4286	42.3854	82.4935	67.3492	1923
600563	法拉电子	福建	东部	C	国有参股公司	100.0000	44.4787	75.9657	67.3487	1924
601567	三星医疗	浙江	东部	C	无国有股份公司	100.0000	50.9131	71.8599	67.3425	1925
300909	汇创达	广东	东部	C	无国有股份公司	28.5714	57.1641	80.8670	67.3414	1926
688633	星球石墨	江苏	东部	C	国有参股公司	57.1429	49.3077	80.6703	67.3406	1927
300509	新美星	江苏	东部	C	无国有股份公司	71.4286	48.7379	78.4208	67.3326	1928

续表

股票代码	公司简称	省份	地区	行业代码	控股类型	环境保护（*EP*）	社会责任（*SR*）	公司治理（*CG*）	上市公司质量/ESG指数（*CLCQI/ESGI*）	*CLCQI/ESGI*排名
300379	东方通	北京	东部	I	无国有股份公司	14.2857	54.4273	85.1890	67.3321	1929
300476	胜宏科技	广东	东部	C	无国有股份公司	85.7143	41.7045	80.2889	67.3269	1930
603868	飞科电器	上海	东部	C	无国有股份公司	85.7143	44.1393	78.7365	67.3253	1931
605337	李子园	浙江	东部	C	无国有股份公司	71.4286	49.0922	78.1620	67.3142	1932
002609	捷顺科技	广东	东部	I	无国有股份公司	42.8571	38.1475	90.2980	67.3012	1933
002986	宇新股份	湖南	中部	C	无国有股份公司	42.8571	43.7474	86.7279	67.2976	1934
301031	中熔电气	陕西	西部	C	无国有股份公司	28.5714	47.1950	87.1299	67.2968	1935
002007	华兰生物	河南	中部	C	无国有股份公司	57.1429	44.8345	83.4313	67.2936	1936
603886	元祖股份	上海	东部	C	无国有股份公司	14.2857	54.9308	84.7689	67.2773	1937
600157	永泰能源	山西	中部	D	国有参股公司	71.4286	40.5038	83.5426	67.2676	1938
300949	奥雅股份	广东	东部	M	无国有股份公司	57.1429	42.8688	84.6277	67.2636	1939
002519	银河电子	江苏	东部	C	无国有股份公司	42.8571	50.3122	82.4827	67.2605	1940
605218	伟时电子	江苏	东部	C	无国有股份公司	42.8571	42.8195	87.2506	67.2604	1941
600829	人民同泰	黑龙江	东北	F	无国有股份公司	28.5714	44.4097	88.8201	67.2516	1942
603006	联明股份	上海	东部	C	无国有股份公司	85.7143	46.4984	77.0977	67.2496	1943
300666	江丰电子	浙江	东部	C	无国有股份公司	28.5714	49.4652	85.5824	67.2403	1944
688259	创耀科技	江苏	东部	I	国有参股公司	42.8571	47.1829	84.4261	67.2341	1945
603558	健盛集团	浙江	东部	C	无国有股份公司	100.0000	41.4642	77.6692	67.2305	1946
301101	明月镜片	江苏	东部	C	无国有股份公司	71.4286	43.3835	81.6326	67.2250	1947
300737	科顺股份	广东	东部	C	无国有股份公司	71.4286	42.9473	81.8476	67.1906	1948
605180	华生科技	浙江	东部	C	无国有股份公司	71.4286	45.8922	79.9733	67.1905	1949
605136	丽人丽妆	上海	东部	F	无国有股份公司	85.7143	42.4537	79.5469	67.1810	1950
002606	大连电瓷	辽宁	东北	C	无国有股份公司	71.4286	48.3732	78.3664	67.1750	1951
002825	纳尔股份	上海	东部	C	无国有股份公司	71.4286	44.7409	80.6743	67.1730	1952
603813	原尚股份	广东	东部	G	无国有股份公司	71.4286	42.0980	82.0546	67.1722	1953
603737	三棵树	福建	东部	C	无国有股份公司	85.7143	42.0909	79.7516	67.1666	1954
300538	同益股份	广东	东部	F	无国有股份公司	14.2857	43.8995	91.5663	67.1549	1955
300627	华测导航	上海	东部	C	无国有股份公司	14.2857	53.2592	85.6042	67.1516	1956
300971	博亚精工	湖北	中部	C	无国有股份公司	57.1429	54.2195	77.1969	67.1494	1957
688687	凯因科技	北京	东部	C	无国有股份公司	71.4286	53.4708	75.0729	67.1477	1958
603238	诺邦股份	浙江	东部	C	无国有股份公司	71.4286	42.1271	82.2705	67.1361	1959
001211	双枪科技	浙江	东部	C	无国有股份公司	42.8571	53.6790	80.1059	67.1316	1960
603398	沐邦高科	江西	中部	C	无国有股份公司	14.2857	50.1616	87.5094	67.1153	1961
603179	新泉股份	江苏	东部	C	无国有股份公司	57.1429	51.8354	78.6343	67.1055	1962
603278	大业股份	山东	东部	C	无国有股份公司	71.4286	48.5512	78.0962	67.0887	1963

续表

股票代码	公司简称	省份	地区	行业代码	控股类型	环境保护（EP）	社会责任（SR）	公司治理（CG）	上市公司质量/ESG指数（CLCQI/ESGI）	CLCQI/ESGI排名
601886	江河集团	北京	东部	E	国有参股公司	57.1429	53.9651	77.2430	67.0857	1964
300342	天银机电	江苏	东部	C	国有参股公司	28.5714	49.0167	85.5761	67.0799	1965
833509	同惠电子	江苏	东部	C	无国有股份公司	42.8571	60.7274	75.5129	67.0724	1966
300440	运达科技	四川	西部	I	国有参股公司	28.5714	56.0492	81.0841	67.0706	1967
688386	泛亚微透	江苏	东部	C	无国有股份公司	71.4286	50.2178	77.0019	67.0701	1968
000782	美达股份	广东	东部	C	无国有股份公司	57.1429	44.7939	83.0467	67.0678	1969
603396	金辰股份	辽宁	东北	C	无国有股份公司	57.1429	52.9960	77.8047	67.0555	1970
688083	中望软件	广东	东部	I	无国有股份公司	28.5714	48.3469	85.9313	67.0408	1971
688260	昀冢科技	江苏	东部	C	无国有股份公司	71.4286	46.3315	79.4124	67.0357	1972
603215	比依股份	浙江	东部	C	无国有股份公司	85.7143	54.7362	71.4469	67.0249	1973
603339	四方科技	江苏	东部	C	无国有股份公司	57.1429	46.3622	81.9621	67.0202	1974
002688	金河生物	内蒙古	西部	C	国有参股公司	42.8571	47.0681	84.1046	67.0171	1975
003001	中岩大地	北京	东部	E	无国有股份公司	42.8571	51.2968	81.4085	67.0143	1976
603239	浙江仙通	浙江	东部	C	国有参股公司	57.1429	47.6050	81.1553	67.0115	1977
002458	益生股份	山东	东部	A	国有参股公司	42.8571	52.1645	80.8467	67.0090	1978
300732	设研院	河南	中部	M	国有参股公司	42.8571	59.5955	76.0921	66.9948	1979
600346	恒力石化	辽宁	东北	C	国有参股公司	85.7143	42.8031	78.9595	66.9803	1980
300825	阿尔特	北京	东部	M	国有参股公司	28.5714	54.0622	82.1825	66.9793	1981
300872	天阳科技	西藏	西部	I	无国有股份公司	28.5714	53.3973	82.6026	66.9776	1982
603955	大千生态	江苏	东部	E	国有参股公司	57.1429	49.5713	79.8384	66.9753	1983
001317	三羊马	重庆	西部	G	无国有股份公司	14.2857	47.0907	89.2032	66.9721	1984
300735	光弘科技	广东	东部	C	国有参股公司	28.5714	52.7401	83.0035	66.9681	1985
002435	长江健康	江苏	东部	C	无国有股份公司	57.1429	48.6077	80.4312	66.9642	1986
300789	唐源电气	四川	西部	I	无国有股份公司	28.5714	52.8128	82.9274	66.9517	1987
603966	法兰泰克	江苏	东部	C	无国有股份公司	57.1429	46.6077	81.6744	66.9479	1988
601778	晶科科技	江西	中部	D	国有参股公司	85.7143	39.5189	80.9906	66.9479	1989
300743	天地数码	浙江	东部	C	无国有股份公司	28.5714	48.1968	85.8538	66.9456	1990
300011	鼎汉技术	北京	东部	C	国有参股公司	42.8571	48.0185	83.3606	66.9405	1991
300360	炬华科技	浙江	东部	C	无国有股份公司	28.5714	60.5826	77.9599	66.9390	1992
002719	麦趣尔	新疆	西部	C	国有参股公司	85.7143	47.6830	75.7561	66.9263	1993
000739	普洛药业	浙江	东部	C	无国有股份公司	57.1429	50.1226	79.3755	66.9137	1994
300939	秋田微	广东	东部	C	无国有股份公司	42.8571	49.6295	82.2733	66.9063	1995
300479	神思电子	山东	东部	C	国有参股公司	28.5714	55.0669	81.3780	66.8884	1996
000560	我爱我家	云南	西部	K	无国有股份公司	71.4286	39.4657	83.4938	66.8774	1997
603567	珍宝岛	黑龙江	东北	C	国有参股公司	57.1429	43.5338	83.4971	66.8745	1998

续表

股票代码	公司简称	省份	地区	行业代码	控股类型	环境保护（*EP*）	社会责任（*SR*）	公司治理（*CG*）	上市公司质量/ESG指数（*CLCQI/ESGI*）	*CLCQI/ESGI*排名
603811	诚意药业	浙江	东部	C	无国有股份公司	71.4286	51.2892	75.9572	66.8705	1999
603876	鼎胜新材	江苏	东部	C	无国有股份公司	71.4286	46.9240	78.7203	66.8624	2000
002365	永安药业	湖北	中部	C	国有参股公司	85.7143	56.0718	70.2984	66.8607	2001
300391	长药控股	山东	东部	C	无国有股份公司	28.5714	49.8938	84.6192	66.8605	2002
603916	苏博特	江苏	东部	C	无国有股份公司	71.4286	43.8429	80.6737	66.8584	2003
002336	人人乐	广东	东部	F	国有参股公司	57.1429	51.0378	78.6913	66.8577	2004
300946	恒而达	福建	东部	C	无国有股份公司	71.4286	46.3684	79.0615	66.8556	2005
002225	濮耐股份	河南	中部	C	国有参股公司	57.1429	49.0984	79.9196	66.8545	2006
300052	中青宝	广东	东部	I	无国有股份公司	28.5714	45.3041	87.5277	66.8538	2007
002120	韵达股份	浙江	东部	G	无国有股份公司	71.4286	49.1971	77.2499	66.8493	2008
688004	博汇科技	北京	东部	I	无国有股份公司	42.8571	48.9035	82.6306	66.8487	2009
000882	华联股份	北京	东部	L	无国有股份公司	57.1429	50.7019	78.8451	66.8247	2010
300267	尔康制药	湖南	中部	C	国有参股公司	71.4286	52.1403	75.3220	66.8190	2011
300995	奇德新材	广东	东部	C	无国有股份公司	57.1429	48.4812	80.2479	66.8190	2012
000677	恒天海龙	山东	东部	C	国有参股公司	57.1429	49.0697	79.8515	66.8070	2013
688017	绿的谐波	江苏	东部	C	无国有股份公司	71.4286	50.5440	76.3101	66.8038	2014
301218	华是科技	浙江	东部	I	无国有股份公司	14.2857	55.7383	83.3842	66.7983	2015
300774	倍杰特	北京	东部	N	无国有股份公司	42.8571	42.9273	86.3326	66.7932	2016
002043	兔宝宝	浙江	东部	C	无国有股份公司	100.0000	47.6590	72.9135	66.7831	2017
002830	名雕股份	广东	东部	E	无国有股份公司	57.1429	44.2663	82.8625	66.7819	2018
002802	洪汇新材	江苏	东部	C	无国有股份公司	42.8571	52.3719	80.2857	66.7730	2019
002873	新天药业	贵州	西部	C	无国有股份公司	42.8571	46.5993	83.9320	66.7581	2020
000848	承德露露	河北	东部	C	无国有股份公司	28.5714	50.9349	83.7656	66.7554	2021
300692	中环环保	安徽	中部	N	无国有股份公司	57.1429	46.2179	81.5638	66.7506	2022
300787	海能实业	江西	中部	C	无国有股份公司	42.8571	49.8110	81.8599	66.7425	2023
300095	华伍股份	江西	中部	C	国有参股公司	57.1429	50.3813	78.8428	66.7113	2024
002607	中公教育	安徽	中部	P	无国有股份公司	71.4286	38.8605	83.5304	66.6858	2025
002197	证通电子	广东	东部	I	无国有股份公司	57.1429	55.4746	75.5241	66.6686	2026
002247	聚力文化	浙江	东部	I	无国有股份公司	71.4286	46.3462	78.7319	66.6666	2027
300564	筑博设计	西藏	西部	M	国有参股公司	42.8571	47.7899	83.0068	66.6659	2028
002717	岭南股份	广东	东部	N	无国有股份公司	42.8571	46.5528	83.7827	66.6597	2029
001205	盛航股份	江苏	东部	G	无国有股份公司	42.8571	46.5750	83.7597	66.6548	2030
300820	英杰电气	四川	西部	C	无国有股份公司	14.2857	44.4854	90.2730	66.6486	2031
002576	通达动力	江苏	东部	C	国有参股公司	57.1429	50.7435	78.4921	66.6452	2032
603056	德邦股份	上海	东部	G	无国有股份公司	57.1429	54.3703	76.1833	66.6447	2033

续表

股票代码	公司简称	省份	地区	行业代码	控股类型	环境保护（*EP*）	社会责任（*SR*）	公司治理（*CG*）	上市公司质量/ESG指数（*CLCQI*/*ESGI*）	*CLCQI*/*ESGI*排名
002988	豪美新材	广东	东部	C	无国有股份公司	85.7143	52.3598	72.2660	66.6436	2034
002022	科华生物	上海	东部	C	无国有股份公司	14.2857	48.5090	87.7031	66.6434	2035
300226	上海钢联	上海	东部	I	无国有股份公司	71.4286	44.5597	79.8160	66.6375	2036
300928	华安鑫创	北京	东部	M	无国有股份公司	42.8571	44.6247	84.9622	66.6335	2037
300876	蒙泰高新	广东	东部	C	无国有股份公司	42.8571	43.3251	85.7765	66.6266	2038
300633	开立医疗	广东	东部	C	无国有股份公司	14.2857	45.7583	89.4145	66.6220	2039
002973	侨银股份	广东	东部	N	无国有股份公司	42.8571	49.3430	81.9174	66.6104	2040
300337	银邦股份	江苏	东部	C	国有参股公司	100.0000	42.8722	75.6448	66.6099	2041
605133	嵘泰股份	江苏	东部	C	无国有股份公司	42.8571	53.0433	79.5388	66.5972	2042
002642	荣联科技	北京	东部	I	国有参股公司	57.1429	45.0440	82.0051	66.5825	2043
600217	中再资环	陕西	西部	C	国有参股公司	57.1429	39.7388	85.3808	66.5823	2044
002917	金奥博	广东	东部	C	无国有股份公司	42.8571	52.8163	79.6558	66.5821	2045
002153	石基信息	北京	东部	I	国有参股公司	28.5714	54.1119	81.4142	66.5741	2046
300345	华民股份	湖南	中部	C	无国有股份公司	28.5714	44.1998	87.7186	66.5723	2047
002261	拓维信息	湖南	中部	I	无国有股份公司	14.2857	46.7365	88.7008	66.5718	2048
603528	多伦科技	江苏	东部	C	无国有股份公司	57.1429	47.2449	80.5756	66.5666	2049
688368	晶丰明源	上海	东部	I	无国有股份公司	42.8571	58.3964	76.0702	66.5630	2050
300713	英可瑞	广东	东部	C	无国有股份公司	28.5714	48.8706	84.7154	66.5553	2051
002918	蒙娜丽莎	广东	东部	C	无国有股份公司	71.4286	42.2598	81.1299	66.5552	2052
603726	朗迪集团	浙江	东部	C	无国有股份公司	57.1429	43.3038	83.0581	66.5525	2053
002498	汉缆股份	山东	东部	C	无国有股份公司	57.1429	54.6850	75.8110	66.5501	2054
003004	声迅股份	北京	东部	I	无国有股份公司	42.8571	48.2509	82.5022	66.5498	2055
603177	德创环保	浙江	东部	N	无国有股份公司	71.4286	51.5294	75.2116	66.5445	2056
688207	格灵深瞳	北京	东部	I	国有参股公司	28.5714	51.0678	83.2907	66.5408	2057
300805	电声股份	广东	东部	L	无国有股份公司	14.2857	38.9652	93.5628	66.5260	2058
603997	继峰股份	浙江	东部	C	无国有股份公司	85.7143	43.7933	77.4921	66.5197	2059
002652	扬子新材	江苏	东部	C	国有参股公司	85.7143	42.3030	78.4154	66.5060	2060
300035	中科电气	湖南	中部	C	国有参股公司	57.1429	42.5109	83.4596	66.4959	2061
603096	新经典	天津	东部	R	无国有股份公司	71.4286	42.0336	81.1558	66.4903	2062
603580	艾艾精工	上海	东部	C	无国有股份公司	42.8571	45.5389	84.1149	66.4875	2063
002532	天山铝业	浙江	东部	C	无国有股份公司	100.0000	48.9629	71.5326	66.4800	2064
002495	佳隆股份	广东	东部	C	无国有股份公司	71.4286	50.5687	75.7032	66.4786	2065
839946	华阳变速	湖北	中部	C	无国有股份公司	42.8571	55.2910	77.8889	66.4765	2066
300753	爱朋医疗	江苏	东部	C	无国有股份公司	14.2857	54.4795	83.5994	66.4761	2067
430047	诺思兰德	北京	东部	C	无国有股份公司	71.4286	51.2019	75.2955	66.4760	2068

续表

股票代码	公司简称	省份	地区	行业代码	控股类型	环境保护（*EP*）	社会责任（*SR*）	公司治理（*CG*）	上市公司质量/ESG指数（*CLCQI/ESGI*）	*CLCQI/ESGI*排名
600410	华胜天成	北京	东部	I	无国有股份公司	57.1429	42.5406	83.3999	66.4735	2069
002962	五方光电	湖北	中部	C	无国有股份公司	57.1429	49.5846	78.9156	66.4725	2070
600370	三房巷	江苏	东部	C	国有参股公司	71.4286	45.1679	79.1243	66.4700	2071
832566	梓橦宫	四川	西部	C	无国有股份公司	71.4286	53.3955	73.8711	66.4604	2072
688067	爱威科技	湖南	中部	C	无国有股份公司	42.8571	56.7317	76.9309	66.4538	2073
301010	晶雪节能	江苏	东部	C	无国有股份公司	57.1429	45.6529	81.3790	66.4512	2074
000055	方大集团	广东	东部	C	无国有股份公司	57.1429	49.2302	79.0927	66.4458	2075
002452	长高电新	湖南	中部	C	无国有股份公司	85.7143	38.5032	80.7166	66.4417	2076
300616	尚品宅配	广东	东部	C	无国有股份公司	42.8571	38.6293	88.3973	66.4245	2077
300595	欧普康视	安徽	中部	C	无国有股份公司	14.2857	48.6382	87.2224	66.4243	2078
600595	中孚实业	河南	中部	C	国有参股公司	71.4286	49.3445	76.3783	66.4215	2079
688528	秦川物联	四川	西部	C	国有参股公司	71.4286	47.0913	77.8120	66.4214	2080
688091	上海谊众	上海	东部	C	无国有股份公司	71.4286	53.4750	73.7314	66.4114	2081
300434	金石亚药	四川	西部	C	无国有股份公司	14.2857	60.4460	79.6766	66.4068	2082
002373	千方科技	北京	东部	I	国有参股公司	42.8571	51.4574	80.1926	66.4017	2083
300311	任子行	广东	东部	I	国有参股公司	28.5714	54.8388	80.6252	66.3946	2084
300225	金力泰	上海	东部	C	无国有股份公司	71.4286	39.5790	82.5375	66.3911	2085
600976	健民集团	湖北	中部	F	国有参股公司	85.7143	43.1116	77.6843	66.3869	2086
300664	鹏鹞环保	江苏	东部	N	无国有股份公司	28.5714	43.7058	87.6924	66.3850	2087
300659	中孚信息	山东	东部	I	无国有股份公司	14.2857	59.3503	80.3180	66.3760	2088
002333	罗普斯金	江苏	东部	C	无国有股份公司	85.7143	50.8474	72.7400	66.3750	2089
002514	宝馨科技	江苏	东部	C	无国有股份公司	42.8571	57.8631	76.0375	66.3584	2090
002347	泰尔股份	安徽	中部	C	国有参股公司	28.5714	52.7571	81.8748	66.3533	2091
002044	美年健康	江苏	东部	Q	无国有股份公司	14.2857	45.5523	89.0541	66.3516	2092
300448	浩云科技	广东	东部	I	无国有股份公司	71.4286	45.1289	78.9179	66.3428	2093
300153	科泰电源	上海	东部	C	无国有股份公司	28.5714	47.3767	85.2794	66.3426	2094
603330	天洋新材	上海	东部	C	无国有股份公司	57.1429	40.7382	84.3059	66.3409	2095
301190	善水科技	江西	中部	C	无国有股份公司	85.7143	47.0882	75.0666	66.3389	2096
301067	显盈科技	广东	东部	C	无国有股份公司	28.5714	49.2582	84.0733	66.3378	2097
300623	捷捷微电	江苏	东部	C	无国有股份公司	71.4286	53.7610	73.4001	66.3293	2098
000788	北大医药	重庆	西部	C	无国有股份公司	28.5714	50.8710	83.0203	66.3232	2099
300030	阳普医疗	广东	东部	C	国有参股公司	57.1429	46.8927	80.3557	66.3223	2100
002590	万安科技	浙江	东部	C	无国有股份公司	57.1429	52.4114	76.8432	66.3220	2101
300261	雅本化学	江苏	东部	C	无国有股份公司	57.1429	46.5401	80.5707	66.3172	2102
301013	利和兴	广东	东部	C	国有参股公司	71.4286	50.5131	75.4377	66.3132	2103

续表

股票代码	公司简称	省份	地区	行业代码	控股类型	环境保护（*EP*）	社会责任（*SR*）	公司治理（*CG*）	上市公司质量/ESG指数（*CLCQI/ESGI*）	*CLCQI/ESGI*排名
605598	上海港湾	上海	东部	E	国有参股公司	57.1429	44.9599	81.5531	66.3045	2104
603926	铁流股份	浙江	东部	C	无国有股份公司	85.7143	45.7266	75.8661	66.3021	2105
603776	永安行	江苏	东部	M	无国有股份公司	71.4286	41.1840	81.3412	66.2949	2106
605555	德昌股份	浙江	东部	C	国有参股公司	71.4286	48.8365	76.4630	66.2902	2107
300875	捷强装备	天津	东部	C	国有参股公司	42.8571	49.8767	80.9929	66.2887	2108
300117	嘉寓股份	北京	东部	E	国有参股公司	57.1429	44.1273	82.0531	66.2880	2109
605003	众望布艺	浙江	东部	C	无国有股份公司	57.1429	43.7157	82.2921	66.2754	2110
688655	迅捷兴	广东	东部	C	国有参股公司	100.0000	42.4983	75.2569	66.2657	2111
003032	传智教育	江苏	东部	P	无国有股份公司	57.1429	43.5470	82.3753	66.2621	2112
832735	德源药业	江苏	东部	C	国有参股公司	71.4286	53.1228	73.6820	66.2609	2113
603139	康惠制药	陕西	西部	C	无国有股份公司	71.4286	48.7658	76.4510	66.2589	2114
002872	ST天圣	重庆	西部	F	国有参股公司	85.7143	46.7714	75.1222	66.2586	2115
002084	海鸥住工	广东	东部	C	无国有股份公司	57.1429	50.3961	78.0051	66.2557	2116
000715	中兴商业	辽宁	东北	F	国有参股公司	57.1429	41.6278	83.5836	66.2550	2117
002115	三维通信	浙江	东部	L	国有参股公司	57.1429	49.8933	78.3199	66.2529	2118
688580	伟思医疗	江苏	东部	C	无国有股份公司	28.5714	48.7079	84.2535	66.2443	2119
002826	易明医药	西藏	西部	C	国有参股公司	57.1429	46.7514	80.2995	66.2420	2120
003040	楚天龙	广东	东部	C	国有参股公司	57.1429	55.4610	74.7440	66.2348	2121
300381	溢多利	广东	东部	C	无国有股份公司	42.8571	49.1904	81.3309	66.2343	2122
603600	永艺股份	浙江	东部	C	无国有股份公司	57.1429	39.2154	85.0789	66.2331	2123
002192	融捷股份	广东	东部	B	无国有股份公司	57.1429	54.0843	75.6096	66.2291	2124
600182	S佳通	黑龙江	东北	C	国有参股公司	100.0000	42.1222	75.4223	66.2250	2125
300902	国安达	福建	东部	C	无国有股份公司	14.2857	51.0767	85.3028	66.2220	2126
002132	恒星科技	河南	中部	C	无国有股份公司	71.4286	39.5192	82.2588	66.2169	2127
300912	凯龙高科	江苏	东部	N	无国有股份公司	42.8571	46.9627	82.7078	66.2120	2128
603033	三维股份	浙江	东部	C	无国有股份公司	85.7143	47.3746	74.6323	66.2003	2129
300364	中文在线	北京	东部	R	无国有股份公司	28.5714	45.7255	86.0659	66.1974	2130
002150	通润装备	江苏	东部	C	国有参股公司	57.1429	55.1703	74.8594	66.1966	2131
002782	可立克	广东	东部	C	无国有股份公司	57.1429	44.5610	81.6049	66.1933	2132
002442	龙星化工	河北	东部	C	无国有股份公司	85.7143	49.5771	73.2122	66.1901	2133
300232	洲明科技	广东	东部	C	无国有股份公司	42.8571	49.7595	80.8873	66.1896	2134
002759	天际股份	广东	东部	C	无国有股份公司	42.8571	54.1816	78.0539	66.1789	2135
605080	浙江自然	浙江	东部	C	无国有股份公司	71.4286	39.8679	81.9677	66.1789	2136
300656	民德电子	广东	东部	C	无国有股份公司	28.5714	46.2778	85.6713	66.1736	2137
300335	迪森股份	广东	东部	D	国有参股公司	42.8571	45.8893	83.3173	66.1715	2138

续表

股票代码	公司简称	省份	地区	行业代码	控股类型	环境保护（*EP*）	社会责任（*SR*）	公司治理（*CG*）	上市公司质量/ESG指数（*CLCQI/ESGI*）	*CLCQI/ESGI*排名
300397	天和防务	陕西	西部	C	国有参股公司	0.0000	47.4099	90.1389	66.1699	2139
301196	唯科科技	福建	东部	C	无国有股份公司	28.5714	49.6653	83.4773	66.1525	2140
300565	科信技术	广东	东部	C	国有参股公司	42.8571	44.0500	84.4476	66.1494	2141
603878	武进不锈	江苏	东部	C	无国有股份公司	71.4286	43.7487	79.4368	66.1451	2142
603286	日盈电子	江苏	东部	C	无国有股份公司	42.8571	45.5778	83.4563	66.1389	2143
002927	泰永长征	贵州	西部	C	无国有股份公司	57.1429	49.4333	78.3971	66.1343	2144
300447	全信股份	江苏	东部	C	无国有股份公司	42.8571	51.9665	79.3808	66.1335	2145
600520	文一科技	安徽	中部	C	无国有股份公司	57.1429	47.7606	79.4566	66.1317	2146
603232	格尔软件	上海	东部	I	国有参股公司	28.5714	61.0284	76.1984	66.1262	2147
300810	中科海讯	北京	东部	I	无国有股份公司	28.5714	55.6568	79.5988	66.1164	2148
600200	江苏吴中	江苏	东部	C	无国有股份公司	57.1429	47.9739	79.2902	66.1148	2149
002632	道明光学	浙江	东部	C	无国有股份公司	71.4286	39.0725	82.3541	66.1130	2150
002034	旺能环境	浙江	东部	N	无国有股份公司	57.1429	40.1787	84.2343	66.1057	2151
300477	合纵科技	北京	东部	C	无国有股份公司	85.7143	40.8465	78.6140	66.1054	2152
300937	药易购	四川	西部	F	国有参股公司	28.5714	51.6548	82.0928	66.0874	2153
000036	华联控股	广东	东部	K	无国有股份公司	14.2857	50.4423	85.4575	66.0850	2154
603188	亚邦股份	江苏	东部	C	无国有股份公司	28.5714	48.5595	84.0432	66.0767	2155
603901	永创智能	浙江	东部	C	无国有股份公司	42.8571	49.6082	80.7772	66.0761	2156
600735	新华锦	山东	东部	C	无国有股份公司	42.8571	48.8794	81.2401	66.0756	2157
603517	绝味食品	湖南	中部	C	无国有股份公司	42.8571	45.1068	83.6136	66.0606	2158
605580	恒盛能源	浙江	东部	D	无国有股份公司	71.4286	50.6944	74.8613	66.0596	2159
002518	科士达	广东	东部	C	国有参股公司	42.8571	46.4890	82.7285	66.0575	2160
300503	昊志机电	广东	东部	C	无国有股份公司	71.4286	44.3230	78.9063	66.0544	2161
002209	达意隆	广东	东部	C	国有参股公司	71.4286	45.3313	78.2489	66.0457	2162
002530	金财互联	江苏	东部	I	国有参股公司	71.4286	47.4525	76.8990	66.0457	2163
002223	鱼跃医疗	江苏	东部	C	无国有股份公司	42.8571	53.8907	77.9897	66.0418	2164
301012	扬电科技	江苏	东部	C	无国有股份公司	42.8571	54.7634	77.4200	66.0339	2165
300693	盛弘股份	广东	东部	C	无国有股份公司	28.5714	44.6758	86.4338	66.0322	2166
603017	中衡设计	江苏	东部	M	无国有股份公司	57.1429	45.3568	80.8037	66.0312	2167
002141	贤丰控股	广东	东部	C	无国有股份公司	57.1429	47.1623	79.6546	66.0311	2168
300636	同和药业	江西	中部	C	无国有股份公司	85.7143	44.2410	76.3163	66.0298	2169
600149	廊坊发展	河北	东部	D	国有参股公司	85.7143	42.6044	77.3557	66.0286	2170
831961	创远信科	上海	东部	C	无国有股份公司	57.1429	52.3718	76.3063	66.0129	2171
600208	新湖中宝	浙江	东部	K	国有参股公司	71.4286	41.4186	80.6579	66.0012	2172
002413	雷科防务	江苏	东部	C	国有参股公司	28.5714	46.0373	85.5062	65.9986	2173

续表

股票代码	公司简称	省份	地区	行业代码	控股类型	环境保护（*EP*）	社会责任（*SR*）	公司治理（*CG*）	上市公司质量/ESG指数（*CLCQI*/*ESGI*）	*CLCQI*/*ESGI*排名
300778	新城市	广东	东部	M	无国有股份公司	28.5714	54.6220	80.0402	65.9970	2174
300989	蕾奥规划	广东	东部	M	无国有股份公司	28.5714	40.3178	89.1296	65.9897	2175
300631	久吾高科	江苏	东部	C	国有参股公司	57.1429	44.2078	81.4347	65.9761	2176
603228	景旺电子	广东	东部	C	无国有股份公司	85.7143	41.2338	78.1284	65.9739	2177
002971	和远气体	湖北	中部	C	无国有股份公司	71.4286	48.6936	75.9774	65.9732	2178
300394	天孚通信	江苏	东部	C	无国有股份公司	28.5714	49.9023	82.9954	65.9704	2179
603001	ST奥康	浙江	东部	C	无国有股份公司	71.4286	41.1135	80.7878	65.9659	2180
600993	马应龙	湖北	中部	C	国有参股公司	71.4286	42.0550	80.1785	65.9603	2181
002295	精艺股份	广东	东部	C	无国有股份公司	42.8571	47.3584	81.9844	65.9526	2182
002540	亚太科技	江苏	东部	C	无国有股份公司	28.5714	47.1391	84.7181	65.9508	2183
603489	八方股份	江苏	东部	C	无国有股份公司	71.4286	42.0451	80.1423	65.9369	2184
838275	驱动力	广东	东部	C	国有参股公司	28.5714	57.5857	78.0249	65.9258	2185
601218	吉鑫科技	江苏	东部	C	无国有股份公司	71.4286	51.0149	74.3981	65.9170	2186
000062	深圳华强	广东	东部	F	国有参股公司	42.8571	44.8342	83.5203	65.9139	2187
301088	戎美股份	江苏	东部	F	国有参股公司	71.4286	44.4026	78.6001	65.9138	2188
688282	理工导航	北京	东部	C	国有参股公司	57.1429	46.0354	80.1536	65.9112	2189
002151	北斗星通	北京	东部	C	国有参股公司	14.2857	44.4659	88.9316	65.9040	2190
002743	富煌钢构	安徽	中部	C	无国有股份公司	71.4286	45.5713	77.8349	65.9020	2191
301178	天亿马	广东	东部	I	无国有股份公司	14.2857	42.5123	90.1687	65.9006	2192
600512	腾达建设	浙江	东部	E	无国有股份公司	57.1429	45.3925	80.5365	65.8967	2193
300139	晓程科技	北京	东部	C	无国有股份公司	42.8571	50.5155	79.8678	65.8934	2194
002620	瑞和股份	广东	东部	E	无国有股份公司	57.1429	47.2065	79.3665	65.8882	2195
301117	佳缘科技	四川	西部	I	无国有股份公司	28.5714	51.6450	81.7257	65.8820	2196
002103	广博股份	浙江	东部	L	国有参股公司	42.8571	43.0849	84.5636	65.8754	2197
603429	集友股份	安徽	中部	C	无国有股份公司	71.4286	38.1898	82.4781	65.8723	2198
300585	奥联电子	江苏	东部	C	无国有股份公司	14.2857	44.3823	88.9260	65.8717	2199
301027	华蓝集团	广西	西部	M	无国有股份公司	42.8571	49.1296	80.7022	65.8673	2200
603499	翔港科技	上海	东部	C	无国有股份公司	42.8571	53.9117	77.6584	65.8670	2201
600051	宁波联合	浙江	东部	F	国有参股公司	57.1429	44.4330	81.0896	65.8651	2202
300048	合康新能	北京	东部	C	无国有股份公司	71.4286	44.0389	78.7291	65.8575	2203
300254	仟源医药	山西	中部	C	无国有股份公司	28.5714	50.6375	82.2971	65.8437	2204
300941	创识科技	福建	东部	I	无国有股份公司	28.5714	52.0174	81.4086	65.8380	2205
001696	宗申动力	重庆	西部	C	无国有股份公司	71.4286	45.9631	77.4327	65.8179	2206
688399	硕世生物	江苏	东部	C	无国有股份公司	57.1429	51.3492	76.6016	65.8174	2207
300685	艾德生物	福建	东部	C	无国有股份公司	28.5714	48.4463	83.6346	65.8124	2208

续表

股票代码	公司简称	省份	地区	行业代码	控股类型	环境保护（EP）	社会责任（SR）	公司治理（CG）	上市公司质量/ESG指数（CLCQI/ESGI）	CLCQI/ESGI排名
688519	南亚新材	上海	东部	C	国有参股公司	85.7143	45.0682	75.3937	65.8118	2209
300131	英唐智控	广东	东部	F	无国有股份公司	28.5714	46.7965	84.6295	65.7821	2210
002543	万和电气	广东	东部	C	国有参股公司	57.1429	51.4296	76.4859	65.7819	2211
300322	硕贝德	广东	东部	C	无国有股份公司	28.5714	45.0259	85.7413	65.7739	2212
300240	飞力达	江苏	东部	G	国有参股公司	42.8571	53.3784	77.7838	65.7492	2213
002655	共达电声	山东	东部	C	无国有股份公司	14.2857	45.4183	88.0436	65.7490	2214
002111	威海广泰	山东	东部	C	国有参股公司	57.1429	53.8302	74.8907	65.7447	2215
002385	大北农	北京	东部	C	无国有股份公司	57.1429	54.1474	74.6784	65.7390	2216
002355	兴民智通	山东	东部	C	无国有股份公司	57.1429	45.3431	80.2404	65.7166	2217
002360	同德化工	山西	中部	C	无国有股份公司	28.5714	50.4564	82.1767	65.7141	2218
300505	川金诺	云南	西部	C	无国有股份公司	71.4286	44.9310	77.8895	65.7079	2219
002481	双塔食品	山东	东部	C	无国有股份公司	71.4286	52.3742	73.1333	65.6971	2220
300083	创世纪	广东	东部	C	国有参股公司	14.2857	50.1506	84.9294	65.6924	2221
601366	利群股份	山东	东部	F	无国有股份公司	57.1429	39.6549	83.8152	65.6919	2222
300818	耐普矿机	江西	中部	C	无国有股份公司	28.5714	42.4503	87.2186	65.6850	2223
300819	聚杰微纤	江苏	东部	C	国有参股公司	57.1429	35.8114	86.2471	65.6842	2224
300101	振芯科技	四川	西部	C	无国有股份公司	28.5714	46.1071	84.8704	65.6733	2225
603059	倍加洁	江苏	东部	C	无国有股份公司	42.8571	49.1045	80.3592	65.6698	2226
600366	宁波韵升	浙江	东部	C	国有参股公司	71.4286	42.7662	79.1900	65.6656	2227
300517	海波重科	湖北	中部	E	无国有股份公司	71.4286	45.6907	77.3248	65.6632	2228
000976	ST华铁	广东	东部	C	无国有股份公司	85.7143	51.8290	70.8161	65.6604	2229
000413	东旭光电	河北	东部	C	国有参股公司	85.7143	46.1735	74.4100	65.6576	2230
600728	佳都科技	广东	东部	I	国有参股公司	28.5714	41.6100	87.6925	65.6515	2231
300862	蓝盾光电	安徽	中部	C	无国有股份公司	42.8571	42.6905	84.3912	65.6426	2232
300166	东方国信	北京	东部	I	无国有股份公司	42.8571	52.7204	77.9971	65.6363	2233
301015	百洋医药	山东	东部	F	无国有股份公司	14.2857	48.2540	86.0123	65.6242	2234
003026	中晶科技	浙江	东部	C	无国有股份公司	42.8571	57.6943	74.7699	65.6021	2235
300415	伊之密	广东	东部	C	无国有股份公司	42.8571	47.8378	81.0361	65.5988	2236
300241	瑞丰光电	广东	东部	C	国有参股公司	28.5714	44.1543	85.9667	65.5928	2237
300828	锐新科技	天津	东部	C	无国有股份公司	57.1429	42.3134	81.9326	65.5869	2238
688318	财富趋势	广东	东部	I	无国有股份公司	28.5714	51.8735	81.0295	65.5791	2239
001234	泰慕士	江苏	东部	C	无国有股份公司	42.8571	46.7665	81.6773	65.5765	2240
300466	赛摩智能	江苏	东部	C	国有参股公司	57.1429	39.6362	83.6100	65.5725	2241
301001	凯淳股份	上海	东部	I	无国有股份公司	57.1429	46.5921	79.1822	65.5718	2242
300092	科新机电	四川	西部	C	无国有股份公司	28.5714	48.9687	82.8390	65.5577	2243

续表

股票代码	公司简称	省份	地区	行业代码	控股类型	环境保护（*EP*）	社会责任（*SR*）	公司治理（*CG*）	上市公司质量/ESG指数（*CLCQI/ESGI*）	*CLCQI/ESGI*排名
300826	测绘股份	江苏	东部	M	无国有股份公司	42.8571	48.5703	80.4709	65.5443	2244
603183	建研院	江苏	东部	M	无国有股份公司	71.4286	49.1786	74.8801	65.5394	2245
002596	海南瑞泽	海南	东部	C	国有参股公司	42.8571	46.5365	81.7558	65.5392	2246
300702	天宇股份	浙江	东部	C	无国有股份公司	14.2857	48.6208	85.6169	65.5351	2247
600173	卧龙地产	浙江	东部	K	无国有股份公司	71.4286	42.0739	79.3913	65.5339	2248
300401	花园生物	浙江	东部	C	国有参股公司	57.1429	40.2130	83.1719	65.5334	2249
603289	泰瑞机器	浙江	东部	C	国有参股公司	28.5714	51.0707	81.4507	65.5297	2250
600227	赤天化	贵州	西部	C	国有参股公司	85.7143	37.1576	79.9056	65.5247	2251
301128	强瑞技术	广东	东部	C	无国有股份公司	14.2857	44.4264	88.2639	65.5229	2252
002516	旷达科技	江苏	东部	C	国有参股公司	57.1429	52.4537	75.3616	65.5220	2253
300329	海伦钢琴	浙江	东部	C	国有参股公司	42.8571	49.0975	80.0779	65.5127	2254
001210	金房能源	北京	东部	D	无国有股份公司	71.4286	52.7593	72.5480	65.5100	2255
603929	亚翔集成	江苏	东部	E	无国有股份公司	71.4286	44.9149	77.4938	65.4847	2256
000545	金浦钛业	吉林	东部	C	国有参股公司	57.1429	50.0511	76.8146	65.4802	2257
300790	宇瞳光学	广东	东部	C	无国有股份公司	14.2857	52.2684	83.1790	65.4709	2258
000530	冰山冷热	辽宁	东北	C	无国有股份公司	57.1429	49.4961	77.1280	65.4583	2259
002301	齐心集团	广东	东部	C	国有参股公司	85.7143	43.6968	75.6127	65.4523	2260
002933	新兴装备	北京	东部	C	国有参股公司	28.5714	57.6043	77.1519	65.4522	2261
300348	长亮科技	广东	东部	I	无国有股份公司	14.2857	44.0972	88.3323	65.4453	2262
300412	迦南科技	浙江	东部	C	无国有股份公司	42.8571	48.2334	80.4887	65.4362	2263
002566	益盛药业	吉林	东部	C	国有参股公司	42.8571	52.3726	77.8354	65.4256	2264
002428	云南锗业	云南	西部	C	国有参股公司	57.1429	51.2155	75.9720	65.4243	2265
300806	斯迪克	江苏	东部	C	国有参股公司	42.8571	52.0169	78.0528	65.4206	2266
688200	华峰测控	北京	东部	C	国有参股公司	14.2857	51.5523	83.5207	65.4083	2267
301122	采纳股份	江苏	东部	C	国有参股公司	42.8571	55.9763	75.4977	65.4011	2268
600105	永鼎股份	江苏	东部	C	无国有股份公司	71.4286	38.5516	81.3835	65.3969	2269
000997	新大陆	福建	东部	I	国有参股公司	57.1429	51.1755	75.9415	65.3935	2270
002932	明德生物	湖北	中部	C	无国有股份公司	14.2857	56.9906	80.0133	65.3826	2271
002062	宏润建设	浙江	东部	E	无国有股份公司	57.1429	55.2671	73.3128	65.3798	2272
301221	光庭信息	湖北	中部	I	国有参股公司	14.2857	48.0396	85.6770	65.3648	2273
002621	美吉姆	辽宁	东北	P	无国有股份公司	57.1429	33.9365	86.8575	65.3637	2274
603937	丽岛新材	江苏	东部	C	无国有股份公司	57.1429	46.5596	78.8245	65.3636	2275
301085	亚康股份	北京	东部	F	无国有股份公司	57.1429	39.8305	83.1002	65.3601	2276
603086	先达股份	山东	东部	C	无国有股份公司	71.4286	43.7218	78.0239	65.3587	2277
002903	宇环数控	湖南	中部	C	无国有股份公司	42.8571	52.2341	77.7892	65.3517	2278

续表

股票代码	公司简称	省份	地区	行业代码	控股类型	环境保护（*EP*）	社会责任（*SR*）	公司治理（*CG*）	上市公司质量/ESG指数（*CLCQI/ESGI*）	*CLCQI/ESGI*排名
600641	万业企业	上海	东部	K	国有参股公司	14.2857	49.4552	84.7479	65.3492	2279
002560	通达股份	河南	中部	C	国有参股公司	42.8571	53.4804	76.9683	65.3365	2280
300149	睿智医药	广东	东部	M	无国有股份公司	42.8571	45.2182	82.2153	65.3305	2281
600084	中葡股份	新疆	西部	C	国有参股公司	42.8571	48.2078	80.3052	65.3263	2282
603970	中农立华	北京	东部	F	无国有股份公司	28.5714	44.2465	85.4206	65.3247	2283
301019	宁波色母	浙江	东部	C	无国有股份公司	28.5714	53.2854	79.6574	65.3186	2284
603308	应流股份	安徽	中部	C	无国有股份公司	42.8571	42.3427	84.0186	65.3159	2285
600220	江苏阳光	江苏	东部	C	无国有股份公司	85.7143	45.1713	74.4135	65.3088	2286
002004	华邦健康	重庆	西部	C	国有参股公司	57.1429	44.9824	79.7255	65.3072	2287
300986	志特新材	江西	中部	C	国有参股公司	57.1429	40.6315	82.4897	65.3046	2288
300630	普利制药	海南	东部	C	无国有股份公司	57.1429	45.8043	79.1889	65.2997	2289
300444	双杰电气	北京	东部	C	无国有股份公司	57.1429	38.1133	84.0827	65.2994	2290
603566	普莱柯	河南	中部	C	国有参股公司	57.1429	45.4367	79.4039	65.2892	2291
688020	方邦股份	广东	东部	C	无国有股份公司	85.7143	44.2885	74.9389	65.2888	2292
600352	浙江龙盛	浙江	东部	C	无国有股份公司	71.4286	46.9460	75.8380	65.2848	2293
002510	天汽模	天津	东部	C	无国有股份公司	57.1429	48.0645	77.7091	65.2769	2294
688500	*ST慧辰	北京	东部	I	无国有股份公司	85.7143	49.9002	71.3405	65.2737	2295
301045	天禄科技	江苏	东部	C	国有参股公司	42.8571	48.8903	79.7711	65.2714	2296
002529	海源复材	江西	中部	C	无国有股份公司	71.4286	42.2402	78.7935	65.2634	2297
300204	舒泰神	北京	东部	C	无国有股份公司	57.1429	47.3920	78.1108	65.2624	2298
003025	思进智能	浙江	东部	C	无国有股份公司	28.5714	51.5906	80.6272	65.2588	2299
300615	欣天科技	广东	东部	C	无国有股份公司	42.8571	46.3610	81.3452	65.2520	2300
600883	博闻科技	云南	西部	C	国有参股公司	57.1429	42.8563	80.9778	65.2518	2301
603388	元成股份	浙江	东部	E	无国有股份公司	42.8571	40.7020	84.9445	65.2509	2302
301004	嘉益股份	浙江	东部	C	国有参股公司	57.1429	44.7056	79.7967	65.2494	2303
000534	万泽股份	广东	东部	C	国有参股公司	28.5714	42.3383	86.4958	65.2482	2304
688109	品茗科技	浙江	东部	I	无国有股份公司	42.8571	50.4504	78.7202	65.2395	2305
300938	信测标准	广东	东部	M	无国有股份公司	57.1429	44.7855	79.6946	65.2212	2306
688286	敏芯股份	江苏	东部	C	国有参股公司	57.1429	49.3971	76.7588	65.2206	2307
301110	青木股份	广东	东部	I	无国有股份公司	42.8571	44.3603	82.5479	65.2132	2308
301011	华立科技	广东	东部	C	无国有股份公司	42.8571	44.9968	82.1172	65.1991	2309
300972	万辰生物	福建	东部	A	无国有股份公司	0.0000	54.0745	84.1281	65.1965	2310
002949	华阳国际	广东	东部	M	国有参股公司	42.8571	47.0744	80.7878	65.1950	2311
002512	达华智能	福建	东部	C	无国有股份公司	28.5714	49.8490	81.6170	65.1936	2312
002377	国创高新	湖北	中部	K	无国有股份公司	57.1429	46.0300	78.8463	65.1903	2313

续表

股票代码	公司简称	省份	地区	行业代码	控股类型	环境保护（*EP*）	社会责任（*SR*）	公司治理（*CG*）	上市公司质量/ESG指数（*CLCQI*/*ESGI*）	*CLCQI*/*ESGI*排名
300619	金银河	广东	东部	C	无国有股份公司	42.8571	39.6878	85.4787	65.1897	2314
301235	华康医疗	湖北	中部	M	无国有股份公司	42.8571	41.0439	84.6023	65.1823	2315
000691	亚太实业	甘肃	西部	C	国有参股公司	42.8571	42.6219	83.5929	65.1795	2316
002869	金溢科技	广东	东部	C	无国有股份公司	42.8571	45.1687	81.9582	65.1718	2317
300332	天壕能源	北京	东部	D	国有参股公司	57.1429	39.2012	83.1548	65.1699	2318
301016	雷尔伟	江苏	东部	C	无国有股份公司	42.8571	51.7565	77.7617	65.1694	2319
300355	蒙草生态	内蒙古	西部	N	无国有股份公司	28.5714	46.1312	83.9336	65.1666	2320
000813	德展健康	新疆	西部	C	国有参股公司	71.4286	43.4981	77.8153	65.1656	2321
603037	凯众股份	上海	东部	C	国有参股公司	71.4286	51.7193	72.5707	65.1585	2322
300324	旋极信息	北京	东部	I	无国有股份公司	28.5714	40.9438	87.2117	65.1539	2323
688670	金迪克	江苏	东部	C	无国有股份公司	71.4286	42.2502	78.5825	65.1508	2324
002979	雷赛智能	广东	东部	C	无国有股份公司	28.5714	47.9572	82.7343	65.1460	2325
002420	毅昌科技	广东	东部	C	国有参股公司	85.7143	44.2990	74.6589	65.1385	2326
300488	恒锋工具	浙江	东部	C	无国有股份公司	14.2857	51.9355	82.7845	65.1375	2327
002362	汉王科技	北京	东部	C	国有参股公司	42.8571	44.4705	82.3356	65.1350	2328
000401	冀东水泥	河北	东部	C	国有参股公司	42.8571	39.0968	85.7539	65.1342	2329
603326	我乐家居	江苏	东部	C	无国有股份公司	100.0000	38.4670	75.7644	65.1339	2330
688306	均普智能	浙江	东部	C	无国有股份公司	14.2857	46.5455	86.2022	65.1307	2331
600603	广汇物流	四川	西部	S	无国有股份公司	42.8571	41.7093	84.0794	65.1276	2332
002876	三利谱	广东	东部	C	无国有股份公司	42.8571	47.2621	80.5444	65.1269	2333
603335	迪生力	广东	东部	C	无国有股份公司	57.1429	47.6619	77.6901	65.1255	2334
002978	安宁股份	四川	西部	B	无国有股份公司	28.5714	53.2880	79.3019	65.1240	2335
300235	方直科技	广东	东部	I	国有参股公司	14.2857	54.8110	80.9215	65.1192	2336
833454	同心传动	河南	中部	C	无国有股份公司	57.1429	56.2710	72.1830	65.1097	2337
600673	东阳光	广东	东部	S	无国有股份公司	71.4286	45.6014	76.3732	65.1086	2338
002796	世嘉科技	江苏	东部	C	无国有股份公司	28.5714	53.2841	79.2723	65.1063	2339
300603	立昂技术	新疆	西部	I	无国有股份公司	14.2857	48.7116	84.7634	65.0975	2340
300067	安诺其	上海	东部	C	无国有股份公司	14.2857	47.3612	85.6166	65.0941	2341
603360	百傲化学	辽宁	东北	C	无国有股份公司	85.7143	37.0122	79.2129	65.0928	2342
600360	华微电子	吉林	东部	C	无国有股份公司	85.7143	48.1631	72.1153	65.0919	2343
002999	天禾股份	广东	东部	F	无国有股份公司	42.8571	40.3101	84.8779	65.0771	2344
603768	常青股份	安徽	中部	C	无国有股份公司	85.7143	44.8103	74.2174	65.0746	2345
000516	国际医学	陕西	西部	Q	无国有股份公司	71.4286	47.2137	75.2718	65.0671	2346
300584	海辰药业	江苏	东部	C	无国有股份公司	14.2857	48.6478	84.7396	65.0621	2347
300809	华辰装备	江苏	东部	C	无国有股份公司	14.2857	43.7891	87.8228	65.0573	2348

续表

股票代码	公司简称	省份	地区	行业代码	控股类型	环境保护（*EP*）	社会责任（*SR*）	公司治理（*CG*）	上市公司质量/ESG指数（*CLCQI*/*ESGI*）	*CLCQI*/*ESGI*排名
300249	依米康	四川	西部	I	无国有股份公司	0.0000	57.8456	81.4155	65.0245	2349
600739	辽宁成大	辽宁	东北	F	国有参股公司	57.1429	49.7197	76.1944	65.0231	2350
002897	意华股份	浙江	东部	C	无国有股份公司	71.4286	42.5353	78.1603	65.0183	2351
300726	宏达电子	湖南	中部	C	国有参股公司	42.8571	46.5244	80.8161	65.0181	2352
300326	凯利泰	上海	东部	C	无国有股份公司	14.2857	46.4289	86.0642	65.0140	2353
002657	中科金财	北京	东部	I	无国有股份公司	28.5714	53.9994	78.6476	65.0131	2354
003006	百亚股份	重庆	西部	C	无国有股份公司	28.5714	45.7812	83.8592	65.0031	2355
002513	蓝丰生化	江苏	东部	C	国有参股公司	71.4286	42.2150	78.3184	64.9932	2356
002970	锐明技术	广东	东部	I	无国有股份公司	57.1429	46.0541	78.4548	64.9833	2357
300199	翰宇药业	广东	东部	C	无国有股份公司	57.1429	49.3781	76.3123	64.9684	2358
300213	佳讯飞鸿	北京	东部	C	国有参股公司	14.2857	55.1395	80.4125	64.9543	2359
301082	久盛电气	浙江	东部	C	无国有股份公司	57.1429	45.9070	78.4721	64.9414	2360
688262	国芯科技	江苏	东部	I	国有参股公司	57.1429	45.8642	78.4861	64.9341	2361
300137	先河环保	河北	东部	C	无国有股份公司	14.2857	39.5483	90.2814	64.9253	2362
300187	永清环保	湖南	中部	N	无国有股份公司	57.1429	49.3354	76.2467	64.9174	2363
002832	比音勒芬	广东	东部	C	无国有股份公司	14.2857	43.3044	87.8753	64.9165	2364
603815	交建股份	安徽	中部	E	无国有股份公司	57.1429	43.8997	79.6795	64.9029	2365
300799	*ST左江	北京	东部	I	无国有股份公司	42.8571	51.6904	77.2813	64.8821	2366
600007	中国国贸	北京	东部	K	无国有股份公司	57.1429	44.5057	79.2538	64.8809	2367
002771	真视通	北京	东部	I	无国有股份公司	42.8571	47.6828	79.8200	64.8757	2368
605566	福莱蒽特	浙江	东部	C	无国有股份公司	42.8571	45.1174	81.4491	64.8738	2369
002871	伟隆股份	山东	东部	C	无国有股份公司	57.1429	49.6036	75.9955	64.8731	2370
300377	赢时胜	广东	东部	I	无国有股份公司	14.2857	48.5950	84.4169	64.8661	2371
600681	百川能源	湖北	中部	D	国有参股公司	57.1429	40.7655	81.5830	64.8528	2372
002076	星光股份	广东	东部	C	国有参股公司	42.8571	44.6433	81.7006	64.8511	2373
605178	时空科技	北京	东部	E	国有参股公司	42.8571	49.8558	78.3886	64.8490	2374
000751	锌业股份	辽宁	东北	C	无国有股份公司	57.1429	51.7601	74.5780	64.8482	2375
000415	渤海租赁	新疆	西部	L	国有参股公司	71.4286	41.7968	78.2920	64.8323	2376
300287	飞利信	北京	东部	I	无国有股份公司	42.8571	49.9640	78.2816	64.8280	2377
603697	有友食品	重庆	西部	C	无国有股份公司	28.5714	46.3803	83.1450	64.8200	2378
002329	皇氏集团	广西	西部	C	国有参股公司	71.4286	48.4314	74.0411	64.8165	2379
002651	利君股份	四川	西部	C	无国有股份公司	28.5714	51.1426	80.1025	64.8135	2380
300532	今天国际	广东	东部	I	无国有股份公司	14.2857	41.2377	89.0017	64.8127	2381
000597	东北制药	辽宁	东北	C	国有参股公司	85.7143	52.7689	68.6696	64.8088	2382
002667	威领股份	辽宁	东北	C	无国有股份公司	71.4286	43.1943	77.3554	64.8063	2383

续表

股票代码	公司简称	省份	地区	行业代码	控股类型	环境保护（EP）	社会责任（SR）	公司治理（CG）	上市公司质量/ESG指数（CLCQI/ESGI）	CLCQI/ESGI排名
300194	福安药业	重庆	西部	C	无国有股份公司	71.4286	51.7636	71.8952	64.8025	2384
605108	同庆楼	安徽	中部	H	无国有股份公司	57.1429	44.1337	79.3367	64.7962	2385
002864	盘龙药业	陕西	西部	C	国有参股公司	28.5714	45.5438	83.6069	64.7813	2386
300271	华宇软件	北京	东部	I	国有参股公司	28.5714	43.6108	84.8330	64.7791	2387
301181	标榜股份	江苏	东部	C	无国有股份公司	57.1429	47.3606	77.2502	64.7781	2388
600778	友好集团	新疆	西部	F	国有参股公司	28.5714	47.4135	82.4076	64.7760	2389
300206	理邦仪器	广东	东部	C	无国有股份公司	14.2857	47.1686	85.1564	64.7736	2390
300795	米奥会展	浙江	东部	L	无国有股份公司	28.5714	44.4386	84.2897	64.7700	2391
000889	ST中嘉	河北	东部	I	国有参股公司	42.8571	44.7499	81.4657	64.7543	2392
300576	容大感光	广东	东部	C	无国有股份公司	42.8571	49.9277	78.1658	64.7516	2393
001215	千味央厨	河南	中部	C	无国有股份公司	14.2857	50.5501	82.9444	64.7405	2394
603383	顶点软件	福建	东部	I	无国有股份公司	57.1429	47.5417	77.0648	64.7395	2395
002585	双星新材	江苏	东部	C	国有参股公司	57.1429	45.9890	78.0443	64.7348	2396
002955	鸿合科技	广东	东部	C	无国有股份公司	14.2857	45.0890	86.4068	64.7335	2397
300459	汤姆猫	浙江	东部	I	无国有股份公司	57.1429	48.4483	76.4267	64.7059	2398
603229	奥翔药业	浙江	东部	C	无国有股份公司	57.1429	47.9919	76.7105	64.7022	2399
600290	*ST华仪	浙江	东部	C	无国有股份公司	85.7143	40.9047	76.0249	64.7018	2400
002689	远大智能	辽宁	东北	C	无国有股份公司	71.4286	46.9639	74.7647	64.7008	2401
605001	威奥股份	山东	东部	C	无国有股份公司	57.1429	42.9351	79.9205	64.6978	2402
002279	久其软件	北京	东部	I	无国有股份公司	14.2857	48.8252	83.9644	64.6978	2403
002842	翔鹭钨业	广东	东部	C	无国有股份公司	85.7143	43.1015	74.6194	64.6976	2404
300965	恒宇信通	北京	东部	C	无国有股份公司	14.2857	52.2462	81.7852	64.6966	2405
688092	爱科科技	浙江	东部	C	无国有股份公司	42.8571	59.2006	72.1601	64.6940	2406
603880	ST南卫	江苏	东部	C	无国有股份公司	71.4286	48.6526	73.6685	64.6889	2407
605368	蓝天燃气	河南	中部	D	无国有股份公司	14.2857	48.6098	84.0652	64.6778	2408
300112	万讯自控	广东	东部	C	无国有股份公司	28.5714	49.2347	81.0631	64.6740	2409
002881	美格智能	广东	东部	C	无国有股份公司	14.2857	49.7957	83.3017	64.6730	2410
300063	天龙集团	广东	东部	L	无国有股份公司	57.1429	42.4401	80.1835	64.6692	2411
603216	梦天家居	浙江	东部	C	无国有股份公司	57.1429	32.2622	86.6453	64.6610	2412
836433	大唐药业	内蒙古	西部	C	国有参股公司	28.5714	48.5659	81.4509	64.6532	2413
300561	汇金科技	广东	东部	I	无国有股份公司	28.5714	53.5309	78.2868	64.6507	2414
300416	苏试试验	江苏	东部	M	无国有股份公司	14.2857	51.2411	82.3375	64.6486	2415
600666	ST瑞德	黑龙江	东北	C	国有参股公司	57.1429	42.3829	80.1753	64.6447	2416
002806	华锋股份	广东	东部	C	国有参股公司	57.1429	44.7306	78.6812	64.6446	2417
300255	常山药业	河北	东部	C	国有参股公司	28.5714	46.8507	82.5159	64.6386	2418

续表

股票代码	公司简称	省份	地区	行业代码	控股类型	环境保护（*EP*）	社会责任（*SR*）	公司治理（*CG*）	上市公司质量/ESG指数（*CLCQI/ESGI*）	*CLCQI/ESGI*排名
600225	卓朗科技	天津	东部	K	国有参股公司	28.5714	48.2393	81.6234	64.6338	2419
300667	必创科技	北京	东部	C	无国有股份公司	28.5714	43.0899	84.8993	64.6332	2420
300464	星徽股份	广东	东部	F	无国有股份公司	28.5714	46.7657	82.5580	64.6320	2421
301030	仕净科技	江苏	东部	C	无国有股份公司	28.5714	47.2751	82.2108	64.6193	2422
301083	百胜智能	江西	中部	C	国有参股公司	28.5714	46.6386	82.6043	64.6130	2423
603527	众源新材	安徽	中部	C	无国有股份公司	71.4286	44.6100	76.1011	64.6120	2424
603416	信捷电气	江苏	东部	C	无国有股份公司	14.2857	45.0677	86.1701	64.5958	2425
600703	三安光电	湖北	中部	C	无国有股份公司	85.7143	43.4081	74.2255	64.5883	2426
603101	汇嘉时代	新疆	西部	F	国有参股公司	71.4286	48.7006	73.4534	64.5874	2427
002144	宏达高科	浙江	东部	C	国有参股公司	71.4286	50.2347	72.4725	64.5849	2428
300270	中威电子	浙江	东部	C	无国有股份公司	28.5714	42.4171	85.2270	64.5780	2429
002216	三全食品	河南	中部	C	无国有股份公司	42.8571	41.2560	83.3542	64.5702	2430
603900	莱绅通灵	江苏	东部	F	无国有股份公司	42.8571	42.9167	82.2902	64.5661	2431
688270	臻镭科技	浙江	东部	C	无国有股份公司	42.8571	49.2406	78.2411	64.5525	2432
603809	豪能股份	四川	西部	C	无国有股份公司	71.4286	38.0880	80.1389	64.5500	2433
300223	北京君正	北京	东部	C	无国有股份公司	14.2857	53.3389	80.8205	64.5484	2434
002696	百洋股份	广西	西部	A	无国有股份公司	42.8571	49.7780	77.8808	64.5425	2435
002213	大为股份	广东	东部	C	无国有股份公司	14.2857	47.3119	84.6414	64.5405	2436
603898	好莱客	广东	东部	C	国有参股公司	57.1429	40.9877	80.8654	64.5359	2437
600421	华嵘控股	湖北	中部	C	无国有股份公司	28.5714	47.4657	81.9365	64.5352	2438
688468	科美诊断	北京	东部	C	无国有股份公司	42.8571	47.0444	79.5976	64.5299	2439
002762	金发拉比	广东	东部	C	国有参股公司	42.8571	46.0559	80.2166	64.5244	2440
601700	风范股份	江苏	东部	C	无国有股份公司	71.4286	50.0759	72.4356	64.5090	2441
603638	艾迪精密	山东	东部	C	无国有股份公司	57.1429	45.2261	78.1152	64.5068	2442
003010	若羽臣	广东	东部	I	无国有股份公司	42.8571	45.2839	80.6515	64.4934	2443
002795	永和智控	浙江	东部	C	无国有股份公司	14.2857	54.3833	80.0496	64.4900	2444
002577	雷柏科技	广东	东部	C	无国有股份公司	28.5714	47.8402	81.6152	64.4896	2445
000672	上峰水泥	甘肃	西部	C	国有参股公司	71.4286	47.0152	74.3376	64.4838	2446
002987	京北方	北京	东部	I	无国有股份公司	14.2857	47.8422	84.1973	64.4819	2447
600293	三峡新材	湖北	中部	C	无国有股份公司	71.4286	38.3979	79.8012	64.4728	2448
603439	贵州三力	贵州	西部	C	无国有股份公司	85.7143	42.8832	74.3311	64.4626	2449
603877	太平鸟	浙江	东部	C	无国有股份公司	28.5714	40.2733	86.3731	64.4580	2450
300340	科恒股份	广东	东部	C	国有参股公司	14.2857	42.2331	87.7203	64.4563	2451
300414	中光防雷	四川	西部	C	无国有股份公司	28.5714	47.8096	81.5575	64.4471	2452
301005	超捷股份	上海	东部	C	无国有股份公司	28.5714	44.2753	83.8002	64.4436	2453

续表

股票代码	公司简称	省份	地区	行业代码	控股类型	环境保护（*EP*）	社会责任（*SR*）	公司治理（*CG*）	上市公司质量/ESG指数（*CLCQI/ESGI*）	*CLCQI/ESGI*排名
688578	艾力斯	上海	东部	C	无国有股份公司	71.4286	50.5386	72.0150	64.4396	2454
600467	好当家	山东	东部	A	无国有股份公司	28.5714	49.8141	80.2599	64.4350	2455
605266	健之佳	云南	西部	F	无国有股份公司	28.5714	48.9253	80.8103	64.4266	2456
300680	隆盛科技	江苏	东部	C	无国有股份公司	28.5714	47.1995	81.8801	64.4110	2457
300852	四会富仕	广东	东部	C	无国有股份公司	71.4286	39.6819	78.8678	64.4088	2458
002491	通鼎互联	江苏	东部	C	无国有股份公司	42.8571	51.5937	76.4810	64.4081	2459
300654	世纪天鸿	山东	东部	R	无国有股份公司	14.2857	45.7201	85.4133	64.4079	2460
300354	东华测试	江苏	东部	C	无国有股份公司	42.8571	47.3145	79.1535	64.3802	2461
300870	欧陆通	广东	东部	C	无国有股份公司	14.2857	45.9027	85.2294	64.3707	2462
603050	科林电气	河北	东部	C	无国有股份公司	57.1429	38.5563	82.1089	64.3689	2463
002334	英威腾	广东	东部	C	无国有股份公司	28.5714	44.0069	83.8164	64.3586	2464
000595	宝塔实业	宁夏	西部	C	国有参股公司	42.8571	50.5490	77.0099	64.3333	2465
300475	香农芯创	安徽	中部	F	无国有股份公司	42.8571	42.5598	82.0879	64.3300	2466
688225	亚信安全	江苏	东部	I	无国有股份公司	28.5714	47.6692	81.4332	64.3296	2467
832225	利通科技	河南	中部	C	无国有股份公司	57.1429	57.7819	69.7905	64.3227	2468
002215	诺普信	广东	东部	C	无国有股份公司	57.1429	45.3115	77.7081	64.3128	2469
000838	财信发展	重庆	西部	K	无国有股份公司	28.5714	43.4906	84.0446	64.3034	2470
603922	金鸿顺	江苏	东部	C	无国有股份公司	85.7143	38.9681	76.5262	64.2997	2471
300246	宝莱特	广东	东部	C	无国有股份公司	14.2857	52.6553	80.7953	64.2954	2472
002107	沃华医药	山东	东部	C	国有参股公司	28.5714	53.8244	77.4352	64.2851	2473
002758	浙农股份	浙江	东部	F	无国有股份公司	14.2857	48.9386	83.1389	64.2835	2474
300755	华致酒行	云南	西部	F	无国有股份公司	14.2857	40.0169	88.8155	64.2830	2475
300969	恒帅股份	浙江	东部	C	无国有股份公司	71.4286	36.1217	80.8800	64.2695	2476
002457	青龙管业	宁夏	西部	C	无国有股份公司	71.4286	42.3927	76.8883	64.2689	2477
300485	赛升药业	北京	东部	C	国有参股公司	14.2857	52.5599	80.8044	64.2669	2478
603657	春光科技	浙江	东部	C	无国有股份公司	57.1429	41.8751	79.7957	64.2582	2479
300458	全志科技	广东	东部	C	无国有股份公司	14.2857	52.4503	80.8546	64.2562	2480
300352	北信源	北京	东部	I	无国有股份公司	42.8571	43.8345	81.1155	64.2413	2481
600172	黄河旋风	河南	中部	C	国有参股公司	57.1429	46.6668	76.7126	64.2396	2482
605081	太和水	上海	东部	N	国有参股公司	57.1429	52.2978	73.1227	64.2360	2483
688038	中科通达	湖北	中部	I	国有参股公司	42.8571	50.4459	76.8939	64.2334	2484
002828	贝肯能源	新疆	西部	B	无国有股份公司	57.1429	53.5733	72.3002	64.2301	2485
300683	海特生物	湖北	中部	C	无国有股份公司	28.5714	54.0770	77.1648	64.2247	2486
603032	德新科技	新疆	西部	C	国有参股公司	42.8571	48.6207	78.0310	64.2200	2487
003036	泰坦股份	浙江	东部	C	无国有股份公司	28.5714	44.9743	82.9472	64.2191	2488

续表

股票代码	公司简称	省份	地区	行业代码	控股类型	环境保护（*EP*）	社会责任（*SR*）	公司治理（*CG*）	上市公司质量/ESG指数（*CLCQI*/*ESGI*）	*CLCQI*/*ESGI*排名
002476	宝莫股份	山东	东部	C	无国有股份公司	57.1429	53.1227	72.5497	64.2096	2489
688565	力源科技	浙江	东部	N	国有参股公司	71.4286	52.0519	70.6290	64.2070	2490
600576	祥源文旅	浙江	东部	R	无国有股份公司	42.8571	44.3672	80.6944	64.1961	2491
688529	豪森股份	辽宁	东北	C	无国有股份公司	71.4286	44.2409	75.5775	64.1948	2492
002645	华宏科技	江苏	东部	C	无国有股份公司	57.1429	52.9464	72.6039	64.1777	2493
600828	茂业商业	四川	西部	F	无国有股份公司	42.8571	39.7824	83.5779	64.1774	2494
300426	唐德影视	浙江	东部	R	国有参股公司	42.8571	47.0463	78.9485	64.1736	2495
300344	立方数科	安徽	中部	I	无国有股份公司	14.2857	51.7527	81.1440	64.1712	2496
002548	金新农	广东	东部	C	国有参股公司	28.5714	42.4959	84.4184	64.1608	2497
603569	长久物流	北京	东部	L	国有参股公司	28.5714	44.8044	82.9489	64.1605	2498
001206	依依股份	天津	东部	C	无国有股份公司	28.5714	46.1057	82.1198	64.1600	2499
839167	同享科技	江苏	东部	C	国有参股公司	42.8571	49.6412	77.2645	64.1556	2500
000584	ST工智	江苏	东部	C	无国有股份公司	28.5714	47.8099	81.0121	64.1472	2501
002454	松芝股份	上海	东部	C	国有参股公司	85.7143	50.0638	69.1841	64.1450	2502
002895	川恒股份	贵州	西部	C	无国有股份公司	42.8571	47.6335	78.5070	64.1363	2503
600987	航民股份	浙江	东部	C	国有参股公司	57.1429	52.0728	73.0774	64.1323	2504
002424	贵州百灵	贵州	西部	C	国有参股公司	71.4286	50.7378	71.3241	64.1294	2505
000526	学大教育	福建	东部	P	无国有股份公司	14.2857	50.2540	82.0178	64.1273	2506
002887	绿茵生态	天津	东部	N	无国有股份公司	57.1429	47.9222	75.7040	64.1243	2507
300641	正丹股份	江苏	东部	C	无国有股份公司	42.8571	42.1098	81.9949	64.1214	2508
688163	赛伦生物	上海	东部	C	无国有股份公司	28.5714	50.6692	79.1404	64.1186	2509
603730	岱美股份	上海	东部	C	无国有股份公司	42.8571	42.9035	81.4792	64.1155	2510
000785	居然之家	湖北	中部	L	国有参股公司	42.8571	42.6253	81.6461	64.1099	2511
000697	*ST炼石	陕西	西部	C	国有参股公司	71.4286	43.3662	75.9687	64.1038	2512
003016	欣贺股份	福建	东部	C	国有参股公司	42.8571	44.8758	80.1980	64.1015	2513
300612	宣亚国际	北京	东部	L	无国有股份公司	14.2857	50.1866	82.0111	64.1000	2514
002380	科远智慧	江苏	东部	I	无国有股份公司	42.8571	53.0105	75.0159	64.0981	2515
000961	中南建设	江苏	东部	K	国有参股公司	57.1429	53.5295	72.0287	64.0654	2516
600518	ST康美	广东	东部	C	无国有股份公司	85.7143	43.9887	72.8862	64.0549	2517
301023	江南奕帆	江苏	东部	C	无国有股份公司	0.0000	41.9597	89.7561	64.0518	2518
002159	三特索道	湖北	中部	N	国有参股公司	28.5714	54.1236	76.8169	64.0497	2519
301149	隆华新材	山东	东部	C	无国有股份公司	57.1429	43.4743	78.3712	64.0345	2520
300111	向日葵	浙江	东部	C	无国有股份公司	28.5714	48.9689	80.0340	64.0149	2521
600868	梅雁吉祥	广东	东部	D	无国有股份公司	57.1429	48.0349	75.4064	64.0000	2522
603829	洛凯股份	江苏	东部	C	无国有股份公司	71.4286	47.1936	73.3425	63.9990	2523

续表

股票代码	公司简称	省份	地区	行业代码	控股类型	环境保护（EP）	社会责任（SR）	公司治理（CG）	上市公司质量/ESG指数（CLCQI/ESGI）	CLCQI/ESGI排名
002739	万达电影	北京	东部	R	国有参股公司	57.1429	44.5885	77.5872	63.9932	2524
603836	海程邦达	山东	东部	L	无国有股份公司	57.1429	41.7350	79.3782	63.9795	2525
300365	恒华科技	北京	东部	I	无国有股份公司	28.5714	43.6487	83.3508	63.9771	2526
002188	中天服务	浙江	东部	L	无国有股份公司	71.4286	43.1122	75.8878	63.9705	2527
002701	奥瑞金	北京	东部	C	国有参股公司	28.5714	47.4946	80.8902	63.9699	2528
301169	零点有数	北京	东部	L	无国有股份公司	14.2857	45.4602	84.7701	63.9632	2529
603978	深圳新星	广东	东部	C	无国有股份公司	57.1429	42.1660	79.0624	63.9567	2530
002570	贝因美	浙江	东部	C	国有参股公司	42.8571	45.5722	79.4726	63.9459	2531
002224	三力士	浙江	东部	C	无国有股份公司	57.1429	43.1383	78.4170	63.9420	2532
300264	佳创视讯	广东	东部	I	无国有股份公司	14.2857	45.6855	84.5809	63.9380	2533
603535	嘉诚国际	广东	东部	G	国有参股公司	28.5714	40.7923	85.0973	63.9379	2534
300227	光韵达	广东	东部	C	无国有股份公司	28.5714	52.1001	77.9010	63.9377	2535
300157	恒泰艾普	北京	东部	B	无国有股份公司	85.7143	40.8171	74.6901	63.9369	2536
831832	科达自控	山西	中部	I	国有参股公司	28.5714	50.0714	79.1740	63.9279	2537
300474	景嘉微	湖南	中部	C	国有参股公司	14.2857	49.8130	81.9346	63.9272	2538
002850	科达利	广东	东部	C	无国有股份公司	14.2857	46.8835	83.7983	63.9269	2539
603168	莎普爱思	浙江	东部	C	无国有股份公司	71.4286	46.7264	73.4999	63.9220	2540
603011	合锻智能	安徽	中部	C	国有参股公司	71.4286	40.9103	77.1976	63.9201	2541
300592	华凯易佰	湖南	中部	F	无国有股份公司	14.2857	44.9739	84.9821	63.9096	2542
301138	华研精机	广东	东部	C	无国有股份公司	28.5714	41.8012	84.4017	63.9085	2543
300858	科拓生物	北京	东部	C	无国有股份公司	28.5714	55.0679	75.9575	63.9075	2544
002750	龙津药业	云南	西部	C	国有参股公司	57.1429	44.2245	77.6599	63.9058	2545
301003	江苏博云	江苏	东部	C	无国有股份公司	71.4286	53.6459	69.0638	63.9040	2546
000159	国际实业	新疆	西部	F	无国有股份公司	57.1429	43.8963	77.8613	63.9017	2547
300315	掌趣科技	北京	东部	I	国有参股公司	14.2857	44.8417	85.0288	63.8890	2548
603587	地素时尚	上海	东部	C	无国有股份公司	57.1429	48.6666	74.8016	63.8885	2549
300807	天迈科技	河南	中部	C	无国有股份公司	28.5714	47.4447	80.7201	63.8588	2550
002888	惠威科技	广东	东部	C	无国有股份公司	14.2857	47.4864	83.2874	63.8569	2551
300317	珈伟新能	广东	东部	C	无国有股份公司	42.8571	46.9572	78.4257	63.8549	2552
300513	恒实科技	北京	东部	I	国有参股公司	57.1429	38.3678	81.2909	63.8530	2553
301040	中环海陆	江苏	东部	C	无国有股份公司	42.8571	40.0082	82.8352	63.8479	2554
002853	皮阿诺	广东	东部	C	无国有股份公司	42.8571	46.4679	78.7047	63.8370	2555
300823	建科机械	天津	东部	C	无国有股份公司	42.8571	52.3980	74.9155	63.8285	2556
601890	亚星锚链	江苏	东部	C	无国有股份公司	42.8571	44.3517	80.0346	63.8279	2557
300511	雪榕生物	上海	东部	A	无国有股份公司	14.2857	48.6496	82.4808	63.8204	2558

续表

股票代码	公司简称	省份	地区	行业代码	控股类型	环境保护（*EP*）	社会责任（*SR*）	公司治理（*CG*）	上市公司质量/ESG指数（*CLCQI*/*ESGI*）	*CLCQI*/*ESGI*排名
002718	友邦吊顶	浙江	东部	C	无国有股份公司	28.5714	45.1689	82.0783	63.8093	2559
002905	金逸影视	广东	东部	R	国有参股公司	28.5714	43.8924	82.8883	63.8081	2560
300203	聚光科技	浙江	东部	C	无国有股份公司	28.5714	42.1275	83.9935	63.7982	2561
000572	海马汽车	海南	东部	C	无国有股份公司	57.1429	34.6942	83.4928	63.7783	2562
000700	模塑科技	江苏	东部	C	国有参股公司	42.8571	48.6815	77.1806	63.7736	2563
300494	盛天网络	湖北	中部	I	无国有股份公司	28.5714	42.7057	83.5685	63.7668	2564
301029	怡合达	广东	东部	C	无国有股份公司	28.5714	45.5977	81.7280	63.7668	2565
688328	深科达	广东	东部	C	无国有股份公司	57.1429	53.8486	71.2797	63.7652	2566
834682	球冠电缆	浙江	东部	C	无国有股份公司	28.5714	49.4090	79.2933	63.7616	2567
003003	天元股份	广东	东部	C	无国有股份公司	57.1429	49.1567	74.2579	63.7610	2568
600340	华夏幸福	河北	东部	K	国有参股公司	71.4286	47.2088	72.8947	63.7580	2569
603098	森特股份	北京	东部	E	无国有股份公司	42.8571	45.6327	79.0915	63.7575	2570
002526	山东矿机	山东	东部	C	无国有股份公司	28.5714	45.7199	81.6323	63.7569	2571
300580	贝斯特	江苏	东部	C	无国有股份公司	28.5714	51.3421	78.0543	63.7567	2572
002098	浔兴股份	福建	东部	C	无国有股份公司	28.5714	43.9135	82.7774	63.7544	2573
002690	美亚光电	安徽	中部	C	无国有股份公司	42.8571	47.1651	78.1073	63.7525	2574
003007	直真科技	北京	东部	I	无国有股份公司	42.8571	53.8088	73.8743	63.7497	2575
833266	生物谷	云南	西部	C	无国有股份公司	57.1429	47.8184	75.0742	63.7416	2576
600811	东方集团	黑龙江	东北	C	无国有股份公司	57.1429	42.8745	78.1938	63.7270	2577
603067	振华股份	湖北	中部	C	国有参股公司	42.8571	45.3082	79.2224	63.7159	2578
603002	宏昌电子	广东	东部	C	无国有股份公司	42.8571	38.3112	83.6740	63.7153	2579
605398	新炬网络	上海	东部	I	无国有股份公司	14.2857	51.4698	80.4821	63.7081	2580
300113	顺网科技	浙江	东部	I	无国有股份公司	14.2857	35.7195	90.4860	63.6977	2581
301113	雅艺科技	浙江	东部	C	无国有股份公司	71.4286	49.5374	71.2928	63.6920	2582
603466	风语筑	上海	东部	R	无国有股份公司	14.2857	42.4143	86.2059	63.6868	2583
000953	河化股份	广西	西部	C	国有参股公司	57.1429	41.6242	78.9064	63.6813	2584
002896	中大力德	浙江	东部	C	无国有股份公司	28.5714	45.0300	81.9135	63.6701	2585
601933	永辉超市	福建	东部	F	无国有股份公司	57.1429	48.0498	74.7928	63.6678	2586
603998	方盛制药	湖南	中部	C	无国有股份公司	42.8571	41.3498	81.6534	63.6675	2587
300738	奥飞数据	广东	东部	I	无国有股份公司	42.8571	42.5420	80.8781	63.6584	2588
000936	华西股份	江苏	东部	C	国有参股公司	57.1429	39.7884	80.0203	63.6514	2589
603109	神驰机电	重庆	西部	C	无国有股份公司	42.8571	48.9787	76.7686	63.6510	2590
603260	合盛硅业	浙江	东部	C	无国有股份公司	57.1429	53.4076	71.3397	63.6438	2591
601020	华钰矿业	西藏	西部	B	无国有股份公司	85.7143	44.7639	71.6453	63.6437	2592
603666	亿嘉和	江苏	东部	C	无国有股份公司	14.2857	50.4126	81.0344	63.6419	2593

续表

股票代码	公司简称	省份	地区	行业代码	控股类型	环境保护（*EP*）	社会责任（*SR*）	公司治理（*CG*）	上市公司质量/ESG指数（*CLCQI*/*ESGI*）	*CLCQI*/*ESGI*排名
003038	鑫铂股份	安徽	中部	C	国有参股公司	57.1429	47.3817	75.1708	63.6418	2594
002857	三晖电气	河南	中部	C	无国有股份公司	28.5714	50.0541	78.6536	63.6355	2595
002760	凤形股份	江西	中部	C	无国有股份公司	42.8571	39.0451	83.0203	63.6126	2596
300135	宝利国际	江苏	东部	C	国有参股公司	28.5714	47.7204	80.0909	63.6093	2597
603709	中源家居	浙江	东部	C	无国有股份公司	42.8571	46.3453	78.3672	63.6085	2598
002767	先锋电子	浙江	东部	C	无国有股份公司	28.5714	43.1990	82.9390	63.5932	2599
000546	ST金圆	吉林	东部	N	国有参股公司	57.1429	46.2181	75.8106	63.5865	2600
002123	梦网科技	辽宁	东北	I	无国有股份公司	14.2857	50.3571	80.9661	63.5849	2601
600661	昂立教育	上海	东部	P	国有参股公司	28.5714	44.3917	82.1234	63.5621	2602
002779	中坚科技	浙江	东部	C	无国有股份公司	28.5714	50.0805	78.4912	63.5555	2603
430510	丰光精密	山东	东部	C	无国有股份公司	42.8571	51.2089	75.1444	63.5382	2604
002571	德力股份	安徽	中部	C	无国有股份公司	42.8571	39.6803	82.4571	63.5252	2605
300442	润泽科技	上海	东部	C	无国有股份公司	42.8571	45.2315	78.9118	63.5183	2606
000510	新金路	四川	西部	C	国有参股公司	42.8571	46.0066	78.3923	63.5038	2607
300882	万胜智能	浙江	东部	C	国有参股公司	71.4286	49.8989	70.7012	63.4932	2608
605389	长龄液压	江苏	东部	C	无国有股份公司	28.5714	42.4874	83.2046	63.4902	2609
300554	三超新材	江苏	东部	C	国有参股公司	42.8571	50.3188	75.6025	63.4787	2610
301119	正强股份	浙江	东部	C	无国有股份公司	14.2857	43.6887	84.9994	63.4693	2611
301024	霍普股份	上海	东部	M	无国有股份公司	14.2857	45.4640	83.8482	63.4575	2612
300721	怡达股份	江苏	东部	C	国有参股公司	42.8571	50.2590	75.6007	63.4568	2613
002581	未名医药	山东	东部	C	国有参股公司	57.1429	35.1222	82.6232	63.4498	2614
002547	春兴精工	江苏	东部	C	无国有股份公司	71.4286	45.5725	73.3352	63.4276	2615
000812	陕西金叶	陕西	西部	C	国有参股公司	57.1429	46.6052	75.2745	63.4271	2616
603016	新宏泰	江苏	东部	C	国有参股公司	71.4286	48.3439	71.5579	63.4200	2617
603359	东珠生态	江苏	东部	N	无国有股份公司	14.2857	48.1328	82.0738	63.4156	2618
832419	路斯股份	山东	东部	C	国有参股公司	28.5714	44.4023	81.8445	63.4124	2619
603212	赛伍技术	江苏	东部	C	国有参股公司	57.1429	44.7904	76.4024	63.4123	2620
605138	盛泰集团	浙江	东部	C	无国有股份公司	85.7143	40.1584	74.1464	63.4074	2621
603976	正川股份	重庆	西部	C	无国有股份公司	57.1429	39.5802	79.6961	63.4002	2622
300331	苏大维格	江苏	东部	C	国有参股公司	71.4286	40.0219	76.8152	63.3989	2623
605009	豪悦护理	浙江	东部	C	无国有股份公司	28.5714	45.0640	81.3822	63.3897	2624
600836	上海易连	上海	东部	C	无国有股份公司	71.4286	37.0178	78.7016	63.3849	2625
002702	海欣食品	福建	东部	C	国有参股公司	28.5714	55.8657	74.4456	63.3552	2626
300396	迪瑞医疗	吉林	东部	C	国有参股公司	28.5714	54.5293	75.2823	63.3477	2627
600491	龙元建设	浙江	东部	E	无国有股份公司	14.2857	45.2781	83.7570	63.3423	2628

续表

股票代码	公司简称	省份	地区	行业代码	控股类型	环境保护（*EP*）	社会责任（*SR*）	公司治理（*CG*）	上市公司质量/ESG指数（*CLCQI*/*ESGI*）	*CLCQI*/*ESGI*排名
600162	香江控股	广东	东部	K	无国有股份公司	28.5714	42.0967	83.1837	63.3420	2629
301102	兆讯传媒	天津	东部	L	无国有股份公司	14.2857	43.2662	85.0253	63.3356	2630
002538	司尔特	安徽	中部	C	无国有股份公司	57.1429	45.9535	75.5173	63.3325	2631
301168	通灵股份	江苏	东部	C	国有参股公司	42.8571	45.8320	78.1883	63.3305	2632
300611	美力科技	浙江	东部	C	无国有股份公司	14.2857	45.0802	83.8182	63.3067	2633
300786	国林科技	山东	东部	C	无国有股份公司	42.8571	40.5856	81.4742	63.3015	2634
002198	嘉应制药	广东	东部	C	国有参股公司	28.5714	39.6795	84.6481	63.3014	2635
002234	民和股份	山东	东部	A	国有参股公司	57.1429	42.3049	77.7732	63.2963	2636
603843	正平股份	青海	西部	E	国有参股公司	71.4286	42.8690	74.7783	63.2751	2637
300571	平治信息	浙江	东部	I	国有参股公司	14.2857	45.1857	83.6740	63.2643	2638
605339	南侨食品	上海	东部	C	无国有股份公司	42.8571	46.8893	77.3866	63.2596	2639
003043	华亚智能	江苏	东部	C	无国有股份公司	71.4286	44.2277	73.8205	63.2238	2640
300055	万邦达	北京	东部	E	国有参股公司	71.4286	38.0219	77.7631	63.2202	2641
000576	甘化科工	广东	东部	C	无国有股份公司	42.8571	46.5655	77.5185	63.2188	2642
300813	泰林生物	浙江	东部	C	国有参股公司	71.4286	41.6125	75.4677	63.2145	2643
002622	皓宸医疗	吉林	东部	C	无国有股份公司	57.1429	44.2582	76.3811	63.2143	2644
833873	中设咨询	重庆	西部	M	国有参股公司	28.5714	51.2822	77.0766	63.1981	2645
301228	实朴检测	上海	东部	M	无国有股份公司	14.2857	47.9734	81.7694	63.1924	2646
300044	赛为智能	广东	东部	I	国有参股公司	42.8571	49.9509	75.2845	63.1750	2647
603683	晶华新材	上海	东部	C	无国有股份公司	57.1429	41.4498	78.0904	63.1714	2648
301017	漱玉平民	山东	东部	F	无国有股份公司	14.2857	45.5677	83.2506	63.1651	2649
300210	森远股份	辽宁	东北	C	无国有股份公司	28.5714	49.7237	77.9823	63.1507	2650
002846	英联股份	广东	东部	C	国有参股公司	42.8571	40.1140	81.4504	63.1233	2651
002952	亚世光电	辽宁	东北	C	国有参股公司	28.5714	44.9257	80.9822	63.1214	2652
600297	广汇汽车	辽宁	东北	F	无国有股份公司	28.5714	50.0242	77.7273	63.1156	2653
300822	贝仕达克	广东	东部	C	无国有股份公司	14.2857	46.3854	82.5985	63.0927	2654
300997	欢乐家	广东	东部	C	国有参股公司	28.5714	38.3341	85.1140	63.0868	2655
300478	杭州高新	浙江	东部	C	无国有股份公司	42.8571	53.3468	72.9527	63.0811	2656
600759	ST洲际	海南	东部	B	国有参股公司	42.8571	40.4779	81.1167	63.0671	2657
300276	三丰智能	湖北	中部	C	无国有股份公司	28.5714	48.4621	78.6248	63.0625	2658
300959	线上线下	江苏	东部	I	无国有股份公司	14.2857	51.7570	79.0945	63.0455	2659
300781	因赛集团	广东	东部	L	无国有股份公司	14.2857	45.8864	82.8271	63.0437	2660
300256	ST星星	江西	中部	C	无国有股份公司	57.1429	44.3673	75.9911	63.0379	2661
603085	天成自控	浙江	东部	C	无国有股份公司	57.1429	42.4453	77.1801	63.0192	2662
301066	万事利	浙江	东部	C	无国有股份公司	57.1429	36.6163	80.8892	63.0191	2663

续表

股票代码	公司简称	省份	地区	行业代码	控股类型	环境保护（*EP*）	社会责任（*SR*）	公司治理（*CG*）	上市公司质量/ESG指数（*CLCQI/ESGI*）	*CLCQI/ESGI*排名
603102	百合股份	山东	东部	C	无国有股份公司	28.5714	53.1270	75.5738	63.0172	2664
603200	上海洗霸	上海	东部	N	无国有股份公司	28.5714	45.0061	80.7150	63.0025	2665
002951	ST金时	四川	西部	C	国有参股公司	57.1429	51.4425	71.4043	62.9915	2666
000622	恒立实业	湖南	中部	C	国有参股公司	14.2857	49.9328	80.1563	62.9911	2667
605116	奥锐特	浙江	东部	C	无国有股份公司	57.1429	50.7519	71.8359	62.9872	2668
600257	大湖股份	湖南	中部	A	无国有股份公司	71.4286	58.2772	64.4433	62.9837	2669
002700	ST浩源	新疆	西部	D	无国有股份公司	28.5714	47.7094	78.9537	62.9800	2670
300549	优德精密	江苏	东部	C	无国有股份公司	71.4286	42.1710	74.6791	62.9762	2671
300306	远方信息	浙江	东部	C	无国有股份公司	14.2857	43.8011	84.0024	62.9603	2672
301018	申菱环境	广东	东部	C	无国有股份公司	28.5714	49.0829	78.0233	62.9489	2673
300065	海兰信	北京	东部	C	国有参股公司	28.5714	52.5728	75.7766	62.9347	2674
300051	三五互联	福建	东部	I	无国有股份公司	14.2857	43.0517	84.4128	62.9237	2675
002195	二三四五	上海	东部	I	无国有股份公司	14.2857	50.5342	79.6454	62.9205	2676
000975	银泰黄金	内蒙古	西部	B	无国有股份公司	42.8571	48.5076	75.7214	62.9102	2677
000695	滨海能源	天津	东部	C	国有参股公司	85.7143	42.7903	71.5665	62.9096	2678
300074	华平股份	上海	东部	I	国有参股公司	42.8571	45.2257	77.7853	62.8966	2679
688057	金达莱	江西	中部	N	无国有股份公司	42.8571	43.2288	79.0363	62.8858	2680
603533	掌阅科技	北京	东部	I	国有参股公司	28.5714	40.8427	83.1494	62.8843	2681
002691	冀凯股份	河北	东部	C	无国有股份公司	28.5714	56.6924	73.0477	62.8757	2682
002425	凯撒文化	广东	东部	I	无国有股份公司	14.2857	41.7078	85.1654	62.8672	2683
000893	亚钾国际	广东	东部	C	无国有股份公司	28.5714	39.7569	83.7971	62.8605	2684
300148	天舟文化	湖南	中部	I	国有参股公司	14.2857	43.7204	83.8582	62.8527	2685
600851	海欣股份	上海	东部	C	国有参股公司	28.5714	53.9365	74.7548	62.8500	2686
002589	瑞康医药	山东	东部	F	国有参股公司	71.4286	42.0363	74.5279	62.8459	2687
600186	莲花健康	河南	中部	C	国有参股公司	28.5714	36.8089	85.6446	62.8448	2688
300518	盛讯达	广东	东部	I	无国有股份公司	14.2857	43.8300	83.7670	62.8409	2689
603133	*ST碳元	江苏	东部	C	国有参股公司	57.1429	41.7859	77.2733	62.8397	2690
300893	松原股份	浙江	东部	C	无国有股份公司	28.5714	47.3659	78.9124	62.8370	2691
601233	桐昆股份	浙江	东部	C	无国有股份公司	57.1429	44.5496	75.4544	62.8066	2692
002446	盛路通信	广东	东部	C	无国有股份公司	42.8571	43.1945	78.8974	62.7974	2693
603520	司太立	浙江	东部	C	无国有股份公司	57.1429	42.0319	77.0217	62.7874	2694
300550	和仁科技	浙江	东部	I	无国有股份公司	14.2857	48.6723	80.5549	62.7691	2695
002707	众信旅游	北京	东部	L	无国有股份公司	42.8571	40.8365	80.3394	62.7651	2696
000795	英洛华	浙江	东部	C	无国有股份公司	57.1429	43.1087	76.2910	62.7624	2697
300567	精测电子	湖北	中部	C	无国有股份公司	14.2857	47.7515	81.1282	62.7621	2698

续表

股票代码	公司简称	省份	地区	行业代码	控股类型	环境保护（*EP*）	社会责任（*SR*）	公司治理（*CG*）	上市公司质量/ESG指数（*CLCQI*/*ESGI*）	*CLCQI*/*ESGI*排名
688309	恒誉环保	山东	东部	C	无国有股份公司	71.4286	44.6429	72.7146	62.7609	2699
300198	纳川股份	福建	东部	C	国有参股公司	42.8571	51.8451	73.2882	62.7400	2700
002908	德生科技	广东	东部	I	无国有股份公司	42.8571	43.1050	78.8498	62.7399	2701
600375	汉马科技	安徽	中部	C	无国有股份公司	57.1429	35.6070	81.0191	62.7372	2702
300420	五洋停车	江苏	东部	C	无国有股份公司	14.2857	41.4585	85.0507	62.7169	2703
601010	文峰股份	江苏	东部	F	国有参股公司	42.8571	43.7035	78.4165	62.7110	2704
600854	春兰股份	江苏	东部	C	国有参股公司	57.1429	38.4892	79.1337	62.7091	2705
002763	汇洁股份	广东	东部	C	无国有股份公司	28.5714	48.8927	77.7054	62.7075	2706
300671	富满微	广东	东部	I	国有参股公司	14.2857	46.5120	81.7846	62.6893	2707
600179	安通控股	黑龙江	东北	G	国有参股公司	42.8571	34.0914	84.4674	62.6747	2708
300921	南凌科技	广东	东部	I	国有参股公司	14.2857	47.2326	81.2962	62.6729	2709
000670	盈方微	湖北	中部	C	国有参股公司	14.2857	44.7168	82.8930	62.6706	2710
603366	日出东方	江苏	东部	C	无国有股份公司	71.4286	44.3589	72.7253	62.6674	2711
002364	中恒电气	浙江	东部	C	国有参股公司	42.8571	44.5159	77.8118	62.6628	2712
300877	金春股份	安徽	中部	C	无国有股份公司	42.8571	48.2166	75.4558	62.6622	2713
603556	海兴电力	浙江	东部	C	无国有股份公司	42.8571	45.9955	76.8625	62.6585	2714
002957	科瑞技术	广东	东部	C	无国有股份公司	14.2857	37.4894	87.4662	62.6563	2715
300163	先锋新材	浙江	东部	C	国有参股公司	71.4286	45.7761	71.7851	62.6463	2716
002668	奥马电器	广东	东部	C	无国有股份公司	71.4286	42.2135	73.9945	62.6146	2717
300649	杭州园林	浙江	东部	E	无国有股份公司	14.2857	52.1503	78.0483	62.6078	2718
300238	冠昊生物	广东	东部	C	无国有股份公司	14.2857	43.5909	83.4872	62.6033	2719
835670	数字人	山东	东部	I	无国有股份公司	28.5714	59.6658	70.6536	62.5997	2720
002269	美邦服饰	上海	东部	C	无国有股份公司	28.5714	47.4577	78.3960	62.5852	2721
002840	华统股份	浙江	东部	C	无国有股份公司	14.2857	54.0056	76.8233	62.5833	2722
300465	高伟达	北京	东部	I	无国有股份公司	14.2857	47.1393	81.1911	62.5825	2723
688071	华依科技	上海	东部	C	无国有股份公司	57.1429	49.4377	71.9134	62.5698	2724
300935	盈建科	北京	东部	I	无国有股份公司	28.5714	43.2337	81.0490	62.5659	2725
002160	常铝股份	江苏	东部	C	国有参股公司	28.5714	40.1159	83.0303	62.5644	2726
300242	佳云科技	广东	东部	I	国有参股公司	28.5714	40.5046	82.7818	62.5637	2727
002024	ST易购	江苏	东部	F	无国有股份公司	57.1429	48.0562	72.7801	62.5630	2728
002052	ST同洲	广东	东部	C	无国有股份公司	42.8571	38.5789	81.4019	62.5593	2729
002919	名臣健康	广东	东部	C	无国有股份公司	14.2857	52.9811	77.4274	62.5571	2730
301075	多瑞医药	西藏	西部	C	国有参股公司	14.2857	48.0076	80.5813	62.5510	2731
300542	新晨科技	北京	东部	I	无国有股份公司	28.5714	51.2782	75.9021	62.5507	2732
600817	宇通重工	河南	中部	C	无国有股份公司	71.4286	36.7821	77.2942	62.5284	2733

续表

股票代码	公司简称	省份	地区	行业代码	控股类型	环境保护（*EP*）	社会责任（*SR*）	公司治理（*CG*）	上市公司质量/ESG指数（*CLCQI*/*ESGI*）	*CLCQI*/*ESGI*排名
002290	禾盛新材	江苏	东部	C	无国有股份公司	71.4286	48.3540	69.8799	62.5007	2734
000929	兰州黄河	甘肃	西部	C	国有参股公司	71.4286	43.7442	72.8106	62.4992	2735
603353	和顺石油	湖南	中部	F	无国有股份公司	42.8571	42.5623	78.7570	62.4989	2736
603991	至正股份	广东	东部	C	无国有股份公司	42.8571	42.6578	78.6919	62.4965	2737
002867	周大生	广东	东部	C	无国有股份公司	14.2857	48.1990	80.3601	62.4962	2738
002270	华明装备	山东	东部	C	无国有股份公司	0.0000	49.3960	82.1512	62.4718	2739
300290	荣科科技	辽宁	东北	I	无国有股份公司	42.8571	43.5484	78.0696	62.4659	2740
002898	赛隆药业	广东	东部	C	国有参股公司	42.8571	48.6983	74.7656	62.4512	2741
300133	华策影视	浙江	东部	R	国有参股公司	28.5714	43.3499	80.7647	62.4502	2742
600847	万里股份	重庆	西部	C	无国有股份公司	57.1429	44.0143	75.1334	62.4426	2743
002346	柘中股份	上海	东部	C	无国有股份公司	42.8571	51.2067	73.1456	62.4382	2744
301033	迈普医学	广东	东部	C	无国有股份公司	14.2857	46.8481	81.1116	62.4368	2745
300508	维宏股份	上海	东部	I	无国有股份公司	28.5714	40.4945	82.5563	62.4362	2746
300689	澄天伟业	广东	东部	C	无国有股份公司	28.5714	40.4285	82.5902	62.4317	2747
002316	亚联发展	吉林	东部	I	无国有股份公司	14.2857	47.6959	80.5594	62.4298	2748
301006	迈拓股份	江苏	东部	C	无国有股份公司	28.5714	47.5042	78.0117	62.3900	2749
002950	奥美医疗	湖北	中部	C	无国有股份公司	57.1429	45.8660	73.8405	62.3797	2750
300022	吉峰科技	四川	西部	F	无国有股份公司	28.5714	51.7613	75.2746	62.3746	2751
300467	迅游科技	四川	西部	I	国有参股公司	14.2857	48.9897	79.6279	62.3703	2752
300382	斯莱克	江苏	东部	C	无国有股份公司	14.2857	43.8777	82.8786	62.3690	2753
000592	平潭发展	福建	东部	A	无国有股份公司	28.5714	45.8065	79.0480	62.3658	2754
002095	生意宝	浙江	东部	I	无国有股份公司	14.2857	44.5177	82.4632	62.3645	2755
003005	竞业达	北京	东部	I	无国有股份公司	14.2857	55.5347	75.4441	62.3600	2756
002131	利欧股份	浙江	东部	I	国有参股公司	71.4286	41.3353	74.0777	62.3529	2757
603967	中创物流	山东	东部	G	无国有股份公司	14.2857	45.0253	82.1088	62.3473	2758
300575	中旗股份	江苏	东部	C	无国有股份公司	14.2857	57.2455	74.3206	62.3409	2759
000826	启迪环境	湖北	中部	N	国有参股公司	57.1429	40.4328	77.2255	62.3398	2760
300231	银信科技	北京	东部	I	无国有股份公司	28.5714	47.4179	77.9527	62.3274	2761
688787	海天瑞声	北京	东部	I	国有参股公司	14.2857	46.2458	81.2948	62.3267	2762
002229	鸿博股份	福建	东部	C	国有参股公司	42.8571	42.4821	78.4760	62.3163	2763
002002	鸿达兴业	江苏	东部	C	国有参股公司	57.1429	47.6661	72.5649	62.3082	2764
002177	御银股份	广东	东部	C	无国有股份公司	28.5714	41.9435	81.3839	62.2985	2765
000533	顺钠股份	广东	东部	C	无国有股份公司	57.1429	42.8721	75.5836	62.2905	2766
000615	*ST美谷	湖北	中部	K	无国有股份公司	85.7143	40.6435	71.7735	62.2721	2767
688365	光云科技	浙江	东部	I	无国有股份公司	28.5714	49.7339	76.3684	62.2666	2768

续表

股票代码	公司简称	省份	地区	行业代码	控股类型	环境保护（*EP*）	社会责任（*SR*）	公司治理（*CG*）	上市公司质量/ESG指数（*CLCQI*/*ESGI*）	*CLCQI*/*ESGI*排名
300307	慈星股份	浙江	东部	C	无国有股份公司	28.5714	43.5203	80.3128	62.2613	2769
002292	奥飞娱乐	广东	东部	C	无国有股份公司	28.5714	43.1180	80.5414	62.2462	2770
000908	景峰医药	湖南	中部	C	国有参股公司	42.8571	44.3844	77.1235	62.2382	2771
688227	品高股份	广东	东部	I	无国有股份公司	28.5714	45.8128	78.7716	62.2160	2772
001267	汇绿生态	湖北	中部	E	国有参股公司	28.5714	47.9838	77.3890	62.2155	2773
000608	阳光股份	广西	西部	K	国有参股公司	28.5714	41.7540	81.3514	62.2143	2774
833819	颖泰生物	北京	东部	C	无国有股份公司	71.4286	50.6207	67.9153	62.2135	2775
300808	久量股份	广东	东部	C	无国有股份公司	14.2857	42.6295	83.3682	62.2014	2776
603722	阿科力	江苏	东部	C	无国有股份公司	28.5714	41.9038	81.1894	62.1776	2777
603185	弘元绿能	江苏	东部	C	无国有股份公司	42.8571	40.9451	79.1643	62.1569	2778
300472	新元科技	江西	中部	C	无国有股份公司	28.5714	53.0635	74.0419	62.1524	2779
300164	通源石油	陕西	西部	B	无国有股份公司	28.5714	41.7647	81.2320	62.1524	2780
300844	山水比德	广东	东部	M	无国有股份公司	42.8571	46.0757	75.8878	62.1505	2781
300484	蓝海华腾	广东	东部	C	无国有股份公司	14.2857	47.2038	80.3614	62.1487	2782
002990	盛视科技	广东	东部	I	无国有股份公司	14.2857	47.0780	80.4377	62.1466	2783
002889	东方嘉盛	广东	东部	L	无国有股份公司	14.2857	47.4748	80.1712	62.1389	2784
301021	英诺激光	广东	东部	C	无国有股份公司	14.2857	44.5653	82.0103	62.1321	2785
002852	道道全	湖南	中部	C	国有参股公司	42.8571	42.0148	78.4371	62.1313	2786
603639	海利尔	山东	东部	C	无国有股份公司	42.8571	42.8132	77.9195	62.1261	2787
300020	银江技术	浙江	东部	I	无国有股份公司	14.2857	42.2654	83.4462	62.1169	2788
301093	华兰股份	江苏	东部	C	无国有股份公司	14.2857	48.4438	79.4977	62.1077	2789
871857	泓禧科技	重庆	西部	C	国有参股公司	57.1429	52.7864	68.9389	62.1059	2790
603095	越剑智能	浙江	东部	C	无国有股份公司	57.1429	36.6673	79.1925	62.1037	2791
300251	光线传媒	北京	东部	R	无国有股份公司	57.1429	39.7690	77.2089	62.0983	2792
688613	奥精医疗	北京	东部	C	无国有股份公司	42.8571	41.9362	78.4111	62.0895	2793
603912	佳力图	江苏	东部	C	无国有股份公司	28.5714	49.6747	76.0544	62.0732	2794
002723	小崧股份	广东	东部	C	无国有股份公司	28.5714	52.6215	74.1515	62.0580	2795
000004	国华网安	广东	东部	I	无国有股份公司	14.2857	42.5605	83.1359	62.0495	2796
300652	雷迪克	浙江	东部	C	无国有股份公司	42.8571	46.2196	75.6039	62.0447	2797
300100	双林股份	浙江	东部	C	无国有股份公司	42.8571	40.3308	79.3420	62.0396	2798
600712	南宁百货	广西	西部	F	国有参股公司	57.1429	36.9378	78.8967	62.0357	2799
001288	运机集团	四川	西部	C	无国有股份公司	28.5714	48.6922	76.5931	62.0256	2800
603058	永吉股份	贵州	西部	C	无国有股份公司	57.1429	45.6269	73.3369	62.0190	2801
300085	银之杰	广东	东部	I	无国有股份公司	28.5714	48.0774	76.9437	62.0033	2802
600446	金证股份	广东	东部	I	无国有股份公司	28.5714	42.3082	80.6073	61.9991	2803

续表

股票代码	公司简称	省份	地区	行业代码	控股类型	环境保护（*EP*）	社会责任（*SR*）	公司治理（*CG*）	上市公司质量/ESG指数（*CLCQI*/*ESGI*）	*CLCQI*/*ESGI*排名
300578	会畅通讯	上海	东部	I	无国有股份公司	28.5714	50.1635	75.6083	61.9990	2804
002727	一心堂	云南	西部	F	国有参股公司	14.2857	45.9939	80.8490	61.9934	2805
002288	超华科技	广东	东部	C	无国有股份公司	71.4286	25.7652	83.2840	61.9669	2806
002439	启明星辰	北京	东部	I	无国有股份公司	14.2857	49.0335	78.8594	61.9629	2807
600080	金花股份	陕西	西部	C	无国有股份公司	85.7143	29.5539	78.2593	61.9579	2808
300555	ST路通	江苏	东部	C	无国有股份公司	14.2857	48.4857	79.1970	61.9569	2809
002182	云海金属	江苏	东部	C	国有参股公司	42.8571	46.8555	75.0225	61.9476	2810
603939	益丰药房	湖南	中部	F	无国有股份公司	42.8571	47.9593	74.3119	61.9430	2811
300093	金刚光伏	甘肃	西部	C	无国有股份公司	28.5714	38.3891	82.9708	61.9273	2812
830839	万通液压	山东	东部	C	无国有股份公司	42.8571	49.2834	73.4323	61.9227	2813
002697	红旗连锁	四川	西部	F	无国有股份公司	14.2857	46.4075	80.4439	61.9154	2814
002780	三夫户外	北京	东部	F	国有参股公司	28.5714	53.5511	73.2955	61.9126	2815
002822	中装建设	广东	东部	E	国有参股公司	14.2857	53.1192	76.1475	61.9014	2816
002235	安妮股份	福建	东部	I	无国有股份公司	57.1429	48.5351	71.2650	61.8973	2817
002408	齐翔腾达	山东	东部	C	国有参股公司	57.1429	43.7880	74.2804	61.8943	2818
603602	纵横通信	浙江	东部	I	无国有股份公司	28.5714	43.2985	79.7818	61.8916	2819
831689	克莱特	山东	东部	C	国有参股公司	57.1429	48.1515	71.4797	61.8812	2820
002521	齐峰新材	山东	东部	C	无国有股份公司	57.1429	43.8854	74.1856	61.8762	2821
603887	城地香江	上海	东部	I	无国有股份公司	71.4286	43.5316	71.8102	61.8745	2822
300696	爱乐达	四川	西部	C	国有参股公司	28.5714	53.8129	73.0407	61.8641	2823
002388	新亚制程	浙江	东部	C	国有参股公司	28.5714	44.9609	78.6703	61.8622	2824
603196	日播时尚	上海	东部	C	无国有股份公司	57.1429	42.2240	75.1940	61.8494	2825
603003	龙宇股份	上海	东部	F	无国有股份公司	57.1429	40.2761	76.4335	61.8493	2826
600589	*ST榕泰	广东	东部	C	无国有股份公司	42.8571	40.3465	78.9807	61.8463	2827
002321	华英农业	河南	中部	A	国有参股公司	42.8571	41.2058	78.3881	61.8212	2828
603963	大理药业	云南	西部	C	无国有股份公司	57.1429	49.5812	70.4525	61.8166	2829
300182	捷成股份	北京	东部	R	无国有股份公司	28.5714	34.3757	85.3171	61.8131	2830
600381	青海春天	青海	西部	C	无国有股份公司	71.4286	41.4891	72.9929	61.8101	2831
300690	双一科技	山东	东部	C	无国有股份公司	71.4286	47.3667	69.2517	61.8096	2832
002969	嘉美包装	安徽	中部	C	无国有股份公司	14.2857	46.2568	80.3264	61.7979	2833
300609	汇纳科技	上海	东部	I	无国有股份公司	14.2857	43.6737	81.9339	61.7780	2834
002983	芯瑞达	安徽	中部	C	无国有股份公司	14.2857	49.5154	78.2085	61.7736	2835
300099	精准信息	山东	东部	C	国有参股公司	28.5714	45.1997	78.3418	61.7650	2836
002277	友阿股份	湖南	中部	F	国有参股公司	14.2857	40.1178	84.1463	61.7502	2837
300892	品渥食品	上海	东部	F	国有参股公司	14.2857	42.8732	82.3513	61.7274	2838

续表

股票代码	公司简称	省份	地区	行业代码	控股类型	环境保护（*EP*）	社会责任（*SR*）	公司治理（*CG*）	上市公司质量/ESG指数（*CLCQI/ESGI*）	*CLCQI/ESGI*排名
300878	维康药业	浙江	东部	C	国有参股公司	14.2857	45.3642	80.7645	61.7265	2839
002823	凯中精密	广东	东部	C	无国有股份公司	57.1429	40.7563	75.9029	61.7256	2840
300812	易天股份	广东	东部	C	国有参股公司	14.2857	39.4258	84.5276	61.7178	2841
002625	光启技术	广东	东部	C	国有参股公司	14.2857	39.7406	84.3250	61.7165	2842
300176	派生科技	广东	东部	C	无国有股份公司	28.5714	45.2340	78.2072	61.7030	2843
600620	天宸股份	上海	东部	S	国有参股公司	14.2857	46.1271	80.2173	61.6926	2844
301159	三维天地	北京	东部	I	无国有股份公司	28.5714	44.2688	78.7755	61.6777	2845
300353	东土科技	北京	东部	C	国有参股公司	14.2857	47.0449	79.5914	61.6695	2846
300846	首都在线	北京	东部	I	国有参股公司	28.5714	48.8202	75.8493	61.6613	2847
600193	创兴资源	上海	东部	E	无国有股份公司	28.5714	42.2065	80.0393	61.6510	2848
300581	晨曦航空	陕西	西部	C	无国有股份公司	14.2857	49.9612	77.6755	61.6365	2849
839729	永顺生物	广东	东部	C	国有参股公司	71.4286	47.8173	68.6472	61.6349	2850
002337	赛象科技	天津	东部	C	无国有股份公司	42.8571	56.8547	68.0652	61.6207	2851
300590	移为通信	上海	东部	C	无国有股份公司	14.2857	42.1095	82.6198	61.6078	2852
002953	日丰股份	广东	东部	C	无国有股份公司	28.5714	42.8780	79.5191	61.6000	2853
300468	四方精创	广东	东部	I	无国有股份公司	14.2857	45.5406	80.4198	61.5987	2854
600180	瑞茂通	山东	东部	F	无国有股份公司	42.8571	39.0999	79.3225	61.5980	2855
002489	浙江永强	浙江	东部	C	国有参股公司	0.0000	44.9719	83.3620	61.5893	2856
002036	联创电子	江西	中部	C	国有参股公司	14.2857	45.6475	80.3080	61.5746	2857
605388	均瑶健康	湖北	中部	C	无国有股份公司	14.2857	43.7306	81.5104	61.5650	2858
300536	农尚环境	湖北	中部	E	无国有股份公司	42.8571	39.5654	78.9594	61.5613	2859
600106	重庆路桥	重庆	西部	G	无国有股份公司	14.2857	38.1364	85.0536	61.5558	2860
002725	跃岭股份	浙江	东部	C	无国有股份公司	42.8571	42.0450	77.3449	61.5411	2861
300996	普联软件	山东	东部	I	无国有股份公司	14.2857	43.0951	81.8553	61.5323	2862
603113	金能科技	山东	东部	C	无国有股份公司	71.4286	44.8239	70.3628	61.5308	2863
605151	西上海	上海	东部	C	无国有股份公司	28.5714	38.8441	81.9538	61.5272	2864
000419	通程控股	湖南	中部	F	国有参股公司	14.2857	45.6008	80.2505	61.5266	2865
300780	德恩精工	四川	西部	C	无国有股份公司	28.5714	44.8582	78.0776	61.5002	2866
870436	大地电气	江苏	东部	C	无国有股份公司	14.2857	42.7874	81.9553	61.4796	2867
000590	启迪药业	湖南	中部	C	国有参股公司	42.8571	42.1998	77.0993	61.4602	2868
688701	卓锦股份	浙江	东部	N	无国有股份公司	57.1429	45.4850	72.3938	61.4506	2869
002341	新纶新材	广东	东部	C	无国有股份公司	57.1429	33.1564	80.2210	61.4406	2870
603223	恒通股份	山东	东部	G	无国有股份公司	14.2857	46.4217	79.5512	61.4293	2871
832885	星辰科技	广西	西部	C	无国有股份公司	57.1429	48.3811	70.5103	61.4284	2872
002444	巨星科技	浙江	东部	C	无国有股份公司	71.4286	38.9735	73.8927	61.4246	2873

续表

股票代码	公司简称	省份	地区	行业代码	控股类型	环境保护（*EP*）	社会责任（*SR*）	公司治理（*CG*）	上市公司质量/ESG指数（*CLCQI*/*ESGI*）	*CLCQI*/*ESGI*排名
002862	实丰文化	广东	东部	C	国有参股公司	14.2857	49.0436	77.8660	61.4201	2874
605258	协和电子	江苏	东部	C	无国有股份公司	42.8571	42.3024	76.9564	61.4176	2875
838163	方大新材	河北	东部	C	无国有股份公司	57.1429	45.0427	72.5928	61.4053	2876
834021	流金科技	北京	东部	L	无国有股份公司	14.2857	47.7662	78.6354	61.3962	2877
002370	亚太药业	浙江	东部	C	国有参股公司	85.7143	28.0962	78.1531	61.3893	2878
603557	ST起步	浙江	东部	C	无国有股份公司	14.2857	43.5661	81.2882	61.3852	2879
605286	同力日升	江苏	东部	C	无国有股份公司	42.8571	46.9664	73.9131	61.3762	2880
002137	实益达	广东	东部	C	无国有股份公司	28.5714	41.4226	80.0367	61.3752	2881
600503	华丽家族	上海	东部	K	无国有股份公司	42.8571	47.8302	73.3552	61.3716	2882
002613	北玻股份	河南	中部	C	无国有股份公司	42.8571	39.6795	78.5287	61.3644	2883
600857	宁波中百	浙江	东部	F	无国有股份公司	14.2857	40.1234	83.4380	61.3626	2884
300269	联建光电	广东	东部	L	无国有股份公司	42.8571	42.2887	76.8432	61.3505	2885
002766	索菱股份	广东	东部	C	国有参股公司	28.5714	40.2710	80.7164	61.3460	2886
300707	威唐工业	江苏	东部	C	无国有股份公司	14.2857	51.0293	76.4368	61.3290	2887
300906	日月明	江西	中部	C	国有参股公司	14.2857	46.2118	79.4935	61.3241	2888
300889	爱克股份	广东	东部	C	无国有股份公司	28.5714	41.9576	79.5791	61.3108	2889
002992	宝明科技	广东	东部	C	无国有股份公司	28.5714	47.1124	76.2912	61.3067	2890
603707	健友股份	江苏	东部	C	国有参股公司	28.5714	42.1778	79.4033	61.2912	2891
003018	金富科技	广东	东部	C	无国有股份公司	14.2857	43.2088	81.3442	61.2910	2892
300158	振东制药	山西	中部	C	国有参股公司	42.8571	43.8438	75.6974	61.2646	2893
833523	德瑞锂电	广东	东部	C	无国有股份公司	57.1429	45.2961	72.1681	61.2604	2894
002735	王子新材	广东	东部	C	无国有股份公司	14.2857	47.4996	78.5246	61.2419	2895
300756	金马游乐	广东	东部	C	无国有股份公司	28.5714	43.8620	78.2148	61.2270	2896
002808	ST恒久	江苏	东部	C	无国有股份公司	42.8571	52.8966	69.8669	61.2263	2897
003015	日久光电	江苏	东部	C	无国有股份公司	14.2857	40.8597	82.6784	61.2026	2898
002731	萃华珠宝	辽宁	东北	C	无国有股份公司	28.5714	48.0399	75.4980	61.1950	2899
603316	诚邦股份	浙江	东部	E	国有参股公司	57.1429	41.9545	74.1437	61.1774	2900
300860	锋尚文化	北京	东部	R	无国有股份公司	14.2857	45.8407	79.4609	61.1763	2901
002148	北纬科技	北京	东部	I	无国有股份公司	57.1429	42.9668	73.4810	61.1672	2902
300125	聆达股份	辽宁	东北	C	无国有股份公司	28.5714	47.3761	75.8649	61.1645	2903
000982	中银绒业	宁夏	西部	C	国有参股公司	14.2857	45.7812	79.4342	61.1408	2904
002991	甘源食品	江西	中部	C	无国有股份公司	14.2857	46.4265	79.0080	61.1323	2905
832171	志晟信息	河北	东部	I	无国有股份公司	57.1429	52.7651	67.1601	61.1201	2906
831856	浩淼科技	安徽	中部	C	无国有股份公司	28.5714	43.7097	78.1021	61.1117	2907
300830	金现代	山东	东部	I	无国有股份公司	14.2857	44.6828	80.0775	61.1102	2908

续表

股票代码	公司简称	省份	地区	行业代码	控股类型	环境保护（*EP*）	社会责任（*SR*）	公司治理（*CG*）	上市公司质量/ESG指数（*CLCQI/ESGI*）	*CLCQI/ESGI*排名
300519	新光药业	浙江	东部	C	无国有股份公司	57.1429	48.3524	69.9368	61.1029	2909
603283	赛腾股份	江苏	东部	C	国有参股公司	42.8571	46.8471	73.4842	61.0985	2910
002829	星网宇达	北京	东部	C	无国有股份公司	14.2857	43.2236	80.9844	61.0982	2911
000861	海印股份	广东	东部	L	无国有股份公司	42.8571	44.1512	75.1968	61.0969	2912
000821	京山轻机	湖北	中部	C	无国有股份公司	28.5714	46.9508	76.0012	61.0906	2913
300159	新研股份	新疆	西部	C	无国有股份公司	28.5714	47.0169	75.9443	61.0824	2914
300299	富春股份	福建	东部	I	无国有股份公司	28.5714	40.7771	79.9115	61.0805	2915
603329	上海雅仕	上海	东部	G	无国有股份公司	28.5714	41.0360	79.7210	61.0663	2916
603290	斯达半导	浙江	东部	C	无国有股份公司	14.2857	38.6828	83.8017	61.0585	2917
300400	劲拓股份	广东	东部	C	无国有股份公司	28.5714	44.7979	77.2866	61.0440	2918
301200	大族数控	广东	东部	C	无国有股份公司	14.2857	44.7110	79.9389	61.0438	2919
605128	上海沿浦	上海	东部	C	无国有股份公司	28.5714	42.6159	78.6737	61.0433	2920
603214	爱婴室	上海	东部	F	国有参股公司	42.8571	40.7234	77.2804	61.0431	2921
000506	中润资源	山东	东部	B	国有参股公司	42.8571	44.7323	74.7026	61.0284	2922
002375	亚厦股份	浙江	东部	E	无国有股份公司	42.8571	48.4096	72.3470	61.0199	2923
600892	大晟文化	广东	东部	I	无国有股份公司	14.2857	45.7761	79.2150	61.0184	2924
600265	ST景谷	云南	西部	A	无国有股份公司	42.8571	47.5786	72.8481	61.0047	2925
603696	安记食品	福建	东部	C	无国有股份公司	42.8571	42.2100	76.2234	60.9821	2926
603077	和邦生物	四川	西部	C	国有参股公司	85.7143	41.1402	69.0875	60.9686	2927
605155	西大门	浙江	东部	C	无国有股份公司	57.1429	40.1038	74.9364	60.9656	2928
000056	皇庭国际	广东	东部	L	无国有股份公司	14.2857	43.9317	80.2782	60.9577	2929
300050	世纪鼎利	广东	东部	I	无国有股份公司	42.8571	33.3749	81.7498	60.9293	2930
300698	万马科技	浙江	东部	C	无国有股份公司	42.8571	51.9331	69.9157	60.9159	2931
603315	福鞍股份	辽宁	东北	C	无国有股份公司	57.1429	36.7263	76.9844	60.9099	2932
603103	横店影视	浙江	东部	R	无国有股份公司	28.5714	37.9850	81.3677	60.9041	2933
300588	熙菱信息	新疆	西部	I	国有参股公司	28.5714	39.5764	80.3333	60.8922	2934
300462	华铭智能	上海	东部	C	无国有股份公司	14.2857	44.0936	80.0483	60.8879	2935
300643	万通智控	浙江	东部	C	国有参股公司	14.2857	39.9458	82.6845	60.8861	2936
300530	领湃科技	湖南	中部	C	国有参股公司	0.0000	36.0210	87.7488	60.8692	2937
002173	创新医疗	浙江	东部	Q	无国有股份公司	57.1429	33.4279	79.0055	60.8671	2938
002501	利源股份	吉林	东部	C	国有参股公司	42.8571	36.5315	79.6175	60.8614	2939
002694	顾地科技	湖北	中部	C	无国有股份公司	42.8571	49.1238	71.6027	60.8605	2940
300556	丝路视觉	广东	东部	I	无国有股份公司	28.5714	41.3618	79.1359	60.8585	2941
603189	网达软件	上海	东部	I	国有参股公司	14.2857	49.4535	76.5436	60.8363	2942
002617	露笑科技	浙江	东部	C	国有参股公司	42.8571	46.7599	73.0439	60.8258	2943

续表

股票代码	公司简称	省份	地区	行业代码	控股类型	环境保护（EP）	社会责任（SR）	公司治理（CG）	上市公司质量/ESG指数（CLCQI/ESGI）	CLCQI/ESGI排名
600738	丽尚国潮	甘肃	西部	F	国有参股公司	14.2857	38.8207	83.2858	60.8230	2944
300537	广信材料	江苏	东部	C	国有参股公司	28.5714	50.2298	73.4141	60.8153	2945
301213	观想科技	四川	西部	I	国有参股公司	14.2857	42.6440	80.8253	60.8079	2946
603036	如通股份	江苏	东部	C	无国有股份公司	42.8571	47.9427	72.2359	60.7954	2947
300514	友讯达	广东	东部	C	无国有股份公司	28.5714	44.4135	77.0678	60.7892	2948
002219	新里程	甘肃	西部	Q	国有参股公司	14.2857	49.2050	76.5994	60.7800	2949
603679	华体科技	四川	西部	C	无国有股份公司	28.5714	49.3038	73.8909	60.7535	2950
002524	光正眼科	新疆	西部	Q	无国有股份公司	42.8571	51.2339	70.0616	60.7515	2951
300733	西菱动力	四川	西部	C	无国有股份公司	42.8571	38.5150	78.1346	60.7400	2952
688667	菱电电控	湖北	中部	C	无国有股份公司	28.5714	42.1782	78.3679	60.7218	2953
300800	力合科技	湖南	中部	C	国有参股公司	28.5714	43.5936	77.4340	60.7036	2954
002537	海联金汇	山东	东部	C	无国有股份公司	14.2857	44.6489	79.3350	60.6900	2955
836260	中寰股份	四川	西部	C	无国有股份公司	42.8571	51.0071	70.0925	60.6891	2956
605167	利柏特	江苏	东部	M	国有参股公司	42.8571	44.0156	74.5255	60.6802	2957
300918	南山智尚	山东	东部	C	国有参股公司	14.2857	42.4858	80.6881	60.6770	2958
002708	光洋股份	江苏	东部	C	无国有股份公司	57.1429	44.2556	71.7655	60.6748	2959
002383	合众思壮	北京	东部	C	国有参股公司	28.5714	42.8927	77.8177	60.6693	2960
300380	安硕信息	上海	东部	I	国有参股公司	28.5714	42.8696	77.7810	60.6411	2961
603220	中贝通信	湖北	中部	I	无国有股份公司	42.8571	43.2409	74.9000	60.6150	2962
002348	高乐股份	广东	东部	C	国有参股公司	28.5714	47.5146	74.7764	60.6143	2963
603110	东方材料	安徽	中部	C	无国有股份公司	42.8571	44.1360	74.3085	60.6030	2964
300250	初灵信息	浙江	东部	I	无国有股份公司	28.5714	45.0956	76.2937	60.6021	2965
002429	兆驰股份	广东	东部	C	国有参股公司	28.5714	41.6762	78.4626	60.5982	2966
300116	保力新	陕西	西部	C	国有参股公司	57.1429	40.5311	73.9876	60.5933	2967
000042	中洲控股	广东	东部	K	国有参股公司	14.2857	45.8995	78.3506	60.5863	2968
002354	天娱数科	辽宁	东北	I	国有参股公司	14.2857	38.4621	83.0793	60.5839	2969
002863	今飞凯达	浙江	东部	C	无国有股份公司	42.8571	45.4946	73.3974	60.5774	2970
300191	潜能恒信	北京	东部	B	无国有股份公司	42.8571	40.7338	76.3570	60.5389	2971
300925	法本信息	广东	东部	I	国有参股公司	14.2857	51.6287	74.6152	60.5370	2972
600601	方正科技	上海	东部	C	无国有股份公司	71.4286	40.6443	71.2149	60.5365	2973
002778	中晟高科	江苏	东部	C	国有参股公司	42.8571	41.3128	75.9762	60.5321	2974
000802	北京文化	北京	东部	R	国有参股公司	42.8571	40.7413	76.3056	60.5133	2975
600823	ST世茂	上海	东部	K	国有参股公司	57.1429	44.9608	71.0153	60.5090	2976
300449	汉邦高科	北京	东部	C	无国有股份公司	14.2857	37.9227	83.2815	60.5063	2977
300097	智云股份	辽宁	东北	C	无国有股份公司	14.2857	43.3845	79.7917	60.4986	2978

续表

股票代码	公司简称	省份	地区	行业代码	控股类型	环境保护（*EP*）	社会责任（*SR*）	公司治理（*CG*）	上市公司质量/ESG指数（*CLCQI*/*ESGI*）	*CLCQI*/*ESGI*排名
603559	ST通脉	吉林	东部	I	无国有股份公司	71.4286	41.5865	70.5273	60.4882	2979
000639	西王食品	山东	东部	C	国有参股公司	28.5714	45.6415	75.7306	60.4835	2980
002724	海洋王	广东	东部	C	无国有股份公司	14.2857	41.7786	80.7742	60.4769	2981
300333	兆日科技	广东	东部	I	国有参股公司	28.5714	44.2828	76.5720	60.4707	2982
300740	水羊股份	湖南	中部	C	无国有股份公司	0.0000	42.6693	82.7529	60.4484	2983
300629	新劲刚	广东	东部	C	无国有股份公司	42.8571	45.5430	73.1284	60.4464	2984
002231	奥维通信	辽宁	东北	C	无国有股份公司	28.5714	45.7488	75.5447	60.4188	2985
300049	福瑞股份	内蒙古	西部	C	国有参股公司	14.2857	42.0009	80.5187	60.4142	2986
601799	星宇股份	江苏	东部	C	无国有股份公司	14.2857	44.7758	78.7226	60.3975	2987
002122	汇洲智能	浙江	东部	C	国有参股公司	28.5714	39.3593	79.5718	60.3974	2988
000718	苏宁环球	吉林	东部	K	国有参股公司	42.8571	44.2058	73.8871	60.3956	2989
300386	飞天诚信	北京	东部	I	无国有股份公司	14.2857	42.7092	80.0258	60.3910	2990
603358	华达科技	江苏	东部	C	无国有股份公司	42.8571	39.5792	76.8044	60.3808	2991
002133	广宇集团	浙江	东部	K	国有参股公司	28.5714	42.3288	77.6450	60.3770	2992
603269	海鸥股份	江苏	东部	C	无国有股份公司	57.1429	40.7667	73.3533	60.3270	2993
603729	龙韵股份	上海	东部	L	无国有股份公司	14.2857	39.2761	82.0871	60.3231	2994
300043	星辉娱乐	广东	东部	I	国有参股公司	42.8571	38.1833	77.5769	60.3172	2995
002685	华东重机	江苏	东部	C	无国有股份公司	14.2857	46.0975	77.7228	60.3102	2996
300405	科隆股份	辽宁	东北	C	无国有股份公司	42.8571	41.7528	75.2920	60.3098	2997
301186	超达装备	江苏	东部	C	国有参股公司	28.5714	45.7372	75.3507	60.3081	2998
002985	北摩高科	北京	东部	C	无国有股份公司	14.2857	49.6426	75.4534	60.3029	2999
603778	乾景园林	北京	东部	E	无国有股份公司	28.5714	39.7511	79.1272	60.2900	3000
300658	延江股份	福建	东部	C	无国有股份公司	42.8571	43.4130	74.1982	60.2893	3001
300507	苏奥传感	江苏	东部	C	无国有股份公司	28.5714	48.4771	73.5645	60.2846	3002
605333	沪光股份	江苏	东部	C	无国有股份公司	42.8571	42.2333	74.8673	60.2444	3003
603322	超讯通信	广东	东部	I	无国有股份公司	42.8571	41.2059	75.4984	60.2319	3004
002875	安奈儿	广东	东部	C	无国有股份公司	14.2857	46.0852	77.5660	60.2197	3005
600212	绿能慧充	山东	东部	S	无国有股份公司	14.2857	49.6958	75.2576	60.2138	3006
002584	西陇科学	广东	东部	C	无国有股份公司	85.7143	34.9959	71.6190	60.2104	3007
837242	建邦科技	山东	东部	L	国有参股公司	14.2857	50.4007	74.7735	60.1942	3008
688058	宝兰德	北京	东部	I	无国有股份公司	28.5714	47.1123	74.2366	60.1766	3009
605069	正和生态	北京	东部	N	无国有股份公司	42.8571	41.6678	75.0926	60.1704	3010
300936	中英科技	江苏	东部	C	无国有股份公司	57.1429	39.4085	73.9070	60.1561	3011
000910	大亚圣象	江苏	东部	C	无国有股份公司	14.2857	43.3954	79.1336	60.1404	3012
301055	张小泉	浙江	东部	C	国有参股公司	0.0000	43.8869	81.4181	60.1404	3013

续表

股票代码	公司简称	省份	地区	行业代码	控股类型	环境保护（*EP*）	社会责任（*SR*）	公司治理（*CG*）	上市公司质量/ESG指数（*CLCQI*/*ESGI*）	*CLCQI*/*ESGI*排名
000573	粤宏远A	广东	东部	K	国有参股公司	42.8571	43.0638	74.1438	60.1371	3014
002306	中科云网	北京	东部	I	无国有股份公司	28.5714	43.4047	76.4420	60.0919	3015
834599	同力股份	陕西	西部	C	无国有股份公司	28.5714	47.0248	74.1259	60.0851	3016
600865	百大集团	浙江	东部	F	无国有股份公司	14.2857	42.7674	79.3898	60.0616	3017
300155	安居宝	广东	东部	C	无国有股份公司	14.2857	42.3296	79.6678	60.0612	3018
603076	乐惠国际	浙江	东部	C	无国有股份公司	0.0000	44.6555	80.7746	60.0555	3019
002441	众业达	广东	东部	F	无国有股份公司	14.2857	44.9186	77.9981	60.0490	3020
300495	*ST美尚	广东	东部	N	无国有股份公司	42.8571	42.5134	74.3077	60.0347	3021
300604	长川科技	浙江	东部	C	国有参股公司	14.2857	48.9209	75.3907	60.0158	3022
000732	ST泰禾	福建	东部	K	国有参股公司	57.1429	39.9702	73.2413	59.9865	3023
002021	*ST中捷	浙江	东部	C	无国有股份公司	28.5714	35.6859	81.1380	59.9731	3024
830799	艾融软件	上海	东部	I	无国有股份公司	28.5714	43.5483	76.0859	59.9463	3025
600751	海航科技	天津	东部	F	无国有股份公司	71.4286	33.1806	74.8864	59.9436	3026
600243	青海华鼎	青海	西部	C	国有参股公司	42.8571	37.0786	77.5933	59.9395	3027
000010	美丽生态	广东	东部	E	国有参股公司	28.5714	44.4371	75.5013	59.9358	3028
003002	壶化股份	山西	中部	C	国有参股公司	28.5714	47.1195	73.7720	59.9236	3029
836720	吉冈精密	江苏	东部	C	无国有股份公司	71.4286	47.4721	65.7029	59.8947	3030
600654	ST中安	湖北	中部	I	国有参股公司	42.8571	34.3398	79.2102	59.8703	3031
002178	延华智能	上海	东部	M	无国有股份公司	57.1429	45.4331	69.5475	59.8670	3032
300506	名家汇	广东	东部	E	国有参股公司	28.5714	42.5372	76.5701	59.8587	3033
002811	郑中设计	广东	东部	E	无国有股份公司	42.8571	42.2537	74.1433	59.8533	3034
832278	鹿得医疗	江苏	东部	C	无国有股份公司	14.2857	52.3777	72.8521	59.8294	3035
002175	东方智造	广西	西部	C	国有参股公司	14.2857	45.5521	77.1853	59.8237	3036
000517	荣安地产	浙江	东部	K	国有参股公司	28.5714	47.9915	72.9953	59.8016	3037
300773	拉卡拉	北京	东部	I	无国有股份公司	14.2857	47.7045	75.7706	59.7990	3038
300688	创业黑马	北京	东部	L	无国有股份公司	14.2857	42.4262	79.1123	59.7895	3039
301229	纽泰格	江苏	东部	C	无国有股份公司	28.5714	45.1144	74.8024	59.7885	3040
002211	宏达新材	上海	东部	C	无国有股份公司	42.8571	41.4602	74.5207	59.7832	3041
002792	通宇通讯	广东	东部	C	国有参股公司	14.2857	40.5723	80.2771	59.7813	3042
600613	神奇制药	上海	东部	C	国有参股公司	42.8571	48.1576	70.2181	59.7608	3043
300521	爱司凯	广东	东部	C	无国有股份公司	14.2857	43.8733	78.1049	59.7420	3044
002467	二六三	北京	东部	I	无国有股份公司	14.2857	46.3672	76.5084	59.7367	3045
301106	骏成科技	江苏	东部	C	无国有股份公司	14.2857	42.8769	78.7267	59.7352	3046
300492	华图山鼎	四川	西部	M	无国有股份公司	42.8571	44.6156	72.4129	59.7283	3047
000564	ST大集	陕西	西部	F	国有参股公司	57.1429	42.9345	70.7842	59.6727	3048

续表

股票代码	公司简称	省份	地区	行业代码	控股类型	环境保护（*EP*）	社会责任（*SR*）	公司治理（*CG*）	上市公司质量/ESG指数（*CLCQI/ESGI*）	*CLCQI/ESGI*排名
300403	汉宇集团	广东	东部	C	无国有股份公司	14.2857	43.0799	78.4586	59.6588	3049
002210	飞马国际	广东	东部	L	国有参股公司	57.1429	42.6138	70.9180	59.6340	3050
835508	殷图网联	北京	东部	I	无国有股份公司	14.2857	53.3709	71.8291	59.6144	3051
603363	傲农生物	福建	东部	C	无国有股份公司	42.8571	45.6606	71.5130	59.5990	3052
000710	贝瑞基因	四川	西部	M	无国有股份公司	28.5714	48.2106	72.4625	59.5852	3053
871245	威博液压	江苏	东部	C	国有参股公司	57.1429	47.8399	67.4965	59.5813	3054
300366	创意信息	四川	西部	I	国有参股公司	28.5714	39.8698	77.7536	59.5761	3055
002016	世荣兆业	广东	东部	K	国有参股公司	14.2857	42.7869	78.4817	59.5689	3056
000723	美锦能源	山西	中部	C	无国有股份公司	28.5714	54.1585	68.6256	59.5567	3057
300338	ST开元	湖南	中部	P	无国有股份公司	28.5714	42.6707	75.9013	59.5376	3058
002440	闰土股份	浙江	东部	C	无国有股份公司	14.2857	38.9603	80.8224	59.5170	3059
001296	长江材料	重庆	西部	C	无国有股份公司	28.5714	45.7835	73.8763	59.5133	3060
300545	联得装备	广东	东部	C	国有参股公司	14.2857	45.1327	76.8581	59.4969	3061
300081	恒信东方	北京	东部	M	国有参股公司	14.2857	43.4232	77.9418	59.4947	3062
002451	摩恩电气	上海	东部	C	无国有股份公司	42.8571	45.3336	71.5125	59.4844	3063
002005	ST德豪	安徽	中部	C	国有参股公司	57.1429	35.3781	75.1332	59.4199	3064
300736	百邦科技	北京	东部	O	无国有股份公司	14.2857	39.6314	80.2077	59.4138	3065
002291	遥望科技	广东	东部	C	无国有股份公司	28.5714	36.2245	79.7690	59.4087	3066
002427	尤夫股份	浙江	东部	C	国有参股公司	57.1429	38.4708	73.1391	59.4056	3067
605186	健麾信息	上海	东部	C	无国有股份公司	14.2857	41.6482	78.8840	59.3917	3068
002788	鹭燕医药	福建	东部	F	无国有股份公司	14.2857	39.3109	80.3163	59.3613	3069
603603	*ST博天	北京	东部	N	国有参股公司	28.5714	45.9296	73.5053	59.3604	3070
000407	胜利股份	山东	东部	D	无国有股份公司	42.8571	43.1797	72.5761	59.3155	3071
002496	辉丰股份	江苏	东部	C	无国有股份公司	14.2857	50.3252	73.1283	59.2630	3072
688068	热景生物	北京	东部	C	国有参股公司	42.8571	48.9527	68.7991	59.2587	3073
002412	汉森制药	湖南	中部	C	无国有股份公司	71.4286	35.7333	71.9387	59.2158	3074
605303	园林股份	浙江	东部	E	无国有股份公司	14.2857	42.9436	77.7396	59.2156	3075
836263	中航泰达	北京	东部	N	无国有股份公司	57.1429	49.4984	65.7447	59.1983	3076
600246	万通发展	北京	东部	K	无国有股份公司	14.2857	39.4869	79.9007	59.1944	3077
301025	读客文化	上海	东部	R	国有参股公司	71.4286	39.3040	69.6151	59.1876	3078
002977	天箭科技	四川	西部	C	无国有股份公司	14.2857	36.3488	81.8853	59.1875	3079
830964	润农节水	河北	东部	E	无国有股份公司	42.8571	54.3033	65.2520	59.1805	3080
600355	精伦电子	湖北	中部	C	无国有股份公司	14.2857	47.3088	74.8452	59.1515	3081
300094	国联水产	广东	东部	C	无国有股份公司	28.5714	49.9827	70.5344	59.1450	3082
002431	棕榈股份	河南	中部	E	无国有股份公司	42.8571	38.9691	74.8642	59.1002	3083

续表

股票代码	公司简称	省份	地区	行业代码	控股类型	环境保护（*EP*）	社会责任（*SR*）	公司治理（*CG*）	上市公司质量/ESG指数（*CLCQI*/*ESGI*）	*CLCQI*/*ESGI*排名
600965	福成股份	河北	东部	C	无国有股份公司	57.1429	42.3430	70.1002	59.0894	3084
837344	三元基因	北京	东部	C	无国有股份公司	42.8571	51.1294	67.0694	59.0692	3085
300108	*ST吉药	吉林	东部	C	无国有股份公司	14.2857	38.1602	80.5129	59.0667	3086
600371	万向德农	黑龙江	东北	A	无国有股份公司	57.1429	40.1236	71.4543	59.0574	3087
300084	海默科技	甘肃	西部	B	国有参股公司	42.8571	33.7841	77.9851	59.0020	3088
301207	华兰疫苗	河南	中部	C	无国有股份公司	14.2857	42.3384	77.7273	58.9970	3089
603393	新天然气	新疆	西部	D	无国有股份公司	14.2857	44.7056	76.2109	58.9915	3090
603039	泛微网络	上海	东部	I	无国有股份公司	14.2857	41.5335	78.2241	58.9885	3091
600730	中国高科	北京	东部	P	国有参股公司	14.2857	38.3144	80.2547	58.9787	3092
300123	亚光科技	湖南	中部	C	无国有股份公司	0.0000	47.7454	76.8460	58.9762	3093
000678	襄阳轴承	湖北	中部	C	国有参股公司	42.8571	46.1569	70.0630	58.9752	3094
300056	中创环保	福建	东部	C	国有参股公司	14.2857	38.2734	80.2592	58.9668	3095
603138	海量数据	北京	东部	I	无国有股份公司	14.2857	43.8359	76.7180	58.9660	3096
603655	朗博科技	江苏	东部	C	无国有股份公司	57.1429	40.5483	70.9644	58.9366	3097
300975	商络电子	江苏	东部	F	无国有股份公司	14.2857	40.7182	78.6425	58.9333	3098
002445	中南文化	江苏	东部	R	国有参股公司	14.2857	41.2587	78.2929	58.9302	3099
002816	*ST和科	广东	东部	C	无国有股份公司	28.5714	34.7379	79.8254	58.9194	3100
300901	中胤时尚	浙江	东部	M	无国有股份公司	14.2857	41.3518	78.1871	58.9046	3101
002259	ST升达	四川	西部	D	无国有股份公司	28.5714	45.0820	73.2111	58.9020	3102
001209	洪兴股份	广东	东部	C	无国有股份公司	28.5714	40.0388	76.3776	58.8784	3103
301050	雷电微力	四川	西部	C	无国有股份公司	14.2857	39.2056	79.4943	58.8724	3104
300032	金龙机电	浙江	东部	C	国有参股公司	14.2857	34.1726	82.6906	58.8688	3105
600130	波导股份	浙江	东部	C	无国有股份公司	28.5714	44.8434	73.2988	58.8667	3106
300013	新宁物流	河南	中部	G	国有参股公司	14.2857	31.0889	84.6219	58.8518	3107
603863	松炀资源	广东	东部	C	无国有股份公司	85.7143	27.8701	73.6750	58.8472	3108
300295	三六五网	江苏	东部	I	国有参股公司	14.2857	44.6009	76.0101	58.8445	3109
000633	合金投资	新疆	西部	C	无国有股份公司	28.5714	49.1373	70.5125	58.8371	3110
300245	天玑科技	上海	东部	I	无国有股份公司	14.2857	47.5885	74.0432	58.8083	3111
002956	西麦食品	广西	西部	C	无国有股份公司	42.8571	46.9904	69.1836	58.7833	3112
603716	塞力医疗	湖北	中部	F	无国有股份公司	28.5714	40.9923	75.5821	58.7746	3113
838924	广脉科技	浙江	东部	I	无国有股份公司	28.5714	47.7755	71.2287	58.7544	3114
002253	川大智胜	四川	西部	I	国有参股公司	28.5714	47.1117	71.5966	58.7244	3115
430090	同辉信息	北京	东部	I	无国有股份公司	71.4286	51.9286	60.6763	58.6898	3116
600234	科新发展	山西	中部	C	无国有股份公司	14.2857	42.4106	77.1201	58.6883	3117
300504	天邑股份	四川	西部	C	无国有股份公司	14.2857	44.6585	75.6793	58.6826	3118

续表

股票代码	公司简称	省份	地区	行业代码	控股类型	环境保护（*EP*）	社会责任（*SR*）	公司治理（*CG*）	上市公司质量/ESG指数（*CLCQI/ESGI*）	*CLCQI/ESGI*排名
002191	劲嘉股份	广东	东部	C	无国有股份公司	28.5714	39.8168	76.1605	58.6813	3119
300291	百纳千成	北京	东部	R	国有参股公司	14.2857	35.5293	81.4687	58.6716	3120
831010	凯添燃气	宁夏	西部	D	无国有股份公司	42.8571	46.0001	69.6087	58.6705	3121
600545	卓郎智能	新疆	西部	C	国有参股公司	57.1429	33.0184	75.2459	58.6559	3122
002866	传艺科技	江苏	东部	C	无国有股份公司	14.2857	48.7616	72.9858	58.6373	3123
831370	新安洁	重庆	西部	N	无国有股份公司	14.2857	43.3886	76.3807	58.6239	3124
601086	国芳集团	甘肃	西部	F	国有参股公司	42.8571	43.1675	71.2949	58.6065	3125
300945	曼卡龙	浙江	东部	F	无国有股份公司	14.2857	38.5542	79.4042	58.5949	3126
603518	锦泓集团	江苏	东部	C	无国有股份公司	14.2857	37.7067	79.8907	58.5658	3127
301166	优宁维	上海	东部	F	无国有股份公司	14.2857	45.9509	74.6408	58.5638	3128
603516	淳中科技	北京	东部	C	无国有股份公司	42.8571	41.0688	72.5419	58.5579	3129
002289	ST宇顺	广东	东部	C	无国有股份公司	28.5714	40.9637	75.1601	58.5325	3130
603895	天永智能	上海	东部	C	无国有股份公司	28.5714	45.0125	72.5625	58.5209	3131
002058	威尔泰	上海	东部	C	无国有股份公司	14.2857	43.8152	75.9150	58.5171	3132
834765	美之高	广东	东部	C	无国有股份公司	14.2857	44.0866	75.7281	58.5093	3133
300988	津荣天宇	天津	东部	C	无国有股份公司	0.0000	40.7442	80.3461	58.4508	3134
002858	力盛体育	上海	东部	R	无国有股份公司	14.2857	44.3201	75.4711	58.4497	3135
300482	万孚生物	广东	东部	C	国有参股公司	14.2857	47.4212	73.4946	58.4480	3136
600605	汇通能源	上海	东部	F	无国有股份公司	42.8571	36.8434	74.9928	58.4269	3137
000525	ST红太阳	江苏	东部	C	国有参股公司	85.7143	37.1639	66.9794	58.4175	3138
301079	邵阳液压	湖南	中部	C	无国有股份公司	14.2857	47.8363	73.1599	58.4092	3139
300175	朗源股份	山东	东部	C	无国有股份公司	28.5714	39.7423	75.6204	58.3581	3140
300078	思创医惠	浙江	东部	C	无国有股份公司	14.2857	36.2736	80.4152	58.3527	3141
601015	陕西黑猫	陕西	西部	C	国有参股公司	28.5714	41.5408	74.4505	58.3442	3142
603757	大元泵业	浙江	东部	C	无国有股份公司	42.8571	45.8707	69.0970	58.3438	3143
002835	同为股份	广东	东部	C	无国有股份公司	14.2857	41.3616	77.1268	58.3248	3144
300152	新动力	河北	东部	N	无国有股份公司	42.8571	37.5567	74.3513	58.3238	3145
002640	跨境通	山西	中部	F	国有参股公司	57.1429	37.6310	71.6298	58.2815	3146
002470	金正大	山东	东部	C	国有参股公司	71.4286	33.3924	71.7021	58.2664	3147
002877	智能自控	江苏	东部	C	无国有股份公司	28.5714	44.0169	72.7277	58.2633	3148
002769	普路通	广东	东部	L	国有参股公司	28.5714	40.8363	74.7312	58.2520	3149
600611	大众交通	上海	东部	G	无国有股份公司	42.8571	42.3299	71.1369	58.2265	3150
603389	亚振家居	江苏	东部	C	无国有股份公司	71.4286	43.7923	64.9863	58.2126	3151
603261	立航科技	四川	西部	C	无国有股份公司	42.8571	41.7963	71.4292	58.2005	3152
001202	炬申股份	广东	东部	G	国有参股公司	28.5714	37.1238	76.9900	58.1950	3153

续表

股票代码	公司简称	省份	地区	行业代码	控股类型	环境保护（*EP*）	社会责任（*SR*）	公司治理（*CG*）	上市公司质量/ESG指数（*CLCQI/ESGI*）	*CLCQI/ESGI*排名
600321	正源股份	四川	西部	C	无国有股份公司	57.1429	38.3807	70.9620	58.1766	3154
603869	新智认知	广西	西部	I	无国有股份公司	28.5714	42.3390	73.6274	58.1709	3155
300539	横河精密	浙江	东部	C	无国有股份公司	14.2857	48.0196	72.6048	58.1681	3156
603048	浙江黎明	浙江	东部	C	无国有股份公司	71.4286	41.2699	66.4975	58.1609	3157
300533	冰川网络	广东	东部	I	无国有股份公司	28.5714	38.4557	76.0765	58.1587	3158
605318	法狮龙	浙江	东部	C	无国有股份公司	14.2857	42.0935	76.2851	58.1181	3159
000839	ST国安	北京	东部	I	无国有股份公司	71.4286	33.4292	71.2865	58.0507	3160
430418	苏轴股份	江苏	东部	C	无国有股份公司	42.8571	43.0914	70.3129	58.0398	3161
300077	国民技术	广东	东部	C	无国有股份公司	28.5714	42.9505	72.9840	58.0310	3162
000863	三湘印象	上海	东部	K	国有参股公司	42.8571	42.4981	70.6597	58.0229	3163
000679	大连友谊	辽宁	东北	F	无国有股份公司	14.2857	43.2193	75.2295	57.9315	3164
600785	新华百货	宁夏	西部	F	国有参股公司	14.2857	45.7262	73.6186	57.9230	3165
300288	朗玛信息	贵州	西部	I	国有参股公司	14.2857	50.3723	70.6469	57.9147	3166
000017	深中华A	广东	东部	C	无国有股份公司	14.2857	41.1073	76.4272	57.8511	3167
000656	金科股份	重庆	西部	K	无国有股份公司	28.5714	41.7444	73.3461	57.8080	3168
833346	威贸电子	上海	东部	C	国有参股公司	28.5714	54.9769	64.8780	57.7820	3169
600191	华资实业	内蒙古	西部	C	无国有股份公司	28.5714	40.3636	74.1654	57.7754	3170
600898	ST美讯	山东	东部	C	无国有股份公司	42.8571	36.7731	73.8496	57.7736	3171
000980	众泰汽车	浙江	东部	C	无国有股份公司	42.8571	41.5364	70.7574	57.7400	3172
872925	锦好医疗	广东	东部	C	国有参股公司	14.2857	46.9660	72.4817	57.7316	3173
002878	元隆雅图	北京	东部	L	无国有股份公司	28.5714	40.1647	74.1895	57.7190	3174
834475	三友科技	浙江	东部	C	无国有股份公司	42.8571	48.8311	66.0744	57.7175	3175
603117	ST万林	江苏	东部	L	无国有股份公司	57.1429	40.0963	68.9999	57.6979	3176
300672	国科微	湖南	中部	C	国有参股公司	14.2857	49.3373	70.9012	57.6923	3177
000796	*ST凯撒	海南	东部	L	无国有股份公司	42.8571	45.5080	68.0681	57.6510	3178
600303	ST曙光	辽宁	东北	C	无国有股份公司	57.1429	42.6915	67.2091	57.6213	3179
002551	尚荣医疗	广东	东部	C	无国有股份公司	14.2857	49.3634	70.6998	57.5906	3180
603068	博通集成	上海	东部	C	无国有股份公司	14.2857	39.9105	76.6248	57.5409	3181
002251	步步高	湖南	中部	F	无国有股份公司	14.2857	46.7128	72.2723	57.5278	3182
002638	勤上股份	广东	东部	C	无国有股份公司	57.1429	38.5295	69.6753	57.5210	3183
002995	天地在线	北京	东部	I	无国有股份公司	14.2857	41.0559	75.8426	57.5116	3184
603332	苏州龙杰	江苏	东部	C	无国有股份公司	57.1429	37.6070	70.2241	57.5000	3185
600137	浪莎股份	四川	西部	C	国有参股公司	28.5714	40.2255	73.7507	57.4990	3186
002164	宁波东力	浙江	东部	C	国有参股公司	42.8571	39.4607	71.6366	57.4971	3187
000981	山子股份	甘肃	西部	C	国有参股公司	14.2857	44.5878	73.5291	57.4753	3188

续表

股票代码	公司简称	省份	地区	行业代码	控股类型	环境保护（*EP*）	社会责任（*SR*）	公司治理（*CG*）	上市公司质量/ESG指数（*CLCQI/ESGI*）	*CLCQI/ESGI*排名
600215	派斯林	吉林	东部	K	国有参股公司	14.2857	44.4018	73.6407	57.4716	3189
601388	怡球资源	江苏	东部	C	无国有股份公司	42.8571	44.0227	68.6566	57.4547	3190
300280	紫天科技	福建	东部	L	无国有股份公司	14.2857	39.4585	76.7312	57.4412	3191
301126	达嘉维康	湖南	中部	F	无国有股份公司	14.2857	50.4853	69.6899	57.4279	3192
300427	*ST红相	福建	东部	C	无国有股份公司	28.5714	43.7622	71.2891	57.3829	3193
000631	顺发恒业	浙江	东部	K	国有参股公司	28.5714	38.8122	74.4022	57.3626	3194
601908	京运通	北京	东部	C	无国有股份公司	28.5714	39.8852	73.6999	57.3519	3195
603030	*ST全筑	上海	东部	E	国有参股公司	42.8571	39.9210	71.0190	57.3185	3196
002614	奥佳华	福建	东部	C	无国有股份公司	14.2857	45.4890	72.6701	57.3183	3197
000571	新大洲A	海南	东部	S	无国有股份公司	57.1429	29.0497	75.3102	57.3023	3198
300075	数字政通	北京	东部	I	无国有股份公司	28.5714	45.7782	69.8534	57.2989	3199
688316	青云科技	北京	东部	I	无国有股份公司	14.2857	43.1554	74.0770	57.2753	3200
002308	威创股份	广东	东部	C	国有参股公司	14.2857	40.2914	75.8736	57.2610	3201
001266	宏英智能	上海	东部	C	无国有股份公司	28.5714	39.3649	73.8278	57.2402	3202
002094	青岛金王	山东	东部	C	无国有股份公司	28.5714	43.6696	71.0578	57.2233	3203
603958	哈森股份	江苏	东部	C	无国有股份公司	14.2857	38.6926	76.7697	57.1943	3204
834415	恒拓开源	河南	中部	I	无国有股份公司	28.5714	46.0419	69.4385	57.1630	3205
300836	佰奥智能	江苏	东部	C	无国有股份公司	14.2857	36.6799	77.9578	57.1433	3206
600107	美尔雅	湖北	中部	C	无国有股份公司	14.2857	39.3754	76.1959	57.1177	3207
600804	ST鹏博士	山东	东部	I	无国有股份公司	42.8571	36.9615	72.5064	57.1007	3208
600228	返利科技	江西	中部	I	无国有股份公司	42.8571	42.3043	68.9823	57.0325	3209
600766	*ST园城	山东	东部	S	无国有股份公司	14.2857	54.1208	66.6251	57.0147	3210
002118	*ST紫鑫	吉林	东部	C	国有参股公司	14.2857	44.1067	72.9828	57.0065	3211
600277	亿利洁能	内蒙古	西部	C	国有参股公司	28.5714	48.0744	67.8588	57.0056	3212
005188	国光连锁	江西	中部	F	无国有股份公司	28.5714	42.7166	71.2588	57.0003	3213
600571	信雅达	浙江	东部	I	无国有股份公司	14.2857	46.6165	71.3032	56.9611	3214
603779	威龙股份	山东	东部	C	无国有股份公司	28.5714	40.0467	72.8807	56.9579	3215
002592	ST八菱	广西	西部	C	无国有股份公司	57.1429	38.1930	68.7648	56.9025	3216
600777	新潮能源	山东	东部	B	无国有股份公司	42.8571	35.4303	73.0575	56.8680	3217
002629	仁智股份	浙江	东部	B	无国有股份公司	14.2857	36.5393	77.5070	56.8462	3218
605288	凯迪股份	江苏	东部	C	无国有股份公司	14.2857	35.5160	78.1546	56.8442	3219
600280	中央商场	江苏	东部	F	国有参股公司	14.2857	35.8774	77.8901	56.8252	3220
833427	华维设计	江西	中部	M	无国有股份公司	28.5714	51.2695	65.4797	56.8153	3221
600615	丰华股份	重庆	西部	C	无国有股份公司	28.5714	41.1321	71.8133	56.7507	3222
000518	四环生物	江苏	东部	C	国有参股公司	14.2857	39.7605	75.2049	56.7075	3223

续表

股票代码	公司简称	省份	地区	行业代码	控股类型	环境保护（*EP*）	社会责任（*SR*）	公司治理（*CG*）	上市公司质量/ESG指数（*CLCQI/ESGI*）	*CLCQI/ESGI*排名
300293	蓝英装备	辽宁	东北	C	无国有股份公司	14.2857	41.9143	73.8116	56.6950	3224
300686	智动力	广东	东部	C	国有参股公司	14.2857	42.0813	73.6595	56.6697	3225
300220	ST金运	湖北	中部	C	无国有股份公司	14.2857	42.2744	73.4141	56.6024	3226
836149	旭杰科技	江苏	东部	C	无国有股份公司	28.5714	43.1737	70.2357	56.5976	3227
002742	ST三圣	重庆	西部	C	无国有股份公司	57.1429	37.2826	68.7890	56.5972	3228
836826	盖世食品	辽宁	东北	C	国有参股公司	42.8571	47.4230	64.8517	56.5522	3229
002502	ST鼎龙	广东	东部	R	无国有股份公司	28.5714	37.4616	73.7819	56.5487	3230
300027	华谊兄弟	浙江	东部	R	国有参股公司	42.8571	39.9160	69.4303	56.4430	3231
831726	朱老六	吉林	东部	C	国有参股公司	28.5714	49.0101	66.1026	56.3671	3232
000711	*ST京蓝	黑龙江	东北	E	无国有股份公司	42.8571	41.2136	68.4056	56.3335	3233
603598	引力传媒	北京	东部	L	国有参股公司	14.2857	39.1382	74.8938	56.3185	3234
300165	天瑞仪器	江苏	东部	C	无国有股份公司	28.5714	51.2743	64.5354	56.2976	3235
300141	和顺电气	江苏	东部	C	无国有股份公司	14.2857	41.0379	73.6404	56.2941	3236
603555	ST贵人	福建	东部	C	无国有股份公司	14.2857	39.9211	74.3306	56.2828	3237
300313	*ST天山	新疆	西部	A	国有参股公司	14.2857	37.8988	75.4206	56.1745	3238
836675	秉扬科技	四川	西部	C	无国有股份公司	28.5714	39.9923	71.3062	56.0729	3239
301052	果麦文化	浙江	东部	R	无国有股份公司	14.2857	42.5456	72.2155	56.0380	3240
000020	深华发A	广东	东部	C	无国有股份公司	14.2857	37.4088	75.3399	55.9586	3241
600365	ST通葡	吉林	东部	C	无国有股份公司	28.5714	39.9865	71.0665	55.9390	3242
600586	金晶科技	山东	东部	C	国有参股公司	57.1429	40.5675	65.4768	55.9251	3243
002172	澳洋健康	江苏	东部	C	无国有股份公司	14.2857	41.6718	72.5550	55.9190	3244
600986	浙文互联	浙江	东部	I	无国有股份公司	28.5714	38.7788	71.7763	55.9067	3245
832145	恒合股份	北京	东部	N	无国有股份公司	42.8571	45.1173	65.0465	55.8524	3246
300553	集智股份	浙江	东部	C	无国有股份公司	14.2857	41.6218	72.3367	55.7814	3247
002503	*ST搜特	广东	东部	C	国有参股公司	14.2857	39.9330	73.3856	55.7672	3248
002072	凯瑞德	湖北	中部	I	国有参股公司	14.2857	43.6702	70.9497	55.7355	3249
002228	合兴包装	福建	东部	C	无国有股份公司	0.0000	43.1415	73.8583	55.7216	3250
600556	天下秀	广西	西部	I	无国有股份公司	14.2857	40.3514	72.8622	55.6258	3251
000890	法尔胜	江苏	东部	C	无国有股份公司	42.8571	37.0177	69.5214	55.4787	3252
000996	*ST中期	北京	东部	F	无国有股份公司	42.8571	47.7722	62.6756	55.4776	3253
600753	庚星股份	福建	东部	F	无国有股份公司	28.5714	42.7243	68.3955	55.4281	3254
300247	融捷健康	安徽	中部	C	国有参股公司	14.2857	34.2076	76.3748	55.4074	3255
835305	云创数据	江苏	东部	I	无国有股份公司	28.5714	49.6598	63.8952	55.3804	3256
300205	天喻信息	湖北	中部	C	国有参股公司	28.5714	43.8422	67.5227	55.3394	3257
300071	福石控股	北京	东部	L	国有参股公司	14.2857	35.5909	75.3709	55.3394	3258

续表

股票代码	公司简称	省份	地区	行业代码	控股类型	环境保护（*EP*）	社会责任（*SR*）	公司治理（*CG*）	上市公司质量/ESG指数（*CLCQI/ESGI*）	*CLCQI/ESGI*排名
002633	申科股份	浙江	东部	C	无国有股份公司	42.8571	42.8057	65.5298	55.3091	3259
835368	连城数控	辽宁	东北	C	国有参股公司	28.5714	35.9740	72.3467	55.2387	3260
002356	赫美集团	广东	东部	F	无国有股份公司	14.2857	40.4997	71.9127	55.1554	3261
002798	帝欧家居	四川	西部	C	国有参股公司	42.8571	37.3617	68.6666	55.1290	3262
000820	神雾节能	江西	中部	C	国有参股公司	28.5714	31.9831	74.4764	55.0133	3263
002535	林州重机	河南	中部	C	无国有股份公司	28.5714	35.9175	71.9082	54.9778	3264
000668	荣丰控股	山东	东部	K	无国有股份公司	14.2857	42.7982	70.1022	54.9642	3265
600078	ST澄星	江苏	东部	C	国有参股公司	57.1429	37.0944	65.9395	54.9641	3266
300742	*ST越博	江苏	东部	C	无国有股份公司	14.2857	39.5642	72.1170	54.9404	3267
300359	全通教育	广东	东部	I	国有参股公司	14.2857	41.8613	70.4609	54.8335	3268
300201	海伦哲	江苏	东部	C	无国有股份公司	28.5714	35.2476	71.9761	54.7806	3269
871396	常辅股份	江苏	东部	C	国有参股公司	14.2857	48.1013	66.2005	54.6743	3270
603122	合富中国	上海	东部	F	无国有股份公司	14.2857	46.3542	67.2948	54.6646	3271
600289	ST信通	黑龙江	东北	I	无国有股份公司	28.5714	40.2077	68.6071	54.6637	3272
600694	大商股份	辽宁	东北	F	国有参股公司	42.8571	32.6115	70.6941	54.5815	3273
002426	胜利精密	江苏	东部	C	无国有股份公司	42.8571	32.9521	70.4449	54.5636	3274
002575	群兴玩具	广东	东部	C	无国有股份公司	14.2857	41.6900	69.8848	54.4567	3275
300551	古鳌科技	上海	东部	C	无国有股份公司	14.2857	33.3124	75.0939	54.3896	3276
002313	*ST日海	广东	东部	C	国有参股公司	28.5714	43.6424	65.9025	54.3783	3277
000971	ST高升	湖北	中部	I	无国有股份公司	57.1429	31.6384	68.3339	54.3714	3278
002574	明牌珠宝	浙江	东部	C	无国有股份公司	14.2857	47.8605	65.6244	54.2732	3279
000007	*ST全新	广东	东部	K	无国有股份公司	14.2857	43.7938	67.7480	54.0178	3280
835179	凯德石英	北京	东部	C	无国有股份公司	14.2857	48.1282	64.8671	53.9503	3281
300301	*ST长方	广东	东部	C	国有参股公司	28.5714	42.4410	65.6391	53.8130	3282
600070	ST富润	浙江	东部	I	无国有股份公司	14.2857	45.8583	65.9003	53.7242	3283
002665	首航高科	甘肃	西部	C	国有参股公司	28.5714	45.1799	63.5064	53.5986	3284
000005	ST星源	广东	东部	N	无国有股份公司	42.8571	36.2823	66.3962	53.5025	3285
002309	ST中利	江苏	东部	C	国有参股公司	57.1429	30.5557	67.3851	53.4706	3286
871553	凯腾精工	北京	东部	C	无国有股份公司	57.1429	45.8381	57.5562	53.4135	3287
600187	国中水务	黑龙江	东北	D	无国有股份公司	28.5714	37.3147	68.1542	53.4021	3288
000620	*ST新联	北京	东部	K	无国有股份公司	14.2857	39.2815	69.4907	53.3970	3289
837212	智新电子	山东	东部	C	国有参股公司	28.5714	44.6817	63.4294	53.3819	3290
002086	*ST东洋	山东	东部	A	无国有股份公司	57.1429	40.2845	61.0014	53.3646	3291
600818	中路股份	上海	东部	C	无国有股份公司	28.5714	51.3181	59.1091	53.3284	3292
000023	ST深天	广东	东部	C	国有参股公司	42.8571	42.7479	61.9618	53.3265	3293

续表

股票代码	公司简称	省份	地区	行业代码	控股类型	环境保护（*EP*）	社会责任（*SR*）	公司治理（*CG*）	上市公司质量/ESG指数（*CLCQI/ESGI*）	*CLCQI/ESGI*排名
837092	汉鑫科技	山东	东部	I	国有参股公司	14.2857	48.1620	63.6602	53.2984	3294
871981	晶赛科技	安徽	中部	C	国有参股公司	28.5714	33.9769	70.0838	53.2951	3295
831305	海希通讯	上海	东部	C	无国有股份公司	28.5714	46.0699	62.3604	53.2798	3296
002586	*ST围海	浙江	东部	E	国有参股公司	14.2857	50.3642	62.0142	53.1639	3297
002214	大立科技	浙江	东部	C	国有参股公司	14.2857	41.0243	67.8778	53.1199	3298
000638	万方发展	吉林	东部	I	无国有股份公司	28.5714	46.7021	61.5164	53.0369	3299
832089	禾昌聚合	江苏	东部	C	国有参股公司	14.2857	41.7713	67.2165	53.0176	3300
000752	*ST西发	西藏	西部	C	国有参股公司	42.8571	37.0111	64.9281	52.9501	3301
600768	宁波富邦	浙江	东部	C	国有参股公司	28.5714	36.2020	67.9062	52.8762	3302
002280	联络互动	浙江	东部	F	无国有股份公司	14.2857	34.6644	71.4635	52.8660	3303
000671	ST阳光城	福建	东部	K	无国有股份公司	57.1429	40.1142	60.1601	52.8423	3304
000609	中迪投资	北京	东部	S	国有参股公司	14.2857	41.9579	66.6186	52.7541	3305
002397	梦洁股份	湖南	中部	C	无国有股份公司	28.5714	37.3504	66.7106	52.6206	3306
300010	*ST豆神	北京	东部	I	无国有股份公司	14.2857	46.2493	63.5713	52.5800	3307
002699	*ST美盛	浙江	东部	R	无国有股份公司	42.8571	42.5689	60.6661	52.5512	3308
835184	国源科技	北京	东部	I	无国有股份公司	28.5714	49.7682	58.3689	52.3789	3309
838030	德众汽车	湖南	中部	F	无国有股份公司	14.2857	36.4827	69.2998	52.3124	3310
000616	*ST海投	辽宁	东北	K	无国有股份公司	57.1429	32.6800	63.7275	52.2024	3311
300209	ST有棵树	湖南	中部	F	国有参股公司	14.2857	36.7217	68.9322	52.1939	3312
839680	广道数字	广东	东部	I	国有参股公司	14.2857	48.2114	61.4031	52.0742	3313
600136	*ST明诚	湖北	中部	R	国有参股公司	14.2857	32.3313	71.4398	52.0364	3314
000892	欢瑞世纪	重庆	西部	R	无国有股份公司	57.1429	29.3170	65.5489	52.0272	3315
002485	*ST雪发	山东	东部	N	无国有股份公司	28.5714	34.5464	67.3716	52.0027	3316
600306	*ST商城	辽宁	东北	F	国有参股公司	14.2857	34.3079	69.6486	51.7431	3317
600462	ST九有	湖北	中部	L	无国有股份公司	14.2857	31.9172	70.6957	51.4822	3318
002157	*ST正邦	江西	中部	A	国有参股公司	42.8571	39.8056	60.3025	51.3841	3319
000669	ST金鸿	吉林	东部	D	无国有股份公司	28.5714	39.5059	62.1646	50.8747	3320
835174	五新隧装	湖南	中部	C	国有参股公司	14.2857	33.5670	67.9866	50.5696	3321
871642	通易航天	江苏	东部	C	国有参股公司	14.2857	43.1033	60.4638	49.7698	3322
600568	ST中珠	湖北	中部	C	无国有股份公司	14.2857	34.9417	65.1287	49.4789	3323
603007	ST花王	江苏	东部	E	国有参股公司	28.5714	39.9076	59.3374	49.4604	3324
002433	*ST太安	广东	东部	C	无国有股份公司	57.1429	38.3671	55.0573	49.4243	3325
300282	*ST三盛	北京	东部	C	无国有股份公司	0.0000	39.9578	64.2117	49.3017	3326
002776	*ST柏龙	广东	东部	M	无国有股份公司	14.2857	36.3776	62.8700	48.7392	3327
300029	ST天龙	江苏	东部	C	无国有股份公司	14.2857	43.8016	57.1807	48.2085	3328

续表

股票代码	公司简称	省份	地区	行业代码	控股类型	环境保护（*EP*）	社会责任（*SR*）	公司治理（*CG*）	上市公司质量/ESG指数（*CLCQI/ESGI*）	*CLCQI/ESGI*排名
300167	ST迪威迅	广东	东部	I	国有参股公司	28.5714	29.5496	63.5117	48.1309	3329
002113	*ST天润	湖南	中部	I	国有参股公司	14.2857	28.6708	66.6381	48.1143	3330
002089	*ST新海	江苏	东部	C	国有参股公司	14.2857	38.7778	60.1827	48.1013	3331
002656	ST摩登	广东	东部	C	无国有股份公司	14.2857	41.8072	56.1547	46.9462	3332
870204	沪江材料	江苏	东部	C	国有参股公司	28.5714	41.0511	53.5065	46.6536	3333
002740	*ST爱迪	福建	东部	C	国有参股公司	14.2857	27.6516	59.9420	44.0747	3334
002569	ST步森	浙江	东部	C	无国有股份公司	14.2857	29.3503	57.5988	43.3805	3335

13.4　2022年中国金融业上市公司质量/ESG指数总排名

2022 年中国金融业上市公司质量 /ESG 指数总排名参见表 13-4。

表13-4　2022年中国金融业上市公司质量/ESG指数总排名

（按股票代码从低到高排列）

股票代码	公司简称	省份	地区	控股类型	环境保护（*EP*）	社会责任（*SR*）	公司治理（*CG*）	上市公司质量/ESG指数（*CLCQI/ESGI*）	*CLCQI/ESGI*排名
000001	平安银行	广东	东部	国有参股公司	85.7143	56.0292	84.9477	74.9029	28
000046	*ST泛海	北京	东部	国有参股公司	57.1429	32.9649	67.3285	54.2827	123
000166	申万宏源	新疆	西部	国有绝对控股公司	71.4286	40.1093	79.9282	65.1416	105
000416	*ST民控	山东	东部	国有参股公司	42.8571	45.2743	69.0240	58.0949	117
000563	陕国投A	陕西	西部	国有绝对控股公司	71.4286	50.4485	86.2766	72.2519	45
000567	海德股份	海南	东部	无国有股份公司	28.5714	54.9473	89.0588	71.0710	55
000617	中油资本	新疆	西部	国有绝对控股公司	85.7143	64.2941	84.7900	77.7089	16
000627	天茂集团	湖北	中部	国有参股公司	28.5714	54.0275	78.0471	64.6927	107
000666	经纬纺机	北京	东部	国有绝对控股公司	57.1429	50.5212	78.3917	66.5121	94
000686	东北证券	吉林	东部	国有参股公司	85.7143	42.4079	87.1244	71.3326	53
000712	锦龙股份	广东	东部	国有参股公司	42.8571	44.6760	79.0257	63.3865	112
000728	国元证券	安徽	中部	国有绝对控股公司	85.7143	45.2082	81.2723	69.0941	72
000750	国海证券	广西	西部	国有强相对控股公司	85.7143	44.9693	82.0248	69.4243	69

续表

股票代码	公司简称	省份	地区	控股类型	环境保护（*EP*）	社会责任（*SR*）	公司治理（*CG*）	上市公司质量/ESG指数（*CLCQI*/*ESGI*）	*CLCQI*/*ESGI*排名
000776	广发证券	广东	东部	国有参股公司	85.7143	42.7738	81.6061	68.4256	77
000783	长江证券	湖北	中部	国有参股公司	42.8571	41.2860	87.5492	66.8879	91
000958	电投产融	河北	东部	国有绝对控股公司	85.7143	55.2960	73.2222	68.1973	79
000987	越秀资本	广东	东部	国有绝对控股公司	85.7143	55.4316	91.5554	78.3280	15
001227	兰州银行	甘肃	西部	国有弱相对控股公司	28.5714	46.1381	72.3450	58.7952	116
002142	宁波银行	浙江	东部	国有弱相对控股公司	42.8571	39.6452	86.2042	65.5739	104
002423	中粮资本	河南	中部	国有绝对控股公司	28.5714	39.7405	74.5121	57.7480	119
002500	山西证券	山西	中部	国有绝对控股公司	85.7143	47.2827	88.6844	73.8968	32
002647	仁东控股	广东	东部	无国有股份公司	14.2857	36.6849	79.4088	57.9431	118
002670	国盛金控	江西	中部	国有绝对控股公司	14.2857	33.3582	80.9619	57.6330	120
002673	西部证券	陕西	西部	国有绝对控股公司	28.5714	41.2452	81.2105	61.9587	114
002736	国信证券	广东	东部	国有绝对控股公司	85.7143	43.2864	92.9299	74.8331	30
002797	第一创业	广东	东部	国有弱相对控股公司	71.4286	48.9223	84.3357	70.6503	62
002807	江阴银行	江苏	东部	无国有股份公司	28.5714	44.1904	87.8009	66.6143	92
002839	张家港行	江苏	东部	国有参股公司	42.8571	38.9137	93.0703	69.0942	71
002926	华西证券	四川	西部	国有强相对控股公司	28.5714	44.2051	88.7181	67.1239	88
002936	郑州银行	河南	中部	国有弱相对控股公司	85.7143	50.4216	84.6582	72.7810	42
002939	长城证券	广东	东部	国有绝对控股公司	71.4286	46.2378	84.1603	69.6142	68
002945	华林证券	西藏	西部	无国有股份公司	42.8571	53.6935	82.1103	68.2391	78
002948	青岛银行	山东	东部	国有参股公司	85.7143	41.8195	79.6263	67.0027	90
002958	青农商行	山东	东部	国有弱相对控股公司	42.8571	44.5388	79.7520	63.7379	110
002961	瑞达期货	福建	东部	无国有股份公司	14.2857	54.2143	92.6484	71.3602	52
002966	苏州银行	江苏	东部	国有弱相对控股公司	85.7143	53.3747	88.4616	75.9065	24
300033	同花顺	浙江	东部	无国有股份公司	42.8571	81.4394	90.6851	82.6663	8
300059	东方财富	上海	东部	国有参股公司	57.1429	66.1576	85.2725	75.7693	26
300803	指南针	北京	东部	无国有股份公司	14.2857	60.0313	91.7551	72.9048	40
600000	浦发银行	上海	东部	国有绝对控股公司	71.4286	47.8435	73.9305	64.5499	108
600015	华夏银行	北京	东部	国有绝对控股公司	85.7143	48.7495	86.7424	73.3420	36
600016	民生银行	北京	东部	无国有股份公司	85.7143	56.8182	92.1157	79.1214	13
600030	中信证券	广东	东部	国有弱相对控股公司	100.0000	62.5058	82.9805	77.5163	17
600036	招商银行	广东	东部	国有绝对控股公司	85.7143	57.1193	81.6409	73.4657	35
600053	九鼎投资	江西	中部	无国有股份公司	28.5714	49.3093	80.7072	64.5044	109
600061	国投资本	上海	东部	国有绝对控股公司	85.7143	46.5345	79.4584	68.5606	76
600095	湘财股份	黑龙江	东北	国有参股公司	42.8571	44.4083	95.4902	72.3482	44
600109	国金证券	四川	西部	国有参股公司	85.7143	52.1833	85.0639	73.6207	33

续表

股票代码	公司简称	省份	地区	控股类型	环境保护（*EP*）	社会责任（*SR*）	公司治理（*CG*）	上市公司质量/ESG指数（*CLCQI/ESGI*）	*CLCQI/ESGI*排名
600120	浙江东方	浙江	东部	国有绝对控股公司	71.4286	45.9007	80.3910	67.4232	85
600155	华创云信	北京	东部	国有参股公司	71.4286	42.3066	83.0116	67.6065	84
600318	新力金融	安徽	中部	国有参股公司	28.5714	32.1000	73.6444	54.5966	122
600369	西南证券	重庆	西部	国有绝对控股公司	85.7143	47.9186	92.3063	76.1114	22
600390	五矿资本	湖南	中部	国有绝对控股公司	57.1429	50.7891	81.2304	68.1672	80
600517	国网英大	上海	东部	国有绝对控股公司	100.0000	56.2298	82.2175	74.9001	29
600599	ST熊猫	湖南	中部	无国有股份公司	14.2857	50.0710	65.7363	55.1084	121
600621	华鑫股份	上海	东部	国有绝对控股公司	57.1429	42.5371	83.3192	66.4278	96
600643	爱建集团	上海	东部	国有参股公司	57.1429	45.5916	74.3716	62.5757	113
600705	中航产融	黑龙江	东北	国有绝对控股公司	85.7143	45.7841	86.4832	72.1616	47
600783	鲁信创投	山东	东部	国有绝对控股公司	71.4286	54.3361	77.6417	68.8634	74
600816	ST建元	上海	东部	国有强相对控股公司	42.8571	27.1873	65.3265	49.7309	124
600837	海通证券	上海	东部	国有弱相对控股公司	85.7143	52.5387	90.7327	76.8630	21
600864	哈投股份	黑龙江	东北	国有绝对控股公司	85.7143	47.3408	76.8523	67.4095	86
600901	江苏金租	江苏	东部	国有绝对控股公司	57.1429	56.2037	81.0998	69.9905	65
600906	财达证券	河北	东部	国有绝对控股公司	57.1429	45.0087	94.7656	73.5884	34
600908	无锡银行	江苏	东部	国有弱相对控股公司	57.1429	48.9510	85.5776	69.9148	66
600909	华安证券	安徽	中部	国有绝对控股公司	71.4286	47.6966	76.8915	66.1270	100
600918	中泰证券	山东	东部	国有绝对控股公司	42.8571	38.6810	87.0152	65.6824	103
600919	江苏银行	江苏	东部	国有强相对控股公司	85.7143	55.6267	84.6944	74.6227	31
600926	杭州银行	浙江	东部	国有强相对控股公司	57.1429	54.8654	83.0274	70.5822	63
600927	永安期货	浙江	东部	国有绝对控股公司	85.7143	43.5061	80.4290	68.0345	82
600928	西安银行	陕西	西部	国有参股公司	57.1429	42.7567	82.5801	66.0982	101
600958	东方证券	上海	东部	国有强相对控股公司	85.7143	56.0597	89.5548	77.4475	18
600999	招商证券	广东	东部	国有绝对控股公司	85.7143	42.8779	86.5075	71.1578	54
601009	南京银行	江苏	东部	国有参股公司	85.7143	44.9436	85.8814	71.5365	50
601066	中信建投	北京	东部	国有绝对控股公司	85.7143	42.6777	89.9973	73.0071	39
601077	渝农商行	重庆	西部	国有参股公司	85.7143	56.5165	79.8050	72.2450	46
601099	太平洋	云南	西部	无国有股份公司	57.1429	42.8548	85.7978	67.9023	83
601108	财通证券	浙江	东部	国有强相对控股公司	85.7143	50.8154	100.0000	81.3568	10
601128	常熟银行	江苏	东部	国有弱相对控股公司	85.7143	44.9940	86.1121	71.6810	49
601162	天风证券	湖北	中部	国有弱相对控股公司	85.7143	40.6673	80.7204	67.2012	87
601166	兴业银行	福建	东部	国有强相对控股公司	85.7143	65.4480	93.5499	82.9307	7
601169	北京银行	北京	东部	国有参股公司	57.1429	37.8592	87.5008	67.0904	89
601187	厦门银行	福建	东部	国有弱相对控股公司	85.7143	38.8060	80.0467	66.1792	98

续表

股票代码	公司简称	省份	地区	控股类型	环境保护（*EP*）	社会责任（*SR*）	公司治理（*CG*）	上市公司质量/ESG指数（*CLCQI*/*ESGI*）	*CLCQI*/*ESGI*排名
601198	东兴证券	北京	东部	国有绝对控股公司	71.4286	43.7331	84.8919	69.1400	70
601211	国泰君安	上海	东部	国有强相对控股公司	85.7143	45.6577	93.0304	75.7183	27
601229	上海银行	上海	东部	国有强相对控股公司	85.7143	45.6187	83.8733	70.6683	60
601236	红塔证券	云南	西部	国有绝对控股公司	28.5714	45.0602	77.7849	61.4099	115
601288	农业银行	北京	东部	国有绝对控股公司	85.7143	77.2899	88.6788	84.3962	5
601318	中国平安	广东	东部	国有弱相对控股公司	85.7143	78.8819	90.5924	86.0059	4
601319	中国人保	北京	东部	国有绝对控股公司	85.7143	63.9471	96.1506	83.8358	6
601328	交通银行	上海	东部	国有弱相对控股公司	85.7143	57.7591	87.9332	77.1504	19
601336	新华保险	北京	东部	国有强相对控股公司	85.7143	63.6395	93.5564	82.3013	9
601375	中原证券	河南	中部	国有弱相对控股公司	85.7143	40.2351	79.5993	66.4333	95
601377	兴业证券	福建	东部	国有强相对控股公司	85.7143	55.2981	87.1643	75.8661	25
601398	工商银行	北京	东部	国有绝对控股公司	85.7143	100.0000	82.1828	88.7720	1
601456	国联证券	江苏	东部	国有强相对控股公司	85.7143	37.0550	86.3619	69.0398	73
601519	大智慧	上海	东部	无国有股份公司	28.5714	61.3690	79.5442	68.0856	81
601528	瑞丰银行	浙江	东部	国有弱相对控股公司	85.7143	37.1975	87.4305	69.6773	67
601555	东吴证券	江苏	东部	国有强相对控股公司	85.7143	44.4211	86.1442	71.4981	51
601577	长沙银行	湖南	中部	国有强相对控股公司	85.7143	42.0939	82.3428	68.5928	75
601601	中国太保	上海	东部	国有强相对控股公司	85.7143	62.6582	90.1539	80.0865	12
601628	中国人寿	北京	东部	国有绝对控股公司	85.7143	53.3899	97.2846	80.7645	11
601658	邮储银行	北京	东部	国有绝对控股公司	85.7143	68.5840	79.0966	76.0789	23
601665	齐鲁银行	山东	东部	国有参股公司	57.1429	40.9367	81.3202	64.7682	106
601688	华泰证券	江苏	东部	国有弱相对控股公司	85.7143	53.4270	93.7890	78.8549	14
601696	中银证券	上海	东部	国有绝对控股公司	71.4286	43.5956	79.9650	66.3821	97
601788	光大证券	上海	东部	国有弱相对控股公司	85.7143	39.7487	79.3921	66.1491	99
601818	光大银行	北京	东部	国有强相对控股公司	85.7143	48.9169	82.4798	71.0562	56
601825	沪农商行	上海	东部	国有绝对控股公司	85.7143	48.3018	82.7229	70.9746	59
601838	成都银行	四川	西部	国有强相对控股公司	71.4286	53.3415	85.3536	72.7569	43
601860	紫金银行	江苏	东部	国有弱相对控股公司	28.5714	37.8330	86.3611	63.5973	111
601878	浙商证券	浙江	东部	国有绝对控股公司	42.8571	48.9503	80.7927	65.8543	102
601881	中国银河	北京	东部	国有绝对控股公司	85.7143	54.7364	82.9093	73.3293	37
601901	方正证券	湖南	中部	国有参股公司	57.1429	53.0056	76.9654	66.5972	93
601916	浙商银行	浙江	东部	国有弱相对控股公司	85.7143	49.0377	82.3625	71.0340	57
601939	建设银行	北京	东部	国有绝对控股公司	85.7143	77.3274	94.6978	87.7198	2
601963	重庆银行	重庆	西部	国有强相对控股公司	85.7143	45.6248	83.8688	70.6680	61
601988	中国银行	北京	东部	国有绝对控股公司	71.4286	84.3822	90.0226	86.1891	3

续表

股票代码	公司简称	省份	地区	控股类型	环境保护（*EP*）	社会责任（*SR*）	公司治理（*CG*）	上市公司质量/ESG指数（*CLCQI/ESGI*）	*CLCQI/ESGI*排名
601990	南京证券	江苏	东部	国有绝对控股公司	85.7143	48.7484	84.2494	71.9705	48
601995	中金公司	北京	东部	国有强相对控股公司	85.7143	55.5308	77.3930	70.5734	64
601997	贵阳银行	贵州	西部	国有强相对控股公司	85.7143	47.9099	87.0087	73.1947	38
601998	中信银行	北京	东部	国有绝对控股公司	85.7143	60.2024	86.0355	76.9618	20
603093	南华期货	浙江	东部	无国有股份公司	57.1429	50.7536	86.3916	70.9934	58
603323	苏农银行	江苏	东部	国有参股公司	85.7143	43.9805	88.9310	72.8767	41

13.5　2022年中国金融业国有控股上市公司质量/ESG指数排名

2022 年中国金融业国有控股上市公司质量 /ESG 指数排名参见表 13-5。

表13-5　2022年中国金融业国有控股上市公司质量/ESG指数排名

（按 *CLCQI/ESGI* 从高到低排列）

股票代码	公司简称	省份	地区	控股类型	环境保护（*EP*）	社会责任（*SR*）	公司治理（*CG*）	上市公司质量/ESG指数（*CLCQI/ESGI*）	*CLCQI/ESGI*排名
601398	工商银行	北京	东部	国有绝对控股公司	85.7143	100.0000	82.1828	88.7720	1
601939	建设银行	北京	东部	国有绝对控股公司	85.7143	77.3274	94.6978	87.7198	2
601988	中国银行	北京	东部	国有绝对控股公司	71.4286	84.3822	90.0226	86.1891	3
601318	中国平安	广东	东部	国有弱相对控股公司	85.7143	78.8819	90.5924	86.0059	4
601288	农业银行	北京	东部	国有绝对控股公司	85.7143	77.2899	88.6788	84.3962	5
601319	中国人保	北京	东部	国有绝对控股公司	85.7143	63.9471	96.1506	83.8358	6
601166	兴业银行	福建	东部	国有强相对控股公司	85.7143	65.4480	93.5499	82.9307	7
601336	新华保险	北京	东部	国有强相对控股公司	85.7143	63.6395	93.5564	82.3013	8
601108	财通证券	浙江	东部	国有强相对控股公司	85.7143	50.8154	100.0000	81.3568	9
601628	中国人寿	北京	东部	国有绝对控股公司	85.7143	53.3899	97.2846	80.7645	10
601601	中国太保	上海	东部	国有强相对控股公司	85.7143	62.6582	90.1539	80.0865	11
601688	华泰证券	江苏	东部	国有弱相对控股公司	85.7143	53.4270	93.7890	78.8549	12
000987	越秀资本	广东	东部	国有绝对控股公司	85.7143	55.4316	91.5554	78.3280	13

续表

股票代码	公司简称	省份	地区	控股类型	环境保护（EP）	社会责任（SR）	公司治理（CG）	上市公司质量/ESG指数（CLCQI/ESGI）	CLCQI/ESGI排名
000617	中油资本	新疆	西部	国有绝对控股公司	85.7143	64.2941	84.7900	77.7089	14
600030	中信证券	广东	东部	国有弱相对控股公司	100.0000	62.5058	82.9805	77.5163	15
600958	东方证券	上海	东部	国有强相对控股公司	85.7143	56.0597	89.5548	77.4475	16
601328	交通银行	上海	东部	国有弱相对控股公司	85.7143	57.7591	87.9332	77.1504	17
601998	中信银行	北京	东部	国有绝对控股公司	85.7143	60.2024	86.0355	76.9618	18
600837	海通证券	上海	东部	国有弱相对控股公司	85.7143	52.5387	90.7327	76.8630	19
600369	西南证券	重庆	西部	国有绝对控股公司	85.7143	47.9186	92.3063	76.1114	20
601658	邮储银行	北京	东部	国有绝对控股公司	85.7143	68.5840	79.0966	76.0789	21
002966	苏州银行	江苏	东部	国有弱相对控股公司	85.7143	53.3747	88.4616	75.9065	22
601377	兴业证券	福建	东部	国有强相对控股公司	85.7143	55.2981	87.1643	75.8661	23
601211	国泰君安	上海	东部	国有强相对控股公司	85.7143	45.6577	93.0304	75.7183	24
600517	国网英大	上海	东部	国有绝对控股公司	100.0000	56.2298	82.2175	74.9001	25
002736	国信证券	广东	东部	国有绝对控股公司	85.7143	43.2864	92.9299	74.8331	26
600919	江苏银行	江苏	东部	国有强相对控股公司	85.7143	55.6267	84.6944	74.6227	27
002500	山西证券	山西	中部	国有绝对控股公司	85.7143	47.2827	88.6844	73.8968	28
600906	财达证券	河北	东部	国有绝对控股公司	57.1429	45.0087	94.7656	73.5884	29
600036	招商银行	广东	东部	国有绝对控股公司	85.7143	57.1193	81.6409	73.4657	30
600015	华夏银行	北京	东部	国有绝对控股公司	85.7143	48.7495	86.7424	73.3420	31
601881	中国银河	北京	东部	国有绝对控股公司	85.7143	54.7364	82.9093	73.3293	32
601997	贵阳银行	贵州	西部	国有强相对控股公司	85.7143	47.9099	87.0087	73.1947	33
601066	中信建投	北京	东部	国有绝对控股公司	85.7143	42.6777	89.9973	73.0071	34
002936	郑州银行	河南	中部	国有弱相对控股公司	85.7143	50.4216	84.6582	72.7810	35
601838	成都银行	四川	西部	国有强相对控股公司	71.4286	53.3415	85.3536	72.7569	36
000563	陕国投A	陕西	西部	国有绝对控股公司	71.4286	50.4485	86.2766	72.2519	37
600705	中航产融	黑龙江	东北	国有绝对控股公司	85.7143	45.7841	86.4832	72.1616	38
601990	南京证券	江苏	东部	国有绝对控股公司	85.7143	48.7484	84.2494	71.9705	39
601128	常熟银行	江苏	东部	国有弱相对控股公司	85.7143	44.9940	86.1121	71.6810	40
601555	东吴证券	江苏	东部	国有强相对控股公司	85.7143	44.4211	86.1442	71.4981	41
600999	招商证券	广东	东部	国有绝对控股公司	85.7143	42.8779	86.5075	71.1578	42
601818	光大银行	北京	东部	国有强相对控股公司	85.7143	48.9169	82.4798	71.0562	43
601916	浙商银行	浙江	东部	国有弱相对控股公司	85.7143	49.0377	82.3625	71.0340	44
601825	沪农商行	上海	东部	国有绝对控股公司	85.7143	48.3018	82.7229	70.9746	45
601229	上海银行	上海	东部	国有强相对控股公司	85.7143	45.6187	83.8733	70.6683	46
601963	重庆银行	重庆	西部	国有强相对控股公司	85.7143	45.6248	83.8688	70.6680	47
002797	第一创业	广东	东部	国有弱相对控股公司	71.4286	48.9223	84.3357	70.6503	48

续表

股票代码	公司简称	省份	地区	控股类型	环境保护（*EP*）	社会责任（*SR*）	公司治理（*CG*）	上市公司质量/ESG指数（*CLCQI*/*ESGI*）	*CLCQI*/*ESGI*排名
600926	杭州银行	浙江	东部	国有强相对控股公司	57.1429	54.8654	83.0274	70.5822	49
601995	中金公司	北京	东部	国有强相对控股公司	85.7143	55.5308	77.3930	70.5734	50
600901	江苏金租	江苏	东部	国有绝对控股公司	57.1429	56.2037	81.0998	69.9905	51
600908	无锡银行	江苏	东部	国有弱相对控股公司	57.1429	48.9510	85.5776	69.9148	52
601528	瑞丰银行	浙江	东部	国有弱相对控股公司	85.7143	37.1975	87.4305	69.6773	53
002939	长城证券	广东	东部	国有绝对控股公司	71.4286	46.2378	84.1603	69.6142	54
000750	国海证券	广西	西部	国有强相对控股公司	85.7143	44.9693	82.0248	69.4243	55
601198	东兴证券	北京	东部	国有绝对控股公司	71.4286	43.7331	84.8919	69.1400	56
000728	国元证券	安徽	中部	国有绝对控股公司	85.7143	45.2082	81.2723	69.0941	57
601456	国联证券	江苏	东部	国有强相对控股公司	85.7143	37.0550	86.3619	69.0398	58
600783	鲁信创投	山东	东部	国有绝对控股公司	71.4286	54.3361	77.6417	68.8634	59
601577	长沙银行	湖南	中部	国有强相对控股公司	85.7143	42.0939	82.3428	68.5928	60
600061	国投资本	上海	东部	国有绝对控股公司	85.7143	46.5345	79.4584	68.5606	61
000958	电投产融	河北	东部	国有绝对控股公司	85.7143	55.2960	73.2222	68.1973	62
600390	五矿资本	湖南	中部	国有绝对控股公司	57.1429	50.7891	81.2304	68.1672	63
600927	永安期货	浙江	东部	国有绝对控股公司	85.7143	43.5061	80.4290	68.0345	64
600120	浙江东方	浙江	东部	国有绝对控股公司	71.4286	45.9007	80.3910	67.4232	65
600864	哈投股份	黑龙江	东北	国有绝对控股公司	85.7143	47.3408	76.8523	67.4095	66
601162	天风证券	湖北	中部	国有弱相对控股公司	85.7143	40.6673	80.7204	67.2012	67
002926	华西证券	四川	西部	国有强相对控股公司	28.5714	44.2051	88.7181	67.1239	68
000666	经纬纺机	北京	东部	国有绝对控股公司	57.1429	50.5212	78.3917	66.5121	69
601375	中原证券	河南	中部	国有弱相对控股公司	85.7143	40.2351	79.5993	66.4333	70
600621	华鑫股份	上海	东部	国有绝对控股公司	57.1429	42.5371	83.3192	66.4278	71
601696	中银证券	上海	东部	国有绝对控股公司	71.4286	43.5956	79.9650	66.3821	72
601187	厦门银行	福建	东部	国有弱相对控股公司	85.7143	38.8060	80.0467	66.1792	73
601788	光大证券	上海	东部	国有弱相对控股公司	85.7143	39.7487	79.3921	66.1491	74
600909	华安证券	安徽	中部	国有绝对控股公司	71.4286	47.6966	76.8915	66.1270	75
601878	浙商证券	浙江	东部	国有绝对控股公司	42.8571	48.9503	80.7927	65.8543	76
600918	中泰证券	山东	东部	国有绝对控股公司	42.8571	38.6810	87.0152	65.6824	77
002142	宁波银行	浙江	东部	国有弱相对控股公司	42.8571	39.6452	86.2042	65.5739	78
000166	申万宏源	新疆	西部	国有绝对控股公司	71.4286	40.1093	79.9282	65.1416	79
600000	浦发银行	上海	东部	国有绝对控股公司	71.4286	47.8435	73.9305	64.5499	80
002958	青农商行	山东	东部	国有弱相对控股公司	42.8571	44.5388	79.7520	63.7379	81
601860	紫金银行	江苏	东部	国有弱相对控股公司	28.5714	37.8330	86.3611	63.5973	82
002673	西部证券	陕西	西部	国有绝对控股公司	28.5714	41.2452	81.2105	61.9587	83

续表

股票代码	公司简称	省份	地区	控股类型	环境保护（*EP*）	社会责任（*SR*）	公司治理（*CG*）	上市公司质量/ESG指数（*CLCQI*/*ESGI*）	*CLCQI*/*ESGI*排名
601236	红塔证券	云南	西部	国有绝对控股公司	28.5714	45.0602	77.7849	61.4099	84
001227	兰州银行	甘肃	西部	国有弱相对控股公司	28.5714	46.1381	72.3450	58.7952	85
002423	中粮资本	河南	中部	国有绝对控股公司	28.5714	39.7405	74.5121	57.7480	86
002670	国盛金控	江西	中部	国有绝对控股公司	14.2857	33.3582	80.9619	57.6330	87
600816	ST建元	上海	东部	国有强相对控股公司	42.8571	27.1873	65.3265	49.7309	88

13.6　2022年中国金融业非国有控股上市公司质量/ESG指数排名

2022 年中国金融业非国有控股上市公司质量 /ESG 指数排名参见表 13-6。

表13-6　2022年中国金融业非国有控股上市公司质量/ESG指数排名

（按 *CLCQI*/*ESGI* 从高到低排列）

股票代码	公司简称	省份	地区	控股类型	环境保护（*EP*）	社会责任（*SR*）	公司治理（*CG*）	上市公司质量/ESG指数（*CLCQI*/*ESGI*）	*CLCQI*/*ESGI*排名
300033	同花顺	浙江	东部	无国有股份公司	42.8571	81.4394	90.6851	82.6663	1
600016	民生银行	北京	东部	无国有股份公司	85.7143	56.8182	92.1157	79.1214	2
300059	东方财富	上海	东部	国有参股公司	57.1429	66.1576	85.2725	75.7693	3
000001	平安银行	广东	东部	国有参股公司	85.7143	56.0292	84.9477	74.9029	4
600109	国金证券	四川	西部	国有参股公司	85.7143	52.1833	85.0639	73.6207	5
300803	指南针	北京	东部	无国有股份公司	14.2857	60.0313	91.7551	72.9048	6
603323	苏农银行	江苏	东部	国有参股公司	85.7143	43.9805	88.9310	72.8767	7
600095	湘财股份	黑龙江	东北	国有参股公司	42.8571	44.4083	95.4902	72.3482	8
601077	渝农商行	重庆	西部	国有参股公司	85.7143	56.5165	79.8050	72.2450	9
601009	南京银行	江苏	东部	国有参股公司	85.7143	44.9436	85.8814	71.5365	10
002961	瑞达期货	福建	东部	无国有股份公司	14.2857	54.2143	92.6484	71.3602	11
000686	东北证券	吉林	东部	国有参股公司	85.7143	42.4079	87.1244	71.3326	12
000567	海德股份	海南	东部	无国有股份公司	28.5714	54.9473	89.0588	71.0710	13
603093	南华期货	浙江	东部	无国有股份公司	57.1429	50.7536	86.3916	70.9934	14

续表

股票代码	公司简称	省份	地区	控股类型	环境保护（*EP*）	社会责任（*SR*）	公司治理（*CG*）	上市公司质量/ESG指数（*CLCQI*/*ESGI*）	*CLCQI*/*ESGI*排名
002839	张家港行	江苏	东部	国有参股公司	42.8571	38.9137	93.0703	69.0942	15
000776	广发证券	广东	东部	国有参股公司	85.7143	42.7738	81.6061	68.4256	16
002945	华林证券	西藏	西部	无国有股份公司	42.8571	53.6935	82.1103	68.2391	17
601519	大智慧	上海	东部	无国有股份公司	28.5714	61.3690	79.5442	68.0856	18
601099	太平洋	云南	西部	无国有股份公司	57.1429	42.8548	85.7978	67.9023	19
600155	华创云信	北京	东部	国有参股公司	71.4286	42.3066	83.0116	67.6065	20
601169	北京银行	北京	东部	国有参股公司	57.1429	37.8592	87.5008	67.0904	21
002948	青岛银行	山东	东部	国有参股公司	85.7143	41.8195	79.6263	67.0027	22
000783	长江证券	湖北	中部	国有参股公司	42.8571	41.2860	87.5492	66.8879	23
002807	江阴银行	江苏	东部	无国有股份公司	28.5714	44.1904	87.8009	66.6143	24
601901	方正证券	湖南	中部	国有参股公司	57.1429	53.0056	76.9654	66.5972	25
600928	西安银行	陕西	西部	国有参股公司	57.1429	42.7567	82.5801	66.0982	26
601665	齐鲁银行	山东	东部	国有参股公司	57.1429	40.9367	81.3202	64.7682	27
000627	天茂集团	湖北	中部	国有参股公司	28.5714	54.0275	78.0471	64.6927	28
600053	九鼎投资	江西	中部	无国有股份公司	28.5714	49.3093	80.7072	64.5044	29
000712	锦龙股份	广东	东部	国有参股公司	42.8571	44.6760	79.0257	63.3865	30
600643	爱建集团	上海	东部	国有参股公司	57.1429	45.5916	74.3716	62.5757	31
000416	*ST民控	山东	东部	国有参股公司	42.8571	45.2743	69.0240	58.0949	32
002647	仁东控股	广东	东部	无国有股份公司	14.2857	36.6849	79.4088	57.9431	33
600599	ST熊猫	湖南	中部	无国有股份公司	14.2857	50.0710	65.7363	55.1084	34
600318	新力金融	安徽	中部	国有参股公司	28.5714	32.1000	73.6444	54.5966	35
000046	*ST泛海	北京	东部	国有参股公司	57.1429	32.9649	67.3285	54.2827	36

附一　中国上市公司治理分类指数报告系列

[1] 高明华，等.《中国上市公司高管薪酬指数报告 2009》[M]. 北京：经济科学出版社，2010.

[2] 高明华，等.《中国上市公司信息披露指数报告 2010》[M]. 北京：经济科学出版社，2010.

[3] 高明华，等.《中国上市公司高管薪酬指数报告 2011》[M]. 北京：经济科学出版社，2011.

[4] 高明华，等.《中国上市公司财务治理指数报告 2011》[M]. 北京：经济科学出版社，2011.

[5] 高明华，等.《中国上市公司信息披露指数报告 2012》[M]. 北京：经济科学出版社，2012.

[6] 高明华，等.《中国上市公司企业家能力指数报告 2012》[M]. 北京：经济科学出版社，2012.

[7] 高明华，杜雯翠，等.《中国上市公司高管薪酬指数报告 2013》[M]. 北京：经济科学出版社，2013.

[8] 高明华，张会丽，等.《中国上市公司财务治理指数报告 2013》[M]. 北京：经济科学出版社，2013.

[9] 高明华，苏然，方芳，等.《中国上市公司董事会治理指数报告 2013》[M]. 北京：经济科学出版社，2013.

[10] 高明华，张祚禄，杨丹，等.《中国上市公司自愿性信息披露指数报告 2014》[M]. 北京：经济科学出版社，2014.

[11] 高明华，万峰，等.《中国上市公司企业家能力指数报告 2014》[M]. 北京：经济科学出版社，2014.

[12] 高明华，张会丽，等.《中国上市公司财务治理指数报告 2015》[M]. 北京：经济科学出版社，2015.

[13] 高明华，蔡卫星，等.《中国上市公司董事会治理指数报告 2015》[M]. 北京：经济科学出版社，2015.

[14] 高明华，蔡卫星，赵旋，等.《中国上市公司中小投资者权益保护指数报告 2015》[M]. 北京：经济科学出版社，2015.

[15] 高明华，张惠琳，等.《中国公司治理分类指数报告 No.15（2016）》[M]. 北京：中国出版集团东方出版中心，2016.

[16] 高明华，曹向东，等.《中国公司治理分类指数报告 No.16（2017）》[M]. 北京：中国出版集团东方出版中心，2018.

[17] 高明华，程恒森，等.《中国上市公司治理分类指数报告 No.17（2018）》[M]. 北京：社会

科学文献出版社，2018.

[18] 高明华，刘波波，等.《中国上市公司治理分类指数报告 No.18（2019）》[M].北京：社会科学文献出版社，2019.

[19] 高明华，郭传孜，邵梦影，等.《中国上市公司治理分类指数报告 No.19，2020》[M].北京：中国纺织出版社有限公司，2020.

[20] 高明华，周炳羽，朱玥，等.《中国上市公司治理分类指数报告 No.20，2021》[M].北京：中国纺织出版社有限公司，2021.

[21] 高明华，谭祖坤，薛佳安，等.《中国上市公司治理分类指数报告 No.21，2022》[M].北京：中国纺织出版社有限公司，2022.

[22] 高明华，李扬，陈柯谚，等.《中国上市公司治理分类指数报告 No.22，2023》[M].北京：中国纺织出版社有限公司，2023.

附二　中国上市公司质量/ESG指数报告系列

[1] 高明华，等.《中国上市公司质量指数报告 No.1，2021》[M].北京：中国纺织出版社有限公司，2021.

[2] 高明华，薛佳安，谭祖坤，等.《中国上市公司质量 /ESG 指数报告 No.2，2022》[M].北京：中国纺织出版社有限公司，2022.

[3] 高明华，邵梦影，蔡慧莹，等.《中国上市公司质量 /ESG 指数报告 No.3，2023》[M].北京：中国纺织出版社有限公司，2023.

后　　记

本报告是“中国上市公司质量 /ESG 指数报告系列”的第三部年度报告，得到了北京师范大学“双一流”建设项目的支持，也得到了中国上市公司协会学术顾问委员会和中新经纬研究院的指导和支持。

“中国上市公司质量指数”自 2021 年开始开发，是基于我们历年开发的“中国上市公司治理分类指数”以及出版的 22 部《中国上市公司治理分类指数报告》，进一步通过指标体系扩充和完善而成。

开发“中国上市公司质量指数”直接起因于 2020 年 10 月 5 日《国务院关于进一步提高上市公司质量的意见》（国发〔2020〕14 号）。2020 年 10 月 31 日，我和其他公司治理专家共同发起成立“中国公司治理 50 人论坛”，中国上市公司协会会长、中国企业改革与发展研究会会长宋志平先生当选为“中国公司治理 50 人论坛”学术委员会主任，我和国务院国资委研究中心原主任楚序平先生为执行主任。在当日举行的“中国公司治理 50 人论坛”成立大会上，我们共同探讨了“中国上市公司质量指数”的开发问题。宋志平会长认为，上市公司质量应该包括公司治理、社会责任、企业创新、绩效与价值四个方面，这在很大程度上与我的想法不谋而合，之后的具体指标设计就是围绕这四个维度展开的。

在 2021 年指标体系设计中，楚序平、杜雯翠（首都经济贸易大学经济学院副院长、教授、博士生导师）、焦豪（北京师范大学经济与工商管理学院数字经济与企业管理系主任、教授、博士生导师）都贡献了他们的智慧。宋志平会长特别关心本指数的开发，指标体系开发过程中及指数计算出来后，我与课题组其他成员几次前去拜访宋志平会长，他提出了很多宝贵的意见，对指标体系的完善和指数计算的客观性助益很大。

2022 年 3 月，我们开始着手当年度的“中国上市公司质量指数”的开发研究工作。考虑到 E（环境保护）、S（社会责任）、G（公司治理）信息披露逐渐成为国际国内的共识，但关于 ESG 信息披露的内容尚未形成统一认识，而我们基于 30 多年公司治理研究和 17 年开发“中国上市公司治理分类指数”的成果，认为广义的公司治理已经包含了社会责任，社会责任又包含了环境保护，我们的“中国上市公司治理分类指数”又是基于广义的公司治理，在此基础上再通过对指标体系的适当扩充而形成的“中国上市公司质量指数”，其实已经涵盖了“E”“S”“G”的全部内容，只是指标体系的组合不同而已。因此，通过对“中国上市公司质量指数”指标体系的重新组合，再进一步补充和完善相关指标，2022 年度“中国上市公司质量指数”事实上也就是“中国上市公司 ESG 指数”，于是，2022 年度报告的名称就直接改成了《中国上市公司质量 /ESG 指数报告》。

具体说，2022 年度“中国上市公司质量 /ESG 指数”是在 2021 年“中国上市公司质量指数”的基础上，对原来的四个维度，即公司治理、社会责任（含环境保护）、企业创新、绩效与价值，进行优化调整，把原来的“绩效与价值”作为企业的经济责任，把原来的“企业创新”作为企业的创新责任，纳入社会责任维度中；同时把原来“社会责任”中的“环境保护”独立出来；原来的“公司治理”维度保持不变。在此基础上，对有关维度的指标体系再进行扩充和完善，指标数目从 2021 年的 122 个扩充到 2022 年度的 132 个，从而形成了环境保护（EP）、社会责任（SR）、公司治理（CG）三个维度构成的新的“中国上市公司质量指标体系”，也即 ESG 指标体系。指标体系调整和完善的具体原因参见本报告第 1 章和第 2 章。

对 ESG 指标体系达成共识是不太容易的，尤其在关于社会责任的认识上，差异性很大，环境保护在不同行业更是存在很大不同，因此，课题组经过多轮讨论，本着继承、发展、客观（科学）、可行（数据基本可得）、可比（横向）、可持续（纵向）的原则，经过上市公司各种公开渠道尝试搜集数据以确定数据的可获得性和可比较性，最终形成了 132 个具体指标和本报告的指数计算结果。

2023 年开始的本年度上市公司质量 /ESG 指数研究延续了上年研究的基本原则，即科学（客观）、可行（数据基本可得）、可比（横向）和可持续（纵向），只是对个别指标的评分标准略作调整，比如从 0/1 变量变为程度变量，以使评价结果更加精准。

特别需要提醒的是，“中国上市公司质量 /ESG 指数”是一种相对值，是把通过具体指标而计算出来的各维度最高值记为 100 分重新计算的结果，这是不同于“中国上市公司治理分类指数”的地方。“相对”意味着不存在绝对的、统一的、共识的上市公司质量 /ESG 标准（主要是“E”和“S”），是不同公司彼此比较的结果。

本报告放弃了已经出版的 22 部《中国上市公司治理分类指数报告》以大量文字叙述兼及图表展示的写作模式，除了导论和指标体系以外，全书其他章节主要采用表格和图形的方式，兼及简单的文字说明。这样做的好处是：①有利于使用者一目了然地浏览所有公司的评价结果；②有利于每家被评价公司容易找到自己的位次；③有利于学者通过全部公司的评价结果进行深入研究。

还有两点需要特别予以说明：①不同行业的上市公司治理标准基本上不存在差别，但由于不同行业的社会责任和环境保护存在一定差异，尤其是环境保护存在很大差异，这导致部分指标数据在某些行业的公司是缺失的，或披露为 0，因此特别提醒，行业比较是需要慎重的。尤其是金融业与其他行业差异很大，为此，本报告把金融业和非金融业分开进行计算和分析，对金融业和非金融业不作比较。②在社会责任维度中的企业经济责任和企业创新责任两个方面，既考虑了相对指标或效率指标，如研发投入强度使用研发投入金额与营业总收入的比例来衡量，盈利能力使用总资产净利率来衡量等；也考虑了绝对指标，如研发投入绝对额、净利润绝对额等，目的是考虑企业规模的差异性，以期能够综合反映企业的质量或 ESG 水平。

本报告是集体智慧的结晶。由我设计研究框架、基本思路、指标体系和数据库构架，通过研究团队深入讨论确定。然后开发数据库、采集和录入数据、审核数据、计算各分项指数和总指数，撰写初稿、校对、定稿。除了数据库是由多达 70 余人的集体完成外，本报告的写作均由我负责完成。

中国上市公司质量 /ESG 指数报告的评价对象原则上是截至 2022 年 12 月 31 日的全部 A 股上市公司。截至 2022 年 12 月 31 日，沪、深、北三市共有 A 股上市公司 5068 家。考虑到年报的完整性，剔除截至 2023 年 3 月 31 日上市不满一年，以及截至本报告撰写日前终止上市及暂停上市的公司，得到最终样本 4687 家，等同于对全部 A 股上市公司的评价。上市公司质量 /ESG 指数数据全部采自每家公司的各种官方公开渠道。尽管每家公司指数计算指标有 132 个，但有的指标是通过几个数据计算而得，所以最终的数据量近 120 万。基于指标特性，绝大部分指标数据无法实现计算机采集，而只能通过手工采集和整理，并录入数据库系统，可以想象，工作量非常庞大，指标的精准化讨论、数据库修正、数据采集和录入、数据审核的持续时间长达半年。以下同学为此做出了很大贡献：

数据试录入（按姓氏字母顺序）：蔡慧莹、陈柯谚、李扬、刘思瑶、邵梦影、谭祖坤、吴雪、薛佳安。试录入人员必须是之前参与过数据采集、录入和审核的有经验人员。在试录入过程中，试录入人员彼此核查，以保证把问题发现在正式录入之前。

数据采集和录入（按工作量多少排序）：吴俊慧、赵璐瑶、李艳芳、韩莹、朱浩璇、王留洋、张宇浩、邵梦影、梁爽、李文静、衡秋汝、赵智勇、李扬、王楠、郑欣圆、吴极、陈思羽、戴汶秀、罗佳羽、王梦婕、王欣悦、高秋宜、汪传杰、李梓欣、吴雪、谢颖、徐子怡、李清源、崔思璇、陈红存、卢旭、沈佳叶、李芸、尚宝兴、罗强、蔡慧莹、梁璐雪、路赛彪、徐殊琬、何灏辰、李玉珍、刘婧彤、穆雅楠、任素琪、唐天翔、童瑶、王翀翀、王明月、文歆、吴乐倩、夏晗、熊雅婷、杨洁、杨天宇、张婧怡、郑洁翔、郑贤鑫、钟艳玲、周子健、米啦、杨晓茵、王小山、蒋珊琪、陈柯谚、李浩然、顾柠、关晓莹、黄琳、刘思瑶、薛佳安、谭祖坤。

数据核实（按工作量多少排序）：谭祖坤、吴雪、李扬、陈柯谚、薛佳安、蔡慧莹、刘思瑶、邵梦影、赵智勇、王小山。

数据库建设是本报告工作量最大的一项工作，所以，本报告的主要贡献应该归功于全体数据采集和审核人员。

特别需要指出的是，博士生邵梦影和李扬作为数据采集及培训的总指挥，在数据采集和录入的培训和协调等工作中付出了大量心血。她们精心制作了培训视频，通过视频会议和微信群耐心答疑。同时，硕士生蔡慧莹和陈柯谚协助邵梦影和李扬，她们四人在最终数据库的完善、指数计算、核实、补充等工作中，不辞辛苦，任劳任怨，着实让人动容。

在研究过程中，研究团队就数据库开发、数据采集、录入、审核，甚至后续的数据运用，都多次进行深入讨论，每周二晚是雷打不动的讨论时间，同时通过邮件、微信和电话反复进行沟通和校正。研究团队的团结和协作精神使我非常欣慰和感动！

中国公司治理 50 人论坛的所有专家，北京师范大学经济与工商管理学院、北京师范大学公司治理与企业发展研究中心的各位同仁对本指数开发给予了大力支持，在此表示衷心的感谢！

感谢中国纺织出版社有限公司，尤其感谢本书编辑史岩女士，她对本报告出版付出了很多心血。

“中国上市公司质量 /ESG 指数”尽管是第三年开发，但作为对中国上市公司质量 /ESG 的全景式、多维度和客观性的评估，仍具有尝试的意味。如果通过本指数评估，能够对中国上市公司质量 /ESG 水平的提高有所裨益，将是对我们极大的鼓励。当然，本指数报告纰漏甚至错误难以避免，希望广大读者批评指正，并电邮至 mhgao@bnu.edu.cn。

北京师范大学公司治理与企业发展研究中心

北京师范大学经济与工商管理学院

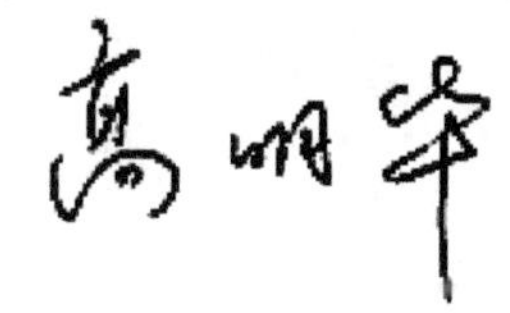

2023 年 8 月 24 日